dtv

Ausführliche Informationen
über unsere Autoren und Bücher
finden Sie auf unserer Website
www.dtv.de

ROBERT ZIMMER

DAS GROSSE PHILOSOPHENPORTAL

Ein Schlüssel zu klassischen Werken

Deutscher Taschenbuch Verlag

Charles Augustin Sainte-Beuve zum Gedächtnis

Neuausgabe
Dezember 2009
Zuerst erschienen als Einzelbände
dtv 34118 (2004)
und dtv 34439 (2007)

Umschlagkonzept: Balk & Brumshagen
Umschlagfoto: laif/Zielske, H. & D.
Satz: Fotosatz Reinhard Amann, Aichstetten
Gesetzt aus der Minion
Druck und Bindung: Druckerei C. H. Beck, Nördlingen
Gedruckt auf säurefreiem, chlorfrei gebleichtem Papier
Printed in Germany · ISBN 978-3-423-34582-8

Inhalt

Gedanken beim Eintritt ins Philosophenportal

Ein Portal lässt uns an den Eingang in ein ehrwürdiges und stattliches Bauwerk denken. Auch das Haus der Philosophie ist in 2500 Jahren zu fast unübersehbarer Größe gewachsen. Viele haben Scheu, dieses Haus zu betreten. Zu unübersichtlich sind die Gänge, zu schwierig erscheint es, auch nur mit einzelnen Teilen dieses Hauses vertraut zu werden. Ein großes philosophisches Werk ist in diesem Haus wie eine besonders kunstvoll eingerichtete Wohnung. Einige der üblichen Bewohner, die philosophisch Gelehrten, beschäftigen sich oft über Jahrzehnte nur mit einer einzigen Nische dieses Hauses. Sie werden also darauf bestehen, dass man ein klassisches Werk der Philosophie erst kennen lernt, wenn man sich lange und wiederholt damit auseinandersetzt, und sie werden jeden Anspruch zurückweisen, ein solches Buch könne auch nur annähernd erschöpfend verstanden und ausgedeutet werden.

Doch muss es erlaubt sein, auch einmal einen ersten Rundgang zu machen, in einzelne, auffallend interessante Räumlichkeiten einen Blick zu werfen und sich so eine Vorstellung von ihrer Lage, ihrer Architektur und ihrer Ausstattung zu machen. Danach sollte jeder selbst entscheiden, wohin er noch einmal zurückkehren und einige Zeit verbringen möchte.

Genau auf solch einen Rundgang wollen die vorliegenden Essays den Leser mitnehmen. Weder Ausrüstung noch Training und schon gar keine Titel und Urkunden werden dafür erwartet. Nicht tiefschürfende Analysen, sondern ein erstes Kennenlernen in lockerer Atmosphäre ist das Ziel. Ansonsten trockene und unzugängliche Bücher können sich dabei von ihrer charmanteren Seite zeigen: Sie alle haben eine eigene, sehr persönliche Geschichte und sie beschäftigen sich mit Fragen, die, vom akademischen Staub befreit, in einem interessanten und neuen Licht erscheinen.

Das Portal, so stattlich es auch erscheinen mag, ist doch der natürliche und bequemste Eingang zum Haus. Wer sich bisher davon abhalten ließ, die Schwelle zu überschreiten, wird feststellen, dass das Philosophenportal sich für jeden öffnet, der Neugier, Interesse und ein bisschen Zeit mitbringt. Er wird nach wenigen Schritten bemerken, dass die Räume dieses Hauses nicht für eine kleine Schar Auserwählter hergerichtet wurden, sondern für alle, die bereit sind, sich auf Ideen einzulassen, die auf den ersten Blick vielleicht ungewöhnlich sind, sich bei näherem Hinsehen aber als sehr bedenkenswert erweisen. Manche davon stehen unseren eigenen Gedanken vielleicht gar nicht so fern.

Es wird nicht an Experten fehlen, die auf die zahlreichen bedeutenden Werke hinweisen, die hier unberücksichtigt bleiben. In der Tat handelt es sich nur um eine Auswahl, ohne Anspruch auf Exklusivität oder gar Vollständigkeit. Jede Auswahl dieser Art ist anfechtbar. Es wurden nicht immer diejenigen Werke ausgewählt, die im Mittelpunkt von Universitätsseminaren stehen, sondern solche, die weit über die Philosophie hinaus Einfluss ausgeübt und Leser gefunden haben, und, so ist zu hoffen, auch bei einer ersten Ansicht das Interesse neuer Leser wecken können. Das Philosophenportal ist nicht nur der Eingang zu einem großen, sondern auch zu einem offenen und lebendigen Haus.

Der Verfasser dankt Yvonne Petter-Zimmer, die die Texte auf Klarheit und Verständlichkeit hin geprüft, und Martin Morgenstern, der auf sachliche Fehler hingewiesen hat.

Der Traum von den Philosophenkönigen

Platon: Der Staat (zwischen 399 und 347 v. Chr.)

Der Mensch träumt nicht nur für sich allein. Es gibt auch kollektive Menschheitsträume. Sie malen das Bild einer befreiten, glücklichen, vom Leid erlösten Welt. Religion, Philosophie und Kunst haben diese Träume immer wieder aufgenommen und gestaltet. Zu den alten Menschheitsträumen gehört auch der vom idealen Staat als Modell einer perfekten und gerechten Ordnung des menschlichen Zusammenlebens.

Unter den philosophischen Werken, die diesem Traum eine rationale Gestalt gegeben haben, ist das Hauptwerk des griechischen Philosophen Platon, *Politeia*, zu Deutsch *Der Staat*, das berühmteste. *Der Staat* ist die erste uns überlieferte Staatsutopie überhaupt. Doch das Werk enthält viel mehr als eine politische Philosophie. Platon hat mit diesem Buch den ganz großen Wurf versucht. Er wollte Politik und Moral, Metaphysik und Religion, rationale Weltdeutung und Mythos miteinander verknüpfen. Mit anderen Worten: Platons *Staat* tritt mit dem Anspruch auf, die politische Ordnung mit den wahren, ewigen Gesetzen der Wirklichkeit zu verbinden. Er ist der erste große Systementwurf in der Geschichte der europäischen Philosophie. In dem vielstimmigen Konzert dieser Geschichte haben die Vorgänger Platons den Grundton angestimmt, Platon selbst aber hat die Ouvertüre gespielt.

Ausgangspunkt des Werkes ist die Frage nach der Gerechtigkeit. Sie führt schließlich zu der Beschreibung einer gerechten Ordnung, die auf so stabile Fundamente gebaut ist, dass sie für alle Zeiten unverändert bestehen kann. Im Mittelpunkt dieser Ordnung steht die Vorstellung, dass der Staat von den wirklich Besten regiert wird, von

Herrschern, die sich gleichermaßen durch Weisheit und durch Kompetenz auszeichnen. Denn Platon träumt in diesem Buch nicht nur den Traum vom idealen Staat, sondern auch den Traum von den Philosophenkönigen, die Weisheit und Macht vereinen. Sie sind nicht nur politische, sondern auch spirituelle Führer, die den Menschen den Weg zur wahren Wirklichkeit zeigen können.

In der Geschichte der Menschheit ist dies ein ebenso verführerischer wie unzerstörbarer Traum geblieben, der bis heute eine große Faszination ausübt. Er trifft einen Nerv nicht nur bei Philosophen, sondern auch bei vielen Menschen, die das Geschehen auf der politischen Bühne als ein ewig fruchtloses Gerangel, als ein Geschacher um Posten und einen Machtklüngel auf Kosten der Bürger erleben. Ist es nicht eine verlockende Idee, in einem Staat zu leben, in dem diejenigen herrschen, die dazu am besten geeignet sind und denen man in jeder Hinsicht vertrauen kann?

Bei all dem ist Platons *Staat* keine trockene Abhandlung, sondern eine kunstvoll inszenierte Diskussion, in der Platons philosophischer Lehrer Sokrates zu einer literarischen Figur wird und als Erzähler und Hauptsprecher auftritt. Platon zeigt sich hier als Dichter und als Philosoph. Gleich in der ersten Zeile setzt die Stimme des Sokrates ein und der Leser fühlt sich wie in einen Roman versetzt: »Ich ging gestern mit Glaukon, dem Sohne des Ariston, in den Peiraieus hinunter, teils um die Göttin anzubeten, dann aber wollte ich auch zugleich das Fest sehen, wie sie es feiern wollten, da sie es jetzt zum erstenmal begehen.«

Platon führt hier Szenerien und Personen ein, die ihm eng vertraut waren. Sokrates hat sich von Athen zu dem mehrere Kilometer entfernten Hafen von Piräus aufgemacht, um das Fest zu Ehren der Göttin Athene mitzuerleben. In seiner Begleitung befindet sich Glaukon, einer der Brüder Platons. Als Sokrates einige Zeit später wieder den Heimweg antreten will, drängen ihn Freunde und Bekannte, darunter Adeimantos, ein weiterer Bruder Platons, und Polemarchos, der Sohn des wohlhabenden Kaufmanns Kephalos, noch in Piräus zu bleiben, gemeinsam mit ihnen zu essen, zu diskutieren und die noch folgenden Nachtfeierlichkeiten mitzuerleben. Im Haus des Kephalos entwickelt sich im Folgenden ein Gespräch zwischen Sokrates und wechselnden Diskussionspartnern, in dem Positionen zur Gerechtigkeit ausgetauscht und die Grundzüge einer gerechten gesellschaftlichen Ordnung entworfen werden.

Dass Platons Dialoge bis heute nicht nur als Philosophie, sondern auch als Dichtung gelesen werden können, trifft sich durchaus mit den Absichten des Autors. Schon vom jungen Platon ist überliefert, dass er an Dichterwettbewerben teilgenommen hat. Auch dass die Politik in seinem Werk eine solch große Rolle spielt, ist nicht zufällig. Platon war nicht nur ein Sohn Athens, der bedeutendsten Stadt des klassischen Griechenlands, sondern er gehörte auch einer der vornehmsten Familien dieser Stadt an. Er war ein Spross der traditionellen politischen Elite, deren Vormachtstellung jedoch im 5. vorchristlichen Jahrhundert durch die Reformen des großen Athener Staatsmanns Perikles beseitigt worden war. Perikles hatte die Demokratie eingeführt und den politischen Einfluss der Aristokratie beschnitten. Im Peloponnesischen Krieg schließlich, der 431 v. Chr., vier Jahre vor Platons Geburt, begann, verlor Athen seine politische Vorrangstellung innerhalb Griechenlands an den Rivalen Sparta.

In die nun folgenden turbulenten politischen Entwicklungen war Platons Familie eng verstrickt. Die alten Oligarchen der Stadt hatten eine dezidiert antidemokratische Haltung bewahrt und während des Krieges mit dem autoritären Militärstaat Sparta sympathisiert. Als die Spartaner nach dem Krieg im Jahr 404 die athenische Demokratie wieder abschafften, setzten sie ein Marionettenregime ein, das mit Angehörigen der alten Athener Oberschicht besetzt war. Darunter befanden sich mit Charmides und Kritias zwei Onkel Platons mütterlicherseits. Dieses Regime der »Dreißig Tyrannen« errichtete eine Willkürherrschaft, die aber bereits 403 von den Demokraten wieder gestürzt wurde.

In enger Verbindung zu den Demokraten stand die philosophische Aufklärungsbewegung der Sophisten. Ihr Ziel war es nämlich, Philosophie lehrbar zu machen und auch den einfachen Bürger mit Argumenten auszurüsten, mit denen er sich gegenüber den traditionellen Eliten behaupten konnte. Führende Sophisten gehörten zu den Beratern des Perikles. In der alten Oberschicht waren sie auch deswegen unbeliebt, weil sie anzweifelten, dass die Geltung der Gesetze durch Tradition begründet werden könne. Gesetze, so sagten sie, seien nichts anderes als Konventionen und könnten jederzeit geändert werden.

Der junge Platon war, aus Familientradition und Überzeugung, ein Konservativer. Er hat sowohl die Athener Demokraten als auch die Sophisten immer als seine Gegner angesehen. Er hielt daran fest, dass es in der Gesellschaft eine klare Abgrenzung zwischen »oben« und »unten« geben, dass die politische Macht von den »Besten« ausgeübt werden müsse und dass die Masse des Volkes nicht zur Herrschaft geeignet sei. Nach eigenen Aussagen hatte Platon ursprünglich große Neigung, sich aktiv in der Politik zu engagieren. Doch als seine beiden Onkel ihm während der Zeit der Dreißig Tyrannen politische Mitarbeit anboten, weigerte er sich. Die Herrschaftsmethoden der Dreißig Tyrannen stießen ihn ab. Er glaubte, dass die alte Oberschicht in ihrer Aufgabe, gerecht zu herrschen, versagt habe.

Doch der eigentliche Grund seiner Ablehnung lag in seiner Bekanntschaft mit Sokrates und seiner Hinwendung zur Philosophie. Er hatte Sokrates bereits im Alter von vierzehn Jahren kennen gelernt und gehörte ab seinem zwanzigsten Lebensjahr zu dessen Schülerkreis.

Sokrates kam ursprünglich aus den Reihen der Sophisten. Wie diese trug er die Philosophie auf die Straße und vertraute eher der Vernunft als der Tradition. Doch unterschied er sich von den Sophisten in einem entscheidenden Punkt: Er glaubte, dass es feste und allgemein gültige Maßstäbe für das menschliche Handeln gibt und dass tugendhaftes Handeln auf Erkenntnis und Wissen beruht. In den Gesprächen, die uns Platon in seinen frühen Schriften überliefert hat, fragt Sokrates nach solchen Maßstäben, doch alle diese Gespräche enden ohne Ergebnis. Platon war einer der Schüler, die die Fragen des Sokrates aufnahmen und versuchten, eigene Antworten zu finden.

Unter diesen Schülern waren auffällig viele junge Aristokraten, was von den regierenden Demokraten mit Misstrauen beobachtet wurde. Die letzten Gründe, warum Sokrates schließlich im Jahr 399 von den Demokraten zum Tode verurteilt wurde, werden vielleicht nie geklärt werden. Der Vorwurf jedenfalls, er habe die Jugend zu fremden Göttern verführt und vom Pfad der Tugend abgebracht, ist auch ein politischer Vorwurf, da jedes griechische Gemeinwesen seinen Zusammenhalt durch einen bestimmten religiösen Kult begründete. Religion und Politik hingen auf das Engste miteinander zusammen.

Die Hinrichtung des Sokrates durch den Giftbecher war das entscheidende Ereignis und der Wendepunkt in Platons Leben. Er verstand sich nun als dessen philosophischer Nachlassverwalter. Wie viele andere Schüler des Sokrates verließ er Athen, weil er politische Verfolgung fürchten musste, und begab sich über ein Jahrzehnt lang auf Reisen. Diese Zeit des selbst gewählten Exils wurde auch eine Zeit des geistigen Austauschs und neuer Erfahrungen.

Zunächst ging er für drei Jahre in die Nachbarstadt Megara, wohin sich auch Euklid, ein weiterer bekannter Sokrates-Schüler, zurückgezogen hatte. Weitere Reisen führten ihn nach Kyrene, Tarent und Ägypten. Er begann philosophische Dialoge zu verfassen, in denen er Sokrates als Hauptsprecher auftreten lässt und in denen er die Meinung des historischen Sokrates noch weitgehend unverändert wiedergibt. Eine der ersten dieser Schriften, die *Apologie*, enthält die Verteidigungsrede des Sokrates vor Gericht und kann als nachträgliche Abrechnung Platons mit der Athener Demokratie gelesen werden.

Das Thema der Gerechtigkeit taucht in den frühen Schriften immer wieder auf. Während die Sophisten immer wieder betonten, dass es keine Gerechtigkeit »an sich« gebe, sondern dass sie abhängig von Nutzen und Interessen sei, enthält der Dialog *Gorgias*, benannt nach einem der berühmtesten Sophisten, die These des Sokrates: »Unrecht leiden ist besser als Unrecht tun.« Dass Gerechtigkeit etwas ist, was über die Bedürfnisse und Interessen Einzelner hinausgeht, war auch die Überzeugung Platons. Etwa gleichzeitig mit dem *Gorgias* schrieb Platon einen Dialog, den er nie als einzelne Schrift veröffentlichte und dem die Fachleute den Arbeitstitel ›Thrasymachos‹ gegeben haben. Er schildert die Auseinandersetzung zwischen Sokrates und dem Sophisten Thrasymachos um die Definition der Tugend der Gerechtigkeit. Auch hier wendet sich Platon gegen die Meinung, Gerechtigkeit könne mit Herrschaftsinteressen identifiziert werden.

Dass Platon das Thema Gerechtigkeit in einen Zusammenhang mit dem Entwurf eines idealen Staates brachte, hängt wohl mit seiner wichtigsten Reise zusammen, die ihn in das damals griechisch besiedelte Süditalien führte. Dorthin war ihm sein Ruf als philosophischer Schriftsteller schon vorausgeeilt. Hier hatte sich im 6. vorchristlichen Jahrhundert einer der größten frühgriechischen Philosophen, Pythagoras, der Begründer der pythagoreischen Schule, niedergelassen, der sich den Ruf eines gottgleichen Magiers erworben hatte. Seine Schüler beschäftigten sich intensiv mit Mathematik und Musik, da sie glaubten, in den musikalischen Harmonien und in den Zahlenverhältnissen, durch die man sie ausdrücken kann, lasse sich die Wirklichkeit in ihrer Tiefenstruktur abbilden. Auch hingen sie dem aus östlichen Meditationslehren übernommenen Glauben an die Seelenwanderung an. Diese Mischung aus rationalem und mystischem Denken übte großen Einfluss auf Platon aus und er nahm sich vor, mit den Pythagoreern zusammenzutreffen und mit ihnen zu diskutieren.

Doch die für Platon prägendste Erfahrung seiner Reise war der Besuch im sizilianischen Syrakus, einer mächtigen griechischen Kolonie, wo er im Jahr 389 v. Chr. eintraf. Dessen Herrscher, Dionysios I., hatte die Demokratie abgeschafft und durch einen Militärstaat ersetzt, der enge Verbindungen zu Sparta unterhielt. Dies traf sich mit Platons eigener antidemokratischer Grundhaltung und Sympathie für Sparta. Dionysios kokettierte auch gerne mit seiner philosophischen Bildung und es wird kolportiert, er habe seinen drei Töchtern die Namen »Tugend«, »Gerechtigkeit« und »Besonnenheit« gegeben.

Platon war für etwa zwei Jahre Gast des syrakusischen Machthabers, der sich allerdings nicht als der gerechte Herrscher erwies, den Platon sich vorgestellt hatte. Das Leben am Hof stand in offenbarem Gegensatz zu der von Dionysios gepflegten philosophischen Rhetorik. In seinen Briefen beklagt sich Platon über die ständigen nächtlichen Gelage und Ausschweifungen. Es kam zu einem klassischen Konflikt zwischen Macht und Geist. Platons Versuch, als philosophischer Politikberater Einfluss zu nehmen und Dionysios auf die praktischen Konsequenzen eines an ethischen Maßstäben orientierten Herrschens hinzuweisen, scheiterten kläglich.

Dionysios machte keinen Hehl aus seiner Verachtung für den Intellektuellen, der ihn belehren wollte, während Platon den Herrscher offen als einen Tyrannen bezeichnete. Die Wege des Diktators und des Philosophen trennten sich also zwangsläufig. Manche Quellen berichten, Dionysios habe Platons Schiff nach Ägina gelenkt, einer Stadt, die mit Athen im Krieg lag und deshalb athenische Bürger als Kriegsgefangene behandelte, was dem Status von Sklaven gleichkam. Von einem Freund soll Platon schließlich freigekauft und nach Athen zurückgebracht worden sein. Auch zwei weitere, in späteren Jahren unternommene Reisen nach Syrakus endeten in Zwist und Misserfolg.

Die ernüchternde Erfahrung, wie wenig Achtung der Philosoph von den politisch Mächtigen erwarten konnte, hielt Platon jedoch nicht davon ab, seine eigenen politischen Vorstellungen weiter auszuarbeiten. Im Jahr seiner Rückkehr nach Athen, 387, gründete er seine eigene philosophische Schule, die berühmte »Akademie«, vor den Toren der Stadt. Hier nahm nun, in den Jahren nach seiner ersten Syrakusreise, sein Hauptwerk über den Staat Gestalt an.

Es ist bestimmt von Platons Versuch, seinen Konservatismus philosophisch zu begründen und die Konsequenzen aus seinen reichhaltigen Erfahrungen zu ziehen. Er wollte das Bild einer Gesellschaft entwerfen, in der die Grenzen zwischen Herrschern und Beherrschten wieder klar gezogen waren, in der die Machtstellung der Herrschenden aber durch unverrückbare Prinzipien und nicht durch die Tradition begründet wurde. Es sollte ein Gemeinwesen sein, das von einer Elite regiert wird, die diesen Namen verdient und nicht – wie Dionysios oder die Dreißig Tyrannen von Athen – ihre Macht tyrannisch missbraucht. *Der Staat* wurde geschrieben als mächtiger philosophischer Schutzwall gegen die Herausforderung der sophistischen Aufklärung. Nun spricht Platon in eigener Sache. Sokrates wird zu seiner Sprechpuppe, zum Verkünder platonischer Lehrmeinungen.

Dabei baut Platon auf dem bereits vorhandenen Dialog zwischen Sokrates und Thrasymachos über die Gerechtigkeit auf, der an den Anfang des neuen Werks gesetzt wurde und als dessen Einleitung gelesen werden kann. Für Thrasymachos ist das, was durch Gesetze als gerecht festgelegt ist, in Wahrheit identisch mit dem, was den politisch Herrschenden nützt. Andererseits glaubt er, dass das, was normalerweise Ungerechtigkeit genannt wird, in Wahrheit oft als Weisheit und Tugend angesehen werden muss, weil es den eigenen Interessen dient. Thrasymachos vertritt also eine typisch sophistische Position: Normen und Werte gelten nicht von Ewigkeit her, sondern sie sind veränderbar und von Interessen und Konventionen abhängig.

Sokrates dagegen glaubt, dass Gerechtigkeit eine Kunst oder eine Fertigkeit ist, die wie die ärztliche Kunst nach bestimmten unveränderbaren Regeln und auch im Sinne der Patienten, das heißt der Bürger, ausgeübt wird. Als Tugend des einzelnen Menschen ist sie so etwas wie die Gesundheit der Seele, das heißt, die psychischen und geistigen Kräfte des Menschen müssen sich in einer bestimmten Ordnung befinden.

Diese Auffassung ist der Ausgangspunkt für Platons weitere Diskussionen im *Staat*: Gerechtigkeit ist für ihn eine Art feststehender Ordnung. Sie ist eine Grundtugend, die Tugend nämlich, die alle Ziele und Bedürfnisse, aber auch alle anderen Tugenden des Menschen in ein bestimmtes Verhältnis zueinander setzt. *Der Staat* ist der Versuch, diese Ordnung und dieses Verhältnis in Form eines Gesellschaftsmodells zu beschreiben.

Im zweiten Buch des *Staates* überträgt Platon den Gedanken der Gerechtigkeit als einer Ordnung der menschlichen Seele auf die Gesellschaft. In der gesellschaftlichen Ordnung lässt sich nach Platon die Ordnung der Seele wie in einem Vergrößerungsglas erkennen. Er orientiert sich dabei an der Ordnung einer griechischen »Polis«. Entsprechend lautet der Titel seines Werks *Politeia*, also wörtlich: die »Lehre von der ›Polis‹«. Die »Polis« war kein Staat im modernen Sinne, sondern ein Stadtstaat, vergleichbar etwa der Größe eines Schweizer Kantons. Deshalb erscheint »Polis« in deutschen Übersetzungen manchmal als »Staat« und ein anderes Mal als »Stadt«. In der »Polis« hatten nur so genannte »freie« Bürger Stimmrecht, zu denen weder Frauen noch Sklaven zählten. Sklaverei war für Platon noch eine ganz normale und unbestrittene Institution. Die Stellung der Frauen dagegen wertet er in seinem Idealstaat erheblich auf, da sie wie die Männer Zugang zur herrschenden Schicht erhalten.

Platon erläutert nun etwas genauer, was er unter der Gerechtigkeit als einer Gesundheit der Seele versteht. Die Seele, griechisch »psyche«, ist für ihn der Bereich aller geistigen und gefühlsmäßigen Kräfte. In ihr unterscheidet er drei verschiedene Vermögen: die Vernunft, den Willen und die Leidenschaften. Ihnen sind drei Tugenden zugeordnet, nämlich Weisheit, Tapferkeit und Besonnenheit. Der Mensch ist nach Platon vornehmlich ein Vernunftwesen, das heißt, der Vernunft muss Vorrang vor den anderen Vermögen gegeben werden. Die gerechte Ordnung der Seele ist dann hergestellt, wenn die Vernunft mit Hilfe des Willens die Leidenschaften beherrscht.

In ein politisches Bild gebracht, heißt dies: Die Vernunft ist der Herrscher, der Wille stellt das Dienst- und Wachpersonal und die Leidenschaften sind das beherrschte Volk. Genau dieses Bild einer Hierarchie, an deren Spitze die Vernunft steht, bestimmt Platons Vorstellung vom idealen Staat. Der Schlüssel zu seiner Gerechtigkeitsvorstellung liegt in dieser Grundidee, dass die Vernunft der natürliche Herrscher sei – sowohl im einzelnen Menschen als auch im Staat. Gerechtigkeit, Weisheit, Tapferkeit und Besonnenheit sind für Platon die vier »Kardinaltugenden«, wobei die Gerechtigkeit den harmonischen Zusammenhang zwischen diesen Tugenden festlegt.

Indem Platon bestimmte Tugenden mit bestimmten Gesellschaftsschichten in Verbindung bringt, kommt er zur Vorstellung einer Drei-Klassen-Gesellschaft: Ganz an der Spitze stehen wenige, mit königlicher Macht ausgestattete Regenten, die von einer Kriegerkaste, den so genannten »Wächtern«, umgeben sind. Übrig bleibt die große Masse der freien Bürger, die arbeitende Bevölkerung, die nicht an der Herrschaft beteiligt ist. Die Tugend der Regenten ist Weisheit: Sie treffen alle wichtigen Entscheidungen. Die Tugend der Wächter ist Tapferkeit: Sie müssen gegen äußere und innere Gefahren gewappnet sein. Die Tugend der Beherrschten schließlich ist Besonnenheit: Sie müssen ihre Leidenschaften bändigen, Mäßigung und Unterordnung üben. Die Regenten und die Wächter sind eng miteinander verbunden: Sie bilden zusammen die herrschende Schicht, werden zusammen erzogen und sind in dem Interesse vereint, die Ordnung des Staates aufrechtzuerhalten. Platons Staat ist wie Sparta ein Militärstaat mit einem stehenden Heer, das nicht nur gegen äußere Feinde schützen, sondern auch innere Unruhen unterdrücken soll.

Gerechtigkeit ist für Platon ganz eng mit Stabilität verknüpft, einer Stabilität, die – wie in der pythagoreischen Lehre – als eine mehrstimmige und doch rational organisierte Harmonie geordnet und in der jede Abweichung ein »Missklang« ist. Mehrstimmigkeit heißt, in die Sprache der Politik übersetzt, eine eindeutige und unveränderbare Hierarchie verschiedener Stände. Politischer Dissens oder gar Revolutionen sind dagegen Merkmale der Ungerechtigkeit.

In Platons Staat werden die Bürger in ihren Stand hineingeboren. Ein Aufstieg in einen höheren Stand ist nur in wenigen Ausnahmefällen möglich. Das Gerechtigkeitsprinzip Platons lautet: Jeder soll das Seinige tun, das heißt, jeder soll den ihm von vornherein zugewiesenen Platz in der vorgesehenen Weise ausfüllen. Hier wird eines der wichtigsten Anliegen Platons deutlich: Einer Demokratie, so wie sie in Athen betrieben und von den Sophisten unterstützt wurde, sollte jede Legitimation genommen werden.

Legitim ist eine Herrschaft dagegen dann, wenn sie von der Vernunft bestimmt ist, und dies kann nur gewährleistet sein, wenn die Herrschenden einer strengen Auswahl unterzogen werden. Deshalb erhalten in Platons Staat nur diejenigen den Status von Regenten, die zu den höchsten Formen der Erkenntnis Zugang haben. Die Erziehung der Regenten und Wächter ist damit von ganz wesentlicher Bedeutung. Platon empfiehlt hierfür eine Mischung aus philosophischer und wissenschaftlicher Erziehung, wie er sie selbst für seine Akademie entworfen hatte, sowie einer militärisch-asketischen Erziehung, wie er sie aus Sparta kannte. Sie wird vom Staat und nicht von den Eltern übernommen.

Doch Platon führt auch ganz neue Elemente ein. Die herrschende Klasse ist eine Art sozialistischer Ordensgemeinschaft, in der sowohl die Sexualpartner als auch der Besitz allen gemeinsam sind. Die normalen Familien- und Besitzstrukturen sind also hier aufgehoben. Frauen und Männer sind gleichberechtigt, das heißt, auch Frauen können die Funktionen von Wächtern und Regenten wahrnehmen. Doch herrscht zwischen den Geschlechtern keineswegs unbeschränkte sexuelle Freizügigkeit. Der Lebensstil der herrschenden Klasse ist eher asketisch und diszipliniert, um jede Versuchung der persönlichen Bereicherung und Machtanhäufung zu vermeiden. Entsprechend ist auch der Sexualverkehr streng geregelt, um den für den Staat besten Nachwuchs zu erzeugen. Dieser wird ebenfalls von allen gemeinschaftlich erzogen. Platon propagiert also eine politisch motivierte Eugenik, eine Lehre von der Zucht der besten Erbeigenschaften, wie sie versuchsweise auch von totalitären Staaten des 20. Jahrhunderts durchgeführt wurde.

Am Beginn der Kinderaufzucht steht eine musische Erziehung, begleitet von regelmäßigen Leibesübungen. Ziel ist es, körperlich trainierten und ideologisch verlässlichen Nachwuchs heranzubilden. Die Möglichkeiten der musischen Erziehung sind allerdings sehr eingeschränkt. Die Kunst darf nur erbauliche Inhalte vermitteln, das heißt solche, die die kriegerische Gesinnung stärken und die ideologische Festigkeit nicht gefährden. Die im antiken Griechenland so populären Epen des Homer mit ihren Schilderungen von Verrat, Grausamkeiten oder Festgelagen haben in Platons Staat keine Chance, die Zensur zu passieren. In der Musik beschränkt sich das Erlaubte auf »phrygische« und »dorische« Tonarten, welche die Tapferkeit und Besonnenheit stärken.

Während Platon die Rolle der Künste abwertet, hat er eine hohe Meinung von der Mathematik, die er wie die Pythagoreer als eine Brücke zur Philosophie ansieht. Mathematik gehört aber nicht zum Pflichtprogramm, sondern wird nur für Freiwillige angeboten. Mit ihr beginnt eine spezielle geistige Ausbildung, die schließlich die Regenten von den Wächtern scheidet. Die wenigen künftigen Regenten werden ab dem dreißigsten Lebensjahr fünf Jahre lang in Philosophie unterrichtet und müssen danach noch fünfzehn Jahre lang in untergeordneten Staatsämtern dienen. Erst im Alter von fünfzig Jahren werden die Besten von ihnen dazu ausersehen, die höchste Form philosophischer Erkenntnis, die »Idee des Guten«, zu schauen. Dann haben sie den Status des Weisen und damit des Philosophenkönigs erlangt und müssen ihr Leben teilen zwischen der praktischen Regierungstätigkeit und der philosophischen Kontemplation.

Mit der »Idee des Guten« kommt Platons Ideenlehre, seine Theorie der Wirklichkeit, ins Spiel. Sie erklärt auch, was Platon mit Weisheit und Vernunfterkenntnis meint. Platon erläutert seine Ideenlehre in dem berühmten Höhlengleichnis, einem Herzstück des *Staats*, in dem er die Verbindung zwischen seinen politischen sowie seinen metaphysischen und religiösen Vorstellungen herstellt.

Wie Gefangene leben die Menschen in einer Höhle, in die Schatten von Gegenständen geworfen werden, die sich im Rücken der Menschen hinter einer Mauer bewegen. Diese Schattenbilder werden von den Menschen für die Wirklichkeit gehalten. Man stelle sich nun vor, ein Gefangener befreite sich aus der Höhle, träte ins Tageslicht und erblickte mit der Sonne die wahre Wirklichkeit, kehrte dann aber wieder in die Höhle zurück und berichtete den Mitgefangenen davon. Sie würden ihm wahrscheinlich zunächst nicht glauben, weil er, von der Erfahrung der Sonne geblendet, nun auch die Schatten an der Wand undeutlicher sieht als vorher.

Die Höhle ist die Welt unserer normalen sinnlichen Wahrnehmung, deren Gefangene wir sind. Der die Höhle verlassende Gefangene ist der Philosoph. Er ist derjenige, der den Menschen Kunde von der wahren Wirklichkeit gibt. Diese wahre Wirklichkeit außerhalb der Höhle ist die Welt der Ideen. Alles, was wir wahrnehmen, hat demnach in der Welt der Ideen ein ideales Muster. Für die vielen Tische, die wir wahrnehmen, gibt es eine Idee des Tisches, ebenso wie auch für alle anderen wahrgenommenen Dinge eine Idee existiert. Der griechische Begriff für »Idee«, »eidos«, heißt eigentlich »ideale Form«. Auch die Ideen befinden sich in einer abgestuften hierarchischen Ordnung. An ihrer Spitze steht die Idee des Guten, das höchste Prinzip der Wirklichkeit, aber auch der Maßstab für Vernunft und tugendhaftes Handeln.

Für Platon gibt es vier Stufen der Wirklichkeitserkenntnis: Die niedrigste wird repräsentiert durch die Kunst, die ein Abbild sinnlich wahrnehmbarer Dinge liefert. Danach kommt die sinnliche Wahrnehmung, die selbst wiederum nur ein Abbild der Welt der Ideen ist. Als Brücke zu den Ideen sieht Platon die reine Anschauung mathematischer Strukturen. Aber erst die Erkenntnis der Ideen ist Ausweis der Weisheit und der wahren Vernunfterkenntnis. Mit dieser Stufenfolge wird schließlich auch der niedrige Rang der Kunst in Platons Staat begründet. Indem sie Abbilder von Abbildern liefert, ist die Kunst eine drittklassige und irreführende Erkenntnis und in jeder Weise geeignet, von der wahren Wirklichkeit abzulenken.

Die Welt der Ideen ist, im Gegensatz zur sinnlichen Welt, ewig und keinen Veränderungen unterworfen. In ihrer unverrückbaren Stabilität wird sie zum Vorbild für die Ordnung des Staates. Indem die Erkenntnis der Ideen den Regenten des platonischen Staats zugewiesen wird, erhalten sie das entscheidende Herrschaftswissen, das zur Begründung ihrer politischen Stellung dient. Diese Erkenntnis darf man sich aber nicht als einen rein intellektuellen Akt vorstellen. Sie ist vielmehr eine Art Vision, ein Akt der Erleuchtung. Im antiken Griechenland waren der Philosoph und der religiöse Seher noch nicht streng voneinander getrennt. Dies gilt auch für Platons Philosophenkönige. Sie stellen einerseits die »akademisch« am besten ausgebildete Elite, haben aber andererseits, wie Priester, als Einzige direkten Zugang zu einer transzendenten Welt.

Diese religiöse Dimension des platonischen Staates wird durch das Ende des Buchs bestätigt. Hier kehrt Platon nämlich noch einmal zu dem Zusammenhang zwischen Gerechtigkeit und der menschlichen Seele zurück. Auch wenn Gerechtigkeit nicht durch Eigennutz definiert werden darf, so gibt es doch so etwas wie einen »Lohn« gerechten Handelns im Jenseits. Schon in seinem Dialog *Phaidon* hatte Platon die These von der Unsterblichkeit der Seele vertreten. Nun fügt er, in der Tradition der Pythagoreer, die Lehre von der Seelenwanderung hinzu, die er in einer mythenhaften Erzählung an den Schluss seines Buchs setzt.

Die Seele durchwandert nach dem Tod die Sphäre des Himmels und büßt dort für ihre Vergehen. Danach wird ihr Gelegenheit gegeben, eine neue Lebensform, sei es als Tier oder als Mensch, zu »wählen«. Platon wollte offenbar bekräftigen, dass das gerechte Leben in Verbindung mit einer Weltordnung steht, über die wir nicht mehr mit rationaler Argumentation, sondern nur noch mit Hilfe des Mythos sprechen können.

Im 20. Jahrhundert hat ein anderer großer politischer Philosoph, Karl R. Popper, Platons Idealstaat als totalitär kritisiert. Begriffe wie »Gerechtigkeit« oder »Idee des Guten« sollten in der Tat nicht den Blick davor verschließen, dass dies ein von wenigen Auserwählten gelenkter Staat ist, in dem Zensur herrscht und der Zugang zur Bildung nur wenigen Privilegierten gestattet ist. Platon ist mit seinem elitären Konservatismus auch keineswegs repräsentativ für sein Zeitalter. Von dem vierzig Jahre älteren Philosophen Demokrit ist zum Beispiel die Aussage überliefert, dass »die Armut in einer Demokratie um so viel besser ist als das so genannte ›Glück‹ am Hofe der Mächtigen, wie die Freiheit besser ist als ein Sklavendasein«. Die politischen Meinungen gingen auch im alten Griechenland weit auseinander.

Dennoch war selbst ein so entschiedener Kritiker Platons wie Popper fasziniert von dem »Zauber«, der von diesem kunstvoll konstruierten Entwurf einer in sich geschlossenen Gesellschaft ausgeht. Platons ungeheure Wirkung in der europäischen Geistesgeschichte beruht genau auf dieser visionären Kraft. *Der Staat* hat das gesamte utopische Denken der europäischen Philosophie maßgeblich inspiriert. Dabei spielte auch immer wieder die Vorstellung einer weisen und zugleich asketisch lebenden Machtelite eine Rolle.

In der Renaissance wurde das Werk zum Vorbild zahlreicher Staatsutopien. Aber auch das von den Marxisten des 19. und 20. Jahrhunderts formulierte Ziel einer klassenlosen Gesellschaft trägt den utopischen Keim in sich, den Platon gepflanzt hat. Platon hat die

Herausforderung angenommen, die verlangt, dass Gerechtigkeit nicht nur ein Wort oder eine Forderung sein darf, sondern auch mit der konkreten Vorstellung eines Gesellschaftsmodells verbunden sein muss. Er hat damit nicht nur die Fantasien der politischen Philosophen bis heute angeregt, er hat auch an den tief verwurzelten Traum der Menschen vom politischen Schlaraffenland gerührt.

Ausgaben:

PLATON: Sämtliche Werke, Band 3: Phaidon, Politeia. Übersetzt von F. Schleiermacher. Herausgegeben von W. F. Otto, E. Grassi und G. Plamböck. Hamburg: Rowohlt 1958.

PLATON: Der Staat. Übersetzt von R. Rufener. München: dtv 1998.

Die Geburt der ersten Philosophie

ARISTOTELES: Metaphysik (zwischen 367 und 322 v. Chr.)

Wo finden wir die erste Philosophie? Bei den Griechen oder, vielleicht noch früher, in den orientalischen Hochkulturen oder in den Weisheitslehren Indiens und Chinas?

Die Antwort, die ein Philosoph geben würde, wäre vermutlich: Die erste Philosophie finden wir überall dort, wo die philosophischen Grundfragen gestellt werden, wo es um jene letzten Wahrheiten geht, auf denen alle anderen Einsichten aufbauen. Diese erste Philosophie hat nichts mit einer zeitlichen Reihenfolge zu tun, sondern mit einem Vorrang in der Sache. Dem griechischen Philosophen Aristoteles verdanken wir das Verständnis von »erster Philosophie«, das unter Fachleuten bis heute geläufig ist.

Aristoteles war derjenige, der zum ersten Mal das Knäuel philosophischer Fragen und Probleme aufgedröselt und in eine Ordnung gebracht hat. Auf ihn geht es zurück, wenn wir heute zwischen Ethik, politischer Philosophie, Logik, Naturphilosophie und anderen philosophischen Disziplinen unterscheiden. Als wichtigste und grundlegendste aller philosophischen Disziplinen sah er jene an, die er »Erste Philosophie« nannte. In ihr geht es um die Grundprinzipien und den Bauplan dessen, was wir »Welt« oder »Wirklichkeit« nennen. Ihre Geburt erlebt diese in den Lehrbüchern häufig großgeschriebene »Erste Philosophie« in jenem ungeheuer einflussreichen Werk des Aristoteles, das den Titel *Metaphysik* trägt. »Metaphysik« war schließlich auch der Name, unter dem die »Erste Philosophie« zur Königsdisziplin der Philosophie wurde.

Aristoteles nimmt sich den allgemeinsten Begriff der Philosophie, den Begriff des »Seins«, vor und will klären, was wir überhaupt meinen, wenn wir davon sprechen, dass etwas so oder so »ist«. Es gibt nämlich, so Aristoteles, sehr verschiedene Arten zu »sein«, und es kommt darauf an, die wichtigsten und wesentlichen Arten des Seins zu unterscheiden. Dies ermöglicht uns, einen Blick auf die Tiefenstruktur der Wirklichkeit zu werfen. Sie wird, so Aristoteles, von einem obersten Prinzip in Bewegung gehalten, das er »Gott« nennt, eine Wesenheit, die, in seinen eigenen Worten, »Leben und Ewigkeit« zugleich ist und die höchste Form der Wirklichkeit verkörpert. Auf diesen Gott führt alles zu, wenn wir die letzten Gründe des »Seins« erkunden. Die *Metaphysik* des Aristoteles zeichnet einen Bauplan unserer Wirklichkeit, über den sich viele Jahrhunderte lang Vertreter der westlichen Philosophie gebeugt haben.

Die Rolle des Lehrers und Erziehers hat das Leben des Aristoteles stark geprägt. Er wurde 384 v. Chr. in Stageira im heutigen Nordgriechenland geboren, einem Ort, der zu Zeiten des Aristoteles zu Makedonien gehörte. Die Makedonier wurden von den Griechen im Süden nicht als »hellenisch« angesehen. Sie galten als »Barbaren«, und ihre politischen Ambitionen waren gefürchtet.

Die Eltern des Aristoteles waren keine Makedonier, sondern griechischen Ursprungs und sprachen einen ionischen Dialekt. Der Vater, Nikomaches, unterhielt allerdings als Leibarzt des makedonischen Königs enge Kontakte zum Hof. Die Beziehungen der Familie zum makedonischen Königshaus sollten auch im Leben des Aristoteles eine große Rolle spielen. Schon als Junge freundete er sich mit dem Sohn des Königs, Philipp, an.

Nach dem frühen Tod des Vaters kam Aristoteles in die Obhut von Verwandten in Assos, einem Ort an der kleinasiatischen Küste gegenüber der Insel Lesbos. Im Alter von siebzehn Jahren schließlich tat er den für seine Zukunft als Philosoph entscheidenden Schritt: Er ging nach Athen und trat in die Akademie des Philosophen Platon ein, die damals bereits wichtigste Ausbildungsstätte für Philosophen in Griechenland. Dort blieb er zwanzig Jahre lang, zunächst als Schüler und später als Lehrer. Die *Metaphysik* entwickelte sich aus den Diskussionen, die innerhalb der platonischen Akademie geführt wurden.

Ziel dieser im Jahr 387 v. Chr. von Platon gegründeten Philosophenschule war die Heranbildung einer Elite, die in der Lage war, sowohl geistige als auch politische Führung zu übernehmen. Grundlage dafür sollte eine wissenschaftliche Bildung sein, die in der Philosophie als der höchsten Form des Wissens gipfelte. Dies entsprach der Überzeugung Platons, dass philosophische Erkenntnis die einzig verlässliche Voraussetzung für eine gerechte politische Herrschaft sein kann.

Die platonische Akademie lässt sich eher mit einem religiösen Orden als mit einer heutigen Universität vergleichen. Die Mitglieder lebten nach einem klösterlich streng geregelten Tagesablauf und verehrten Platon wie einen Guru. Als Aristoteles in die Akademie eintrat, befand sich Platon gerade in Sizilien. In späteren Jahren entwickelte sich dann eine enge Verbindung zwischen dem Meister und seinem brillantesten Schüler.

Der junge Aristoteles, der in der Akademie den Beinamen »der Leser« erhielt, lernte hier alle zeitgenössischen philosophischen Theorien kennen. Einigkeit herrschte bei den meisten griechischen Philosophen darüber, dass die Wirklichkeit im Grunde von einer Art Weltvernunft beherrscht wird und dass der Mensch aufgrund seiner eigenen rationalen Fähigkeiten die Möglichkeit hat, diese Vernunft zu erkennen. Einer der Hauptstreitpunkte entwickelte sich über der Frage, in welchem Verhältnis diese Weltvernunft, die man sich als eine ewige und unveränderliche Einheit dachte, zu den Verschiedenheiten und Veränderungen der Welt stand, in der alles einem Rhythmus von Leben und Tod, Blüte und Zerfall unterworfen war.

Unter den vorsokratischen Philosophen, also den Philosophen vor Sokrates, übte der im 5. vorchristlichen Jahrhundert lehrende Anaxagoras einen besonderen Einfluss auf Aristoteles aus. Ähnlich wie die spätere aristotelische Gottesvorstellung ist für ihn die Weltvernunft »nous«, also reiner Geist, der hinter den Veränderungen der Welt steht, sie aber gleichzeitig auch steuert.

Die Lehre, mit der Aristoteles sich aber fast 20 Jahre lang intensiv beschäftigen sollte, war die sogenannte »Ideenlehre« Platons. Sie hatte ihre wichtigsten Wurzeln in zwei anderen vorsokratischen Denkern: Parmenides und Pythagoras. Für Parmenides gab es zwischen dem Werden und Vergehen einerseits und der Weltvernunft andererseits eine tiefe Kluft. Dem wahren, unveränderlichen Sein, das in sich selbst ruht, stellte er die Welt der Täuschungen entgegen, die sich unserer Wahrnehmung bietet. Erst in der visionären Anschauung des Seins erfassen wir, was wahrhaft wirklich ist. Pythagoras wiederum und seine Schule hatten eine ausgesprochene Vorliebe für die Mathematik, weil sie glaubten, dass die vernünftige Tiefenstruktur der Wirklichkeit sich durch Zahlenverhältnisse ausdrücken lässt.

Von Parmenides übernahm Platon die Ansicht, dass der Mensch sich von der Welt der Veränderungen völlig abwenden müsse, um zum wahren Sein zu gelangen. Diesem Sein gab er allerdings eine etwas komplexere Struktur, die es ermöglichte, die Beziehung zwischen dem unveränderlichen Bereich der Vernunft und dem Bereich der von uns wahrgenommenen veränderlichen Dinge herzustellen. Diesen Dingen steht nämlich nach Platon die Welt ewiger, unveränderlicher und idealer Formen gegenüber, die er »Ideen« nannte. So befindet sich über den vielen Pferden der Wahrnehmungswelt die unveränderliche »Idee« des Pferdes. Für jede »Gattung« wie Tisch, Pferd, Wolke gibt es eine Idee. In der Idee liegen zugleich der Ursprung und das Vorbild der Dinge. Nur indem das konkrete Pferd Merkmale der Idee des Pferdes aufweist, oder, wie Platon sagte, an der Idee des Pferdes »teilhat«, können wir es überhaupt als »Pferd« wahrnehmen. Die Idee ist Urbild, das Ding Abbild. Die Welt der Ideen und die Welt der Dinge verhalten sich zueinander wie die Welt im Sonnenlicht und die Welt im Schatten. Die Ideenwelt kann nicht durch die sinnliche Wahrnehmung, sondern nur durch eine intuitive Schau erkannt werden, die den rational Geschulten, den Philosophen, vorbehalten bleibt.

Aufgabe der philosophischen Erziehung innerhalb der Akademie war es deshalb auch, den Aufstieg von der Sinnenwelt zur Welt der Ideen einzuüben. Dabei spielte die Mathematik eine wichtige Rolle. Weil sie die Fähigkeit zur Abstraktion schulte, galt sie als die Vorhalle zur Philosophie und damit zur Erkenntnis der Weltvernunft.

Aristoteles erlebte die Akademie in einer Zeit, in der das Werk Platons bereits in seine Spätphase eingetreten und die Ideenlehre Gegenstand kritischer Diskussionen geworden war. Wir wissen, dass er mit seinen Einwänden bei diesen Diskussionen eine wichtige Rolle gespielt hat. Sehr wahrscheinlich entstanden schon in der frühen Akademiezeit erste Notizen, die später ausgearbeitet wurden und in die *Metaphysik* eingeflossen sind.

Eines der Probleme war, ob es nicht nur für sinnlich wahrnehmbare Gegenstände wie Pferde oder Tische, sondern auch für abstrakte Begriffe wie »Einheit« Ideen gibt. Damit verbunden war das Problem einer Ordnung der Ideenwelt, also die Frage nach den Beziehungen der Ideen untereinander. Gab es eine Hierarchie innerhalb der Ideenwelt? Mit der »Idee des Guten« als der vollendetsten Form des Seins, dem Maßstab für Wahrheit und Gerechtigkeit und dem Ziel philosophischer Erkenntnis hatte Platon bereits die Existenz einer obersten Idee behauptet und den Grundstein für eine Hierarchie der Ideen gelegt. Sehr knifflig war vor allem das Problem der Beziehung zwischen der Welt der Dinge und der Welt der Ideen, die Platon als »Teilhabe« bezeichnet hatte.

Eines bestritt Aristoteles nie: dass philosophische Erkenntnis darin besteht, die Wirklichkeit in einer reinen, rationalen Schau zu erfassen, in der alle praktischen Erwägungen ausgeblendet sind. In seiner Schrift *Protreptikos* (»Mahnrede«), die etwa um das Jahr 350 v. Chr. – also mitten in seiner Akademiezeit – entstanden ist, definiert er das Ziel der Philosophie in diesem Sinne als »theoria«, als reine »theoretische« Erkenntnis, die ihren Sinn und Zweck in sich selbst hat. In dieser Schau verwirklicht sich der Mensch als vernünftiges Wesen und wird damit, ganz im Sinn der Ideenschau der platonischen Akademie, zum »Weisen«.

Aristoteles verließ die Akademie nach dem Tod Platons im Jahr 347. Möglicherweise spielte dabei die Tatsache eine Rolle, dass nicht er, sondern Platons Neffe Speusipp zum Leiter der Akademie bestimmt wurde. Wichtiger für seinen Entschluss waren aber sicherlich die Anfeindungen der Athener, die in ihm den »Makedonier« sahen, was zu diesem Zeitpunkt nichts Gutes bedeutete. 348 hatten die Makedonier Olynth erobert, eine mit Athen verbündete Stadt, und bedrohten nun auch den Süden Griechenlands.

Angesichts des vergifteten Klimas verließ Aristoteles Athen und ging nach Kleinasien zurück. Er betrachtete sich noch als Platoniker, doch seine Forschungsinteressen unterschieden sich bereits von denen der Akademie: Nicht abstrakte mathematische Studien, sondern Beobachtungen der Natur standen für ihn im Mittelpunkt. Die Welt der sinnlich wahrnehmbaren Dinge hatte für ihn einen höheren Stellenwert als für seinen Lehrer Platon.

Etwa im Jahr 343 holte ihn sein Jugendfreund Philipp, inzwischen makedonischer König, als Erzieher seines Sohnes, des späteren Alexander des Großen, nach Makedonien zurück. Bei dieser Aufgabe blieb ihm aber offenbar noch genügend Zeit, seine Forschungen weiter zu betreiben und sich einen Namen in der Gelehrtenwelt Griechenlands zu machen.

Nachdem Athen unter makedonische Herrschaft gefallen war, kehrte Aristoteles unter dem Schutz des makedonischen Königshauses 335 dorthin zurück und gründete mit seinem Freund und späteren Nachfolger Theophrast eine eigene Philosophenschule. Sie ging nach seinem Tod, in Anspielung auf die Wandelgänge des Gebäudes, als »Peripatos« (griech. »peripatein« = »umherwandeln«) in die Philosophiegeschichte ein. Die peripatetische Schule lehrte und verbreitete von nun an – als Konkurrenzunternehmen zur Akademie – die aristotelische Philosophie.

Allerdings war es Aristoteles nicht vergönnt, sein Leben im Umkreis des Peripatos zu beschließen. Mit dem Tod Alexanders 323 und der Lockerung der makedonischen Herrschaft wachten auch die antimakedonischen Ressentiments in Athen wieder auf. Als makedonischer Günstling bekam Aristoteles sofort zu spüren, dass sich der Wind gedreht hatte. Man klagte ihn wegen Untergrabung des Götterglaubens an, eine Anklage, die man einige Jahrzehnte vorher bereits gegen Sokrates, den Lehrer Platons, erhoben und die zum Todesurteil geführt hatte. Aristoteles hatte kein Interesse daran, das Schicksal des Sokrates zu teilen, und er flüchtete aus Athen mit dem Hinweis, er wolle den Athenern keine Gelegenheit geben, sich zum zweiten Mal an der Philosophie zu vergehen. Er zog sich auf ein von seiner Mutter ererbtes Gut auf der Insel Euböa zurück, wo er im Oktober des Jahres 322 starb.

Als Lehrer des Peripatos schrieb Aristoteles an jenen Manuskripten weiter, die uns heute in Gestalt der *Metaphysik* vorliegen und die, so weit wir wissen, nie vollendet wurden. Man merkt ihrem trockenen und nüchternen Stil an, dass sie für den Lehrbetrieb entstanden sind, in dem der Dozent sich immer wieder mit der Tradition auseinandersetzt und wichtige Thesen in verschiedenen Zusammenhängen wiederholt. Anders als bei Platon, dessen Akademievorträge verloren gegangen, aber dessen für das allgemeine Publikum verfasste Schriften erhalten sind, besitzen wir keines von Aristoteles' populären, »offiziell« veröffentlichten Büchern mehr. Deshalb ist es etwas unfair, den »dichterischen« Charakter der Dialoge Platons gegenüber den nüchtern argumentierenden Schriften des Aristoteles hervorzuheben.

Die *Metaphysik* ist also kein einheitliches Buch, sondern ein Konvolut von Vorlesungsnotizen. Erst Andronikos von Rhodos machte sich im 1. Jahrhundert n. Chr. daran, die zeitweise verschollenen Manuskripte des Aristoteles zu Werken zusammenzustellen. Dabei ging es nicht unbedingt immer nach den Regeln der heutigen wissenschaftlichen Philologie zu. So wissen wir, dass das 11. Buch (in der Antike wurden die Kapitel häufig als »Bücher« bezeichnet) einen ganz anderen Verfasser hat und irrtümlich in die *Metaphysik* hineingerutscht ist. Andronikos ist auch verantwortlich für den Titel »Metaphysik« (wörtl. »nach« oder »hinter der Physik«), der entweder bedeuten kann, dass die *Metaphysik* in der Reihenfolge der aristotelischen Werke hinter die *Physik* eingeordnet wurde, oder auch, dass in ihm Themen behandelt werden, die die Physik, d. h. die Naturwissenschaft und Naturphilosophie, übersteigen.

Der Leser der *Metaphysik* sollte sich deshalb, ohne Rücksicht auf den Zusammenhang einzelner Teile, in jedes Kapitel wie in eine neue Vorlesung begeben. Obwohl das Werk eine hohe Konzentration und eine Satz-für-Satz-Lektüre erfordert, bleibt er nie darüber im Unklaren, wovon Aristoteles spricht.

In den ersten Kapiteln entwirft Aristoteles das Programm der »Ersten Philosophie«, die nach den »Prinzipien und Ursachen des Seienden, und zwar sofern es Seiendes ist«, fragt. Er diskutiert Methoden und Ziele dieser Grundlagendisziplin, um schließlich ab dem 7. Kapitel seine Version von den »Prinzipien und Ursachen des Seienden, und zwar sofern es Seiendes ist«, also von der vernünftigen Grundordnung der Wirklichkeit, zu entwickeln.

Diese »Erste Philosophie« unterscheidet sich nach Aristoteles von allen anderen Wissenschaften und Disziplinen dadurch, dass sie keinen bestimmten Bereich der Wirklichkeit untersucht, sondern, wie er sagt, »tò òn hê ón«, das Wirkliche oder Seiende, insofern es »seiend«, d. h. wirklich ist.

In der Biologie untersuchen wir die Vorgänge der Tier- und Pflanzenwelt, in der Astronomie die Welt der Planeten und Sterne. Aber was bedeutet es, wenn wir von dem »Sein« der Sterne oder dem »Sein« der Pflanzen reden? Was macht einen Stern zum »Stern« und eine Pflanze zur »Pflanze«? Was bedeutet es überhaupt, wenn wir von »etwas« reden, also einem Gegenstand, den wir von anderen Gegenständen unterscheiden können und von dem wir sagen können, dass er »ist«? In den einzelnen Wissenschaften setzen wir solche Bedeutungen ganz selbstverständlich voraus. Die Welt erscheint uns wie ein wohlsortiertes Kaufhaus, in dem die Waren geordnet und unterschieden sind.

Die »Erste Philosophie« aber macht genau diese Voraussetzungen zum Thema und überlegt, warum wir die Wirklichkeit so und nicht anders sortieren. Genau deshalb ist sie eine Grundlagendisziplin, die uns zu dem führen soll, was auch alle anderen Philosophen vor Aristoteles im Auge hatten: die vernünftige Grundordnung der Welt, die Erkenntnis der Art, wie die Wirklichkeit »tickt«.

Dass die menschliche Vernunft fähig ist, diese Grundordnung zu erkennen, daran zweifelt Aristoteles ebenso wenig wie sein Lehrer Platon. Er ist sogar der Meinung, dass der Mensch »von Natur aus« dazu bestimmt ist, ein solches Wissen zu erwerben, dass also die menschliche Selbstverwirklichung darin besteht, sich dem Erkennen der vernünftigen Ordnung der Welt zu widmen.

Anders als bei Platon führt bei Aristoteles der Weg dorthin aber nicht über die abstrakten Zahlenverhältnisse der Mathematik. Gegenüber der Welt der sinnlich wahrnehmbaren Dinge nimmt er eine ganz andere Haltung als sein Lehrer ein: Nicht die Mathematik ist für ihn der Vorhof der Philosophie, sondern Physik und Biologie sind es, die Anschauung der Vorgänge in der Natur und der uns umgebenden, sinnlich wahrnehmbaren Welt.

Wenn wir dort fragen, warum etwas so und nicht anders ist, stoßen wir nach Aristoteles auf vier verschiedene Ursachen: die Stoffursache, die Formursache, die Bewegungsursache und die Zweckursache. Nehmen wir das Beispiel einer Statue: Die Stoffursache der Statue liegt in dem Material, also dem Marmor, aus dem sie gemeißelt wurde, die Form- oder Wesensursache in der vorliegenden Gestalt der Statue. Die Tätigkeit der Bearbeitung des Marmors ist die Bewegungs- oder Wirkursache, und die Idee, die dem Künstler bei der Arbeit vorschwebte, ist die Zweckursache.

Die Fachphilosophen benutzen normalerweise die lateinischen Begriffe »causa materialis«, »causa formalis«, »causa efficiens« und »causa finalis«, um die vier aristotelischen Ursachen zu bezeichnen. Heute verwenden wir den Begriff »Ursache« normalerweise nur noch für die causa efficiens, die Wirkursache. Wenn Wissenschaftler und Philosophen von »Kausalität« oder »kausalen Vorgängen« reden, meinen sie in der Regel, dass ein Ereignis ein anderes Ereignis bewirkt, d. h. gemäß einem allgemeinen Naturgesetz hervorruft. Die anderen drei von Aristoteles genannten Ursachen sind in der Geschichte der Wissenschaften völlig in den Hintergrund getreten. Wenn es bei Aristoteles allerdings um die Analyse des »Seins« geht, so sind zwei andere Ursachenformen, nämlich die Formursache und die Zweckursache, viel wichtiger, und zwar deshalb, weil beide mit dem Begriff »Substanz« verknüpft sind.

Mit dem Begriff der »Substanz« erreichen wir das Herzstück der *Metaphysik*. Aristoteles beschäftigt sich mit dem Substanzbegriff ausführlich in den Kapiteln 7 bis 9, die von den Fachleuten auch als »Substanzabhandlung« bezeichnet werden.

Wenn wir von einem Gegenstand sagen, dass er »ist«, so meinen wir nach Aristoteles keineswegs immer dasselbe. In dem Satz »Peter ist in Wirklichkeit Paul« dient das »ist« dazu, eine Identifikation herzustellen. In dem Satz »Es ist wirklich so, wie du sagst« benutzen wir das »ist«, um die Wahrheit eines Sachverhalts zu bekräftigen. In dem Satz »Etwas ist kahl« wiederum dient uns das »ist« dazu, einem Gegenstand bestimmte Eigenschaften zuzusprechen.

Im Mittelpunkt der Betrachtungen der *Metaphysik* steht gerade jenes »Etwas«, dem man zwar Eigenschaften zuspricht, das aber selbst mehr ist als ein Bündel von Eigenschaften. Die Verwendungsweise von »ist«, die Aristoteles deshalb am meisten interessiert, ist die, wenn wir sagen: »Dieses große dunkle Etwas vor meinem Fenster ist eigentlich ein Baum.« Ein Baum wird nicht dadurch zu einem Baum, dass er grüne Blätter oder einen dicken Stamm hat. Bäume können auch dünne Stämme haben und kahl sein. Wir müssen also unterscheiden zwischen den wechselnden Eigenschaften eines Gegenstandes und seinem Wesenskern. Genau dieser Wesenskern ist es, auf den das eigentlich wichtige »ist« abzielt. Aristoteles nennt ihn »Substanz«, die wechselnden Eigenschaften wie »kahl« oder »grün« hingegen nennt er »Akzidentien«.

Wir können also sagen: Etwas »ist« im eigentlichen Sinne, wenn es Substanz ist. Die Substanz bezeichnet ein selbstständiges, von anderen Dingen getrennt existierendes Ding, das wechselnde Eigenschaften hat, aber selbst immer mit sich identisch bleibt. Ein Baum bleibt ein Baum, ob er grünt oder nicht. Nur im Märchen ist der Prinz einmal ein Mensch und ein andermal ein Frosch.

Wir sprechen von dem »Seienden«, so Aristoteles, zwar in verschiedener Bedeutung, aber im Hinterkopf haben wir immer die Substanz, jenes wahre Seiende, zu dem die anderen Formen des »ist« in einer Art Analogie stehen. Die Substanz ist auch genau jenes »Etwas«, auf das wir alle möglichen Arten von »ist« beziehen können.

Aber was ist dieses Wesentliche eigentlich, das Aristoteles »Substanz« nennt? Der Leser sei vorgewarnt: Die Diskussion darüber ist bis heute nicht beendet. Zwei Aspekte lassen sich bei dem Begriff »Substanz« unterscheiden: ein konkreter und ein etwas allgemeinerer. Substanz ist zum einen das konkrete Ding, der Baum, der vor meinem Fenster steht, dessen Alter ich kenne und der für mich immer der gleiche Baum bleibt, ob er kahl ist oder grünt.

Gleichzeitig ist mit der Substanz aber auch etwas gemeint, das mein konkreter Baum mit allen anderen Bäumen gemeinsam hat. Substanz ist, wie Aristoteles sich ausdrückt, das »tò tí ên eînai«, das »Wesenswas« eines Dinges. Es ist das, was den Baum zu einem Baum macht. Dies drückt sich in dem Allgemeinbegriff »Baum« aus, der sich auf alle Bäume anwenden lässt. Wenn wir von »Baum« sprechen, ohne auf einen konkreten Baum zu verweisen, meinen wir die Art, die Gattung »Baum«. Die Griechen benutzten dafür den Begriff »eidos«. Es ist genau jener Begriff, mit dem Platon die »Idee« bezeichnet hatte. Es ist auch der Begriff, den Aristoteles für »Form« benutzt, für die Gestalt, die uns vor Augen steht, wenn wir uns einen Baum vorstellen.

Genau an dieser Stelle kommen Formursache und Zweckursache wieder ins Spiel. Für Aristoteles lassen sich nämlich der konkrete und der allgemeine Aspekt des Substanzbegriffs miteinander verbinden. Die Substanz ist auch ein irdisches Kind der platonischen Idee, indem sie nicht nur ein konkretes Ding, sondern auch die Gestalt meint, die alle Exemplare einer bestimmten Art und Gattung gemeinsam haben. Der Begriff, den Aristoteles für »Substanz« verwendet, ist »ousia«, im Deutschen meist mit »Wesen« oder »Wesenheit« übersetzt. Es ist aber auch der Begriff, den er für die Formursache benutzt, die deshalb auch »Wesensursache« genannt wird. »Ousia«, die Substanz, manifestiert sich in der Form, im »eidos«.

Die Substanz ist das wahrhaft Seiende, das immer unverändert und mit sich identisch bleibt, das aber nicht mehr in einer abstrakten, von den natürlichen Dingen entfernten Welt, sondern in den natürlichen Dingen selbst zu finden ist. Damit hatte sich das in der platonischen Akademie diskutierte Problem der »Teilhabe« der Dinge an den Ideen erledigt.

Der Grund dafür, dass Aristoteles das Wesen eines Dings mit seiner Form identifiziert, liegt in seiner Naturanschauung. Der Baum ist dann erst ein richtiger Baum, wenn er ausgewachsen vor uns steht, also seine vollendete Form erreicht hat. Einen Baumsamen können wir noch nicht als Baum ernst nehmen. Wir sagen dann höchstens: Das wird erst mal ein Baum. Jeder konkrete Baum wird erst durch seine Form erkennbar, die ihn als Baum identifiziert.

Ebenso ist es mit allen anderen Dingen. Die Substanz als das Wesen eines Dinges zeigt sich in der voll entwickelten Form. Jede dieser Formen entfaltet sich nach einem vorgegebenen Muster, nach einem im Ding selbst angelegten Zweck. Der Same eines Baums entwickelt sich, wenn wir ihn einpflanzen, zu einem Baum und nicht zu einem Kaktus. Aristoteles hatte also etwas im Auge, das wir heute als »genetische Programmierung« bezeichnen würden. Form und Zweck hängen aufs Engste miteinander zusammen. Die Form als verwirklichter Zweck ist das, was ein Ding zu dem macht, was es ist. Im Falle des Menschen wird Aristoteles sogar sehr konkret: Der Mensch wird erst zum Menschen im eigentlichen Sinne, wenn er den in ihm angelegten Zweck des Menschseins, nämlich die Fähigkeit zu rationaler theoretischer Erkenntnis, verwirklicht. Es ist also die Vernunft, die den Menschen zum Menschen macht.

Die Vielfalt der Formen ist somit gleichzeitig eine Vielfalt verwirklichter Zwecke. Die Welt ist für Aristoteles ein Reich der Zwecke, ein Universum, in dem Form- bzw. Wesensursachen und Zweckursachen immer wieder Substanzen entstehen lassen und in dem sich die Dinge nach Art eines genetischen Codes entwickeln. Abgeleitet von dem griechischen Wort für Zweck, »telos«, wird das aristotelische Weltbild deshalb auch als »teleologisches« Weltbild bezeichnet.

Mit seiner teleologischen Weltdeutung hatte Aristoteles auch den Schlüssel in der Hand, um das zu erklären, was bei Parmenides und Platon als Welt des Scheins und der Täuschung links liegen gelassen wurde: die Welt der Veränderung nämlich. Unsere natürliche, wahrnehmbare Welt ist zwar eine Welt des Werdens und Vergehens. Aber diese Veränderungen folgen einem in der Vernunftordnung der Welt verankerten Gesetz: dem Gesetz, das Substanzen schafft und aus angelegten, möglichen Formen immer wieder verwirklichte Formen macht. Veränderung ist Entwicklung, ist Übergang von Möglichkeit zu Wirklichkeit, oder, wie Aristoteles sagt, von »dynamis« zu »energeia«. Es ist eine Welt, in der sich Substanzen unendlich fortzeugen und aus Stoff oder Materie immer wieder Form entsteht.

Aber, so stellt sich die Frage, hat dieser Prozess irgendwann einmal begonnen? Was war zuerst, Huhn oder Ei, Same oder Baum? Auch

Aristoteles stellt diese Frage und beantwortet sie in dem berühmten 12. Buch der *Metaphysik*, die viele für das Kernstück des Werks halten. Es gibt etwas, was die Welt von ewig her in Bewegung hält und die Entwicklung von Möglichkeiten zu Wirklichkeiten steuert, ohne selbst von dieser Entwicklung betroffen zu sein. Dieses Etwas ist reine Wirklichkeit, eine Ursache, die Bewegung entstehen lässt, ohne selbst bewegt zu werden. Es ist der sogenannte »unbewegte Beweger«, den Aristoteles »Gott«, aber auch, in Anlehnung an Anaxagoras, »nous«, d.h. reine Vernunft, nennt. Dieser unbewegte Beweger ist – charakteristisch für Aristoteles – keine Wirkursache. Er gibt der Welt keinen Tritt, um sie in Gang zu setzen. Er ist vielmehr Zweckursache aller Entwicklung. Er ist die Supersubstanz, die immer schon wirklich ist und auf die alle Entwicklungslinien zulaufen.

Hier erst begegnen wir der Weltvernunft in reiner Gestalt. Der unbewegte Beweger ist weder ein persönlicher Gott noch ein Schöpfergott, sondern das vernünftige Wesen der Welt, zeitloses Denken, das sich selbst denkt. Wie das Sein des Parmenides oder die Idee des Guten bei Platon ist er erste Ursache, materielose, reine Form, eine ewige, immer mit sich identische Einheit. Von diesem Gott war Aristoteles nicht nur theoretisch fasziniert: Die um sich selbst kreisende Weltvernunft ist für ihn auch »hedoné«, also Lust und Freude, sie ist Tätigkeit, die sich selbst genügt, und damit auch Vorbild für ein erfülltes menschliches Leben.

Die *Metaphysik* des Aristoteles hat die Geschichte der Philosophie wie ein Sauerteig durchsetzt. Nachdem in den Wirren des frühen Mittelalters die Kenntnis der aristotelischen Philosophie im Westen verloren gegangen war, wurde sie über die Vermittlung islamischer Denker im Hochmittelalter zur bestimmenden geistigen Kraft, zur Grundlage von Wissenschaft und Philosophie. Thomas von Aquin machte Aristoteles zum theoretischen Vordenker eines neuen christlichen Weltbildes und nannte ihn schlicht »den Philosophen«.

Auch als das wissenschaftliche Weltbild sich in der Neuzeit von Aristoteles löste, blieben seine Spuren in allen großen Systemen der Metaphysik erkennbar. Die Idee einer alles durchziehenden Weltvernunft wurde von Spinoza, der Gedanke einer in der Welt angelegten, gesetzmäßigen Vernunftentwicklung von Hegel aufgegriffen. Noch zu Beginn des 20. Jahrhunderts bezeichnete ein Kritiker des teleologischen Denkens, Nicolai Hartmann, dieses als eines der Hauptmerkmale der gesamten westlichen Philosophie. Aber auch in der modernen Logik und Sprachphilosophie finden sich viele Unterscheidungen wieder, die auf Aristoteles zurückgehen.

Die Faszination des ersten großen Systematikers der Philosophie beruht auf der einzigartigen Verbindung von enzyklopädischem Wissen, logisch scharfer Argumentation und visionärer Kraft. Wenn auch viele heute bezweifeln, dass das Ziel, den rationalen Bauplan der Welt zu entziffern, jemals gelingen kann, so sind doch auf dem Weg, auf den Aristoteles die Philosophie geschickt hat, unzählige Entdeckungen gemacht worden.

Ausgabe:
ARISTOTELES: Metaphysik. Übersetzt von Hermann Bonitz (ed. Wellmann). Auf der Grundlage der Bearbeitung von Héctor Carvallo und Ernesto Grassi neu herausgegeben von Ursula Wolf. Reinbek bei Hamburg: Rowohlts Klassiker 1994.

Des Kaisers philosophische Kleider

Marc Aurel: Selbstbetrachtungen (zwischen 172 und 180)

Dass Vertreter aus Politik und Philosophie, der Welt der Macht und der Welt des Geistes, nicht immer die besten Freunde sind, ist eine allgemeine Erfahrung. Philosophen beklagen die Konzeptions- und Skrupellosigkeit der Mächtigen, die Politiker dagegen schauen voll Verachtung auf die praxisfernen Ratschläge der selbst ernannten Besserwisser. Wenn Politiker sich schließlich doch auf die Philosophie einlassen oder sogar ein philosophisches Buch schreiben, reagieren viele häufig mit Misstrauen. Will hier jemand seiner Macht ein philosophisches Mäntelchen umhängen? Will er sich mit der Aura des universell Gebildeten umgeben, um möglichst viele Anhänger und Bewunderer zu ködern?

Nicht immer ist dieses Misstrauen berechtigt. Schon gar nicht im Falle der *Selbstbetrachtungen* des römischen Kaisers Marcus Aurelius Antoninus Augustus, wie Marc Aurels vollständiger Herrschername lautet. Römische Kaiser machten nicht durch Bücher, sondern durch militärische und wirtschaftliche Erfolge Eindruck auf ihre Untertanen. Es waren aber auch nicht die römischen Bürger, an die sich dieses Buch richtete. Der griechische Originaltitel *Ta heis auton*, wörtlich »An sich selbst«, deutet auf den wahren Adressaten: Marc Aurel schrieb das Buch als Selbstvergewisserung und persönliche Lebenshilfe. Denn er wusste, dass er nicht nur als Politiker richtig handeln, sondern auch als Mensch richtig leben musste. »Was ist dein Beruf?«, fragt er sich im elften Kapitel seiner Schrift und antwortet selbst: »Gut zu sein. Wie anders aber ist dies möglich als aufgrund von Lehrsätzen einerseits über die Natur des Alls, andererseits über die eigentümlichen Anlagen des Menschen.«

Die *Selbstbetrachtungen* sind in der Tat eine Ansammlung von Lehrsätzen zum Zweck der »Lebensübung«, ein schmaler Band, aus kurzen Abschnitten und prägnanten Sentenzen aufgebaut. Die häufigen Wiederholungen und Variationen weniger Grundwahrheiten lassen leicht den Charakter eines Exerzitien- und Meditationsbuches erkennen, das dem Verfasser helfen sollte, den Menschen und seine Stellung im Kosmos zu verstehen und daraus lebenspraktische Konsequenzen zu ziehen. Sie sind des Kaisers Marc Aurel philosophische Kleider, die er nicht zur Zier, sondern aus Lebensnotwendigkeit trug. Im Geist der antiken Philosophenschule der Stoiker mahnen die *Selbstbetrachtungen* zu einem Leben der Selbstkontrolle, Pflichterfüllung und der Gelassenheit gegenüber den unkontrollierbaren Widrigkeiten der Welt – zu einem Leben, in dem individuelle Lebenserfüllung und Engagement für die Gemeinschaft untrennbar verbunden sind.

Gerade weil die *Selbstbetrachtungen* Ergebnis einer authentischen Orientierungsbemühung sind, haben sie viele vergessen lassen, dass ihr Verfasser einer der mächtigsten Menschen seiner Zeit war. Doch vielleicht hat sich in Marc Aurel das Ideal des Philosophenkönigs, wie der griechische Philosoph Platon es in seinem Hauptwerk *Der Staat* propagiert hatte, auf eine sehr eigene Art verwirklicht.

Auf das Ziel, höchste Staatsämter auszuüben, wurde der junge römische Aristokratensohn schon früh vorbereitet. Sein Urgroßvater Annius Verus war aus der Provinz Baetica, dem heute spanischen Andalusien, nach Rom übergesiedelt, um in der karrierefördernden Nähe des Machtzentrums zu leben. Sein Sohn gleichen Namens, der Großvater Marc Aurels, erwies sich als der erfolgreiche Strippenzieher der Familie: Selbst dreimal Konsul, schaffte er es, durch geschickte Verheiratung seiner Kinder die Familie in den Fokus des kaiserlichen Hofes zu bringen. Einer seiner Söhne heiratete Domitia Lucilla, die mit dem amtierenden Kaiser Hadrian verwandt war. Im Jahr 121 brachte sie, im Alter von 14 Jahren, ihren ersten Sohn Catilius Severus auf die Welt. Erst durch spätere Adoptionen erhielt er den Namen Marcus Aurelius, unter dem wir ihn heute kennen.

Marc Aurel besuchte nie eine öffentliche Schule oder Universität, sondern wurde von gut bezahlten, von seinem Großvater engagierten Hauslehrern unterrichtet. In den ersten Lebensjahren waren dies in der Regel Sklaven oder sogenannte »Freigelassene«, also ehemalige Sklaven, denen man nach verdienstvoller Arbeit die Freiheit gegeben hatte. Durch einen solchen Freigelassenen, Diognetos, machte Marc Aurel erste Bekanntschaft mit der Philosophie. Auch der Grieche Epiktet, ein Vertreter der stoischen Schule, der mit seinem *Handbüchlein der Moral* und seinen *Unterredungen* großen Einfluss auf Marc Aurel ausüben sollte, war ein Freigelassener.

Die Philosophie regte den jungen Marc Aurel dazu an, wie es in den *Selbstbetrachtungen* heißt, »ein Feldbett mit Fell« zu begehren »und was dergleichen mit der griechischen Lebensweise zusammenhängt«. Er identifizierte, wie viele Römer, Philosophie mit den griechischen Denktraditionen. Diese hatten in römischer Zeit aber eine besondere, nämlich lebenspraktische Färbung angenommen. Die meisten römisch-hellenistischen Philosophenschulen empfahlen eine vernunftbestimmte Lebensform, die eine Beschränkung auf die wirklich notwendigen Bedürfnisse forderte. Vorbild war die Figur des 399 v. Chr. hingerichteten Sokrates, der nie eine Schrift verfasst und ausschließlich durch seine Persönlichkeit und seine Gesprächskunst gewirkt hatte. Die Philosophenschule der Kyniker, die sich auf Sokrates berief, lehnte sogar jede Theorie ab und verstand Philosophie ausschließlich als bedürfnislose und selbstgenügsame Lebenspraxis. Die Stoiker als die im Römischen Reich einflussreichste Schule nahmen wiederum viele Einflüsse der Kyniker in ihre Lehre auf.

Fasziniert von der Welt der Bücher, wusste der junge Marc Aurel dennoch von frühem Alter an, dass er auf hohe politische Ämter vorbereitet wurde. Der Weg nach oben wurde ihm nicht nur durch seine Herkunft, sondern vor allem durch die im römischen Kaisertum übliche Adoptionspraxis geebnet.

Die Adoption des gewünschten Nachfolgers war ein von römischen Kaisern häufig benutztes politisches Instrument, wenn eigene Nachkommen ausblieben. So adoptierte Kaiser Hadrian kurz vor seinem Tod einen Onkel Marc Aurels, Antoninus Pius, mit der Auflage, dass dieser wiederum Marc Aurel adoptiere. Dieser hatte bereits eine Adoption durch seinen Großvater hinter sich, der an die Stelle seines früh verstorbenen Vaters getreten war. Auf diesem Weg wurde Antonius Pius im Jahr 138 neuer Kaiser und Marc Aurel sein designierter Nachfolger.

Als solcher hatte er sich auf seine Rolle als künftiger Kaiser vorzubereiten. Doch in den 23 Jahren, in denen Marc Aurel ein Herrscher im Wartestand war, blieb ihm genügend Zeit zur Lektüre und Weiterbildung. Von seinem 18. Lebensjahr an stand zunächst die Rhetorik im Mittelpunkt seiner Ausbildung. Sie galt in der Antike als Grundlagenwissenschaft und vermittelte nicht nur stilistisches Handwerkszeug, sondern auch allgemeine literarische Bildung. Seine Lehrer waren zwei renommierte Intellektuelle, Cornelius Fronto und Herodes Atticus. Besonders Fronto, zu dem der junge Marc Aurel ein enges persönliches Verhältnis entwickelt hatte, war nicht begeistert, als sein Schützling sich schließlich ganz der Philosophie zuwandte. Doch Marc Aurel wollte nicht nur Kulturtechniken, sondern auch Wissen über das richtige Verhältnis des Menschen zur Welt erwerben.

Seine eigentliche »Bekehrung« zur Philosophie wird allgemein für das Jahr 146 angenommen, als er 25 Jahre alt war. Unter Leitung seiner neuen Lehrer, darunter der Grieche Apollonios von Chalkedon und die beiden römischen Senatoren Iunius Rusticus und Claudius Maximus, lernte er vor allem die Philosophie der Stoiker kennen. Sie war im 4. vorchristlichen Jahrhundert von dem Zyprer Zenon begründet worden und nach der »bunten Säulenhalle« in Athen, der »Stoa Poikile«, benannt. Die Grundregel der Stoiker lautete: »Lebe einstimmig!« Für ein tugendhaftes und glückliches Leben hieß dies, sich von »unnatürlichen« Bestrebungen frei zu machen und ein Leben in Übereinstimmung mit der Natur zu führen.

Alle Stoiker betonten den Unterschied zwischen dem, was in der Macht des Menschen liegt, und dem »Unverfügbaren«, das dem menschlichen Einfluss entzogen bleibt. Marc Aurel fand den Zugang zur stoischen Philosophie durch die Lektüre des Ariston von Chius, eines Schülers Zenons, der die Grenze zwischen Verfügbarem und

Unverfügbarem besonders eng zog. Ariston erklärte all das, was außerhalb der tugendhaften, vernünftigen Einstellung liegt, für gleichgültig. Äußere Ereignisse wie Krankheit, Tod, aber auch Ruhm und Erfolg wurden damit belanglos. Der Mensch sollte sie als normalen Teil des Weltlaufs akzeptieren, sich aber nicht von ihnen beeinflussen lassen.

Wie die meisten antiken Philosophenschulen propagierten die Stoiker das Ideal des Weisen, der Glück und Tugend im Zustand des »Seelenfriedens« verwirklicht. Die Stoiker nannten diesen Zustand »apathia«. Das griechische »pathos« ist eng mit dem deutschen »pathologisch« verwandt und meint einen unnatürlichen, krankhaften, die psychische Stabilität gefährdenden Affekt. »Apathia« bedeutet deshalb »Affektfreiheit«, ein Zustand also, in dem alle destabilisierenden Affekte ausgeschaltet sind und der nichts mit gefühlloser Dumpfheit oder radikaler Abtötung von Sinnesregungen zu tun hat. Obwohl die Stoiker wie fast alle antiken Philosophenschulen eine »eudämonistische«, also eine Glücksethik vertraten, hatte die frühe stoische Ethik einen strengen, zum Teil lustfeindlichen Zug: Im Mittelpunkt stand die Affektausschaltung.

Dazu verhilft dem Menschen die Einsicht in die Vernunftgemäßheit seines Handelns. Die Losung des Sokrates, »Tugend ist Wissen«, war eine Art ethisches Forschungsprogramm, das von den antiken Philosophenschulen inhaltlich ganz unterschiedlich ausgefüllt wurde. Die Epikureer, die Schule des Philosophen Epikur, sahen im Gegensatz zu den Stoikern die Tugend in der »hedoné«, der »Lust« oder »Freude«, verwirklicht. Bei Licht besehen, wollten jedoch auch sie nichts anderes als ein vernünftiges, maßvolles und naturkonformes Leben.

Aus der Zeit der späten Stoa, die sich ab dem 2. vorchristlichen Jahrhundert ausprägte, erlangten für Marc Aurel besonders Epiktet, den er durch Iunius Rusticus kennen lernte, und Panaetios Bedeutung. Vor allem bei dem auf Rhodos lebenden Syrer Panaetios, einem der Lehrer Ciceros, wurde der Unterschied zu anderen Philosophenschulen abgemildert. Seine etwas pragmatischere Ethik ließ auch materielle Güter und eine »naturgemäße Lust« als Mittel zum Glück gelten und rückte damit in die Nähe der epikureischen Auffassungen.

Marc Aurel folgte seinem Onkel im Jahr 161 auf den Kaiserthron. Sein Herrschaftsantritt fiel mit einer Zäsur in der Geschichte des riesigen Römischen Reiches zusammen. Eine lange Periode der Stabilität und des Friedens endete. Von nun an musste sich jeder Kaiser ständig mit Angriffen auf das Reichsgebiet auseinandersetzen. Dies führte dazu, dass Marc Aurel den größten Teil seiner Herrscherzeit auf Feldzügen verbrachte, vor allem im Osten und Norden des Reichs – auf dem Gebiet der heutigen Türkei, in Syrien und entlang der Donau.

Auf diesen Feldzügen entstanden in den Abend- und Nachtstunden die *Selbstbetrachtungen.* Hier musste Marc Aurel tatsächlich eine »griechische« Lebensweise praktizieren: in Zelten wohnen, auf Feldbetten schlafen, Erschöpfung und körperliche Leiden überwinden. Das zweite Buch der Schrift enthält den Hinweis: »im Quadenlande am Gran geschrieben«, das dritte den Vermerk: »in Carnuntium geschrieben«.

Die Feldzüge gegen die Quaden, die etwa auf dem Gebiet der heutigen Slowakei beheimatet waren, führten Marc Aurel zwischen 171 und 173 mehrmals in das Tal des Gran, eines linken Nebenflusses der Donau. Auch in Carnuntium an der Donau, dem heutigen zwischen Wien und Bratislava gelegenen Petronell, hatte Marc Aurel in diesen Jahren häufig sein Feldlager aufgeschlagen.

Der Beginn der Niederschrift der *Selbstbetrachtungen* kann also zwischen 170 und 175 angesetzt werden. Wann die Schrift ihre heutige Gestalt erhielt, wissen wir nicht genau. Das heutige erste Kapitel, in dem Marc Aurel ausführlich allen dankt, die positiv auf ihn Einfluss genommen haben, wurde jedenfalls erst nachträglich an den Anfang der Schrift gesetzt. Das ursprünglich erste ist demnach das heutige zweite Kapitel.

Anlehnend an die stoische Tradition kreisen die Aufzeichnungen der *Selbstbetrachtungen* um drei große Themen: um die Haltung des Menschen gegenüber dem Kosmos, gegenüber anderen Menschen und schließlich gegenüber sich selbst.

In der westlichen Kultur ist man, unter christlichem Einfluss, gewohnt, dem Menschen eine besondere Stellung in der Natur zuzugestehen: als »Krone der Schöpfung«, als »Ebenbild Gottes« oder einfach als einziges Wesen, das durch Vernunft, Bewusstsein und Sprache sich von allen anderen Wesen grundlegend unterscheidet. Das christliche Menschenbild begann sich auch schon unter der Herrschaft Marc Aurels bemerkbar zu machen – doch es blieb eine Minderheitenmeinung. Das Bild, das Marc Aurel selbst vom Verhältnis des Menschen zur Welt zeichnet, ähnelt demgegenüber eher einem klassischen chinesischen Gemälde, in dem der Mensch einen eher unscheinbaren Platz einnimmt und harmonisch in die Natur eingefügt erscheint. Vernunft ist bei Marc Aurel kein Privileg des Menschen. In seiner optimistischen Betrachtungsweise wird die Welt von einer alles durchwaltenden, kosmischen und ewigen Weltvernunft bestimmt.

Diese Weltvernunft ist auch gemeint, wenn Marc Aurel von der »Natur« oder zuweilen von »Gott« spricht. Marc Aurels Auffassung von Gott ist pantheistisch, d. h., Gott steht nicht außerhalb der Welt, sondern ist identisch mit dem »logos«, der in ihr wirkenden, allumfassenden kosmischen Weltvernunft. Der Kosmos ist demnach kein bloßer »Stoff« oder eine Ansammlung materieller Teilchen. Er wird zwar materiell vorgestellt, aber als eine lebende, atmende, immer im Fluss befindliche Substanz, die Marc Aurel charakteristischerweise als »Lebewesen« bezeichnet.

Die Erde als Planet wird nach stoischer Vorstellung immer wieder durch »Weltbrände« zerstört, um sich dann wieder zu erneuern – doch der Kosmos selbst ist ewig. Deshalb gibt es auch nicht, wie im Christentum, die Vorstellung einer Zeit, die sich irgendwann erfüllt oder endet. Für Marc Aurel geht die Zeit ins Unendliche – kein Zeitabschnitt in der Vergangenheit oder Zukunft ist besonders ausgezeichnet. Die Zeit ist ein großer Raum, in dem jede Stelle die gleiche Bedeutung hat.

Wie die meisten Stoiker vertritt Marc Aurel einen Determinismus – die Auffassung, dass alles im Kosmos notwendig nach dem Gesetz von Ursache und Wirkung geschieht. Dieser ist zugleich ein

Fatalismus – der Glaube an die Vorherbestimmtheit allen Geschehens durch das Schicksal. Wenn in den *Selbstbetrachtungen* vom Kosmos als dem »von der Vorsehung Durchwalteten« die Rede ist, dann sind die ewigen Naturgesetze gemeint, denen alles unterworfen ist.

In der Weltvernunft ist auch die Natur mit der Welt des Menschen verbunden. Marc Aurel kennt nicht die uns heute geläufige Trennung zwischen Natur einerseits und Kultur und Gesellschaft andererseits. Auch die politische und kulturelle Welt hat für ihn Anteil an der Weltvernunft. Marc Aurel ist einer der ersten bekannten »Kosmopoliten«: Der Kosmos selbst ist wie eine große Polis, ein Gemeinwesen, in dem alle Menschen auf der Basis der Gleichheit miteinander verbunden sind. Die Welt, so Marc Aurel, ist »gleichsam eine Stadt«. Die politische und moralische Vernunft, also die Art, wie das menschliche Zusammenleben gestaltet werden sollte, ist für ihn im Grunde die gleiche Vernunft, die auch die Natur beherrscht. Pflichtgemäß handeln und naturgemäß handeln – das sind für Marc Aurel deshalb auch zwei Seiten derselben Medaille.

Die Mittel des richtigen, pflichtgemäßen und tugendhaften Handelns liegen in der menschlichen Natur. Marc Aurel spricht an mehreren Stellen von der Dreiteilung dieser Natur in Körper, Seele, Geist oder auch in Fleisch, Lebenshauch – dem griechischen »pneuma« – und Vernunft. Gemeint ist jeweils das Gleiche. Es wird eine Abstufung angenommen, die von körperlichen Bedürfnissen über seelische Regungen bis zum rationalen Vermögen führt. Eine solche Dreiteilung hat in der griechischen Philosophie eine lange Tradition und findet sich schon mehrere hundert Jahre vorher bei Platon. Das rationale Vermögen, die Vernunft also, gilt dabei als das Leitungsvermögen, das die anderen menschlichen Regungen führen und kontrollieren soll. Die Vernunft ist es auch, die den Menschen mit der kosmischen Weltvernunft verbindet.

Für den einzelnen Menschen geht es nun darum, seine individuelle Vernunft mit der kosmischen Vernunft in Einklang zu bringen, sich – in der Sprache der modernen Computerkommunikation – in die Weltvernunft »einzuloggen«. Dies geschieht dadurch, dass der

Mensch eine bestimmte Einstellung gegenüber der Welt entwickelt: Nicht die Dinge und Ereignisse selbst kann ich verändern, wohl aber das Licht, in dem ich sie betrachte. Das Glück liegt für Marc Aurel allein in dieser Einstellung und nicht im Erwerb äußerer Güter.

Die *Selbstbetrachtungen* versuchen, den Weg zu dieser richtigen Einstellung und damit den Zugang zur Weltvernunft in den verschiedensten Lebens- und Alltagssituationen aufzuzeigen. Abschnitt II, 9 des Buches fasst in einem Satz den Anspruch zusammen, vor den sich der Mensch gestellt sieht: »Daran ist immer zu denken, welches die Natur des Alls ist und welches die meine und wie sich diese zu jener verhält und was für ein Teil sie ist und von was für einem Ganzen und dass es niemanden gibt, der dich hindern kann, was der Natur, deren Teil du bist, gemäß ist, immer zu tun und zu sagen.« Der Mensch soll sich als integrierter Bestandteil einer allumfassenden Natur sehen lernen und danach sowohl sein Handeln als auch seine Urteile über Dinge und Ereignisse ausrichten.

Gefordert wird dabei eine dreifache Perspektive: 1. der richtige Blick auf die Dinge, indem ich sie in einem »natürlichen« Licht, d. h. als Teil des unveränderbaren Ablaufs von Ursachen und Wirkungen sehe; 2. das richtige Verhalten gegenüber anderen Menschen; und 3. die Befreiung meiner Urteile von falschen Annahmen und Wertungen. Jede dieser angestrebten Perspektiven dient dazu, den Menschen von »pathologischen« Affekten zu befreien und ihn zum Glück zu führen. Im 12. Buch der *Selbstbetrachtungen* wird diese dreifache Aufgabe des Menschen noch einmal zusammengefasst: »Das Heil unseres Lebens: jedes Ding durch und durch betrachten, was es an sich ist, was sein Stoffliches, was sein Ursächliches. Von ganzem Herzen das Gerechte tun und die Wahrheit sagen.« Realistische Weltbetrachtung, Gerechtigkeit und Wahrheit sind die drei Ziele, die in den Meditationen der *Selbstbetrachtungen* immer wieder umkreist werden.

Diese dreifache Perspektive, die Marc Aurel von Epiktet übernommen hat, entspricht auch der stoischen Einteilung der Philosophie in Physik, Ethik und Logik. Die Physik hat mit unserer Natur- und Weltsicht zu tun und entspricht unserer heutigen Naturphilosophie und Metaphysik. Die Ethik befasst sich mit dem zwischenmenschlichen Handeln. Unter Logik wiederum verstanden die Stoiker nicht nur das, was wir heute als »formale Logik« kennen, sondern auch die Erkenntnistheorie und vor allem alles, was mit sprachlichen Äußerungen über die Welt zu tun hat, also auch Rhetorik und die Kunst des Argumentierens. Will der Mensch seine individuelle Vernunft mit der Weltvernunft in Einklang bringen, so muss er das physikalische, ethische und logische Anliegen miteinander verknüpfen.

Schon der Beginn des zweiten Buches gibt ein Beispiel dafür, wie dies im Alltag geschehen kann. Der Autor stellt sich vor, an diesem Tage mit einem »unverschämten, arglistigen, neidischen, unverträglichen Menschen« zusammenzutreffen. Diesem Menschen aus dem Weg zu gehen oder mit ihm einen Konflikt auszutragen – das ist nicht die Art des Stoikers. Marc Aurel setzt vielmehr voraus, dass dieser Mensch durch Geist und göttlichen Anteil mit ihm verwandt ist. Wie die östlichen Meditationslehren glaubt er, dass alle Menschen nicht nur miteinander verbunden, sondern durch den Vernunftbezug im Grunde alle eins sind. Der physikalische Blick zeigt ihm, dass der andere wie er selbst Teil derselben Natur ist. Was aber zusammengehört und Teil desselben Ganzen ist, kann sich nicht schädigen. Die Vorstellung des Schädigens kommt erst durch mein Urteil, meine falsche Annahme über diesen Menschen ins Spiel. Wenn ich das Urteil »Ich bin geschädigt« aus meinem Vokabular tilge, *bin* ich auch nicht geschädigt. Es ist Aufgabe der Logik, aus meinen falschen Annahmen wahre Überzeugungen zu machen, indem ich den Blickwinkel für meine Wertungen verändere. Wem ich an einem bestimmten Tag begegne, steht nicht in meiner Macht, wohl aber die Art, wie ich diesen Menschen betrachte und ihm entgegentrete.

Die ethische Folgerung lautet nun, dass ich mich dem anderen zuwenden muss, denn »einander entgegenhandeln … ist naturwidrig«. Erst jetzt, in der richtigen Betrachtung und mit der richtigen moralischen Einstellung, habe ich meine eigene Vernunft mit der Weltvernunft vernetzt.

Ein weiteres, häufig von Marc Aurel ins Spiel gebrachtes Beispiel ist unser Verhältnis zum Tod. Die Stoiker kannten weder ein Jenseits noch die Auferstehung und Unsterblichkeit des Individuums. Im Tod trennen sich Körper und Seele – der Körper löst sich schnell auf, die Seele lebt noch etwas länger fort und verblasst schließlich auch. Der Tod bietet für Marc Aurel keinen Anlass zur Dramatisierung. Er ist nicht, wie im Christentum, Scheidepunkt für den Weg in den Himmel, in die Hölle oder ins Fegefeuer. Er bedeutet schlicht, dass der Mensch sich in die Elemente auflöst, aus denen er ursprünglich entstanden ist – er kehrt in den Schoß der Natur zurück. Was ich im Leben bin – Teil eines ewigen, gesetzmäßigen Geschehens –, das bleibe ich auch nach dem Tod.

Marc Aurel plädiert für Gelassenheit gegenüber dem Tod und gleichzeitig für Aufmerksamkeit gegenüber dem Leben. Jedem ist innerhalb des ewigen Zeitverlaufs eine begrenzte Zeitspanne zugeteilt, die er nicht kennt, über die er aber verfügen muss. Statt sich der Vergangenheit oder der Zukunft zuzuwenden, sollte der Mensch die für ihn reale Zeit, die Gegenwart nämlich, nutzen. Aus der kosmischen Perspektive ist unser Leben ohnehin nur ein winzig kleines Teilchen des Weltganzen. Was ist Schlimmes daran, so fragt Marc Aurel am Ende des Buches, wenn uns die Natur, die uns hergeführt hat, wieder wegschickt? Im vernunftbestimmten Kosmos gibt es keine existenziellen Dramen. »Geh also heiter weg«, so lautet der letzte Satz, »denn auch der, der dich entlässt, ist heiter.«

Marc Aurel selbst hat sein Manuskript nie veröffentlicht. Es wurde dennoch für die Nachwelt aufbewahrt, aber erst 1559 in Zürich zum ersten Mal gedruckt. Für die Philosophiegeschichte erlangte es insofern große Bedeutung, als nun eine der wenigen vollständig überlieferten Schriften der stoischen Schule vorlag. Die hier formulierten Vorstellungen einer kosmischen Weltvernunft finden sich in der Neuzeit u. a. im Pantheismus Spinozas oder in der Metaphysik Hegels wieder.

Dennoch haben sich die *Selbstbetrachtungen* weniger im akademischen Lehrbetrieb als vielmehr bei denen durchgesetzt, die die Philosophie in engem Bezug zur Lebenskunst sehen. Als klassisches philosophisches Brevier sind sie, über die Jahrhunderte hinweg, zum Lebensbegleiter von Menschen geworden, die ihr Leben mit Hilfe der Philosophie ausrichten wollten, ohne sich auf scholastische Spitzfindigkeiten einlassen zu müssen. Nicht zufällig gehörten dazu häufig auch Staatsmänner und Politiker, die sich mit der Rolle eines Philosophen auf dem Thron teilweise oder ganz identifizierten. Friedrich II. von Preußen war ein ebenso eifriger Leser der *Selbstbetrachtungen* wie der ehemalige deutsche Bundeskanzler Helmut Schmidt. Denn entgegen allen Skeptikern, die die Philosophie ins stille Kämmerlein verbannen wollen, demonstrieren die *Selbstbetrachtungen*, dass ein Leben auf der öffentlichen Bühne sich nicht nur mit philosophischen Überlegungen befassen, sondern sich auch von ihnen leiten lassen kann.

Ausgabe:
MARC AUREL: Selbstbetrachtungen. Übertragen und eingeleitet von Wilhelm Capelle. Stuttgart: Kröner 1973.

Bekehrung eines Intellektuellen

Aurelius Augustinus: Bekenntnisse (ca. 400)

Intellektuelle tun sich normalerweise schwer mit dem Ansinnen, sich einfach auf einen religiösen Glauben einzulassen. Sie sind es gewohnt, ihren Wissenshintergrund einzubringen und nach dem Warum zu fragen. Sie haben einen unstillbaren Drang nach rationaler Erklärung – während die Verfechter der Religion gerade darauf hinweisen, dass eine Religion eigentlich überflüssig wäre, wenn der Mensch alles auf rationale Art erklären könnte.

Noch komplizierter wird der Fall, wenn ein erfolgreicher und hochgebildeter Akademiker sich auf eine noch junge Religion einlässt, die von seinen Kollegen mit Naserümpfen betrachtet wird und deren Anhänger eher für ihren Rigorismus und ihre Verachtung der Philosophie bekannt sind. Eine solche Begegnung ist konfliktreich, aber häufig auch sehr intensiv: Sie verlangt von dem neu Bekehrten eine radikale Veränderung, sowohl in seiner geistigen Einstellung als auch in seiner Lebensführung. Ganz selten ist der Fall, dass die Religion selbst in den Händen des Bekehrten sich wandelt und eine neue Gestalt annimmt.

Die um die Wende zum 4. Jahrhundert entstandenen *Bekenntnisse* des römischen Bürgers Aurelius Augustinus sind Zeugnis einer solchen schwierigen Annäherung eines Intellektuellen an einen religiösen Glauben, bei der beide Seiten sich verändern. Aus einem Karriereakademiker wurde ein berühmter Religionslehrer. In Folge seiner Bekehrung wurde der Universitätsdozent Augustinus zu einem der bekanntesten Bischöfe seiner Zeit und ging als »Kirchenvater« in die Geistesgeschichte ein. Und die junge Volksreligion des Christentums, die sich auf Offenbarungen und Gleichnisse stützte, erhielt durch das Denken und Fragen des Intellektuellen Augustinus prägende philosophische Anstöße.

Die Begegnung des Augustinus mit dem Christentum markiert eines der wichtigsten Daten in der Entstehung der frühchristlichen Theologie. Aber auch die Philosophie nahm von da an einen völlig neuen Weg. Mit Augustinus beginnt das mittelalterliche Denken, das ganz neue Schwerpunkte setzt: Die zeitliche und vergängliche Existenz des Menschen, das Verhältnis zwischen Diesseits und Jenseits und die Rolle der Geschichte wurden nun in neuen Zusammenhängen gesehen. Mit Augustinus trat die Philosophie in den Dienst der Theologie.

Augustinus hatte sich schon vor seiner Bekehrung viele Jahre mit dem Christentum auseinander gesetzt. Seine Mutter Monnica war Christin und hatte die Hoffnung nie aufgegeben, den Sohn einmal für ihren Glauben gewinnen zu können. Auch seinen Vater Patricius, einen kleinen römischen Beamten in der nordafrikanischen Stadt Thagaste im heutigen Algerien, brachte sie schließlich dazu, sich taufen zu lassen. Doch ihr Hauptinteresse galt ihrem Sohn Aurelius. Während der Vater seine Bemühungen vor allem darauf richtete, dem Sohn durch eine gute Ausbildung eine Karriere und den sozialen Aufstieg zu ermöglichen, ging der Ehrgeiz der Mutter viel weiter: Sie projizierte ihre gesamten Lebenshoffnungen auf diesen Sohn und setzte alles daran, seine geistige und religiöse Entwicklung zu beeinflussen.

Der Ehrgeiz des Sohnes war ähnlich stark wie der der Mutter, doch er richtete sich zunächst darauf, die Sprossen der Karriereleiter zu erklimmen. Klassische Bildung war dafür eines der bevorzugten Mittel, wobei die Rhetorik als akademisches Grundlagenfach galt: Seine Sache in mündlicher, freier, argumentativ gegliederter Rede vertreten zu können, war Voraussetzung für einen Erfolg in allen gesellschaftlichen Institutionen, sei es in der Politik, im Rechtswesen oder an der Universität. Durch sein Studium der Rhetorik im benachbarten Karthago löste sich Augustinus aus dem Milieu seiner Eltern, die diese Ausbildung unter großen persönlichen Opfern finanzierten. Nach Beendigung des Studiums und einer Lehrtätigkeit in Karthago nahm er auch Abschied von der nordafrikanischen Provinz und schaffte den Karrieresprung in die Zentren des Reiches: Er ging nach Rom und schließlich an die kaiserliche Residenz nach Mailand.

Augustinus liebte den weltlichen Erfolg, aber er erwarb klassische Bildung nicht nur aus beruflicher Notwendigkeit, sondern pflegte sie auch mit Leidenschaft. Er wurde ein großer Kenner der Literatur seiner lateinischen Muttersprache. Sein Stilgefühl prägte er an Vergils *Aeneis* aus, einem Werk, in dem er über viele Jahre jeden Tag las. Ciceros Schrift *Hortensius* führte ihn mit neunzehn Jahren in die Fragen der antiken Philosophie ein. In seiner damaligen Sicht standen die christlichen Evangelien den Werken der römischen Literatur stilistisch weit nach und enthielten auch philosophisch zu viele Ungereimtheiten: Ein Gott, der zugleich auch Mensch geworden ist? Der, obwohl allmächtig und allgütig, auch das Böse zugelassen hat? Eine Welt, die »erschaffen« wurde, also irgendwann einmal »begonnen« hat?

Sehr viel überzeugender erschienen ihm die Antworten der Manichäer, einer Religionsgemeinschaft, die sich auf den persischen Propheten Mani berief und im späten Römischen Reich viele einflussreiche Anhänger hatte. Die Manichäer sahen die Welt beherrscht von einem Dualismus, das heißt von zwei unterschiedlichen, sich bekämpfenden Prinzipien: dem Prinzip des Bösen und dem Prinzip des Guten. Die Welt verstanden sie als ewigen Kampf des Reiches des Bösen mit dem Reich des Guten. Die Manichäer waren vor allem aus zwei Gründen für Augustinus attraktiv: Sie konnten das Böse in der Welt erklären, und sie standen der antiken Philosophie mit ihrer Betonung der Vernunft aufgeschlossen gegenüber.

Beides zog Augustinus an. Doch es gab noch einen weiteren Grund, weswegen er neun Jahre lang einer ihrer Anhänger blieb. Die Manichäer bildeten in römischen Institutionen das, was man eine »Seilschaft« nennen könnte: ein Netzwerk von Beziehungen, das auch Augustinus in seiner akademischen Karriere immer wieder behilflich war.

Die Verbindung zu den Manichäern war es auch, die ihm die Stelle als Rhetoriklehrer an der kaiserlichen Residenz in Mailand verschaffte. Man hoffte, er werde den Gegenpart des dort residierenden christlichen Bischofs Ambrosius einnehmen. Doch die Begegnung mit Ambrosius führte im Gegenteil zu seiner Annahme des christlichen Glaubens, nach Kräften gefördert von der Mutter, die dem jungen Akademiker inzwischen nach Italien gefolgt war.

Der aus Trier stammende Ambrosius, einer der bekanntesten Kirchenlehrer des frühen Christentums, überzeugte den Intellektuellen Augustinus durch die Art, wie er den christlichen Glauben mit philosophischen Argumenten stützte. Ambrosius war als Theologe vom Neuplatonismus beeinflusst, einer von dem Philosophen Plotin im 3. Jahrhundert geprägten Strömung, die die Philosophie Platons in eine mystische Richtung fortentwickelte. Plotin behauptete, die gesamte Wirklichkeit sei durchdrungen von dem »Einen«, einem geistigen Prinzip, das in verschiedenen Graden in die Wirklichkeit »ausströmt« und an den Dingen teilhat. Vor allem aber lieferte der Neuplatonismus eine völlig andere Erklärung des Bösen als die Manichäer: Das Böse ist danach keine selbstständige, positive Kraft, sondern ein Mangel. Böse ist das, was sich von dem geistigen Urprinzip des Einen entfernt, was am wenigsten vom Einen durchdrungen ist. Das gilt besonders für alle materiellen Dinge. Diese neuplatonische Erklärung des Bösen hat Augustinus auch noch in den *Bekenntnissen* vertreten, wobei er das neuplatonische Eine mit dem christlichen Gott identifiziert.

Augustinus' Bekehrung fand im Jahr 386 statt, als er gerade zweiunddreißig Jahre alt war. Sie war ein Wendepunkt, von dem an sein Leben sich radikal veränderte. Er gab nicht nur seine Tätigkeit als Rhetoriklehrer auf, sondern wählte die von vielen frühen Christen propagierte Lebensform des Zölibats. Er entschloss sich, zusammen mit Freunden ein zurückgezogenes, beinahe klösterliches Leben zu führen. Gemeinsam zogen sie zunächst in das nördlich von Mailand gelegene Landgut Cassiciacum, um sich ganz in religiöse Inhalte zu versenken und ein neues Leben zu beginnen. Erst nach einem Jahr ließ sich Augustinus in Mailand offiziell taufen.

Das Christentum hatte sich im späten Römischen Reich von einer orientalischen Sekte zur einflussreichsten Religion des Reiches entwickelt. Unter Kaiser Konstantin war den Christen 313 zunächst staatliche Toleranz garantiert worden. 391, fünf Jahre nach Augustinus' Bekehrung, wurde es offiziell zur Staatsreligion erklärt. Doch die römische Bildungselite sah eher verächtlich auf diese plebejische und philosophisch unausgereifte Religion herab. Gelehrte bekannten sich eher verschämt oder heimlich zu ihr. Auch im Kaiserhaus hatte das Christentum noch Gegner. Augustinus wusste, dass Christsein für eine akademische Karriere nicht unbedingt förderlich war. Er wusste aber vermutlich auch, dass mit dieser Religion eine zukünftig sehr mächtige geistige Kraft heranwuchs, die ihm selbst, einem ehrgeizigen und stolzen Intellektuellen, Möglichkeiten der geistigen Einflussnahme bot.

Diese Möglichkeiten öffneten sich ihm sehr bald nach seiner Rückkehr in seine nordafrikanische Heimat. Auf Drängen der dortigen Christen empfing er zunächst die Priesterweihe und ließ sich wenig später auch zum Bischof der Stadt Hippo Regius machen. Er war damit ein offizieller Repräsentant des Christentums geworden, der in öffentlichen theologischen Kontroversen Stellung beziehen musste. In diesen ersten Jahren als Bischof, zwischen 397 und 401, entstanden die *Bekennntisse.*

Sie waren Teil eines kirchenpolitischen Kampfes zur Durchsetzung des Alleinvertretungsanspruchs der katholischen Kirche gegenüber anderen christlichen Glaubensrichtungen, aber auch Teil des Kampfes, den Augustinus führte, um seine Position innerhalb der Kirche durchzusetzen. Das Buch schrieb er in seiner ohnehin knapp bemessenen Freizeit. Als Bischof hatte er nicht nur seelsorgerliche Aufgaben, er musste auch weite Strecken zurücklegen, um an Zusammenkünften vom Kirchenvertretern teilzunehmen. Bischof in einer jungen, strukturell noch nicht gefestigten Kirche zu sein bedeutete Engagement rund um die Uhr.

Zwischen dem Bekehrungserlebnis und dem Abfassen der *Bekenntnisse* liegen somit mehr als zehn Jahre, in denen nicht nur im Leben des Augustinus, sondern auch in seinem Denken wichtige Entwicklungen stattfanden. Aus dem klassisch gebildeten Rhetor war ein Theologe, aus dem Liebhaber der antiken Kultur ein Eiferer gegen die weltliche Bildung geworden. Der Karriere-Intellektuelle hatte sich zu einem Intellektuellen im Dienst der Kirche gewandelt.

In den *Bekenntnissen* setzt sich Augustinus mit seiner Lebensgeschichte bis zu seiner Bekehrung auseinander. Doch es handelt sich nicht um eine normale Autobiografie. Die letzten Kapitel des Buchs haben sogar überhaupt nichts mehr mit dem Leben des Autors zu tun und widmen sich ganz der Ausdeutung der biblischen Schöpfungsgeschichte. Die Bedeutung des lateinischen Wortes »confessio« ist vielfältig: Es meint Sündenbekenntnis im Sinne einer Beichte, Glaubensbekenntnis und Gotteslob gleichermaßen. Die *Bekenntnisse* umfassen alle diese Bedeutungen. Sie sind ein persönliches, religiöses und philosophisches Bekenntnisbuch, aber auch ein Missionierungsbuch, das seine eigentliche Kraft erst dann entfaltet, wenn es vor einer Zuhörerschaft laut vorgelesen wird, wie es zu Augustinus' Zeiten auch üblich war.

Das Buch enthält mindestens drei miteinander verwobene Themenbereiche beziehungsweise Auseinandersetzungen: eine theologische Auseinandersetzung, das heißt die von Augustinus vorgenommene Deutung der christlichen Lehre; damit eng zusammenhängend die Geschichte seiner eigenen geistigen und persönlichen Entwicklung bis hin zum Bekehrungserlebnis; und schließlich philosophische Fragestellungen, die weit über die Theologie hinausreichen und die westliche Philosophie bis heute beeinflusst haben.

Die »Bekenntnisse« des Augustinus sind also Bekenntnisse aus einer bestimmten Perspektive. Die eigene Lebensgeschichte soll als theologisches Exempel dienen, um Anhänger zu gewinnen und um für eine bestimmte Sicht des Glaubens zu werben. Im Mittelpunkt des Buchs steht das Bekehrungserlebnis. Alles, was vorher war, wird auf dieses Ereignis zulaufend, und alles, was später kam, von diesem Ereignis herrührend geschildert. Augustinus beschreibt seine Hinwendung zum Christentum als einen Vorgang, der sich in langen Jahren und in schweren inneren Kämpfen vorbereitet hatte und sich in einer Art Erleuchtung Durchbruch verschaffte. Die *Bekenntnisse* schildern das Leben des Augustinus vor seiner Bekehrung als einen von Gott inszenierten beispielhaften Glaubensfindungsprozess.

Das Werk enthält bereits vieles von dem, was später als augustinische Lehre in die christliche Theologie Eingang fand. Großen Einfluss auf diese Lehre übten die Schriften des Apostels Paulus aus, der im 1. Jahrhundert n. Chr. die neue Religion im Mittelmeerraum verbreitet hatte und dessen Missionierungsbriefe in das Neue Testament aufgenommen worden waren. Zwischen Paulus und Augustinus gab es viele Gemeinsamkeiten: Beide waren sie Intellektuelle, die erst spät zum Christentum übertraten und dennoch dieser jungen Religion ihren philosophischen Stempel aufdrückten. Nicht zufällig setzt Augustinus seine Bekehrung in einen engen Zusammenhang mit der Lektüre eines Paulus-Textes.

Von Paulus beeinflusst vertritt Augustinus in den *Bekenntnissen* vor allem zwei sehr grundlegende theologische Lehren: die Prädestinations- oder Gnadenlehre und die Lehre von der Erbsünde. Nicht durch eigene Werke werden wir des Himmels würdig, sondern nur durch den Willen Gottes. Im Willen Gottes ist es prädestiniert, das heißt vorherbestimmt, wer in den Himmel aufgenommen und wer zur Hölle verdammt wird. Auserwählt sind nur wenige, und verdient hat es niemand. Diese scheinbar willkürliche Auswahl Gottes unter den Menschen kann Augustinus nur rechtfertigen, wenn er gleichzeitig annimmt, dass kein Mensch durch eigenes Verdienst würdig ist, von Gott aufgenommen zu werden. Die Begründung dieser Annahme liegt in der Lehre von der Erbsünde. Der Mensch, so glaubte Augustinus, sei von Natur aus böse. Selbst in Kindern zeige sich schon diese böse Natur. So ist es einzig die Gnade Gottes, die den Menschen, völlig gegen alle rationalen Gründe und Verdienste, zur Erlösung auserwählt. Diese Wahl hat Gott schon vor der Geburt jedes Einzelnen getroffen.

Diese Thesen waren in der frühen christlichen Kirche höchst umstritten und mussten in Predigten und Streitschriften immer wieder verteidigt werden. Aber Augustinus hatte, so glaubte er, ein starkes Argument für die Gnadenlehre: sein eigenes Leben. War er nicht selbst als weltlicher, sündiger Mensch völlig wider alle Erwartungen von Gott aufgenommen worden? Er war zutiefst davon überzeugt, dass seine eigene Bekehrung ein unwiderlegbarer Beweis der Gnade

Gottes war. In diesem Licht wählt er Ereignisse seiner Kindheit und Jugend aus und deutet sie. Moralische Wertungen, wie wir sie heute als normal empfinden, treten dabei in den Hintergrund.

So bemüht er sich, seinen eigenen kindlichen Willen und seine kindlichen Bedürfnisse als böse darzustellen, um seine These von der Erbsünde und der bösen Natur des Menschen stützen zu können. Während er über die Tatsache, dass er sich in Mailand von seiner langjährigen Gefährtin mit einem Schlag trennt und ihr auch noch den gemeinsamen Sohn wegnimmt, mit wenigen Worten hinweggeht, schildert er im zweiten Kapitel ausführlich den berühmten Birnendiebstahl, den er als Jugendlicher mit Freunden beging. Wichtig an diesem an sich harmlosen Jungenstreich ist für Augustinus, dass der Diebstahl ohne eigentliches Motiv war: Er geschah nicht aus Hunger oder weil die Birnen besonders schmackhaft waren. Es gab, so formuliert Augustinus, »für meine Bosheit keinen anderen Grund als die Bosheit selbst«. Meine angeborene Bosheit, so lautet die Botschaft, war offensichtlich, und niemand war weniger würdig, von Gott aufgenommen zu werden, als ich. Und dennoch ist es geschehen.

Bei der Schilderung seiner »bösartigen« Neigungen spielt die Sexualität eine herausragende Rolle. Die immer wieder überlieferte Meinung, Augustinus habe ein ausschweifendes Leben geführt, findet in den *Bekenntnissen* kaum Nahrung. Augustinus hat, nach allem, was wir wissen, ein normales sexuelles Leben geführt. Ein Problem entstand für ihn aber dadurch, dass er sich einerseits an Sexualität gewöhnt hatte, andererseits Christsein mit der Forderung nach Keuschheit verband. Immer wieder betont er in den *Bekenntnissen*, dass die Forderung nach Keuschheit seine Bekehrung zum Christentum wiederholt hinausgezögert habe. Sexualität wird für ihn am Ende zum Musterbeispiel für Sünde. Es war Augustinus, der die Abwertung der körperlichen Liebe in der christlichen Theologie ganz wesentlich beeinflusst hat.

Die Auseinandersetzung mit der Sexualität spielt aber nicht nur eine wichtige Rolle in seiner theologischen, sondern auch in seiner persönlichen Entwicklungsgeschichte. In den *Bekenntnissen* gibt es nur zwei eigentlich bedeutsame Hauptfiguren: Augustinus und seine Mutter Monnica. Der Vater und die Geschwister werden nur am Rande erwähnt. Diese äußerst enge Mutter-Sohn-Beziehung bietet für psychoanalytisch geschulte Leser unendlichen Stoff, ihr Grundmuster ist aber auch ohne psychologische Tiefendeutung leicht erkennbar.

Monnica ist eine besitzergreifende Mutter, die ihren Lieblingssohn nicht loslassen kann. Besonders seine Sexualität erscheint ihr bedrohlich. Als der Vater seinen heranwachsenden Sohn beim Bad beobachtet und der Mutter stolz von seiner geschlechtlichen Reife erzählt, reagiert diese mit Unbehagen. Sie fürchtet die Hinwendung zu anderen Frauen als eine Abwendung von ihr selbst. So arbeitet sie darauf hin, die jahrelange Beziehung des Augustinus zu seiner Konkubine, mit der er auch einen Sohn hat, zu beenden, was ihr schließlich gelingt. Sie versucht zu verhindern, dass Augustinus seine Heimat verlässt. Als er im Begriff ist, mit dem Schiff nach Rom überzusetzen, kann er den Widerstand der Mutter nur durch die Notlüge überwinden, er wolle lediglich bei einem Freund übernachten, der auf seine Abfahrt warte. Als sie bemerkt, dass er weg ist, ist sie untröstlich. Schließlich folgt sie ihm und lebt bis zu ihrem Tod bei ihm in Italien. Seine Hinwendung zum Christentum ist ihr ganz persönlicher Triumph.

Kurz nach der Bekehrung gibt es eine von Mutter und Sohn gemeinsam erlebte mystische Vereinigungsszene mit Gott. Ganz in der neuplatonischen Tradition erfahren Mutter und Sohn einen gemeinsamen inneren Aufstieg von der Anschauung materieller Dinge zum reinen geistigen Sein, zur ewigen Weisheit. Dieser Prozess kulminiert in einer Art Seelenvereinigung, deren Schilderung bei Augustinus nicht ohne erotische Nebentöne ist: »Und da wir von ihr sprachen und nach ihr seufzten, berührten wir sie mit vollem Schlage unseres Herzens ein kleines wenig, atmeten tief auf und ließen dort angeheftet ›die Erstlinge unseres Geistes‹.« Die Wendung »Erstlinge unseres Geistes« ist ein Bibelzitat, das hier aber neuplatonisch gedeutet wird: Mutter und Sohn erreichen für einen Augenblick den Zustand der vollkommenen Harmonie mit dem Einen, das heißt mit Gott.

Die Geschichte der Bekehrung des Augustinus in den *Bekenntnissen* ist auch die Geschichte einer versuchten und schließlich gescheiterten Loslösung von seiner Mutter Monnica. Im Buch selbst wird diese bereits wie eine Heilige stilisiert. Als heiliger Augustinus und heilige Monnica gingen beide gemeinsam in die Schar der von der Kirche Auserwählten ein.

Auch die Schilderung seiner Bekehrung in der berühmten Mailänder Gartenszene des achten Kapitels trägt deutliche Züge einer kunstvollen literarischen Stilisierung. Sie ist der erzählerische Höhepunkt des Buchs, eine dramatische Szene, bei der Augustinus alle rhetorischen Register zieht und mit der er den Wendepunkt seines Lebens und die Gnadenwahl dem Leser eindringlich zu machen versucht. Augustinus schildert, wie ihn beim Nachdenken über seine Situation ein »innerer Sturm« ergriff, er sich unter Tränen unter einen Feigenbaum warf und Gott um Beendigung seines innerlich zerrissenen Zustandes bat. Darauf hörte er aus dem Nachbarhaus eine Kinderstimme »tolle lege« (»nimm und lies«) sagen, woraufhin er das Neue Testament aufschlug und die Worte im Römerbrief des Paulus las, mit denen dieser die Menschen auffordert, ihr Leben »nicht in Fressen und Saufen, nicht in Kammern und Unzucht, nicht in Hader und Neid« zu verbringen, sondern sich stattdessen dem Herrn Jesus Christus zuzuwenden. Dies war der endgültige Anstoß für Augustinus, seinen weltlichen Lebenswandel aufzugeben und sich zum Christentum zu bekennen.

Nach der Schilderung der Bekehrung ändert das Buch sein Gesicht. An die Stelle einer biografisch orientierten Erörterung tritt eine subtile rationale Argumentation. Augustinus setzt sich nun, zum Teil Wort für Wort, mit der Schöpfungsgeschichte des Alten Testaments auseinander. Vor allem in diesem letzten Teil erhält der Dialog zwischen Augustinus und Gott einen ausgesprochen philosophischen und intellektuellen Charakter. Es ist allerdings ein einseitiger Dialog, bei dem der eine Gesprächspartner, Augustinus, bohrende Fragen stellt und der andere, Gott, nie direkt antwortet, sondern quasi überlegen lächelnd mit dem Finger auf die heiligen Schriften und die Schöpfung weist.

Es gehört zu den Eigentümlichkeiten des Buches, dass es Intellektualität und Bildung gegenüber dem Glauben an und dem Vertrauen in Gott herabsetzt, gleichzeitig aber diese Intellektualität und Bildung in der Argumentation demonstriert. Stolz, Wollust und Wissbegierde: Dies sind für Augustinus die drei großen Feinde des Glaubens. Sie sind aber auch genau die Leidenschaften, die sein eigenes Leben beherrscht haben. Wissbegierde und bohrendes Fragen prägen die *Bekenntnisse* vom ersten Kapitel an, das mit einer Anrufung Gottes beginnt. Doch schon wenig später wird auch dieser Akt des Anrufens selbst in Frage gestellt: »Aber wie soll ich meinen Gott anrufen, meinen Gott und Herrn, da ich ihn doch herein zu mir rufen muss, wenn ich zu ihm rufe? Wo ist der Raum in mir, wohin zu mir käme mein Gott?«

Das gesamte Buch hindurch ist sich Augustinus bewusst, dass er es mit einem rational nicht erkennbaren Gott zu tun hat. Gott ist für ihn das »ganz Andere«, vor dem die menschliche Vernunft Demut üben muss. Dennoch hört er nicht auf, von diesem Gott rationale Antworten zu verlangen. Die Probleme eines persönlichen Gottes, der Schöpfung in oder außerhalb der Zeit, die Erschaffung des leiblichen Menschen als Ebenbild Gottes – all dies sind Zumutungen für den Intellektuellen Augustinus, auch nach seiner Bekehrung. »Ich glaube deinen heiligen Büchern«, so ruft er im zwölften Kapitel aus, »aber ihre Worte sind sehr geheimnisvoll.« Obwohl sich Augustinus in zahlreichen »Bekenntnissen« der Weisheit Gottes beugt, hat der Leser das Gefühl, dass er nie aufhören wird, seinen Glauben dem Prüfstand rationaler Fragen auszusetzen.

Genau dieses kritische, bohrende Fragen, dieses Sich-nicht-zufrieden-Geben hat aber immer auch den philosophischen Reiz der *Bekenntnisse* ausgemacht. Besonders einflussreich war in dieser Hinsicht stets das elfte Kapitel des Buches, in dem Augustinus sich mit dem Wesen der Zeit beschäftigt. Er tut dies in Form einer Introspektion, das heißt einer Analyse der Vorgänge, die in unserem Inneren ablaufen, wenn wir Zeit erfahren. Am Ende des 19. Jahrhunderts und zu Beginn des 20. Jahrhunderts haben Philosophen wie Henri Bergson, Edmund Husserl und Martin Heidegger die Zeit als wesentliches Merkmal der menschlichen Existenz herausgearbeitet und ihre subjektiven und psychologischen Komponenten untersucht. Dabei beriefen sie sich ausdrücklich auf das elfte Kapitel der *Bekenntnisse.*

Ob Augustinus die Zeit wirklich als etwas »Subjektives« begriffen hat, ist sehr umstritten. Sein Ausgangspunkt ist zunächst theologisch, nämlich die Frage, ob es eine Zeit vor Erschaffung der Welt gegeben habe und in welchem Verhältnis Zeit und Ewigkeit zueinander stehen. Die Zeit ist für Augustinus Ergebnis der Schöpfung. Gott selbst ist ihr nicht unterworfen. Sie ist aber auch kein Gegenstand oder Zustand, auf den wir verweisen können: Die Vergangenheit war einmal, aber sie ist nicht mehr; die Zukunft ist noch nicht, und auch die Gegenwart entgleitet unserer äußeren Wahrnehmung: Sie ist, streng genommen, nicht dieser Tag oder diese Stunde oder Minute, sondern ein Augenblick, den wir nicht fassen können. Dass wir Zeit überhaupt erfahren können, hängt mit der Erinnerung zusammen, einer inneren Fähigkeit, die es uns erlaubt, Zustände und Zeiträume festzuhalten und zu messen. Augustinus behauptet nicht, dass die Zeit selbst etwas Subjektives ist, sondern dass sie in einer ganz anderen Art erfahren wird als »normale« Dinge der Welt.

Die *Bekenntnisse* wurden das bekannteste Werk des Augustinus und zugleich eines der meist gelesenen Bücher der Philosophiegeschichte. Es ist ein einzigartiges Buch: Autobiografie, Bekenntnisbuch, theologischer Traktat und philosophische Analyse zugleich. Es war höchst ungewöhnlich, dass im Mittelpunkt eines philosophischen Buchs nicht der Mensch im Allgemeinen und die ewigen Gesetze der Vernunft, sondern ein einzelner Mensch mit einer ganz besonderen Lebensgeschichte steht, der sich an einen persönlichen Gott wendet, eine Gottesvorstellung, die den antiken Philosophen noch fremd war. Augustinus wertet damit die Subjektivität, die individuelle Persönlichkeit des Menschen auf.

Die mystischen und nichtrationalen Seiten seines Gottesbegriffs haben die Philosophie des gesamten frühen Mittelalters bestimmt. Seine Gnadenlehre, aber auch seine Art, mit Gott in ein persönliches

Gespräch zu treten, haben wiederum auf Martin Luther und auf die protestantische Theologie gewirkt. Vor allem aber demonstrieren die *Bekenntnisse* eine sehr persönliche, »existenzielle« Art, Philosophie zu treiben. Philosophische Fragen werden als unmittelbare Lebensfragen begriffen und die Erfahrungen der eigenen Person zum Ausgangspunkt genommen. Dies haben im 17. Jahrhundert die französischen Philosophen Michel de Montaigne, René Descartes und Blaise Pascal ebenso aufgenommen wie im 19. Jahrhundert Sören Kierkegaard und die von ihm beeinflusste, im 20. Jahrhundert entstandene Existenzphilosophie.

Ganz am Anfang der *Bekenntnisse* formuliert Augustinus den an Gott gerichteten, berühmten Satz: »Unruhig ist unser Herz, bis es ruhet in dir.« Die Art des Augustinus, dem Glauben mit unablässigem Fragen zu begegnen, hat die intellektuelle Unruhe in die Philosophie getragen und sie damit bis heute befruchtet. Die *Bekennntisse* zeigen wie kein anderes Buch ihren Autor als einen der großen Unruhestifter der europäischen Geistesgeschichte.

Ausgaben:

AURELIUS AUGUSTINUS: Bekenntnisse. Mit einer Einleitung von K. Flasch. Übersetzt und mit Anmerkungen versehen und herausgegeben von K. Flasch und B. Mojsich. Suttgart: Reclam 1989.

AURELIUS AUGUSTINUS: Bekenntnisse. Übersetzt von W. Thimme. München: dtv 1982.

Schwanengesang der antiken Weisheit

BOETHIUS: Trost der Philosophie (ca. 524)

Beeinflusst die Beschäftigung mit Philosophie unser Leben mehr als, sagen wir, unser Interesse für Computertechnik oder vegetarisches Kochen? Wenn wir uns den Großteil der Berufsphilosophen ansehen, müssen wir diese Frage verneinen. Die meisten von ihnen lehren an Schulen und Universitäten, widmen sich ihrem Gegenstand mit der gleichen Distanz und Routine wie Meeresbiologen oder Anlageberater, unterhalten sich nach Feierabend mit Freunden über Fußball oder mähen ihren Rasen. Ihr Alltag und ihre Haltung zum Leben unterscheiden sich in der Regel nicht von denen anderer Menschen, die nichts mit Philosophie zu tun haben.

Das Beispiel des spätrömischen Philosophen Anicius Manlius Torquatus Severinus Boethius zeigt uns aber, in welch enge, geradezu existenzielle Beziehung die Philosophie zum Leben eines Menschen treten kann. Boethius schrieb sein berühmtestes Buch, *Philosophiae Consolationis*, zu Deutsch: *Trost der Philosophie*, zu einem Zeitpunkt, als er im Gefängnis saß und wusste, dass ihm der Tod bevorstand. In dieser Situation, in der es keine Zeit mehr zu verlieren gab und sich das Wichtige vom Unwichtigen schied, wandte er sich der Philosophie zu und machte sie zur Begleiterin, Beraterin und Gesprächspartnerin.

Dabei lässt er viele der Motive anklingen, die die antike Philosophie über tausend Jahre hinweg bestimmt hatten. Vor allem aber besinnt er sich auf ihre ursprüngliche Aufgabe: den Menschen weise zu machen und ihm Lebensorientierung zu geben. *Trost der Philosophie* ist nicht die theoretische Übung eines Gelehrten, der eine erzwungene Untätigkeit damit überbrückt, sich die Tradition zu vergegenwärtigen. Es ist vielmehr philosophische Praxis im ursprünglichen Sinn: der Versuch, im Angesicht des Todes die Inhalte des Denkens unmittelbar mit der Aufgabe der Lebensbewältigung zu verknüpfen.

Dies geschah, wenige Jahre bevor die berühmteste Institution der antiken Philosophie, die von Platon begründete Akademie, 529 in Athen geschlossen wurde. Die Philosophiehistoriker setzen mit diesem Datum das Ende der Antike und den Beginn der mittelalterlichen Philosophie an. *Trost der Philosophie* wird damit zum Schwanengesang antiker Weisheit, ein Nachruf auf eine große Denktradition und zugleich ein philosophisches Testament für die Nachwelt. Für seinen Autor enthielt es vor allem die Botschaft, dass die Philosophie es ist, die in den unberechenbaren Wechseln des Lebens bleibt und Halt gibt.

Der aus einem alten römischen Adelsgeschlecht stammende Boethius hatte solche Wechsel in seinem eigenen Leben schmerzlich erfahren. Er, den Fähigkeiten, Glück und Gunst bis in die höchsten Staatsämter trugen, beschloss sein Leben als ein zum Tode verurteilter Staatsfeind. Wie viele seiner Zeitgenossen wurde auch er in den Strudel einer turbulenten historischen Epoche hineingerissen.

Bereits Ende des 4. Jahrhunderts hatte sich das Römische Reich in einen West- und einen Ostteil gespalten. Die Geburt des Boethius um 480 fiel bereits in die Zerfallszeit Westroms. Dessen letzter Kaiser, Romulus Augustus, war im Jahr 476 von dem germanischen Heerführer Odowaker abgesetzt worden, als dieser Italien eroberte. Zur Zeit von Boethius war Rom eine Stadt, deren Glanzzeit schon Geschichte war und die inzwischen ihre Hauptstadtfunktion im Osten zugunsten von Konstantinopel und im Westen zugunsten von Ravenna verloren hatte. 493 schließlich eroberten die Ostgoten, vom nördlichen Balkan kommend, Italien und setzten sich für einige Jahrzehnte als neue Herrscher fest. Unter der Herrschaft des Ostgotenkönigs Theoderich vollzog sich der Aufstieg und Fall des Boethius.

Boethius wuchs im christlichen Glauben auf, der seit 391 im Römischen Reich Staatsreligion war. Doch die Geisteswelt der griechischen und römischen Literatur prägte seine Bildung sehr viel mehr. Schon von Jugend an beschäftigte er sich mit Philosophie. Einer langen Tradition des römischen Adels folgend, ging er zum Studium nach Athen, der alten Hauptstadt der klassischen griechischen Philosophie. Zwar hatte die Stadt ihren Status als politisches Zentrum verloren, war aber eines der wichtigsten kulturellen Zentren geblieben.

Boethius lernte hier während seines Studiums die vier einflussreichsten Philosophenschulen der Antike kennen, die alle von Athen ihren Ausgang genommen hatten: die Akademie Platons, die von Aristoteles begründete peripatetische (von griech. »peripatos« = »Wandelgang«) Schule, die Stoiker und die nach ihrem Gründer Epikur benannte epikureische Schule. Die Lehren aller vier Schulen waren durch römische Philosophen wie Cicero und Seneca an breite Bildungsschichten vermittelt worden, hatten dabei einen ausgesprochen lebenspraktischen Zug angenommen und ihre Gegensätze abgeschliffen. Allen gemeinsam war z. B. die Forderung nach einem vernunftgemäßen Leben, das die Leidenschaften unter Kontrolle hält und zwischen notwendigen und nichtnotwendigen Bedürfnissen zu unterscheiden vermag. Platoniker, Peripatetiker und Stoiker teilten zudem die Überzeugung, dass dem Kosmos eine vernunftgemäße Ordnung zugrunde liegt, in die sich der Mensch durch ein entsprechendes Leben einzufügen habe.

Das ausgesprochene Interesse des Boethius für Naturforschung verrät den Einfluss der Tradition des Aristoteles. Doch am meisten zugehörig fühlte er sich der platonischen Schule, die zu seiner Zeit vom sogenannten »Neuplatonismus« geprägt wurde. Diese auf den Philosophen Plotin (204–269) zurückgehende Richtung hatte ausgesprochen mystische und religiöse Züge. Wie Platon selbst ging Plotin von einer niederen materiellen und einer höherstehenden geistigen Welt aus, die für ihn in dem »Einen« gipfelte, in dem sich alle Wirklichkeit konzentriert. Je geistiger die Dinge sind, umso mehr sind sie vom Einen durchdrungen und umso wirklicher sind sie; je materieller sie sind, umso unwirklicher sind sie. Die Erkenntnis des Einen folgt einem Stufenweg, der bei den sinnlich wahrnehmbaren Dingen beginnt und bis zu einer visionären geistigen Schau fortschreitet, die nicht mehr mithilfe der Sprache beschrieben werden kann.

Das Eine hat jedoch nicht nur eine metaphysische und erkenntnistheoretische Bedeutung. Es ist gleichzeitig geistiges Prinzip der Welt und Inbegriff des moralisch Guten. Daraus entstand das für den Neuplatonismus charakteristische Verständnis des Bösen: Das Böse wird zu einem Mangel an Wirklichkeit, zu einer Entfernung von dem Einen. Es hat keinen eigenen Wirklichkeitsgehalt.

Es fiel Boethius nicht schwer, sein Christentum mit neuplatonischen Auffassungen zu verbinden. Auch der christliche Gott wurde als Inbegriff des Guten und höchste Form der Wirklichkeit verstanden. Die Abwertung der materiellen gegenüber der geistigen Welt war inzwischen schon, über den frühchristlichen Augustinus, vom Christentum übernommen worden.

Für Boethius war die Philosophie zunächst Gegenstand des Studiums und der Forschung. In einer zunehmend von germanischen Eindringlingen dominierten Welt nahm er sich vor, möglichst viel von der antiken philosophischen Tradition an die Nachwelt zu vermitteln. So wollte er das gesamte Werk des Platon und des Aristoteles ins Lateinische übersetzen. Wie viel davon er verwirklicht hat, ist uns nicht bekannt. Immerhin wissen wir, dass er die meisten logischen Schriften des Aristoteles und die zugehörigen Kommentare des Plotin-Schülers Porphyrios übersetzt hat. Auch Kommentare zu Cicero und einige christliche Traktate sind uns erhalten.

Beeindruckend ist diese philosophische Vermittlungs- und Bildungsarbeit vor allem deshalb, weil Boethius sie neben seinen politischen Ämtern betrieb. Wie die meisten Römer sah er seine Bestimmung nicht in der Lebensform des Gelehrten, sondern in der des für das Gemeinwesen engagierten Bürgers. Durch gute Beziehungen zum Ostgotenherrscher Theoderich und durch die Einheirat in eine einflussreiche römische Familie schuf er dafür die gesellschaftliche Grundlage. Bereits im Alter von 30 Jahren wurde er Konsul. Als zwölf Jahre später auch seine beiden Söhne die Konsulwürde erhielten, war Boethius auf dem Zenit seiner gesellschaftlichen Karriere angelangt. Auch in der Gunst des Ostgotenherrschers stand er nun ganz oben und stieg bis zum ersten Minister des Reichs auf.

Doch in einem sehr instabilen, von Herrschergunst und zahlreichen Intrigen bestimmten politischen Klima konnte sich Boethius nicht lange behaupten. Theoderich sah mit Misstrauen auf die römische Aristokratie. Er brauchte sie als Mitstreiter in seiner gegen Ostrom gerichteten Politik, aber er fürchtete, dass die oströmischen und weströmischen Eliten sich hinter seinem Rücken gegen ihn verbünden würden. Dazu kamen religiöse Differenzen, die sich an der damals heftig diskutierten Frage entzündeten, ob Christus nur als Mensch, nur als Gott oder als beides zugleich zu verstehen sei. Die Ostgoten bekannten sich zum sogenannten »Arianismus«, in dem Christus lediglich als Mensch und nicht als Gott angesehen wurde. Die weströmischen Christen wiederum glaubten an die Doppelnatur Gott-Mensch. Im oströmischen Reich wiederum herrschten die »Monophysiten« vor, die Christus nur als Gott ansahen. Diese Fragen, die heute kaum noch die Menschen bewegen, waren damals nicht nur von religiöser, sondern auch von hoher politischer Brisanz. Mit dem Deutungsanspruch über das Christentum war der Herrschaftsanspruch in der Tradition des alten Römischen Reiches verbunden.

Offenbar begann Theoderich den Verdacht zu hegen, Boethius paktiere mit Ostrom. Als dann Mitglieder des römischen Adels gegen Boethius intrigierten und ihn durch gefälschte Briefe belasteten, sah Theoderich die Gelegenheit gekommen, ihn fallen zu lassen. Der offizielle Vorwurf lautete nicht nur auf Hochverrat, sondern auch auf Spiritismus, ein besonders schwer wiegender Vorwurf, weil damit ein Vergehen gegen die Staatsreligion des Christentums gemeint war.

Nach allem, was wir wissen, waren sämtliche Beschuldigungen gegen Boethius falsch. Es war auch schwerlich ein Trost, dass er sich mit dieser Anklage in guter philosophischer Gesellschaft befand: Auch Sokrates war mehrere hundert Jahre zuvor beschuldigt worden, den falschen Göttern gedient zu haben. Wie dieser wurde Boethius Opfer eines politischen Prozesses: Im Jahr 524 verurteilte ihn der römische Senat zum Tode. Seine Versuche, sich zu rechtfertigen, waren erfolglos. Man verbrachte ihn zunächst in Haft, vermutlich nach Pavia, wo er in einer Art Hausarrest lebte.

In dem Jahr, das ihm nun noch bis zu seiner Hinrichtung blieb, wandte Boethius sich wiederum der Philosophie zu. Zwar hatte er sich sein Leben lang mit ihr beschäftigt, doch nun war sein Blick auf sie ein anderer geworden: Sie war kein Lehrgegenstand mehr, sondern ein Lebensgegenstand geworden. Für den Christen Boethius wurde nicht der Glaube, sondern die Tradition des antiken Denkens zum Mittel, mit dem Schicksal, das ihn getroffen hatte, fertig zu werden und sich mit der Gesamtheit seines Lebens zu versöhnen.

Trost der Philosophie ist das Ergebnis dieser existenziellen Begegnung des Boethius mit der Philosophie. Es ist ein Buch, das sich nicht nur durch seine Inhalte, sondern auch durch seine Form an die Traditionen der antiken Philosophie anlehnt. Über weite Passagen ist es als Dialog abgefasst, eine literarische Form, die viele Jahrhunderte vorher in den Schriften Platons zur Meisterschaft entwickelt worden war. Aber es enthält auch kommentierend und erläuternd eingestreute Verse und nimmt dadurch die Tradition des Lehrgedichts auf, die in der römischen Literatur in dem Epikureer Lukrez ihren bekanntesten Vertreter hatte.

Der im Buch geschilderte Dialog findet im Rahmen einer Traumvision statt. Sein Schicksal beklagend, sieht sich der auf seinem Lager ruhende Autor von den Musen, den Göttinnen der schönen Künste, umstanden. Sie werden allerdings von einer weiblichen Gestalt vertrieben, die, so Boethius, obwohl bejahrt, »von frischer Farbe und unerschöpfter Jugendkraft« ist, sodass »sie in keiner Weise unserem Zeitalter anzugehören« scheint. Es ist die Philosophie selbst, die nun als Person auftritt und im Verlauf des Buches dem Autor als Lehrmeisterin und Gesprächspartnerin gegenübertritt.

Es ist also, so wird deutlich, nicht die Dichtung, sondern die Philosophie, die uns in Zeiten höchster Not helfen kann. Mit dem literarischen Kunstgriff, die Philosophie als Person auftreten zu lassen, macht Boethius das philosophische Gespräch, das er mit sich selbst führt, für den Leser erleb- und sichtbarer. Dem schicksalsgeschlagenen, orientierungslosen Menschen tritt mit der Philosophie die Seite der Vernunft gegenüber, die die Mittel besitzt, den Geist des Menschen wieder aufzurichten.

Schon Sokrates und Platon hatten die Philosophie mit einem Arzt verglichen. So wie dieser die Gesundheit des Körpers, kann sie die Gesundheit der Seele wiederherstellen. Im Buch geht sie dabei, wie auch der Arzt, in Etappen vor. Sie wendet sich zunächst den Symptomen zu und versucht, durch milde Arzneien den unmittelbaren Schmerz zu stillen. Boethius soll zunächst lernen, sein eigenes Schicksal in einem neuen Licht zu betrachten. Er muss seine Haltung gegenüber der Welt und seine Bewertung von Ereignissen und Dingen verändern. Dass nicht die Geschehnisse das menschliche Leiden verursachen, sondern die Art, wie der Mensch sich zu ihnen stellt, war eine bekannte Doktrin der Stoiker und anderer spätantiker Philosophenschulen.

Dies ist aber nur der erste Schritt. Ab dem 3. Kapitel greift die Philosophie zu dem, was sie die »schärferen Heilmittel« nennt. Nun geht es nicht mehr nur darum, die Schmerzen zu lindern. Die Behandlung richtet sich nicht mehr auf die Symptome, sondern auf die Wurzel der Krankheit. Der Mensch soll sich über das wahre Glück klar werden und die Richtung seines Lebens ändern.

Für Boethius wie für die gesamte Antike waren das Gute und das Wahre aufs Engste miteinander verbunden. Die uns heute geläufige Trennung zwischen Fragen der theoretischen Philosophie und Fragen der praktischen Philosophie gab es für ihn nicht. Deshalb kann er das Glück nur erlangen, wenn er die Gesetze des Kosmos durchschaut und zu deren letzten Prinzipien vorstößt. Entsprechend werden in den Kapiteln 3 bis 5 nicht nur Themen der Ethik, des vernunftgeleiteten, richtigen Lebens, sondern auch komplexe Themen der Metaphysik angesprochen. Erst dann, so die Botschaft des Buches, wenn der Mensch die letzten Prinzipien der Wirklichkeit erkannt hat, ist er auch in der Lage, sein Leben in eine Übereinstimmung mit der Weltordnung zu bringen.

Mit der zunehmenden Abstraktheit seiner Themen folgt Boethius einer wichtigen Lehre der platonischen und insbesondere neuplatonischen Philosophie: dass nämlich der Erkenntnisweg des Menschen sich in Stufen vollzieht, von den unmittelbaren Wahrnehmungen der Welt bis zu dem höchsten göttlichen Prinzip, von dem alles seinen Ausgang nimmt. Wie Sokrates und Platon, so glaubt auch Boethius, dass das Wissen über die höchsten Dinge schon im Menschen schlummert und durch die Kunst der philosophischen Argumentation geweckt werden kann. Für dieses Bewusstwerden des Wissens benutzt er ein Bild, das Platon in seinem Hauptwerk *Der Staat* in seinem berühmten Höhlengleichnis verwendet hatte. Der Mensch müsse, so Boethius im 4. Buch, seine »an Finsternis gewöhnten Augen zum Lichte einleuchtender Wahrheit erheben«. Die Erlangung philosophischer Erkenntnis gleicht dem Austritt aus dem Schattenreich ins Licht der Sonne.

Obwohl die Tradition der platonischen Philosophie die Argumente des Boethius am stärksten beeinflusst hat, bleibt er doch, wie viele römische Philosophen, ein Eklektiker, d.h. jemand, der die Einflüsse verschiedener philosophischer Schulen miteinander vermischt. Dazu gehören neben denen der aristotelischen Philosophie auch solche der Lebensphilosophie der Stoiker und Epikureer, selbst wenn Boethius im 1. Buch abfällig vom »stoischen und epikureischen Pöbel« spricht. Spuren der spätantiken Philosophenschulen finden sich besonders in den ersten beiden Kapiteln, in denen die »Philosophie« ihn auffordert, sich von weltlichem Glück und Erfolg nicht beeindrucken zu lassen. Fortuna, die Macht, die unser Leben beeinflusst und die im Lateinischen sowohl Glück als auch Schicksal bedeuten kann, ist wankelmütig, die Vernunft hingegen konstant.

Die »Philosophie« erinnert den klagenden Boethius entsprechend daran, dass er aufgrund seiner langjährigen philosophischen Studien, eigentlich alle Mittel an der Hand hätte, um seine Lebenssituation zu meistern. Ein Blick auf Philosophenschicksale wie das des Sokrates, der von den Athenern zum Tode verurteilt wurde, und das von Seneca, der von Nero zum Selbstmord gezwungen wurde, hätte ihm den wahren Charakter der Fortuna vor Augen führen können. Schon in *Trost der Philosophie* finden wir den uns heute noch bekannten Vergleich der Fortuna mit einem Rad, das sich dreht und den Menschen nach oben heben, aber auch nach unten stürzen kann. Über das Schicksal und damit über das weltliche Glück hat der Mensch keine Macht: Ein gutes Schicksal ist kein Verdienst und ein schlechtes keine Schuld.

Mit der Überzeugung, dass jeder Mensch nach Glück strebt, greift *Trost der Philosophie* auf die Ethik des Aristoteles zurück. Auch für diesen war das wahre Glück an die Vernunftnatur des Menschen gebunden. Wer es erreichen will, muss sich also über seine wahre Natur im Klaren sein. In der mangelnden Erkenntnis der eigenen Natur, in der mangelnden Selbsterkenntnis also, liegt auch nach Meinung der philosophischen Lehrerin der Grund für den beklagenswerten Zustand ihres Schützlings. Entfremdung von der eigenen Natur, also die Abkehr von der Vernunftbestimmtheit, führt zum Streben nach falschen Werten und Gütern. Die Therapie liegt entsprechend in der Selbsterkenntnis und einer Neuausrichtung der eigenen Werte.

Als ein vernunftbegabtes Wesen kann Glück für den Menschen nur in einem Gut liegen, in dem die Vernunft ihre Anlagen verwirklicht und Erfüllung findet. Es muss ein geistiges Gut sein, der geistigen Natur der Vernunft entsprechend; es muss ein dauerhaftes Glück sein, das nicht den Wechselfällen des Lebens unterworfen ist; und es muss vollkommen sein in dem Sinne, dass es nicht Begehrlichkeiten nach noch mehr oder nach etwas anderem weckt. Dies alles ist bei unseren üblichen Glücksgütern wie Macht, Reichtum und Ruhm nicht der Fall. Sie wecken vielmehr unsere Gier und führen letztlich zum Katzenjammer. Nicht sie sind es, die uns einen Zustand des dauerhaften und wunschlosen Glücks verschaffen. Es ist eher umgekehrt: Gerade das, was wir normalerweise Unglück nennen, hilft uns, zur Selbstbesinnung und zur Selbsterkenntnis zu kommen, und ebnet uns dadurch den Weg zum wahren und dauerhaften Glück.

Diese wahre Glückseligkeit, die keine Stimulation braucht und auch keine Nachwehen hat, die sich selbst genügt, vollkommen, einfach und ungeteilt ist, liegt in nichts anderem als dem, wonach alles in Wahrheit strebt. Boethius nennt es »Gott«. Es ist, in neuplatonischer Tradition, das »Gute« und das »Eine«, das höchste Gut, die höchste Glückseligkeit und gleichzeitig die höchste Form der Wirklichkeit.

Boethius ruft diesen Gott an als »Schöpfer des Himmels und der Erden« und weckt damit Vorstellungen, die wir mit dem christlichen Gott verknüpfen. Doch sein Gott erschafft die Welt nicht aus dem

Nichts. Wie fast alle Philosophen der Antike glaubt auch Boethius, dass der Kosmos ewig ist und dass aus »nichts« nichts entstehen kann. Sein Gott ist, wie es im Buch heißt, »selbst nimmer bewegt, bewegend das Weltall« und das »All vom Urbild her« leitend. Er ist kein persönlicher Gott, sondern – in Anlehnung an den »unbewegten Beweger« in der *Metaphysik* des Aristoteles, an die Idee des Guten in der Philosophie Platons und an das »Eine« Plotins – ein kosmologisches Prinzip, das die Welt schafft, indem er als Urbild und Zielpunkt aller Wirklichkeit den gesamten Kosmos in Bewegung hält und ihm eine Art »Wirklichkeitsenergie« verleiht. Der Mensch ist durch seine Vernunft fähig, sich auf dieses göttliche Wirken auszurichten und sich mit ihm in Einklang zu setzen. Darin besteht die Verwirklichung seines Glücks. Es ist, so könnte man sagen, ein Glück, das in der Kontemplation der ewigen kosmischen Gesetzmäßigkeit liegt. Wie Plotin und die Neuplatoniker glaubte auch Boethius, dass durch eine solche Teilhabe am göttlichen Wirken auch der Mensch göttlich wird.

Mit der Identifizierung von »Glück« und »Gott« wird die Verbindung zwischen Ethik und Metaphysik offensichtlich. Deshalb sind auch im anschließenden Verlauf des Zwiegesprächs zwischen Boethius und der Philosophie ethische und metaphysische Fragen eng miteinander verschränkt. Sie alle umkreisen das Problem, wie dieser vollkommene Gott mit unserer Erfahrung der Welt in Übereinstimmung zu bringen ist, ein Problem, das die monotheistischen Religionen wie Judentum, Christentum und Islam bis heute beschäftigt. Dazu gehört das sogenannte »Theodizee«-Problem (von griech. »theos« = Gott und griech. »dike« = Recht), das Problem also, wie sich die Idee eines allmächtigen und guten Gottes mit der Realität des Bösen in der Welt vereinbaren lässt. Eigentlich müsste ein solcher Gott das Böse verhindern. Wenn er kann, aber nicht will, ist er kein guter Gott. Wenn er will, aber nicht kann, ist er nicht allmächtig.

Hier bietet das Buch eine typisch neuplatonische Lösung an: Das Böse hat nämlich, im strengen Sinne des Wortes, gar keine eigene Wirklichkeit. Wirklich im eigentlichen Sinne ist nur das, was von Gott durchdrungen ist. Für Boethius gibt es also zwei verschiedene

Arten des Seins: die eigentliche Art, die in Übereinstimmung mit der Weltvernunft steht; und eine negative Art, die in der Entfernung von Gott als der wahren Wirklichkeit besteht. Das Böse, das wie alles nach der göttlichen Wirklichkeit strebt, hat sich im Weg geirrt und ist vom Pfad der Weltvernunft abgewichen. Es existiert im »eigentlichen« Sinne nicht, weil, wie Boethius im 4. Buch schreibt, dasjenige aufhört zu sein, »was vom Guten abfällt«. Das Böse ist nichts anderes als eine negative Art des Seins, ein »Nicht-Sein«. So kommt das Buch zu der zunächst befremdlichen, aber in der Argumentation konsequenten Auffassung, dass »alles, was ist, offenbar auch gut ist«.

Ist in der Welt also alles vorausbestimmt und geregelt? Sitzt der Mensch in einem Netz, das von Gott schon längst festgezurrt ist? Damit ist man beim Problem der göttlichen Vorsehung und des Determinismus, also der Auffassung, dass alles, was geschieht, der Gesetzmäßigkeit von Ursache und Wirkung unterliegt und es daher auch keine Willensfreiheit des Menschen gibt, die diese festgefügte Kette von Ursache und Wirkung durchbrechen könnte. Wie können wir dann aber, so der Einwand des Boethius, für unsere Handlungen moralisch verantwortlich sein? Und warum, so ein weiterer Einwand, geht es in einer Welt, in der Gott alles zum Besten bestellt hat, vielen Schurken so gut und vielen moralisch guten Menschen so schlecht?

Die Antwort der »Philosophie« besteht darin, wiederum zwei verschiedene Arten von Wirklichkeit voneinander zu unterscheiden:, die Wirklichkeit Gottes und die Wirklichkeit des Menschen. Mit anderen Worten: Gott spielt in einer anderen Liga. Er lebt nicht in der Zeit, sondern in der Ewigkeit. Für ihn gibt es streng genommen gar keine »Vorsehung«, denn die Trennung zwischen Vergangenheit, Gegenwart und Zukunft ist bei ihm aufgehoben. Er »sieht« nichts »voraus«, weil es für ihn kein Voraus gibt, sondern nur eine Gegenwart, in der alles gleichzeitig ist. Göttliches Wissen kann keine »Ursache« von Geschehnissen sein, weil Gott außerhalb der zeitlichen Abfolge von Ursache und Wirkung steht. Deshalb schließt die göttliche Vorsehung die Willensfreiheit des Menschen nicht aus. Nur für uns Menschen, für die sich die Wirklichkeit als zeitlicher Ablauf darstellt und deshalb immer nur bruchstückhaft erfahrbar ist, sieht es so aus, als sei das göttliche Wissen mit der Determination der Ereignisse verbunden. Unser Begriff des Vorauswissens denkt notwendigerweise immer die zeitliche Dimension – und damit den Bezug zur Zukunft – mit.

Diese Version der sogenannten »Zwei-Welten-Theorie«, dass menschliche Erkenntnis in den Anschauungsformen von Zeit und Raum befangen und uns die Welt jenseits davon, die Welt des »Dings an sich«, verborgen bleibt, hat sich noch bis zu Kants *Kritik der reinen Vernunft* im 18. Jahrhundert erhalten.

Dass die menschliche Vernunft nicht die Zusammenhänge durchschaut, die für das göttliche Auge offenbar sind, gilt nach Boethius auch für das Verständnis der Tatsache, dass es schlechten Menschen scheinbar gut und guten scheinbar schlecht geht. Wir verstehen nicht, weil wir nicht, wie Gott, alles sehen. Im Gegensatz zu Gott bleibt der menschlichen Vernunft verborgen, welchen moralischen Stellenwert die Handlungen der Menschen innerhalb des großen Ganzen wirklich haben. Dem Menschen bleibt gewissermaßen nur der Seufzer: Wer weiß, wozu es gut ist! Er muss, so Boethius am Ende des Buches, der Gerechtigkeit Gottes vertrauen und gleichzeitig anerkennen, dass ihm die göttliche Perspektive unerreichbar ist: »Es bleibt, alle Dinge von oben überblickend, ein vorauswissender Gott, und die immer gegenwärtige Ewigkeit seines Schauens trifft mit der zukünftigen Beschaffenheit unseres Handelns zusammen, den Guten Belohnungen, den Bösen Strafen austeilend.«

Boethius starb 525. Das Todesurteil wurde vollstreckt, indem man ihn im Gefängnis erdrosselte. Wir wissen nicht, wie weit ihm sein Gespräch mit der Philosophie geholfen hat, sich mit seinem Leben zu versöhnen und auf den Tod vorzubereiten. *Trost der Philosophie* jedenfalls hat, wie kaum ein anderes philosophisches Werk der Antike, in das frühe Mittelalter wie ein strahlendes Licht aus einer versunkenen Epoche gewirkt. Es markiert das Wegende einer Denkepoche, wurde aber auch zu einer Brücke zwischen römisch-hellenistischem und mittelalterlichem Denken. Für alle großen Philosophen des Mittelalters blieb Boethius Pflichtlektüre.

Die von Boethius aufgeworfenen Probleme, wie das der Vereinbarkeit gesetzlicher Vorherbestimmtheit mit der Freiheit des menschlichen Willens, haben die Diskussion aber noch viel länger bestimmt. Sie wurden vor allem von Denkern aufgegriffen, denen es, wie dem spätmittelalterlichen Kardinal Nikolaus von Kues oder dem Aufklärer Immanuel Kant, darum ging, die Grenzen und Widersprüche menschlicher Erkenntnis aufzuzeigen.

Doch seine Wirkung bis in die Gegenwart hinein verdankt *Trost der Philosophie* vor allem der Überzeugung, dass das Leben und nicht der Schreibtisch der Ernstfall der Philosophie ist.

Ausgabe:
BOETHIUS: Trost der Philosophie. Übersetzt von Ernst Gegenschatz und Olof Gigon. Mit einem kleinen Nachwort von Kurt Flasch. München: dtv 2005.

Der Superdom der mittelalterlichen Scholastik

THOMAS VON AQUIN: Summe der Theologie (1266–1273)

Was hat der griechische Philosoph Aristoteles mit der katholischen Kirche zu tun? Nicht sehr viel, so scheint es. Zwar gibt es auch bei Aristoteles einen Gott, doch weder hat er die Welt aus dem Nichts geschaffen, noch hat er einen Sohn, der zugleich Gott und Mensch ist und die Menschen erlöst hat. Überhaupt unterhält er keinerlei persönliche Beziehungen zu den Menschen. Der Gott des Aristoteles ist ein »unbewegter Beweger«, Ursache und Zielpunkt aller Wirklichkeit. Als ein kosmologisches Prinzip ist er eine sehr rationale Konstruktion, ein typischer Philosophengott. Hätte Aristoteles die christliche Religion gekannt, hätte er wahrscheinlich die Nase über eine primitive Volksreligion gerümpft, in der mythische Vorstellungen über eine rationale Weltdeutung triumphieren.

Thomas von Aquin jedoch, den viele für den bedeutendsten mittelalterlichen Philosophen halten, sah dies ganz anders. Für ihn war Aristoteles, den er schlicht »den Philosophen« nannte, der christliche Philosoph »avant la lettre«, ein Philosoph also, der in rationaler Form wichtigen Erkenntnissen des Christentums Ausdruck verliehen hat, bevor sich dieses durch die Offenbarung des Neuen Testaments in voller Gestalt zeigte.

Wie unter den großen Werken des Mittelalters üblich, ist auch das voluminöse Hauptwerk des Thomas, die *Summe der Theologie*, Philosophie und Theologie zugleich. Eine Philosophie unabhängig von religiösen Vorgaben gab es im Mittelalter nicht. Das Vertrauen, das Thomas in die Rationalität, in die menschliche Vernunft, setzte, war dabei keineswegs selbstverständlich. Frühchristliche Philosophen wie Augustinus hatten immer wieder auf die Irrwege der Vernunft hingewiesen und behauptet, dass der Weg zu Gott nur über den Glauben und die göttliche Gnade führe.

Unter allen Versuchen, die Vernunft zu rehabilitieren und sie zur Stütze des Glaubens zu machen, ist das Werk des Thomas von Aquin anerkanntermaßen die eindrucksvollste Leistung. Mithilfe der aristotelischen Weltdeutung errichtete er ein Denkgebäude, das alle anderen philosophischen Bauwerke seines Zeitalters überragt. Es ist der Superdom der Scholastik, der Philosophie des Hochmittelalters (von lat. »doctores scholastici« = die »Schulgelehrten«). Es ist ein riesiges, komplexes und staunenerregendes Werk, in dem griechisches und christliches Denken zu einer Einheit verschmelzen. Mit seiner *Summe der Theologie* lieferte Thomas nicht nur der Theologie einen rationalen Unterbau und verhalf ihr, sich als eigene Disziplin im Kanon der Wissenschaften zu etablieren; seine Rehabilitierung der Vernunft gab auch der Philosophie jenen Anschub, der sie wieder zu einem eigenständigen Ort der Weltorientierung werden ließ.

Wie die Baumeister der großen mittelalterlichen Kirchen, so war auch Thomas ein ebenso kompetenter wie fleißiger und hartnäckiger Arbeiter, der sich nie von seinem Ziel abbringen ließ. Geboren 1225 im Schloss Roccasecca bei Neapel als siebtes Kind eines Landadligen, sollte Thomas später einmal, seinem Stand entsprechend, eine wohlhabende und herrschaftliche Stellung einnehmen. Im Alter von fünf Jahren gab man ihn in das Stammkloster der Benediktiner in Montecassino, wo er bis 1239 blieb. Noch im selben Jahr schickte man ihn zum Studium nach Neapel. Nach dem Wunsch der Familie sollte Thomas später einmal Benediktinerabt werden.

Der im 6. Jahrhundert gegründete Benediktinerorden galt im 13. Jahrhundert als etablierter Teil der feudalen Gesellschaft. Anders dagegen die noch jungen Bettelorden, die ein Gegengewicht zur zunehmenden Verweltlichung der Kirche bilden wollten. Zu ihnen gehörten die Dominikaner, die sich vor allem Lehr- und Bildungsaufgaben widmeten. 1244 entschloss sich Thomas gegen den ausdrücklichen Willen der Familie, dem Dominikanerorden beizutreten. Der Orden wurde zu seiner geistigen Heimat.

Als die Dominikaner ihr neues Mitglied zum Studium nach Paris schicken wollten, kam es auf dem Weg dorthin zu einer Szene, die jedem Abenteuerfilm zur Ehre gereicht hätte. In der Toskana wurde Thomas von seinen Brüdern gekidnappt, aufs Pferd gesetzt und nach Hause verschleppt, wo die Familie ihn ein Jahr unter Hausarrest hielt. Man ließ nichts unversucht, um ihn von dem Vorhaben abzubringen, ein Leben als Bettelmönch zu führen.

Doch es sollte sich zeigen, dass Thomas nicht gewillt war, sich den Interessen seiner Familie unterzuordnen. Er kehrte zu seinen Ordensbrüdern zurück und ging wie geplant nach Paris. Im Konvent Saint Jacques, dem mitten in der Pariser Universität gelegenen Studienhaus des Ordens, hatte er das Glück, einen der bedeutendsten philosophischen Lehrer seiner Zeit kennen zu lernen: den Deutschen Albert von Lauingen. Der Mann, der als »Albertus Magnus«, also »Albert der Große«, in die Geschichte der Philosophie eingehen sollte, war unter seinen Zeitgenossen als »Doctor universalis«, als Universalgelehrter, berühmt. Als er im Jahr 1248 vom Orden beauftragt wurde, in Köln einen universitären Studienbetrieb aufzubauen, nahm er seinen Schüler Thomas mit nach Deutschland.

Thomas wurde der Meisterschüler Alberts. Von seinen Kommilitonen erhielt der etwas untersetzt gebaute und zurückhaltende Student aus Italien den Spitznamen der »stumme Ochse«. Es dauerte jedoch nicht lange, bis er in der gelehrten Welt unter einem anderen Namen bekannt wurde: »Doctor angelicus« – der »engelsgleiche Doktor«. Seine Fähigkeit, die christliche Lehre mit philosophischen Argumenten zu stützen, sollte legendär werden.

Diese philosophischen Argumente wurden vor allem aus der Philosophie des Aristoteles geschöpft, der bis ins 13. Jahrhundert in Westeuropa nur als Logiker bekannt war, nun aber mit seinen anderen Schriften in die Diskussionen eindrang. Albertus Magnus und der Dominikanerorden spielten dabei eine entscheidende Rolle.

Im frühen Mittelalter herrschte eine neuplatonische Interpretation des Christentums vor, die durch das Werk des spätantiken Philosophen Boethius, aber auch durch den vor Thomas einflussreichsten christlichen Philosophen, Aurelius Augustinus, vermittelt worden war. Der in der Spätantike entstandene und von Plotin begründete

Neuplatonismus sah zwischen der wahren geistigen, nur durch die Vernunft erkennbaren Welt und der materiellen, sinnlich wahrnehmbaren Welt eine tiefe Kluft. An der Spitze der Wirklichkeitspyramide stand »das Eine«, ein jenseitiger geistiger Gott, der nur durch eine visionäre Schau erfassbar war. Um zum Einen zu gelangen, musste man die materielle Welt überwinden und hinter sich lassen.

Die neuplatonisch-augustinische Tradition der christlichen Philosophie wertete aber nicht nur die Sinnlichkeit gegenüber dem Geist, sondern auch die Vernunft gegenüber dem Glauben ab. Der Graben zwischen der Welt der menschlichen Erkenntnis und der Wirklichkeit Gottes war so groß, dass er von der menschlichen Vernunft nicht überwunden werden konnte.

Aristoteles dagegen hatte umgekehrt die Natur, die sinnlich erfahrbare Welt, zum Ausgangspunkt genommen, um von dort zu den letzten Prinzipien der Wirklichkeit und schließlich zu Gott, dem »unbewegten Beweger«, zu gelangen. In der telelogischen (von griech. telos = Ziel, Zweck) Weltsicht des Aristoteles waren alle Dinge Teil einer zweckgerichteten Ordnung, die auf Gott als den letzten Zweck- und Zielpunkt zulief. Über die Erforschung der Natur konnte man also mit Mitteln der Vernunft zu Gott gelangen. Gott war für Aristoteles das logische Resultat einer rationalen Weltbetrachtung.

Islamische und jüdische Philosophen ebneten den Weg für eine umfassende Aufnahme des Aristoteles im Westen. Im arabischen Raum waren die vollständigen aristotelischen Schriften seit der Mitte des 10. Jahrhunderts bekannt. Einer der islamischen Aristoteles-Vermittler war im frühen 11. Jahrhundert der aus Buchara im heutigen Usbekistan stammende Ibn Sina, der im Westen »Avicenna« genannt wurde. Für ihn war, wie für Aristoteles, Gott ein reines geistiges Sein, das keinen Veränderungen unterworfen ist. Im Gegensatz zur Lehre des Koran vertrat er sogar die aristotelische Auffassung, dass die Welt keinen Anfang in der Zeit hat. Sehr einflussreich wurde seine – nicht bei Aristoteles belegte – Auffassung, dass der Mensch keine individuelle Vernunft besitzt, sondern dass es eine überpersönliche Vernunft gibt, an der jeder einzelne Mensch Anteil hat.

Genau dies vertrat auch etwa einhundert Jahre später der im

Westen als »Averroes« bekannte Ibn Ruschd mit seinen Aristoteles-Interpretationen, die ihm den Beinamen »der Kommentator« einbrachten. Gegen den Neuplatonismus wertete Ibn Ruschd diese Vernunft jedoch erheblich auf. Wie sein Schüler, der ebenfalls aus Cordoba im damals islamisch beherrschten Spanien stammende jüdische Philosoph Moses Maimonides, erhob er den Anspruch, der in eine Bildersprache eingekleideten religiösen Überlieferung eine rationale Deutung geben zu können.

Mitte des 13. Jahrhunderts wurden die Schriften des Aristoteles erstmals vollständig von Wilhelm von Moerbeke ins Lateinische übersetzt und erreichten damit endgültig das westliche Europa. Von da an bestimmte die Auseinandersetzung zwischen dem neuplatonisch-augustinischen und dem aristotelischen Denken die Scholastik. Albert kannte die islamischen und jüdischen Aristoteles-Vermittler und war maßgeblich an der Verbreitung des aristotelischen Denkens beteiligt. Aristoteles wurde durch ihn zur wichtigsten philosophischen Autorität des Dominikanerordens.

Die Kirche wehrte sich zunächst gegen diese neuen Einflüsse, da die Philosophie des Aristoteles im Widerspruch zu wichtigen Glaubensinhalten stand. So war die Lehre von der Ewigkeit der Welt unvereinbar mit der Lehre von der Welt als göttlicher Schöpfung. Auch die von den islamischen Interpreten vertretene These von einer überpersönlichen Vernunft schuf Probleme. Wie konnte es dann ein individuelles Seelenheil geben? Die Kirche musste auf der Unsterblichkeit der Seele und der Willensfreiheit des einzelnen Menschen bestehen.

Deshalb verbot der Papst im Jahr 1215, die aristotelische Philosophie an den Universitäten zu lehren. Die Dominikaner mussten einen jahrzehntelangen Kampf gegen die kirchlichen Autoritäten ausfechten, um der Lehre des Aristoteles Einzug in die offiziellen universitären Lehrpläne zu verschaffen. Albert und sein Schüler Thomas waren an diesem Prozess aktiv beteiligt. Mitte des 13. Jahrhunderts war die Philosophie des Aristoteles schließlich ein akzeptierter Bestandteil des Studiums an der Pariser Universität. Grundlage dafür war die lateinische Übersetzung. Auch Thomas las Aristoteles nicht im griechischen Original.

Nach Erwerb des ersten akademischen Grades, des Baccalaureus, trennte sich Thomas 1252 von seinem Lehrer und ging wieder nach Paris, um sein Studium mit einem Magister im Fach Theologie, der mittelalterlichen Königsdisziplin, abzuschließen. In Paris erhielt er erstmals Gelegenheit, selbstständig zu lehren, eine Erfahrung, die auch die Form seiner Schriften beeinflusste. Viele dieser Schriften wurden als theologische Auseinandersetzungen oder als Argumentationsanleitung für Geistliche verfasst. In ihnen wurde eine imaginäre Diskussion inszeniert und wurden Thesen als Antwort auf vorweggenommene Einwände formuliert. Eine seiner bekanntesten frühen Schriften, *Das Seiende und das Wesen*, verfolgt die Absicht, seine Studienbrüder mit der Lehre des Aristoteles vertraut zu machen. Sie entstand um 1255, das Jahr, in dem Thomas in Paris seinen Magistertitel erwarb.

Bis an sein Lebensende stand Thomas nun als Lehrender im Dienste seines Ordens, der ihm immer wieder neue Aufgaben übertrug. 1259 schickte man ihn wieder nach Italien, wo er der päpstlichen Kurie an verschiedenen Orten, so in Viterbo, Rom und Orvieto, diente. Etwa 1264 schloss er sein erstes großes Hauptwerk ab, die *Summe gegen die Heiden*. Der Titel *Summe* für ein theologisches Werk war in der zeitgenössischen Literatur üblich und bedeutete, dass hier ein Lehrstoff systematisch zusammengefasst wurde. Die *Summe gegen die Heiden* sollte Dominikanermönchen Argumente an die Hand geben, um ihre theologische Position gegenüber Andersdenkenden vertreten zu können.

Das Projekt einer Verbindung von aristotelischem und christlichem Denken hatte allerdings zwei Seiten: Nicht nur nahm das Christentum Gedanken des Aristoteles auf, auch die Philosophie des Aristoteles musste sich christlichen Vorgaben anpassen. Es ging also darum, sich gegenüber denjenigen Aristoteles-Interpretationen abzugrenzen, die mit der christlichen Lehre unvereinbar waren. In diesem Zusammenhang entstanden jeweils in den Jahren 1269 und 1270 zwei kleinere Schriften: In *Einheit des Verstandes* richtet sich Thomas gegen die von Avicenna und Averroes vertretene Lehre einer überpersönlichen Vernunft. Die zweite Schrift *Über die Ewigkeit der Welt* hält auch gegen Aristoteles an der christlichen Doktrin fest, dass Gott vor der Zeit existiert hat. Auch wenn Aristoteles zur großen philosophischen Autorität geworden war, blieben fundamentale kirchliche Lehren für Thomas unverzichtbar: Dazu gehörte, dass Gott die Welt aus dem Nichts erschaffen und den Menschen mit einem eigenen Willen, einer individuellen Vernunft und einer individuellen Seele ausgestattet hat.

Vermutlich um das Jahr 1266, also noch während seines Aufenthalts in Italien, begann Thomas die Arbeit an seiner zweiten großen *Summe*, der *Summe der Theologie.* Sie war, anders als die *Summe gegen die Heiden*, nicht für die Auseinandersetzung mit den Nicht-Christen bestimmt, sondern sollte den Lehrbetrieb innerhalb des Ordens auf eine neue theoretische Grundlage stellen. Das Verhältnis zwischen Gott, Welt und Mensch sollte mithilfe der Philosophie des Aristoteles neu bestimmt werden. *Die Summe der Theologie* hatte den Anspruch, eine neue Metaphysik und eine neue Ethik auf christlicher Grundlage zu entwerfen.

Den ersten Teil seines Opus Magnum, in dessen Mittelpunkt Gott steht, schloss er noch in Italien ab. In den Jahren zwischen 1268 und 1272, als er wiederum in Paris lehrte, entstand der zweite, dem Menschen gewidmete Teil des dreiteiligen Werkes. Von 1272 bis zu seinem Tod 1274 zog Thomas wieder in seine süditalienische Heimat. Hier konnte er noch den dritten Teil beginnen, der sich mit dem Mensch gewordenen Sohn Gottes beschäftigt, aber nie vollendet wurde. Es wird berichtet, Thomas habe am 6. Dezember 1273 ein mystisches Erlebnis gehabt, das ihn tief erschütterte und am Wert seiner gesamten Lebensarbeit zweifeln ließ. Anschließend hat er nichts mehr geschrieben.

Dass die *Summe der Theologie* Fragment geblieben ist, ändert nichts an der geradezu gigantischen philosophisch-theologischen Konstruktionsleistung. Die zwölf Bände umfassende deutsche Gesamtausgabe stellt jeden Leser vor eine ungeheure Herausforderung, sodass es auch unter Fachleuten nur sehr wenige gibt, die sie vollständig gelesen haben. Für die Philosophen waren immer die ersten beiden Teile des Werks von Bedeutung. In ihnen wird eine Gott und

Mensch umfassende Weltordnung entworfen, die in ihrer rationalen Struktur und ihrem gesetzmäßigen Ablauf der menschlichen Vernunft zugänglich ist.

Thomas geht wie Aristoteles von der Beobachtung der gesetzmäßigen Abläufe der Natur aus und übernimmt von diesem die Begriffe, mit denen er Entstehen und Vergehen in der Welt erklärt. Auch für ihn ist das Universum teleologisch, also zweckmäßig geordnet. Es ist eine Welt, in der sich aus ungeformtem Stoff, dem Bereich der Möglichkeit, immer wieder Formen entwickeln, die im Stoff als »Zweck« angelegt waren und gesetzmäßig aus ihm hervorgehen. Aus Stoff wird Form, aus Möglichkeit wird Wirklichkeit. Die Formen machen das Wesen, die »Substanz«, eines Dinges aus. Dem stehen die »Akzidentien«, die wechselnden Eigenschaften eines Dinges, gegenüber. Dabei kommt er ebenso wie Aristoteles zu dem Ergebnis, dass wir bei der Betrachtung der Zweckmäßigkeit der Welt zwangsläufig auf Gott als Ursprung und Ziel aller Gesetzmäßigkeiten stoßen. Zwischen der Welt und Gott gibt es keinen unüberwindlichen Graben, sondern Brücken, die die Vernunft baut.

Auch Vernunft und Glaube rücken bei Thomas sehr viel näher aneinander. Beide stehen nicht im Gegensatz zueinander, sondern führen in die gleiche Richtung. Man kann sich ihr Verhältnis als das zweier Staffelläufer vorstellen: Die Vernunft bestreitet den ersten Teil des Laufes, bis ihr die Luft ausgeht. Dann gibt sie den Stab an den Glauben weiter. Nur er ist in der Lage, ins Ziel zu laufen, also zur wahren und vollständigen Erkenntnis Gottes zu gelangen. Das »natürliche Licht der Vernunft«, wie Thomas sagt, bestimmt die Leistungsgrenzen der Philosophie. Die Theologie, die auf ihr aufbaut, kann sich dagegen auf das »Licht einer höheren Wissenschaft« stützen.

Ein Beispiel dafür ist die Frage nach der Erschaffung oder der Ewigkeit der Welt. Aristoteles hatte in seiner *Physik* den Grundsatz aufgestellt: »Aus nichts wird nichts.« Es muss also immer schon etwas gegeben haben, aus dem die Welt geformt wurde. Aristoteles hielt, wie die gesamte antike Philosophie, die Welt für ewig. Die kirchliche Lehre, die Welt habe einen Beginn in der Zeit und Gott habe das Universum aus dem Nichts erschaffen, geht nicht nur über Aristoteles, sondern gänzlich über das Vermögen der Vernunft hinaus.

Dabei stützt Thomas die Glaubensinhalte, wenn immer möglich, durch Vernunftargumente. So widerspricht in seinen Augen die Annahme eines immer schon vorhandenen Urstoffs der Idee Gottes. Alles, was ist, muss seine Ursache in Gott haben. Es kann also keinen Urstoff geben, der nicht von Gott geschaffen wurde, also vor der Schöpfung existiert hat. Daher tritt die Welt insgesamt erst durch die Schöpfung in die Existenz. Sie ist folglich nicht ewig, sondern hat einen Anfang in der Zeit.

Diese geschaffene Welt hat, ähnlich wie bei Aristoteles, einen hierarchischen, also einer Rangordnung folgenden Stufenbau. In der Tradition der klassischen griechischen Philosophie gilt Thomas die geistige Welt gegenüber der materiellen als höherstehend und höherwertig, doch beide sind durch einen allmählichen Übergang miteinander verbunden. Ganz unten findet man die anorganische Natur, auf die die organische Welt der Tiere folgt. Der aus Leib und Seele zusammengesetzte Mensch ist das Scharnier zur rein geistigen Welt. Über ihm stehen die Engel, von deren Existenz Thomas, dem allgemeinen mittelalterlichen Denken entsprechend, ganz selbstverständlich ausgeht. Als nicht-stoffliche Wesen sind sie unsterblich und innerhalb der Seinsordnung näher an Gott als der Mensch. Engel haben keine natürlichen Anlagen zum Bösen wie der Mensch, sie können aber, wie im Falle Luzifers, zu bösen Engeln werden, wenn sie die Unterordnung gegenüber Gott nicht respektieren. Dieser steht, wie der unbewegte Beweger des Aristoteles, als Ursprung und Ziel der Welt an der Spitze der Wirklichkeitspyramide.

Allerdings, so Thomas, »existieren« rein geistige Wesenheiten wie Engel nicht genau in dem gleichen Sinne, wie wir sagen: »Der Baum dort existiert.« Wenn wir von geistigen Wesenheiten behaupten, dass sie existieren, verwenden wir den Begriff lediglich in analoger Weise. Wir haben eine gewisse, aber keine genaue Vorstellung davon.

Deshalb legt Thomas auch einige Vorsicht an den Tag, wenn es um die »Existenz« Gottes geht. Als Glaubenswahrheit ist sie unbestritten. Schwierig wird es dann, wenn wir unser Alltagsverständnis von »Existenz« auf Gott übertragen wollen. Dies wirft er Anselm von Canterbury, dem ersten großen Philosophen der Scholastik, vor, der zweihundert Jahre zuvor den sogenannten »ontologischen Gottesbeweis« aufgestellt hatte. Anselm hatte in der Definition Gottes schon die Garantie dafür gesehen, dass er auch existiert. Er hatte, wie die Fachphilosophen sagen, aus dem »Sein« Gottes (griech. »on« = »Seiendes«) seine »Existenz« abgeleitet. Zur Definition Gottes, so Anselm, gehört es, dass er vollkommen ist, und zur Vollkommenheit gehört notwendigerweise auch die Existenz. Thomas hält dem entgegen, dass wir »von Gott das Was nicht wissen«, wir also über Gottes Eigenschaften nichts aussagen können. Mit anderen Worten: Eine ausreichend gesicherte Definition Gottes liegt außerhalb unseres Vermögens.

Um mithilfe der Vernunft zu Gott zu gelangen, dürfen wir nach Thomas nicht den Weg der Begriffsanalyse, sondern müssen den Weg über die Welt und ihre Gesetzmäßigkeiten nehmen. Genauer gesagt: Es gibt für Thomas fünf Wege, die zu Gott führen.

Nehmen wir den zweiten dieser Wege, der auch spätere Denker immer wieder beschäftigt hat. Es ist eine Form des sogenannten »kosmologischen« Gottesbeweises: Gott ist dabei eine notwendige Voraussetzung für den Kosmos, für die Welt, wie sie uns mit ihren Gesetzmäßigkeiten gegeben ist. Aus der Tatsache, dass jedes Ereignis als Wirkung einer Ursache aufgefasst werden kann, schließt Thomas, dass es eine erste Ursache geben muss, die den ganzen Prozess erst in Gang gesetzt hat. Ansonsten müssten wir die Reihe der Ursachen bis ins Unendliche strecken, was unweigerlich zur These von der Ewigkeit der Welt führen würde. Wir kommen also, von der Beobachtung der kausalen Verknüpfungen aller Ereignisse, zu Gott als der ersten Ursache allen Geschehens. Thomas geht jedes Mal nach dem gleichen Muster vor: Er beobachtet Zusammenhänge in der Welt und schließt auf Gott als den Urheber, die Klammer und den Ausgangspunkt dieser Zusammenhänge. Von der Begrenztheit und Endlichkeit der Welt schließt er auf die Notwendigkeit Gottes als der Unendlichkeit und Unbegrenztheit.

Die Gottesbeweise der Scholastik waren Ausdruck des Selbstbewusstseins, das die Vernunft gegenüber dem Glauben erlangt hatte. Doch voll erfassen konnte man nach Thomas Gott auf diese Weise nicht. In seinem ganzen Geheimnis bleibt er nur dem Glauben zugänglich. So ist die Erkenntnis der Dreifaltigkeit, also die Erkenntnis Gottes als einer Person, die in sich Gottvater, Gottsohn und Heiliger Geist vereinigt, dem natürlichen Licht der Vernunft ebenso entzogen wie die Menschwerdung Christi und die Erlösung der Menschen durch Kreuzestod und Auferstehung.

Dennoch ist bei Thomas der mit Vernunft ausgestattete Mensch Gott näher gerückt als in der neuplatonisch-augustinischen Tradition. Er hat seinen festen Platz in der Seinsordnung und kann in dieser Ordnung überall die Spuren Gottes erkennen. Entscheidend für die Verbindung zwischen Mensch und Gott ist die sogenannte »Geistseele«, mit der Thomas an den Begriff der »Psyche« in der griechischen Philosophie anknüpft. Die Geistseele ist mehr als das, was wir heute unter »Seele« verstehen. Sie ist die entscheidende Lebenskraft, die Vereinigung aller geistigen, seelischen und emotionalen Regungen. Bei Platon umfasste sie Vernunft, Wille und Leidenschaft. Auch bei Thomas schließt sie eine erkennende, empfindende und eine vegetative Funktion ein. Anders als in unserem heutigen Verständnis ist die Vernunft also ein Teil der Seele. Jeder Mensch hat seine eigene, individuelle Seele, denn nur durch sie ist die Unsterblichkeit des Menschen möglich. Auch die These von der Unsterblichkeit der Seele entnimmt Thomas der griechischen Philosophie. Platon hatte sie bereits in seinem Dialog *Phaidon* behauptet.

Thomas vertritt auch nicht wie Platon und später der französische Philosoph René Descartes die Auffassung, dass Seele und Körper, Geist und Materie, sich im Menschen wie zwei Fremde gegenüberstehen, die aus jeweils einer anderen Welt kommen. Für Thomas sind Körper und Seele eine leib-seelische Einheit, die erst durch den Tod gelöst wird.

Wie die Griechen, so nimmt auch Thomas an, dass die Seele in einem wohlgeordneten Zustand ist, wenn der erkennende Teil, die Vernunft, die Herrschaft und Kontrolle über die anderen Seelenteile in der Hand hat. Diese Vernunft ist wie die Seele individuell ausgeprägt und nicht, wie bei Averroes, Teil einer überpersönlichen Vernunft. Sie bestimmt, in welche Richtung der Wille sich wenden soll.

Das Thema der Willensfreiheit hatte in der griechischen Philosophie kaum eine Rolle gespielt, ist aber für das Christentum enorm wichtig, da die Erlösung des Menschen von der willentlichen Entscheidung des Menschen für Gott abhängt und Begriffe wie »Sünde« und »Schuld« sonst nicht erklärbar sind. Thomas hält deshalb auch daran fest, dass Gott den Menschen frei geschaffen hat, also mit der Fähigkeit, sich auch gegen Gott zu entscheiden.

Für diejenigen, die sich bewusst gegen Gott entscheiden und dieser Entscheidung auch nach mehrmaliger Belehrung nicht abschwören, fordert Thomas die Todesstrafe. Für ihn liegt hier eine Korruption der Seele vor, ein ungleich schlimmeres Vergehen als eine körperliche Schädigung. Die Idee der religiösen Toleranz, wie sie sich im Westen seit der Aufklärung durchgesetzt hat, war sowohl ihm als auch der Kirche insgesamt fremd.

Thomas greift die These des Aristoteles auf, dass alle Menschen nach Glück streben. Die neuplatonischen Philosophen der Spätantike wie Plotin und Boethius hatten dieses Glück mit einem jenseitigen Gott identifiziert. Thomas greift beide Traditionen auf: Das Glück, nach dem alle Menschen natürlicherweise streben, liegt in der Hinwendung zum christlichen Gott.

Dem Menschen stehen zwei sich ergänzende Wege offen, um die Verbindung zu Gott herzustellen: ein weltlicher und ein religiöser. Dabei werden das weltliche und das religiöse Leben nicht gegeneinander ausgespielt. Der Mensch muss beide Wege gehen, er muss sowohl weltliche als auch religiöse Tugenden ausprägen, doch erst im religiösen Leben erlangt er den endgültigen Zugang zu Gott.

Der weltliche Weg führt über die vier Kardinaltugenden, die Thomas von Platon übernimmt. Es sind Maß, Gerechtigkeit, Tapferkeit, Klugheit, die er auch als »Angeltugenden« bezeichnet. Sie müssen auf dem religiösen Weg ergänzt werden durch die »gotteskundlichen Tugenden« Glaube, Liebe und Hoffnung. In den weltlichen Tugenden steht der Bezug zu anderen Menschen im Mittelpunkt, in den religiösen der Bezug zu Gott. Die ersteren beschreiben den Bereich der Klugheit, die letzteren den Bereich der Weisheit. Auch die Klugheit hat bei Thomas als eine ethisch wertvolle Haltung ihren Platz und wird nicht als Ablenkung vom Glauben abgelehnt. Weisheit baut bei Thomas auf der Klugheit auf. Das Lebensideal der griechisch-römischen Ethik wird nun, in neuer religiöser Aufmachung, zur wahren christlichen Lebenshaltung.

Die Frage, in welcher Lebensform sich ein glückliches Leben ausdrückt, hatte die Antike meist mit zwei einander entgegengesetzten Varianten beantwortet: dem aktiven, tätigen Leben, der sogenannten »vita activa«, und dem zurückgezogenen, der Kontemplation gewidmeten Leben, der »vita contemplativa«. Auch hier orientiert sich Thomas an den griechischen Klassikern Platon und Aristoteles, die sich beide für die philosophische Kontemplation als höchste Lebensform ausgesprochen hatten. Erst in dem kontemplativen, oder, wie Thomas es nennt, dem »beschauenden« Leben kann sich Weisheit und damit der Bezug zu Gott entfalten, weil nur hier der wichtigste, nämlich der geistige Teil des Menschen seiner Bestimmung zugeführt wird. An die Stelle der rein rationalen Kontemplation ist bei Thomas die religiöse Kontemplation getreten.

Überall in der *Summe der Theologie* sind die Spuren des antiken Denkens deutlicher zu sehen als die des Neuen Testaments. Von den frühchristlichen Eiferern, die mit ihrem gekreuzigten Gott die hellenistische Vernunftphilosophie bekämpften, ist die Lehre des Thomas von Aquin schon sehr weit entfernt: Sein Bild des Christen ist auf den Umrissen des antiken Weisen gemalt, und sein Gott hat die kosmische Vernunft der klassischen griechischen Philosophie angenommen.

Thomas verstarb am 7. März 1274 auf dem Weg zum Konzil nach Lyon. Schon knapp fünfzig Jahre später, 1323, sprach ihn der Papst heilig. Während viele andere klassische Werke der Philosophie bei der kirchlichen Orthodoxie in Ungnade fielen und auf den Index der verbotenen Bücher gesetzt wurden, nahm die *Summe der Theologie* den genau umgekehrten Weg. Im 16. Jahrhundert erhob man Thomas in den Rang eines Kirchenlehrers, und im Jahre 1879 erklärte Papst Leo XIII. den »Thomismus« zur »offiziellen Philosophie« der katholischen Kirche.

Im Mittelalter markiert die *Summe der Theologie* den Höhepunkt der Scholastik. Sie lieferte das Weltbild für Dantes *Göttliche Komödie* und die Vorlage für die Erneuerung der Scholastik durch den Spanier Francesco Suarez im 16. Jahrhundert. Aber auch noch im 20. Jahrhundert haben »Neothomisten« wie Jacques Maritain oder Josef Pieper versucht, eine religiös inspirierte Philosophie im Anschluss an Thomas zu entwickeln. *Endliches und Ewiges Sein*, das Hauptwerk der in Auschwitz ermordeten Philosophin Edith Stein, gehört zu den wichtigsten Ergebnissen dieser Bemühungen in der Moderne.

Doch die *Summe der Theologie* ist keineswegs nur Zeugnis des immer wieder erneuerten Versuchs, religiösen Überzeugungen ein philosophisches Gesicht zu geben. Sie gehört vielmehr zu den großen Werken, mit denen die Vernunft beginnt, sich religiöser Grundsätze zu bemächtigen, um sich schließlich in der Aufklärung des 18. Jahrhunderts von ihnen zu emanzipieren. Themen wie die Beweisbarkeit Gottes, die Unsterblichkeit der Seele und die Willensfreiheit beschäftigten Denker wie Descartes, Spinoza, Leibniz oder Kant.

Die Kathedralen des Mittelalters genießen aufgrund ihrer technischen und ästhetischen Konstruktion auch die Wertschätzung jener, für die der christliche Glaube, der sie inspiriert hat, seine verbindliche weltanschauliche Kraft verloren hat. Auch das philosophische Gotteshaus des Thomas von Aquin, in dem die Vernunft so viele Spuren gelegt hat, ist ein Ort für philosophische Schatzsucher geblieben.

Ausgabe:
THOMAS VON AQUINO: Summe der Theologie, 3 Bde.
Zusammengefasst, eingeleitet und erläutert von Josef Bernhart. Stuttgart: Kröner 1985.

Blick über die Grenzen des Denkens

Nikolaus von Kues: Die belehrte Unwissenheit (1440)

Menschen, die an eine Erfahrungsgrenze geführt werden, tun sich oft schwer, mit den uns verständlichen Ausdrucksmitteln das zu beschreiben, was sich hinter dieser Grenze auftut. Das, was sie uns zu sagen haben, nimmt häufig eine paradoxe oder geradezu negative Form an. Der russische Maler Kasimir Malewitsch stieß auf der Suche nach der vollendeten Form auf die »Monochromie«, auf die Ausschaltung jeglicher Farbenvielfalt, und schuf ein »weißes Quadrat auf weißem Feld«. Ebenso bewegt sich die Musik des estnischen Komponisten Arvo Pärt von allem Hörbaren weg auf die Stille zu. In den östlichen Weisheitslehren von Laotse bis Buddha gilt das »Leere« oder das »Nichts« als höchste Form der Erkenntnis. Doch es handelt sich hier keineswegs um den Versuch, unsere Erkenntnis- und Wahrnehmungsmöglichkeiten zu verengen. Im Gegenteil: Mit der Blickrichtung auf das Gestaltlose, die Leere oder das Nichts eröffnen sich für unsere Erkenntnis oft völlig neue, unentdeckte Räume.

Auch in der Philosophie, die lange beansprucht hat, die höchste Form des Wissens zu repräsentieren, finden wir immer wieder Denker, die mit der provokanten These auftreten, dass das eigentliche Wissen im Bewusstsein des Nichtwissens besteht. Der bekannteste davon war Sokrates, einer der großen Gestalten der klassischen griechischen Philosophie, der mit dem Satz berühmt wurde: »Ich weiß, dass ich nicht weiß.« – »Und kaum das!«, fügte im 20. Jahrhundert der Philosoph und Sokrates-Verehrer Karl Popper hinzu.

Es blieb aber dem deutschen Kardinal Nikolaus von Kues vorbehalten, mit einem Werk über das Nichtwissen in der Philosophiegeschichte Furore zu machen. Wie in der Tradition der mittelalterlichen Philosophie üblich, stellte er das Thema »Gott« und dessen Verhältnis zur Welt und zum Menschen in den Mittelpunkt des Buches. Doch bereits im Titel seines Hauptwerks, *De docta ignorantia*, zu Deutsch: *Die belehrte Unwissenheit*, deutet Nikolaus Cusanus, wie er in der latinisierten Form auch heißt, die scheinbar paradoxe Antwort an, die er auf die Frage nach einer möglichen Erkenntnis Gottes gibt.

Für ihn steht Gott immer jenseits des Baus, den die menschliche Vernunft errichten kann. Das Wissen von Gott ist in Wahrheit ein Wissen des Nichtwissens: »Es wird einer umso gelehrter sein«, so Nikolaus im ersten Kapitel seines Buches, »je mehr er um sein Nichtwissen weiß.« Das »belehrte Nichtwissen« rückt die Erkenntnis Gottes in unerreichbare Ferne, doch der Blick hinter die Grenzen des Denkens erweitert gleichzeitig den Horizont unseres Blickes auf die Welt. Anders als für die Philosophen der mittelalterlichen Scholastik ist die Welt für Nikolaus kein überschaubarer Kosmos mehr. Als ein Abbild Gottes ist sie selbst unbegrenzt und bietet dem menschlichen Erkenntnisstreben unendlichen Raum. Damit stellt das »belehrte Nichtwissen« die Beziehung zwischen Gott, Welt und Mensch auf eine völlig neue Grundlage.

Eine neue Weltsicht brach sich im europäischen 15. Jahrhundert überall Bahn. Renaissance und Humanismus hatten in Italien, dem damals fortgeschrittensten europäischen Land, schon einhundert Jahre zuvor Fuß gefasst. Die Hinwendung zur Welt der Erfahrung und das Studium antiker Quellen sollten das Wissen neu fundieren. Nördlich der Alpen allerdings begann diese große kulturelle Veränderung erst sehr langsam zu greifen. Aber nicht nur deswegen musste Nikolaus einen langen Weg zurücklegen. Von der Herkunft ein deutscher Provinzler, von Stand ein Bürgerlicher, war es für ihn keineswegs selbstverständlich, an den großen Bildungs- und Reformbewegungen seiner Zeit teilzunehmen.

Dass er studieren konnte, verdankte er seinem Vater Johann Kryffts, der es in dem kleinen Dorf Kues, zwischen Trier und Koblenz an der Mittelmosel gelegen, als Kaufmann zu erheblichem Wohlstand gebracht hatte. »Kryffts« bedeutet »Krebs«, und den

Krebs sollte auch der später berühmte Sohn im Wappen führen. Johann Kryffts besaß ein eigenes Schiff, mit dem er seine Waren auf den damals bedeutendsten Verkehrswegen, den Flüssen, bis nach Holland oder den Rhein hinauf bis nach Basel transportieren konnte. Sein Vermögen erlaubte es ihm, seinen im Jahr 1401 geborenen Sohn Niklas mit fünfzehn Jahren an die junge Heidelberger Universität zu schicken.

In Heidelberg wurde noch ganz im Geist der Scholastik unterrichtet und die christliche Lehre auf der Grundlage der Philosophie des Aristoteles interpretiert. Gott war die erste Ursache allen Geschehens und gleichzeitig der höchste und letzte Zweck, auf den die Ordnung der Welt ausgerichtet war. Er stand an der Spitze einer Hierarchie, in der alle Dinge, sei es in der Natur oder in der Gesellschaft, einen vorgegebenen Platz hatten. In dieser nach dem Bild des Feudalismus ausgerichteten Weltordnung war Gott für die Welt das, was der herrschende Fürst für das Gemeinwesen war. Da Gott als reiner Geist und die Welt als begrenzter Kosmos gedacht wurden, genoss derjenige, der auf dem Weg der empirischen Forschung die Weltkenntnis erweitern wollte, nur geringes Ansehen. Wer etwas über die Welt wissen wollte, sollte nicht beobachten, sondern die heiligen Schriften lesen.

Als Nikolaus nach einem Jahr an die Universität Padua wechselte, fand er dort ein völlig anderes geistiges Klima vor. Er befand sich nun in einem der intellektuellen Zentren des neuen Zeitalters. Hier wandte man sich auf allen Gebieten des Wissens neuen Entdeckungen zu. Ging es um Texte, so erforschte man die Quellen. Ging es um die Natur, so machte man Experimente. Astronomen beobachteten neue Himmelskörper, Mediziner erforschten die menschliche Anatomie, Architekten die Statik antiker Bauwerke und Ökonomen die Entwicklung der Geldwirtschaft. Vor allem die Mathematik avancierte zu einer Schlüsselwissenschaft in einem Zeitalter, in dem sich die Überzeugung durchzusetzen begann, dass alle Welterkenntnis auf der Grundlage des Messens und Berechnens beruht. Die modernen empirischen Naturwissenschaften auf der Basis der Mathematik waren hier schon geboren.

Auch in der Haltung gegenüber den Hierarchien in Kirche und Staat herrschte hier ein offener Geist. Hundert Jahre vor der Reformation wurde bereits die Rechtfertigung päpstlicher und weltlicher Autorität heiß diskutiert. Ein Sohn der Stadt, Marsilius von Padua, hatte schon im 14. Jahrhundert die revolutionäre These vertreten, dass alle Bürger vor dem Gesetz gleich sind und dass politische Herrschaft sich auf die Zustimmung der Bürger stützen müsse. Marsilius war für seine Thesen mit dem Kirchenbann bestraft worden, doch seine Philosophie wirkte fort in einer Zeit, in der heftig um eine Reform der Kirche und die Beziehungen zwischen geistlicher und weltlicher Herrschaft gestritten wurde.

Nikolaus erwarb in Padua eine umfassende Bildung und empfing hier Anregungen, die sein gesamtes künftiges Denken prägen sollten. Insbesondere seine mathematischen Kenntnisse lieferten ihm eine rationale und zugleich symbolisch verwendbare Sprache, mit deren Hilfe er seine philosophischen Anliegen ausdrücken konnte. Zwar stand für ihn nach wie vor außer Frage, dass wahre Philosophie im Dienst der Theologie steht und den christlichen Glauben mit rationalen Argumenten untermauern muss. Doch seine Hinwendung zu antiken Quellen und seine Offenheit gegenüber den neuen wissenschaftlichen Entwicklungen ließen ihn zu einem Denker der Renaissance werden.

In Padua baute Nikolaus ein Netzwerk sozialer Beziehungen auf, das seiner späteren Karriere höchst förderlich war. Von besonderer Bedeutung war die Freundschaft mit Guiliano Cesarini, der aus einem alten römischen Adelsgeschlecht stammte und bereits als Dozent in Padua lehrte, als Nikolaus dort sein Studium aufnahm. Bereits mit 28 Jahren Kardinal, wurde der nur wenige Jahre ältere Cesarini zu einem der wichtigsten Diplomaten der Kurie und gleichzeitig zu einem Mentor des jungen Deutschen. Der Kardinalsrang, den auch Nikolaus in seinem späteren Leben erlangen sollte, war dem eines Fürsten gleich und mit zahlreichen politischen und administrativen Aufgaben, aber auch mit entsprechendem Einfluss verbunden. Cesarini wurde für Nikolaus beides: philosophischer Anreger und Karriereförderer.

Diese Karriere fand innerhalb der Kirche statt, denn einem Bürgerlichen waren für das Fortkommen in einer vom Feudalismus geprägten Welt enge Grenzen gesetzt. Nikolaus ließ sich zum Priester weihen und promovierte im Alter von 22 Jahren im Fach Kirchenrecht, eine in der damaligen Zeit ideale Vorbereitung für einen Aufstieg innerhalb der kirchlichen Hierarchie. Rechtsstreitigkeiten zwischen weltlichen und geistlichen Herrschern sowie der Streit um die innere Organisation der Kirche waren an der Tagesordnung.

Nach dem Studium begann das rastlose, physisch aufreibende und mit ständigen Ortswechseln verbundene Leben des Nikolaus von Kues im Dienste geistlicher Herrschaft. Seine philosophischen Schriften entstanden in den wenigen Ruhepausen. Er kehrte zunächst nach Deutschland zurück und trat eine Stelle bei seinem heimischen Landesherrn, dem Bischof von Trier, an.

In dessen Auftrag nahm er auch an einem der bedeutendsten kirchenpolitischen Ereignisse des frühen 15. Jahrhunderts teil, dem Baseler Konzil, das 1431 begann und erst 1449 seinen Abschluss fand. Dort ging es auch um die Auseinandersetzung zwischen konservativen Vertretern, die die Macht des Papstes stärken wollten, und Vertretern des reformatorischen Flügels, den sogenannten »Konziliaristen«, die für eine Demokratisierung der Kirche eintraten. Hier gelang dem jungen deutschen Priester der Durchbruch als Intellektueller. Im Dienste der Konziliaristen schrieb er 1433 seine erste größere Schrift über die Einheit innerhalb der katholischen Kirche, *De concordantia catholica*.

Das Problem der »Einheit« rückte für Nikolaus zunehmend ins Zentrum seines Denkens. Es war ein kirchenpolitisches Problem, das aber in einem philosophischen Problem wurzelte: Gab es eine Wahrheit, in der die Widersprüche, in die sich die Aussagen über Gott und die Welt immer wieder verstrickten, aufgelöst werden konnten?

Während er in der Verfolgung dieser Frage sein Leben lang konsequent blieb, wechselte er schon 1437 kirchenpolitisch die Fronten. Zusammen mit seinem Freund Guiliano Cesarini ging er auf die Seite des Papstes über, ein Wechsel, der seiner Karriere nützte, seiner Glaubwürdigkeit unter den Konzilsteilnehmern aber erheblich schadete. Bis heute wird darüber spekuliert, ob päpstliches Geld dabei eine Rolle gespielt hat. Ein Ergebnis dieses Frontenwechsels war jedenfalls, dass der Papst ihn zum Mitglied einer Delegation machte, die im Juli 1437 mit dem Schiff nach Konstantinopel reiste, um den byzantinischen Kaiser samt Gefolge nach Italien zu bringen, mit dem Ziel, Ost- und Westkirche wieder miteinander zu vereinigen.

Die Reise nach Konstantinopel ermöglichte Nikolaus eine mehrmonatige kreative Pause, in der – inspiriert von Gesprächen und Diskussionen – die Grundidee für sein Hauptwerk *Die belehrte Unwissenheit* entstand. Im Zentrum stand wiederum das Thema der »Einheit«. Einheit als Überwindung der Vielheit war ein altes philosophisches Thema, insbesondere in der Tradition der platonischen Philosophie, die im Neuplatonismus der Spätantike zu einer Form der philosophischen Mystik weiterentwickelt wurde. Platons Welt der »Ideen« war eine Welt der unveränderlichen idealen Formen, die als eine wahre Wirklichkeit der immer wechselnden, veränderlichen Welt der sinnlichen Wahrnehmung entgegenstand. Sie gipfelte in der »Idee des Guten« als dem Inbegriff des Wahren, Guten und Schönen.

Der Begründer des Neuplatonismus, Plotin, entwickelte daraus sein oberstes Wirklichkeitsprinzip »des Einen« als unveränderlichen, geistigen Ursprung und Ziel alles Wirklichen. Für Plotin war das Eine nicht mehr durch Sprache und Vernunft, sondern nur durch eine mystische Vision erfassbar. Spätantike und frühmittelalterliche Anhänger des Neuplatonismus wie Boethius oder der bis heute nicht identifizierte Mystiker, der sich Dionysios Areopagita nannte, identifizierten dieses Eine mit dem christlichen Gott. Im Hochmittelalter dominierten zwar die Bemühungen, Glauben und Vernunft miteinander zu versöhnen, doch auch der mystische Gott als Einheitsprinzip jenseits aller rationalen Erkenntnis lebte fort. Einflussreich für Nikolaus wurde vor allem der jüdische Philosoph Moses Maimonides, der als »Rabbi Salomon« in seinen Schriften zitiert wird, und der von der Kirche verurteilte Dominikanermönch Meister Eckart.

Diese Einflüsse eines mystischen Neuplatonismus wurden durch die Begegnung mit dem oströmischen Philosophen Plethon noch verstärkt. Plethon befand sich im Gefolge des byzantinischen Kaisers, der sich von der päpstlichen Delegation abgeholt, zwischen November 1437 und Februar 1438 auf die Reise von Konstantinopel nach Italien gemacht hatte. Plethon betrachtete die verschiedenen christlichen Konfessionen als volkstümliche Varianten der einen, unteilbaren Wahrheit, die Platon mit seiner höchsten Idee des Guten und Plotin mit seinem Begriff des Einen formuliert hatte.

Konnte man diese Einheit für den menschlichen Geist fassbar machen, auch wenn Vernunft und Sprache hier an eine Grenze stießen? In einem späteren Brief an Giuliano Cesarini berichtet Nikolaus, dass ihm die Idee der »belehrten Unwissenheit« auf der »Rückkehr aus Griechenland auf dem Meerwege« gekommen sei, auf jener Reise, bei der er mit Plethon zusammentraf. Hier formierten sich seine Grundgedanken, nämlich dass unsere rationale Erkenntnis sich in einem Netz sich ausschließender Gegensätze und logischer Widersprüche bewegt: Wenn etwas existiert, so kann es nicht sein, dass es gleichzeitig nicht existiert, und wenn etwas eckig ist, kann es nicht gleichzeitig rund sein. Wenn wir uns Gott nähern wollen, müssen wir diese Gegensätze allerdings überschreiten. Gott ist die Einheit im Sinne einer »Koinzidenz«, einer Vereinigung oder eines Zusammenfalls von Gegensätzen auf einer höheren Ebene. Das Wissen um diese Einheit ist aber verbunden mit dem Verzicht auf »Wissen« im üblichen Sinn: Es ist ein Wissen des Nichtwissens.

Genau um dieses Verhältnis von Wissen und Nichtwissen und um die Möglichkeit der rationalen Erkenntnis, sich dem Einheitsgedanken anzunähern, ging es in der Schrift, die nun Gestalt annahm. Man kann vermuten, dass Nikolaus sich bereits auf dem Schiff erste Notizen gemacht hat. Doch es dauerte noch knapp zwei Jahre, bis, wie er später in seinem Buch schrieb, die »großartige Lehre des Nichtwissens« ausformuliert war.

Das Tagesgeschäft im Dienst der Kurie nahm den größten Teil seiner Zeit in Anspruch. Nachdem Ost- und Westkirche auf dem Unionskonzil in Florenz 1439 ein Einigungsdokument unterzeichnet hatten, wurde Nikolaus von der Kurie wieder nach Deutschland geschickt, um die Landesfürsten auf die päpstliche Seite zu ziehen. Bezeugt sind u. a. Aufenthalte in Mainz, Frankfurt, Lahnstein und

Koblenz. Erst zu Beginn des neuen Jahres 1440 kam er dazu, sich für einige Wochen in seinen Heimatort Kues zurückzuziehen, wo er in einer konzentrierten Anstrengung das Manuskript seines Buches am 12. Februar vollendete. Gewidmet ist es seinem wichtigsten Freund, Mentor und Dialogpartner Guiliano Cesarini, »dem gottgeliebten hochwürdigsten Vater und Herrn Julian, dem erlauchten Kardinal des Heiligen Apostolischen Stuhles, seinem verehrten Lehrer«.

Der Titel *De docta ignorantia* signalisiert: Es geht in dem Buch um eine besondere Art der »ignorantia«, der Unwissenheit. Es ist die Unwissenheit über Gott als der Einheit aller Gegensätze in der Welt. Indem wir aber den Grund dieser Unwissenheit kennen lernen und uns über die Grenzen unserer Erkenntnisfähigkeit klar geworden sind, wird sie zu einer bewussten und »belehrten« Unwissenheit, einer Unwissenheit, die mit einem neuen Wissen verbunden ist.

Die belehrte Unwissenheit besteht aus drei Bänden: Der erste und meistgelesene behandelt Gott als die Einheit, »in der die Gegensätze zusammenfallen«. Der zweite Band widmet sich dem Universum und der dritte der Rolle Jesus Christus als dem Bindeglied zwischen Gott, Welt und Mensch. Grob gesagt: Der erste Band hat einen metaphysischen, der zweite einen kosmologischen und der dritte einen theologischen Schwerpunkt.

Wenn das Reden und rationale Argumentieren über die höchste Einheit an Grenzen stößt, so muss man auf bildliche oder symbolische Ausdrucksweisen zurückgreifen. Nikolaus bedient sich zu diesem Zweck der ihm vertrauten Sprache der Mathematik. Anknüpfend an einen Gedanken, der bis auf die frühgriechische Philosophie der Pythagoreer zurückgeht, nimmt er an, dass zwischen der für uns zugänglichen Welt und der uns verborgenen Welt Gottes eine Verbindung besteht, die sich in Form mathematischer Relationen verdeutlichen lässt. Wie viele seiner Zeitgenossen in der Renaissance ist Nikolaus von den Erkenntnisleistungen der Mathematik fasziniert und deshalb davon überzeugt, dass »wegen ihrer unverrückbaren Sicherheit« mathematische Symbole sich dazu eignen, das Sichtbare mit dem Unsichtbaren und das Diesseitige mit dem Transzendenten zu verknüpfen.

Bereits in der Art, wie Nikolaus sein Thema formuliert, sind die

Anleihen bei der Mathematik deutlich. Er bedient sich der Sprache der Quantifizierung, der Sprache der Größen und Messverhältnisse. Sowohl bei Gott als auch bei dem Universum und auch bei Jesus Christus handelt es sich um eine Form des »Maximums«, des jeweils »Größten«. Gott ist ein Maximum gegenüber allem anderen, was existiert; das Universum ist ein Maximum gegenüber allen einzelnen Dingen in der Welt; und auch Jesus Christus ist als Gott und zugleich Mensch eine besondere Art des Maximums. Die Fragen, die zu klären sind, lauten also: Welche besondere Art des Maximums ist Gott, welches Maximum ist die Welt und welches Jesus Christus?

Gott ist, so Nikolaus, das »schlechthin und absolut« Größte, das alle Proportionen übersteigt. Der Versuch, ihn als extreme Größe sowohl am oberen als auch am unteren Ende der Zahlenskala festzumachen, stößt immer an Grenzen. Denn jede sogenannte größte Zahl könnte, sofern sie quantifizierbar ist, immer noch übertroffen werden, indem man eine weitere endliche Zahl, also z. B. eine Eins, hinzufügt. Die gleiche Rechnung kann man anstellen, wenn man das Maximum in der anderen Richtung sucht, also die sogenannte kleinste Zahl. Auch sie kann, sobald sie als Zahl fassbar ist, durch Subtraktion immer noch kleiner gedacht werden.

Symbol für Gott als Maximum ist eine Zahl, die in Wahrheit keine richtige Zahl ist, weil wir mit ihr nicht wie mit einer normalen Zahl rechnen können: das Unendliche. So bleibt das Unendliche immer noch das Unendliche, auch wenn wir eine endliche Zahl addieren. Es gibt kein Unendliches plus eins. Wie das Unendliche eine Größe ist, auf die die Zahlenreihe zuläuft, ohne sie je zu erreichen, ist Gott das Maximum, auf das alles in der Welt zuläuft, ohne ihn zu erfassen. Gott ist das Maß aller Dinge, das selbst nicht gemessen werden kann, da, so Nikolaus, »Maß und Gemessenes trotz aller Angleichung immer verschieden bleiben«. Man kann lediglich symbolisch auf ihn hindeuten.

Geometrische Symbole für Gott sind auch Kugel und Kreis. Der Kreis steht in einem vergleichbaren Verhältnis zu den Vielecken wie Gott zur erfassbaren Welt. Der Kreis ist die nie erreichte Verwirklichung des unendlichen Vielecks, wie viele Ecken wir auch immer anfügen. Ebenso können wir unsere Erkenntnis der Welt unendlich erweitern, ohne je zur Erkenntnis Gottes zu gelangen. Der Mensch bleibt, bildlich gesprochen, im Denken der Vielecke befangen. Er erfasst die Wahrheit immer nur als Annäherungswert. Wir ergreifen Gott, so formuliert es Nikolaus, immer nur »in der Weise des Nichtergreifens«.

Auch wenn wir von Gott als »Einheit« sprechen, müssen wir unser normales Verständnis von »Einheit« vergessen. Kein einziges konkretes Beispiel für Einheit kann das ausdrücken, was Gott wirklich ist. So sieht die menschliche Rationalität in Begriffen wie »Einheit« und »Verschiedenheit« Gegensätze. Doch Gott gehört einem Bereich der Wirklichkeit an, in dem alle Unterschiede und Gegensätze zusammenfallen und keine sprachlich fassbare Bedeutung mehr haben. Er ist immer jenseits dessen, was unser Verstand begreifen kann, er ist eine nicht begreifbare Einheit aus Einheit und Verschiedenheit, aus Sein und Nicht-Sein. »Wenn es auch den Anschein hat«, so Nikolaus, »als ob ›Einheit‹ dem Namen des Größten ziemlich nahe käme, so bleibt er doch vom wahren Namen des Größten, der das Größte selbst ist, unendlich weit entfernt.«

Gott ist »alles, was sein kann«, eine Formulierung, mit der Nikolaus auch immer wieder in die Nähe des Pantheismus gerückt wird, eine philosophische Anschauung, in der Gott und Welt miteinander identifiziert werden. Der cusanische Gott jedoch ist in dem Sinne umfassend, dass er auch das in einer Einheit umschließt, was unserer Rationalität als paradox und unvereinbar erscheint. Alle Prädikate, die wir vergeben können, treffen gleichzeitig auf ihn zu und auch nicht zu. Sprache und Logik laufen leer, wenn sie Gott qualifizieren wollen. Eine Theologie, die dies nicht berücksichtigt und beansprucht, Gott erklären und seine Eigenschaften benennen zu können, lehnt Nikolaus ab. Eine solche »affirmative« Theologie kann lediglich ein vorläufiges Hilfsmittel sein, um zu der wahren, nämlich »negativen« Theologie zu gelangen, die die »heilige Unwissenheit« und die »Unaussprechlichkeit« Gottes lehrt.

Die negative Theologie ist eine Theologie der Verneinungen. Sie stellt alles, was wir über Gott aussagen, in Frage. Wenn wir wirklich etwas von Gott erkennen wollen, müssen wir über den Bereich rationaler Erkenntnis hinausgehen. Eine Möglichkeit sieht Nikolaus in einer intuitiven, mystischen Erkenntnis, welche er mithilfe der Bildlichkeit von Dunkelheit und Licht beschreibt, die in der Geschichte der philosophischen Mystik eine lange Tradition hat und sich bereits bei Platon findet. Es ist eine Erkenntnis, so Nikolaus, »bei der die genaue Wahrheit im Dunkel unserer Unwissenheit in der Weise des Nichterfassens aufleuchtet«. Rationales Nichtwissen wird also in einer nicht-rationalen »Erleuchtung« überwunden.

Nikolaus' Kosmologie, d. h. seine Theorie des Universums, war für die zeitgenössische Theologie ebenso provozierend wie seine Lehre vom rational unerkennbaren Gott. Die Welt als ein Abbild Gottes verlor ihre Begrenztheit und wurde nun ebenfalls unendlich. In unserem Versuch, die Welt »messbar« zu erfassen, können wir nie an ein Ende gelangen. Es gibt keine »abschließende« Erkenntnis der Welt, sondern immer nur Annäherungen. Allerdings unterscheidet Nikolaus die Unendlichkeit der Welt von der Unendlichkeit Gottes: Es ist eine relative oder eingeschränkte Unendlichkeit. Während Gott jenseits jeder Mess- und Zählbarkeit steht und damit absolut unendlich ist, ist die Welt dadurch eingeschränkt unendlich, dass wir die Menge der Dinge nie überschauen können. Die absolute Unendlichkeit Gottes spiegelt sich in einer sinnbildlichen Form in der relativen Unendlichkeit der Welt.

Auch das Universum ist eine Art Maximum, aber ein Maximum, das durch die Vielheit, die vielen einzelnen Dinge, die die Welt ausmachen, begrenzt ist. Es gibt kein Universum als Einheit unabhängig von den vielen Dingen. Auch die Gattungen und Arten, mit denen wir die Welt der Dinge einteilen, schaffen keine Einheit unter den Dingen. Jedes einzelne Ding ist ein Individuum, jedes Pferd ist anders als jedes andere Pferd. Die im Mittelalter heftig geführte Diskussion, ob das Allgemeine oder das Einzelne Vorrang in unserer Sicht der Wirklichkeit haben soll, wird bei Nikolaus zugunsten des Einzelnen entschieden. Er öffnet damit den Blick für die Vielfalt der Welt und unterstreicht die Bedeutung der Beobachtung und empirischen Forschung. Den Weg dieser Erforschung hat Gott selbst geebnet:

»Gott«, so Nikolaus, »hat bei der Erschaffung der Welt sich der Arithmetik, der Geometrie, der Musik und der Astronomie bedient, Künste, die auch wir anwenden, wenn wir nach proportionalen Verhältnissen der Dinge, der Elemente und der Bewegungen forschen.« Mit anderen Worten: Gott hat dem Menschen Mathematik, Musik und Astronomie an die Hand gegeben, damit er den göttlichen Bauplan des Universums nachvollziehen kann.

Allein aus einer philosophischen Argumentation heraus kam Nikolaus zu Schlüssen, die Erkenntnisse der späteren Naturwissenschaften vorwegnehmen: Das Universum hat für ihn keinen geographischen Mittelpunkt mehr. Sein wahrer Mittelpunkt ist der überall präsente Gott. Es gibt auch keine Peripherie der Welt mehr. Die Erde ist ein in Bewegung befindlicher Planet irgendwo im All. Sie verliert dadurch aber nicht ihre göttliche Prägung und ihren Adel, denn »ihre Gestalt ist edel und kugelförmig«, womit sie an die göttliche Vollkommenheit erinnert. Allerdings ist die Erde nicht vollkommen kugelförmig, ebenso wie ihre Bewegung nicht vollkommen kreisförmig ist. Es ist ein Universum, das überall an Gott erinnert und gleichzeitig unbegrenzte Möglichkeiten in sich birgt. So hält Nikolaus auch die Existenz von Bewohnern anderer Planeten und anderer Regionen des Universums für möglich.

Bei allen revolutionären philosophischen Überlegungen, die Nikolaus über Gott und das Universum anstellt, darf man nicht vergessen, dass er ein Theologe war, der fest auf dem Boden der Glaubenslehre der Kirche stand. Wenn er im dritten Band der *Belehrten Unwissenheit* Überlegungen über die Rolle von Jesus Christus im Verhältnis zwischen Gott und Mensch anstellt, so hat dies vor allem theologische Gründe: Es musste die These untermauert werden, dass Jesus als Gottes Sohn zugleich Gott und Mensch ist.

In der Sprache der *Belehrten Unwissenheit* hieß das: Jesus Christus musste zugleich ein absolutes Maximum und ein eingeschränktes Maximum sein. Dass dies eine sehr schwierige Denkfigur ist, war Nikolaus wohl bewusst. Wenn wir uns, so seine Argumentation, ein Maximum innerhalb einer bestimmten Gattung, also z. B. der Gattung der Pferde, vorstellen, so müsste dieses Pferd alle Eigenschaften der Gattung in Vollkommenheit besitzen. Es wäre damit weiterhin Teil der Welt, also eine eingeschränkte Größe, hätte aber auch etwas von der absoluten Einheit, die nur in Gott ist. Stellen wir uns nun ein Ding in der Welt vor, das das Maximum aller möglichen Dinge ist, das also alle Eigenschaften aller Dinge in Vollkommenheit umfasst. Dies könnte, so Nikolaus, nur ein Exemplar der vollkommensten Gattung sein, also ein Mensch. Denn der Mensch ist so etwas wie ein Mikrokosmos der Welt, er umfasst sowohl Materie als auch Geist, Sinnlichkeit und Vernunft. Dieser vollkommene Mensch, der das Maß aller Dinge für den Menschen ist, wäre in seiner Absolutheit gleichzeitig Menschensohn und Gottessohn. Auf diese Weise findet die Menschheit in Jesus Christus ihre wahre, in Gott begründete Einheit.

Von hier schlägt Nikolaus am Ende des Buches noch einmal den Bogen zu dem Thema, das ihn als Kirchenpolitiker sein Leben lang beschäftigte: die Einheit der Kirche. Sie findet in jener »Einung der Naturen in Christus« erst ihre Begründung. Nicht ohne Seitenblick auf das Einigungskonzil zwischen Ost- und Westkirche und einhundert Jahre vor einer erneuten Spaltung der Kirche in der Reformation postulierte er: »Einigung der Kirche aber ist die größte kirchliche Einigung.«

Wie die modernen Künstler und Denker des Negativen, des Leeren und Gestaltlosen war Nikolaus von Kues im Grunde ein Neuerer und Avantgardist, der seine Zeitgenossen zunächst verstörte. Doch sowohl sein Gottesbegriff als auch seine Weltsicht hinterließen in der Philosophiegeschichte tiefe Spuren. Die These von der Unendlichkeit der Welt und der Undenkbarkeit Gottes fand Eingang in das Werk Giordano Brunos, der dafür auf dem Scheiterhaufen starb. Dass die Widersprüche, in die sich die menschliche Vernunft verwickelt, von ihr selbst nicht gelöst werden können, findet sich in der sogenannten »Antinomienlehre« in Immanuel Kants *Kritik der reinen Vernunft* wieder. Im Unterschied zu Nikolaus verzichtete Kant aber darauf, hieraus einen Gottesbegriff abzuleiten.

Der cusanische Gott machte auch im Deutschen Idealismus eine bemerkenswerte Karriere. Die »Einheit von Einheit und Verschiedenheit« wurde zur entscheidenden Denkfigur in Hegels Dialektik. Aus dem Gott der cusanischen Theologie machte Hegel das Entwicklungsgesetz, mit der sich die Weltvernunft in der Menschheitsgeschichte durchsetzt.

Fruchtbar wurde aber vor allem das Projekt, die Grenze der menschlichen Erkenntnisfähigkeit in den Mittelpunkt der philosophischen Diskussion zu stellen. Dass die Anerkennung des Nichtwissens, dass also intellektuelle Bescheidenheit dem Menschen die Welt nicht verschließt, sondern ihre produktive Aneignung erst ermöglicht: Dies ist das Erbe der *Belehrten Unwissenheit*, das bis in die Gegenwart reicht.

Ausgabe:
Nicolai de Cusa: De docta ignorantia. Die belehrte Unwissenheit. Lateinisch-Deutsch. 3 Bände. Buch I und II übersetzt und herausgegeben von Paul Wilpert. Buch III übersetzt und herausgegeben von Hans Gerhard Senger. Hamburg: Meiner 1964–1977.

Handbuch des Machtkalküls

NICCOLÒ MACHIAVELLI: Der Fürst (1532)

Moralische Urteile über Menschen oder Gruppen von Menschen sind so alt wie das menschliche Zusammenleben selbst. Ein moralisch ganz besonders verabscheuungswürdiges Exemplar nennen wir einen »Schurken«, und selbst für bestimmte Staaten, denen man finsterste Absichten unterstellt, hat sich der Name »Schurkenstaat« eingebürgert. Doch gibt es auch »Schurkenbücher«? Vielleicht fallen uns dazu Schriften verbrecherischer Diktatoren wie Hitler oder Stalin ein. Die wenigsten jedoch werden dabei an philosophische Bücher oder gar an einen philosophischen Klassiker denken. Und doch hat eines der wichtigsten Bücher der politischen Philosophie, Niccolò Machiavellis *Der Fürst*, seit mehreren hundert Jahren genau diesen Ruf.

Hier finden wir angeblich das Rezept des »Machiavellismus«, jener verruchten Haltung, die alle Schändlichkeiten rechtfertigt, wenn sie nur im Dienst der eigenen Macht geschehen. Als der preußische König Friedrich II., selbst ein nicht gerade zimperlicher Machtpolitiker, sich wieder einmal in philosophischer Stimmung befand, schrieb er seinen »Anti-Machiavell« und machte bereits durch diesen Titel auf den scheinbar humanen und aufgeklärten Charakter seiner eigenen Herrschaftsvorstellungen aufmerksam.

Der Begriff »Machiavellismus« ist bis heute ein Schimpfwort geblieben. Eine Anekdote erzählt, Machiavelli habe auf seinem Sterbebett auf das Drängen, den Teufel und alle seine Werke zu verfluchen, geantwortet: »Dies ist nicht der Zeitpunkt, sich Feinde zu machen.« War Machiavelli also wirklich »des Teufels Philosoph«?

Machiavelli war ein Kind der Renaissance, eines Zeitalters, in dem so viele neue Perspektiven auf allen Gebieten der Kultur eröffnet wurden. Betrachtet man *Il Principe*, wie das Buch im Original heißt, im Zusammenhang der Philosophiegeschichte, so fällt einem, unabhängig von der moralischen Wertung, vor allem das Neue und Bahnbrechende auf. Viele Bücher mit diesem Titel hatte es vorher gegeben, doch keines ließ sich mit dem Werk Machiavellis vergleichen. Hier wurde das politische Geschäft zum ersten Mal »nackt« betrachtet: ohne metaphysische, moralische oder theologische Beigaben.

Mit Machiavelli beginnt die politische Philosophie der Neuzeit, die den Staat als eine vom Menschen selbst geschaffene Organisationsform begreift und versucht, das politische Geschäft auch ohne die moralische Brille zu betrachten. Machiavelli ist dabei nicht so sehr unmoralisch als vielmehr amoralisch – er will nicht bewusst die Moral in Frage stellen, sondern er lässt sie in seiner politischen Philosophie einfach draußen vor der Tür.

Der Fürst hat ein ebenso einfaches wie wichtiges Thema: Wie kann Politik zu einem effektiven Handwerk gemacht werden? Wie muss ein Herrscher handeln, wenn er erfolgreich und auf Dauer seine Macht behaupten will? Das Revolutionäre an Machiavellis Buch ist, dass es das Thema Politik von einem neuen Blickwinkel aus, dem Blickwinkel der Effizienz, diskutiert. Es ist das erste Handbuch des rationalen Machtkalküls in der Geschichte der politischen Philosophie. Machiavelli ist der Erfinder der politischen Klugheitslehre.

Diese Klugheitslehre stützt sich auf die Erfahrung. Machiavelli ist der erste wichtige politische Philosoph der Neuzeit, der seine Theorie auf konkreten Erlebnissen und Beobachtungen aufbaut. Dies verbindet ihn mit bedeutenden Forschern seiner Zeit, die parallel die empirischen Naturwissenschaften begründeten, wie zum Beispiel der Astronom Nikolaus Kopernikus, der nur vier Jahre jünger als Machiavelli war. Nicht mehr die abstrakte Vernunft galt ihm als Autorität, sondern das, was er selbst beobachtet hatte, oder das, was glaubhaft bezeugt war. Machiavellis Buch ist deshalb voller Beispielmaterial, das er als Beleg für seine Thesen anführt und das er im Wesentlichen aus zwei Quellen schöpft: aus den politischen Ereignissen seiner Zeit und aus Begebenheiten, die von Historikern überliefert waren.

Was man Machiavelli auch vorwerfen mag – ein philosophischer Schreibtischtäter war er nicht. Wie kaum ein anderer Philosoph vor oder nach ihm hat er ein Praktikum im wirklichen Leben absolviert: Machiavelli war selbst über viele Jahre Politiker und Diplomat. Eher könnte man umgekehrt sagen: Machiavelli wurde zu einem Philosophen aus Verlegenheit – sein Buch entstand, als ihm eine politische Zwangspause verordnet wurde.

In der Rückschau muss man feststellen, dass Machiavellis Leben bis zu dem Zeitpunkt, als er den *Fürst* schrieb, als eine geradezu ideale Vorbereitung auf sein philosophisches Werk angesehen werden kann. 1469 geboren, wuchs er in einer Stadt auf, die in der Kunst und Politik der italienischen Renaissance eine entscheidende Rolle spielte: Florenz. Die Republik Florenz war, wie viele andere Staaten in Italien, ein Stadtstaat, der mit seiner Umgebung ein Territorium von etwa zweitausend Quadratkilometern umfasste. Florenz war die Stadt großer Renaissancekünstler und eine Wiege der humanistischen Gelehrsamkeit, in der die Bildungsinhalte der griechischen und römischen Antike wieder zugänglich gemacht wurden. Diese Bedeutung der Stadt war eng verknüpft mit dem Aufstieg der Medici, ursprünglich eine Kaufmanns- und Unternehmerfamilie, die ihren Reichtum zur Förderung der Künste, aber auch zum Erwerb politischer Macht benutzte. Hinter der Fassade einer republikanischen Verfassung hatte sich praktisch eine neue Familienoligarchie etabliert.

Auch Machiavellis eigenes Schicksal blieb auf vielfache Weise an die Medici gebunden. Er wuchs zunächst unter der Herrschaft des Medici Lorenzo des Prächtigen auf, wurde aber bereits in jungen Jahren Zeuge radikaler politischer Veränderungen in seiner Heimatstadt. 1492 starb Lorenzo, zwei Jahre danach wurden die Medici von der Macht verdrängt. Es begann die Zeit, in der der Dominikanermönch Girolamo Savonarola großen Einfluss auf die Politik der Stadt gewann. Savonarola war ein puritanisch gesinnter politischer Fundamentalist. Er trat für eine demokratische, aber streng religiös und moralisch orientierte Ordnung ein, in der es keinen Platz für Lustbarkeiten und sinnliche Genüsse gab. Unter Savonarola fanden Bilder- und Bücherverbrennungen statt. Doch 1498 wurde er selbst als Häretiker hingerichtet. Es war das Jahr, in dem sich eine neue republikanische Führung in Florenz festigte, aber auch das Jahr, in dem Niccolò Machiavelli in die Politik eintrat.

Sein Vater Bernardo Machiavelli war Rechtsanwalt und gehörte damit dem Mittelstand und nicht einer der großen Familien der Stadt an. Dennoch hatte er enge Kontakte zu den humanistischen Gelehrten der Universität, die auch häufig hohe politische Ämter ausübten. Er sorgte dafür, dass sein Sohn eine exzellente humanistische Ausbildung erhielt, in deren Mittelpunkt die lateinische Sprache und die Kenntnis der antiken Philosophie, Literatur und Geschichte standen. Die vielfältigen Beziehungen des Vaters verschafften Machiavelli nach Abschluss der Ausbildung auch den Posten des Vorstehers der Zweiten Staatskanzlei der Republik Florenz. Bereits kurze Zeit später wurde er ausersehen, dem Komitee für diplomatische und auswärtige Beziehungen zur Verfügung zu stehen. In der Praxis bedeutete dies: Machiavelli übte die Funktion des Chefdiplomaten der Republik Florenz aus, deren Interessen er bis 1512 in zahlreichen Missionen vertrat. Diese Tätigkeit lieferte auch das Anschauungsmaterial, auf das sich sein Buch stützt.

Um die äußerst komplizierten Aufgaben, vor welchen der Diplomat Machiavelli stand, richtig einschätzen zu können, muss man sich die politische Lage der Republik Florenz und Italiens zu Beginn des 16. Jahrhunderts vor Augen halten. Italien war in zahlreiche, untereinander zerstrittene Einzelstaaten zersplittert, die wechselseitig Bündnisse gegeneinander eingingen. Zu den bedeutendsten italienischen Staaten gehörten neben Florenz Venedig, Mailand, der Kirchenstaat des Papstes in Rom und Neapel. Sie wurden immer wieder zu Spielbällen der ambitionierten Großmächte Frankreich, Spanien und Habsburg, die allein von 1494 bis 1525 drei größere Kriege auf italienischem Boden führten. Die Armeen bestanden häufig aus Söldnern, deren Interessen nicht immer und nicht auf Dauer mit denen ihrer Auftraggeber übereinstimmten und die deshalb auch häufig die Fronten wechselten. Machiavellis Italien war das Brett im Schachspiel der großen Mächte. Es war Opfer und nicht Akteur der europäischen Politik.

Florenz galt als ein traditioneller Verbündeter Frankreichs und Machiavelli reiste mehrmals in diplomatischer Mission an den Hof in Paris. Eines der prägendsten und für sein Buch einflussreichsten Ereignisse seiner diplomatischen Laufbahn war allerdings die Mission, die ihn zu Cesare Borgia, dem Sohn des Papstes Alexander VI. und ehrgeizigen Herrscher über die Romagna, führte. Cesare Borgia schickte sich an, Italien von der Mitte aus zu erobern. Dabei war auch Florenz bedroht. Machiavelli verbrachte 1502 vier Monate in unmittelbarer Nähe Cesare Borgias, den er als militärischen Gegner fürchtete, als politischen Strategen aber bewunderte. So erlebte er auch, wie Borgia, einem falschen Versprechen Glauben schenkend, die Wahl seines Widersachers Julius II. zum Papst unterstützte und damit seinen eigenen Untergang einleitete.

Der neue Papst war es auch, der ein Bündnis mehrerer italienischer Staaten mit Spanien schmiedete, das sich vor allem gegen Frankreich richtete. Florenz beteiligte sich aus Loyalität zu Frankreich nicht daran und wurde deshalb 1512 von spanischen Truppen besetzt. Dies bedeutete das Ende der alten florentinischen Republik. Mit den Spaniern kehrten auch die Medici zurück. Hatte deren Sturz zwanzig Jahre zuvor die diplomatische Karriere Machiavellis befördert, so bedeutete ihre Wiedereinsetzung als Herrscher von Florenz für Machiavelli den entscheidenden Karriereknick.

Er wurde seines Amtes enthoben und wenig später sogar der Verschwörung angeklagt, gefangen genommen und auf der Streckbank gefoltert. Erst als ein Mitglied der Medici-Familie zum Papst gewählt und deshalb in Florenz eine Amnestie erlassen wurde, kam er wieder in Freiheit. Man verbannte ihn jedoch auf sein kleines Landgut Sant' Andrea in der Umgebung der Stadt. Jede politische Aktivität wurde ihm untersagt.

In dieser Verbannung wurde der politische Philosoph Machiavelli geboren. Er fand nun Zeit zur Lektüre und zum Ausarbeiten seiner zahlreichen Notizen, die er sich während seiner diplomatischen Tätigkeit gemacht hatte. *Der Fürst*, sein Hauptwerk, war nicht nur die wichtigste Frucht dieser Arbeit. Es sollte ihm auch – so die Hoffnung Machiavellis – den Weg zurück auf die politische Bühne ebnen. Die

Schrift wurde in der zweiten Hälfte des Jahres 1513 entworfen und bereits zu Weihnachten desselben Jahres fertig gestellt. Machiavelli widmete sie ironischerweise dem Mann, der ihn entmachtet hatte, der aber gleichzeitig der Einzige war, der seine Verbannung beenden konnte: Lorenzo, der neue Herrscher von Florenz, ein Enkel Lorenzos des Prächtigen.

Machiavelli wollte nicht nur zeigen, wie man die strategischen Fehler der Vergangenheit vermeiden kann. Es ging ihm um ein Ziel, das weit über die Lokalpolitik seiner Heimatstadt hinausreichte: die politische Einigung und die Befreiung Italiens von der Fremdherrschaft. Das letzte Kapitel seines Buches trägt den Titel: »Aufruf, Italien von den Barbaren zu befreien«. Gemeint sind die Deutschen, Franzosen, Schweizer und Spanier. Machiavelli wollte dazu beitragen, dass dem zerrissenen Land »nach so langer Zeit ein Retter erscheine«. *Der Fürst* ist die Beschreibung eines solchen Retters und der Eigenschaften, die er besitzen muss. Machiavelli wollte sich mit dem Buch als Politikberater und als theoretischer Wegbereiter der nationalen Erneuerung empfehlen.

Dass eine Schrift mit dem Titel *Der Fürst* zunächst keine besondere Aufmerksamkeit erfuhr, hing damit zusammen, dass sehr viele Bücher mit diesem Titel in Umlauf waren. Es gab seit dem Mittelalter eine eigene Tradition dieser Schriften, eine Gattung, die man »Fürstenspiegel« nannte. Mit den Fürstenspiegeln sollte den politisch Mächtigen das Idealbild eines perfekten Herrschers wie in einem Spiegel vorgehalten werden. Sie waren in der Regel, wie Machiavellis Buch auch, einem bestimmten regierenden Fürsten gewidmet.

So hatte der bekannteste mittelalterliche Philosoph, Thomas von Aquin, sein Werk *Über die Herrschaft des Fürsten* an den König von Zypern adressiert. Der berühmte Humanist Erasmus von Rotterdam veröffentlichte 1516, drei Jahre, nachdem Machiavellis Buch geschrieben worden war, seine *Fürstenerziehung*, die er an Karl von Burgund richtete. Die Fürstenspiegel legten an die Politik die Messlatte der Moral an: Nur derjenige ist danach ein guter Herrscher, der sein Handeln an moralischen Grundsätzen ausrichtet und elementare Rechte seiner Untertanen achtet. Weisheit und Güte sind zum

Beispiel zwei der Eigenschaften, die Erasmus von seinem idealen Fürsten fordert.

Machiavelli greift die Tradition des Fürstenspiegels auf, doch er benutzt ihn nur wie eine Hülle, in die er ganz andere Inhalte steckt. Die Werte der Moral sind nach Machiavelli ungeeignet, um den Fürsten in seinem politischen Handeln zu lenken. Der Fürst lebt nicht in einer Welt von Engeln, sondern in einer Welt der Macht, der Intrigen und Missgunst. »Daher muss ein Fürst«, schreibt er, »der sich behaupten will, auch imstande sein, nicht gut zu handeln und das Gute zu tun und zu lassen, wie es die Umstände erfordern.«

Machiavelli führt in die Gattung des Fürstenspiegels völlig neue Bewertungsmaßstäbe ein: Entsprechend radikal verändert sich das Bild des idealen Herrschers, der nun nichts mehr mit dem moralisch vollkommenen Fürsten zu tun hat. Machiavelli lenkt seinen Blick vielmehr, im wörtlichen Sinn, auf den »Boden der Tatsachen«: »Ich lasse also die Fantasien über den Fürsten beiseite und rede von dem Tatsächlichen«, so umschreibt er sein Programm.

Die konkrete Erfahrung, wie sich Herrscher und Beherrschte in ihrer Beziehung zueinander verhalten, führte Machiavelli zunächst zu einem veränderten Menschenbild. Die klassische politische Philosophie, wie sie in der Antike vor allem von Platon oder Aristoteles entwickelt worden war, sah den Menschen als ein Vernunftwesen, bei dem die Vernunft die natürliche Herrschaft über die Leidenschaften und Triebe innehat. In einer politischen Ordnung, die genau nach diesem Modell der Vernunftherrschaft aufgebaut ist, findet der Mensch seine natürliche Selbstverwirklichung. So gelangte zum Beispiel Platon zu seiner Idee der Philosophenkönige.

Machiavellis Mensch dagegen wird vor allem von Leidenschaften beherrscht. Ein Herrscher, der immer vernünftig handelt oder bei seinen Untertanen vernünftige Reaktionen voraussetzt, muss scheitern. Der Herrscher, der wie bei Erasmus Güte und Weisheit zeigt, wird von seinem Volk als schwach verachtet und von seinen Rivalen hintergangen werden. Der Herrscher hingegen, der nach Machiavellis Theorie erfolgreich sein will, soll sich nicht vornehmlich an die Vernunft, sondern an die Leidenschaften der Menschen wenden. Er muss auf der Klaviatur der Stimmungen spielen können. Machiavelli hat also bereits jene Form der politischen Strategie im Auge, die man heute als »Populismus« bezeichnet.

Aber auch in anderer Beziehung ist Machiavellis Fürst eine eher moderne Figur. Er ist kein mittelalterlicher Feudalherr mehr. Die Bezeichnung »Herrscher« oder »Machthaber« ist sehr viel treffender, weil Machiavelli Herrschaft nicht mehr auf Geburt oder Erbfolge gründete. Die politischen Verhältnisse im Italien der Renaissance lieferten Anschauungsmaterial genug, um zu begreifen, dass der Anspruch auf Herrschaft sich nur noch in wenigen Fällen auf dynastische Rechte berief. Viel häufiger waren inzwischen Machtergreifungen durch Umsturz, Eroberung oder geschickte Diplomatie. Sie konnten mit Hilfe eigener oder fremder Waffen, durch eigenes Verdienst oder durch ein glückliches Schicksal erfolgen.

Machiavelli interessiert sich charakteristischerweise am meisten für den Fall, der das größte Risiko in sich trägt und der von dem neuen Herrscher das meiste Geschick erfordert: den Machterwerb mit Hilfe fremder Waffen und des Schicksals, der »Fortuna«. An diesem Modell kann er am ehesten demonstrieren, wie ein kluger Umgang mit Macht aussieht. Hier zeigt sich das wahre politische Genie. Machiavellis Fürst ist kein Herrscher »von Gottes Gnaden«, sondern ein politischer Selfmademan, ein Mechaniker der Macht.

Das lebende Vorbild dafür war Cesare Borgia, dessen Verhalten Machiavelli aus der Nähe studiert hatte. Borgia hatte sein Herzogtum durch eine Schenkung seines Vaters erhalten. Er vergrößerte seine Macht zielstrebig, schuf sich eigene Streitkräfte und erwarb sich den Respekt seiner Untertanen. Er nutzte die Gunst Fortunas durch eigene Tatkraft. Aber es war andererseits der blinde Glaube an Fortuna, der ihn wieder zu Fall brachte, als er einen ehemaligen Feind zu mächtig werden ließ. Cesare Borgia ist für Machiavelli in vielem ein idealer Herrscher – jedoch um vollkommen zu sein, fehlt ihm die Fähigkeit, Fortuna nicht nur zu folgen, sondern sie auch zu steuern.

»Fortuna« ist einer der beiden Schlüsselbegriffe in Machiavellis politischer Philosophie. Der zweite ist »Virtu«, der traditionell mit

»Tugend« übersetzt wurde. Der ideale Herrscher zeichnet sich dadurch aus, dass er die Virtu entwickelt, mit der er Fortuna beherrschen kann. Dies stand noch ganz im Einklang mit der Tradition, vor allem mit der politischen Philosophie der Antike. Machiavelli übernimmt das humanistische Verständnis von Fortuna, das sich an die Antike anlehnte: Fortuna ist keine blinde Macht mehr wie im Mittelalter. Sie ist zwar oft undurchschaubar, doch sie beeinflusst unser Leben nur zur Hälfte. Die andere Hälfte liegt in unserer eigenen Verantwortung.

Es ist die Virtu, die uns dazu befähigt, einen Teil unseres Schicksals in die eigene Hand zu nehmen. Im Gegensatz zu Fortuna wird der Begriff der Virtu bei Machiavelli jedoch völlig neu bestimmt. Hier stellt er sich in einen Gegensatz zur Tradition, die vor allem durch den römischen Politiker und Philosophen Cicero repräsentiert wird, dessen Begriffe und Aussagen er immer wieder aufnimmt, um sie dann radikal in seinem Sinne zu verändern.

Virtu hat nun nichts mehr mit Tugendhaftigkeit zu tun. Sie ist bei Machiavelli vielmehr die Fähigkeit der strategischen Flexibilität im Umgang mit der Fortuna. Um das Verhältnis zwischen Virtu und Fortuna zu erklären, bedient sich Machiavelli des Bildes einer erotischen Beziehung: Fortuna ist eine Frau, unberechenbar, wechselhaft, launisch. Virtu, abgeleitet von dem lateinischen Wort »vir« = »Mann«, bezeichnet männliche Entschlossenheit und Kühnheit im Ergreifen des günstigen Augenblicks. Der ideale Herrscher ist also der Eroberer der Fortuna mit Hilfe der Virtu. Er beherrscht die Kunst, die Situation realistisch einzuschätzen und in seinem Sinne zu nutzen. Das deutsche Sprichwort vom »Glück des Tüchtigen« drückt sehr gut diese von Machiavelli beschriebene Beziehung zwischen Virtu und Fortuna aus: Virtu als politische Klugheit besteht weder in pessimistischer Schicksalsergebenheit noch in blauäugigem Optimismus, sondern in der Kunst, die »Gunst der Stunde« zu nutzen.

Dazu gehört auch die Möglichkeit, mit Gewalt oder List zu handeln. Cicero hatte behauptet, Gewalt sei eine Eigenschaft des Löwen, Betrug und List wiederum seien Eigenschaften des Fuchses. Wenn der Mensch sich dieser Mittel bediene, begebe er sich also auf das Niveau von Tieren herab. Machiavelli übernimmt das Bild vom Löwen und vom Fuchs, und er übernimmt auch die Meinung, dass Gewalt und List als Mittel eher den Tieren als dem Menschen eigentümlich sind. Aber sein Argument ist auch hier erfahrungsgeleitet und illusionslos: Da die menschlichen Mittel im politischen Alltag häufig nicht ausreichen, muss man zu den tierischen greifen. Der Herrscher muss imstande sein, sowohl als Löwe als auch als Fuchs zu handeln. Der Mensch ist nicht so, wie die antiken Philosophen sich ihn vorgestellt haben: Er ist vielmehr moralisch höchst unzuverlässig, und man muss jeden Augenblick vor ihm auf der Hut sein. Er ist aggressiv wie ein Wolf und spricht mit gespaltener Zunge wie eine Schlange: »Man muss also Fuchs sein«, so Machiavelli, »um die Schlangen zu kennen, und Löwe, um die Wölfe zu schrecken.« Gewalt und List sind für Machiavelli deshalb legitime Werkzeuge der Virtu.

Machiavelli empfiehlt damit auch das, was man heute als »Charaktermaske« bezeichnet. Der Herrscher muss sich je nach Situation dem Volk in einer bestimmten Weise präsentieren, er muss die Kunst der politischen Inszenierung beherrschen. Wenn Unruhen zu befürchten sind, tritt er als der Entschlossene auf, wenn der öffentliche Friede es erfordert, spielt er den wohltätigen und milden Herrscher. Auch die Masken von Mensch und Tier müssen ihm wahlweise zu Gebot stehen. Machiavelli ist der Erste, der lange vor der Entstehung der modernen Medienwelt erkannt hat, dass Politik sich nicht in Gesetzgebung und Verwaltung erschöpft, sondern auch in der richtigen Vermittlung von Maßnahmen, in der Kommunikation zwischen Herrscher und Volk besteht.

Machiavellis Herrscher ist kein gewaltbesessener Diktator, sondern ein politischer Schachspieler, der jeden seiner Züge kalkuliert hat. Ziel seines Handelns ist die Stabilisierung von Herrschaft. Die wichtigste Regel für den Herrscher in seiner Beziehung zum Volk ist daher die, dass er gefürchtet werden muss, ohne gehasst zu werden. Hass entsteht durch Tyrannei, Verachtung durch Schwäche. Beides gefährdet die Herrschaft. Eine Schwäche ist es nach Machiavelli auch, wenn der Herrscher das Ziel verfolgt, vom Volk geliebt zu werden. Genau dieses Ziel hatte Cicero noch für den Herrscher vorgegeben. Machiavelli aber will, dass zwischen Herrscher und Volk ein Abstand gewahrt wird, der nur dann erhalten werden kann, wenn sich der Fürst mit der Aura des Majestätischen, der Machtfülle umgibt. Machiavelli denkt dabei nicht an eine »natürliche«, durch Geburt und Stand verliehene Ausstrahlung, sondern an eine bewusste Inszenierung, die durch wirkungsvolle, gut kalkulierte Handlungen hervorgerufen wird.

Auch hier diente ihm wieder Cesare Borgia als Beispiel. Als dessen Herrschaft in der Romagna dadurch in Gefahr geriet, dass einer seiner Heerführer durch seine Grausamkeit Hass in der Bevölkerung erzeugte, ließ er diesen vor den Augen der Bürger hinrichten – mit einem doppelten Effekt: Er besänftigte den Hass und erzeugte gleichzeitig die Furcht und den Respekt, der seiner eigenen Herrschaftssicherung diente.

Dem Ziel, diesen Respekt zu erhalten, müssen sich alle politischen Maßnahmen unterordnen. Deshalb lehnt Machiavelli auch die von antiken Philosophen empfohlene Milde und Freigebigkeit des Herrschers ab. Wer zu nachgiebig ist, sieht sich zu einer umso grausameren Bestrafung veranlasst, wenn es zu spät ist. Besser ist es, mit gut dosierten, gezielt eingesetzten Grausamkeiten vorzugehen.

Auch ein Fürst, der voreilig seine Ressourcen verschwendet, gefährdet seine Macht. Geiz im Sinne eines äußerst sparsamen Umgangs mit finanziellen Mitteln ist im Gegenteil die Voraussetzung dafür, dass sich der Fürst politische Handlungsfreiheit bewahren kann. Großzügig umgehen sollte man nach Machiavelli lediglich mit den Mitteln anderer, etwa mit denen, die man auf Feldzügen erbeutet hat. Sie können bewusst dazu eingesetzt werden, beim Volk gute Stimmung zu erzeugen.

Die Herrschaft des Fürsten beruht nach Machiavelli auf zwei Säulen: gute Gesetze und Waffen. Dabei spielen im *Fürst* die Waffen die weitaus größere Rolle. Ohne den Schutz einer Armee, so Machiavelli, können sich die besten Gesetze nicht halten. Aus der negativen Erfahrung mit Söldnerheeren zieht er die Konsequenz und tritt für eine Armee ein, die aus den Bewohnern eines Territoriums selbst gebildet wird. Auch dies hatte Cesare Borgia bereits vorgemacht. Im

Gegensatz zu Söldnerheeren ist eine solche Armee nach Machiavelli besser motiviert, von materiellen Anreizen unabhängiger und in ihrer Loyalität verlässlicher. Lange vor der Einführung einer allgemeinen Wehrpflicht im 19. Jahrhundert wird Machiavelli damit zu einem frühen Verfechter der Idee eines Volksheeres.

Ruhm und Ehre sind für Machiavelli letztlich der Lohn eines erfolgreichen Herrschers. Er denkt an einen zweiten Cesare Borgia, der keine Fehler macht und seine politischen Fähigkeiten in den Dienst der ganzen italienischen Nation stellt. Dieser könnte sich damit schmücken, der Befreier und Einiger Italiens zu sein. Machiavelli sah Italien an einem entscheidenden Punkt seiner Geschichte stehen und er hoffte, mit seinem Buch ein Fanal zu zünden, das ihn selbst wieder ins Rampenlicht setzen und den neuen florentinischen Herrscher zur politischen Tat veranlassen könnte.

Doch die mit dem Buch verbundene Hoffnung Machiavellis wurde enttäuscht. Es wurde eher unterkühlt aufgenommen. Der Medici-Fürst Lorenzo sah keinen Anlass, im Sinne Machiavellis aktiv zu werden oder diesen gar auf die politische Bühne zurückzuholen. Auch die politische Einigung Italiens wurde erst mehr als vierhundert Jahre später verwirklicht.

Als Diplomat und Politiker scheiterte Machiavelli. So richtete er sich in den folgenden Jahren, dem Zwang gehorchend, als Autor ein und schrieb philosophische, historische und literarische Bücher, von denen die *Discorsi*, in denen er seine politische Philosophie weiterentwickelte, das bekannteste ist.

Doch Machiavellis philosophiegeschichtliche Karriere als politischer Denker war umso eindrucksvoller. *Der Fürst* wurde nicht nur das umstrittenste, sondern ist bis heute auch eines der meistdiskutierten Bücher der politischen Philosophie, obwohl seine anfängliche Aufnahme eher bescheiden war. Es zirkulierte zunächst unveröffentlicht in florentinischen Kreisen und wurde erst 1532, nach dem Tode des Autors, auf Geheiß des Papstes gedruckt. Aber schon 1559 setzte die Kirche die Schrift auf den Index. Es war nicht die von Machiavelli empfohlene Skrupellosigkeit im Umgang mit der Macht, die dieses

Verbot auslöste. Es war vielmehr die gänzliche Trennung von Politik und Theologie, die für die Kirche inakzeptabel war. Machiavellis politische Welt ist eine Welt ohne Gott. Weder braucht der Herrscher Gott als Legitimation, noch macht sich Machiavelli irgendwelche Gedanken über göttlichen Lohn oder Strafe. Als erster neuzeitlicher Denker hatte er eine politische Philosophie begründet, die auf das Fundament der Religion verzichten konnte. Er hatte den Staat und seine Interessen absolut gesetzt.

Dass Machiavelli auch ein »Machiavellist« war, der alle moralischen Skrupel im Umgang mit der Macht den Interessen des Staates unterordnete, ist unbezweifelbar. Doch die Erkenntnis, dass es eigenständige Interessen des Staates, ein »Staatswohl« also, gibt, bleibt eines der Verdienste seines Buchs. Es war Machiavelli, der den Bereich der Politik als unabhängigen Bereich des Handelns erst für die Philosophie entdeckt hat. Jeder, der heute von »Staatsräson«, von »politischen Kampagnen« oder von »politischem Handlungsbedarf« spricht, steht in den Stiefeln Machiavellis. Und nie geklärt werden wird, wie viele Politiker diesen Klassiker der Philosophiegeschichte auf ihrem Nachttisch liegen haben.

Ausgaben:

Niccolò Machiavelli: Der Fürst. Herausgegeben und übersetzt von R. Zorn. Stuttgart: Kröner 1978.

Niccolò Machiavelli: Il Principe/Der Fürst. Zweisprachige Ausgabe. Stuttgart: Reclam 1986.

Aus den Papieren eines Weltweisen

Michel de Montaigne: Essais (1580–1588)

In allen Bereichen des Lebens gibt es Puristen, also Menschen, die bestimmte Dinge nur in absolut reiner Form genießen können. Die Whiskypuristen verabscheuen es, ihr Lieblingsgetränk mit irgendetwas zu mixen, und bestimmte Liebhaber klassischer Musik müssen sich dazu zwingen, ein Jazz- oder gar Rockkonzert anzuhören. So gibt es auch Philosophiepuristen, die nur das als Philosophie anerkennen, was in schwerer theoretischer Rüstung daherkommt: logisch streng argumentierende, möglichst in Paragrafen gegliederte Traktate, die bereits im Titel plakativ verkünden, dass es ihnen um die letzten Dinge und um sonst gar nichts geht.

Für die Philosophiepuristen waren die *Essais* des französischen Renaissancephilosophen Michel de Montaigne immer schon ein Ärgernis. Ein Kraut-und-Rüben-Philosoph, der über die Auswahl seiner Themen allen Ernstes behauptet: »Kein Gegenstand ist so geringfügig, dass er nicht mit Fug und Recht in diese bunte Folge aufgenommen würde.« Ein Zitat aus einem Essay, der den nicht gerade philosophischen Titel »Förmlichkeiten bei der Begegnung von Königen« trägt. Überhaupt die Titel. Nehmen wir einen der berühmtesten Essays, das »Hexenfragment«, dem Montaigne die Überschrift »Von den Hinkenden« gegeben hat. Was erwartet den Leser?

Von »Hinkenden« ist zunächst überhaupt keine Rede. Montaigne beginnt vielmehr wie ein Journalist mit einem konkreten Aufhänger: der in Frankreich im 16. Jahrhundert durchgeführten Kalenderreform. Sie führt ihn zu dem Gedanken, dass unsere sehr unzuverlässige Wahrnehmung der Welt dadurch überhaupt nicht beeinflusst wird. Daraufhin erörtert er die Leichtgläubigkeit der Menschen,

Wunder und Hexenglauben, also die Neigung, eher den absonderlichsten Erklärungen Vertrauen zu schenken, als auf die Tatsachen zu schauen. All dies stützt er nicht mit irgendeiner logischen Beweisführung, sondern mit eigener Erfahrung, die er durch Zitate, Anekdoten und Sprichwörter ergänzt. Ein Sprichwort schließlich bringt auch die Hinkenden ins Spiel: Sie seien besonders gut zur körperlichen Liebe geeignet. Auch dafür gibt es nach Montaigne die unterschiedlichsten Erklärungen, eine so gut wie die andere. Der Essay schließt mit der Aussage, dass all dieses Hin- und Herschwanken zwischen unbeweisbaren Meinungen zeige, dass der Mensch kein Maß, keine Ruhe und kein Ziel habe, bis Not und Unvermögen ihn zur Ruhe zwingen.

Auf den Titel kann man sich jedenfalls nicht verlassen, wenn man wissen will, welches Thema ein Essay Montaignes behandelt. Montaigne ist wie jemand, der uns einen Spaziergang zu einem bestimmten Ort ankündigt, dann aber jeden Nebenpfad einschlägt, der ihm begegnet, und schließlich an einen ganz anderen, neuen Ort gelangt. Als Musiker wäre er ein Meister des Free-Jazz. In der Tat ist Montaigne der erste große Improvisator in der Philosophiegeschichte. Wenn einer seiner Titel verlässlich ist, dann der seines dreibändigen Hauptwerks: *Essais*, zu Deutsch: »Versuche«.

Es handelt sich dabei um eine in der Literaturgeschichte neue Textform, die auf jeweils ein paar Seiten einen Gedanken oder ein Thema »versuchsweise« erörtert, ohne sich an irgendein Schema zu halten. Die *Essais* sind keine Abhandlungen eines Fachphilosophen, sondern ausformulierte Notizen eines Weltweisen. Montaigne lesen heißt, den Prozess des Denkens beim Lesen selbst mitzuverfolgen, Denken also »live« zu erleben.

Montaigne hat den modernen Essay sozusagen erfunden: eine Form, die zwischen Argumentation und Erzählung, zwischen Philosophie und Literatur hin und her pendelt. Genau deswegen hat sie auch seit jeher mehr Leser außerhalb der Fachphilosophie gefunden.

Und doch gelangt man auf Montaignes verschlungenen Wegen mitten in die Fragen der Philosophie. So ist auch der Essay »Von den Hinkenden« voller brisanter philosophischer Thesen: die menschliche Unfähigkeit, die Dinge so zu erkennen, wie sie sind, die Neigung und Fähigkeit des Menschen, die Welt mit Hilfe von Fiktionen zu deuten, und schließlich die Unstetigkeit eines Wesens, das nicht mehr in der Sicherheit seiner Instinkte ruht. Alle diese Erkenntnisse haben später in der Philosophiegeschichte Karriere gemacht und dicke Folianten gefüllt. Montaigne präsentiert sie en passant, also im Vorbeigehen, mehr hinweisend als behauptend. Montaigne ist ein Philosoph der leichten Hand, ein großer Anreger. Seine *Essais* bilden eine unendliche Fundgrube philosophischer Denkanstöße.

Aus der unsystematischen Art seines Philosophierens und aus den Bescheidenheitserklärungen, die Montaigne immer wieder abgibt, sollte man allerdings nicht schließen, dass die *Essais* für ihren Autor nur eine zweitrangige Bedeutung gehabt hätten. Im Gegenteil. Montaigne hat sie als die wichtigste Frucht seines Lebens angesehen, als das Ergebnis eines jahrzehntelangen Prozesses, mit sich und der Welt ins Reine zu kommen. Als die Erstausgabe der *Essais* 1580 erschienen war, überreichte er das Werk voller Stolz dem französischen König Heinrich III. in Paris und, im Rahmen einer ausgedehnten Reise, dem damaligen Papst Gregor XIII. in Rom.

Montaigne war zu diesem Zeitpunkt siebenundvierzig Jahre alt, ein französischer Aristokrat, der sich von öffentlichen Geschäften weitgehend zurückgezogen hatte und, für seinen Stand ungewöhnlich, seine Zeit der Lektüre und dem Schreiben widmete. Ein Berufsphilosoph ist er nie gewesen. Selbst die Tätigkeit eines philosophischen Schriftstellers hat ihm ursprünglich nicht vorgeschwebt. Es waren vielmehr die Repräsentation und das öffentliche Engagement, auf die er durch eine standesgemäße Ausbildung vorbereitet werden sollte. Dennoch erwarb er sich an Schule und Universität wichtige Grundlagen für sein späteres Schreiben.

Das geistige Leben im 16. Jahrhundert wurde in Westeuropa von den Humanisten beherrscht, einer Bildungsbewegung, die die Schriften der antiken Klassiker wieder für ein breites Publikum zugänglich machten. Humanistische Bildungsprogramme hatten die von der Kirche geprägten Lehrinhalte abgelöst. 1533 geboren, erhielt Montaigne eine der besten humanistischen Ausbildungen, die in jener Zeit in Frankreich möglich war.

Als Kind wurde er von einem deutschen Hauslehrer unterrichtet, der mit ihm nur Latein sprach. Er besuchte die Eliteschule Collège de Guyenne, an der einige der berühmtesten Humanisten der damaligen Zeit lehrten, und er begann bereits mit dreizehn Jahren ein Studium der Rechtswissenschaften in Bordeaux und Toulouse, das er 1554 abschloss. Montaigne erwarb durch diese Erziehung eine große Vertrautheit mit antiken Autoren, aus denen er in seinen *Essais* immer wieder zitiert. Die antike Literatur wird ihm zu einer unerschöpflichen Fundgrube, aus der er sich immer wieder ganz unsystematisch und eigenwillig bedient.

Eine seiner ersten öffentlichen Funktionen bekleidete Montaigne ab 1557 als Ratsherr von Bordeaux, ein Amt, das innezuhaben in der Familientradition lag. Sein Vater hatte der Stadt jahrelang als Bürgermeister gedient. Hier lernte Montaigne den zwei Jahre älteren Étienne de La Boëtie kennen, einen Kollegen, der zu seinem engsten Freund und wichtigsten geistigen Anreger werden sollte. La Boëtie hatte bereits mit achtzehn Jahren eine Aufsehen erregende Abhandlung, »Über die freiwillige Knechtschaft«, geschrieben, in der er sich gegen den Machtpragmatismus des Italieners Niccolò Machiavelli wandte und zum Widerstand gegen jede Tyrannei aufrief.

Die Jahre des intensiven geistigen Austauschs mit La Boëtie hat Montaigne später als die wichtigsten und glücklichsten seines Lebens bezeichnet. In seinem Essay »Über die Freundschaft«, der sich wie ein Nachruf auf seinen Freund liest, stellt er, in der Tradition der antiken Philosophie, die Freundschaft zwischen Männern weit über jede andere Beziehung.

Der frühe Tod La Boëties, der 1563 an der Ruhr starb, bedeutete für Montaigne eine tief greifende Zäsur, eine emotionale Erschütterung, die seinem Leben eine neue Richtung gab. Montaigne beginnt nun, seine äußeren Lebensumstände endgültig zu regeln, sich aber gleichzeitig vom öffentlichen Leben zu distanzieren. Er geht in eine Art selbst gewählter innerer Emigration. 1565 heiratet er die Tochter eines Ratskollegen, 1568, nach dem Tod des Vaters, tritt er das Erbe des Familienbesitzes an. Doch beides, Ehe und Vermögen, sollten in seinen Schriften kaum eine Rolle spielen.

Montaigne baut sich die Fassade einer konventionellen Existenz auf, hinter der sich nun sein eigentliches Leben als Weltweiser abspielt. Am 28. Februar 1571 fällt der Entschluss, sich in den Turm seines Schlosses zurückzuziehen, in dem er sich ein Arbeitszimmer und eine Bibliothek eingerichtet hat. In den folgenden zwanzig Jahren bis zu seinem Tod wird er zwar vereinzelt Reisen antreten oder Ämter und Missionen übernehmen. Die ganz überwiegende Zeit jedoch ist jenem Prozess der geistigen Aneignung und Auseinandersetzung gewidmet, aus dem schließlich die *Essais* hervorgehen.

An die Stelle der Gespräche mit dem Freund tritt nun der intime Umgang mit den Büchern, der über die Lektüre zum Schreiben führt. Montaigne beginnt, Exzerpte zu machen und Zitate zu entnehmen. Sogar die Decke des Turmzimmers wird mit Merksprüchen und Lektürenotizen versehen. Wenn auch der heutige Leser der *Essais* die zahlreichen und scheinbar wahllos eingestreuten Zitate möglicherweise als überflüssigen Ballast ansehen mag, so liegt in ihnen doch der Kern, aus dem sich die neue literarische Form des Essays entwickelt hat. Montaigne selbst hat diese Form mit einem Wandgemälde verglichen, das mit unzusammenhängenden Grotesken gefüllt ist. Vor allem im ersten Band seines Werks, in dem die einzelnen Essays noch erheblich kürzer sind als in den nachfolgenden Bänden, kann man die Spuren eines Schreibprozesses entdecken, der als Kommentierung einzelner Sprichwörter, Anekdoten oder Zitate begonnen hat und zu einem locker strukturierten Text auswucherte.

Besonders häufig bezog Montaigne sich dabei auf Autoren der römischen Spätantike, die für ihn immer eine große Anziehungskraft behielten. Die spätantiken Philosophenschulen legten keine großartigen philosophischen Systeme mehr vor, sondern betrieben Philosophie als eine praktische Orientierungswissenschaft und als Lebenshilfe. Seine beiden Lieblingsautoren waren der griechische Philosoph und Historiker Plutarch sowie Seneca, einer der bekanntesten römischen Vertreter der Stoiker. Durch sie wurde er zu seiner literarischen Form inspiriert, aus ihnen schöpfte er seine Lebenshaltung, die ihm gebot, jede Art von Extremen zu meiden. In dem Essay »Verteidigung Senecas und Plutarchs« geht er sogar so weit zu behaupten, sein

Buch sei »allein aus ihren Spänen gezimmert«. Vor allem Plutarchs Neigung, Persönliches und Anekdotisches mit frei assoziierenden Reflexionen zu verbinden, hat Montaignes Schreiben beeinflusst.

Montaigne hat dieses Schreiben einer höchst unruhigen und gefährlichen Umwelt abgetrotzt. In Frankreich herrschte seit Mitte des Jahrhunderts ein religiös motivierter Bürgerkrieg zwischen protestantischen Hugenotten und königstreuen Katholiken. In der berüchtigten Bartholomäusnacht von 1572 wurden in Paris mehr als zwanzigtausend Hugenotten ermordet. Attentate, Plünderungen und die Ermordung Unschuldiger waren an der Tagesordnung. Die Region um Bordeaux lag zwischen den Fronten, war also unmittelbares Bürgerkriegsgebiet. Montaigne bekannte sich zum Katholizismus, pflegte jedoch auch immer Kontakte zur protestantischen Seite. Dies bewahrte ihn jedoch nicht davor, mehrfach in seinem Schloss überfallen und mit dem Tod bedroht zu werden.

Montaigne hat in seinen *Essais* aus dem religiösen Fanatismus seiner Zeit Schlussfolgerungen gezogen. Was die grundlegenden metaphysischen und theologischen Fragen anging, blieb er immer ein Skeptiker. Er bezweifelte, dass es möglich ist, persönliche Glaubensüberzeugungen zu »beweisen«. Vor allem hielt er es für gefährlich, wenn aus diesem Wahrheitsanspruch politische Forderungen und vor allem die Rechtfertigung einer Gewaltanwendung gegen andere abgeleitet wird. In seinem Essay »Über die Gewohnheit und dass man ein überkommenes Gesetz nicht leichtfertig ändern sollte« hält er es für eine Anmaßung, »wenn man seine persönlichen Überzeugungen derart wichtig nimmt, dass man zu ihrer Durchsetzung nicht davor zurückschreckt, den öffentlichen Frieden zu brechen und all den Übeln und der entsetzlichen Sittenverderbnis Tür und Tor zu öffnen, die bei Dingen von solchem Gewicht Bürgerkriege und politische Umwälzungen zwangsläufig mit sich bringen«. So blieb Montaigne Katholik nicht aus theologischer Überzeugung, sondern weil das Festhalten an der traditionellen Religion den gesellschaftlichen Frieden am ehesten garantiert. Als ein undogmatischer Konservativer wollte er kirchliche Missstände nicht durch eine Abkehr vom alten Glauben, sondern durch innere Reformen beseitigen. Als Philosoph war er, zweihundert Jahre vor der Aufklärung, ein Verfechter der Toleranz.

In unmittelbarer zeitlicher Nähe zur Bartholomäusnacht, von 1572 bis 1573, schrieb Montaigne den ersten Band der *Essais* nieder. Der zweite Band entstand Ende der siebziger Jahre, von 1577 an: in dem Jahr, in dem ihn der König zum Kammerherrn ernannte, aber auch in dem Jahr, in dem er zum ersten Mal von seiner – in den *Essais* häufig erwähnten – schmerzhaften Nierenkrankheit befallen wurde. Erst Ende der achtziger Jahre hatte er schließlich den dritten Band fertig gestellt, wobei er seine früheren Essays einer erneuten Überarbeitung unterzogen hatte.

Haben die *Essais* ein Thema? Gibt es so etwas wie einen roten Faden, der sich durch alle drei Bände hindurchzieht? Montaigne hat darauf überraschenderweise eine eindeutig positive Antwort gegeben: Thema seines Buches sei er selbst, alles, was er hier schreibe, sei Ausdruck seines Ichs. Er habe das Buch nicht für die Öffentlichkeit geschrieben, sondern ausschließlich, um über sich selbst Rechenschaft abzulegen.

Diese Selbstaussage Montaignes ist geeignet, bei heutigen Lesern Verwirrung und Missverständnisse hervorzurufen. Missverständisse deshalb, weil Montaigne keineswegs die Absicht hatte, eine Autobiografie oder ein Bekenntnisbuch zu schreiben. Wer Auskunft über Privates oder gar intime Enthüllungen erwartet, wie sie in der europäischen Literatur ab dem 18. Jahrhundert üblich wurden, sieht sich getäuscht. Montaigne interessiert sich vielmehr, wie man sagt, für »Gott und die Welt«, er beschreibt Bräuche, kommentiert Bücher und berichtet von charakteristischen Erlebnissen. Die umfangreichste Abhandlung der *Essais*, die »Apologie für Raymond Sebond«, beschäftigt sich zum Beispiel mit einer Schrift des katalanischen Theologen Raimundus Sebundus, die Montaigne selbst 1569 übersetzt hatte und in der versucht wird, die Glaubenswahrheiten aus der Vernunft abzuleiten. Ein auf den ersten Blick sehr theoretisches Thema, in dem das Ich keinen Platz zu haben scheint.

Wenn Montaigne sein Ich in den Mittelpunkt stellt, dann meint er damit, dass er nicht von vorgefertigten theoretischen Konzepten, sondern von Erfahrungen ausgeht, und zwar von Erfahrungen, die er selbst gemacht hat. Montaigne ist neugierig auf alles, was in der Welt vorgeht. Aber er nimmt diese Eindrücke, die ihm zugänglichen Informationen und die aus Büchern entnommenen Aussagen, nicht als selbstverständlich hin. Er schickt sie durch den Filter seines Ichs. Auch der Essay über die Vernunfttheologie des Raimundus Sebundus ist kein akademischer Kommentar, wohl aber eine im Licht der eigenen Erfahrung vorgenommene kritische Prüfung menschlicher Vernunftansprüche. Für Montaigne, der bekennt, er habe »der Philosophie nie etwas bereitwillig geglaubt«, gibt es keine »Vernunftwahrheiten«, die sich von selbst verstehen. Das Ich ist für ihn der Schild, mit dem er sich gegen abstrakte Wahrheiten schützt.

Die Hinwendung zur Welt und die gleichzeitige Betonung des Individuellen gegenüber dem Allgemeinen ist eines der Charakteristiken der Renaissance. Sie war die Zeit, in der die europäischen Seeleute fremde Kontinente und Völker entdeckten und die Künstler begannen, ihren Blick auf realistische Details zu richten. Nicht zufällig haben sich in der Malerei dieser Zeit die räumliche Perspektive und die Porträtmalerei durchgesetzt. Diesen »realistischen« Blick hat auch Montaigne. Für ihn ist die charakteristische Einzelheit wichtiger als eine mögliche theoretische Bedeutung. Montaigne ist ein unermüdlicher Jäger und Sammler von Erfahrungsmaterial, sei es auch scheinbar noch so unbedeutend. Deshalb zeichnen sich seine *Essais* durch eine Liebe zum Besonderen, durch eine Fülle von Details aus, die nicht zusammenhängend oder stimmig sein müssen, die aber die Augen für die Vielfältigkeit der Welt öffnen sollen.

Durch diese Art der empirischen Selbstbeobachtung und Selbsterforschung wird Montaigne zu einem der Väter der modernen Anthropologie, der Lehre vom Menschen. Die scholastische Philosophie des Mittelalters sah den Menschen über die Natur erhoben und durch die vom Körper getrennte, unsterbliche Seele mit Gott verbunden. Eine solche Trennung von Mensch und Natur und von Körper und Geist widerspricht nach Montaigne aber der Erfahrung. Der Mensch bleibt für ihn Teil der Natur, den gleichen Bedürfnissen und Gefährdungen ausgesetzt wie andere Kreaturen. An sich selbst beobachtet er, wie eng geistige und körperliche Zustände miteinander verwoben sind. Deshalb widmet er sich auch ausführlich einem Thema, das in der mittelalterlichen Philosophie tabu war: dem Körper und seinen Funktionen.

Wegen seiner Zugehörigkeit zur materiellen und sinnlichen Welt galt der Körper in der scholastischen Philosophie des Mittelalters als Hort der Sünde. Selbst Ärzte gerieten unter den Verdacht, mit dem Teufel zu paktieren. Montaigne dagegen redet oft und ausführlich über seine Krankheiten, über Geschlechtsverkehr, über Schlaf, über Essen und Trinken, über seinen kahlen Schädel und über seinen dichten Schnurrbart. Er findet den Zugang zum Menschen über den Körper, nicht über den Geist.

Von Montaigne hört man deshalb auch keinen Lobpreis des Menschen als Krone der Schöpfung. In seinen Augen ist der Mensch schwach, wankelmütig und leichtgläubig. Er ist kein Vernunftwesen, sondern ein Wesen voller Widersprüche, das auf schwankendem Boden steht. Die Vernunft, die den Menschen angeblich aus dem Reich der Natur heraushebt, erscheint unzuverlässig. Jeder scheinbar begründeten Meinung lässt sich eine Gegenmeinung, jedem angeblichen Beweis ein Gegenbeweis entgegenstellen.

Montaigne steht hier in der Tradition der spätantiken Schule der Skeptiker, die von der Unmöglichkeit einer sicheren Erkenntnis über die Dinge überzeugt war. Auch die von Sokrates überlieferte Aussage »Ich weiß, dass ich nichts weiß« dient ihm als Bestätigung der Erkenntnis, dass sich die Widersprüche der Welt nicht durch Vernunft auflösen lassen. In diesem Punkt befinden sich Philosophie und Lebenserfahrung für Montaigne im Einklang: »Es ist meine eigne Erfahrung«, so stellt er fest, »die mich die menschliche Unwissenheit so groß herausstellen lässt: Dies wird uns meiner Ansicht nach von der Schule der Welt als das Unbezweifelbare schlechthin gelehrt.«

Dieses von Skepsis und Bescheidenheit geprägte Menschenbild führt auch zu einem veränderten Blick auf die menschliche Kultur und ihre Werte. Montaigne sieht die eigene Kultur nicht als Vorbild für andere an. Er ist einer der ersten Philosophen, die den Eurozentrismus, das heißt die These von der Überlegenheit der europäischen

Kultur, in Frage stellen. In seinen Augen ist es lediglich mangelnde Vertrautheit, die uns dazu verleitet, andere Kulturen als »barbarisch« zu bezeichnen. Deshalb verfolgte Montaigne auch aufmerksam alle ihm zugänglichen Nachrichten, die Reisende von fremden Ländern und Kontinenten mitbrachten.

So waren ihm auf einer seiner Reisen nach Paris brasilianische Indianer vorgeführt worden. Auf diese Informationen stützt er sich in seinem Essay »Über die Menschenfresser«. Die Kultur der so genannten »Wilden« ist nämlich geeignet, auch unsere eigene in einem neuen Licht zu betrachten. Was ist eigentlich humaner, fragt Montaigne provozierend, wenn ich meinen Gegner schnell und schmerzlos töte und anschließend verspeise oder wenn ich ihn langsam und grausam foltere, so wie dies gerade zu Zeiten der Religionskriege in Europa üblich war? Bei genauerem Hinsehen stellen wir nämlich fest, wie viel wir von fremden Kulturen lernen können. Die Völker, die wir »barbarisch« nennen, sind der westlichen Kultur in einem entscheidenden Punkt voraus: Sie sind näher an der Natur, ihre Wünsche richten sich nach den natürlichen Bedürfnissen. Dadurch entgehen sie nicht nur den Lastern, die aus Luxus und Überfluss herrühren, sondern auch dem, was Montaigne als den Grundfehler der eigenen Kultur ansieht: ihre Maßlosigkeit, ihr Streben nach immer mehr, ihr Hang zur Perfektion, der zu einer zerstörerischen Energie wird. Statt der Überheblichkeit gegenüber anderen Kulturen empfiehlt Montaigne Toleranz und Lernbereitschaft.

Aus dieser kritischen Betrachtung der menschlichen Natur und der menschlichen Zivilisation leitet Montaigne seine Weisheitslehre, seine Ansichten von einem glücklichen und gelungenen Leben, ab. Er will jedoch keine Lehre im herkömmlichen Sinn, kein Dogma und kein System, sondern eine Lebenshaltung vermitteln. Wie bei den spätantiken Philosophen richtet sich seine Weisheit auf das, was erreichbar ist, auf den irdischen Lebensgenuss und nicht auf eine jenseitige Erlösung. Obwohl er nominell ein Katholik war, spielt die Ausrichtung auf ein Jenseits in seiner Lebensphilosophie kaum eine Rolle. Montaigne ist ein ganz am Diesseits orientierter Denker, der die Forderung der griechischen Philosophie: »Lebe in Einklang mit der Natur und in Übereinstimmung mit dir selbst« aufgreift. Der Mensch muss seine Selbstüberschätzung ablegen und wieder in enge Verbindung zu seiner kreatürlichen Umwelt treten.

Dazu gehört zuerst, dass er sich auch in seiner Vergänglichkeit und Sterblichkeit annimmt. Aus Platons Dialog *Phaidon* ist die Aussage des Sokrates überliefert: »Leben heißt sterben lernen.« Montaigne macht sie zum Titel eines seiner berühmtesten Essays. Gemeint ist damit aber keine romantische Todessehnsucht oder eine morbide, lebensfeindliche Haltung. Wie immer plädiert er für einen lebensnahen Realismus. Er, der jeden Tag Menschen, die durch Krankheit, Unfälle oder Krieg ums Leben kamen, vor Augen hatte, glaubte, dass wir nur durch den ständigen Umgang mit dem Tod ihn seiner Unheimlichkeit berauben und uns von irrationalen Ängsten freimachen. Wer jedoch den Tod aus seinem Leben verdrängt, ist auch nicht in der Lage, den Wert des Lebens zu würdigen.

Montaigne propagiert ein entspanntes Leben, das auf große Projekte verzichtet und Freude an den kleinen Dingen, dem Erreichbaren findet. Es ist kein abenteuerliches, die Grenzen austestendes Leben. Im Gegenteil: Montaigne befürwortet eine Existenz, die vielen als geradezu spießig erscheinen mag. So macht er sich zum Anwalt der Gewohnheit und der Behaglichkeit. Die Gewohnheit bezeichnet er als Zaubertrank der Göttin Circe, die uns die Plagen vom Hals hält und uns mit der Natur versöhnt. Auch hier bleibt er ein Konservativer: Jeder sollte so leben, wie es die Sitten und Gebräuche seiner Kultur und Region überliefern und wie es seinem eigenen Lebensrhythmus entspricht. Der Hast, dem Ehrgeiz, den großen Projekten setzt er das alte antike Lebensideal der Muße entgegen.

In der Annahme der eigenen, natürlichen Grenzen und im maßvollen, sinnlichen Lebensgenuss liegt das Glück, das dem Menschen möglich ist. Montaigne ist ein Hedonist, also jemand, der in der »Lust« (griechisch »hedone«) dieses Glück verwirklicht sieht. Auch wenn wir nach Tugend streben, so haben wir in Wahrheit die lustvolle Befriedigung im Blick, die uns ein tugendhaftes Leben gewährt. Der Weg zum Glück führt bei Montaigne über die Sinne, nicht über die Rationalität. Es ist jedoch keine auf die Spitze getriebene Sinnlichkeit. Jede Art von Ekstase ist ihm fremd. Montaigne ist ein Genießer der alltäglichen und natürlichen Formen der Sinnlichkeit: Essen, Trinken, Sexualität. Er setzt sich hier von einer Tradition ab, die seit Platon und Aristoteles die Philosophie beherrscht hatte: Die Selbstverwirklichung des Menschen besteht für ihn nicht mehr in der geistigen Kontemplation als der Herrschaft der Vernunft über die Sinne, sondern in der bewussten Entfaltung der sinnlichen Anlagen.

Die Pflege der sinnlichen, intuitiven Fähigkeiten ist es auch, die die verloren gegangene Instinktorientierung und damit den Kontakt zur »Mutter Natur«, wie Montaigne sie nennt, wieder herstellen kann. Montaigne greift hier Ideen auf, die auch in den östlichen Meditationslehren des Buddhismus, Hinduismus oder Taoismus eine Rolle spielen: die Fähigkeit loszulassen, eigenes Streben aufzugeben und auf die Dinge »hinzuhören«. Bei Montaigne tritt der Mensch seiner Umwelt nicht als homo faber, als Macher, entgegen, sondern als jemand, der sich öffnet, aufnimmt und lernt. Im letzten Essay des dritten Bandes, »Über die Erfahrung«, beschließt Montaigne sein Buch nicht zufällig mit einem Gebet an den heidnischen Gott Apoll, den Gott der »fröhlichen Weisheit«. In der Welt Montaignes stehen die Götter nicht außerhalb der Natur, sondern sind ein Teil von ihr.

Montaignes *Essais* waren ein »work in progress«, ein Werk, das bis zu seinem Tod 1592 immer neue Zusätze und Veränderungen erfahren hat. Mit der Fertigstellung des zweiten Bandes 1580 konnte die Erstausgabe der *Essais* erscheinen. Sie bescherte ihm nicht nur Leser, sondern auch erste Anhänger, darunter die 1565 geborene Marie de Gourney, eine philosophisch interessierte Adelige aus der Picardie, mit der er korrespondierte und die er später sogar als seine »Adoptivtochter« bezeichnete. Als er 1588, aus Anlass des Erscheinens der ersten Gesamtausgabe, die nun auch den dritten Band enthielt, nach Paris reiste, besuchte er sie. Sie war eine der ganz wenigen, mit denen Montaigne nach dem Tod Etienne de La Boëties geistigen Austausch pflegte. Nach seinem Tod wurde sie Herausgeberin seiner Werke und besorgte 1595 die erste posthume Ausgabe.

Die Tatsache, dass Montaigne eines der ersten Exemplare dem Papst persönlich überreicht hatte, konnte nicht verhindern, dass die katholische Kirche das Buch 1676 auf den Index setzte. Die kirchlichen Zensoren hatten immerhin einige Jahrzehnte gebraucht, bis sie erkannten, dass der bekennende Katholik Montaigne in Wahrheit ein vorchristlicher Naturanbeter war.

Auch die Universitätsphilosophen haben Montaigne immer wieder links liegen lassen. Doch seine Spuren sind überall in der Philosophie- und Literaturgeschichte zu finden. Seine essayistische Form des Philosophierens, gepaart mit einer skeptischen Sicht des Menschen und einer pragmatischen Weisheitslehre, hat die neuzeitliche europäische Moralistik begründet, die vor allem in Frankreich in La Rochefoucauld, La Bruyère und Chamfort ihre Fortsetzer fand. Das von Montaigne begonnene Programm der Selbsterforschung des Ichs wurde von René Descartes aufgegriffen. Pascal ist ihm mit seiner Diagnose des schwachen und unsteten Menschen gefolgt. Jean-Jacques Rousseaus Wahlspruch »Zurück zur Natur« kann sich ebenso auf Montaigne berufen wie die Toleranzforderungen der Aufklärer, die der europäischen Kultur ihren Spiegel vorhielten. Auch Friedrich Nietzsche, der mit seiner »Umwertung der Werte« den Leib gegenüber dem Geist aufwertete, steht in den Fußstapfen Montaignes. Und Montaigne war es auch, der mehrere hundert Jahre vor der Existenzphilosophie die Forderung nach einer Auseinandersetzung mit der eigenen Sterblichkeit zur Voraussetzung des »eigentlichen« Lebens erhob.

Vor allem aber haben Montaignes *Essais* der Philosophie jene Glaubwürdigkeit, Konkretheit und Leichtigkeit verliehen, mit denen sie auch diejenigen Leser erreichte, die sich die Philosophie nicht als Studienobjekt, sondern als Lebensbegleiter wünschten.

Ausgabe:

MICHEL DE MONTAIGNE: Essais. Übersetzt von H. Stilett. Frankfurt/Main: Eichborn 1998 bzw. München: Goldmann 2002.

Reise ins Innere der Vernunft

René Descartes: Abhandlung über die Methode (1637)

Die großen Entdecker in der Geschichte der Menschheit wussten selten, wie groß das Land ist, das sie gerade betreten hatten, oder welche Bedeutung die von ihnen gemachte Erfindung erlangen sollte. Oft hatten sie ihre Expedition oder ihr Projekt unter ganz anderen Vorzeichen begonnen. Als Christoph Kolumbus Ende des 15. Jahrhunderts seinen Fuß auf amerikanischen Boden setzte, glaubte er noch, den lang gesuchten Seeweg nach Indien gefunden zu haben. Welch riesigen Kontinent er entdeckt hatte und welche Rolle dieser einst in der Geschichte spielen sollte, ahnte er nicht. Der sächsische Alchemist Johann Friedrich Böttiger experimentierte zu Beginn des 18. Jahrhunderts jahrelang mit dem Ziel, Gold mit Hilfe chemischer Substanzen zu erzeugen. Ihm gelang etwas ganz anderes: die Herstellung des Porzellans.

Genau solche Entdecker, deren Funde weit über das hinausgehen, was sie selbst gesucht haben, gibt es auch in der Geschichte der Philosophie. Der französische Mathematiker und Philosoph René Descartes gehört zweifellos zu ihnen. Heute ist es ein Allgemeinplatz, dass die neuzeitliche europäische Philosophie den Pfaden gefolgt ist, die Descartes in seiner *Abhandlung über die Methode* erschlossen hat. Mit »Methode« meint Descartes einen neuen Zugang zur Erkenntnis der Welt und des Menschen, die sich vom theologisch geprägten mittelalterlichen Denken grundsätzlich unterschied. Allerdings hatte Descartes mit seiner *Abhandlung* überhaupt nicht vor, die Grundlagen der christlichen Theologie zu untergraben. Er gab sich vielmehr alle Mühe, Gott und die göttliche Weltordnung auf eine neue Art rational zu erschließen.

Die Behauptung, Gott offenbare sich in der äußeren Welt, in der Zweckmäßigkeit der Natur, überzeugte ihn jedoch nicht. Stattdessen richtete er seinen Blick auf die Innenräume der Vernunft. Dass im menschlichen Subjekt, in seinen Denk- und Bewusstseinsprozessen, der Schlüssel lag, um sich der Wahrheiten über »Gott und die Welt« zu vergewissern, war ein Gedanke, der sich als revolutionär erweisen sollte. René Descartes hat mit seiner *Abhandlung über die Methode* eine erste Erkundungsreise in dieses bisher noch unerforschte Land gemacht. Diejenigen, die sich auf seine Spuren begaben, stellten fest, dass er, weit über seine ursprünglichen Absichten hinaus, die Philosophie zu einem neuen, großen Kontinent geführt hatte.

Descartes' ungeheure Wirkung in der Philosophiegeschichte steht in eigentümlichem Gegensatz zu seinem Leben, das er ständig auf der Flucht vor der Öffentlichkeit verbrachte. Dies hing vor allem mit seiner Furcht zusammen, in die Fänge der kirchlichen Zensur zu geraten. In Frankreich hatte zwar der religiöse Bürgerkrieg des 16. Jahrhunderts durch das Toleranzedikt von Nantes 1598 ein Ende gefunden, doch die Verfolgung anders Denkender durch die katholische Amtskirche hielt ungebrochen an. Die Kirche sah sich nicht nur durch den Protestantismus, sondern auch durch die Thesen der neuen empirischen Naturwissenschaften herausgefordert.

Das von der Kirche propagierte Weltbild, das von der Naturphilosophie des Aristoteles und von der sich an ihn anschließenden mittelalterlichen Scholastik geprägt wurde, war vor allem durch die Theorie des Kopernikus in Frage gestellt worden, nach der sich nicht die Sonne um die Erde, sondern die Erde um die Sonne dreht. Solche abweichenden theologischen, philosophischen oder wissenschaftlichen Aussagen hatten gesellschaftspolitische Sprengkraft und konnten Karriere und Existenz vernichten. So wurde der italienische Philosoph und Dominikanermönch Giordano Bruno, der die These von der Unendlichkeit des Universums vertrat, im Jahr 1600 auf dem Campo dei fiori in Rom öffentlich verbrannt.

Der 1534 gegründete Jesuitenorden hatte die Aufgabe, die Kirche intellektuell zu modernisieren, um den neuen Entwicklungen entgegentreten zu können. Die überall entstehenden jesuitischen Bildungseinrichtungen errangen schnell Berühmtheit. René Descartes wurde in einer solchen Schule erzogen. Sein Vater gehörte dem niederen Adel an, was dem Sohn nicht nur eine gute Ausbildung ermöglichte, sondern auch von einer Erwerbstätigkeit unabhängig machte.

1596, vier Jahre nach dem Tod Montaignes geboren, trat Descartes 1604 in das etwa zweihundert Kilometer südwestlich von Paris gelegene Collège Royal in La Flèche ein, eine Eliteschule, die erst ein Jahr zuvor gegründet worden war. Das Lernprogramm war auf dem nach damaligen Maßstäben neuesten Stand. Es umfasste neben Latein und klassischer Literatur Logik und Ethik, aber auch Physik und Mathematik. Auch die Beschäftigung mit ganz »modernen« wissenschaftlichen Forschungsgebieten wie der Astronomie oder der Optik wurde von den Jesuiten keineswegs blockiert, sondern im Gegenteil gefördert. In La Flèche wurde Descartes' Leidenschaft für die Wissenschaften und insbesondere für die Mathematik geweckt.

Nach Abschluss der Schule 1612 erwarb Descartes zwar noch ein juristisches Diplom an der Universität von Poitiers, doch er beschäftigte sich vornehmlich mit mathematischen Studien. Zu diesem Zweck zog er sich für einige Zeit nach Paris zurück.

1618, zu Beginn des Dreißigjährigen Krieges, lässt er sich in den Niederlanden in der Armee des Prinzen Moritz von Oranien zum Offizier ausbilden. Nach Expeditionen quer durch Europa befindet er sich 1619/20 im Winterquartier in Neuburg an der Donau. Im nahen Ulm erfährt er in der Nacht vom 10. auf den 11. November 1619 seine entscheidende philosophische Inspiration. Aus der Deutung dreier sehr intensiver Träume zieht er den Schluss, dass es ihm aufgegeben sei, eine Methode zu entwickeln, die allen Wissenschaften als Grundlage dienen könne. Diese Suche nach einer »Universalmethode« wird ihm von diesem Zeitpunkt an zum Lebensprogramm.

Doch noch widmet er sich nicht ganz den Wissenschaften und der Philosophie. Er tritt in das Heer des Herzogs von Bayern ein und nimmt 1620 an der Schlacht am Weißen Berg gegen den »Winterkönig« Friedrich von der Pfalz teil. Erst danach verabschiedet er sich vom Militärleben. In den Jahren darauf ist er unablässig unterwegs, vornehmlich in Frankreich und Italien. Er lebt, wie er selbst formuliert, hinter einer »Maske« und folgt dem Ratschlag des griechischen Philosophen Epikur: »Lebe im Verborgenen!«

Dass seine rastlose Reisetätigkeit sowie seine Kontaktaufnahme zu Gelehrten in verschiedenen Ländern Europas mit seiner Nähe zu der Bruderschaft der Rosenkreuzer zusammenhängt, ist häufig vermutet, aber bis heute nie ganz geklärt worden. Die Rosenkreuzer verbanden eine mystische Geheimlehre mit einer aufklärerisch-humanitären Praxis. Wissenschaftliche Forschung und Austausch gehörten ebenso zu ihren Grundsätzen wie gegenseitige Gastfreundschaft und Hilfe. Descartes hat auf allen seinen Reisen Aufnahme bei wissenschaftlichen Gesprächspartnern gefunden. Nicht wenige davon waren Mitglieder der Bruderschaft.

Seine Kontakte zu holländischen Gelehrten mögen eine Rolle bei der Entscheidung gespielt haben, 1628 in die Niederlande zu emigrieren, wo er mehr als zwanzig Jahre bleiben sollte. Aber auch das liberale politische Klima und die damit verbundenen Möglichkeiten einer freien wissenschaftlichen Forschung haben ihn vermutlich angezogen. Wiederum versucht er, möglichst unerkannt zu leben, hält sich zeitweise in Amsterdam auf, zieht sich aber immer wieder aufs Land zurück. Vieles in seinem Leben bleibt ein Geheimnis. Descartes' Maske ist nie ganz gelüftet worden.

In den Niederlanden verwirklichte Descartes nun seine Absicht, sein Leben der Philosophie und Wissenschaft zu widmen. Wie viele seiner Zeitgenossen war er von den Ergebnissen der neuen empirischen Naturforschung fasziniert. So führte er selbst zahlreiche Experimente auf den Gebieten der Medizin und Naturwissenschaften durch, aber er trieb auch weiterhin mathematische Studien, immer mit dem Ziel, der wissenschaftlichen Universalmethode auf die Spur zu kommen. Hiermit beschäftigte er sich auch in seiner Schrift *Regeln zur Leitung des Geistes*, die vermutlich schon vor seiner Emigration nach Holland, spätestens aber im Jahr 1628 entstand. Sie ist Fragment geblieben und wurde erst posthum veröffentlicht.

Die *Regeln* enthalten in Grundlinien das, was man heute als Wissenschaftstheorie bezeichnen würde. Als Vorbild für die gesuchte

Universalmethode sieht Descartes hier die Mathematik, vor allem aber die Geometrie. Der geometrische Beweis galt ihm als die wissenschaftliche Beweismethode schlechthin. Wissenschaftliche Aussagen müssen, so Descartes' These, durch Analyse auf ihre Bestandteile und Voraussetzungen zurückgeführt werden, um zu möglichst wenigen Grundsätzen, den so genannten »Axiomen«, zu gelangen, deren Gewissheit intuitiv einsichtig ist. Aus diesen Grundsätzen werden dann durch Deduktion, das heißt durch logische Ableitung, die einzelnen Gesetzmäßigkeiten einer Wissenschaft abgeleitet. Nach dem Vorbild der Mathematik ist Wissenschaft für Descartes ein System sicherer Sätze, dessen Axiome intuitiv erkannt und dessen Folgesätze deduktiv bewiesen werden.

Wie eine solche Methode in einzelnen Wissenschaften zu Erkenntnissen führt, versuchte er in einer groß angelegten Schrift mit dem Titel *Die Welt* zu demonstrieren. Sie sollte Descartes' naturwissenschaftliches Hauptwerk werden und entstand in den ersten Jahren seiner niederländischen Emigration. Zu ihr gehörten zum Beispiel die beiden Untersuchungen zur Dioptrik und zur Meteorologie. Descartes stellt sich dabei auf den Boden des kopernikanischen Weltbildes, das gerade von dem italienischen Mathematiker und Astronomen Galileo Galilei durch die Entdeckung der Jupitermonde untermauert worden war. Auch schloss er sich Galileis neuer mechanistischer Naturerklärung an, nach der Naturvorgänge nicht mehr durch innewohnende Zwecke oder verborgene Kräfte, sondern durch das mechanische Prinzip von Druck und Stoß erklärt werden. Wie Galilei glaubte Descartes, dass sich Naturgesetzlichkeiten als mathematische Gesetze, das heißt in Form von Zahlenverhältnissen, ausdrücken lassen. Descartes gilt noch bis heute als der Philosoph, der für den Glauben steht, die Welt sei im wörtlichen Sinne »berechenbar«.

Jedoch auch *Die Welt* wurde zu Lebzeiten Descartes' nie veröffentlicht. Der Grund dafür lag vor allem in der Verurteilung Galileis durch die päpstlichen Behörden im Jahr 1633. Spätestens ab diesem Zeitpunkt war klar, dass die öffentliche Parteinahme für das kopernikanische Weltbild von der katholischen Kirche als Häresie betrachtet wurde. Der Prozess gegen Galilei war ein europäisches Ereignis und derart spektakulär, dass sich Descartes auch in den liberalen Niederlanden nicht sicher genug fühlte, Galileis Thesen in seinen Schriften zu unterstützen. Er hielt deshalb das Manuskript zurück.

Einer seiner niederländischen Freunde, der berühmte Physiker und Sekretär des Prinzen von Oranien, Christiaan Huygens, überredete Descartes jedoch, wenigstens Teile des Manuskripts zu veröffentlichen. So entschloss er sich zur Publikation dreier Abhandlungen, nämlich über Dioptrik, Meteorologie und Geometrie. Diesen Essays sollte ein Vorwort vorangestellt werden, in dem Descartes auf Methoden und Grundlagen der wissenschaftlichen Forschung eingehen wollte. Da diese Erörterungen aber weit über den Rahmen eines schlichten Vorworts hinausgingen, wählte Descartes etwas später den Titel »Projekt einer universalen Wissenschaft, die unsere Natur zum höchsten Grad der Perfektion erheben kann«.

Doch auch dieser Vorschlag hatte keinen Bestand. Als die Schrift schließlich erschien, lautete der vollständige Titel: *Abhandlung über die Methode, seine Vernunft richtig zu leiten und die Wahrheit in den Wissenschaften zu suchen. Dazu die Dioptrik, die Meteorologie und die Geometrie, die Versuche in dieser Methode sind.* Descartes' berühmte *Abhandlung* sollte also ursprünglich nichts anderes sein als die Skizze eines Forschungsprogramms, das er an Stelle seines großen naturwissenschaftlichen Werks veröffentlichte. Die nachgestellten Essays sollten Beispiele dieses Programms sein.

Der ursprünglich als Vorwort geplante Teil wurde dabei allerdings immer mehr als die eigentliche Hauptschrift erkannt, so dass in späteren Buchausgaben die naturwissenschaftlichen Essays nicht mehr mit abgedruckt wurden. Als *Discours de la Méthode* fand die Schrift Eingang in den klassischen Kanon der Philosophiegeschichte. Mit ihr betrat Descartes erstmals die öffentliche Bühne als philosophischer Schriftsteller. Allerdings erschien sie anonym und, für damalige wissenschaftliche Publikationen höchst ungewöhnlich, in französischer Sprache. Descartes verhielt sich also weiterhin vorsichtig und wollte sein Buch aus dem Blickfeld der Kirchenzensoren nehmen, die vor allem das zur Kenntnis nahmen, was in der Wissenschaftssprache Latein geschrieben wurde.

Die literarische Form der *Abhandlung* ist deutlich von den *Essais* Michel de Montaignes beeinflusst, mit denen dieser dem scholastischen Traktat eine subjektive und unsystematische Art des Philosophierens entgegengesetzt hatte. Wie Montaigne schreibt Descartes in der Ich-Form und gibt der Schrift damit einen ausgesprochen persönlichen Charakter. Deshalb hätte er auch die Übersetzung *Abhandlung über die Methode* für das französische *Discours de la Méthode* abgelehnt. Seine Schrift, so hat er in einem seiner Briefe betont, solle eben keine »Abhandlung«, also kein »Traité de la Méthode« sein, und habe nicht den Anspruch, eine Methode zu »lehren«. Er wolle einen »Discours«, einen Bericht über seine Methode, erstatten.

»Es ist also nicht meine Absicht«, so schreibt er im ersten Teil der *Abhandlung*, »hier die Methode zu lehren, die jeder befolgen muss, um seinen Verstand richtig zu leiten, sondern nur aufzuzeigen, wie ich versucht habe, den meinen zu leiten.« Er erzählt dem Leser, welches seine Methode ist und wie er zu ihr gelangt ist. Ein solches »erzählendes« philosophisches Werk entsprach seinem Selbstverständnis als Autor. In der Tradition Montaignes war es sein Ziel, philosophische Werke zu schreiben, die genauso lesbar sein sollten wie Romane. Die *Abhandlung über die Methode* ist deshalb eine Mischung aus Essay und philosophischer Autobiografie.

Die Schrift besteht aus sechs locker zusammengefügten Teilen, die keineswegs einer systematischen Anordnung folgen. Im ersten berichtet Descartes von seinem geistigen Werdegang und seiner Suche nach Gewissheit. Im zweiten stellt er die vier Grundregeln seiner Methode auf. Im dritten rechtfertigt er die »provisorische« Moral, die Lebensregeln, nach denen er sich in der Zeit gerichtet hat, in der er noch keine Erkenntnisgewissheit hatte. Zu dieser Gewissheit führt erst der vierte Teil, der die eigentlich metaphysischen Fragen erörtert. In Abschnitt fünf geht Descartes auf den Plan seiner unveröffentlichten Schrift *Die Welt* ein und erörtert mögliche Anwendungen seiner Methode, um sich im sechsten und letzten Teil zu der Frage zu äußern, warum er seine Thesen veröffentlicht.

Zunächst rechtfertigt Descartes seine Abkehr von der unbefriedigenden Art, wie in den Schulen und Universitäten seiner Zeit Wissenschaft betrieben wird. Das erste Wort des Buchs ist »bon sens«, der allen Menschen gemeinsame Verstand. Wie für Montaigne liegt für ihn hier der Ausgangspunkt jeder Untersuchung. Statt sich auf Autoritäten zu berufen, soll man sich an die eigene Urteilsfähigkeit wenden, wenn man wahre Erkenntnis sucht. Dies ist ein deutlicher Seitenhieb auf die scholastische Schulphilosophie, die Descartes schlicht »L'École«, die »Schule«, nennt. Für sie war »das Buch«, nämlich die Bibel und deren theologische Ausdeutungen, die entscheidende Autorität.

Descartes zeigt sich sowohl von der Schriftgläubigkeit als auch von der Tatsache enttäuscht, dass keines der einzelnen Lehrfächer und keine der Wissenschaften auf einem sicheren Fundament ruht. Auch diejenige Disziplin, die eigentlich die Grundsätze für alle anderen Wissenschaften bereitstellen müsste, die Philosophie nämlich, hat seiner Meinung nach bei ihrer Aufgabe bisher völlig versagt. Als einzige Ausnahme gilt ihm lediglich die Mathematik. In ihr allein, so Descartes' Schulerfahrung, finden sich sichere und evidente Beweisgründe.

Aus der Mangelhaftigkeit des akademischen Wissens erklärt Descartes seinen eigenen unsteten und unakademischen Lebensweg. Wie andere große Wissenschaftler und Philosophen der frühen Neuzeit wandte er sich dem »Buch der Natur« zu, zunächst in der Form, dass er möglichst viele Erfahrungen in der Welt sammeln wollte. Anders als viele seiner Zeitgenossen blieb er dabei jedoch nicht bei dem »großen Buch der Welt«, wie er es hier nennt, stehen. Auch aus der Vielfalt der Welterfahrung gewann er keine Erkenntnissicherheit. Weder aus bloßer Spekulation ohne Erfahrungshintergrund noch aus bloßer Empirie lassen sich für Descartes die gesuchten Grundsätze sicherer Erkenntnis gewinnen. Ausgehend von seinem einschneidenden Traumerlebnis von 1619 beginnt daher seine eigene Suche, die ihn auf einen ganz neuen Weg führte.

Diesen »Weg«, griechisch »methodos«, beschreibt Descartes im zweiten Teil des Buches, in seinen vier »Hauptregeln der Methode«. Dem Vorbild der Mathematik folgend, muss Erkenntnis den Kriterien der »Klarheit« und »Deutlichkeit« genügen. Plausibles, wahrscheinliches oder ungefähres Wissen ist noch keine Erkenntnis. In diesem Sinn fordert der erste methodische Grundsatz, nichts zu akzeptieren, was man nicht evidentermaßen als wahr erkennt. Diese Erkenntnis kommt nur der Vernunft, dem Denken, zu. Sinnliche Wahrnehmungen alleine sind immer Täuschungen unterworfen und können niemals zu sicheren, zweifelsfreien Aussagen führen. Aus dieser ersten Hauptregel ergibt sich auch der Zweifel als Erkenntnismotor: Zur »klaren« und »deutlichen« und damit sicheren Erkenntnis gelange ich erst, wenn ich jedes Urteil zunächst als »Vorurteil« behandele und dem Zweifel unterwerfe. Descartes wird damit zum berühmtesten Vertreter des »methodischen Zweifels«.

Der zweite Grundsatz verlangt, jedes Problem in so viele Teile zu zergliedern, wie notwendig sind, um eine Lösung zu finden. Es ist das Prinzip der Analyse: Ein Problem ist leichter zu lösen, wenn man es in verschiedene Teilprobleme auflöst. Die dritte Regel besagt, dass man eine Ordnung im Bau der Erkenntnis dadurch schafft, dass man bei einfachen Erkenntnissen beginnt und von dort zu den komplexeren Erkenntnissen aufsteigt. Es ist der Grundsatz der Deduktion, des Aufbaus einer Wissenschaft aus wenigen Grundsätzen, aus denen die vielen einzelnen Gesetze logisch abgeleitet werden. In der letzten Hauptregel schließlich fordert Descartes eine möglichst vollständige Klassifikation aller Erkenntnisse. Das Haus des menschlichen Wissens ist nach Descartes ein durchkonstruierter Bau, in dem kein Stein fehlt und jeder seinen Platz hat.

Es soll ein Haus aus einem Guss sein, auf dessen Fundament alle Wissensbereiche, auch Moral und Politik, aufbauen. Wie soll man aber, fragt Descartes im dritten Teil der *Abhandlung*, leben, wie soll man sich in der Gesellschaft verhalten, solange man auf keinem Gebiet des Wissens über sichere Grundsätze verfügt?

Descartes antwortet auf diese Frage mit einer »Moral auf Zeit«. Solange das neue Haus noch nicht bezugsfertig ist, muss man sich außerhalb, in einer provisorischen Wohnung, einquartieren. Descartes empfiehlt wie Montaigne einen vorsichtigen Konformismus, verbunden mit Gelassenheit und Zielstrebigkeit. Sein erster Grundsatz ist der, an den Gesetzen seines Landes und seiner Religion festzuhalten. Der zweite verlangt, einen einmal eingeschlagenen Weg ohne Schwanken beharrlich zu verfolgen. Der dritte besteht in der Einsicht, dass wir nur über unser Denken, nicht aber über unser Schicksal Macht haben. Schließlich sollte jeder sich bemühen, die für ihn passende Lebensform zu finden. Er selbst habe sich dafür entschieden, sein Leben der Erkenntnissuche zu widmen.

Nachdem er sich in einem provisorischen Haus einquartiert hat und die Bauanleitung, also die »Hauptregeln der Methode«, in Händen hält, skizziert Descartes im vierten Teil die Fundamente, auf denen das Haus des Wissens errichtet werden soll. Die Mathematik, die für diese Methode Pate gestanden hat, ist allein nicht imstande, diese Fundamente zu bauen. Sie liefert mit den Prinzipien der Analyse, Intuition und Deduktion zwar wichtige methodische Werkzeuge, doch reicht sie an die Erkenntnis der ersten Prinzipien der Wirklichkeit nicht heran. Die mathematischen Gesetze können nicht die Frage klären, ob die Gegenstände, auf die sie sich beziehen, wirklich existieren oder nicht.

Descartes verdeutlicht dies im vierten Teil seiner *Abhandlung* an einem Beispiel aus der Geometrie: Der Satz, dass die drei Winkel eines Dreiecks zwei rechten Winkeln entsprechen, ist zwar unbezweifelbar wahr, aber er sagt nichts darüber aus, ob es ein solches Dreieck wirklich gibt. Doch genau um die Frage nach der Wirklichkeit geht es bei den letzten Gewissheiten. Descartes sieht sich von der Mathematik auf die Metaphysik zurückgeworfen. Er muss die uralte Frage der Philosophie klären: Welches sind die ersten Prinzipien der Wirklichkeit, und kann der Mensch sie erkennen? Gibt es überhaupt einen Nachweis dafür, dass wir nicht in einem Traum leben, der uns die Wirklichkeit nur vorgaukelt?

Das methodische Prinzip, Aussagen so lange auf ihre Begründbarkeit zu analysieren, bis man auf sichere Grundsätze stößt, die intuitiv einsichtig sind, wendet er nun auf diese metaphysischen Fragen an. Doch er geht mit diesen Fragen anders als alle seine Vorgänger um. Er unternimmt eine philosophische Introspektion, eine Selbstbefragung der Vernunft. Mit Hilfe des methodischen Zweifels testet er, am Beispiel des eigenen Denkens, alle scheinbar selbstverständlichen metaphysischen Aussagen der Vernunft.

Die Blickrichtung auf das eigene Ich hatte ihm schon Montaigne vorgegeben, der in seinen *Essais* dieses Ich zum Prüfstein aller Erkenntnis und Erfahrung macht. Montaigne hatte nicht mehr – wie die antiken und mittelalterlichen Philosophen – die Stellung des menschlichen Subjekts aus dem Zusammenhang des Kosmos, sondern umgekehrt, die Welt durch den Filter des Ichs erschlossen. Im Unterschied zu Montaigne jedoch, der gegenüber jeder Art von Erkenntnisgewissheit skeptisch blieb und sich auch gegenüber jeder »Methode« bewusst abgrenzte, glaubte Descartes, dass man auch das Ich methodisch erforschen und auf diesem Weg zu einer letzten Erkenntnisgewissheit gelangen könne. Montaigne machte planlose Streifzüge durch das Land des Ichs, Descartes dagegen betrat es mit voller Ausrüstung, um in ihm den archimedischen Punkt der Vernunft zu finden.

Gemäß seinen eigenen methodischen Grundsätzen zweifelt Descartes an allem, was ihm als nicht evident wahr erscheint. Die Frage, die er an sein Bewusstsein richtet, lautet also: Gibt es etwas, das ich weiß und das nicht bezweifelt werden kann? Keine einzige Aussage über die Welt kann diese Evidenz beanspruchen. Unsere Sinneswahrnehmungen können uns täuschen. Auch die Wahrnehmung des eigenen Körpers kann auf einer Sinnestäuschung beruhen. Doch während dieses Zweifeln eine Gewissheit nach der anderen zerstört, bringt es auch eine neue, unbezweifelbare Gewissheit hervor. Ich kann alles anzweifeln, aber der Akt des Zweifelns selbst, der Akt des Denkens, ist unbezweifelbar. »Je pense, donc je suis« – »Ich denke, also bin ich« – dies ist die fundamentale Gewissheit Descartes', auf der alle anderen Gewissheiten aufbauen. In der lateinischen Form »Cogito ergo sum« seiner späteren Schriften, wurde sie zum vielleicht berühmtesten Schlagwort der Philosophie. »Ich denke, also bin ich« ist für Descartes der intuitiv einsichtige »Grund-Satz«, aus dem das System absolut sicherer Sätze abgeleitet werden soll.

Kann man aus diesem »Cogito ergo sum« also eine ganze Theorie der Wirklichkeit entwickeln? Ist es der Grundstein, auf dem das Haus des menschlichen Wissens errichtet werden kann? Descartes war davon überzeugt. Aus der Gewissheit des Denkens schließt er zum Beispiel auf die Natur des Menschen. Der Mensch hat zwar auch einen Körper und ist insofern mit den Tieren und der übrigen Natur verbunden. Doch als körperliches und zugleich denkendes Wesen ist er eine Doppelnatur. Das Ich, das sich im Denken offenbart und das Descartes mit der Seele identifiziert, ist für ihn das eigentliche Wesensmerkmal des Menschen. Wie die meisten antiken und mittelalterlichen Philosophen definiert Descartes den Menschen vom Geist, von der Vernunft, vom Bewusstsein her.

Der Geist hebt den Menschen weit über seine natürliche Umwelt hinaus. Denn Körper und Geist sind für Descartes zwei unterschiedliche Substanzen, die Kluft zwischen ihnen ist nicht überbrückbar. Das charakteristische Merkmal der Materie ist Ausdehnung. Der Körper ist somit eine »ausgedehnte Sache«. Er ist nichts anderes, wie Descartes im fünften Teil seiner Schrift feststellt, als eine Maschine, die allerdings sehr viel kunstvoller konstruiert ist als alle anderen Maschinen. Im Gegensatz zu den Tieren ist der Mensch aber eine Maschine mit Seele. Und dies macht den entscheidenden Unterschied aus. Denn das charakteristische Merkmal der Seele ist Geist. Sie ist eine »denkende Sache« und den physikalischen Gesetzen nicht unterworfen. Daraus schließt Descartes auch auf die Unsterblichkeit der Seele: Da die Seele unabhängig vom Körper ist und nicht mit ihm stirbt, ist sie unzerstörbar.

Aus der Gewissheit des »Ich denke« schließt Descartes auch auf die Existenz Gottes. Der Mensch macht zwar ständig die Erfahrung der Unvollkommenheit und des Irrtums, doch in seinem Denken selbst gibt es auch die unausrottbare Vorstellung der Vollkommenheit. Diese Vorstellung kann er jedoch nicht aus sich selbst entwickeln, da in seiner Welt Vollkommenheit nicht vorkommt. Sie muss ihm von einem vollkommenen Wesen, also von Gott, eingepflanzt worden sein. Gott ist zum Beispiel insofern gegenüber dem Menschen vollkommen, als er nicht mit einem Körper behaftet, sondern reiner Geist und damit wie die Seele unsterblich ist. Die Idee der Vollkommenheit umfasst aber vor allem die Existenz. Würde Gott nicht existieren, wäre er nicht vollkommen.

Die Existenz Gottes wiederum ist die Garantie dafür, dass das, was wir als klar und deutlich erkannt haben, auch wirklich existiert und nicht Teil eines gigantischen Traums ist. Es ist nicht möglich, so Descartes, dass ein vollkommenes Wesen wie Gott uns in einem Zustand permanenter Täuschung belässt. Da Gott kein Betrüger ist, darf alles, was klar und deutlich erkannt wird, auch als wahr anerkannt werden. Gott ist es auch, der uns die Kraft der Vernunft gibt, mit deren Hilfe wir wahre von falschen Vorstellungen unterscheiden können.

Damit glaubte Descartes, das Fundament für die wissenschaftliche Erforschung der Welt gelegt zu haben. Er habe sich bemüht, so schreibt er im sechsten und letzten Teil der *Abhandlung*, »im Allgemeinen die Prinzipien oder ersten Ursachen alles dessen, was auf der Welt ist oder sein kann, zu finden, ohne zu diesem Zweck etwas anderes zu berücksichtigen als Gott allein, der sie geschaffen hat, und ohne sie anderswoher zu nehmen als aus gewissen Samenkörnern der Wahrheit, die unseren Seelen von Natur innewohnen«.

Die »Prinzipien oder ersten Ursachen alles dessen, was auf der Welt sein kann und ist« waren bis zu Descartes das traditionelle Gebiet der Metaphysik. Descartes hat die metaphysische Grundfrage nach dem Wesen der Dinge umformuliert in die Frage nach den Voraussetzungen für die Erkenntnis der Dinge im Bewusstsein des Menschen. Durch diese Änderung der Blickrichtung von den Objekten zum Subjekt, zu den Erkenntnisvoraussetzungen im Menschen, wird Descartes zum Begründer der neuzeitlichen Erkenntnistheorie und »Bewusstseinsphilosophie«, die an Stelle der Metaphysik, zur »Ersten Philosophie« und damit zur neuen Grundlagendisziplin der Philosophie wird.

Die *Abhandlung über die Methode* erschien am 8. Juni 1637 in der niederländischen Universitätsstadt Leiden. Obwohl Descartes an der Existenz Gottes und der Unsterblichkeit der Seele festgehalten hatte, setzte die Kirche das Buch 1663 auf den Index. Erst 1690 durfte es in Frankreich wieder gedruckt werden, allerdings ohne den Namen des Verfassers zu nennen. Doch die weit reichende Wirkung der Schrift konnte dadurch nicht aufgehalten werden.

Mit seiner *Abhandlung* und ihrer These, dass in der Vernunft selbst unbezweifelbare Wahrheiten liegen, hatte Descartes die Programmschrift des neuzeitlichen Rationalismus verfasst. Spinoza, Leibniz und Christian Wolff folgten ihm nach. Auch Immanuel Kant steht in seiner Auseinandersetzung mit der »reinen Vernunft« noch ganz im Bannkreis der Fragen, die Descartes gestellt hat. In Frankreich hat man den »Cartesianismus« zuweilen sogar zu einem Teil des eigenen Nationalcharakters erklärt, ein Selbstverständnis, das spätestens mit der Französischen Revolution beginnt, die sich in ihrem Anspruch, der Vernunft zur Herrschaft zu verhelfen, bewusst auf Descartes bezieht.

Das »cartesianische Denken« wurde jedoch, weit über die Philosophie hinaus, zu einem Etikett für das westliche Denken schlechthin, für den Ehrgeiz, alles »rational« erklären zu wollen, für die Trennung von Mensch und Natur sowie von Körper und Geist. Als Synonym für die Selbstüberschätzung der Vernunft war es deshalb gerade im 20. Jahrhundert scharfer Kritik ausgesetzt und wurde für Technikwahn und Umweltzerstörung verantwortlich gemacht.

Doch Descartes' *Abhandlung* steht auch, wie nur ganz wenige Werke, für ein Denken bis zum Limit, das den Zweifel als produktive Kraft nutzt, um der Philosophie neue Räume zu erschließen. Wenn auch nur eine Skizze, so ist sie doch die Hinterlassenschaft eines der großen Pioniere in der Philosophiegeschichte. Descartes hat mit ihr ein Territorium betreten, dessen Größe und Grenzen die Philosophie bis heute abzumessen versucht. Selbsterforschung der Vernunft: dies war der Wegweiser, dem die neuzeitliche Philosophie gefolgt ist.

Ausgabe:

René Descartes: Von der Methode des richtigen Vernunftgebrauchs und der wissenschaftlichen Forschung. Französisch – Deutsch. Übersetzt von L. Gäbe. Hamburg: Meiner 1997.

Der Staat als starker Mann

THOMAS HOBBES: Leviathan (1651)

Bürger in westlichen Ländern wachen aufmerksam über ihre individuellen Freiheiten und reagieren mit Abwehr und Misstrauen, wenn der Staat versucht, seine Befugnisse zu erweitern und in diese Freiheiten einzugreifen. In anderen Teilen der Welt jedoch, in denen das Recht des Stärkeren, Korruption und Kriminalität herrschen, erwarten die Bürger geradezu vom Staat, dass seine Präsenz stärker sichtbar wird, dass er Rechtssicherheit herstellt und die Bürger vor Willkür und Gewalt schützt.

Doch auch in Westeuropa gab es Zeiten des Bürgerkriegs und der Anarchie, in denen die Menschen sich nichts sehnlicher wünschten als einen von einem starken Staat durchgesetzten Frieden. Das 17. Jahrhundert, in dem der englische Philosoph Thomas Hobbes lebte, war eine solche Zeit. In diesem Zeitalter der sogenannten »Glaubenskriege« gab es kaum ein Land, das nicht von blutigen konfessionellen und politischen Konflikten erschüttert wurde.

Frankreich erlebte 1610 die Ermordung Henris IV., eines Königs, der dem Land einen vorläufigen konfessionellen Frieden gebracht hatte. Deutschland war 1618–1648 Schauplatz des Dreißigjährigen Krieges, in dem Söldnerheere aus ganz Europa das Land verwüsteten. In England spitzte sich der Konflikt zwischen protestantischen Dissidenten und Anglikanern, zwischen Parlament und König 1642 zu einem Bürgerkrieg zu, der zur Machtergreifung Oliver Cromwells und zur Hinrichtung des Stuartkönigs Charles I. führte.

Die Erfahrung von Rebellionen, Bürgerkriegen und ständig wechselnden Machtverhältnissen hat in Thomas Hobbes' staatsphilosophischem Hauptwerk *Leviathan* tiefe Spuren hinterlassen. Wie Platon in seinem *Staat* wollte er eine politische Ordnung entwerfen, in der Frieden und Stabilität gesichert sind. Deshalb plädiert er dafür, dass sich alle Bürger und alle Gruppen in der Gesellschaft bedingungslos der Macht des Staates unterwerfen. Nur der Staat als starker Mann ist nach Hobbes in der Lage, den Bürger vor Willkür zu schützen. Wie das Meeresungeheuer Leviathan, von dem es am Ende des alttestamentarischen Buches Hiob heißt: »Auf Erden ist nicht seinesgleichen; er ist ein Geschöpf ohne Furcht. Er sieht allem ins Auge; er ist König über alle stolzen Tiere«, so muss der Staat sich als eine Macht erweisen, vor der sich alle beugen müssen. Was dieses Buch jedoch zu einem der Basiswerke der politischen Philosophie der Neuzeit macht, ist die Art, wie Hobbes sich die Konstitution, also die Grundlegung und Entstehung dieses Staates, vorstellt.

Der Italiener Niccolò Machiavelli hatte in seinem 1532 erschienenen Buch *Der Fürst* Politik als ein zum Zweck der Machterhaltung ausgeübtes Handwerk beschrieben und damit die im Mittelalter übliche Sicht in Frage gestellt, Staat und Politik fänden ihre Begründung in der Herrschaft Gottes über die Welt. Obwohl Hobbes seine Theorie durch zahlreiche Bezüge zur Bibel auch theologisch zu unterfüttern versucht, vollendet er in Wahrheit die Trennung von politischer Philosophie und Theologie endgültig: Für ihn ist nicht nur die Politik, sondern ist auch der Staat selbst ganz und gar Menschenwerk, nämlich das Ergebnis eines Vertrags, einer Vereinbarung zwischen den Bürgern. Damit wurde Hobbes gleichzeitig zum Begründer der sogenannten »Vertragstheorie«, deren Einfluss bis in die Gegenwart reicht.

Trotz der Gefahren, die die unsicheren Zeiten auch für ihn persönlich mit sich brachten, schaffte es Hobbes, sich unbeschadet durch die Grabenkämpfe der verfeindeten Parteien zu bewegen, ohne seine politischen Überzeugungen zu verleugnen. Geboren 1588, in dem Jahr, in dem die englische Flotte die spanische Armada besiegte, starb er 1679 in dem für seine Zeit geradezu biblischen Alter von 91 Jahren, als die Stuarts längst wieder auf den englischen Thron zurückgekehrt waren. Als Sohn eines westenglischen Landpfarrers gehörte er jener Gesellschaftsschicht an, die zwar nicht Zugang zu den höchsten Ämtern hatte, der aber sehr wohl die Bildungsinstitutionen und Kontakte offen standen, die bis zum Hof reichen konnten. Aus ihr gingen nicht zufällig viele Intellektuelle hervor.

Auch Hobbes, der schon in jungen Jahren durch seine Kenntnis der lateinischen und griechischen Sprache glänzte, konnte in Oxford studieren. Über dieses Studium zu Beginn des 17. Jahrhunderts, das von den neuen Erkenntnissen der Naturforschung noch ganz unberührt war, äußerte er sich später stets abfällig: Es diene vor allem dazu, so schrieb er, staatstreue Pfarrer auszubilden. Als er mit zwanzig Jahren das Studium abschloss, war von dem Philosophen Hobbes noch nicht viel erkennbar. Es sollte noch Jahrzehnte dauern, bis er mit eigenen philosophischen Schriften hervortrat.

Einen großen Teil seines Lebens verbrachte Hobbes als Tutor in adligen Familien, eine Stellung, die ihm einerseits genug Zeit zum eigenen Studium ließ und ihm andererseits, als Begleiter seiner adligen Schützlinge, Gelegenheit zu Bildungsreisen gab. Junge englische Adlige machten einmal im Leben die sogenannte »Grand Tour«, die in der Regel durch Frankreich, Italien und die Schweiz führte und häufig mehrere Jahre dauerte. Hobbes begab sich mit verschiedenen Zöglingen dreimal, zwischen 1610 und 1613, zwischen 1628 und 1630 und schließlich zwischen 1634 und 1636, auf die Grand Tour. Dabei erhielt er entscheidende Anstöße für sein Denken.

Auf der ersten dieser Reisen wurde er 1610 Zeuge der Ermordung Henris IV. Hobbes entwickelte spätestens von diesem Zeitpunkt an die Überzeugung, dass die Hinrichtung des Herrschers, also des Souveräns, gleichbedeutend mit der Absage an eine rechtliche Ordnung ist. Die unangreifbare Macht des Souveräns blieb deshalb ein Eckpfeiler seiner politischen Theorie.

Auf seiner zweiten Europatour stieß er 1630 in Paris auf die *Elementa* des Euklid, in denen die Lehrsätze der Mathematik, besonders aber der Geometrie, logisch von einem Grundgerüst von Axiomen aus aufgebaut werden. Wie viele Philosophen des 17. Jahrhunderts war Hobbes von dem logischen Lehrgebäude der Geometrie fasziniert und betrachtete diese fortan als Vorbild für die Philosophie.

Auf seiner dritten Reise machte er schließlich die Bekanntschaft namhafter zeitgenössischer Philosophen und Wissenschaftler, mit denen er zwar nicht in allen Punkten übereinstimmte, denen aber gemeinsam war, dass sie die Naturerklärung der mittelalterlichen Scholastik ablehnten, die auf Aristoteles beruhte und nach der die Natur ein Reich von Zwecken und verborgenen Kräften ist. In Paris lernte er René Descartes und den Naturphilosophen Pierre Gassendi kennen. Gassendi hatte die schon von Demokrit und Epikur vertretene Lehre, nach der sich alles Naturgeschehen aus den Eigenschaften und Bewegungen von Grundbestandteilen, den Atomen, erklären lässt, erneuert.

Zu der für Hobbes wichtigsten Begegnung kam es aber 1636 in Florenz, wo er Galileo Galilei traf, den wichtigsten Pionier der neuen wissenschaftlichen Weltanschauung. Galilei verstand Natur als einen den Gesetzen der Mechanik folgenden Zusammenhang, der sich mithilfe der euklidischen Mathematik beschreiben ließ. Demnach hat alles, was geschieht, eine »natürliche« Ursache und gehorcht dem Gesetz von Druck und Stoß, von Aktion und Reaktion. Jede Bewegung unterliegt dem »Trägheitsgesetz«, wonach ein Körper so lange in Ruhe oder gleichförmiger Bewegung bleibt, bis von außen Kräfte auf ihn einwirken. Diese mechanistische Naturerklärung kam immer wieder in Konflikt mit der Kirche, da ihr unterstellt wurde, sie propagiere ein Weltbild, in der Gott nicht mehr vorkommt.

Für Hobbes wurde die Mechanik Galileis die Grundlage seines eigenen philosophischen Denkens. Als er schließlich nach England zurückkehrte, war er überzeugt davon, dass man die neue Mechanik der Natur auch auf die Gesellschaft und Politik übertragen müsse. Ihm schwebte eine Mechanik der sozialen Welt vor, in der die sozialen Beziehungen zwischen Menschen als gesetzmäßige Bewegung von Körpern aufgefasst werden. Dies bedeutete, dass auch der Staat diesen Bewegungsgesetzen unterworfen ist und als eine Art Körper aufgefasst wird. Hobbes spricht deshalb nicht zufällig von einem »body politic«, einem »politischen Körper«.

Hobbes' politische Philosophie nimmt ihren Anfang mit einer kleinen Schrift, die in Anlehnung an die *Elemente* des Euklid den Titel *Elements of Law, Natural and Politic* – zu Deutsch: *Naturrecht und Staatsrecht in den Anfangsgründen* – trägt. Bereits hier unterscheidet er zwischen zwei gesellschaftlichen Zuständen des Menschen: einer »Lage des Menschen in bloßer Natur«, die er mit Chaos und Anarchie identifiziert, und einem politisch organisierten Zustand, in dem die absolute Macht beim Souverän liegt. Eine der Absichten des Autors war es dabei, vor den Folgen einer Rebellion zu warnen. Die *Elements* erreichten keine große Öffentlichkeit, sondern wurden in einer Art Privatdruck vervielfältigt und 1640, als sich im englischen Parlament die Diskussion um die Machtbefugnisse des Königs zuspitzte, auch an die Parlamentarier verteilt.

Als sich im selben Jahr die Waage der Macht immer mehr den Puritanern zuneigte, entschloss sich der als königstreu bekannte Hobbes, das Land zu verlassen. Außerdem fürchtete er wegen seiner naturphilosophischen Anschauungen den Vorwurf des Atheismus, der lebensbedrohend sein konnte. Für etwa ein Jahrzehnt lebte er in Paris, wo er einige Kontakte hatte. Hier entstanden seine beiden wichtigsten Werke zur politischen Philosophie, das lateinisch geschriebene *De Cive* (*Vom Bürger*) und der in Englisch verfasste *Leviathan*. Beide sind nicht nur Beispiele für die angestrebte »politische Mechanik«, sondern auch indirekte Kommentare zu den Bürgerkriegsereignissen in England. Hobbes wollte auf eine neue Art die Notwendigkeit eines gesetzlich geregelten Zustands und einer uneingeschränkten souveränen Macht begründen.

Vom Bürger war eigentlich als dritter und letzter Teil eines größeren Werks geplant, das, wiederum in Anlehnung an Euklid, den Titel *Elementa Philosophiae* (*Elemente der Philosophie*) tragen sollte. Wegen der politischen Ereignisse erschien *Vom Bürger* jedoch 1642 vor den beiden anderen Teilen, während Teil 1 und 2, *Vom Körper* und *Vom Menschen*, erst 1655 bzw. 1658 veröffentlicht wurden.

In der Schrift werden endgültig die Fundamente der Hobbes'schen politischen Philosophie gelegt. Aus der »Lage des Menschen in bloßer Natur« ist nun der »Naturzustand« geworden, ein vorstaatlicher Zustand, in dem jeder auf sich selbst angewiesen ist und seine Interessen schützen muss. Mit dem berühmten Satz »homo homini lupus« – »Der Mensch ist des Menschen Wolf« – beschreibt Hobbes nicht nur die Situation des Menschen im Naturzustand, sondern legt auch sein Menschenbild offen. Anders als die antike und christliche Philosophie versteht er den Menschen nicht als soziales Wesen, sondern zuerst als Einzelwesen. So wie Gassendi die Natur als eine Zusammensetzung von Atomen ansieht, begreift Hobbes die soziale Welt als eine Zusammensetzung von Individuen. Die Gesetze der Selbsterhaltung zwingen sie, aus dem Naturzustand in einen »gesellschaftlichen Zustand« überzutreten, indem sie miteinander eine vertragliche Vereinbarung treffen. Erst diese garantiert Frieden und den Schutz aller Bürger. Der zu zahlende Preis ist die Unterwerfung unter die Macht des Souveräns.

In *Vom Bürger* macht Hobbes keinen Hehl daraus, dass er mit dem Souverän den Herrscher in einer absoluten Monarchie meint. Dies war möglicherweise einer der Gründe, warum die Schrift am englischen Hof eine wohlwollende Aufnahme fand und ihr Autor die Gunst der Königs erwarb. Als die königliche Familie nach Paris ins Exil gegangen war, wurde Hobbes sogar als Lehrer des zukünftigen Königs Charles II. angestellt. Doch der Atheismusvorwurf war ihm bis nach Frankreich gefolgt, und die Hofintrigen machten auch vor Hobbes nicht halt. Seine Reputation beim König nahm Schaden. Vielleicht begann Hobbes sich deshalb mit dem Gedanken anzufreunden, nach England zurückzukehren.

1649, in dem Jahr, in dem der englische König Charles I. hingerichtet wurde und das »Rumpfparlament« der Puritaner die Macht übernahm, begann er mit der Arbeit am *Leviathan*. Die in *Vom Bürger* aufgestellten Thesen sollten hier in einem größeren Zusammenhang ausformuliert werden. Als das Buch im April 1651 erschien, neigte sich die Zeit des Exils für Hobbes ihrem Ende entgegen. Sein Blick war bereits auf die heimische Leserschaft gerichtet. Während *Vom Bürger* in einer sehr niedrigen Auflage gedruckt worden war und nur ein kleines, des Lateinischen kundigen Publikum erreicht hatte, hatte Hobbes den *Leviathan* bewusst in Englisch geschrieben und in London publiziert, um dadurch eine große Öffentlichkeit anzusprechen. Aber auch dem zukünftigen englischen König in Paris überreichte er ein Exemplar. Doch anders als seine Schrift *Vom Bürger* wurde der *Leviathan* nicht mehr gnädig aufgenommen. Ab Oktober 1651 empfing man Hobbes nicht mehr am Hof. Im Februar 1652 entschloss er sich zur Rückkehr nach England.

Der *Leviathan* besteht aus vier umfangreichen Teilen. Im ersten Teil, »Vom Menschen«, nimmt Hobbes Überlegungen vorweg, die er in seinen späteren Schriften *Vom Körper* und *Vom Menschen* ausführlicher darlegt: Er enthält zunächst eine sensualistische Erkenntnistheorie, d.h. eine Theorie, in der menschliche Empfindungen, Vorstellungen und Erkenntnisse auf sinnliche Eindrücke zurückgeführt werden. Darauf aufbauend, vertritt er eine materialistische Lehre vom Menschen, der als Teil einer stofflichen, physikalisch beschreibbaren Umwelt definiert wird. Auch die moralischen und sozialen Eigenschaften werden mit physikalischen Begriffen beschrieben.

Im zweiten Teil, der gemeinhin als das Kernstück des Buches angesehen wird, geht es um das »Gemeinwesen«, d.h. um die Art, wie eine gerechte politische Ordnung rational begründet werden kann. Im dritten Teil, »Von einem christlichen Gemeinwesen«, versucht Hobbes, die Übereinstimmung seiner Philosophie mit der christlichen Lehre nachzuweisen. Der vierte Teil mit dem Titel »Vom Königreich der Finsternis« schließlich interpretiert das biblische Reich des Satans als Reich der Phantasmen und Unwissenheit. Hobbes setzt sich hier mit all jenen Positionen auseinander, die er als theologische und philosophische Irrtümer ansieht. Die unorthodoxe und rationale Art der Bibelinterpretation, die Hobbes in den Teilen drei und vier entwickelt, hat ihm sogar den Ruf eingetragen, der Vater der historischen Bibelkritik zu sein, wie sie nach ihm von Spinoza und vor allem in der Aufklärung vorgetragen wurde.

Hobbes führt den Leser in ein Universum, das ganz von den Bewegungsgesetzen der Mechanik beherrscht ist und in dem es keine okkulten – also dunklen und geheimnisvollen – Kräfte mehr, aber auch keine vorherbestimmten Zwecke gibt. Selbst die Empfindung ist für Hobbes »Bewegung in den Organen und inneren Teilen des Körpers«. Hobbes' Universum ist ein Universum von physischen, psychischen, sozialen und politischen Körpern.

So ist sein Bild von der sozialen und politischen Welt auch grundsätzlich anders als das der aristotelisch-christlichen Tradition. Für

Hobbes ist der Mensch weder auf die Verwirklichung des Guten hin angelegt noch für die Gemeinschaft geschaffen. Im Naturzustand ist jeder Mensch ein Einzelkämpfer, der sich wie ein isolierter Partikel in einem offenen Raum bewegt und auf sich selbst angewiesen ist. Jeder muss seine Interessen und Lebensbedürfnisse gegen die anderen durchsetzen. Der Mensch im Naturzustand ist kein Gutmensch, sondern egoistisch und verfolgt seine Selbsterhaltung auf Kosten anderer: Es herrscht ein »Krieg aller gegen alle«.

Es ist ein Zustand absoluter Anarchie, in dem sich der Stärkere durchsetzt. Schutz und Rechtssicherheit gibt es für niemanden. Die Folge ist ein Klima der ständigen Unsicherheit und Furcht. Es ist aber auch ein Zustand der Freiheit und Gleichheit in dem Sinne, dass alle von Natur aus gleich und gleichermaßen frei im Durchsetzen ihres Lebensspielraums sind.

Im Naturzustand herrscht das »Naturrecht«. Anders als wir diesen Begriff heute verstehen, beschreibt er bei Hobbes keine grundlegenden Rechtsansprüche wie z. B. den auf Unversehrtheit der Person, sondern Naturrecht bedeutet nichts anderes als »die Freiheit, die jeder Mensch besitzt, seine eigene Macht nach Belieben zur Erhaltung seiner eigenen Natur, das heißt seines eigenen Lebens, zu gebrauchen«.

Das Bild, das Hobbes vom Naturzustand zeichnet, wurde sicherlich durch die rechtlosen und anarchischen Zustände inspiriert, die im englischen Bürgerkrieg zu beobachten waren. Wie bei Machiavelli speist sich das Menschenbild bei Hobbes aus konkreter Anschauung. Dennoch ging es ihm nicht um eine Zustandsbeschreibung, sondern um ein Modell, das verstehen hilft, auf welchem Fundament eine staatlich und damit auch rechtlich geordnete Gemeinschaft steht.

Das, was den Menschen dazu bewegt, den Zustand des Fressens und Gefressenwerdens zu verlassen und sich auf ein gesetzmäßiges und soziales Verhalten einzulassen, ist die Einsicht in die Notwendigkeit. Es ist die Erkenntnis, dass Selbsterhaltung letztlich nur in der Gemeinschaft mit anderen möglich ist.

Um ein friedliches Zusammenleben der Menschen zu ermöglichen, muss jeder Einzelne bereit sein, seine Ellbogen einzuziehen, auf bestimmte egoistische Handlungsweisen zu verzichten und auch die Interessen der anderen in den Blick zu nehmen. Den Weg, wie man dem Dilemma der Anarchie entkommen kann, zeigen eine ganze Reihe von »Naturgesetzen«. Sie definieren bestimmte moralische Einstellungen wie »Gerechtigkeit«, »Mäßigkeit« oder »Erbarmen«, aber formulieren auch soziale Klugheitsregeln, die Ergebnisse des gesunden Menschenverstandes sind.

Die ersten beiden einer ganzen Reihe von Naturgesetzen geben die Richtung an, die schließlich vom Naturzustand zu einem »Gemeinwesen« führen sollen: Sie fordern erstens vom Menschen, nach Frieden zu streben, und zweitens die Bereitschaft, im Interesse des Friedens nur die Rechte zu beanspruchen, die man auch anderen zu gewähren bereit ist. Die Naturgesetze verlangen, kurz gesagt, eine symmetrische, d. h. gegenseitig gleiche Verteilung von Rechten und Pflichten und eine vertragliche Regelung, die dies festlegt.

Durch die Einhaltung der Naturgesetze werden die Menschen auf einen dauerhaften Friedenszustand eingestimmt – aber dieser Friedenszustand wird dadurch noch nicht erreicht. Hobbes hat zu viel vom Menschen gesehen, als dass er ihm trauen könnte. Um den gesellschaftlichen Frieden wirklich zu sichern, bedarf es einer übergeordneten Macht, die auch in der Lage und befugt ist, ihn notfalls mit Gewalt durchzusetzen.

Diese Einsicht hat Hobbes mit einem seiner berühmtesten Sätze formuliert: »Covenants, without the Sword, are but Words« – »Verträge ohne Schwert sind nur Worte«, schreibt er im 17. Kapitel des *Leviathan*.

Um eine Macht zu etablieren, die den Frieden auch mit dem Schwert durchsetzen kann, ist ein für alle geltender »Gesellschaftsvertrag« notwendig. Es ist ein Vertrag zwischen Freien und Gleichen zugunsten eines Dritten: des Souveräns. Auf ihn übertragen die Vertragsschließenden alle ihre Rechte. Der Souverän wiederum übernimmt den Schutz der Bürger vor gewaltsamen Übergriffen, aber auch die materielle Grundversorgung der Bevölkerung. Bei Hobbes sind also bereits erste Merkmale eines Sozialstaats erkennbar: Der Souverän übernimmt auch Verantwortung für die Armen.

Das bahnbrechend Neue an der Konstruktion des Gesellschaftsvertrags ist sofort sichtbar: Es gibt keine naturgegebenen Standesunterschiede zwischen den Menschen und auch keine Herrschaft »von Gottes Gnaden« mehr. Das Gemeinwesen erwächst vielmehr aus dem Willen von freien und gleichen Bürgern. Damit war der Theorie der Volkssouveränität, wie sie in der Aufklärung entwickelt wurde, ein großes Tor geöffnet.

Anders als die späteren Aufklärer beharrt Hobbes jedoch auf der Machtfülle des Souveräns. Der Souverän ist der Dreh- und Angelpunkt der politischen Philosophie des *Leviathan*. Mit der in ihm konzentrierten Macht zur Durchsetzung des Rechts erlangen die Naturgesetze erst ihre Geltung. Recht, Macht und Staat: Sie alle treten erst mit dem Souverän ins Leben. Im Souverän vereinigt sich für Hobbes der gemeinsame Wille der Vertragsschließenden. Als die »in einer Person vereinigte Menge« verkörpert er das Gemeinwesen. »Das ist«, so Hobbes, »die Entstehung jenes großen *Leviathan* oder besser ... jenes *sterblichen Gottes*, dem wir unter dem *unsterblichen Gott* unseren Frieden und unsere Sicherheit verdanken.«

Das berühmte, in vielen Ausgaben des *Leviathan* abgebildete und von dem Kupferstecher Wenceslaus Holler gestaltete Titelbild hat der Hobbes'schen Vorstellung vom Souverän Gestalt verliehen. Im Mittelpunkt steht eine bekrönte Person, die selbst wiederum aus Menschen zusammengesetzt ist. Der Souverän ist die Überperson, die zur Einheit gebrachte Ansammlung von Einzelmenschen. Als »sterblicher Gott« ist er mit unbeschränkter Herrschaftsgewalt ausgestattet. So trägt er sowohl die Insignien der weltlichen als auch die der geistlichen Macht: zu seiner Rechten ein Schwert und zu seiner Linken den bischöflichen Krummstab. Für die Kirche als Institution bedeutet dies Unterordnung unter die Herrschaft des Staates.

Die Hobbes'sche Theorie vom Souverän, der durch einen Gesellschaftsvertrag installiert wird, hat eine demokratische und eine totalitäre Seite. Während die Art der Staatsbegründung durch einen Vertrag von Freien und Gleichen das Modell für die Verfassungsgebung eines Rechtsstaats abgibt, trägt die von der Figur des Souveräns beherrschte Staatskonstruktion Züge absoluter und totalitärer Herrschaft. Die Macht des Souveräns bei Hobbes ist unbegrenzt und wird auch durch keine Institutionen kontrolliert. Eine Gewaltenteilung zwischen Herrscher, Parlament und Rechtsprechung wie später bei Locke und Montesquieu gibt es nicht. Der Souverän ist Herr über Krieg und Frieden, Leben und Tod. Es gibt keine Möglichkeit, ihn abzusetzen. Allerdings endet die Gehorsamspflicht der Untertanen dann, wenn der Souverän seine Schutzverpflichtung gegenüber den Bürgern nicht mehr erfüllen kann.

Wenn Hobbes den Souverän auch bildlich als eine »Person« bezeichnet, so ist damit die Frage, welche konkrete Gestalt er als Verkörperung des Gemeinwesens annimmt, noch nicht beantwortet. Hobbes diskutiert neben der monarchischen Einpersonenherrschaft auch die Möglichkeit, dass eine »Versammlung« diese Funktion übernimmt, entweder als Versammlung aller Bürger oder eines Teils von Bürgern. Seine Vorliebe gilt aber dem Modell der absoluten Monarchie. Er begründet dies damit, dass nur in dieser sich private und öffentliche Interessen vollständig decken.

Der Souverän ist als »sterblicher Gott« Stellvertreter und Handlanger des unsterblichen Gottes. Doch dieser unsterbliche Gott ist in Hobbes' politischem Universum merkwürdig abwesend. Erst nachträglich hat Hobbes der Ableitung der politischen Herrschaft »aus der Natur« eine theologische Rechtfertigung beigefügt. Nicht nur die Zeitgenossen argwöhnten, dass Hobbes' rationaler Umgang mit religiösen Fragen wenig Raum für die Wahrheit einer Offenbarungsreligion lässt. Für ihn hatten logische Schlussfolgerungen allemal Vorrang vor obskuren Autoritäten. »Denn wer mit Worten«, so schreibt er im 46. Kapitel, »die er versteht, richtig folgert, kann nie zu einem Irrtum gelangen.« Entsprechend bezeichnete er dasjenige als »Scheinphilosophie«, »was irgendjemand durch übernatürliche Offenbarung weiß, weil es nicht durch Schlussfolgerung erlangt ist«.

John Aubrey, der berühmte Biograf und Freund des Autors, glaubte, dass Hobbes den *Leviathan* schrieb, »ohne jede Absicht, seiner Majestät zu schaden oder Oliver [Cromwell] zu schmeicheln …, aber mit dem Zweck, seine Rückkehr zu erleichtern«. Doch der

Atheismusverdacht hing Hobbes noch weit über seinen Tod hinaus an. 1683 verurteilte die Universität Oxford das Buch als häretische Schrift. Keine der politischen Parteien in England fand sich in einem Denken wieder, bei dem weder der göttliche Ursprung politischer Herrschaft noch die Einschränkung königlicher Macht durch das Parlament eine Rolle spielte. Die englische Öffentlichkeit fasste das Buch nur mit spitzen Fingern an. Erst 1881 konnte dort eine zweite Auflage erscheinen.

Viel nachhaltiger wirkte das Buch in der Philosophiegeschichte. Die Vertragstheorie wurde zum Grundmuster der politischen Philosophie der Aufklärung und wurde u. a. von Spinoza, Locke, Rousseau und Kant weiterentwickelt. Rousseau ist dabei derjenige, dessen Idee einer »volonté générale«, eines »Gesamtwillens«, der den Willen aller repräsentiert und deswegen keinen Widerstand erfahren darf, dem Hobbes'schen Souverän am nächsten kommt.

Sowohl die demokratische als auch die totalitäre Tendenz des *Leviathan* haben bis ins 20. Jahrhundert Einfluss ausgeübt. So übernahm der Rechtsphilosoph Carl Schmitt von Hobbes die These, dass die Geltung des Rechts an die Macht eines Souveräns geknüpft ist, und rechtfertigte damit die Führerideologie und die Abschaffung des Rechtsstaats durch die Nazis. Der amerikanische Philosoph John Rawls wiederum lieferte mit Hilfe der Figur des Gesellschaftsvertrags eine Theorie der Demokratie und die Begründung für ein Sozialstaatsmodell, in dem sich alle Entscheidungen auch an den Bedürfnissen der sozial Schwächsten ausrichten.

Bei all dem bleibt Hobbes derjenige, der dem Staat die metaphysischen Weihen entzogen hat und ihn als das darstellt, was er, nüchtern betrachtet, ist: ein effektives Instrument des Menschen, um das friedliche Zusammenleben einer Gesellschaft zu organisieren.

Ausgabe:
THOMAS HOBBES: Leviathan. Aus dem Englischen übertragen von Jutta Schlösser. Mit einer Einführung und herausgegeben von Hermann Klenner. Hamburg: Meiner 1996.

Testament eines Gottsuchers

Blaise Pascal: Gedanken (1669/70)

Es gibt Bücher, die man so lesen sollte, wie ein Läufer einen Parcours absolviert: vom Start zum Ziel, von der ersten bis zur letzten Seite, wobei nichts übersprungen werden darf, will man den Gedankenaufbau nicht verfehlen. Es gibt aber auch Bücher, die man erkundet wie ein noch unentdecktes Terrain. Man erforscht einmal lange, einmal kurze Wege, mit verschiedenen Ausgangs- und Zielpunkten. Man liest sie nicht von der ersten bis zur letzten Seite, sondern schlägt sie an bestimmten Stellen auf, memoriert und durchdenkt einzelne Passagen und beendet die Lektüre wieder.

Auch unter den klassischen Werken der Philosophie gibt es solche, die von ihrer Form her Brevieren ähneln und als solche auch gelesen werden. Zu ihnen gehören die *Pensées*, die *Gedanken* des französischen Mathematikers und Philosophen Blaise Pascal. Es handelt sich hierbei nicht um eine Verkürzung oder Zusammenfassung eines größeren Textes, sondern um eine lockere Sammlung von Aphorismen, Notizen und kleineren Abhandlungen, die erst nach dem Tod des Autors aus einem Konvolut von Aufzeichnungen zusammengestellt wurden. Ein schwer überschaubares Gelände, ein Buch, das nicht wie ein Traktat durchgearbeitet werden kann, sondern auf vielen Streifzügen erforscht werden muss. Unter den sorgfältig ausstaffierten Systemkonzeptionen wirken die *Gedanken* bis heute wie ein ungebetener Gast, der in einem etwas befremdlichen Aufzug erscheint und durch sein ungebührliches Auftreten die Etikette verletzt.

Die *Gedanken* sind Zeugnis einer geistigen Auseinandersetzung zwischen den Ansprüchen der Vernunft und den Forderungen des christlichen Glaubens. Auf seinem Weg der Wahrheitssuche hat Pascal sich in einer geradezu selbstquälerisch intensiven Weise mit den Argumenten der Philosophie und der Wissenschaft auseinander gesetzt. Doch statt die Wahrheit über den Menschen und die Welt zu erfahren, wurden ihm die Ansprüche der Vernunft immer mehr zum Problem. Am Ende ordnet er den intellektuellen Scharfsinn der religiösen Leidenschaft unter. »Der letzte Schritt der Vernunft«, so sein Schluss, »ist die Erkenntnis, dass es eine Unendlichkeit von Dingen gibt, die die Vernunft übersteigen.«

Liebe zur Rationalität und Verzweiflung über ihre Grenzen – von diesem Zwiespalt sind die *Gedanken* geprägt. Sie sind das Testament eines Gottsuchers, eines Menschen, der unablässig nach dem letzten Prinzip unserer Wirklichkeit geforscht und sich bei dieser Suche schließlich der christlichen Religion anvertraut hat. Sie sind aber gleichzeitig ein glänzendes Beispiel philosophischer Rhetorik, beherrscht von der Absicht des Autors, die Rationalisten und Skeptiker auf den Weg des Glaubens zu führen.

In der Zwiespältigkeit seines Werks spiegelt sich auch die Widersprüchlichkeit der Person des Autors. Blaise Pascal war ein zwischen Vernunft und Leidenschaft zerrissener Mensch. 1623 in Clermont-Ferrand, im Herzen Frankreichs geboren, lebte er, früh von Krankheit gezeichnet, bereits in jungen Jahren in dem Bewusstsein, nicht viel Zeit zu haben. Es war ein Leben, gezeichnet von Krankheiten, Brüchen und Krisen, das früh in hellem Licht aufflackerte, aber auch sehr früh, im Alter von neununddreißig Jahren, wieder erlosch. Pascal hat sich wie eine Schlange mehrmals in seinem Leben gehäutet und jedes Mal trat ein neuer Mensch hervor: Wissenschaftler, Lebemann oder religiöser Asket. Und jede dieser Existenzen durchlebte er mit extremer Intensität.

Pascal wuchs in einer Familie auf, in der religiöse und wissenschaftliche Fragen eine große Rolle spielten. Sein Vater, ein hoher Beamter der Steuerverwaltung, hatte engen Kontakt zur intellektuellen Elite des Landes. Die Erziehung seines Sohnes nahm er selbst in die Hand: Klassische Sprachen und Mathematik spielten dabei eine Hauptrolle. Der junge Pascal erwarb sich schnell den Ruf eines Wunderkindes und wissenschaftlichen Genies.

Wie der zweite große französische Philosoph des 17. Jahrhunderts, René Descartes, fühlte sich Pascal von der Mathematik und ihrer Möglichkeit angezogen, rationale Ordnungsprinzipien und Strukturen zu entwerfen. Mit zwölf Jahren erfand er einen großen Teil der Euklidischen Geometrie neu. Mit knapp zwanzig Jahren konstruierte er eine Rechenmaschine, die seinem Vater bei seinen Steuerberechnungen helfen sollte. Aber auch die aufstrebenden Naturwissenschaften faszinierten ihn sehr früh. Er führte zahlreiche physikalische Experimente durch, deren Ergebnisse er der Öffentlichkeit mit großem Selbstbewusstsein vorstellte. Die Möglichkeiten rationaler Erkenntnis und Planung regten ihn immer wieder zu neuen Projekten an. Noch im Jahr seines Todes erhielt er das Patent für den Entwurf eines Transportnetzes, mit dem er die Personenbeförderung in Paris neu organisieren wollte.

Als ein wichtiger Schritt in seinem Denken erwies sich die 1651 erschienene Abhandlung *Über das Leere*. Aristoteles, der über viele Jahrhunderte einflussreichste Naturphilosoph, hatte behauptet, dass es in der Natur kein Vakuum, keine »Leerstellen« geben könne. Auch der Mensch blieb für ihn selbstverständlicher Bestandteil der kosmischen Gesetzmäßigkeit. Pascal kommt zu anderen Schlussfolgerungen. In der Natur gibt es seiner Ansicht nach keinen »horror vacui«, keine »Furcht vor dem Leeren«. Wie Descartes hält er die Natur, im Gegensatz zum Menschen, für geist- und seelenlos. Alles in ihr ist nach rein mechanischen Gesetzen erfassbar. Anders ist es dagegen beim Menschen, der aufgrund seiner Vernunft und seiner unsterblichen Seele weit über die Natur hinausragt.

Das Jahr 1651 markiert gleichzeitig eine erste große Zäsur in seinem Leben. Es ist das Jahr, in dem sein Vater stirbt und seine Schwester Jacqueline beschließt, in das Kloster Port-Royal in der Nähe von Versailles einzutreten. Pascal steht engen religiösen Bindungen zu diesem Zeitpunkt sehr skeptisch gegenüber. Im Gegenteil: Er will in der Welt reüssieren. So lehnt er auch das Vorhaben seiner Schwester vehement ab, ihr Vermögen dem Kloster zu vermachen. Der Schwerpunkt seines Lebens verschiebt sich von der Wissenschaft zur Gesellschaft.

Pascal wird ein »honnête homme«, ein vielseits gebildeter adeliger Lebe- und Weltmann, der in den Pariser Salons verkehrt. Man sieht ihn in Begleitung schöner Frauen, und er nimmt die Manieren eines Höflings an. Auch in seinen Studien setzt er einen neuen Schwerpunkt. Die Lektüre der *Essais* Michel de Montaignes lenkt seine Aufmerksamkeit von der Natur auf den Menschen. In Montaignes Lebensklugheitslehre geht es darum, dem Menschen zu helfen, seine Autonomie und Souveränität im Dschungel einer höfischen Gesellschaft zu behaupten, in der die Gunst mehr wiegt als moralische Integrität oder Leistung. Montaigne zweifelt an der Erkenntnisfähigkeit der menschlichen Vernunft, verzichtet aber völlig auf die Tröstungen und Heilsversprechen der Religion.

Nicht nur Montaignes weltlicher Skeptizismus, auch dessen antike Vorläufer fanden in dieser Lebensphase großen Widerhall im Denken des jungen Lebemanns Pascal. Die antiken Skeptiker lehrten, dass die letzten Gründe der Welt unerkennbar seien und dass man sich eines Urteils darüber enthalten müsse. Auch die Stoiker, die im 16. Jahrhundert überall im westlichen Europa eine Wiedergeburt erlebten, vertraten wie Montaigne eine ganz auf das Diesseits ausgerichtete Lehre der Lebenskunst, die der Unruhe und Leidenschaft des Menschen durch eine kluge Selbstkontrolle begegnen wollte. So genoss das *Handbüchlein der Moral* des Stoikers Epiktet, das wesentlichen Anteil daran hatte, dass die stoische Philosophie im Römischen Reich zur Lebensphilosophie der Gebildeten wurde, auch in den Kreisen der französischen honnêtes hommes große Wertschätzung.

Pascals Abkehr von der weltlichen Lebensklugheitslehre – und damit das Ende dieser Lebensphase – war verbunden mit einer einschneidenden persönlichen Krise. Im Jahr 1654, in der Nacht vom 23. auf den 24. November, kommt es zu Pascals berühmtem religiösen Bekehrungs- und Erweckungserlebnis. Solche Erlebnisse sind psychisch erschütternd und lassen sich kaum beschreiben. Pascal hat versucht, einiges davon in einer Erinnerungsnotiz, einem »Mémorial«, festzuhalten, das er in das Futter seines Mantels einnähte und in dem es unter anderem heißt: »Feuer. Gott Abrahams, Gott Isaaks,

Gott Jakobs, nicht der Gott der Philosophen und der Gelehrten ... nur auf den Wegen, die das Evangelium lehrt, kann man ihn bewahren.« Pascal hatte seinen eigenen, persönlichen Gott gefunden.

Dies war kein rationaler, erklärbarer Gott, kein »Gott der Philosophen«, sondern ein dunkler und – wie der Gott des Alten Testaments – für den Menschen oft unverständlicher Gott. Pascal nahm Abschied von der Überzeugung, Philosophie und Wissenschaft könnten ihn zu den letzten Gründen der Wirklichkeit führen. Mit diesem Bekehrungserlebnis wurde der Glaube an die Kraft der Rationalität durch eine religiöse Leidenschaft abgelöst. Aus dem honnête homme wird ein religiöser Asket.

Pascal gerät nun selbst in den Umkreis des Klosters Port-Royal. Ursprünglich ein reines Frauenkloster, wurde mit der Zeit auch Männern erlaubt, sich als »Solitaires«, als »Einsiedler«, im Umkreis des Klosters niederzulassen. Port-Royal war das Zentrum des französischen Jansenismus, einer Richtung innerhalb der katholischen Kirche, die theologisch dem Protestantismus nahe stand. Die Jansenisten zeichneten sich durch eine strenge moralische Lebensführung aus, geprägt von Disziplin, Askese und Weltabgewandtheit. Als Begründer des Jansenismus gilt der Bischof von Ypern, Cornelius Jansenius, der mit seinem 1640 erschienenen Buch über Augustinus die Programmschrift des Jansenismus verfasst hatte. Wie Augustinus stellten die Jansenisten die menschliche Willensfreiheit hinter die unerforschliche Gnade Gottes. Sie setzten sich damit in einen Gegensatz zur offiziellen Amtskirche und insbesondere zu den Jesuiten, mit denen sie in einem heftigen theologischen Streit lagen. Mehrere führende Jansenisten waren bereits von offiziellen Stellen, so von der Pariser Universität Sorbonne, verdammt und verurteilt worden.

Pascals Familie hatte immer schon enge Verbindungen zu Port-Royal unterhalten. Sein Vater hatte sich zum Jansenismus bekannt und seine Schwester Jacqueline lebte bereits im Kloster. Pascal, der berühmte Wissenschaftler, brillante Intellektuelle und bekannte Weltmann, zieht sich nun immer wieder zeitweise als Solitaire nach Port-Royal zurück. Er legt sich einen eisernen, mit Stacheln besetzten Gürtel an, um der Welt völlig zu entsagen. So beginnt seine Karriere als Philosoph – nicht im Dienst des Wissens, sondern im Dienst des Glaubens. Der Einfluss Montaignes und Epiktets wird durch den des Augustinus abgelöst. Augustinus, selbst ein Intellektueller, der erst spät, ebenfalls nach einem spektakulären Bekehrungserlebnis, zum christlichen Glauben fand, wird zu seinem wichtigsten philosophischen Geistesverwandten. Wie Augustinus wird nun auch Pascal zu einem Verteidiger eines fundamentalistischen, kompromisslosen Christentums.

Er stellt seine intellektuellen Fähigkeiten in den Dienst der jansenistischen Sache und schreibt die gegen die Jesuiten gerichteten achtzehn *Provinzialbriefe*, die unter dem Pseudonym Louis de Montalte 1657 veröffentlicht werden. Form und Präsentation der *Provinzialbriefe* sind jedoch ganz »unjansenistisch«: Es ist gerade nicht der fromme Geist, sondern es sind die logische Stringenz und die glänzend geführte stilistische Klinge, die die *Provinzialbriefe* zu einem großen publizistischen Erfolg werden lassen. Pascal zeigt sich hier als ein Schüler des Augustinus. Er behauptet die völlige Abhängigkeit des Menschen von der göttlichen Gnade. Der Mensch kann sich das ewige Leben nicht verdienen. Wie Augustinus betont Pascal die unüberwindliche Kluft zwischen Mensch und Gott. Seine Autorschaft bleibt nicht lange verborgen. In den Augen der Öffentlichkeit ist Pascal nun der »Rächer der Jansenisten« und der Philosoph von Port-Royal.

Ab 1656 entstehen auch jene Aufzeichnungen, die in die *Gedanken* eingeflossen sind – als eine Rechtfertigung und Selbstvergewisserung des neu erworbenen religiösen Glaubens. Descartes hatte seinem Hauptwerk den Titel *Von der Methode des richtigen Vernunftgebrauchs und der wissenschaftlichen Forschung* gegeben. Pascals *Gedanken über die Religion und einige andere Themen* – wie der Titel später lauten sollte – sind demgegenüber der Versuch, die Ohnmacht von Vernunft und Wissenschaft aufzuzeigen und auch Intellektuellen eine religiöse Alternative anzubieten.

Pascal starb 1662, ohne diese Texte veröffentlicht zu haben. Die *Gedanken* sind Fragment geblieben. Sie enthalten eine Auseinandersetzung mit allen früheren Lebensphasen und Überzeugungen Pascals: mit dem Forschergeist des Wissenschaftlers ebenso wie mit den Lebensklugheitslehren Montaignes, der Skeptiker und der Stoiker. Enthalten sind aber ebenso Teile eines geplanten großen Werks, der »Apologie des christlichen Glaubens«, das nie fertig gestellt wurde. Manche Texte sind als Dialog angelegt zwischen dem Autor und dem skeptischen Mann von Welt – dem honnête homme, der Pascal vor seiner Bekehrung war. Wenn es eine von Pascal selbst gewählte Anordnung der einzelnen Teile gibt, so ist sie schon sehr früh verloren gegangen.

In den *Gedanken* umkreist Pascal in immer neuen Ansätzen das Verhältnis von Natur, Mensch und Gott. Der Mensch ist das große Problem. Die Antwort auf dieses Problem ist der verborgene Gott, der »deus absconditus«.

Seine wissenschaftlichen Studien, aber auch seine Hinwendung zum Jansenismus hatten Pascal zu einem Menschen- und Gottesbild geführt, das sich von dem der offiziellen katholischen Theologie erheblich unterschied. Im Weltbild des Mittelalters hatte der Mensch seinen festen Platz in einer endlichen Welt und einer in Stufen geordneten, überschaubaren Natur, in der sich die Vernunft Gottes widerspiegelte. In Folge der empirischen Naturforschung war diese Überschaubarkeit jedoch verloren gegangen. Unendliche Offenheit von Raum und Zeit waren Teil des neuen mathematisch-naturwissenschaftlichen Weltbildes. Für Pascal steht der Mensch verloren in dieser Unendlichkeit: »Ich sehe diese furchtbaren Räume des Weltalls, die mich umschließen, und ich finde mich an einen Winkel dieser unermesslichen Ausdehnung gebunden, ohne zu wissen, warum ich gerade an diesen Ort gestellt bin und nicht an einen anderen, noch warum mir die kleine Zeitspanne, die mir zum Leben gegeben ist, gerade an diesem und nicht an einem anderen Punkt der ganzen Ewigkeit zugeordnet ist ... Ich sehe auf allen Seiten nur Unendlichkeiten, die mich umschließen wie ein Atom ...«

Auch Montaigne hatte den Menschen als ein Wesen begriffen, das seine Sicherheiten verloren hat und orientierungslos in der Ordnung des Kosmos steht. Während ihm dies jedoch Anlass ist, für Gelassenheit zu plädieren und den Menschen aufzufordern, die Lücke zur Natur wieder zu schließen, betont Pascal bewusst die große Distanz, die den Menschen sowohl von der Natur als auch von Gott trennt. Beide Abstände, zur Natur und zu Gott, sind für ihn unendlich groß.

In beiden Fällen ist es die Vernunft des Menschen, die diese Distanz markiert. Durch die Vernunft ragt der Mensch aus seiner natürlichen Umwelt heraus. Er ist das einzige Wesen, das sich einer Stellung im Kosmos bewusst werden kann. Die Grenzen dieser Vernunft trennen ihn aber auch von Gott. Für viele Theologen und Philosophen vor Pascal war der Mensch gerade durch seine Vernunft mit dem Wesen Gottes verbunden. Pascal jedoch lehnt, wie bereits Augustinus vor ihm, diese Auffassung ab. Die Vernunft kann niemals eine Brücke zwischen Mensch und Gott sein. Gott steht jenseits jeder Vernunft, weswegen jeder Versuch, ihn rational »beweisen« zu wollen, zum Scheitern verurteilt ist.

Die Existenz des Menschen ist für Pascal ein Drama, in dem sich Großartigkeit und Nichtigkeit ständig begegnen. Und er ist bemüht, dieses Drama in den grellsten Farben zu beschreiben. Es geht ihm darum, die verzweifelte, widersprüchliche, aber auch einzigartige Stellung des Menschen im Kosmos deutlich zu machen. Irgendwo in der Mitte zwischen Nichts und Unendlichkeit steht der Mensch, er ist zu großen Entdeckungen fähig, doch wo er eigentlich hingehört, weiß er nicht. Dies ist für Pascal ein Indiz, dass der Mensch ein gefallenes Wesen ist, dass er die ursprüngliche Verbindung zu Gott gekappt hat. Er ist mit der Erbsünde belastet. Er ist von seinen Ursprüngen nicht nur einfach entfernt oder entfremdet, sondern er befindet sich im »Elend«. Pascal vergleicht die Situation des Menschen deshalb immer wieder mit der des alttestamentarischen Hiob, mit einem Zustand des Leidens.

Das hervorstechende Merkmal der menschlichen Situation ist die Unruhe, das rastlose Getriebensein von einem Ziel zum nächsten. Der Mensch, so Pascal, ist das Wesen, das nicht allein in einem Zimmer verweilen kann. Sowohl Augustinus als auch Montaigne hatten diese Unruhe schon hervorgehoben. Doch bei Pascal wird sie dramatisch ausgemalt. Sie ist bei ihm Ausdruck einer existenziellen Verzweiflung, die nur von Gott aufgelöst werden kann. Der an Gott gerichtete Satz des Augustinus, »Unruhig ist mein Herz, bis es ruht in Dir«, könnte wie ein Leitsatz über den *Gedanken* stehen.

Es ist nicht die Natur, sondern der Mensch, der einen »horror vacui«, eine Furcht vor dem Leeren, hat. Um diese Leere zu überdecken, ist er ständig auf der Suche nach Zerstreuungen. Pascal entwirft das Bild des Menschen als eines rastlosen Spielers. Er wird getrieben von der Vorstellung des Gewinns, doch kein Gewinn stellt ihn zufrieden. Hinter seinem ruhelosen Spieltrieb steht in Wahrheit die Angst vor der Sinnlosigkeit. Sein Leben ist also nichts anderes als eine Fluchtbewegung. Für Montaigne und die Tradition der Moralistik ist es der honnête homme, der Mann von Welt, der sich durch innere Autonomie diesem rastlosen Treiben entziehen kann. Für Pascal ist diese Autonomie eine scheinbare und nichts anderes als eine unverzeihliche Gleichgültigkeit gegenüber dem Drama der menschlichen Existenz. Sie ist bestimmt durch die Erfahrung der Krankheit, der Grenzen der Erkenntnisfähigkeit, der Unruhe und der unendlichen Ferne von Gott, aber auch durch die Erfahrung der herausgehobenen Stellung des Menschen in der Natur und seiner einzigartigen Fähigkeit zu geistigen Abenteuern.

All dies findet nun in Pascals Bild vom Menschen als »denkendem Schilfrohr« seinen Höhepunkt: »Der Mensch ist nur ein Schilfrohr, das schwächste der Natur; aber er ist ein denkendes Schilfrohr. Es ist nicht nötig, dass das ganze Weltall sich waffne, ihn zu zermalmen: Ein Dampf, ein Wassertropfen genügen, um ihn zu töten. Aber wenn das Weltall ihn zermalmte, so wäre der Mensch noch edler als das, was ihn tötet, denn er weiß, dass er stirbt, und kennt die Überlegenheit, die das Weltall über ihn hat; das Weltall weiß nichts davon.« Im Bild des denkenden Schilfrohrs verbindet Pascal die Verzweiflung mit der Auserwähltheit der menschlichen Existenz. Es verdeutlicht sowohl die Ohnmacht als auch die Würde des Menschen, die Verbindung der Gegensätze, das Paradox, um den Menschen als das Wesen darzustellen, dem durch Vernunft nicht geholfen werden kann.

Deshalb greifen für Pascal auch die Weisheitslehren eines Montaigne oder eines Epiktet zu kurz. In den *Gedanken* kehrt er immer wieder kritisch zu jenen Philosophen zurück, die einst seine Lehrmeister waren. Montaigne, so Pascal, »verleitet zur Gleichgültigkeit dem Heil gegenüber« und Epiktet merkt nicht, »dass es nicht in unserer Macht steht das Herz zu ordnen«. Beide haben in Pascals Augen nicht begriffen, dass die Ursache des menschlichen Elends nicht in einer Entfremdung von der Vernunft liegt. Es geht nicht um weltliches Glück, sondern um das über das diesseitige Leben hinausgreifende Heil des Menschen. Und der Weg dahin führt nicht über die Vernunft, sondern über das Herz.

»Raison«, das im Deutschen wechselweise mit »Verstand« oder »Vernunft« übersetzt wird, und »coeur«, »Herz«, sind für Pascal die beiden wesentlichen Erkenntnisorgane des Menschen. Vernunft und Verstand sind für eine Erkenntnis zuständig, die sich, wie in der Philosophie, der Logik und den Wissenschaften, auf Argumentationen, Beweise und Schlüsse stützt. Doch dies umfasst für Pascal nicht den gesamten Bereich der Wahrheit. Neben der »Logik der Vernunft« gibt es eine »Logik des Herzens«. Das Herz mit seiner Fähigkeit einer sinnlich-intuitiven Erkenntnis geht tiefer als die Vernunft. Ihm sind Erkenntnisse zugänglich, die wir nicht mehr »begründen« und »beweisen« können. Pascal nennt als Beispiel dafür unsere Erkenntnis, dass der Raum dreidimensional ist oder dass die Zahlen unendlich sind. Gerade die in den wissenschaftlichen Theorien vorausgesetzten ersten Prinzipien lassen sich nach Pascal nicht durch die Vernunft, sondern durch das Herz erkennen. »Die Prinzipien«, so schreibt er, »werden gefühlt, die Lehrsätze werden erschlossen.« Alle großen Theorien, so Pascal, gründen ursprünglich auf einer Intuition.

Die intuitiv-sinnliche Fähigkeit des Herzens, etwas zu erschließen, zeigt sich jedoch nicht nur bei der Erforschung der Natur, sondern in allen Bereichen, insbesondere in der Beziehung zwischen Menschen, aber auch dort, wo es um religiöse Einsichten geht. Es gibt eine eigene »Vernunft«, das heißt einen eigenen Erkenntnisbereich des Herzens. Bei Pascal heißt dies: »La coeur a sa raison, que la raison connait pas.« – »Das Herz hat seine eigene ›Vernunft‹, die die Vernunft im engeren Sinne nicht kennt.« Damit stellt sich Pascal gegen die seit der Antike vorherrrschende »rationalistische« Tradition in der Philosophie, in der gerade die höchsten Wahrheiten nur der Vernunft zugänglich sind. Indem er der »Logik des Herzens« den Vorrang vor der »Logik der Vernunft« gibt, zeigt er im Gegenteil die Begrenztheit und das Unvermögen der Vernunft auf.

Dies gilt vor allem für die Erkenntnis Gottes. Gott als letzter Grund der Welt, als Retter und Erlöser des Menschen ist nur durch die Empfindung des Herzens für den Menschen erreichbar. Sie ist identisch mit der christlichen Liebe. Pascal unterscheidet zwischen einer »Ordnung des Geistes«, die nur der Vernunft, und einer »Ordnung der Liebe«, die nur dem Herzen zugänglich ist. Eine solche Gotteserkenntnis als Empfindung des Herzens, als Liebe, kann aber nicht erworben oder verdient werden, sie wird »geschenkt«. Die Sprache des Christentums hat dafür den Begriff »Gnade« geprägt.

Für den Jansenisten Pascal stand die Gnade im Mittelpunkt seiner religiösen Überzeugungen. Er setzt damit die von Paulus und Augustinus begründete Tradition fort, nach der sich der Mensch so tief im Zustand der Sünde befindet, dass er sich nicht aus eigener Kraft daraus befreien kann. Demütigung der Vernunft und Aufwertung der nichtrationalen Erkenntnis und der Gnade – dies alles sind Thesen, die Pascal vor allem mit seinem großen Vorgänger Augustinus verbinden.

Pascal bleibt sich aber dennoch bewusst, dass er sich mit seinen Thesen in einer öffentlichen Auseinandersetzung befindet und dass seine Leser vor allem im Kreis der Gebildeten zu finden sind. Deshalb lässt er sich in dem berühmtesten Abschnitt des Buchs, dem Abschnitt über die Wette, auf ein strategisches Experiment ein. In einer Auseinandersetzung mit einem weltlich-skeptischen Gesprächspartner, einem honnête homme, verzichtet er ganz auf Begriffe wie »Gnade« oder »Empfindung des Herzens«. Er stellt sich auf die kritische Grundhaltung seines Gegenübers ein und unternimmt es zunächst, ihm die Existenz Gottes auf dem Weg eines rationalen Wettkalküls nahe zu bringen.

Gott steht außerhalb der »Ordnung des Geistes«: Einen »normalen« Beweis seiner Existenz oder seiner Nicht-Existenz kann es also nicht geben. Klar ist aber, dass Gott entweder existiert oder nicht existiert. In unserem Leben müssen wir uns für oder gegen Gott entscheiden. Die Freiheit, sich zu enthalten, gesteht Pascal nicht zu. Wir befinden uns also in einer Wettsituation, in der wir entweder auf die Existenz oder die Nicht-Existenz Gottes setzen müssen. Und in dieser Wette geht es um unendlich viel: nämlich um die ewige Seligkeit. Es sieht so aus, als sei die Wahrscheinlichkeit, richtig zu tippen, 50:50. Die Möglichkeit eines unendlichen Gewinns hebt nach Pascal aber jede Wahrscheinlichkeitsabwägung auf. Der Mensch muss also auf die Existenz Gottes setzen, weil der mögliche Verlust in gar keinem Verhältnis zum möglichen Gewinn der ewigen Seligkeit steht. Selbst die Vernunft, so hält Pascal seinem vernunftgläubigen Gesprächspartner entgegen, »treibt« den Menschen zum Glauben.

Doch Pascals »Beweisführung« ist an dieser Stelle noch nicht zu Ende. Denn der Gesprächspartner, der honnête homme, kann sich nicht zur Wette entschließen und gesteht seine Unfähigkeit zu glauben ein. Nun empfiehlt Pascal einen »nichtrationalen«, lebenspraktischen Weg. Der Mensch soll so handeln, »als ob« er glaubt, er soll den Riten der Religion folgen und damit seine Leidenschaften verringern. Er soll sich erniedrigen, um so dem echten Glauben den Boden zu bereiten. Demut und Selbstbescheidung der Vernunft: Dies ist für Pascal ein Weg, der auch den Intellektuellen zum Glauben führen kann.

Dieser Intellektuelle trägt selbst viele Züge des Autors. In den *Gedanken* ringt der Gläubige Pascal mit dem skeptischen Rationalisten, der er selbst war und von dem er sich lösen möchte. Die *Gedanken* zeigen dem Leser ein doppeltes, ein rational-argumentierendes und ein religiös-meditierendes, Gesicht. Und genau deshalb hat das Buch immer sowohl religiös als auch philosophisch-rational orientierte Leser in gleicher Weise angesprochen. Auch für die Nichtgläubigen unter ihren Verehrern sind die *Gedanken* ein Zeugnis der Hellsichtigkeit ihres Autors geblieben, der aus einer glänzenden Analyse der Situation des Menschen die falschen Schlussfolgerungen gezogen hat.

Das Buch hat eine lange und komplizierte Publikationsgeschichte. Die erste, von Freunden besorgte Ausgabe von 1669/70 wurde vom Buchbinder willkürlich in fünf Abschnitte aufgeteilt. Spätere Herausgeber haben das Textkonvolut immer wieder neu geordnet, die Texte auf jeweils andere Weise rekonstruiert und die Abschnitte nummeriert. So begegnen dem Leser bis heute unterschiedlichste Ausgaben.

Dennoch haben die *Gedanken* von Anfang an eine weit über die philosophische Fachwelt hinausgehende Wirkung gehabt. In Frankreich erlangte das Werk schnell den Status eines Klassikers der Literatur. Die von Montaigne inspirierte freie literarische Form, besonders aber Pascals Menschenbeschreibung und Menschenbeobachtung haben die Moralistik von La Bruyère bis Chamfort beeinflusst. Pascal wurde damit nach Montaigne einer der Väter der philosophischen Anthropologie. Ungeachtet der religiösen Absichten des Buches hat Pascals Mensch die Leser immer mehr fasziniert als Pascals Gott.

Als sein vielleicht engster Geistesverwandter in der Moderne kann der dänische Theologe und Philosoph Sören Kierkegaard gelten, der in der ersten Hälfte des 19. Jahrhunderts vom Menschen verlangte, sich auch gegen die Regeln der Vernunft für eine religiöse Existenz und eine unmittelbare Beziehung zu Gott zu entscheiden. Über Kierkegaard wurde Pascal einer der großen Anreger des Existentialismus des 20. Jahrhunderts. So kehrt sein Bild des Menschen, der verloren im Weltall steht und dennoch in der Suche nach Sinn seine Würde bewahrt, in Albert Camus' *Der Mythos von Sisyphos* wieder.

Gerade in der Moderne haben die *Gedanken* mit ihrer schonungslosen Beschreibung der menschlichen Situation bei vielen einen Nerv getroffen. Nicht nur deshalb sind sie ein klassisches Werk für Sinnsucher geworden, die die Philosophie nicht aus ihrer Verantwortung entlassen wollen, dem Menschen Lebensorientierung zu geben.

Ausgabe:

Blaise Pascal: Über die Religion und über einige andere Gegenstände (Pensées). Herausgegeben und übersetzt von E. Wasmuth. Heidelberg: Lambert Schneider 1994.

Das Buch über Gott und die Welt

BARUCH DE SPINOZA: Die Ethik (1677)

Gott hat nicht nur in den Religionen, sondern auch in der Philosophie immer eine große Rolle gespielt, selbst wenn Friedrich Nietzsche, der große Ketzer unter den Philosophen des 19. Jahrhunderts, vielleicht etwas voreilig verkündete: »Gott ist tot!« Doch in den meisten Fällen unterscheiden sich die philosophischen Gottesvorstellungen von den religiösen beträchtlich. Schon für einen der Väter der westlichen Philosophie, den Griechen Aristoteles, war Gott nichts anderes als ein sehr abstraktes kosmologisches Prinzip: der »unbewegte Beweger«, auf den alle Vorgänge in der Welt ausgerichtet waren. Aber auch nach dem Eindringen des Christentums in die Philosophie hatte der rationale Gott der Philosophen wenig Ähnlichkeit mit dem persönlichen Gott, an den die Gläubigen sich zu wenden pflegen.

Eine der einflussreichsten rationalen Gottesvorstellungen hat uns der niederländische Philosoph Baruch de Spinoza in einem Buch mit dem etwas irritierenden Titel *Die Ethik* überliefert. Ethik, also Moralphilosophie, ist hier nämlich nur ein Thema unter anderen. Es handelt sich vielmehr um ein klassisches Werk der Metaphysik, um eine Lehre von den ersten Gründen der Wirklichkeit. Die *Ethik* ist ein Buch über Gott und die Welt, genauer gesagt: ein Buch über Gott *in* der Welt und über die Welt in Gott. Erst auf der Grundlage der Beziehung zwischen Welt und Gott wird die Frage des richtigen Lebens und Handelns erörtert.

Spinozas Gott residiert nicht außerhalb der Welt – in keinem Himmel und in keiner Transzendenz. Er ist, wie es in einem frühen Song der Beatles heißt, »here, there and everywhere«. »Alles, was ist«, schreibt Spinoza, »ist in Gott, und nichts kann ohne Gott sein und begriffen werden.« Spinozas Gott ist gleichbedeutend mit dem Wesen der Welt. Er offenbart sich nicht durch heilige Bücher, sondern er liegt für die Vernunft des Menschen offen zu Tage. Die Welt und ihre unwandelbaren Gesetze, das »Buch der Natur« also, enthält für Spinoza die Offenbarung Gottes.

Dieser »immanente«, der Welt innewohnende Gott hat große Diskussionen ausgelöst. Er hat bei vielen nicht nur das Gottesbild, sondern auch das Weltbild nachhaltig verändert. Denn ebenso wie Gott weltlich wurde, wurde die Welt jetzt göttlich. Die eigentliche Revolution, die Spinozas *Ethik* im Denken der Nachwelt hervorrief, war eine Revolution der »Weltanschauung« im wörtlichen Sinn: Die Welt hatte die Eigenschaften Gottes angenommen, sie war ewig, unendlich und wunderbar geworden. Und die Frömmigkeit und Ehrfurcht, die sich bis dahin auf Gott gerichtet hatte, übertrug sich nun auf die Welt. Doch auch damit, so ist man sich einig, ist dieses Buch noch lange nicht ausgeschöpft. Spinozas *Ethik* ist wie eine Kugel aus geschliffenem Glas, die ihre Farbe ändert, je nachdem, in welchem Licht man sie betrachtet.

So wie sein Werk für viele Betrachtungsweisen offen bleibt, so hat auch die Person des Baruch de Spinoza bis heute viel Rätselhaftes bewahrt. Der 1632 im jüdischen Viertel Amsterdams geborene Denker blieb ein Außenseiter, der bis zu seinem frühen Tod 1677 ein stilles, zurückgezogenes Leben führte und dennoch mit den Autoritäten seiner Zeit immer wieder in Konflikt geriet. Bento de Espinosa, wie sein portugiesischer Taufname lautete, war der Abkömmling sephardischer Juden, die, ursprünglich aus Spanien vertrieben, Ende des 16. Jahrhunderts ihren Weg über Portugal und Frankreich in die Niederlande gefunden hatten. Das junge Land nahm verfolgte Bürger zu einem Zeitpunkt auf, als es sich selbst noch mitten im Unabhängigkeitskampf gegen Spanien befand.

Spinozas Vater, ein angesehener Kaufmann, hatte innerhalb der jüdischen Gemeinde hohe Ämter inne und ließ seine Kinder im Sinne jüdischer Rechtgläubigkeit erziehen. Neben den von Jugend an vertrauten Sprachen Portugiesisch, Spanisch und Niederländisch lernte der junge Spinoza in der Gesetzesschule der Gemeinde Hebräisch, erwarb umfassende Bibelkenntnisse und schärfte seinen Geist, seit er dreizehn war, durch Talmudstudien. Später kamen die Beherrschung des Lateinischen und Kenntnisse in Französisch, Italienisch und Deutsch dazu.

Doch schon sehr früh, mit achtzehn Jahren, zeichnete sich ab, dass der geistige Weg des jungen Spinoza nicht in die jüdische Orthodoxie führen würde. Er nahm Kontakt zu einem Kreis freigeistiger protestantischer Kaufleute und Intellektueller, den sogenannten »Kollegianten«, auf. Im Umkreis der Kollegianten begann Spinoza, sich von der jüdischen Schultradition zu lösen und sich eine umfassende weltliche Bildung anzueignen. So machte er sich mit dem neuen Weltbild eines Kopernikus, Kepler und Galilei vertraut, nach dem alle Vorgänge in der Welt natürliche Ursachen haben und Naturgesetzen gehorchen. Wie viele seiner Zeitgenossen betrachtete Spinoza die Mathematik als die eigentliche Schlüsselwissenschaft. Er verknüpfte den Gedanken Gottes mit dem Gedanken einer rationalen, mathematisch erklärbaren Weltordnung. Den Boden des jüdischen Glaubens hatte er damit verlassen.

Als sein Vater 1654 starb, trat er zunächst den für ihn vorgezeichneten Weg an: Er wurde Teilhaber des väterlichen Geschäfts. Doch hatte man in der jüdischen Gemeinde seine Kontakte zu den freigeistigen Kollegianten schon eine Weile beobachtet und war durch die kritischen Ansichten, die der junge Spinoza gegenüber den Glaubensinhalten geäußert hatte, argwöhnisch. Als er sich mehrfach weigerte, seine Überzeugungen zu widerrufen, sprach die Gemeinde am 27. Juli 1656 den sogenannten »großen Bann« gegen ihn aus und verstieß ihn. Ein solcher Ausschluss hatte einschneidende persönliche Konsequenzen: Er bedeutete soziale Isolierung und Verlust der wirtschaftlichen Lebensgrundlagen. Auch die Führung der väterlichen Geschäfte war unter diesen Umständen nicht mehr möglich.

Für Spinoza begann nun ein Leben der Verbannung im eigenen Land. Die jüdische Gemeinde verzieh dem Abtrünnigen nicht und versuchte immer wieder, ihren Einfluss gegen ihn geltend zu machen. Und auch außerhalb der Gemeinde blieb seine Lage prekär. Spinoza fand zwar ein Leben lang Freunde und Gönner, und seine

Kontakte reichten bis in höhere gesellschaftliche Kreise hinein. Doch auch in den ansonsten liberalen Niederlanden gab es eine calvinistisch geprägte Zensur. Seine gegen die Orthodoxie gerichteten religiösen Auffassungen waren ebenso bekannt wie seine Verbindungen zu den »Regenten«, den Vertretern der liberalen Oberschicht, die in heftige politische Auseinandersetzungen mit den Anhängern des Hauses Oranien verwickelt waren. Als politisch Liberaler und religiöser Freigeist war er sein Leben lang Verdächtigungen und Verfolgungen ausgesetzt. So entschied er sich für eine unauffällige und zurückgezogene Existenz, ohne ein Amt in einer Kirche, einer Universität oder der Politik zu bekleiden. Für sein Siegel wählte er nicht zufällig den Wahlspruch »Caute!« (Sei vorsichtig!).

Seine Amsterdamer Freunde aus dem Umkreis der Kollegianten halfen ihm, sich außerhalb der jüdischen Gemeinde einzurichten. Doch die wichtigste Rolle für die weitere philosophische Entwicklung des jungen Spinoza spielte der Ex-Jesuit Franciscus van den Enden, ein schillernder und vielseitig gebildeter Intellektueller, der sich von der Kirche gelöst und sich zum Atheisten und Materialisten gewandelt hatte.

Er betrieb in Amsterdam eine Lateinschule und nahm Spinoza bei sich auf. In van den Endens aufgeklärter Denkerwerkstatt verkehrten viele begabte junge Leute. Hier lernte Spinoza die antike Naturphilosophie kennen, so den Atomismus des Vorsokratikers Demokrit und die im 16. Jahrhundert weit verbreiteten Schriften der Stoiker, die glaubten, dass der Kosmos von einer einheitlichen Weltvernunft beherrscht werde. Aber auch mit den Schriften des italienischen Renaissancephilosophen Giordano Bruno, für den das Universum unendlich war und den man wegen seiner Äußerungen auf dem Scheiterhaufen verbrannt hatte, wurde er vertraut.

Noch wichtiger aber wurde die Bekanntschaft mit dem Werk des französischen Philosophen René Descartes, des Begründers des neuzeitlichen Rationalismus. Cartesius, wie er in Fachkreisen auch genannt wurde, hatte über zwanzig Jahre lang, von 1628 bis 1649, in den Niederlanden gelebt. Seine Schriften waren dort gut bekannt und wurden ab 1656 ins Niederländische übersetzt.

Descartes war ebenfalls ein Anhänger Galileis gewesen, hatte selbst naturwissenschaftliche Studien betrieben und die Mathematik, insbesondere die Geometrie, zum Vorbild für die Philosophie erklärt. Er war davon überzeugt, dass der Ratio, der Vernunft, die Struktur der Wirklichkeit durch intuitive Gewissheit und logische Schlussfolgerungen zugänglich ist. Aus der Gewissheit des eigenen Denkens (»Cogito ergo sum« – »Ich denke, also bin ich«) erschloss er Schritt für Schritt ein System von Vernunftwahrheiten, in dem auch Gott als Garant wahrer Erkenntnis seinen Platz hatte.

Descartes schied die Welt in zwei voneinander streng getrennte Substanzen: die »res extensa«, die durch Ausdehnung charakterisierte Materie, und die »res cogitans«, den Geist, der als »denkende Sache« den Gesetzen der Materie nicht unterworfen war. Aus der Existenz des Geistes begründete Descartes auch die Willensfreiheit des Menschen, die Möglichkeit also, mit eigenen Handlungen frei in die Kette von Ursache und Wirkung einzugreifen. Eine Verbindung zwischen Materie und Geist war für Descartes einzig vermittels der menschlichen Seele gegeben, deren Sitz er in der Zirbeldrüse des Gehirns vermutete.

Nach dem großen Bann von 1656 markierte das Jahr 1660 einen weiteren wichtigen Einschnitt in Spinozas Leben. Auf Betreiben der Amsterdamer Rabbiner musste er Amsterdam verlassen. Damit endete auch seine Lehrzeit bei van den Enden. Er siedelte zunächst nach Rijnsburg, nahe der Universitätsstadt Leiden, um. Drei Jahre später zog er nach Voorburg vor den Toren Den Haags und schließlich, 1669, nach Den Haag selbst, wo er bis zu seinem Tod wohnte. Seinen Lebensunterhalt verdiente er sich mit dem Schleifen optischer Linsen, ein Handwerk, zu dem ihn Descartes' wissenschaftliche Untersuchungen über Optik angeregt hatten.

In der Auseinandersetzung mit Descartes entwickelte Spinoza nun seine eigene Form des Rationalismus. Erste Ansätze dazu finden sich in der Schrift, die Spinoza als einzige unter seinem eigenen Namen zu Lebzeiten veröffentlichte, *Descartes' Prinzipien der Philosophie, auf geometrische Weise begründet*, von 1663. Spinoza kommentiert und erläutert darin die 1644 erschienenen *Prinzipien der Philosophie*, lässt aber auch immer wieder eigene Gedanken einfließen.

Spinoza übernahm von Descartes den Denkansatz und rekonstruiert dessen Philosophie nach einer Methode, die er selbst in seinen Schriften anwenden sollte. Wie Descartes glaubte er, dass die Vernunft aus sich selbst heraus sichere Erkenntnisse über die Welt hervorbringen könne. Doch für ihn ist nicht mehr das subjektive Bewusstsein, das Ich, der Grundbaustein, auf dem das Haus der Wirklichkeit errichtet wird, sondern Gott. Die hier erstmals erprobte »geometrische Methode« baut nach dem Vorbild der Mathematik eine Argumentation auf, die deduktiv vorgeht, d. h. aus obersten Prinzipien alle übrigen Aussagen logisch ableitet.

Erste Aufzeichnungen zur *Ethik* machte Spinoza ab 1661, unterbrach die Arbeit an der Schrift aber 1665, als er mit der Abfassung seines zweiten Hauptwerks, des *Theologisch-Politischen Traktats*, begann. Erst nach dem Erscheinen des *Traktats* 1670 wandte er sich wieder der *Ethik* zu und schloss das Manuskript 1675 ab. Es ist, wie in der damaligen europäischen Gelehrtenwelt üblich, in lateinischer Sprache geschrieben. Von einer Veröffentlichung zu seinen Lebzeiten sah Spinoza allerdings ab.

Der Aufruhr, den der anonym publizierte *Traktat* mit seiner rationalen Gottesvorstellung und seiner kritischen Bibelauslegung in orthodox religiösen Kreisen ausgelöst hatte, veranlasste ihn, den Text zurückzuhalten. Dennoch kursierten Teile des Manuskripts unter Freunden und wurden dort auch intensiv diskutiert. Die *Ethik* war bereits vor ihrer Veröffentlichung ein gleichermaßen berüchtigter und begehrter Untergrundtext. Gottfried Wilhelm Leibniz, nach Descartes und Spinoza der dritte große Rationalist, versuchte bei einem Besuch Spinozas 1676 vergeblich, ein Exemplar des Textes zu erhalten.

Die *Ethik, in geometrischer Weise dargestellt und in fünf Teile geschieden*, wie der Titel vollständig lautet, ist ein streng logisch gegliederter Text, bei dem die Freunde klarer Definitionen und eindeutig formulierter Schlussfolgerungen voll auf ihre Kosten kommen. Jeder der fünf Teile des Buches gliedert sich in Begriffsbestimmungen, Grundsätze, Lehrsätze mit Beweisen und Erläuterungen, Folgesätze und Hilfssätze. Dazu kommen Anhänge, Anmerkungen und Postulate. Die geometrische Methode ist aber keine äußerliche Darstellungsweise, keine Spielerei eines Mathematikliebhabers. Sie ist vielmehr der Versuch, die rationale Ordnung der Dinge selbst abzubilden. Spinoza war davon überzeugt, dass die Welt rational geordnet und es Aufgabe der Philosophie ist, diese Ordnung argumentativ nachzuvollziehen. Erkenntnis und Welt, Innen und Außen korrespondieren miteinander, ein Gedanke, der in der Tradition der Mystik seinen Ursprung hat und den Spinoza aus der Kabbala, der Sammlung jüdischer mystischer Schriften, kennen konnte. Spinozas System will, im strengen Sinne des Wortes, ein »Weltbild« im Sinne einer »Weltabbildung« sein.

Die *Ethik* stellt die Welt als ein ewiges, unendliches und in seiner Grundstruktur unwandelbares Gefüge dar. Spinoza übernimmt hier Vorstellungen, die im 16. Jahrhundert von Giordano Bruno, aber lange vorher schon in der antiken Philosophie formuliert worden waren: Die Annahme eines ewigen kosmischen Seins findet sich in den Ideen Platons ebenso wie in der ewigen kosmischen Weltvernunft der Stoiker. Vor allem aber verabschiedet er sich von der jüdisch-christlichen Tradition, die einen Gott annimmt, der außerhalb der Welt steht und diese aus dem Nichts erschaffen hat.

Spinoza hält an der Idee eines Gottes fest, aber er lehnt jeden »Anthropomorphismus«, d. h. jeden Versuch ab, Gott der menschlichen Vorstellungswelt anzupassen oder ihm menschliche Züge zu verleihen. Gott ist weder Weltenschöpfer noch Weltenlenker, noch ist er ein »persönlicher« Gott. Er ist vielmehr das Zentrum eines in sich geschlossenen Weltensystems, das vom Gesetz der Ursache und Wirkung beherrscht wird.

So beginnt die *Ethik* bei Gott als dem Angelpunkt des Weltensystems. Erst in den weiteren Teilen, »Von der Natur und dem Ursprung des Geistes«, »Von dem Ursprung und der Natur der Affekte«, »Von der menschlichen Unfreiheit« und »Von der Macht der Erkenntnis«, kommen der Mensch und seine Möglichkeiten ins Spiel, sich der göttlichen Weltordnung gegenüber angemessen zu verhalten.

Wenn alles, was geschieht, nach den Gesetzen von Ursache und Wirkung geschieht, so stellt sich sofort die Frage nach der ersten Ursache, die alles andere in Gang gesetzt hat. Diese erste Ursache ist für Spinoza Gott. Da die erste Ursache aber nicht selbst wiederum Wirkung einer anderen Ursache sein kann – sonst wäre sie nicht »erste« Ursache –, muss sie Ursache und Wirkung zugleich sein. Entsprechend ist Gott für Spinoza »causa sui« – die »Ursache seiner selbst«. Gott ist also ein Wesen, das in dem, was es ist und wie es ist, nicht von anderen Wesen oder Vorgängen abhängig ist. Gott ist damit das einzig freie, weil unabhängige Wesen, aber auch das einzige notwendige Wesen, da alles, was existiert, von der Existenz Gottes abhängt und sich nur durch sie rechtfertigen lässt.

Gibt es ein solches Wesen? Existiert ein solcher Gott? Spinoza sagt: Gerade die Notwendigkeit Gottes bedeutet, dass Gott existieren muss. Hier stutzt der Leser, und hier stutzen bis heute auch viele Fachphilosophen. Denn Spinoza macht von einem der berühmtesten Gottesbeweise der Philosophie Gebrauch, den der Engländer Anselm von Canterbury schon im 11. Jahrhundert benutzt hatte, dem sogenannten »ontologischen« Gottesbeweis (von griechisch »on« = »seiend«). Dabei wird vom »Sein«, von der Art, wie eine Sache gedacht wird, auf ihre Existenz geschlossen. Ein notwendiges Wesen bedarf zu seiner Hervorbringung keines anderen Wesens und ist daher vollkommen. Zur Vollkommenheit gehört aber auch die Existenz. Ein Gott, der nicht existiert, wäre demnach ein Widerspruch in sich.

Für manche ist dies bis heute einleuchtend. Andere weisen darauf hin, dass die Tatsache, dass ich einen bestimmten Begriff von Gott habe, noch nicht heißt, dass diesem Begriff etwas Wirkliches, Erfahrbares entspricht.

Spinoza jedenfalls hat Gott und Wirklichkeit immer zusammen gedacht. Dasjenige, zu dessen Natur die Existenz gehört, nennt er »Substanz«. Eine Substanz ist unendlich, unteilbar und kann nicht durch etwas anderes hervorgebracht werden. Sie selbst ist nur eins, sie hat aber unendlich viele Attribute.

Der Begriff der Substanz kommt ursprünglich aus der *Metaphysik* des griechischen Philosophen Aristoteles. Dort bedeutet er u. a. den unveränderten Wesenskern einer Sache, im Gegensatz zu den wechselnden Eigenschaften, den Akzidentien. Bei Aristoteles gibt es so viele verschiedene Substanzen, wie es selbstständig existierende Dinge gibt. Descartes hatte hingegen nur zwei Substanzen angenommen, Materie und Geist. Bei Spinoza gibt es nur noch eine einzige Substanz, nämlich Gott. Aus Descartes' »Dualismus«, seiner zweipoligen Weltsicht, ist ein »Monismus« geworden, eine Weltsicht, die alles auf ein einziges Prinzip zurückführt. Materie und Geist werden von Spinoza zu »Attributen« der einen Substanz heruntergestuft. Es sind die einzigen beiden Attribute Gottes, die Spinoza nennt und die seiner Meinung nach der Erkenntnis des Menschen zugänglich sind, obwohl er theoretisch unendlich viele Attribute für möglich hält.

Gott ist immer gleichzeitig »res cogitans« und »res extensa«. Spinoza ist also keineswegs ein Materialist, sondern jemand, der den Gegensatz zwischen Materialismus und Spiritualismus, zwischen der Materie und dem Geist als letztem Grund der Wirklichkeit überwunden hat.

Damit wird auch das in der Philosophie Descartes' auftauchende Problem gelöst, wie man sich die Beziehung und gegenseitige Beeinflussung von Körper und Geist vorstellen kann, ein Problem, das in der Philosophie normalerweise als »Leib-Seele-Problem« bezeichnet wird. Für Spinoza gründen Körper und Geist in derselben ewigen Substanz, sind also in Wahrheit eins. Sie sind zwei Seiten derselben Medaille: Alle Vorgänge in der Natur können unter einer körperlichen und einer geistigen Perspektive betrachtet werden. Körperliche und geistige Vorgänge laufen parallel ab.

Im Grunde ist nichts wirklich »wirklich« außer Gott. Gott als die ewige, unteilbare und unendliche Substanz ist mit der Natur, mit der Welt identisch. Genau dies ist mit Spinozas berühmter Wendung »Deus sive natura« – »Gott oder die Natur« gemeint. Spinoza vertritt einen Pantheismus, eine Lehre also, nach der Gott und Welt identisch sind.

Spinozas Natur ist kein Reich der Zwecke, wie dies Aristoteles angenommen hatte, dessen Naturphilosophie bis in die Renaissance hinein beherrschend gewesen war. Danach tut die Natur nichts vergebens, und jedes Ding lässt sich dadurch erklären, dass es für etwas Bestimmtes da ist. Spinoza dagegen akzeptiert in der Natur keine

Zweckursachen, sondern nur Erklärungen, die sich auf eine Wirk- oder Kausalursache beziehen. Es regnet nicht, um die Flüsse mit Wasser zu versorgen, sondern umgekehrt: Die Flüsse führen Wasser, weil es genügend Regen gibt. Gott verfolgt in der Natur keine Zwecke: Er ist die Natur und damit sich selbst Zweck. Alles geschieht notwendig. Denn, so Spinoza, »sobald Gott um eines Zweckes willen handelt, erstrebt er notwendig etwas, was er entbehrt«. Dies widerstreitet aber der Idee Gottes als eines vollkommenen Wesens. Die teleologische (von griech. »telos« = »Zweck«) Naturerklärung des Aristoteles wird, wie schon bei Descartes, durch eine mechanistische Naturerklärung abgelöst.

Man kann die Natur aus zwei Blickwinkeln betrachten: als »wirkende Natur«, als »natura naturans«, als die mit Gott identische Substanz, die Ursache ihrer selbst ist; und als »gewirkte Natur«, als »natura naturata«, die die »Modi«, die »Daseinsformen« Gottes enthält, wie sie sich uns in der Welt darstellen.

Zu diesen »Modi« gehört auch der Mensch, der, wie Spinoza sagt, »die Natur Gottes auf begrenzte Weise ausdrückt«. Der Mensch hat nicht die Vollkommenheit Gottes, aber er kann über seinen Geist und seine Erkenntnisfähigkeit an dieser Vollkommenheit teilhaben. Er kann die göttliche Seite seines Wesens aktivieren, indem er gegenüber der göttlichen Weltordnung eine bestimmte Haltung, eine bestimmte Perspektive einnimmt. Die richtige Haltung gegenüber der Welt ist für Spinoza gleichzeitig ein Willens- und Erkenntnisakt. Er geht sogar so weit, Wille und Verstand zu identifizieren.

Eine Willensfreiheit, wie Descartes sie noch angenommen hatte, gibt es bei Spinoza nicht mehr. Der strenge Determinismus Spinozas, also die Ansicht, dass alles nach den Gesetzen von Ursache und Wirkung abläuft, lässt keinen Spielraum für eine Freiheit, die sich außerhalb der Kausalität stellt. Für Spinoza ist Freiheit nichts anderes als Anpassung an die ewigen Naturgesetze, sie ist »Einsicht in die Notwendigkeit«.

Wahre Erkenntnis, Tugend und Glück: Sie fallen bei Spinoza in einer Haltung zusammen, in der sich der Mensch in das ewige, von Ursache und Wirkung bestimmte Weltsystem einfügt. Der Mensch muss sich zu der richtigen Sicht des Universums erheben, er muss sich als eins mit diesem Universum sehen.

Dazu bedarf es einer speziellen Art von Erkenntnis. Spinoza unterscheidet zwischen der unzuverlässigen Erkenntnis der sinnlichen Wahrnehmung, der rationalen Erkenntnis mit Hilfe von Begriffen und schließlich der wichtigsten, nämlich der intuitiven und anschaulichen Erkenntnis. Diese dritte Erkenntnis ist es, die die Beziehung zwischen den Dingen und Gott unmittelbar erfasst.

Spinoza verdeutlicht diese Art der Erkenntnis mit einem Beispiel aus der Mathematik: Sind die Zahlen 1, 2 und 3 gegeben und suche ich eine vierte Zahl, die zur dritten im gleichen Verhältnis steht wie die zweite zur ersten, so ist sozusagen »auf den ersten Blick«, ohne Räsonnieren und Schlussfolgern klar, dass es sich um die Zahl 6 handeln muss, also um das Doppelte von 3.

In dieser anschaulichen und intuitiven Erkenntnis bestehen, so Spinoza, »das höchste Bestreben des Geistes und die höchste Tugend«. In ihr befinden sich Affekte und Vernunft in vollständiger Übereinstimmung. Indem sie das Wesen der Dinge erfasst und gleichzeitig dem Menschen Glück durch Seelenruhe vermittelt, hat sie sowohl etwas Visionäres als auch etwas Kontemplatives. In ihr betrachtet der Mensch die Welt »sub specie aeternitatis«, unter dem »Blickwinkel der Ewigkeit«, und er verwirklicht »die in der Erkenntnis ruhende Liebe des Geistes zu Gott«.

Einordnung in die Weltvernunft, Seelenruhe und Gottesliebe: In Spinozas *Ethik* vereinigen sich die Glücksideale der antiken Philosophie und der monotheistischen Religionen zu einer neuen Art der weltfrommen Kontemplation. Es ist eine Weisheit, die, so Spinoza, »fast von jedermann vernachlässigt wird«, obwohl sie »leicht zur Hand und ohne viel Mühe gefunden werden kann«.

Spinoza starb 1677, im Alter von nur vierundvierzig Jahren, an Lungentuberkulose. Noch im selben Jahr veröffentlichten seine Freunde seine nachgelassenen Werke, die *Opera Posthuma*, die auch die *Ethik* enthielten. Was Spinoza bereits vorausgesehen hatte, trat prompt ein: Am 25. Juni 1678 wurde das Buch durch die Zensur verboten.

Die Verleumdungen Spinozas und die Versuche, die Verbreitung seiner Schriften zu verhindern, dauerten auch noch das gesamte 18. Jahrhundert an. Die Faszination, die von Spinozas Einheitsphilosophie ausging, ließ sich dadurch aber nicht verhindern.

Gerade die klassische Periode der deutschen Literatur und Philosophie, von 1770 bis 1830, ist von spinozistischem Geist getränkt. Lessing bekannte sich offen zu Spinoza, ebenso Goethe und Herder. Der Gedanke einer die Wirklichkeit durchdringenden Weltvernunft wurde zum Ausgangspunkt der Philosophie des Deutschen Idealismus. Fichte und Schelling, besonders aber Hegel haben auf Spinoza aufgebaut. Spinozas Forderung nach »Einsicht in die Notwendigkeit« wurde von den Vertretern des Marxismus übernommen, wenn sie zum Ausdruck bringen wollten, dass der Mensch in Übereinstimmung mit den objektiven Gesetzmäßigkeiten der Geschichte handeln müsse. Auch Nietzsche hat in Spinozas Weltfrömmigkeit eine enge Verwandtschaft zu seinem eigenen Denken entdeckt.

Die Eigentümlichkeit des Spinozismus liegt aber auch darin, dass er tiefe Wurzeln in der Vergangenheit und gleichzeitig eine erstaunliche Aktualität hat. Dass Materie und Geist nur scheinbare Gegensätze sind, trifft sich sowohl mit Erkenntnissen östlicher Religionen und Meditationslehren als auch mit denen der modernen Physik. Spinozas Werk hat die Aura einer Weltanschauung, die von ganz weit her kommt und gleichzeitig weit in die Zukunft weist. In kaum einem anderen Werk spürt der Leser das, was seit der frühen Neuzeit »philosophia perennis«, also »ewige Philosophie« genannt wird: den immer wieder erneuerten Anspruch, in der Kontemplation der einfachen, bleibenden Wahrheiten die Zeit zu überwinden.

Ausgabe:
Baruch de Spinoza: Die Ethik. Schriften und Briefe. Übertragen von Carl Vogl. Revidierte Übertragung und herausgegeben von Friedrich Bülow. Stuttgart: Kröner 1976.

Spielregeln des Rechtsstaats

JOHN LOCKE: Zwei Abhandlungen über die Regierung (1690)

Die Wirkung, die philosophische Bücher auf das Leben der Menschen haben, lässt sich nur selten mit den Auswirkungen technischer Erfindungen oder politischer Umwälzungen vergleichen. Wenn wir daran denken, welche Folgen die Erfindung der Glühbirne, der Dampfmaschine oder des Computers für die modernen Gesellschaften hatte oder wie sich das Leben vieler Millionen Menschen durch die beiden Weltkriege des 20. Jahrhunderts veränderte, so kommt uns die Wirkung klassischer philosophischer Bücher eher vor wie die eines Weltrekords in einer extravaganten Sportart, die von ein paar wenigen Exzentrikern betrieben wird und die es vielleicht einmal im Jahr in die Spalten der Zeitung schafft.

Für John Lockes *Zwei Abhandlungen über die Regierung* trifft dies allerdings nicht zu. Diese in klarer und unprätentiöser Sprache formulierte Schrift, mit der die politische Philosophie der Aufklärung beginnt, entstand nicht im akademischen Elfenbeinturm, sondern war Teil einer Debatte, die eine ganze Nation mit Leidenschaft führte und in der der Autor eindeutig Partei ergriff. Locke begründete, warum Herrscher mit ihrer Macht nicht tun können, was sie wollen, dass diese Macht vom Volk verliehen, nach bestimmten Regeln ausgeübt und gegebenenfalls an das Volk zurückgegeben werden muss.

Nicht zufällig klingen diese Forderungen für uns ganz vertraut. Lockes Thesen zur Volkssouveränität, zum Naturrecht, zur Gewaltenteilung, zum Privateigentum und zum Widerstandsrecht des Bürgers haben die Lunte an das System des Feudalismus und der absoluten Monarchie gelegt und eine Entwicklung angeschoben, die bis zu den modernen demokratischen Verfassungsstaaten führt. Locke ist der philosophische Vater der Menschen- und Bürgerrechte. Seine *Zwei Abhandlungen über die Regierung* formulieren die Spielregeln des modernen Rechtsstaats. Sie setzten damit Veränderungen in Gang, die das Selbstverständnis jedes einzelnen Bürgers berührten.

Eine solche Wirkung wäre ganz im Sinne des Verfassers gewesen. John Locke war kein Schreibstubengelehrter und seine Interessen und Tätigkeiten gingen weit über die Philosophie hinaus. Sein Leben spielte sich nicht am Rande, sondern mitten in der Gesellschaft ab. Dass das Interesse für politische Verhältnisse dabei eine besondere Rolle spielte, war im England des 17. Jahrhunderts unvermeidlich. Religiöse Spaltungen, Bürgerkriege, Putsche und Revolutionen erschütterten das Land. Locke selbst wurde 1632 in einem kleinen Dorf im Westen Englands geboren. Seine Familie gehörte dem aufstrebenden Bürgertum an und kam durch den vom Großvater betriebenen Tuchhandel zu Wohlstand. Als Locke zehn Jahre alt war, schloss sich sein Vater als Offizier der Parlamentsarmee Oliver Cromwells an, die gegen die Königspartei unter dem Stuart Charles I. kämpfte. Es war ein politischer Kampf gegen die Ansprüche der absoluten Monarchie, aber auch eine religiöse Auseinandersetzung zwischen Puritanern und Angehörigen der anglikanischen Staatskirche. Es ging um politische Mitbestimmung, um sozialen Aufstieg und um religiöse Toleranz. Zwei unterschiedliche gesellschaftliche Mentalitäten stießen hier aufeinander, die sich auch noch lange nach Beendigung des Bürgerkriegs gegenüberstehen sollten: sittenstrenge Reformer und königskritische Adelige auf der einen Seite, Lebemänner und königstreue Traditionalisten auf der anderen Seite.

Als Cromwells Puritaner gesiegt hatten und Charles I. am 30. Januar 1649 im Whitehall Palace Yard in London exekutiert wurde, war Locke Schüler der berühmten Westminster School. Von ihren Fenstern aus konnte man die Hinrichtung beobachten. Die Schule galt als eine royalistisch gesinnte Bildungsstätte, ebenso wie die Universität Oxford, auf der Locke von 1652 bis 1658 zum Wissenschaftler ausgebildet wurde. Zwar nahmen philosophische Studien dabei einen großen Raum ein, doch wurde Locke nie ein reiner Fachphilosoph. Die englischen Universitäten bildeten ihre Studenten zu Gentlemen aus, die eine breite Bildung erworben hatten und sich auf dem gesellschaftlichen Parkett bewegen konnten. Im Gegensatz zu seinem Vater war der junge Locke ein königstreuer Konservativer und befand sich damit ganz im Einklang mit dem akademischen Establishment in Oxford. Entsprechend begrüßte er die Rückkehr der Stuarts auf den Thron im Jahr 1660.

Nach dem Studium nahm Locke zunächst eine Tutorenstelle in Oxford an, doch genügte ihm das akademische Leben nicht. 1665 ging er als englischer Botschaftssekretär in das damals brandenburgische Kleve. Nach England zurückgekehrt, widmete er sich medizinischen Studien und erwarb, obwohl er erst 1675 die offizielle Approbation erhielt, den Ruf eines fähigen Arztes.

In den frühen sechziger Jahren schrieb er mehrere Essays zur politischen Philosophie, die sich an die Theorie des Gesellschaftsvertrags seines etwas älteren Landsmanns Thomas Hobbes anlehnten und in denen sich noch seine Vorliebe für einen starken Staat äußerte. In seinem Hauptwerk *Leviathan* (1651) hatte Hobbes zwischen einem vorstaatlichen »Naturzustand« und einem staatlich organisierten Zustand unterschieden. Der Übergang vom Naturzustand zum Staat erfolgt durch eine vertragliche Vereinbarung, die die Menschen auf der Basis der Freiheit und Gleichheit eingehen.

Locke wurde ein Anhänger der Vertragstheorie, die Hobbes in die neuzeitliche Philosophie eingeführt hatte. Die durch sie begründete These, dass sich die Legitimität politischer Herrschaft aus dem Willen der Menschen und nicht aus dem Willen Gottes ableitet, wurde zum festen Bestandteil seiner Überzeugungen. In seinen frühen Essays trat er auch, wie Hobbes, für eine starke Staatsgewalt ein. Er stimmte der These Hobbes' zu, dass der Naturzustand der Zustand der Anarchie, des Chaos und der Rechtlosigkeit sei, der nur dadurch beendet werden könne, dass die Menschen alle Rechte an einen Souverän abgeben, der mit unbeschränkter Gewalt ausgestattet ist. Auch hier stand er also noch ganz auf der Seite des absolutistischen Königtums.

Dies änderte sich, als er 1667 Anthony Ashley Cooper, den späteren Grafen von Shaftesbury kennen lernte. Shaftesbury war einer der prominentesten, einflussreichsten, aber auch einer der umstrittensten Politiker des Landes. Als Vertreter der Whigs setzte er sich, im Gegensatz zu den konservativen Tories, für eine Begrenzung der königlichen Macht und für die Rechte der protestantischen Freikirchen ein. Besonders engagiert vertrat er die britischen Handelsinteressen, die Öffnung der Märkte für britische Produkte und die Erschließung neuer Kolonien. Auf dem politischen Parkett galt er als Hasardeur. Sein Ehrgeiz brachte ihm hohe politische Ämter ein, aber er war auch an zahlreichen Komplotten beteiligt und geriet dadurch immer wieder mit dem König in Konflikt. Zwischen 1677 und 1678 musste er sogar einmal für zwölf Monate im berühmten Londoner Tower einsitzen.

Shaftesbury wurde der Gönner und Protektor Lockes. Er machte ihn nicht nur zu seinem Hausarzt, sondern auch zu einem seiner engsten Vertrauten. Durch ihn wurde aus dem konservativen Tory ein liberaler Whig, aus dem Universitätsdozenten ein Mann von Welt und ein Philosoph von Rang. Shaftesbury vermittelte Locke politische Ämter und wissenschaftliche Ehren. So war es ihm zu verdanken, dass Locke in die Royal Society aufgenommen wurde. In Shaftesburys Londoner Haus trafen sich regelmäßig einige der besten Köpfe Englands. Locke führte hier wissenschaftliche Experimente durch und nahm an politischen und philosophischen Diskussionen teil. Ohne diese anregende intellektuelle Atmosphäre, die ihn nun umgab, wären viele seiner Schriften nicht entstanden.

Durch Shaftesbury wurde Locke auch in die Entscheidungsprozesse der englischen Politik miteinbezogen. Unter seinem Mentor diente er zeitweise als Staatssekretär und war als solcher auch mit der Gründung englischer Kolonien befasst. Dieser Prozess, von der ersten Ankunft der Siedler bis zur Entstehung politischer Institutionen und der Verabschiedung von Verfassungen, war mit der Entstehung neuer Staaten und dem Übergang vom Naturzustand zu einem staatlichen Zustand im Gesellschaftsvertrag vergleichbar. Die Beobachtungen und Erfahrungen, die Locke hier machte, fanden in seine politische Philosophie Eingang.

In den Schriften, die er in dieser Zeit verfasst, zeigen sich sowohl sein neues liberales Gesicht als auch die politischen Rücksichtnahmen, die er nun üben muss. So tritt er in seinem *Essay über Toleranz* (1667) für freie Religionsausübung ein, nimmt allerdings die Katholiken aus. Er begründet dies damit, dass Katholiken sich nur dem Papst und keinem weltlichen Herrscher unterordnen würden und damit eine Gefahr für den gesellschaftlichen Frieden seien. Hintergrund dieser heute etwas befremdlich anmutenden Ausnahme ist die englische Tagespolitik. Der 1660 wieder eingesetzte Stuart-König Charles II., nominell ein Anglikaner, liebäugelte mit dem Katholizismus. Was aber schwerer wog, war die Tatsache, dass er keine legitimen Nachkommen hatte und deshalb zu befürchten war, dass ihm sein katholischer Bruder James auf dem Thron folgen würde. Dies wollten die Whigs um Shaftesbury und ein großer Teil der englischen Öffentlichkeit unbedingt verhindern. Sie verfolgten deshalb eine radikal antikatholische und antipapistische Politik.

Im Misstrauen gegen Charles II. wurzelten auch die Ansichten, die die Whigs zum Problem der Legitimität von Macht hatten. Diese Ansichten hat Locke mitformuliert und philosophisch untermauert. Er wurde, so würde man heute sagen, einer der wichtigsten »Spindoctors« der Whigs. So betont er in seinem *Essay*, dass die Macht dem König ausschließlich zu dem Zweck verliehen wird, sie für das gesellschaftliche Wohl und den öffentlichen Frieden einzusetzen. Ein katholischer König, der sich anmaßt, das Parlament nach Belieben entmachten zu können – so konnte jeder Leser ergänzen –, bedeutet Bruch des öffentlichen Friedens, vielleicht sogar Bürgerkrieg, und verliert deshalb seinen Anspruch auf Legitimität.

Doch auch die Spindoctors der Tory-Seite blieben nicht müßig. Einer von ihnen, John Filmer, veröffentlichte 1680 sein Buch *Patriarcha*, in dem er den Nachweis versuchte, dass die königliche Macht ihre Legitimität von der väterlichen Gewalt herleitet, die Gott Adam im Alten Testament verliehen hat. Politische Macht wurzelt nach Filmer also im »Patriarchat«. Sie ist eine Schenkung Gottes und in ihrer Reichweite unbeschränkt. Adam hat sie an seine Nachkommen weitergegeben. Zu ihnen gehören auch die Monarchen. Der Staat ist nichts anderes als eine größere Organisationsform der Familie, mit dem König an der Spitze. Die Untertanen im Staat haben dem König in derselben Weise Gefolgschaft zu leisten wie die Mitglieder einer Familie ihrem Familienoberhaupt. Filmers Schrift war unter den Tories außerordentlich populär und forderte eine Entgegnung von seiten der Whigs geradezu heraus.

Sehr vieles spricht dafür, dass John Locke, wie andere Whig-Publizisten auch, sich in den Jahren 1680 bis 1682 daran machte, Filmer zu widerlegen. Aus dieser Widerlegung entstand die erste Fassung der *Zwei Abhandlungen über die Regierung*. Sie enthielt jedoch nicht nur eine Kritik an Filmer, sondern auch eine Rechtfertigung der Revolution. Sie lieferte die philosophische Begründung für den Sturz eines illegitimen Königs, ein Sturz, der im Jahre 1682 von Shaftesbury und seinen Anhängern auch tatsächlich geplant wurde. Da die Pläne für den Putsch jedoch aufgedeckt wurden, musste Shaftesbury, als presbyterianischer Pfarrer verkleidet, in die Niederlande fliehen, wo er wenige Monate später starb. Die Anhänger Shaftesburys, unter ihnen auch Locke, hatten nun die Rache des Königs zu fürchten. An eine Publikation seiner Schrift war für Locke unter diesen Umständen nicht mehr zu denken. So setzte er sich 1683 selbst in die Niederlande ab.

Zwei Jahre später trat das ein, was Shaftesbury und seine Gefolgsleute immer befürchtet hatten: Der katholische James II. bestieg den Thron. Was aber noch schwerer wog, war die Tatsache, dass dieser 1688 einen Sohn bekam und damit die Stellung der anglikanischen Staatskirche in Gefahr geriet. Die Whigs setzten ihre Hoffnung nun auf James' protestantische Tochter Mary, die in den Niederlanden lebte und mit Wilhelm von Oranien verheiratet war. Beide wurden deshalb vom protestantischen Adel ins Land gerufen, um James II. zu stürzen. Der Coup gelang. James verlor jeglichen Rückhalt im eigenen Land. Am 20. Februar 1689 setzten William und Mary auf der »Isabella« von Rotterdam nach London über, um die vom englischen Parlament angetragene Königswürde zu übernehmen und damit die so genannte »Glorreiche Revolution« zu vollenden. Auf dem Schiff befand sich auch John Locke, der bei dem zukünftigen Königspaar in großer Gunst stand. Auch er sah nun seine politischen Ziele erfüllt. Mit der berühmten »Bill of Rights« waren sowohl die Rechte des Parlaments als auch der protestantische Charakter der Monarchie festgeschrieben worden.

Nun konnte das Manuskript der *Zwei Abhandlungen über die Regierung* veröffentlicht werden. Teile davon waren allerdings während des Exils verloren gegangen. Im Vorwort bringt Locke seine Schrift in eine unmittelbare Verbindung zur Glorreichen Revolution: »Leser, du hast hier Anfang und das Ende einer Abhandlung über die Regierung. Es ist nicht der Mühe wert, dir zu berichten, was aus den Papieren geworden ist, welche die Mitte ausfüllen sollten und die mehr waren als der ganze Rest. Ich hoffe, dass die übrig gebliebenen ausreichen werden, den Thron unseres großen Retters, des gegenwärtigen Königs Wilhelm, zu festigen und die Berechtigung seines Anspruchs auf die Zustimmung des Volkes zu beweisen ...« Es ging also nicht mehr um eine Aufforderung zur Revolution, sondern um die Rechtfertigung einer konstitutionellen Monarchie. Seitdem werden die beiden *Abhandlungen* häufig als Begleittext zur Glorreichen Revolution gelesen, obwohl Lockes Manuskript auf die frühen achtziger Jahren zurückgeht und später lediglich der neuen Situation angepasst wurde.

Lockes Werk gehört zu den lesbarsten Klassikern der Philosophiegeschichte. In der veröffentlichten Form hat es zwei klar voneinander unterschiedene Teile: In der ersten *Abhandlung* geht es um eine Auseinandersetzung mit »gewissen falschen Prinzipien«, in der zweiten um die Darlegung der wahren Ziele staatlicher Herrschaft. Stellvertretend für die falschen Prinzipien, die das Gottesgnadentum und die absolute Monarchie rechtfertigen, steht Filmers *Patriarcha*, deren Thesen Locke Schritt für Schritt widerlegt. Er tut dies zunächst, indem er sich auf die Autorität der Bibel einlässt, deren Zeugnis Filmer als Begründung für seine These anführt, die Menschen seien von Natur aus ungleich, da Gott von Anfang an mit Adam und seinen Nachfolgern einen Herrscher über sie eingesetzt habe. Auch für Locke war der Bezug zur Bibel für seine Glaubwürdigkeit bei den zeitgenössischen Lesern wichtig. Insbesondere die bibeltreuen Puritaner legten Wert darauf, die Bibel als Stütze der eigenen politischen Überzeugungen anführen zu können.

Locke bestreitet die These, dass Adam von Gott mit einer Herrschaftsgewalt ausgestattet wurde und dass diese Herschaftsgewalt ununterbrochen auf die Könige der Gegenwart übergegangen sei. Den Auftrag, über die Erde zu herrschen, habe Adam vielmehr stellvertretend für die gesamte Menschheit erhalten. Auch von einer zeitlich ununterbrochenen, linearen Nachfolge der Herrschaft Adams, von einer »Dynastie Adam« also, kann nach Locke nicht gesprochen werden. Er weist darauf hin, dass die Herrschaftsfolge im jüdischen Volk mehrere Brüche erlebt hat: so durch das ägyptische Exil, die babylonische Gefangenschaft oder durch die römische Herrschaft. Eine »legitime« Nachfolge der Herrschaft Adams lasse sich somit überhaupt nicht nachweisen.

Mit der Widerlegung der Behauptung, es gäbe natürliche Herrschaftsansprüche, war eine der Grundthesen Filmers gefallen, mit der dieser letztlich die Idee des von Gott verliehenen Königtums begründet hatte: die These von der natürlichen Ungleichheit und Unfreiheit der Menschen. Dass es in der Naturordnung liegt, dass manche als Herrscher und manche als Sklaven geboren werden, war eine Auffassung, die sich seit Platon und Aristoteles in der Philosophie gehalten hatte. Locke dagegen stellt sich gleich im ersten Satz seines Buches auf die Seite der Freiheit und der Menschenwürde: »Die Sklaverei«, so hält er Filmer entgegen, »ist ein so verächtlicher, erbärmlicher Zustand des Menschen und dem edlen Charakter und Mut unserer Nation derartig entgegengesetzt, dass es schwer fällt zu begreifen, wie ein *Engländer*, geschweige denn ein *Gentleman*, sie verteidigen kann.« Sie sei, so formuliert er an einer späteren Stelle, ein »fortgesetzter Kriegszustand« zwischen einem Eroberer und einem Gefangenen, aber kein Zustand, der in einer durch Recht und Gesetz geordneten Gesellschaft Platz habe. Die gegenteilige These, dass nämlich Gott alle Menschen frei und gleich erschaffen hat, wird zur Grundlage seiner eigenen politischen Philosophie, die er in der zweiten *Abhandlung* entwickelt.

Nachdem er sich in der ersten *Abhandlung* noch auf Filmers Ansatz eingelassen hatte, politische Herrschaft sei aus der Herrschaft eines Familienoberhaupts abzuleiten, greift er nun diesen Ansatz an.

Denn für Locke sind die Aufgaben eines Königs und die eines Familienvaters völlig verschieden. Die elterliche Gewalt besteht nach Locke lediglich darin, den Unterhalt der Familie und die Erziehung der Kinder zu sichern. Sie ist zeitlich begrenzt und erstreckt sich auch nicht auf Leben und Eigentum der Familienmitglieder. Politische Herrschaft hat es, weit darüber hinausgreifend, um den zeitlich unbegrenzten Schutz von Grundrechten wie Eigentum und Leben zu tun. Der Herrscher ist deshalb nur in einem metaphorischen Sinn der »Vater« seines Volkes.

Damit ist Locke auch von Hobbes abgerückt, obwohl er die Idee des Gesellschaftsvertrags weiterhin vertritt. Hobbes' Name taucht in den *Abhandlungen* kaum auf, da sein Werk von den Zeitgenossen weitgehend totgeschwiegen wurde und weder bei den Whigs noch bei den Tories Resonanz fand. Bei den Whigs war er unbeliebt, weil er die absolute Monarchie gerechtfertigt hatte. Da er aber andererseits, im Gegensatz zu Filmer, die Herrschaftsgewalt des Königs nicht von Gott, sondern aus einem Vertrag herleitete, wurde er auch von den Tories abgelehnt.

Locke verändert die Vertragstheorie von Thomas Hobbes in mehreren entscheidenden Punkten. Der Naturzustand ist für ihn kein Zustand der Anarchie, sondern ein Zustand, in dem ein Naturrecht herrscht, das er als »Vernunftgesetz« bezeichnet. Von einem »Naturrecht« hatte Hobbes nur in dem Sinn einer Erlaubnis gesprochen, sich im Naturzustand gegen andere zu behaupten und zu wehren. Locke dagegen glaubt, dass das Vernunftgesetz den Menschen schon im Naturzustand zwingt, aus dem Stadium der Vereinzelung herauszutreten und sich auf einen sozialen Zusammenhang mit anderen Menschen einzulassen. Jeder Mensch hat dabei von Anfang an Grundrechte und erwirbt weitere Rechte und Ansprüche. So gibt es Eheverhältnisse und Siedlungsgemeinschaften. Es wird Land bebaut und Waren werden getauscht. Einen solchen Naturzustand hatte Locke konkret vor Augen, wenn er an die Situation der europäischen Siedler in Nordamerika dachte, die sich in einem Land ansiedelten, das nach europäischem Verständnis noch ohne jede Staats- und Rechtsordnung war.

Nach dem »Vernunftgesetz« hat der Mensch im Naturzustand drei grundlegende Rechte: das Recht auf Leben, das Recht auf Freiheit und das Recht auf Besitz. Jeder hat zum Beispiel im Naturzustand das Recht auf angemessene Wiedergutmachung, wenn ihm ein Schaden zugefügt wird. Dabei spielt das Grundrecht auf Besitz, das heißt auf Privateigentum, bei Locke eine besonders herausragende Rolle. Mit ihm trägt er der Entstehung der neuen bürgerlichen Gesellschaften Rechnung, in denen mittelalterlich-feudale Besitz- und Handelsbeschränkungen zunehmend in Frage gestellt wurden. England war in Westeuropa der Vorreiter einer Entwicklung, in der freier Warenverkehr, Privatbesitz an Produktionsmitteln und Erschließung neuer Rohstoffmärkte zu dem führten, was Karl Marx hundertfünfzig Jahre später als »Kapitalismus« bezeichnen sollte.

Locke war auch einer der ersten Philosophen, die den Besitz mit dem Faktor »Arbeit« verknüpften. So hat jeder ein Besitzrecht an dem Land, das er selbst bebaut und bearbeitet hat. Auch hier nahm Locke ein Problem der amerikanischen Kolonisten auf, die ihr Land »in Besitz« genommen hatten, ohne dass es schon eine staatliche Eigentumsordnung gab. Lockes Naturzustand kann also nicht mit Chaos gleichgesetzt werden.

Locke unterscheidet zwei Stadien des Naturzustands: Im ersten beschränken sich die Menschen auf den Erwerb dessen, was sie zum Leben brauchen. Im zweiten Stadium dagegen wird Geld als Tauschmittel eingeführt und damit die Möglichkeit geschaffen, Werte anzuhäufen, die man gar nicht selbst verbrauchen kann. Mit der Einführung des Geldes entstehen nach Locke schon im Naturzustand Ungleichheiten im Besitz. Er hat diese Ungleichheiten als ein notwendiges Übel akzeptiert, weil er in einer freien Geld- und Warenzirkulation die Voraussetzung für eine produktive Volkswirtschaft sah.

Wenn es aber im Naturzustand bereits eine Gesellschaft gibt, in der rechtliche, soziale und wirtschaftliche Beziehungen existieren, welchen Sinn hat dann noch ein Gesellschaftsvertrag, mit dem die Menschen Bürger eines Staates werden? Lockes Antwort ist einfach: Nur der Staat mit seinen Institutionen kann das im Naturzustand geltende Vernunftgesetz auch durchsetzen. Grundrechte zu haben und diese Grundrechte gegenüber jedermann auch geltend machen zu können – dies sind für Locke zwei unterschiedliche Paar Schuhe. Wenn jemand meine Kuh stiehlt, habe ich zwar das Recht, sie mir wiederzuholen, aber wer hilft mir, wenn der andere stark genug ist, dies zu verhindern? Das Vernunftgesetz darf kein Papiertiger bleiben. Die Menschen wollen durch Institutionen gesicherte Lebensverhältnisse, geschriebene und respektierte Gesetze, eine Polizei und unabhängige Gerichte. Der Naturzustand dagegen ist wie ein Haus ohne Dach.

Auch für Hobbes war der Gesellschaftsvertrag das Mittel, Recht und Gesetz durchzusetzen. Doch Recht entstand für ihn erst mit dem Vertrag selbst. Wo keine Macht ist, so Hobbes, gibt es auch kein Recht. Im Gegensatz zu Hobbes aber glaubt Locke, dass das Recht nicht erst durch den Staat und seine Macht geschaffen wird. Mit dem Staat fängt nicht ein neues Recht an, sondern das bereits geltende Recht, das Vernunftgesetz des Naturzustands, soll nun geschützt und gesichert werden. Das Naturrecht wird bei Locke zu einem vorstaatlichen Vernunftrecht, das jeder staatlichen Gesetzgebung als Grundlage dienen muss. Ein Staat ist erst dann legitimiert, wenn er dieses Naturrecht achtet.

Deshalb ist der Gesellschaftsvertrag für Locke nur gültig, wenn er die Grundrechte auf Freiheit, Leben und Besitz garantiert. Die Menschen kommen in einem solchen Vertrag überein, die Macht zur Durchsetzung der Grundrechte an staatliche Institutionen zu übergeben. Sie übergeben diese Macht jedoch nicht bedingungslos und nicht für immer, sondern als eine Art Vertrauensleihgabe. Das englische Wort, das Locke benutzt, heißt »trust«. »Trust« ist der eigentliche Eckstein in seiner politischen Theorie. In diesem »Vertrauen« ist sowohl der »consent«, die Zustimmung des Bürgers, enthalten als auch das Ziel des »public good«, des öffentlichen Wohls, dem die Institutionen des Staats verpflichtet sind. Mit anderen Worten: Handelt ein Herrscher gegen die Zustimmung der Mehrheit der Bürger, so hat er den Gesellschaftsvertrag gebrochen. Der Bürger bleibt der Souverän, von dem alle Macht ausgehen muss. Locke wird damit zu dem eigentlichen Begründer der »Volkssouveränität«.

Die Institution, in der sich diese Souveränität vornehmlich ausdrückt, ist die Legislative, also das gewählte Parlament als Gesetz gebende Versammlung. Sie bleibt als Stimme des Volkes die »oberste Gewalt«. Sie kontrolliert die Exekutive, die ausführende Gewalt, und hat das Recht, über die Verwendung von Haushaltsmitteln zu entscheiden. Locke hat sich damit in dem Kampf zwischen Parlament und König, der sich in England durch das gesamte 17. Jahrhundert hindurchzog, eindeutig auf die Seite des Parlaments gestellt. Der König ist demnach nicht mehr befugt, das Parlament willkürlich aufzulösen oder über den Kopf des Parlaments hinweg Steuergelder auszugeben. Der Legislative – und nicht der Exekutive – fällt auch die Aufgabe zu, unabhängige Richter zu ernennen. Obwohl Locke die richterliche Gewalt noch nicht als eine dritte Gewalt neben dem Parlament und der Regierung gesehen hat, ist er durch die von ihm geforderte Unabhängigkeit der Legislative gegenüber der Exekutive doch zum Vater der modernen Gewaltenteilung geworden.

Damit hatte Locke eine Lehre von der Legitimität politischer Macht entwickelt, nach der eine Monarchie nur noch in eingeschränkter Form, das heißt als »konstitutionelle Monarchie«, möglich war. Das vom Parlament verabschiedete Gesetz hatte immer über der Regierung oder über dem König zu stehen. Vor allem aber enthielt die Theorie einen für Diktaturen revolutionären Sprengstoff. Wenn nämlich die Träger politischer Macht, sei es das Parlament oder die Regierung, diese nur auf Vertrauensbasis vom Volk entliehen haben, so kann ihnen das Volk bei einem Vertrauensbruch die Macht auch wieder entziehen. Locke begriff den Gesellschaftsvertrag als eine Art Handelskontrakt, in den die Beteiligten ihre Interessen einbringen, der aber auch wieder gekündigt werden kann, wenn diese Interessen nicht mehr gewahrt werden. Wenn der Staat seinen Ursprung in einem freiwilligen Zusammenschluss von Menschen hat, so kann er von Menschen auch wieder aufgelöst werden.

Ein solcher Kündigungsgrund, ein Bruch des »trust«, liegt vor allem dann vor, wenn die Grundrechte auf Leben, Freiheit und Besitz verletzt werden. Dazu zählen auch Versuche der Exekutive, das Parlament als die Vertretung des Volkes zu umgehen oder zu entmachten, wie James II. dies in den Augen der Whigs versucht hatte. Dem Bürger ein Kündigungsrecht gegen illegitime Herrschaft zu verleihen: Darin hatte ursprünglich das Hauptmotiv der Schrift gelegen.

Deshalb rechtfertigt für Locke der Vertrauensbruch der staatlichen Institutionen, also ein Verstoß gegen das Naturrecht, den Widerstand der Bürger gegen den Staat. Ein Widerstandsrecht gegen Tyrannei war in der Philosophie nicht neu: Der bekannteste mittelalterliche Philosoph, Thomas von Aquin, hatte ein solches Recht dem Bürger bereits eingeräumt. Doch nie zuvor waren die Rechte des Bürgers so weit gefasst und die Grenzen des Machtmissbrauchs so eng gezogen worden wie bei Locke. Auch Locke dachte nicht daran, bei jedem Gesetzesbruch der herrschenden Politiker zur Revolution aufzurufen. Er hatte vielmehr einen dauernden und wiederholten Verfassungsbruch im Auge, der das Vertrauen der Bürger unterhöhlt.

Dennoch enthalten die *Zwei Abhandlungen über die Regierung* die Rechtfertigung revolutionärer Gewalt unter bestimmten, klar definierten Bedingungen. An eine gewaltlose Absetzung von Diktaturen glaubte Locke nämlich nicht. Wenn dem Bürger Grundrechte entzogen werden, dann muss er auch das Recht erhalten, sich gewaltsam einer illegitimen Herrschaft zu entledigen. Lockes Devise lautet: Im Zweifelsfall für die Bürger und gegen die Machthaber. Es ist gerade diese Einsicht, die *Zwei Abhandlungen über die Regierung* Popularität verschafft hat: dass nämlich der Staat ein Werkzeug des Bürgers und nicht der Bürger ein Werkzeug des Staates ist.

Lockes *Abhandlungen* erschienen, noch im Oktober des Revolutionsjahres 1689, anonym in London bei Awnsham Churchill, einem alten Whig, der sich nun offiziell »königlicher Buchhändler« nennen durfte. Auf dem Titelblatt stand allerdings die Jahreszahl 1690, was seitdem als offizielles Erscheinungsjahr gilt. Für die Zeitgenossen hatten die *Zwei Abhandlungen über die Regierung* die Glorreiche Revolution gerechtfertigt. Als Lockes Autorschaft zu Beginn des 18. Jahrhunderts allgemein bekannt wurde, erregte das Buch, weit über England hinaus, auch internationales Aufsehen.

Es war die französische Aufklärung, die Lockes Philosophie im 18. Jahrhundert auf dem europäischen Kontinent populär machte. Montesquieu entwickelte, auf Locke aufbauend, seine Theorie der Gewaltenteilung. Auch Voltaire und Rousseau benutzten Lockes Theorie als Waffe gegen das Ancien Régime und halfen damit, die Französische Revolution ideologisch vorzubereiten. Thomas Jefferson und Benjamin Franklin nahmen Lockes Ideen mit über den Atlantik und sorgten dafür, dass die Bill of Rights von 1776 und wenig später die amerikanische Verfassung im Geiste Lockes geschrieben wurden.

Die großen Vertreter des Liberalismus des 19. Jahrhunderts wie Alexis de Tocqueville und John Stuart Mill können mit Recht Locke als ihren Stammvater ansehen. Aber auch Karl Marx, der große Gegenspieler des Liberalismus, würdigte Locke als denjenigen, der Fragen der politischen Ökonomie in die Philosophie eingeführt hat. Im 20. Jahrhundert konnte sich die Kritik an den totalitären Ideologien auf Locke und seine Lehre vom Naturrecht berufen. Und auch Lockes Versuch, Menschen- und Bürgerrechte mit Hilfe der Idee des Gesellschaftsvertrags zu begründen, erlebte durch den Amerikaner John Rawls eine Neuauflage.

John Lockes *Zwei Abhandlungen über die Regierung* haben, wie nur wenige Werke der politischen Philosophie, das Selbstbewusstsein des Menschen gestärkt, indem sie ihm das gezeigt haben, was er nicht verlieren kann: die Rechte eines freien Bürgers.

Ausgabe:

John Locke: Zwei Abhandlungen über die Regierung. Herausgegeben und eingeleitet von W. Euchner. Übersetzt von H. J. Hoffmann. Frankfurt/Main: Suhrkamp 2000.

Was uns die Erfahrung lehrt

DAVID HUME: Eine Untersuchung über den menschlichen Verstand (1748)

Erfahrung spielt in unserem Leben eine große Rolle. Wir berufen uns besonders dann auf sie, wenn wir Probleme lösen müssen. Streikt unser Computer, vergleichen wir den Fall mit ähnlichen, in der Vergangenheit aufgetretenen Fällen, oder wir wenden uns an jemanden, der mit solchen Fällen Erfahrung hat. Aber auch wenn wir in unserem Leben einmal einen schweren Fehler gemacht haben, ist es die Erfahrung, aus der wir zu lernen versuchen, um diesen Fehler in Zukunft zu vermeiden. Ebenso verfährt die Wissenschaft: Sie schreitet dadurch voran, dass sie aus Erfahrungsdaten die richtigen Schlussfolgerungen zieht.

In Alltag und Wissenschaft genießt die Erfahrung große Autorität. Gewonnene Erfahrung gilt als angehäuftes Kapital und sichere Grundlage für unsere Orientierung in der Welt. In merkwürdigem Gegensatz dazu steht die Bedeutung, die viele Philosophen der Erfahrung beimessen. In der Geschichte der Philosophie wird sie häufig wie ein Schmuddelkind behandelt, das sich erst mit der harten Bürste der Vernunftkategorien schrubben muss, um als Erkenntnis durchgehen zu können. Seit den Zeiten der griechischen Philosophie gibt es eine alte, beherrschende Tradition, die dem »Geist«, dem »reinen« Denken, den Vortritt vor der »sinnlichen« Erfahrung lässt.

Eine Ausnahme bildet die britische Philosophie, die eine ganze Reihe von Denkern hervorgebracht hat, die sich mit den Konsequenzen beschäftigen, die die Philosophie aus der Erfahrung ziehen sollte. Nicht umsonst wurden die britischen Inseln zur Heimat des neuzeitlichen Empirismus, einer Richtung, in der das der Erfahrung entstammende Wissen als Maßstab für Erkenntnis und Wissen gilt.

Mit dem Schotten David Hume erreicht die britische Tradition des Empirismus ihren Höhepunkt. Hume lebte im Zeitalter der Aufklärung, deren Programm er noch ein Stück weiter als seine Zeitgenossen ausdehnte. Er ging nicht nur daran, die Spinnweben der Vorurteile mithilfe der Vernunft zu zerstören, er attackierte im Namen der Erfahrung auch jene Vorurteile, mit denen die Vernunft sich selbst belügt. Mit seiner *Untersuchung über den menschlichen Verstand* hat Hume so radikal wie niemand vor ihm die Konsequenzen aus dem gezogen, was die Erfahrung uns philosophisch lehrt. Von dem, was die traditionelle Metaphysik bis dahin als sichere Erkenntnis angeboten hatte, blieb schließlich nicht mehr viel übrig.

Dabei ging es Hume ursprünglich nicht darum, die Metaphysik auszumisten. Er versprach sich von der Beschäftigung mit Philosophie vielmehr einen neuen, positiven Ausblick auf die Welt und ein Mittel, sein Leben zu ändern. Der junge Hume war nämlich ein unglücklicher Mensch, geprägt von einer streng religiösen, dem Geist des Calvinismus verpflichteten Erziehung. 1711 in Edinburgh als Spross einer traditionsreichen schottischen Familie geboren, nur vier Jahre nach der Vereinigung von Schottland und England, wuchs er in Ninewells auf, einem kleinen Ort in der südöstlichen Grenzregion des Landes. Gerade in dieser Gegend hatte der von John Knox im 16. Jahrhundert eingeführte schottische Calvinismus besonders tiefe Spuren hinterlassen. Dazu gehörte die Überzeugung, dass das Böse im Menschen tief verwurzelt ist. Der calvinistische Gott war ein strenger Gott, der Selbstkontrolle und unablässige Seelenerforschung verlangte, um auch die geheimsten Verstecke der menschlichen Sünde ausfindig zu machen.

Auch für den jungen Hume wurde Seelenerforschung zu einer täglichen, aber quälenden Gewohnheit und die Vernunft zu einer Instanz, die beanspruchte, der menschlichen Natur den richtigen Weg zu zeigen. Doch es fiel ihm schwer, seine eigene Natur und die in ihr angelegten Neigungen zu ignorieren. Das Unbehagen darüber, dass seine religiösen Überzeugungen der menschlichen Natur die

Rolle eines Zöglings in einer Erziehungsanstalt zuwiesen, meldete sich früh. So kam er immer wieder in Konflikt mit den Erwartungen, die an ihn gestellt wurden. Als man ihn mit fünfzehn Jahren zum Studium der Rechtswissenschaften nach Edinburgh schickte, folgte er nur widerwillig. Den Lehrbetrieb lehnte er ab. Was ihn wirklich interessierte, waren Literatur und Philosophie. Aus dem Studium antiker Autoren schöpfte er nicht nur ästhetisches Vergnügen, sondern entnahm er auch das Lebensideal der Seelenruhe, das den spätantiken Philosophenschulen, insbesondere den Stoikern, als Vollendung des Glücks galt. Doch weder christliche Askese noch antiker Gleichmut vermochten es, Hume mit sich selbst zu versöhnen. Er wurde immer wieder von Depressionen und psychosomatischen Störungen heimgesucht.

1729 brach er sein Studium ab und kehrte nach Hause zurück. Nur noch gelegentlich nahm er eine bezahlte Beschäftigung an. Eine feste Stellung in der Welt fand er nicht, wohl aber verschaffte ihm das väterliche Vermögen die Freiheit und Unabhängigkeit, seinen philosophischen Neigungen zu folgen. Der Calvinist in Hume lebte aber noch lange fort: Er sorgte dafür, dass Hume eine große Arbeitsdisziplin entwickelte und mit den ihm zur Verfügung stehenden Geldmitteln peinlich genau haushaltete.

Sein Hauptinteresse galt einer neuen Sicht der menschlichen Natur, die nicht dem rationalistischen oder religiösen Wunschdenken, sondern der Erfahrung Rechnung trug. So stieß er auf die Tradition des britischen Empirismus, darunter die philosophischen Väter der modernen empirischen Naturwissenschaften, Francis Bacon und Isaac Newton, aber auch die Philosophen der britischen Aufklärung von John Locke über George Berkeley, den Grafen von Shaftesbury bis zu Francis Hutcheson, deren Errungenschaften, wie Hume stolz vermerkte, sich einem Land der Freiheit und Toleranz verdankten. Dort fand er die Methode einer wissenschaftlichen, sich auf Experiment und Beobachtung stützenden Philosophie und das Bild vom Menschen als einem von Natur aus wohlwollenden und sozialen Wesen, einem Wesen, das mit einem »moralischen Sinn« ausgestattet ist und nicht ständig wie ein Bonsaibäumchen zurechtgestutzt und von bösen Neigungen befreit werden muss. Von allen Empiristen spielte der in Glasgow lehrende Hutcheson für Hume eine bedeutende Rolle. Er war einer derjenigen, die dazu beitrugen, Schottland zu einem Zentrum der europäischen Aufklärung zu machen.

Hume trennte sich vom pessimistischen Menschenbild des Calvinismus und wurde zu einem Anhänger des optimistischen Menschenbildes der britischen Aufklärung. Damit war auch eine positive Neubewertung der gesamten sinnlich erfahrbaren Welt verbunden. Für Hume wurden vor allem die erkenntnistheoretischen Konsequenzen dieser Neubewertung wichtig: Wie John Locke und George Berkeley ging er nun davon aus, dass alle Erkenntnis der Wirklichkeit ihren Ursprung in der Erfahrung hat.

Als Hume 1734 zu einer Frankreichreise aufbrach, hatte er eine Fülle von Notizen im Gepäck, die im Laufe seiner philosophischen Lektüre entstanden waren. Schon während seines Studiums hatte er den Plan zu einer eigenen philosophischen Schrift gefasst. Sie nahm nun Gestalt an. Von 1735 bis 1737 mietete er sich in einem Haus in La Flêche ein, jenem kleinen Ort in der Provinz Anjou, in dem René Descartes, der große rationalistische Gegenspieler des Empirismus, seine Ausbildung in einer Jesuitenschule erhalten hatte. Hier schrieb Hume den *Traktat über die menschliche Natur*, sein erstes wichtiges Werk, in dem die Erfahrung zum Ausgangspunkt sowohl einer neuen Erkenntnistheorie als auch einer neuen Moralphilosophie wurde. Die drei Bände des *Traktats* erschienen zwischen 1739 und 1740 in London, gefolgt von einer kleinen Schrift, die er als *Abstract*, also als Kurzzusammenfassung seines größeren Werks, bezeichnete.

Hume glaubte, dass in einer neuen und realistischen Sicht des Menschen der Schlüssel zur Lösung aller philosophischen Fragen liegt. Ob wir nun Erkenntnistheorie, Metaphysik oder Moralphilosophie betreiben, wir müssen wissen, welche natürlichen Anlagen und welche Erkenntnismöglichkeiten der Mensch hat. Dabei müssen Experiment und Beobachtung an die Stelle von metaphysischer Spekulation treten. Mit Humes Philosophie erreichte eine Debatte ihren Höhepunkt, in der sich der Empirismus gegen die Behauptung rationalistischer Philosophen wie Descartes, Spinoza oder Leibniz wandte, es gebe Wahrheiten, die der Vernunft unmittelbar, also ohne den Weg über die Erfahrung, einsichtig seien. Dazu gehörte z. B. die Erkenntnis der Existenz Gottes, der Unsterblichkeit der Seele, aber auch die Überzeugung, dass alle Vorgänge in der Natur eine Ursache haben.

Das Ergebnis, zu dem Hume gelangte, war allerdings nicht nur für die rationalistische Metaphysik, sondern auch für den Empirismus selbst niederschmetternd. Nicht nur die sogenannten »Vernunftwahrheiten« stehen auf wackligen Beinen, so seine Diagnose, sondern auch der Glaube an eine sichere Erkenntnis der Wirklichkeit auf empirischer Basis. So beruht unser Glauben, dass bestimmte Ereignisse andere Ereignisse notwendig hervorrufen – also das, was wir normalerweise unter »Kausalität« verstehen –, auf einer falschen Schlussfolgerung, zu der uns die menschliche Einbildungskraft verführt. Wir machen bestimmte sinnliche Erfahrungen und speichern sie in der Erinnerung, z. B. dass jede Berührung einer Flamme die Empfindung der Hitze nach sich zieht. Was wir wirklich erfahren haben, ist eine regelmäßige Aufeinanderfolge zweier Phänomene. Unsere Schlussfolgerungen gehen aber darüber hinaus. Wir glauben, dass diese beiden Phänomene notwendig als Ursache und Wirkung miteinander verknüpft sind. Wir schließen also fälschlicherweise von einer beobachteten Regelmäßigkeit auf eine gesetzmäßige Notwendigkeit. Mit dieser Kritik am Kausalitätsdenken hatte Hume eine der heiligen Kühe der philosophischen Tradition geschlachtet und sich zugleich in eine etwas ungemütliche Situation hineinmanövriert.

Auf der Suche nach gesicherter Erkenntnis war er überall auf die trügerischen Aktivitäten der menschlichen Einbildungskraft gestoßen, und dort, wo »Wahrheiten« geschrieben standen, hatte er immer nur »Schimären« vorgefunden. Der Empirismus war in einen Skeptizismus eingemündet.

Auch die Aufnahme des Buches konnte ihm keine Freude bereiten. »Nie ist es«, so schrieb er später, »einem literarischen Unternehmen unglücklicher ergangen als meinem *Traktat über die mensch-*

liche Natur. Als Totgeburt fiel er aus der Presse und fand nicht einmal so viel Beachtung, um wenigstens unter den Eiferern ein kleines Murren zu erzeugen.«

Allerdings verdankt die Welt gerade diesem Misserfolg die *Untersuchung über den menschlichen Verstand.* Denn Hume hatte nicht vor, sich wieder von der philosophischen Bühne abzumelden. Er machte sogar einen Versuch, einen Lehrstuhl an der Universität Edinburgh zu erhalten, der jedoch scheiterte. Vor allem aber war er entschlossen, einen neuen Anlauf zu nehmen, um seinen philosophischen Thesen Beachtung zu verschaffen.

Er begann eine neue, populärere literarische Form zu wählen, um seine Ideen darzustellen: den Essay. Zwischen 1741 und 1748 veröffentlichte er mehrere Essaybände zu Fragen der Moral, der Politik, der Religion und Metaphysik. Sie erwiesen sich als ungleich erfolgreicher als der frühe *Traktat.* So zog sich Hume im Januar 1747 in seinen Heimatort Ninewells zurück, um wichtige Thesen des *Traktats* in eine essayistische Form zu gießen. Inzwischen hatte ihn der einflussreiche britische General Sinclair als Begleiter auf militärischen und diplomatischen Missionen engagiert. Die Einnahmen daraus ermöglichten es Hume, in der Zeit, die ihm verblieb, sorgenfrei zu arbeiten.

Bereits 1748 hatte Hume sein zweites großes philosophisches Werk fertiggestellt, das zunächst unter dem Titel *Philosophische Essays über den menschlichen Verstand* erschien. Das neue Buch war jedoch kein reines Remake des *Traktats.* Es war wesentlich kürzer und hatte sowohl sprachlich als auch inhaltlich ein verändertes Gesicht. Den erkenntnistheoretischen Teil des *Traktats* löste Hume in sieben Essays auf. Aus dem moralphilosophischen Themenkreis übernahm er sehr wenig, so z. B. einen Essay über das Problem der Willensfreiheit. Daneben enthielt der Band vor allem religionsphilosophische Überlegungen, darunter den neu aufgenommenen Essay »Über Wunder«. Der thematische Schwerpunkt der neuen Schrift lag nun eindeutig in der Erkenntnistheorie und der Religionskritik. Seine Überlegungen zur Moralphilosophie sollte Hume einige Jahre später in seiner *Untersuchung über die Prinzipien der Moral* noch einmal neu formulieren.

Die später *Untersuchung über den menschlichen Verstand* genannten *Philosophischen Essays* vertreten weiterhin einen Skeptizismus, der aber frei ist von dem melancholischen und pessimistischen Ton, den er am Ende des *Traktats* angeschlagen hatte. Hume grenzt seinen »gemäßigten« Skeptizismus von dem »pyrrhonischen« Skeptizismus ab, der von der antiken Philosophenschule der Skeptiker unter ihrem Gründer Pyrrhon vertreten worden war. Während dieser eine generelle Urteilsenthaltung in allen philosophischen Streitfragen forderte, verlangt Hume lediglich, sich am gesunden Menschenverstand zu orientieren und auf endgültige Sicherheiten zu verzichten.

Hume strebt einen Mittelweg an zwischen einer »leichten« Philosophie, die sich eng an Alltagsbeobachtungen anlehnt und unser Verhalten beeinflussen will, und einer »abstrakten« und »tiefsinnigen« Philosophie, deren Ziel es ist, die letzten Prinzipien unserer Verstandeserkenntnis und unserer Moralvorstellungen zu ergründen. Hume will die Kluft zwischen einer lebenspraktisch und einer metaphysisch orientierten Philosophie schließen, indem er durch eine gründliche Untersuchung der Wirkungsweise des menschlichen Geistes die Metaphysik vom Gestrüpp einer unbegründbaren Spekulation befreit und gleichzeitig den Bezug zum Alltagsleben im Auge behält. Es ist die Absage an eine akademische Philosophie, die den Kontakt zu den Erfahrungen der Menschen verloren hat. Nicht nur deswegen sind Humes Ziele die des Aufklärers, der »Tiefe der Forschung« mit »Klarheit« verbinden will und dem es darum geht, »jene unzugängliche Philosophie und das metaphysische Kauderwelsch zu zerstören, welches, vermischt mit dem Volksaberglauben, dieselbe für sorglose Denker gewissermaßen undurchdringlich macht und ihr das Ansehen von Wissenschaft und Weisheit verleiht«.

Humes Erkenntnistheorie kann als radikale Konsequenz aus dem Empirismus seiner Vorgänger Locke und Berkeley verstanden werden. Locke war davon ausgegangen, dass das menschliche Bewusstsein eine »tabula rasa«, also ein leeres Blatt, ist, das erst durch äußere und innere Wahrnehmungen beschrieben wird, aus denen wir unterschiedlich komplexe Vorstellungsinhalte gewinnen. Erkenntnis entsteht nach Locke durch ein induktives Vorgehen, d. h., indem ich viele Einzelbeobachtungen zu einer allgemeinen Aussage zusammenfasse.

Locke glaubte, dass nicht nur Aussagen über unsere Wahrnehmungen, sondern auch verlässliche Aussagen über die Außenwelt als die Ursache unserer Wahrnehmungen möglich sind. So nahm er an, dass uns über die Sinne bestimmte »primäre Qualitäten« von Dingen übermittelt werden, z. B. Ausdehnung, Bewegung oder Ruhe.

Berkeley zerstörte diese Verbindung, die Locke zwischen Bewusstsein und Außenwelt gelassen hatte. Das, was wir Wirklichkeit nennen, setzt sich für ihn ausschließlich aus den Vorstellungsinhalten zusammen, die wir aus der sinnlichen Erfahrung gewinnen. Seine Grundthese lautet: »Esse est percepi« – »Sein ist Wahrgenommenwerden«. Die Welt des Menschen ist auf das beschränkt, was ihm sein Bewusstsein zugänglich macht. Mehr noch: Berkeley bestreitet die Existenz einer Außenwelt. Die Einheit und Konstanz der Wahrnehmungen, die wir empfangen, wird nicht durch eine außer uns liegende materielle Welt, sondern durch Gott verbürgt, der unsere Wahrnehmungen hervorbringt.

Auch für Hume baut alle Erkenntnis auf »Perzeptionen«, auf sinnlichen Wahrnehmungen, auf, und auch er hält Aussagen über Dinge der Außenwelt für nicht möglich. Dennoch verzichtet er darauf, auf Gott als Ursache unserer Wahrnehmungswelt zurückzugreifen. Im Gegenteil: Im religionskritischen Teil seiner Essays versucht Hume, die Illusion zu zerstören, die Existenz Gottes könne mit den Mitteln der Vernunft bewiesen werden.

Hume unterscheidet zwischen unmittelbaren, deutlichen Perzeptionen, die er »impressions«, d. h. »Eindrücke«, und minder lebhaften, die er »ideas«, also »Vorstellungen« nennt. »Vorstellungen« sind »Eindrücke«, die wir mit Hilfe unseres Gedächtnisses gespeichert haben. Auf der Basis der Eindrücke verbinden wir einfache zu komplexen Vorstellungen. Alle Vorstellungen haben also ihren Ursprung in der sinnlichen Erfahrung und damit keinen eigenen Erkenntniswert. Sie sind wie Abbilder eines Originals, wie mehr oder minder gut erhaltene Fotos einer Wirklichkeit, die wir einmal mit eigenen Augen gesehen haben. Wahre Vorstellungen zeichnen sich dadurch aus, dass sie immer eng an die Eindrücke, d. h. die unmittelbaren sinnlichen Erfahrungen, angebunden bleiben. Der Grund für viele Irrtümer liegt nach Hume darin, dass die Einbildungskraft des Menschen auch neue Vorstellungen entwickeln kann, die keinen direkten Bezug zur Erfahrung mehr haben.

Unsere Einbildungskraft verknüpft Vorstellungen mittels Assoziation. Durch sie erzeugen wir aus einzelnen Vorstellungen eine zusammenhängende Vorstellungswelt. Hume unterscheidet drei Arten von Assoziationen: eine Assoziation aufgrund von Ähnlichkeit, eine Assoziation aufgrund von zeitlicher und räumlicher Nähe und eine Assoziation aufgrund einer Ursache-Wirkung-Beziehung. Sehe ich z. B. das Foto einer Person, lenke ich meine Gedanken unwillkürlich zu dieser Person selbst oder einer Person, die ihr gleicht. Komme ich in eine Straße, die ich von früher kenne, schweifen meine Gedanken zu dem Haus, in dem ich einmal gewohnt habe.

Am wichtigsten für die Herstellung einer einheitlichen Vorstellungswelt ist aber die Ursache-Wirkung-Verknüpfung. Sie liegt auch den naturwissenschaftlichen Gesetzen zugrunde, mit denen wir unsere Welt theoretisch erklären. Hume erneuert hier seine Kausalitätskritik aus dem *Traktat* und verbindet sie mit einer Kritik der Induktion, des Schlusses von einzelnen Fällen auf eine allgemeine Gesetzmäßigkeit.

Eine der »dunklen« metaphysischen Vorstellungen, die Hume zurückweisen möchte, ist die, dass materielle Kräfte oder Energien als Ursachen bestimmter Wirkungen gelten – so etwa, wenn eine Billardkugel auf eine andere Kugel trifft und diese vermeintlich in Bewegung setzt. Doch in Wirklichkeit erscheint den äußeren Sinnen nur, dass der Anstoß der einen Billardkugel die Bewegung der zweiten folgen lässt. Die Annahme einer wirkenden Kraft ist Produkt unserer spekulativen Fantasie. »Die Weltbegebenheiten«, so Hume, »ziehen in stetigem Wechsel vorüber, ein Gegenstand reiht sich dem anderen in ununterbrochener Folge an; aber die Macht oder die Kraft, welche die ganze Maschine in Tätigkeit erhält, ist uns gänzlich verborgen ...« Da wir eine solche innere Kraft nicht voraussetzen können, müssen wir auch auf die Annahme verzichten, das Aufeinandertreffen der beiden Kugeln habe »notwendigerweise« eine Bewegung zur Folge. Wir gehen also zu weit, wenn wir den Anstoß der ersten Kugel als »Ursache« und die Bewegung der zweiten als »Wirkung« interpretieren.

Der Kritik am Kausalitätsdenken folgt die für unser Verständnis von Wissenschaft folgenreiche Kritik an der Induktion. Im induktiven Schluss schließen wir aus der wiederholten Beobachtung einer Ereignisfolge auf die Existenz eines Naturgesetzes. Wir nehmen jeden Morgen den Aufgang der Sonne wahr, bis wir schließlich überzeugt sind, die Sonne »müsse« jeden Morgen im Osten aufgehen. Dieser Schluss hat jedoch seinen Ursprung nicht in der Vernunft, sondern in der Gewohnheit. In Wahrheit, so Hume, können wir nicht wissen, ob sich die Natur auch weiterhin mit ähnlicher Gleichförmigkeit verhalten wird wie in der Vergangenheit. Aufgrund vergangener Regelmäßigkeit lässt sich die Zukunft nicht ableiten. Die Möglichkeit, Voraussagen über die Zukunft zu treffen, ein wesentliches Kennzeichen wissenschaftlicher Gesetze, lässt sich also nicht durch die Erfahrung begründen.

Mit seinen Zweifeln an der Gültigkeit des induktiven Schlusses hat Hume eine empiristische Kritik am Empirismus vorgelegt und den Nerv dessen getroffen, was seine Vorgänger von Bacon bis Locke als wissenschaftliche Methode gerechtfertigt hatten. Die auf Experiment und Beobachtung beruhende Induktion hatte man der deduktiven Methode der Rationalisten entgegengehalten. Diese war von Axiomen, von allgemeinen Prinzipien, ausgegangen und hatte von dort durch eine Ableitung »von oben nach unten« auf besondere Fälle geschlossen. Doch wenn man nach Hume Beobachtung und Experiment als Grundlage unserer Erkenntnis ernst nimmt, so muss man auch die Induktion als einen jener unzulässigen Vernunftschlüsse ansehen, die zu den Irrtümern der Metaphysik gehören.

Wenn von unserer Vernunft keine gesicherten Wahrheiten zu erwarten sind, wem kann man überhaupt vertrauen? Auf diese Frage gibt Hume eine ebenso pragmatische wie erfahrungsorientierte Antwort. Gefühl und Instinkt sind für ihn verlässlichere Orientierungshilfen als unsere rationalen Fähigkeiten. Wir können zwar nicht wissen, ob die Sonne morgen früh, wie in all den Jahren zuvor, wieder aufgehen wird. Doch Erfahrung, Gewohnheit, Gefühl und vor allem die angeborene Neigung, an die Gleichförmigkeit der Naturabläufe zu glauben, erlauben uns, dies auch weiterhin zu erwarten. Wir betrachten den Prozess der Gesetzmäßigkeit der Natur als Hypothese. Im Gegensatz zu einem großen Teil der philosophischen Tradition macht Hume die Vernunft nicht zum Herrscher, sondern zum Diener von Gefühl und Instinkt.

Unsere Gewohnheit, aus der Gleichheit von Umständen auf die Gleichheit von Folgen zu schließen, steht für Hume auch Pate für die Lösung eines der ältesten Probleme der Metaphysik: der Frage nämlich, ob der Mensch einen freien Willen hat und damit nicht ausschließlich dem Zusammenhang von Ursache und Wirkung in der Natur unterworfen ist. Nur ein solcher freier Wille scheint zu garantieren, dass der Mensch für seine Handlungen verantwortlich gemacht werden kann.

Im Grunde, so Hume, handelt es sich hier lediglich um einen Wortstreit. Denn die Gleichförmigkeit, die wir bei Ursache-Wirkung-Beziehungen in der Natur annehmen, nehmen wir auch bei menschlichen Handlungen an: Die gleichen Umstände, Motive und Beweggründe rufen bei gleichen Charakteren auch die gleichen Handlungsweisen hervor. Es gibt deshalb keinen Grund, von einer unabhängigen Willensursache auszugehen.

Dennoch ist es sinnvoll, an der Idee der menschlichen Freiheit festzuhalten. An die Stelle einer philosophisch nicht haltbaren Willensfreiheit setzt Hume eine Freiheit, die in der Möglichkeit besteht, einen Willensentschluss in die Tat umzusetzen. Im 19. Jahrhundert hat Arthur Schopenhauer, wie Hume ein Kritiker der Willensfreiheit, diese Freiheit als »Handlungsfreiheit« bezeichnet. Während ich keine Macht über die Motive habe, die meinen Willen bestimmen, habe ich doch Macht darüber, inwieweit ich den Willensentschluss verwirkliche. In dieser Lösung sieht Hume Freiheit und Gesetzmäßigkeit miteinander versöhnt und gleichzeitig die Idee der moralischen Verantwortlichkeit gerettet.

Der aufklärerische Charakter der *Untersuchung* Humes zeigt sich besonders deutlich in seiner Diskussion religiöser Themen. In der schottischen Öffentlichkeit als Atheist verschrien, untersuchte er Thesen und Inhalte der christlichen Religion mit der gleichen Nüchternheit und nach den gleichen Kriterien, die ihn gegenüber den Thesen der Metaphysik geleitet hatten. Auch hier muss nach Hume immer gefragt werden: Lassen sich die Behauptungen der Religion durch Erfahrung stützen? Können sie einen Beitrag dazu leisten, die Welt zu erklären?

Hume beschäftigt sich in der *Untersuchung* vor allem mit zwei Themen der christlichen Theologie: der Möglichkeit von Wundern und dem sogenannten »teleologischen Gottesbeweis«, der Behauptung also, dass sich die Existenz Gottes aus der Zweckmäßigkeit (von griech. »telos« = »Zweck«) und der Wohlgeordnetheit des Kosmos erschließen lasse.

Wunder sind Ereignisse, die die Gleichförmigkeit der Naturabläufe durchbrechen. Es sind also Ereignisse, die man normalerweise nicht erlebt und deren Glaubwürdigkeit von der Glaubwürdigkeit derjenigen abhängt, die uns diese Wunder bezeugen. Ist eine Falschaussage oder Täuschung dieser Zeugen unwahrscheinlicher als das berichtete Ereignis, so wäre dies möglicherweise ein Anlass, an Wunder zu glauben. Dies ist jedoch nach Hume bisher nie der Fall gewesen. Alle Erzählungen über Wunder haben sich bei näherem Hinsehen als problematisch erwiesen. »Alles in allem zeigt sich«, so Hume, »dass niemals ein Zeugnis für irgendeine Art von Wunder sich bis zur Wahrscheinlichkeit erhoben hat, geschweige denn zu einem Beweis.« Wer an Wunder glaubt, hat den Boden der Vernunft verlassen und sollte sich deshalb auch nicht auf sie berufen.

Auch die These von Gott als dem weisen Baumeister der Welt steht auf unsicherem Boden. Denn wir ziehen hier eine fragwürdige Analogie zwischen den gestaltenden Tätigkeiten des Menschen und Gott. Der Mensch setzt sich an die Stelle Gottes und macht ihn zu einem rational planenden Wesen. Vor allem aber: In der Welt ist keineswegs alles zweckmäßig eingerichtet. Wir erfahren so viel Böses und beobachten so viele Fehlentwicklungen, dass wir all dies nicht auf einen göttlichen Urheber zurückführen können, der alles zum Besten eingerichtet hat. Hume spricht hier das sogenannte »Theodizee«-Problem an, nämlich die Unvereinbarkeit des Bösen und des Übels in der Welt mit der Idee eines allgütigen und zugleich allmächtigen Gottes.

Humes gemäßigter Skeptizismus entlässt den Leser nicht in Verzweiflung über die Unerkennbarkeit der Welt, sondern fordert ihn am Ende der *Untersuchung* zur kritischen Prüfung auf. Von Theorien, die weder logisch widerspruchsfrei noch erfahrungsbezogen sind, sollten wir uns abkehren: »Greifen wir irgendeinen Band heraus, etwa über Gotteslehre oder Schulmetaphysik, so sollten wir fragen: Enthält er irgendeinen abstrakten Gedankengang über Größe oder Zahl? Nein. Enthält er irgendeinen auf Erfahrung gestützten Gedankengang über Tatsachen und Dasein? Nein. So werft ihn ins Feuer, denn er kann nichts als Blendwerk und Täuschung enthalten.«

Auch die im April 1748 in London erschienenen *Philosophischen Essays*, denen Hume erst 1758 den uns geläufigen Titel *Untersuchung über den menschlichen Verstand* gab, führten noch nicht zu dem großen öffentlichen Durchbruch des Autors. Ruhm unter seinen Zeitgenossen erwarb er sich erst mit seiner *Geschichte Englands*, deren erster Band 1754 herauskam. Doch die Wirkung der *Untersuchung* in der Philosophiegeschichte war nachhaltig und dauert bis heute an. Kant las Hume in der ersten deutschen Übersetzung von 1755 und wurde durch ihn zu seiner Kritik an der »reinen Vernunft« der Rationalisten inspiriert.

In der vom Empirismus dominierten angelsächsischen Philosophie erwarb sich Hume schnell den Status des wichtigsten Klassikers. Seine Schriften wurden auch zum Ausgangs- und Bezugspunkt für alle Bemühungen um eine Erneuerung des Empirismus im späten 19. und frühen 20. Jahrhundert. Ernst Mach stützte sich auf Humes Kausalitätskritik und begriff die Wirklichkeit als einen Zusammenhang von Empfindungskomplexen. Auf Hume bezogen sich auch die Begründer des logischen Positivismus, die den Empirismus mithilfe der logischen Sprachanalyse neu begründen wollten. Dies gilt für die Cambridger Philosophen um Bertrand Russell und Ludwig Wittgenstein ebenso wie für den Wiener Kreis um Moritz Schlick und Rudolf Carnap. Für Russell war Hume die große Herausforderung der Erkenntnistheorie. Sein 1940 erschienenes Spätwerk *An Inquiry into Meaning and Truth* knüpft bereits in seinem Titel an Humes Hauptwerk an.

Höchst einflussreich war auch Humes Kritik an der Gültigkeit des induktiven Schlusses. Sie wurde von Karl R. Popper in seinem frühen Hauptwerk *Logik der Forschung* von 1934 aufgegriffen und einer der wichtigsten Bausteine zur Begründung der modernen Wissenschaftstheorie. Popper übernahm auch ein weiteres, umfassenderes Erbe der Philosophie Humes: die Idee von der Philosophie als aufgeklärtem Alltagsverstand, als Verbindung von Bescheidenheit, intellektueller Bodenhaftung und kritischer Prüfung.

Mit Hume hat die Philosophie demonstriert, dass sie tief schürfen kann, ohne vom Schwindel der Spekulation erfasst zu werden.

Ausgabe:
DAVID HUME: Eine Untersuchung über den menschlichen Verstand. Übersetzt von Raoul Richter. Mit einer Einleitung herausgegeben von Jens Kulenkampff. 12. Auflage. Hamburg: Meiner 1993.

Landkarte der politischen Kulturen

Charles de Montesquieu: Vom Geist der Gesetze (1748)

Karten zu erstellen oder zu korrigieren ist eine mühevolle Tätigkeit, die Geduld und Genauigkeit erfordert. Kartografen sehen die Welt nicht mit der schwärmerischen Haltung des Romantikers, sondern mit dem scharf beobachtenden Auge des Forschers. Sie erweitern nicht nur unser Faktenwissen, sondern unser gesamtes Weltbild. Sie zeigen uns, wo wir uns befinden und was es außerhalb unseres gewohnten Horizonts gibt.

Einer der berühmtesten Kartografen der Philosophiegeschichte ist Charles Louis de Secondat, Baron de Montesquieu, ein Adliger aus dem Südwesten Frankreichs, der etliche Jahre seines Lebens damit verbrachte, die politischen Systeme seiner Zeit und der Vergangenheit zu studieren. Was er nach vielen Jahren Arbeit vorlegte, war eine bahnbrechende Leistung der Aufklärung. Sein Hauptwerk *Vom Geist der Gesetze* atmet nicht den Geist des Theoretikers, sondern den Geist des Empirikers: Nicht Ideale, sondern die Anschauung führten den Autor zu seinen Thesen.

Montesquieu war ein großer Sammler von Fakten: Davon zeugen nicht nur die beinahe eintausend Seiten Umfang, denen sich der Leser seines Werks gegenübersieht. Detailliert zeichnete er auch auf, wie unterschiedliche geschichtliche und geografische Faktoren die Bildung unterschiedlicher Verfassungen und politischer Institutionen begünstigen. Montesquieu begnügte sich aber nicht mit einer Aufzählung von Unterschieden und Faktoren, die für eine politische Kultur bestimmend sind. Er fügte seiner Landkarte auch einen Wegweiser bei, der zu einer Verfassung führen sollte, die vor den Ansprüchen der Vernunft Bestand hat. So entstand eine in der Philosophiegeschichte einmalige Mischung aus historischer Darstellung und politischer Theorie, ein Werk, das ebenso über die Vergangenheit belehrte wie auch in die Zukunft wies.

Mit *Vom Geist der Gesetze* zeichnete Montesquieu eine Landkarte der politischen Kulturen, die die Augen dafür öffnete, dass das auf die Zentralgewalt des Königs zugeschnittene System des Absolutismus, das in seinem Heimatland Frankreich herrschte, weder die einzige noch die beste Möglichkeit war, ein politisches System zu organisieren. Das Buch wurde zum Wegbereiter für eine neue Auffassung vom Staat und seinem Verhältnis zu den Bürgern, die schließlich zum demokratischen Rechtsstaat führte.

Als Angehöriger des Provinzadels wurde der junge Montesquieu schon sehr früh mit der Erwartung konfrontiert, politische Funktionen zu übernehmen. 1689 im Wasserschloss La Brède nahe bei Bordeaux geboren, blieb er sein ganzes Leben Angehöriger der herrschenden Klasse seiner Heimatregion und füllte dort neben seinen vielfältigen anderen Aktivitäten die sozialen Rollen des Gutsbesitzers, Standesvertreters und Richters aus.

Seine Erziehung fand, wie damals üblich, zunächst unter dem Dach der katholischen Kirche statt. Einige kirchliche Schulen gehörten zu den besten und fortschrittlichsten des Landes. So auch das Elite-Kolleg zu Juilly, das Montesquieu von 1700 bis 1705 besuchte und das von dem Orden der Oratorianer betrieben wurde. In Juilly erwarb Montesquieu seine vorzügliche Kenntnis der Antike, entwickelte aber auch schon eine eher kritisch-distanzierte Haltung zum Christentum.

Nach seinem Schulabschluss begab er sich in eine achtjährige juristische Ausbildung: zunächst an der juristischen Fakultät in Bordeaux und – nach bestandenem Examen – bei einer Pariser Anwaltskanzlei, wo er ein Praktikum machte. Lange bevor er über Gesetze schrieb, wusste Montesquieu über die Praxis des Rechtssystems Bescheid.

1713 kehrte er aus Anlass des Todes seines Vaters nach Bordeaux zurück und regelte seine äußeren Lebensumstände. Er ging eine Vernunftehe mit einer wohlhabenden Calvinistin ein und übernahm das väterliche Weingut. Auch die Übernahme öffentlicher Ämter, die in der damaligen Zeit gekauft werden mussten, aber auch verpachtet oder vererbt werden konnten, gehörte zur aristokratischen Repräsentation. So erwarb er einen Ratsherrensitz im Parlament seiner heimatlichen Provinz Guyenne, ein Amt, das hauptsächlich in richterlicher Tätigkeit bestand. 1716 schließlich erhielt er, in Nachfolge eines verstorbenen Onkels, den lukrativen Titel eines Kammerpräsidenten und fand Aufnahme in die Akademie von Bordeaux: eine erste Eintrittskarte für die Existenz als geachteter Autor.

Bereits sehr früh hatte Montesquieu versucht, sich neben seinen Verpflichtungen den Rücken für schriftstellerische Arbeit freizuhalten. Nun begann er, Teile des Jahres in Paris zu verbringen, wo er geistige Anregungen fand und wichtige soziale Kontakte pflegte. Er war ein für die Zeit typischer Homme de lettres, ein vielseitig gebildeter und interessierter Mensch, der aber jedes Expertentum ablehnte. So wurde er auch als Autor ein »Allrounder«, gleichermaßen belesen in Literatur, Naturwissenschaften, Geschichte, Politik und Philosophie.

Die Schrift, mit der er zum ersten Mal ins nationale Bewusstsein trat, vereinigte diese vielseitigen Interessen auf eine amüsante und höchst erfolgreiche Art: *Die Perserbriefe* von 1721 haben heute den Ruf, der erste europäische Briefroman von Rang zu sein. Sie reflektieren die Reiseerfahrungen während der frühen Aufklärung und damit die kulturelle Öffnung gegenüber dem Orient. Sie stehen aber auch in der Tradition der von Montaigne begründeten und von La Rochefoucauld und La Bruyère zu literarischer Blüte geführten französischen Moralistik. Wie La Bruyères *Charaktere* von 1688 sind sie ein Versuch, aus der Beobachtung sozialer Verhaltensweisen Urteile über die Natur des Menschen und Regeln einer vernünftigen Lebensführung abzuleiten.

Auch Montesquieu porträtiert in den *Perserbriefen* soziale Charaktere wie »Schöngeister« oder »Glücksritter« und gewinnt daraus wie seine moralistischen Vorgänger ein skeptisches und pessimistisches Menschenbild. Anders als bei La Bruyère jedoch nehmen politische und gesellschaftliche Verhältnisse einen großen Raum ein. Auch greift Montesquieu auf die in der Aufklärung häufig benutzte »orientalische Perspektive« zurück: Westliche Verhältnisse werden mit östlichen Augen gesehen. In den *Perserbriefen* sind es zwei Reisende aus Isfahan, die nach Frankreich kommen und die dortige Gesellschaft in Briefen kommentieren.

Mit diesem Kunstgriff kritisierte Montesquieu den französischen Absolutismus auf indirekte Art. Für die beiden Perser trägt der französische König die vertrauten Züge der heimischen Despoten, während die Religion der christlichen »Derwische« als wortverdrehende Heuchelei dargestellt wird. In den *Perserbriefen* wird auch schon die positive Haltung des Autors zu England deutlich, das 1689 die konstitutionelle Monarchie eingeführt hatte. So berichtet im 104. Brief der Perser Usbek, dass nach Meinung der Engländer jede Art von despotischer Herrschaft dem Volk das Recht gebe, sich von dieser Herrschaft loszusagen und seine »naturgegebene Freiheit« wieder in Besitz zu nehmen, und dass jede unbegrenzte Macht ungesetzlich sei, weil sie keinen »legitimen Ursprung« habe. Mit den *Perserbriefen* hatte Montesquieu den aufklärerischen Grundton seiner politischen Philosophie angestimmt.

Nach dem Erscheinen seines Erstlings wurde Montesquieu zu einer bekannten Figur in den Pariser Salons, den traditionellen Karriereschmieden. Hier erwarb er die entscheidenden Kontakte, die ihm schließlich 1728 zur Aufnahme in die renommierte Académie Française verhalfen. Nun war er auch auf nationaler Ebene ein gemachter Mann.

Montesquieu hat später immer wieder betont, er habe zwanzig Jahre lang am *Geist der Gesetze* gearbeitet. Ob er tatsächlich im Jahr 1728 damit begonnen hat, ist nachträglich schwer festzustellen. Sicher ist jedenfalls, dass er in jenem Jahr eine dreijährige Europareise antrat, die ihm umfangreiches Anschauungsmaterial für sein Buch lieferte. Sie führte ihn zunächst nach Deutschland, Österreich, Ungarn, in die Schweiz und nach Italien.

Die wichtigste Etappe der Reise begann jedoch, als er zu Beginn des Jahres 1729 in London eintraf. In England blieb er zwei Jahre. Er erwarb dort eine intime Kenntnis der Gesellschaft und des politischen Systems. Als bekanntem Literaten standen ihm die Türen der höheren Gesellschaft offen. Hier konnte er die in John Lockes zweiter *Abhandlung über die Regierung* entwickelte Theorie der Trennung von ausübender und gesetzgebender Gewalt unmittelbar vor Ort studieren. Montesquieu erlebte, dass es ausgerechnet die damals oppositionellen Tories, die englischen Konservativen, waren, die für eine öffentliche Kontrolle staatlicher Institutionen stritten.

Als er 1731 nach Frankreich zurückkehrte, brachte er nicht nur eine Unmenge Notizen, sondern auch die Erfahrung einer gelebten politischen Aufklärung mit nach Kontinentaleuropa. Er war nicht der Einzige. Kurze Zeit später, 1734, machte auch Voltaire mit seinen *Englischen Briefen* die französische Öffentlichkeit mit den Freiheitsrechten der englischen Verfassung vertraut und stieß damit eine Diskussion an, die in Montesquieus *Vom Geist der Gesetze* einen Höhepunkt fand.

Ein Teil der mitgebrachten Materialien floss in eine Schrift ein, die Montesquieu ebenfalls 1734 veröffentlichte: *Die Betrachtungen über die Ursachen von Größe und Niedergang der Römer.* Wenn es auch hier um Rom ging, so wussten viele zeitgenössische Leser doch, dass sie »Frankreich« verstehen mussten: Montesquieu legte dar, dass ein Staat, der in seinen Institutionen stagniert und in seinem Machtstreben die ihm gesetzten natürlichen Grenzen überschreitet, zum Untergang verurteilt ist.

Welche politischen Systeme man unterscheiden kann, wie sie sich erhalten, negativ verändern und von welchen Faktoren ihre Existenz beeinflusst ist: Dies war auch das Thema des umfangreichen Werks, der großen Landkarte der politischen Kulturen, die nun Gestalt anzunehmen begann. Spätestens ab 1735 ist Montesquieus intensive Arbeit an seinem Hauptwerk nachweisbar.

In Paris hielt er sich nun hauptsächlich zum Studium und zur Recherche in Bibliotheken auf. Zum Schreiben zog er sich dann wieder auf sein Wasserschloss La Brède zurück. Anfang der dreißiger Jahre, unmittelbar nach Abschluss der Europareise, war bereits das berühmte Kapitel über die Verfassung Englands entstanden. 1742 berichtet Montesquieu in einem Brief, er habe 18 Bücher, d.h. große Kapitel, des Werks fertig gestellt. 1745 überarbeitet er das bereits Geschriebene. Immer wieder meint er, neues Material einarbeiten zu müssen. Im Juni 1747 beginnt er mit der Niederschrift der Bücher 28,

30 und 31, die sich mit der Geschichte des römischen Rechts in Westeuropa und mit dem fränkischen Lehnrecht befassen. Zu einem systematischen Abschluss gelangte das Buch jeodch nie. Montesquieu hinterließ einen Torso, ein nicht ganz durchstrukturiertes Manuskript, das er im Frühjahr 1748 schließlich zum Satz gab.

Die politische Philosophie der Neuzeit hatte, unter dem Einfluss der empirischen Naturforschung, Staat und Politik als eine gesetzmäßig wirkende und vom Menschen gestaltbare Sphäre entdeckt. Machiavelli hatte Politik als rationales Machtkalkül beschrieben, und der Franzose Jean Bodin hatte im 16. Jahrhundert ebenso wie der Engländer Thomas Hobbes im 17. Jahrhundert eine Theorie der absoluten Souveränität der Staatsmacht entwickelt. In der politischen Philosophie John Lockes war diese absolute Form der Herrschaft zugunsten der Rechte des Parlaments und der Bürger infrage gestellt worden.

In *Vom Geist der Gesetze* führt Montesquieu diese aufklärerische Kritik am Absolutismus fort. Aber er knüpft auch an die Auffassung an, dass der Staat ein Funktionszusammenhang ist, dessen Mechanismen genauso beschrieben werden können wie Vorgänge in der Natur. Der Begriff »Gesetz« wird bei ihm in ausdrücklicher Analogie zu naturwissenschaftlichen Gesetzen verwendet. Ein Gesetz ist keine willkürliche Vorschrift, sondern Ausdruck für eine konstante, vernunftgeleitete Beziehung zwischen Mensch und Umwelt. Dadurch, dass er die soziale Umwelt, die Gesellschaft, die Welt des Rechts und die Welt der Politik als ebenso gesetzmäßig begreift wie die natürliche Umwelt und in ihr einen eigenständigen Untersuchungsbereich entdeckt, wird er zu einem der Väter der Soziologie als eigenständiger Wissenschaft.

Doch die vernunftgeleiteten Gesetze des sozialen Zusammenlebens können nicht im gleichen Sinne vorausgesetzt werden wie naturwissenschaftliche Gesetze. Es gibt gute und schlechte Gesetze ebenso wie bessere und schlechtere Verfassungen, denn die Menschen sind – anders als die Natur – irrtumsanfällig. Dennoch hält Montesquieu an der Auffassung fest, die schon Aristoteles, einer der Großen der politischen Philosophie der Antike, geäußert hatte: dass nämlich die staatliche Gemeinschaft eine natürliche Form des Zusammenlebens der Menschen ist.

Demgegenüber hatte einige Jahrzehnte zuvor der Engländer Thomas Hobbes in seinem *Leviathan* behauptet, der Staat sei ein künstliches, ganz dem Willen und den Planungen der Menschen unterworfenes Gebilde. Hobbes hatte die Idee des sogenannten »Naturzustands« in die Philosophie eingeführt, des Zustands also, in dem die Menschen sich befinden, bevor sie sich in einem Gesellschaftsvertrag zu einem Gemeinwesen zusammenschließen. In einem solchen Zustand herrscht nach Hobbes ein Krieg aller gegen alle.

Auch wenn er selten genannt wird, richten sich viele Argumente Montesquieus gegen Hobbes. Nach seiner Ansicht gibt es in einem vorstaatlichen Zustand keinen Krieg aller gegen alle. Die Menschen sind vielmehr von Furcht beherrscht und neigen dazu, sich vor anderen Menschen zurückziehen. Auch einen »Gesellschaftsvertrag« gibt es bei Montesquieu nicht. Er nimmt an, dass der Mensch durch »Naturgesetze« dazu veranlasst wird, sich um Frieden, Nahrung und Nähe zu anderen zu bemühen. Konflikte und Verteilungskämpfe stellen sich erst dann ein, wenn Menschen zusammenkommen, ohne sich in einer vernunftgeleiteten politischen Gemeinschaft zu organisieren.

Vom Geist der Gesetze widmet sich, grob gesprochen, drei verschiedenen Themen: den verschiedenen Regierungsformen und den in ihnen verwirklichten Beziehungen zwischen Bürger und Staat; den sozialen und natürlichen »Umweltfaktoren«, die die Bildung einer Verfassung beeinflussen; und schließlich der Frage, welche Verfassungsmodelle es in der Geschichte gab und welche Lehren man aus ihnen für die Gegenwart ziehen kann.

Montesquieu unterscheidet zwischen drei Regierungsformen. Diese Dreiteilung geht auf die politische Philosophie der Antike zurück. So hatte Aristoteles in seiner *Politik* zwischen der Herrschaft der Mehrheit der Polisbürger, der Politie, der Herrschaft weniger, der Aristokratie, und der Herrschaft eines Einzelnen, der Monarchie, unterschieden. Jeder dieser Spielarten hatte er auch eine Verfallsform zugeordnet: Die Politie konnte zur »Demokratie«, einer Art Volksdiktatur, die Aristokratie zur Oligarchie, zur Herrschaft einer

Clique, und die Monarchie zur Tyrannis, zur diktatorischen Herrschaft eines Einzelnen, werden.

Bei Montesquieu erscheinen diese drei Formen, angelehnt an die politischen Gegebenheiten seiner Zeit, in etwas veränderter Form. Nicht mehr die antike Polis ist sein Bezugspunkt, sondern die Staatenwelt des 18. Jahrhunderts. Politie und Aristokratie fasst er zur »Republik« zusammen. Weil sie sich nur auf einem kleinen Staatsgebiet entfalten kann, ist sie für ihn eine vor allem der Antike und damit der Vergangenheit angehörige Regierungsform. Dennoch behält sie für ihn eine Vorbildfunktion, denn in ihr richten sich die Bürger nicht an Sonderinteressen, sondern am Gemeinwohl aus. Die für die Republik charakteristische Einstellung des Bürgers ist die politische Tugend der Vaterlandsliebe.

Die »mittlere« Regierungsform und gleichzeitig die für seine Zeit typische ist die Monarchie. Sie findet sich in den mittelgroßen Flächenstaaten Europas. Hier richten die Bürger ihr Verhalten am Ehrgefühl aus. Die Despotie als dritte Regierungsform war vor allem aus den riesigen Flächenstaaten des Orients vertraut. Die charakteristische Haltung des Bürgers ist hier die Furcht.

Zwischen natürlicher und sozialer Umwelt sieht Montesquieu enge Querverbindungen. Deshalb hat die Beantwortung der Frage, welche Regierungsform sich an welchem Ort herausbildet, auch sehr viel mit natürlichen Umweltbedingungen zu tun. Unter diesen Bedingungen, zu denen u. a. die geografische Lage, Bodenbeschaffenheit, Fauna und Flora gehören, spielt für Montesquieu das Klima eine besondere Rolle.

In Montesquieus berühmter Klimatheorie gibt es einen grundsätzlichen Unterschied zwischen Orient und Okzident: Die heißen Klimate des Orients befördern sinnliche Eindrucksfähigkeit, aber gleichzeitig »Faulheit des Geistes«. Wie einst der griechische Historiker Herodot sieht Montesquieu in den Klimaten des Südens eine wichtige Ursache für die Herausbildung von Despotien. Es sind demgegenüber die gemäßigten nördlichen Klimate, in denen seiner Meinung nach die Freiheit am besten gedeiht. Besonders das Seeklima in England scheint hierfür in besonderer Weise förderlich zu sein.

Jeder Staat ruht also auf einem Geflecht natürlicher und sozialer Voraussetzungen, die zusammen den »Geist der Gesetze« ausmachen. Montesquieu nennt ihn auch »esprit général«, den »Gemeingeist« oder, wie es in manchen Übersetzungen heißt, die »Geisteshaltung« eines Gemeinwesens. »Verschiedene Dinge beherrschen den Menschen«, schreibt Montesquieu im 19. Buch, »Klima, Religion, Gesetze, Sitten und Gebräuche; und aus alledem entspringt und formt sich die Geisteshaltung eines Volkes.« »Esprit général« ist der Begriff, den Montesquieu für die gewachsene, unverwechselbare politische Kultur eines Landes prägt. Er umfasst sehr viel mehr als Rousseaus »volonté générale«, der »Gemeinwille«, der lediglich die politische Souveränität und Einheit eines Landes repräsentiert.

Montesquieu verbindet also seine aufklärerische Grundeinstellung mit der Wertschätzung von Traditionen und natürlichen Eigenheiten eines Landes. Jedes Land soll sich gemäß dem ihm eigenen »ésprit général« politisch organisieren. Doch soll es dies in einer Weise tun, die den Bürgern Freiheit und Identifizierung mit dem Gemeinwesen ermöglicht. Deshalb sieht Montesquieu auch nicht alle Regierungsformen als gleichwertig an.

Am ehesten entspricht die Republik seinem Ideal, während er in der Despotie die schlechteste Regierungsform sieht. Da Montesquieu sich die Republik aber, nach dem Muster der Antike, als kleinen Stadtstaat vorstellt, sieht er wenig Chanchen, sie in der Staatenwelt des 18. Jahrhunderts zu verwirklichen. Republiken neigen seiner Meinung nach in Flächenstaaten dazu, ihre Überschaubarkeit und den unmittelbaren Bezug zu den Bürgern zu verlieren und sich zu Monarchien zu entwickeln. In den Monarchien wiederum sieht er eine Tendenz zum Despotismus, vor allem dann, wenn die Macht zentralisiert und durch Eroberungen der natürliche Gebietsumfang überschritten wird. Genau diese Entwicklung stand ihm am Beispiel des französischen Absolutismus vor Augen.

Es war deshalb die Monarchie, die politische Regelform seiner Zeit, der er sein Hauptaugenmerk schenkte. Montesquieu ging es darum darzulegen, wie der Verfall der Monarchien zu Despotien verhindert werden kann. Dabei hatte er wie sein antiker Vorgänger Aristoteles eine Vorliebe für den Mittelweg, für politische Organisationsformen, in denen sich verschiedene gesellschaftliche Elemente und Einflüsse mischen und weder eine bestimmte gesellschaftliche Gruppe noch eine bestimmte Institution eine absolute Dominanz ausübt. »Der Geist der Mäßigung muss den Gesetzgeber beherrschen«, so fasst Montesquieu selbst sein eigenes Verfassungsprogramm zusammen.

Seine Studien der römischen und fränkischen Geschichte, vor allem aber die englische Verfassung boten ihm Anschauungsmaterial, wie die absolute Monarchie zugunsten einer »gemischten Verfassung« verändert werden kann. Im 6. Kapitel des 11. Buches, betitelt »Von der Verfassung Englands«, formuliert Montesquieu das berühmte Prinzip der Gewaltenteilung: »Wenn in derselben Person oder der gleichen obrigkeitlichen Körperschaft die gesetzgebende Gewalt mit der vollziehenden vereinigt ist, gibt es keine Freiheit ... Es gibt ferner keine Freiheit, wenn die richterliche Gewalt nicht von der gesetzgebenden und vollziehenden getrennt ist ... Alles wäre verloren, wenn derselbe Mensch oder die gleiche Körperschaft der Großen, des Adels oder des Volkes diese drei Gewalten ausüben würden: die Macht, Gesetze zu geben, die öffentlichen Beschlüsse zu vollstrecken und die Verbrechen oder die Streitsachen der Einzelnen zu richten.«

Montesquieus vorgeschlagene Trennung zwischen Regierung (Exekutive), Parlament (Legislative) und Gerichten (Judikative) ging sowohl über die von Locke vorgeschlagene Machtteilung zwischen König und Parlament als auch über die in England praktizierte Verfassungswirklichkeit hinaus. Es handelte sich, wie die Leser schnell erkannten, um eine bahnbrechende Theorie, die weit in die Zukunft wies. Dass z. B. die Justiz völlig unabhängig von politischen Einflussnahmen entscheiden muss, ist eine weltweit erhobene Forderung, die allerdings bis heute in nur wenigen Ländern eingelöst ist.

In der heutigen Diskussion zwischen dem »Universalismus«, also der These, dass es Grundregeln des Zusammenlebens geben muss, die für alle Menschen in allen Kulturen gelten, und dem »Relativismus«, der Auffassung, dass die Regeln des Zusammenlebens immer von den besonderen Bedingungen abhängen, unter denen ein Volk lebt, nimmt Montesquieu eine vermittelnde Position ein. Es gibt für ihn Grundsätze, die für alle gelten. Ihre konkrete Ausgestaltung aber bleibt Sache der besonderen Umstände.

Freiheit und Kontrolle der politischen Macht durch Institutionen, die sich gegenseitig auf die Finger sehen, sind die Grundsätze, die nach Montesquieu für alle politischen Gemeinwesen gelten müssen. Unser heutiges Verständnis von Freiheit und Gewaltenteilung ist allerdings erheblich weiter gefasst als das Montesquieus. Dieser strebte keine moderne Demokratie im westlichen Sinn an, und er hatte auch noch nicht denselben Begriff von Grundrechten und Grundfreiheiten, wie wir ihn heute haben. So wollte er noch für jeden sozialen Stand eigene Gerichte einrichten. Besonders der Adel, der für Montesquieu »mittlere Stand«, sollte gegenüber dem König in seiner Stellung gestärkt werden. Doch auch die Machtbefugnisse des Monarchen gegenüber dem Parlament blieben noch erheblich. So hatte der König ein Vetorecht gegenüber den Beschlüssen des Parlaments, und dieses wiederum konnte sich ohne Zustimmung des Königs nicht selbst einberufen.

Montesquieu wurde vor allem durch den Weg, den er beschritten hatte, und die Begründung, die er dafür gab, für die politische Philosophie wegweisend: Es gibt keine Patentlösung für eine ideale politische Verfassung, weil die jeweiligen Traditionen zu unterschiedlich sind. Die politische Vernunft hat viele Gesichter. Es hilft auch nicht das Vertrauen in das Gute im Menschen oder in einen guten Herrscher. Der von Leidenschaften beherrschte Mensch muss nach Montesquieu von Gesetzen gezähmt werden, von Gesetzen allerdings, die seine Eigenart respektieren und seine Freiheit gewährleisten. Bürgerfreiheit ist dabei eine Folge der Machtbalance zwischen Gruppen und Institutionen. Der Bürger ist dort am freiesten, wo sich die Institutionen gegenseitig in Schach halten, dort, wo alle gesellschaftlichen Gruppen an der Macht beteiligt sind, aber sich mit fest vereinbarten Einschränkungen arrangiert haben.

Vom Geist der Gesetze zeichnet eine Karte, die viele Grenzen enthält, aber auch zahllose Orte, an denen sich das politische Denken vor Montesquieu nie aufgehalten hatte. Montesquieus Hauptwerk ist ein Plädoyer gegen politische Willkür und für die Herrschaft des Gesetzes. Dieses Gesetz ist sowohl universal, weil es die Umrisse des Rechtsstaats skizziert und die Grundrechte aller Menschen berücksichtigt. Es lässt aber auch Raum für die Ausgestaltung des Rechtsstaats unter den jeweils besonderen Verhältnissen, in denen Menschen leben. Das Gesetz ist, so schreibt Montesquieu, »die menschliche Vernunft, sofern sie alle Völker der Erde beherrscht; und die Staats- und Zivilgesetze jedes Volkes sollen nur die einzelnen Anwendungsfälle dieser menschlichen Vernunft sein«.

Wie viele andere zeitgenössische Werke der Philosophie erschien auch *Vom Geist der Gesetze* anonym im Ausland, um die Bestimmungen der französischen Zensur zu umgehen. Nachdem die ersten Exemplare im Oktober 1748 die Druckpressen des Buchhändlers Barrillot in Genf verlassen hatten, konnte man sie ab dem 11. November auch schon in Paris kaufen. Mit »stillschweigender Genehmigung« der Behörden wurde im Frühjahr 1749 sogar eine Pariser Ausgabe möglich. »Ich habe zwanzig Jahre hintereinander an diesem Werk gearbeitet«, so schrieb Montesquieu, »und ich weiß noch nicht, ob ich beherzt oder vermessen war, ob die Größe des Themas mich erdrückt oder seine Erhabenheit mich unterstützt hat.«

Die Geistesgeschichte hat diese Frage eindeutig positiv beantwortet. *Vom Geist der Gesetze* wurde zu einem Bestseller in der politischen Philosophie. Bereits 1750, zwei Jahre nach seinem Erscheinen, hatte es 22 Auflagen erlebt und seinem Autor europäischen Ruhm beschert. Als eines der material- und ideenreichsten Bücher der politischen Philosophie wurde es auch eines der einflussreichsten.

So atmet die 1776 verabschiedete Verfassung der jungen Vereinigten Staaten von Amerika ganz den Geist Montesquieus. Auch die Protagonisten der Französischen Revolution beriefen sich neben Voltaire und Rousseau vor allem auf Montesquieu als einen der großen Kritiker des Absolutismus. Ironischerweise tat dies auch einer der größten Gegner der Französischen Revolution, der Brite Edmund Burke, der von Montesquieu die These übernahm, dass gewachsene politische Institutionen ein wichtiges Bindeglied zwischen dem Staat und seinen Bürgern darstellen. Die Rolle sich gegenseitig kontrollierender und die Macht des Staates begrenzender Institutionen für die Freiheit des Bürgers steht auch im Mittelpunkt des politischen Denkens von Alexis de Tocqueville, einem der Begründer des modernen Liberalismus.

In der Romantik wurde Montesquieus »esprit général« von Herder als »Volksgeist« wieder aufgenommen. Als »Geist« bzw. als »objektiver Geist«, in dem die sozialen Beziehungssysteme von Recht, Moral und Sittlichkeit zusammengefasst sind, fand er auch Eingang in Hegels *Phänomenologie des Geistes* und in seine *Enzyklopädie der philosophischen Wissenschaften.*

Vor allem aber ist Montesquieu zu einem der großen politischen Vordenker des modernen Rechtsstaats geworden, in dem das Projekt der Gewaltenteilung eine immer umfassendere Bedeutung angenommen hat: Die Lehre des »check and balance«, der Austarierung und gegenseitigen Kontrolle von Interessen und Institutionen, ist zur Geschäftsgrundlage westlicher Demokratien geworden. Für eine der wichtigsten politischen Denkerinnen des 20. Jahrhunderts, Hannah Arendt, bleibt Montesquieu unter den Theoretikern der politischen Moderne einzigartig in seiner Erkenntnis, dass Freiheit und politische Machtstrukturen sich gegenseitig bedingen.

Wie viele Aufklärer träumte Montesquieu Träume der Vernunft. Doch es ist eine Vernunft, die sich mit Geschichtsbewusstsein, Realitätssinn und pragmatischer Klugheit verschwistert hat. Sie hat uns das Gemeinwesen als ein ererbtes Haus sichtbar gemacht, dem wir gleichzeitig eine stabile Statik und offene Lebensräume verleihen können, ohne an den Bauplänen einer unerfüllbaren Utopie verzweifeln zu müssen.

Ausgabe:
Charles de Montesquieu: Vom Geist der Gesetze. 2 Bände. Übersetzt und herausgegeben von Ernst Forsthoff. Tübingen: Mohr (Paul Siebeck) 1992 (auch UTB).

Der Naturmensch im Laborversuch

Jean-Jacques Rousseau: Emile (1762)

Wären wir bessere Menschen, wenn uns Philosophen erzogen hätten oder wenn unsere Erziehung nach philosophischen Maßstäben erfolgt wäre? Leise Zweifel sind hier wohl angebracht. Offensichtlich aber ist, dass Philosophen sich immer wieder Gedanken um die richtige Erziehung gemacht haben und dass von der Philosophie wichtige und bleibende Impulse für die Pädagogik ausgegangen sind, lange bevor es eine »Pädagogik« im heutigen Sinne gab. So hat Platon in seinem Hauptwerk *Politeia* der Frage große Bedeutung zugemessen, wie denn die zukünftigen Herrscher seines Idealstaates erzogen werden sollten, und ein ausgeklügeltes Erziehungsprogramm aufgestellt.

Derjenige Philosoph aber, der unbestritten den größten Einfluss auf unsere Vorstellungen von Erziehung gehabt hat, ist der aus dem schweizerischen Genf stammende Jean-Jacques Rousseau. Rousseau ging es nicht um die Erziehung von »Funktionsträgern«, um eine »Ausbildung« also, die uns in die Lage versetzen soll, bestimmte gesellschaftliche Aufgaben effektiv zu erfüllen. Er wollte den Menschen zum *Menschen* erziehen, zu dem, was seine Würde ausmacht und seinen Fähigkeiten entspricht. Rousseaus Erziehungslehre ist damit Teil einer Lehre vom Menschen und von seinem Verhältnis zu Kultur und Gesellschaft.

Dabei vollzieht Rousseau eine kulturgeschichtlich höchst einflussreiche Kehrtwendung: Nicht der zivilisierte Mensch ist Ziel seines Erziehungsprogramms, sondern der natürliche Mensch, der von allem künstlichen Ballast, den die Zivilisationsgeschichte angehäuft hat, frei ist. Von allen Menschen, denen wir begegnen, ist es das Kind, der junge, unverbildete Mensch, der diesem natürlichen Menschen am nächsten kommt. Daher erhält das Kind mit seinen ganz eigenen Verhaltensweisen und Bedürfnissen auf diesem Weg zur Natürlichkeit einen besonderen Stellenwert. Aus den natürlichen Anlagen des Kindes den wahren Menschen zu bilden: Dies war im 18. Jahrhundert, in dem Kinder noch als kleine Erwachsene gemalt wurden und ihr Kindsein möglichst schnell ablegen sollten, ein revolutionäres Experiment.

Das Buch, in dem Rousseau dieses Experiment vorführt, trägt selbst experimentelle Züge: Es ist eine Mischung aus Traktat, Roman und Fallstudie. Zugleich ist es dasjenige Werk, das Rousseau für sein wichtigstes hielt. Es trägt den Titel *Emile*, benannt nach der Hauptfigur, dem Zögling Emile, der Gegenstand des Erziehungsexperiments ist. *Emile* führt vor, was aus dem Menschen werden kann, wenn man ihn von den schädlichen Einflüssen der Gesellschaft fernhält. Der Leser erlebt den Naturmenschen im Laborversuch, von der Geburt bis zur Eheschließung. *Emile* veränderte unsere Auffassung vom Menschen grundlegend und wurde zur einflussreichsten Erziehungstheorie in der Geschichte der Philosophie.

Mit seinem Programm »Zurück zur Natur!« schlug Rousseau wie ein Meteorit in die geistige Landschaft einer Epoche ein, die wie keine zuvor glaubte, allen vorhergehenden Zeitaltern zivilisatorisch überlegen zu sein. Aber auch für die Pariser Aufklärungsintellektuellen, die »philosophes«, war der Schweizer Autodidakt ohne Vermögen und vornehme Familienherkunft ein explosives Naturereignis und eine höchst ungewöhnliche Erscheinung.

In der Tat hat Rousseaus Lebensgeschichte, die er später in seinen *Bekenntnissen* literarisch verarbeitete, immer genauso viel Interesse erweckt wie sein unorthodoxes Werk. Der 1712 in Genf geborene Jean-Jacques hatte eine Kindheit und Jugend, die man heute als »sozial problematisch« bezeichnen und die die pädagogischen Bemühungen von Streetworkern auf den Plan rufen würde.

Zwar wächst er als Sohn eines Uhrmachers im Genfer Mittelstand auf und erhält von seinem Vater zunächst auch zahlreiche Leseanregungen. Doch die Familie bricht schnell auseinander. Die Mutter verstirbt früh, Rousseaus Bruder wird in eine Erziehungsanstalt gegeben, und auch sein Vater verlässt die Familie, als Rousseau gerade zehn Jahre alt ist. Er wird zu einem Pfarrer in Obhut gegeben und lernt das Handwerk des Gravierens. Die Erziehung im Pfarrhaus hat er in schlechter Erinnerung behalten: Er wird gezüchtigt und mit trockenem Schulwissen vollgestopft.

Doch auch Genf, die Stadt Calvins, hat mit ihrem streng protestantischen geistigen Klima viele seiner Anschauungen bis an sein Lebensende beeinflusst. Rousseau verabscheute Luxus, die Künstlichkeit gesellschaftlicher Umgangsformen und die großen Städte als Horte von Laster und Vergnügungen. Sogar die Kunst lehnte er ab, wenn sie sich als Form gesellschaftlicher Unterhaltung präsentierte. So hat er in späteren Jahren Voltaires Absicht bekämpft, in Genf ein öffentliches Theater zu errichten. Obwohl Rousseau sich in vielen Punkten von der reinen calvinistischen Lehre entfernte, hatten seine Ideale der Natürlichkeit und der Tugend puritanische Züge, die auf seine calvinistischen Wurzeln verweisen.

Mit sechzehn Jahren verlässt Rousseau Genf ohne abgeschlossene Ausbildung, ohne Arbeit und ohne Ziel. Vierzehn Jahre lang wechselt er in der Region Südfrankreich, Schweiz und Norditalien von einem Ort zum anderen, verdingt sich als Hauslehrer und Katasteramtsgehilfe, oder er zieht einfach als Landstreicher und Musikant über das Land. In Turin wird er von einem katholischen Priester verköstigt und lässt sich von diesem überreden, zum Katholizismus überzutreten. Besonders lange ist er im Gebiet des damals unabhängigen Herzogtums Savoyen unterwegs und unternimmt dort ausgiebige Wanderungen. Seine intensiven Naturerfahrungen prägen seine entstehende Weltanschauung nachhaltig. Das ländliche Leben zieht er zeitlebens dem Stadtleben vor.

Rousseau war ein sensibler, aber auch emotional sehr unausgeglichener Mensch. Er neigte sowohl zur Schwärmerei als auch zur Wehleidigkeit. Konflikte mit Menschen führten bei ihm sehr leicht zu endgültigen Zerwürfnissen. Auch eine gleichberechtigte, reife Beziehung zu einer Frau zu entwickeln fiel ihm schwer. In die sozialen Konventionen der höheren Gesellschaft konnte er sich nie einfinden. Er blieb ein schwieriger Sonderling.

Doch an Bildung fehlte es dem Provinzler Rousseau keineswegs. Er eignete sich beträchtliche Kenntnisse auf dem Gebiet der Musik an, die ihn nicht nur befähigten, jahrelang als Musiklehrer zu arbeiten, sondern auch der Academie Française ein musiktheoretisches Werk vorzulegen. Vor allem aber auf dem Gebiet der Literatur und Philosophie war er äußerst bewandert. So kannte er nicht nur die Erziehungsvorstellungen Platons, sondern auch die 1693 erschienenen *Gedanken über die Erziehung* des englischen Aufklärungsphilosophen John Locke, die seinen eigenen Anschauungen sehr entgegenkamen und sie auch beeinflussten. Locke wies hier bereits auf die besonderen Bedürfnisse des Kindes hin und verstand Lernen als eine Form der natürlichen Entwicklung, die sich am Vorbild eines Erziehers orientiert. Allerdings strebte Locke, anders als Rousseau, eine standesorientierte Erziehung an und gab der Entwicklung geistiger Kräfte Vorrang vor den körperlichen.

1742 ließ sich Rousseau in Paris nieder, wo er zunächst weiterhin in untergeordneten Stellungen sein Geld verdiente. Ein Jahr lang ging er sogar als Botschaftssekretär nach Venedig. Doch es gelang ihm, Anschluss an die Pariser Intellektuellenszene zu finden. Die dauerhafteste dieser Verbindungen war die Freundschaft mit dem beinahe gleichaltrigen Denis Diderot, der ihn auch einlud, an seiner – später berühmten – *Enzyklopädie* mitzuarbeiten. Diderot, Philosoph, Literat und Freigeist, kam wie Rousseau aus kleinen Verhältnissen, war arm und verfolgte wie dieser hochfliegende literarische Pläne.

Die Geburt des Philosophen Jean-Jacques Rousseau fällt in den Herbst des Jahres 1749, als er zu Fuß von Paris nach Vincennes geht, um seinen Freund Diderot zu besuchen, der dort eine von der Zensur verhängte Gefängnisstrafe absitzt. Er entdeckt eine Ausschreibung der Akademie von Dijon: »Ob die Erneuerung der Wissenschaften und Künste dazu beigetragen habe, die Sitten zu bessern«. Der bis dahin völlig unbekannte Rousseau sendet einen Beitrag ein und erhält den Preis der Akademie. Mit seiner Preisschrift, dem 1750 erschienenen ersten *Discours*, der *Rede über die Wissenschaft und Künste*, schlägt er den Grundton seiner Philosophie an. Zur Überraschung der Jury singt Rousseau nicht das Lied des wissenschaftlichen und künstlerischen Fortschritts, sondern behauptet, dass Wissenschaft und Kunst, die angeblichen Stützen der Zivilisation, nur Unglück und Verderbnis über die Menschen gebracht hätten. »Allmächtiger Gott«, schreibt Rousseau, »erlöse uns von den Kenntnissen und den unheilvollen Künsten unserer Väter und gib uns die Unwissenheit, die Unschuld und die Armut zurück.«

Von da an sieht er es als seine vornehmliche philosophische Aufgabe an, die angeblichen Errungenschaften der Zivilisation anzuprangern und die Tugend als die »erhabene Wissenschaft der schlichten Seelen« zu predigen. Es ist eine Tugend, in der Einfachheit gegen Künstlichkeit und Luxus, in der Arbeit gegen Muße und in der die intuitiven Fähigkeiten des »Herzens« gegen die rationalen Fähigkeiten des Verstandes ausgespielt werden, wie dies auch schon hundert Jahre zuvor in den *Gedanken* Blaise Pascals geschieht. Auch die Ungleichheit ist für Rousseau die Konsequenz aus einer Menschheitsgeschichte, die er als Verfallsgeschichte begreift. In dem 1755 erschienenen zweiten *Discours*, der *Abhandlung über den Ursprung und die Grundlagen der Ungleichheit unter den Menschen*, macht er die Einführung des Privateigentums für die Entstehung der Klassen- und Standesgegensätze unter den Menschen verantwortlich.

Nach vielen Jahren Großstadtleben zieht sich Rousseau 1756 nach Montmorency nördlich von Paris zurück. Dort erlebt er seine produktivste Phase als Schriftsteller. Er klagt über seine schlechte Gesundheit, arbeitet aber ununterbrochen. Die Kinder, die er mit seiner Partnerin Thérèse Levasseur zeugt, gibt er in ein Findelheim.

In seiner Auflehnung gegen gesellschaftliche Vorurteile und Konventionen ist Rousseau zwar ein Aufklärer, aber ein Aufklärer ganz besonderer Art: Nicht der Verstand, sondern die Unverfälschtheit des Gefühls wird zum Kompass seiner Gesellschaftskritik. Literarisch demonstriert er dies an seinem höchst erfolgreichen Briefroman *Die neue Héloïse*. Die Dreiecksgeschichte zwischen dem Hauslehrer Saint-Preux, dem adligen Fräulein Julie und ihrem Gatten, dem Baron Wolgast, wertet die Rolle der Subjektivität auf und setzt einen Kult der Empfindsamkeit in Gang.

Als das Buch 1761 erscheint, ist auch schon das Manuskript des *Emile* vollendet, zusammen mit seinem zweiten großen Hauptwerk, dem *Gesellschaftsvertrag.* Nach Rousseaus eigenen Worten stellen beide Bücher ein Ganzes dar. Im *Gesellschaftsvertrag* geht es um die Einrichtung gesellschaftlicher und politischer Institutionen, im *Emile* um die Formung des Menschen als Individuum. Beide Werke beginnen mit einem rhetorischen Paukenschlag, in dem der Verlust des goldenen Zeitalters der Natürlichkeit beklagt wird: »Der Mensch wird frei geboren, aber überall liegt er in Ketten«, heißt es am Anfang des ersten Kapitels des *Gesellschaftsvertrags.* Der erste Satz des *Emile* lautet: »Alles ist gut, wie es aus den Händen des Schöpfers kommt; alles entartet unter den Händen des Menschen.«

In *Emile* soll nicht der Mensch, sondern »die Natur selber« die Erziehung des Kindes leiten. Dieser Bezug zur Natur macht sich schon in der Bildlichkeit der Sprache bemerkbar. Rousseau vergleicht den Menschen mit einer Pflanze, die in Gefahr ist zu verdorren und die nur unter geeigneten Bedingungen und mit richtiger Pflege wieder »veredelt« werden kann. Zu diesem Zweck stellt er die für den Menschen geeignetsten Versuchsbedingungen her. Er zieht seinen fiktiven Zögling Emile, bildlich gesprochen, in einem Gewächshaus groß, in dem dieser ungestört gedeihen kann. Er entwirft also eine pädagogische Modellsituation.

Emile ist ein männliches Kind von adligem Stand, ein Kind also, das frei von sozialen und materiellen Zwängen aufwachsen kann. Er hat keine Geschwister. Er wird auch von Spielgefährten und, da er auf dem Land lebt, vom Sündenbabel der Stadt ferngehalten. Seine Entwicklung wird nicht von den Eltern, sondern von einem Erzieher begleitet. Dieser ist jung genug, um dem Zögling auch als Gefährte zu gelten und keine Hierarchie zwischen beiden entstehen zu lassen. Der Erzieher ist nur für Emile da und steht ihm den ganzen Tag zur Verfügung. Er lebt das Leben seines Zöglings mit.

Rousseaus Erziehungskonzeption ist für seine Zeit revolutionär. Denn der Erzieher soll keine Autorität, sondern eine Hebamme der Natur sein. Er greift nicht von außen in das Leben Emiles ein. Rousseaus Erziehungsidee ist die einer »negativen Erziehung«, einer Erziehung ohne festgelegte Regeln und Vorschriften. Sie wird von dem Grundsatz geleitet, den wir heute »learning by doing« nennen würden. Es ist eine erfahrungsorientierte Erziehung, in der Selbsttätigkeit und Selbsterfahrung im Mittelpunkt stehen. Das Kind soll das, was es weiß, durch eigene Entdeckung erwerben und dabei auch unmittelbar den Nützlichkeits- und Praxisbezug erfahren. Auch Rousseau will eine Erziehung nach den Maßstäben der Vernunft, doch seine »Vernunft« ist eine eng an die Natur angebundene Vernunft, eine Vernunft, die den Menschen das lernen lässt, was er braucht, und nicht das, was die Konvention vorschreibt.

Rousseau spricht aus eigener leidvoller Erfahrung, wenn er eine Erziehung ablehnt, in der Regeln und tradiertes Wissen lediglich aufgepfropft werden. Überhaupt wendet er sich gegen reines Bücherwissen und gegen den Vorrang intellektueller Bildung. Der Herausbildung körperlicher Fähigkeiten misst er eine mindestens ebenso große Bedeutung wie der geistigen Erziehung bei. Der kindliche Entfaltungsdrang soll weder in körperlicher noch in geistiger Hinsicht gehemmt werden.

Diese Forderung Rousseaus wird nur auf der Grundlage seines Menschenbildes verständlich. In diesem Punkt entfernt er sich von dem pessimistischen Menschenbild der Calvinisten. Er ist davon überzeugt, dass die menschliche Natur ursprünglich gut ist, und glaubt nicht, wie viele seiner Zeitgenossen, dass in den Kindern etwas Böses steckt, das es auszurotten gilt. Das Böse kommt für ihn erst durch den Einfluss der Menschen und der Gesellschaft hinzu, durch Abschwächung und Unterdrückung der natürlichen Kräfte. »Alle Bosheit entspringt der Schwäche«, so Rousseau, »das Kind ist nur böse, weil es schwach ist. Macht es stark, und es wird gut sein.«

Die von Rousseau immer wieder betonte Nützlichkeit und der von ihm geforderte Praxisbezug wiederum tragen deutlich den Stempel des bürgerlichen Selbstverständnisses, das sich von aristokratischen Werten absetzte. Im Bürgertum, das im 18. Jahrhundert immer mehr gesellschaftliche Bastionen besetzte und in der Französischen Revolution schließlich auch die politische Macht eroberte, galt Leistung mehr als Stand und Repräsentation. Vor allem die »Arbeit« im Sinne einer produktiven und wertschöpfenden Tätigkeit des Menschen wurde aufgewertet. Arbeit, Mäßigkeit in der Lebensführung, körperliche Bewegung: Dies sind typisch bürgerliche Tugenden, und es sind auch die Rousseau'schen Tugenden. Die Erziehung zum Menschen, die im *Emile* vorgeführt wird, schöpft in vielfacher Weise aus bürgerlichen Wertvorstellungen.

Konsequenterweise sind die ersten Lernschritte, die Emile machen soll, nicht solche des abstrakten Denkens, sondern solche des sinnlichen Erfassens. Das erste Begreifen der Welt geschieht durch eine, wie Rousseau es nennt, »sinnenhafte Vernunft«, also mit Hilfe der Füße, Hände und Augen. Das Kind lernt zunächst, indem es sich und die Umwelt sinnlich erfährt. Eines der wichtigsten Instrumente dieser frühen sinnlichen Welterfahrung ist das Spielen. Rousseau ist einer der ersten Philosophen, der der Rolle des Spielens eine zentrale pädagogische Bedeutung gibt.

Rousseau hatte in früheren Schriften immer wieder das einfache Leben in den Stadtstaaten der griechischen Antike dem verweichlichten Luxusleben seiner eigenen Zeit entgegengesetzt. Ein besonders positives Bild hatte er sich von dem asketischen Militärstaat Sparta und dessen Erziehungsvorstellungen gemacht. Mit Blick auf die »spartanisch« erzogene Jugend fordert er körperliche Abhärtung. Emile soll sich der Natur aussetzen, viel barfuß gehen und auf harter Unterlage schlafen. Ebenso müssen Kleidung und Ernährung dieser neuen, »natürlichen« Erziehung angepasst werden. Anders als die kleinen Adligen seiner Zeit, für die bestimmte Kleidervorschriften galten und die wie Pakete verschnürt wurden, bekommt Emile eine leichte und luftige Kleidung, in der er sich frei bewegen kann. Emiles Kost hat das Ökosiegel: Einfachheit der Speisen, mäßige Mengen, viel Rohkost und kein Fleisch.

Die intellektuelle Erziehung muss nach Rousseau auf der sinnlichen Erziehung aufbauen und über sie vermittelt werden. So lernt Emile Begriffe und theoretische Erklärungen immer in engem Zusammenhang mit den sinnlichen Erfahrungen, die er macht. Die Grundlagen der Geometrie eignet er sich mithilfe des Nachzeichnens von Formen an. Erd- und Himmelskunde lernt er durch Bobachtung der Natur. Mit Wissenschaften, die in keiner Beziehung zu seinem Erfahrungsumkreis stehen, beschäftigt er sich nicht.

Rousseau hat ein puritanisches Misstrauen gegen die Fantasie und freie, ästhetische Erfahrungen. Vor allem die Buchlektüre gilt ihm als die »Geißel der Kindheit«. Bis zu seinem fünzehnten Lebensjahr gelangen keine Bücher in Emiles Hände, mit einer einzigen, charakteristischen Ausnahme: *Robinson Crusoe* von Daniel Defoe, die Bibel des bürgerlichen Selfmademan, die Geschichte des Mannes, der nach einem Schiffbruch auf einer abgelegenen Insel landet und sich fern von der Gesellschaft mit eigenen Händen eine Existenz aufbaut. *Robinson Crusoe* erfüllte das, was Rousseau von der Literatur erwartete: Sie sollte belehrend und nützlich sein.

Emile darf kein Intellektueller werden. Er muss lernen, mit den Händen zu arbeiten und sich selbst zu versorgen. Arbeit ist für Rousseau eine gesellschaftliche Pflicht. Die Gesellschaft hat deshalb auch das Recht, Müßiggänger zur Arbeit zu zwingen. Deshalb fällt die natürliche Berufswahl auf ein Handwerk. Rousseau plädiert für ein Handwerk, in dem Emile sich nicht, wie bei der Schmiedekunst, ständig beschmutzt und das gleichzeitig auch geistige Anforderungen stellt. Er schlägt deshalb die Tischlerei vor.

Erst ab dem fünfzehnten Lebensjahr wird Emile mit der abstrakteren, geistigen Welt, also der Welt der Philosophie, Moral und Religion, vertraut gemacht. Mitten in sein Buch schiebt Rousseau nun, zur Verdeutlichung seiner religiösen und philosophischen Überzeugungen, das berühmte »Glaubensbekenntnis eines savoyischen Vikars« ein, das an Erfahrungen anknüpft, die er als junger Mann mit katholischen Priestern in Savoyen gemacht hat. Es ist das theoretische Herzstück des *Emile* und enthält, von der Maske des savoyischen Vikars kaum verhüllt, das Bekenntnis Rousseaus zu einer konfessionsübergreifenden, natürlichen Religion ohne Institution und Dogma. Wie andere Aufklärer seiner Zeit macht auch Rousseau einen Unterschied zwischen der konkreten, historisch bedingten Gestalt der christlichen Kirchen und der wahren christlichen Lehre. Nur sie allein ist für ihn wesentlich. Sie ist nicht an bestimmte Riten gebunden und lässt sich auf natürliche Einsichten reduzieren.

Rousseaus religiöse Überzeugungen sind auch jene, die in der rationalistischen Aufklärungsphilosophie, z. B. von Gottfried Wilhelm Leibniz oder Christian Wolff, vertreten wurden: die Annahme der Existenz Gottes, der Unsterblichkeit der Seele und eines freien menschlichen Willens. Sie werden allerdings nicht aus der Vernunft, sondern aus einem »inneren Gefühl« und der sinnlichen Anschauung abgeleitet. Dieser Lehre entsprechend leben heißt nichts anderes, als ein moralisch gutes Leben zu führen. »Die Hauptsache auf dieser Erde ist«, so schreibt er, »seine Pflicht zu erfüllen.«

Der Zögling Emile muss irgendwann auch lernen, sich auf andere Menschen und damit auf die Gesellschaft einzustellen. In Rousseaus Roman ist dieser Zeitpunkt erst relativ spät, nämlich in der Pubertät angesetzt. Bis dahin ist Emile ein von der Gesellschaft abgeschirmtes Landei. Moralische Integrität und soziale Nützlichkeit stehen bei Rousseau höher im Kurs als taktvolles und souveränes Auftreten. Auch hier gewinnen bürgerliche Erziehungsideale die Oberhand über aristokratische. Zwar soll auch Emile Weltläufigkeit lernen, die soziale Tugend, die im Mittelpunkt der Erziehung junger Aristokraten stand. Doch sie erhält bei Rousseau eine charakteristische Färbung. Emile soll mit Umgangsformen vertraut sein, ohne dass der Schein zum Sein wird: Er soll sie beobachten, beherrschen, aber gleichzeitig Distanz zu ihnen wahren. Sein natürliches Selbstbewusstsein darf nicht in Eitelkeit und Eigenliebe abrutschen. »Er ist fest«, so Rousseau, »aber nicht selbstgefällig. Seine Manieren sind frei, aber nicht herablassend.« Die wahre Höflichkeit darf keine Routine sein, sondern besteht in einer natürlichen Güte.

Vor allem aber muss Emile das andere Geschlecht kennen lernen. Rousseau plädiert, für seine Zeit höchst ungewöhnlich, für eine offene Sexualaufklärung. Dennoch ist Emile auch hier, im Vergleich zu seinen Zeitgenossen, ein eher später Junge. Bis zu seinem zwanzigsten Lebensjahr soll er keine sexuellen Erfahrungen machen. Und auch dann hat er keine echte Wahl: Seine erste Partnerin wird ihm von seinem Erzieher zugeführt. Für Rousseau ist die Frage des richtigen Partners zu wichtig, als dass er sie dem Zufall überlassen könnte.

Wie der biblische Gott dem ersten Menschen eine Gefährtin zugesellt, so erschafft auch er im 5. Buch des *Emile* die zukünftige Frau seines Zöglings. Sie heißt Sophie. Sophies Erziehung folgt, anders als die Emiles, eher traditionellen Mustern, denn die Frau ist, so Rousseau, »dazu geschaffen, zu gefallen und sich zu unterwerfen«. Sophie wird auf den Mann hin und für ein häusliches Leben erzogen. Dass sich Emile schließlich in sie verliebt, überrascht den Leser nicht. Denn in Rousseaus Erziehungswelt lenkt die Natur auch die Liebesbeziehungen auf vernünftige Weise: »Man liebt erst, nachdem man geurteilt hat«, so lautet der – von der Lebenserfahrung unberührte – Grundsatz Rousseaus.

Nachdem Rousseau seinen Zögling noch auf die für die höheren Stände üblichen Bildungsreisen geschickt hat, setzt er an das Ende des Buches das Happy End, die Eheschließung. Der märchen- und idyllenhafte Schluss des Buches erinnert den Leser daran, dass es sich hier nicht um einen Erfahrungsbericht und auch nicht um eine praktische Lebensanleitung handelt, sondern um einen in Erzählform eingekleideten Modellversuch, dessen Ergebnisse jeder in seine eigene Wirklichkeit übersetzen muss.

Die Publikation des *Emile* 1762 alarmierte sofort die Zensur und löste erhebliche Turbulenzen im Leben Rousseaus aus. Er musste Paris fluchtartig verlassen und sich viele Jahre lang dem Zugriff der Behörden entziehen. Nicht die im Buch dargelegten Erziehungsmethoden, sondern die im »Glaubensbekenntnis des savoyischen Vikars« enthaltenen unorthodoxen Ansichten über die Religion hatten zur Beschlagnahmung und sogar zur Verbrennung des Buches geführt. Auch von Zeitgenossen erfuhr Rousseau Kritik. Voltaire war der Erste, der darüber spottete, dass ein Mann, der seine fünf Kinder ins Findelhaus gesteckt hatte, beanspruchte, den Leser über Erziehung zu belehren.

Rousseau selbst war davon überzeugt, dass *Emile* von allen seinen Büchern die größte Wirkung haben werde. Und spätestens als die Jakobiner seinen Leichnam ins Pariser Pantheon überführten, begann Rousseaus Karriere als Epochendenker. Die Aufklärer beriefen sich auf seine Gesellschaftskritik, sein Plädoyer für Bürgertugenden und seine Forderung nach Mündigkeit des Individuums. So ist die von Immanuel Kant formulierte klassische Forderung der Aufklärung: »Wage es, dich deines eigenen Verstandes zu bedienen!« unmittelbar den Erziehungsgrundsätzen des *Emile* entnommen. Der von Rousseau initiierte Kult der Empfindsamkeit und Natürlichkeit, der das späte 18. und frühe 19. Jahrhundert beherrschte, fand in Goethes *Werther* einen Höhepunkt. Rousseau wurde damit auch zum philosophischen Anreger der Romantik.

Vor allem aber kann Rousseau als Vater der modernen Pädagogik gelten, wie sie von dem Schweizer Rousseau-Verehrer Johann Heinrich Pestalozzi Ende des 18. Jahrhunderts begründet wurde. Die Erziehungsprinzipien der Selbstentfaltung der natürlichen Kräfte und der ganzheitlichen Erfahrung haben aber auch so unterschiedliche Denker wie Rudolf Steiner, den Begründer der Anthroposophie, oder John Dewey, den wichtigsten Erziehungstheoretiker des amerikanischen Pragmatismus, beeinflusst. Rousseaus Geist ist in allen pädagogischen Reformbewegungen des 20. Jahrhunderts spürbar und lebt auch in der Zivilisationskritik des zeitgenössischen ökologischen Denkens fort.

Rousseaus *Emile* ist das Werk eines philosophischen Restaurators: Hinter den Prägungen der Kultur, den sozialen Schranken und den gesellschaftlichen Konventionen hat er das Bild des Naturmenschen freigelegt, das bis heute in frischen und kräftigen Farben leuchtet. Für viele ist es das Bild des authentischen Menschen geblieben.

Ausgabe:
Jean-Jacques Rousseau: Emil oder die Erziehung. In neuer deutscher Fassung besorgt von Ludwig Schmitts. Paderborn: Schöningh 1971 (auch UTB).

Grenzvermessung im Land der Erkenntnis

IMMANUEL KANT: Kritik der reinen Vernunft (1781)

In der Geschichte des Menschen gibt es immer wieder Ereignisse, die als radikaler Bruch mit der Vergangenheit, als Zäsur und Neuorientierung empfunden werden. Man blickt auf sie mit dem sicheren Bewusstsein zurück, dass nach ihnen nichts mehr so war wie zuvor. Die Französische Revolution war, in den Augen der Zeitgenossen und aller nachfolgenden Generationen, ein solches Ereignis. Aber auch die Geschichte des menschlichen Geistes erlebte derartige Umbrüche. Die zu Beginn des 16. Jahrhunderts aufgestellte Lehre des Nikolaus Kopernikus, wonach sich nicht die Sonne um die Erde, sondern vielmehr die Erde um die Sonne dreht, hat nicht nur dem naturwissenschaftlichen Weltbild eine neue Richtung gegeben, sondern auch das Selbstverständnis des Menschen als angeblichem Mittelpunkt des Universums grundlegend verändert.

Etwa zweihundertfünfzig Jahre später erlebte auch die Philosophie eine solche Revolution: Sie ist mit einem Werk verbunden, dem sein Verfasser, der Königsberger Professor Immanuel Kant, den bescheidenen Titel *Kritik der reinen Vernunft* gab. Doch die Ansprüche, die er mit seinem 1781 erschienenen Buch verband, waren keineswegs bescheiden. Was Kopernikus für die Astronomie, das habe er, Kant, nun für die Metaphysik, die wichtigste unter allen philosophischen Disziplinen, geleistet.

Das Unternehmen einer Selbsterforschung der Vernunft, das der französische Philosoph René Descartes im 17. Jahrhundert begonnen hatte, führte Kant auf eine radikale Weise fort. Er untersuchte, wie weit das menschliche Erkenntnisvermögen reicht und was es mit der Erkenntnis der »letzten Dinge«, Gott, Freiheit und Unsterblichkeit, auf sich hat. Dabei setzte er der menschlichen Erkenntnisfähigkeit neue Grenzen.

Die *Kritik der reinen Vernunft* ist nicht nur ein dickes, sondern auch ein für Laien und Fachleute gleichermaßen schwieriges Buch, das hohe geistige Konzentration und Ausdauer verlangt. Doch niemand, der sich ernsthaft mit der philosophischen Grundfrage »Was kann der Mensch erkennen?« auseinander setzen will, kann der Lektüre dieses Buches ausweichen. Es gibt nur wenige Werke in der Philosophiegeschichte, von denen die Kenner einhellig behaupten, dass sie für ein Studium der Philosophie unverzichtbar sind. Die *Kritik der reinen Vernunft* gehört dazu.

Wie Kopernikus verlangt auch Kant von uns also einen Perspektivewechsel in unserer »Weltanschauung«. Kopernikus hatte nicht mehr die Erde, sondern die Sonne in den Mittelpunkt des Universums gestellt. Kant fordert uns auf, den Blick von den Erkenntnisgegenständen auf die Erkenntnisvoraussetzungen zu lenken: War man bisher immer davon ausgegangen, dass sich die Erkenntnis nach den Gegenständen richten müsse, so sollen sich nun die Gegenstände nach der Erkenntnis richten. Das, was wir Gegenstand nennen, ist von unserer eigenen Erkenntnisleistung abhängig. Wollen wir die Grenzen unserer Welt kennen lernen, müssen wir die Grenzen unserer eigenen Erkenntnisfähigkeit ermitteln. Mit Kants *Kritik der reinen Vernunft* ist in der Tat eine, wie er es nannte, veränderte »Denkart« in die Philosophie eingekehrt, die bis heute als »kopernikanische Wende« bezeichnet wird.

»Was lange währt, wird endlich gut« – wenn man dieses Sprichwort überhaupt auf philosophische Werke anwenden will, so hat es im Fall der *Kritik der reinen Vernunft* sicher seine Berechtigung. Es war kein Buch aus einem Guss, geboren aus einer genialen Idee, sondern vielmehr das Produkt einer mühsamen, Schritt für Schritt voranschreitenden Problemarbeit. Kant war sich sicher, dass er sich in ein ganz neues und unbekanntes Gelände vorgewagt hatte und dass überall Gräben und Abgründe lauerten. Geduldig schritt er das Land der Erkenntnis ab und vermaß es neu. Als er nach über einem Jahrzehnt Arbeit das Ergebnis der Öffentlichkeit präsentierte, war er bereits siebenundfünfzig Jahre alt. Zwar markiert die *Kritik der reinen Vernunft* erst den Beginn der großen Hauptwerke Kants, aber sie ist auch schon Ergebnis einer Lebensleistung, einer langen und geduldigen Denkarbeit.

Für eine solche Arbeit war der Handwerkerssohn Immanuel Kant hervorragend geeignet. Er besaß eine ungeheure Arbeitsdisziplin, war hartnäckig in der Verfolgung seiner Ziele und konzentrierte seine gesamte Lebensführung auf die geistige Forschungsarbeit. Dazu gehörte auch, dass er zeitlebens einen Ortswechsel vermied. Die emotionale Verbindung mit seiner Heimat am östlichen Rand des Königreichs Preußen, mit der Hafenstadt Königsberg und ihrer Umgebung, war so eng, dass er sich ein anderes Lebensumfeld für seine Arbeit nicht vorstellen konnte. Angebote, zum Beispiel nach Halle oder Jena zu wechseln, hat er deshalb stets abgelehnt.

Kants Eltern waren Pietisten, streng gläubige Protestanten, für die Selbstbeherrschung, Fleiß und ein moralischer Lebenswandel im Mittelpunkt der Erziehung standen. Auf dem pietistisch ausgerichteten Gymnasium Collegium Fridericianum, das der junge Kant besuchte, waren Ferien unbekannt. Selbstdisziplin und Genügsamkeit forderten ihm aber auch die finanziellen Umstände ab. Kants Vater, ein Sattlermeister mit fünf überlebenden Kindern, konnte die Erziehung seines begabtesten Sohnes kaum bezahlen. Kant selbst gab Privatstunden, auch Kleider- und Geldspenden von Bekannten mussten helfen.

Bereits auf der Königsberger Universität, in die er mit sechzehn Jahren eintrat, fasste er den Entschluss, Universitätsdozent zu werden. Die Universitäten des 18. Jahrhunderts vermittelten keine rein fachphilosophische Ausbildung und auch die Trennung der Fachbereiche war lange nicht so ausgeprägt, wie dies heute üblich ist. Kant studierte neben Philosophie Mathematik sowie den gesamten Bereich der damaligen Naturwissenschaften, darunter vor allem Physik, Astronomie und Geografie. Der Philosoph Kant hielt sein Leben lang den Blick auf die Leistungen der Naturwissenschaften gerichtet und ließ sich von ihnen inspirieren. Auch in seinen Schriften und Vorlesungen nahmen naturwissenschaftliche Themen einen breiten Raum ein.

Bis er jedoch zum fest angestellten, ordentlichen Professor berufen wurde, war es noch ein langer Weg. Nach mehreren Jahren des Studiums verdiente Kant seinen Lebensunterhalt neun Jahre lang als Hauslehrer bei adeligen Familien. 1755 erwarb er die Lehrbefähigung für die Universität und damit den Titel »Privatdozent«, eine Stellung, die nicht bezahlt war, ihn aber dennoch zum regelmäßigen Halten von Vorlesungen verpflichtete. Für seinen Unterhalt musste er auf Nebenjobs wie den eines Unterbibliothekars an der Königsberger Schlossbibliothek ausweichen. Erst im Jahr 1770, im gesetzten Alter von sechsundvierzig Jahren, erhielt der Privatdozent für Philosophie Immanuel Kant den ersehnten Lehrstuhl für Metaphysik und Logik und wurde ordentlicher Professor an der Universität Königsberg.

Inzwischen hatte sich seine eigene philosophische Position herausgebildet, mit der er sich von der damals in Deutschland vorherrschenden Lehre, der Leibniz-Wolffschen Schulphilosophie, absetzte. Diese war, in der Nachfolge des von René Descartes begründeten Rationalismus, fest von der Fähigkeit der menschlichen Vernunft überzeugt, sichere Erkenntnisse aus sich selbst heraus zu begründen. Dies betraf vor allem die ganz wichtigen, »großen« Themen. Die rationalistische Metaphysik glaubte, der Beweis sowohl für die Existenz Gottes als auch für die menschliche Willensfreiheit und die Unsterblichkeit der Seele liege in der Vernunft des Menschen. Gottfried Wilhelm Leibniz sprach deshalb in der Nachfolge Descartes' von »Vernunftwahrheiten«. Christian Wolff wiederum modellierte die sehr verstreut erschienenen Leibnizschen Thesen zu einem groß angelegten, für die öffentliche Lehre geeigneten System. Die »reine« Vernunft der Leibniz-Wolffschen Schulphilosophie wurde für Kant zur großen philosophischen Herausforderung.

Anstöße für eine kritische Auseinandersetzung mit der rationalistischen Metaphysik kamen aus drei verschiedenen Richtungen. Da war zum einen die Theorie des großen englischen Mathematikers und Physikers Isaac Newton, der, sich auf Beobachtungen und Experimente stützend, die Schwerkraft zur Grundlage einer umfassenden mechanistischen Welterklärung gemacht hatte. Als Grundlage der Wissenschaft hatte der junge Kant die empirische Forschung im

Sinne Newtons schon früh anerkannt. Zeugnis dafür ist zum Beispiel seine 1755 veröffentlichte Schrift *Allgemeine Theorie des Himmels oder Versuch von der Verfassung und dem mechanischen Ursprunge des ganzen Weltgebäudes, nach Newtonschen Grundsätzen abgehandelt*, in der die Entstehung unseres Sonnensystems aus Elementarteilchen erklärt wird.

Erst in den sechziger Jahren jedoch sieht Kant die Physik im Sinne Newtons nicht nur als Vorbild für die Wissenschaft, sondern auch als Vorbild für die Philosophie. In einer der Berliner Akademie der Wissenschaften eingereichten Schrift über die Grundsätze der Theologie und Moral fordert er nun, dass die Philosophie sich die Methode aneignen müsse, die Newton in die Naturwissenschaft eingeführt hatte. Gemeint ist die »induktive« Methode, die allgemeine Gesetze aus Einzelbeobachtungen ableitet. Sie steht im Gegensatz zur »deduktiven« Methode, die Erkenntnisse aus der Analyse von Begriffen und Urteilen ableitet, also umgekehrt vom Allgemeinen auf das Besondere schließt. Die logische, deduktive Analyse allein kann uns – so Kant – aber nichts über die Erfahrungswelt sagen. In diesem Sinne spricht er im Jahre 1762 davon, dass die formale Logik »ein Koloss auf tönernen Füßen« sei.

Im selben Jahr macht er die Bekanntschaft eines Philosophen, den er selbst als »zweiten Newton« bezeichnet: Jean-Jacques Rousseau, der aus dem kalvinistischen Genf stammende Philosoph der Natürlichkeit und Kritiker der Zivilisation. Für die Lektüre von Rousseaus Erziehungsroman *Émile* unterbrach Kant sogar seinen ansonsten streng geregelten Arbeitsalltag. Während Newton den Blick auf den Kosmos gelenkt hatte, öffnete Rousseau Kant die Augen für die Natur des Menschen, die für ihn mehr ist als nur Vernunft und Intellektualität.

Das eigentliche Verdienst, ihn aus seinem »dogmatischen Schlummer« geweckt zu haben, hat Kant später allerdings dem schottischen Aufklärungsphilosophen David Hume zugestanden. Für Hume gibt es überhaupt keine Erkenntnis ohne Erfahrung. Er geht sogar so weit zu behaupten, dass keine Erkenntnis auf einer absolut sicheren Grundlage steht. Auch Behauptungen wie »A ist die Ursache von B«

könnten selbst dann nicht endgültig bewiesen werden, wenn sie auf der vielfachen Beobachtung beruhen, dass B immer auf A folgt. Es handle sich hier lediglich um Gewohnheitsurteile. Humes Skeptizismus stellte somit auch den Gewissheitsanspruch der Newtonschen Naturwissenschaft in Frage.

Die Einflüsse Newtons, Rousseaus und Humes ließen Kant vom traditionellen Rationalismus abrücken. Er begann nun sogar, sich über metaphysische Spekulationen lustig zu machen. Den Ruhm des schwedischen Philosophen Emanuel Swedenborg, dem telepathische Fähigkeiten nachgesagt wurden, nahm er 1766 zum Anlass der polemischen Schrift *Träume eines Geistersehers, erläutert durch Träume der Metaphysik*, in der er auch die Anhänger einer »reinen Vernunft« mit Geistersehern verglich.

Spätestens im Jahr 1769, dem Jahr, in dem ihm nach eigener Aussage das entscheidende Licht aufgegangen sei, war Kant klar geworden, dass es von Gott, der Unsterblichkeit der Seele, der Freiheit oder den Anfangsgründen der Welt keine Erkenntnis in dem Sinne geben kann, in dem wir von einer Erkenntnis der normalen Dinge der Welt sprechen. So weit folgte er dem Skeptizismus Humes. Doch den von Newton übernommenen wissenschaftlichen Anspruch gab er nicht auf. Er glaubte, im Gegensatz zu Hume, weiterhin daran, dass die Gewissheit von Behauptungen wie »A ist die Ursache von B« nachgewiesen werden kann. Folglich suchte er einen Mittelweg zwischen Skeptizismus und dem alten Rationalismus, den er nun »Dogmatismus« nannte. Während Newton uns über die Gesetzmäßigkeiten der äußeren Welt aufgeklärt hatte, wollte Kant die Gesetzmäßigkeiten des Erkenntnisprozesses im Menschen aufklären. In diesem Vorhaben liegt der Ursprung der *Kritik der reinen Vernunft.*

Einen ersten Schritt dazu unternahm er mit seiner Dissertation *De mundi sensibilis atque intelligibilis forma et principiis (Über die Form und die Prinzipien der Sinnes- und Verstandeswelt)*, die die Universität Königsberg 1770 als Voraussetzung für eine ordentliche Professur von ihm verlangte. Kant zieht hier einen scharfen Trennungsstrich zwischen einer in Raum und Zeit befindlichen Wahrnehmungswelt und einer »intelligiblen« Welt, einer Welt der »Dinge an sich«, ein dem Verstand vorbehaltener Bereich reinen Denkens. Beide dürfen nicht miteinander vermischt werden. Auf die Frage, wie sich die Sicherheit raum-zeitlicher Erkenntnis erklären lässt, hat er nun eine Antwort gefunden: Raum und Zeit sind dem Menschen eigene »Formen der Anschauung«, sie haften uns an wie eine Brille. Weil wir alle die gleiche Brille tragen und diese Brille unveränderlich ist, hat die uns in Raum und Zeit erscheinende Welt einen gesetzmäßigen Charakter. Nur deshalb können wir auch die Geometrie als eine Wissenschaft betreiben.

Kants »kopernikanische Wende« hatte hier bereits begonnen. Sowohl für die Philosophie als auch für den gesunden Menschenverstand war es bis dahin selbstverständlich, davon auszugehen, dass Raum und Zeit wirklich existieren, dass die Dinge sich in einem Raum befinden und den Veränderungen der Zeit unterworfen sind. Kants Position fordert nun ein radikales Umdenken: Raum und Zeit sind nicht »objektiv«, sondern »subjektiv«, sie sind etwas, das wir selbst mitbringen, wenn wir Dinge anschauen.

Doch wie steht es mit Grundbegriffen wie »Ursache« und »Wirkung«, die vom Verstand hervorgebracht werden? Beziehen sie sich auf die »Dinge an sich«, wie Kant noch in seiner Dissertation behauptet hatte, oder nicht vielmehr auch auf unsere Erfahrungswelt? Denn wir gehen doch an Vorgänge der Natur mit dem scheinbar selbstverständlichen Anspruch heran, sie nach dem Schema von Ursache und Wirkung erklären zu können. Wie kann dieser Anspruch aber begründet werden, wenn, wie Hume gezeigt hatte, eine solche Begründung aus der Beobachtung – also »empirisch« – nicht gewonnen werden kann? Wie kann also, allgemein gesprochen, nachgewiesen werden, dass Begriffe und Urteile des Verstandes Gültigkeit für die Sinneswelt besitzen?

Zur Lösung dieser Frage brauchte Kant noch elf Jahre. Seinem langjährigen Berliner Freund Marcus Hertz schrieb er 1771, das geplante Werk mit dem Titel »Die Grenzen der Sinnlichkeit und der Vernunft« sei in Arbeit. Zwei Jahre später kündigt er Hertz die Fertigstellung der Schrift für 1774 an. In den nächsten Jahren erhielt Hertz von Kant mehrere Briefe dieser Art. Kant quälte sich bis zum

Frühjahr und Sommer 1780, bis er das Buch schließlich in fünf Monaten abschloss.

Die *Kritik der reinen Vernunft* ist eines der ersten bedeutenden philosophischen Bücher, die in deutscher Sprache geschrieben wurden. Noch im 17. Jahrhundert war es für einen deutschen Philosophen eine Selbstverständlichkeit, seine Schriften in Latein zu veröffentlichen. Auch ein großer Teil der frühen Schriften Kants ist in lateinischer Sprache verfasst. Kants Buch ist auch in sprachlicher Hinsicht eine Pionierarbeit, da viele philosophische Begriffe erst in die deutsche Sprache eingeführt werden mussten.

In der *Kritik der reinen Vernunft* unterscheidet Kant nun zwischen drei Erkenntnisvermögen: der sinnlichen Anschauung, die es mit unseren räumlichen und zeitlichen Vorstellungen zu tun hat, dem Verstand, der diese Vorstellungen mit Hilfe von Begriffen ordnet, und der Vernunft, die uns anregt, diese Ordnung der Begriffe unter dem Gesichtspunkt einer übergeordneten Einheit zu sehen.

Zwischen Verstand und Vernunft macht Kant also, anders als in seiner Dissertation, einen klaren Unterschied. Und hier liegt auch die entscheidende Trennlinie seiner gesamten Erkenntnistheorie: Sinnliche Anschauung und Verstand tragen gemeinsam zur Entstehung unserer Erfahrungswelt bei, sie sind es, die berechtigte und nachprüfbare Erkenntnisse produzieren. Die Vernunft dagegen, die nach dem Zusammenhang und den letzten Gründen dieser Erfahrungswelt fragt, stellt uns vor ein Problem. Sie drängt uns Fragen auf, die sie selbst nicht beantworten kann. Es sind die großen und letzten Fragen der Philosophie, wie zum Beispiel: Gibt es einen Gott? Gibt es menschliche Freiheit? Gibt es eine unsterbliche Seele? Wir können diesen Fragen nicht ausweichen – und genau dies ist auch der Grund, warum wir uns der Beschäftigung mit Metaphysik nicht entziehen können.

Kant bekennt immer wieder, wie sehr ihm die Beantwortung dieser Fragen am Herzen liegt und wie sehr er selbst ein Liebhaber der Metaphysik geblieben ist, die einst die »Königin der Wissenschaften« genannt wurde. Doch er konfrontiert den Leser mit einer ernüchternden Antwort: Die Vernunft, die diese Fragen aufwirft, liefert uns keine Erkenntnisse. Sie verführt uns vielmehr zur Spekulation.

Kant erklärt damit die Tradition der Metaphysik von der griechischen Antike bis zum 18. Jahrhundert für gescheitert. Es war eine Tradition, die die Metaphysik eng mit der Theologie verbunden hatte. Seit Aristoteles war die Frage nach Gott als dem ersten Beweger und der ersten Ursache der Welt eines der Hauptthemen der Metaphysik gewesen. Doch nach Kant können wir niemals zu Erkenntnissen über Gott, Freiheit und Unsterblichkeit kommen, weil alles, was wir wirklich wissen können, im Bereich der Erfahrungswelt liegt, im Bereich der sinnlichen Anschauung und Verstandeserkenntnis.

Für Kants Zeitgenossen, besonders wenn sie sich der Leibniz-Wolffschen Schulphilosophie verpflichtet fühlten, war dies wie ein Donnerschlag. Moses Mendelssohn zum Beispiel, einer der wichtigsten deutschen Aufklärungsphilosophen, hatte noch 1767 ein Werk über die Unsterblichkeit der Seele veröffentlicht. Nun musste er zusehen, wie Kant seine Argumentation zerpflückte. Kant wies darauf hin, dass es nicht genügt, den Begriff von Gott oder einer unsterblichen Seele zu haben. Die Existenz eines Gegenstandes kann nicht durch Logik, durch begriffliche Analyse nachgewiesen werden. Wir brauchen Erfahrungsdaten. Genau solche berechtigen uns aber nicht, auf die Existenz Gottes oder einer unsterblichen Seele mit Sicherheit zu schließen. Damit war Kant für Mendelssohn der »Alleszermalmer«. Das Terrain, auf dem sich sichere menschliche Erkenntnis bewegen kann, ist – so die Botschaft der *Kritik der reinen Vernunft* – wesentlich kleiner, als die meisten Philosophen zuvor dachten.

Den Unterschied zwischen einer »kritischen« Philosophie, die sich auf sicherem Fundament bewegt, und einer unkritischen Spekulation versucht Kant auch durch die Abgrenzung der beiden Begriffe »transzendental« und »transzendent« zu verdeutlichen. Mit beiden Begriffen wird etwas bezeichnet, das von der empirischen Erfahrung unabhängig ist. »Transzendent« ist alles, was jenseits der sicheren Erkenntnis liegt und damit der Welt der Dinge an sich angehört, über die wir nichts wissen können. Der von Kant geprägte Begriff »transzendental« bezieht sich hingegen auf die Erkenntniswerkzeuge, die der Mensch mitbringt, auf die, wie Kant dies etwas schwerfällig ausdrückt, »Bedingungen der Möglichkeit der Erkenntnis«. Raum, Zeit sowie das Arsenal unserer Begriffe überhaupt: Sie sind für Kant »transzendental«.

Entsprechend nennt er die von ihm in der *Kritik der reinen Vernunft* entwickelte Erkenntnistheorie eine »Transzendentalphilosophie«. Sie hat keinen Anspruch mehr, Erkenntnisse über das »Transzendente« zu liefern, sondern sie klärt uns darüber auf, welche Leistungen von den drei Erkenntnisvermögen – sinnliche Anschauung, Verstand und Vernunft – erbracht werden. Die Lehre von Raum und Zeit als den Formen sinnlicher Anschauung nennt Kant »Transzendentale Ästhetik«, die Lehre von den Verstandesbegriffen heißt »Transzendentale Analytik« und die Erörterung der Widersprüche, in die sich die Vernunft verwickelt, wenn sie zu ihren Höhenflügen über Gott, Freiheit und Unsterblichkeit ansetzt, heißt »Transzendentale Dialektik«. Kants barocke Begriffsarchitektur ist für heutige Leser etwas gewöhnungsbedürftig. Sie entsprang jedoch dem Bemühen, für seine neuen Erkenntnisse eine passende Ausdrucksform zu finden, um sich von den Anmaßungen der alten Metaphysik abzusetzen.

Mit »Ästhetik« meint Kant, entsprechend der ursprünglichen Bedeutung des griechischen Wortes »aisthesis«, nichts anderes als die »Lehre von der sinnlichen Anschauung«. Die »Transzendentale Ästhetik« nimmt den Gedanken auf, den Kant schon in seiner Dissertation formuliert hatte: Raum und Zeit sind notwendige Vorstellungen »a priori«, also Vorstellungen, die »vor« aller sinnlichen Anschauung liegen und diese erst möglich machen. Der Bereich der »Transzendentalen Analytik«, der Verstandesbegriffe, ist jedoch erheblich umfangreicher. Dabei interessiert sich Kant vor allem für die so genannten »reinen Verstandesbegriffe«, also jene Grundbegriffe, die das Gerüst unserer gesamten begrifflichen Erkenntnis ausmachen. Er nennt sie, einer alten philosophischen Tradition folgend, »Kategorien«. Dazu gehören »Ursache« und »Wirkung«, aber auch zum Beispiel »Substanz« und »Akzidens«, womit unsere Art gemeint ist, an den Dingen einen wesentlichen Kern und wechselnde Eigenschaften zu unterscheiden. Kant stellt hier, angelehnt an die Logik des griechischen Philosophen Aristoteles, ganze Kategorientafeln auf.

In der »Transzendentalen Dialektik« setzt sich Kant mit den Argumenten des alten Rationalismus auseinander. Auch der Begriff »Dialektik« hat bei ihm eine für uns ungewöhnliche Bedeutung. Er meint, auch hier auf den ursprünglichen Wortsinn zurückgehend, das Für und Wider eines Streitgesprächs. Kant zeigt, dass es für die Existenz Gottes, die Annahme der Unsterblichkeit der Seele und die Freiheit des Menschen genauso gute Gründe gibt wie dagegen. Die Vernunft verwickelt sich hier, weil sie den Bereich der Erfahrung verlässt, in unlösbare Widersprüche.

In der *Kritik der reinen Vernunft* hat Kant seine »Revolution der Denkart« schließlich vollständig durchgeführt: Er übernimmt die Lösung, die er in seiner Dissertation für die sinnliche Anschauung gefunden hatte, nun auch für den Verstand: Zu der »Erkenntnisbrille«, mit der wir die Welt wahrnehmen, gehören nicht nur Raum und Zeit, sondern auch die Art, mit der wir die Welt mit Hilfe von Begriffen ordnen. Auch die Beziehung zwischen Ursache und Wirkung zum Beispiel ist etwas, das wir von uns aus an die Dinge herantragen, das wir sozusagen auf die Dinge und Vorgänge in der Welt projizieren. Grob gesprochen, stellt sich Kant den Erkenntnisprozess folgendermaßen vor: Wir empfangen mannigfaltige sinnliche Eindrücke, das Rohmaterial, ohne das überhaupt keine Erkenntnis zustande kommt. Dieses Material wird nun in mehreren Stufen zu einem Erkenntnisgegenstand geformt: zunächst durch eine räumliche und zeitliche Strukturierung und danach durch die Anwendung von Verstandesbegriffen.

Die Sicherheit unserer Erfahrungserkenntnis liegt also in der Tatsache begründet, dass der Mensch mit einem Arsenal von Erkenntniswerkzeugen ausgestattet ist, mit dem er sich die Welt konstruiert. Das, was wir »Welt« nennen, ist nicht etwas, das vor unser aller Augen liegt, sondern etwas, an dessen Entstehen wir aktiv beteiligt sind. Hier liegt der Kern der neuen Erkenntnistheorie Kants: Erkenntnis ist weder ein passives Aufnehmen von Daten noch das Ergebnis einer rein logischen Analyse. Es ist vielmehr ein Prozess, bei dem zwei Seiten zusammenkommen: die Eindrücke, die wir von der Außenwelt empfangen, und die Ordnung, die der Mensch mit Hilfe seiner Erkenntniswerkzeuge in diese Eindrücke bringt. Keine dieser beiden Seiten kann alleine Erkenntnis hervorbringen. In Kants Worten: »Anschauungen ohne Begriffe sind blind, Begriffe ohne Anschauungen sind leer.« Nur in ihrem Zusammenspiel entsteht die Welt unserer Erkenntnis. Wir können uns dieser Erkenntnis sicher sein, weil wir an der Hervorbringung dieser Welt selbst beteiligt sind.

Diese von uns mit hervorgebrachte Welt der Erkenntnis nennt Kant die »Erscheinungswelt«. Sie ist also die Welt, die uns in unserer Erkenntnis »erscheint«. Wie die Welt »wirklich« ist, können wir nicht wissen. Über die Erkenntnis haben wir keinen Zugang zur Welt der »Dinge an sich«. In seiner Dissertation hatte Kant noch angenommen, der Verstand hätte einen solchen Zugang. Doch davon ist er nun abgerückt: Der Verstand bleibt nun ganz auf die Erscheinungswelt gerichtet. Nach der Welt der »Dinge an sich« fragt die Vernunft, die, weil sie die Erscheinungswelt überschreitet, auch nie zu sicheren Ergebnissen gelangt.

Dies ist nun der endgültige Abschied von der Vorstellung einer »wahren« Welt im absoluten Sinne. Denn »Wahrheit« ist nunmehr etwas Relatives: Sie bezieht sich immer auf den Rahmen, den unsere menschliche Erkenntnisfähigkeit abgesteckt hat. Wie eine Welt außerhalb dieser Erkenntnisvoraussetzungen, die Welt der »Dinge an sich«, aussieht, darüber können wir nichts wissen.

Diese These Kants hat bei vielen seiner Leser geradezu einen Schock ausgelöst. Für einen der frühesten Rezipienten, den Dichter Heinrich von Kleist, bedeutete sie sogar den Verlust einer sicheren Weltorientierung. In einem Brief vom März 1801 zog er aus Kants Theorie folgende Schlussfolgerungen: »Wenn alle Menschen statt der Augen grüne Gläser hätten, so würden sie urteilen müssen, die Gegenstände, welche sie dadurch erblickten, *sind* grün – und nie würden sie entscheiden können, ob ihr Auge ihnen die Dinge zeigt, wie sie sind, oder ob es nicht etwas zu ihnen hinzutut, was nicht ihnen, sondern dem Auge gehört. Wir können nicht entscheiden, ob das, was wir Wahrheit nennen, wahrhaft Wahrheit ist oder ob es uns nur so scheint. Ist das Letzte, so *ist* die Wahrheit, die wir hier sammeln, nach dem Tode nicht mehr – und alles Bestreben, ein Eigentum sich zu erwerben, das uns auch in das Grab folgt, ist vergeblich ... Mein einziges, mein höchstes Ziel ist gesunken, und ich habe nun keines mehr –«

Ist durch die »Kritik der reinen Vernunft« die Vernunft also endgültig zur Strecke gebracht worden? Sind Begriffe wie Gott, Freiheit oder Unsterblichkeit nur noch Worthülsen? Kant selbst hat diese Frage mit Nein beantwortet. Er findet für die Vernunft nämlich am Ende seines Werkes, in der so genannten »Transzendentalen Methodenlehre«, eine neue und, wie er glaubt, verlässliche Verwendung. Die Vernunftideen Gott, Freiheit und Unsterblichkeit haben zwar als Gegenstände der Erkenntnis ausgedient, sie sind aber als »regulative Ideen« notwendig für unser moralisches Handeln. Damit meint Kant: Diese Ideen brauchen wir als Richtschnur unseres Handelns, weil wir sonst unser Selbstverständnis als moralisch zurechnungsfähige und verantwortliche Wesen und unsere Zuversicht auf eine moralische Weltordnung aufgeben müssten.

Verantwortung gibt es aber nur, wenn man die Freiheit eines Handelnden voraussetzt. Unsere moralischen Gebote, in denen diese Freiheit zum Ausdruck kommt, sind also Produkte der reinen Vernunft. Das bekannteste Beispiel dafür ist Kants moralisches Grundgesetz, der kategorische Imperativ, den er allerdings nicht mehr in der *Kritik der reinen Vernunft*, sondern vier Jahre später in der *Grundlegung zur Metaphysik der Sitten* aufstellt: »Handle nur nach derjenigen Maxime, durch die du zugleich wollen kannst, dass sie ein allgemeines Gesetz werde.« Indem er sich unter ein solches Vernunftgesetz stellen kann, zeigt der Mensch, dass er nicht nur den Gesetzen der Natur unterworfen ist. Er ist auch, wie Kant dies in seiner *Kritik* nennt, Teil einer »moralischen Welt«.

Auch auf den Glauben an Gott und die Unsterblichkeit der Seele können wir als moralisch handelnde Wesen nicht verzichten. In ihnen liegt nach Kant der einzige Garant dafür, dass wir auf eine Versöhnung zwischen Moral und Glückseligkeit in einem jenseitigen Leben hoffen dürfen. Kant will die Kluft zwischen Glauben und Wissen damit nicht beseitigen: Die Ideen der Vernunft gehören weiterhin der unerkennbaren Welt der Dinge an sich an. Aber durch seine Fähigkeit, moralisch zu handeln, hat der Mensch eine Antenne zu dieser Welt, die ihn zum Glauben an diese Ideen berechtigt.

Dass ohne Gott moralische Grundsätze ihrer wichtigsten Stütze beraubt sind, war im 18. Jahrhundert eine weit verbreitete Ansicht. Auch Kant wollte offensichtlich die Tür zur Religion nicht ganz zuschlagen. Nachdem er den Theologen klar gemacht hatte, dass alle ihre so genannten rationalen Gottesbeweise auf Sand gebaut sind, hatte er nun doch noch einen Trost für sie parat. »Wenngleich«, so Kant, »Metaphysik nicht die Grundfeste der Religion sein kann, so müsse sie doch jederzeit als die Schutzwehr derselben stehen bleiben.« Aber auch dieser Trost hat nicht verhindern können, dass die *Kritik der reinen Vernunft* bis heute als das wichtigste Scheidungsdokument zwischen Philosophie und Theologie angesehen wird.

Immanuel Kants *Kritik der reinen Vernunft* erschien 1781 bei Johann Friedrich Hartknoch, einem ehemaligen Studenten Kants, der in Riga einen kleinen Verlag gegründet hatte. Ein Echo blieb zunächst aus. Die Zeitgenossen mussten dieses umfangreiche und komplexe Werk erst einmal verdauen. Doch bis zum Ende des Jahrhunderts hatte sich die Transzendentalphilosophie als beherrschende Strömung in Deutschland durchgesetzt. Sowohl die Philosophie Arthur Schopenhauers, der die *Kritik* als das bedeutendste Buch der neueren europäischen Philosophiegeschichte ansah, als auch der Deutsche Idealismus um Fichte, Schelling und Hegel nahmen von Kant ihren Ausgang. Darüber hinaus wurde die klassische deutsche Literatur über Schiller und Kleist von Kants *Kritik* beeinflusst. Im 19. und frühen 20. Jahrhundert knüpften die so genannten »Neukantianer« wie Hermann Cohen, Leonard Nelson oder Ernst Cassirer an die Philosophie Kants an.

Längerfristig erwiesen sich vor allem zwei Aspekte der Philosophie Kants als folgenreich: die kritische Grundhaltung, die die Vernunft dem Prüfstein der Erfahrung aussetzt, und vor allem der Gedanke, dass unser Wissen von der Welt ein Akt der Konstruktion ist, an dem der Mensch aktiv beteiligt ist. Dies ist ein Gedanke, der sowohl in der modernen Erkenntnistheorie als auch in der modernen Sprach- und Wissenschaftstheorie fruchtbar geworden ist.

Kant ist den Anmaßungen der menschlichen Vernunft entgegengetreten und hat gleichzeitig den Blick für ihre Kreativität und Leistungsfähigkeit geöffnet. Mit seiner *Kritik der reinen Vernunft* wurde die Metaphysik endgültig vom Himmel der Spekulation auf die Erde der kritischen Prüfung geholt.

Ausgabe:

Immanuel Kant: Kritik der reinen Vernunft. Herausgegeben von J. Timmermann. Hamburg: Meiner 1998.

Hindernislauf im Erkenntnisparcours

Georg Wilhelm Friedrich Hegel:
Phänomenologie des Geistes (1807)

Unter den Großen in der Geschichte des Fußballs gibt es die technisch hochbegabten Ballkünstler, die, wie man so schön sagt, ihre Gegner »schwindlig spielen« können. Sie schlagen Haken wie Hasen, jonglieren den Ball von einem Fuß zum andern, lassen ihn kreisen und verschwinden, täuschen Bewegungen an und gehen schließlich an ihrem Gegenspieler vorbei wie an einem Laternenpfahl. Manche Zuschauer schwören darauf, dass erst diese Magie der Ballbehandlung »Fußball« genannt zu werden verdient. Doch es gibt auch diejenigen, die diesem Balljonglieren misstrauen und den fehlenden »Drang zum Tor« sowie die mangelnde Effizienz solcher Spieler beklagen. Andere betrachten die Szene mit offenem Mund und fragen sich zuweilen: Wo ist eigentlich der Ball?

Auch unter den Großen der Philosophiegeschichte gibt es solche Ballkünstler. Vielleicht der bekannteste ist Georg Wilhelm Friedrich Hegel, der mit seinen Schriften nicht nur die Zeitgenossen, sondern viele Generationen von Lesern schwindlig geschrieben hat. Hegels Art, mit einem ganzen Arsenal neuer und ungewöhnlicher Begriffe vor das Publikum zu treten, mit diesen auf eine unerschöpfliche und souveräne Art zu jonglieren und am Ende das »absolute Wissen« aus dem Hut zu zaubern, lässt den unvorbereiteten Leser völlig verblüfft zurück. Hegel hat auch unter Philosophen glühende Anhänger, die in seinen Schriften den Gipfel der europäischen Philosophie sehen. Andere begegnen seiner schwierigen Sprache mit großem Misstrauen, und der unbefangene Leser sieht sich immer wieder vor die Frage gestellt: Worüber redet Hegel hier eigentlich?

Von allen Werken Hegels hat die *Phänomenologie des Geistes*, sein erster und bis heute berühmtester Systementwurf, die Leser am meisten fasziniert. Hegel ist der letzte große Vertreter des philosophischen Idealismus. Er glaubt, dass eine geistige Substanz, die Vernunft nämlich, den Kern der Wirklichkeit ausmacht. Die *Phänomenologie* beschreibt den verschlungenen Weg, den die Vernunft zurücklegt, um in ihrer wahren Gestalt in Erscheinung zu treten. Als »Weltgeist« offenbart sie sich schrittweise in den Erkenntnisbemühungen und Kulturleistungen des Menschen. Hegels *Phänomenologie des Geistes* schildert den Weg der Selbstoffenbarung der Vernunft als einen Hindernislauf im Erkenntnisparcours, an dessen Ziel der »sich als Geist wissende Geist« oder, wie Hegel auch sagt, das »absolute Wissen« steht. Denn es ist der Mensch, der mit seinen Bemühungen um Welterkenntnis und Wissenschaft diesen Geist hervorbringt.

Einen mühsamen und hindernisreichen Weg musste auch Hegel selbst zurücklegen, bis er zu dem geworden war, als den ihn die geistige Welt am Ende seines Lebens wahrnahm: als den einflussreichsten Philosophen seiner Zeit. Hegel startete langsam und stolpernd in seine Karriere als Philosoph, doch er lief länger und ausdauernder und hatte am Ende alle seine Zeitgenossen überholt. Dass er einmal eine Geistesgröße werden und ein ganzes Zeitalter prägen würde, hätten ihm in jungen Jahren allerdings nur wenige vorausgesagt.

Der 1770 geborene Sohn eines Stuttgarter Beamten galt zwar während seiner Gymnasialzeit als Musterschüler, doch während seiner Studienzeit stand er in dem Ruf, ein geistig etwas langsamer und schwerfälliger Zeitgenosse zu sein. Der Student Hegel erhielt von seinen Kommilitonen den wenig schmeichelhaften Spitznamen »der Alte«, weil er eine etwas altkluge Behäbigkeit an den Tag legte. Außerdem kannte man ihn als regelmäßigen Kneipengänger, dessen Wein- und Tabakkonsum immer wieder die Universitätsautoritäten auf den Plan rief.

Und doch war es die Studienzeit im Tübinger Stift, in der das Fundament seines philosophischen Denkens gelegt wurde. Im Tübinger Stift ließen die protestantischen Württemberger Herzöge ihren Pfarrernachwuchs ausbilden, und auch Hegel schrieb sich hier zum Wintersemester 1788/89, versehen mit einem herzoglichen Stipendium, im Fach Theologie ein. Theologische Denkmuster prägten ihn von Beginn an: Die christliche Überzeugung, dass eine allumfassende, absolute Wahrheit, nämlich Gott, sich in der Welt den Menschen offenbart, floss als ein Grundgedanke in seine Philosophie ein.

Doch bereits der junge Hegel lehnte es ab, die theologischen Dogmen wörtlich zu nehmen, und bevorzugte, unter dem Einfluss der Aufklärung und der politischen Ereignisse der Zeit, eine rationale Deutung, die Gott mit der Vernunft identifizierte. Während im Nachbarland Frankreich das politische Erdbeben der Französischen Revolution tobte, las der Student Hegel die Schriften der französischen Aufklärer und teilte deren Kritik an den vernunftwidrigen politischen Verhältnissen seiner Zeit. Als im Frühjahr 1791 junge Anhänger der Französischen Revolution in Tübingen einen »Freiheitsbaum« errichteten, war auch Hegel dabei. Noch der alte Hegel trank an jedem 14. Juli ein Glas Wein zum Gedenken an die Erstürmung der Bastille.

Hegels philosophische Überzeugungen bildeten sich in engem Austausch mit einem Freundeskreis von »Stiftlern«, den man als Denkerwerkstatt junger Genies bezeichnen könnte. Hierzu gehörten der mit Hegel gleichaltrige Friedrich Hölderlin und der fünf Jahre jüngere Friedrich Wilhelm Joseph Schelling. Aus den Diskussionen dieser drei entwickelte sich die neue Philosophie des Deutschen Idealismus, die den Versuch unternahm, theologische Konzepte mit Hilfe des in der Aufklärung aufgewerteten Begriffs der Vernunft neu zu deuten. Die Vernunft als Wesen der Welt trat an die Stelle des christlichen Gottes. In der Tradition des neuzeitlichen Rationalismus glaubten die jungen Idealisten, dass diese Vernunft dem Denken des Menschen zugänglich sei. Die Vernunft löste Gott und das Denken löste den Glauben ab.

Ein wichtiger Ausgangspunkt dieser Philosophie war der Rationalismus Baruch de Spinozas, in dessen Mittelpunkt eine allumfassende göttliche Weltvernunft steht. In seiner *Ethik* (1677) vertritt Spinoza einen Pantheismus: Gott und Welt sind eins – eine einzige, ewige und unveränderliche Substanz. Sie offenbart sich in der Form mathematisch-naturwissenschaftlicher Gesetzmäßigkeiten: Alles Geschehen folgt nach Spinoza dem Gesetz von Ursache und Wirkung.

1781 war jedoch Immanuel Kants *Kritik der reinen Vernunft* erschienen, ein Buch, das den traditionellen Rationalismus in Frage stellte und behauptete, dass die Naturgesetze nicht auf die Welt an sich, sondern lediglich auf eine von unserem eigenen Erkenntnisvermögen abhängige »Erscheinungswelt« anwendbar seien. Kant zog zwischen der gesicherten Erfahrungserkenntnis des menschlichen Verstandes und den ungesicherten Spekulationen einer »reinen« Vernunft eine rote Linie, die er nicht überschreiten wollte. Die Vernunft, so Kant, verwickelt sich immer wieder in unlösbare Widersprüche. Gesicherte Aussagen über das Wesen der Welt oder über Gott lässt sie nicht zu.

Hegel, Hölderlin und Schelling erkannten Kants rote Linie nicht mehr an und glaubten wie Spinoza an die Fähigkeit der Vernunft, das Wesen der Welt, die Welt »an sich« zu erkennen. Die von Kant so geschätzten Naturwissenschaften betrachteten sie nicht mehr als die wahren Wissenschaften. Wissenschaft hatte vielmehr ihren Ort in der Philosophie selbst, in dem Bemühen der Vernunft, die Wirklichkeit auf den Begriff zu bringen. Für Hegel wurden Philosophie und Wissenschaft Synonyme.

Diese Auffassung von Philosophie steht auch schon hinter Johann Gottlieb Fichtes 1794 erschienener *Grundlage der gesamten Wissenschaftslehre.* Fichte zog aus Kants These, dass das, was wir Wirklichkeit nennen, von unseren subjektiven Erkenntnisvoraussetzungen abhängig ist, eine radikale Konsequenz: Für ihn ist die Wirklichkeit nichts anderes als die schöpferische Tat des »Ich«, eines Urprinzips, das am Grund des menschlichen Bewusstseins liegt. Fichtes »Ich« kennt keine Erfahrungsgrenze und gestaltet die Wirklichkeit – Fichte benutzt dafür den Begriff »setzen«- in völliger Freiheit. Außenwelt und Natur sind nichts anderes als Setzungen des »Ich«. Die Linie zwischen Erscheinung und Ding an sich gibt es damit nicht mehr.

Dass es für die erkenntnisaktive Vernunft keine Schranken gibt,

glaubten auch die jungen Tübinger Philosophen. Doch Hölderlin, Schelling und Hegel sahen in dem »Ich« nicht das letzte Wirklichkeitsprinzip. Für sie stand noch etwas Objektiveres dahinter. Hölderlin nannte es in einem Aufsatz von 1794/95 das »absolute Sein«. Das »Absolute« wurde die Bezeichnung für die neue Weltvernunft. In einem Text von 1796, dem sogenannten »Ältesten Systemfragment des Deutschen Idealismus«, an dem möglicherweise alle drei, Hölderlin, Hegel und Schelling, mitgeschrieben haben, wird der Anspruch erhoben, eine »Mythologie der Vernunft« zu formulieren. Das neue philosophische Programm, dem auch Hegel folgte, war damit formuliert: Die Philosophie sollte über die wahre, vernünftige Gestalt der Welt in einer Theorie des Absoluten aufklären.

Schelling, der bereits 1798 eine Professur in Jena erhielt, trat noch vor Hegel mit einer solchen Theorie des Absoluten hervor. Das Absolute, das er auch das »Göttliche« oder »Geist« nannte, offenbarte sich für ihn in der Entwicklung der Natur und der Kultur gleichermaßen. Alle Wirklichkeit ist für ihn »werdender Geist« und dem Menschen durch eine Art Intuition, durch eine »intellektuelle Anschauung« zugänglich.

Hegel beobachtete die philosophischen Höhenflüge seines ehemaligen Kommilitonen zunächst aus den Niederungen einer subalternen Hauslehrerexistenz. Nach seinem Studienabschluss 1793 war er zunächst im schweizerischen Bern, dann, von 1797 bis 1800, in Frankfurt angestellt, wo auch Hölderlin, der inzwischen als Dichter hervorgetreten war, als Hauslehrer arbeitete. Erst 1801 trat Hegel auf Vermittlung Schellings seine erste Anstellung als Universitätsdozent in Jena an. Nun konnte er daran denken, seine eigene Philosophie systematisch auszuarbeiten.

Der Jenaer Hegel war weit entfernt von dem etablierten preußischen Staatsphilosophen, als den man ihn im Alter karikierte. Er war ein liberaler Intellektueller knapp über dreißig, der den Umbrüchen seiner Zeit offen gegenüberstand und den Ehrgeiz hatte, eine neue Vernunftphilosophie zu begründen. Goethe, der für die Kulturpolitik im Fürstentum Sachsen-Weimar zuständig war, förderte den jungen Gelehrten.

Auch Schelling und Hegel pflegten zunächst einen engen persönlichen Kontakt und gaben gemeinsam eine philosophische Zeitschrift, das *Kritische Journal für Philosophie*, heraus. Mit seiner 1801 erschienenen Schrift *Die Differenz des Fichteschen und Schellingschen Systems* hatte Hegel jedoch begonnen, sich philosophisch von Schelling zu lösen. Wenn ihm auch Schellings Theorie des Absoluten näher stand als Fichtes Prinzip des »Ich«, so wandte er sich doch gegen Schellings These, dieses Absolute sei sozusagen mit einem Schlag, durch eine »intellektuelle Anschauung« erkennbar.

Der »Geist«, wie Hegel das Absolute in Anlehnung an Schelling und an den »Geist der Gesetze« des französischen Aufklärungsphilosophen Montesquieu inzwischen nannte, war für ihn kein Licht, das am Himmel hängt, sondern eine Spur, die sich im Verlauf der Menschheitsgeschichte in einer immer klareren Form abzeichnet. Sie trat für den Menschen nicht plötzlich – in einem Akt der Erleuchtung – hervor, sondern musste mit Mitteln der begrifflichen Analyse herausgearbeitet werden. Genau dies war für Hegel Aufgabe des Philosophen: die Formen zu beschreiben, in denen der Geist in »Erscheinung« (griech. »phainomenon«) tritt. Aus dem Programm einer »Mythologie der Vernunft« war das Programm einer »Phänomenologie des Geistes« geworden.

1805 wurde Hegel auf Veranlassung Goethes der Titel »außerplanmäßiger Professor« verliehen, der ihm aber keine sicheren Einkünfte verschaffte, sondern ihn weiterhin von Hörergebühren abhängig machte. Im selben Jahr erwähnt er den Plan zu einer Schrift, die zunächst nichts anderes als eine »Einleitung« in sein System sein sollte, die sich aber zu einem umfänglichen Manuskript auswuchs.

Hegel befand sich in mehrerer Hinsicht in einer schwierigen Lebenssituation. Mit der Frau seines Hauswirts hatte er ein Kind gezeugt, und er wusste, dass finanzielle Verpflichtungen auf ihn zukamen. Er suchte dringend eine feste Anstellung. Auch die politischen Verhältnisse waren höchst unsicher. Es herrschte Krieg, und Napoleon stand vor den Toren.

Über den Philosophen Friedrich Immanuel Niethammer, einen Freund und Gönner, den er in Jena kennen gelernt hatte und der inzwischen nach Bayern übergesiedelt war, fand Hegel in Bamberg schließlich einen Verleger für sein noch unveröffentlichtes Buch und konnte einen Vorschuss vereinbaren.

Das Manuskript wird unter abenteuerlichen Umständen vollendet: Die Franzosen marschieren, nach der Schlacht von Jena und Auerstädt, am 13. Oktober 1806 in Jena ein und beginnen auch Hegels Wohnung zu plündern. Hegel flüchtet sich mit einigen wenigen Unterlagen in die Wohnung von Bekannten. Er hat das Gefühl, den Atem der Geschichte im Nacken zu spüren. Als er, aus dem Fenster schauend, Napoleon im Sattel erblickt, nennt er ihn in einem Brief an Niethammer die »Weltseele zu Pferde«. In der Nacht zum 14. Oktober schreibt er die letzten Seiten seines Manuskripts, und der abschließende Teil geht am 20. Oktober nach Bamberg. Am 5. Februar 1807 wird Hegels unehelicher Sohn Ludwig geboren. Nicht nur die »Weltseele« veranlasst ihn, kurze Zeit später die Stadt zu verlassen.

Die *Phänomenologie* ist, wie alle Werke Hegels, harte Kost und für einen Anfänger ohne Hilfestellung nur mit viel Mühe lesbar. Mit Hegels verschachtelten Sätzen und seinen ungewöhnlichen Wortprägungen tun sich auch so manche Experten schwer.

Im Kern handelt es sich um eine Metaphysik, um eine Lehre vom Absoluten als dem letzten Grund der Wirklichkeit, in die allerdings auch erkenntnistheoretische und kulturphilosophische Erörterungen eingebunden sind. Charakteristisch für Hegel ist die geschichtsphilosophische Perspektive, unter der er alle Fragen betrachtet. Etwas begründen und erklären heißt für ihn, auf jenen »Grund« einer Sache zu verweisen, aus der sie sich entwickelt hat. Hegel erklärt »genetisch«, also indem er die Entwicklung einer Sache und ihren Platz in einem historischen Zusammenhang aufzeigt. Auch das Absolute, Hegels Weltvernunft, wird erklärt, indem ihre Entwicklung von einem »unmittelbaren« zu einem komplexen Stadium dargelegt wird.

In der »Vorrede« des Buches steht einer der berühmtesten Sätze Hegels, der den Zusammenhang zwischen der Erkenntnis des Absoluten und seiner Entwicklung zusammenfasst. Es komme darauf an, so Hegel, »das Wahre nicht als *Substanz*, sondern ebenso sehr als *Subjekt* aufzufassen und auszudrücken«. Während das »Wahre« – also der Geist als umfassende Weltvernunft – bei Spinoza noch als eine fertige, immer gleichbleibende und ewige »Substanz« bestimmt wird, wird sie bei Hegel zu einem bewegenden, aktiven Prinzip, zu einem »Subjekt« im Sinne eines handelnden Akteurs. Als »lebendige Substanz« entwickelt sie sich von einem unfertigen, noch nicht vollständig begriffenen Zustand zum absoluten Wissen.

Diese Entwicklung – und damit die Geistesgeschichte – wird zwar als eine Fortschrittslinie gesehen, zugleich aber auch als eine Linie, die einen Kreis beschreibt. Der Weg des Weltgeistes ist, in Hegels Worten, »das Werden seiner selbst, der Kreis, der sein Ende als seinen Zweck voraussetzt und zum Anfang hat«. Das Absolute war immer schon da, es war in seiner Entwicklung schon angelegt, hatte sich aber noch nicht entfaltet. Erst im absoluten Wissen liegt diese Entfaltung vor uns: Der Geist, das Absolute, hat sich nun selbst begriffen. Nicht von ungefähr hat man diese kreisförmige Weiterentwicklung immer wieder mit der Figur einer Spirale verglichen.

Das absolute Wissen ist also nichts, was man handlich in einer Definition anbieten könnte. Was Hegel »Wahrheit« im Sinne des »absoluten Wissens« nennt, ist der gesamte Prozess der Selbstentfaltung des Geistes. Der Weltgeist schwebt jedoch nicht losgelöst über unseren Köpfen. Er ist vielmehr unser eigenes Erbe, das Substrat der Kulturgeschichte, der geistigen Anstrengung des Menschen, sich selbst und die Welt zu verstehen. »Objektive« Entwicklung des Geistes in der Welt und das »subjektive« Verständnis, das der Mensch von diesem Geist entwickelt, korrespondieren also miteinander. Weltvernunft und vernünftiges Begreifen der Welt entfalten sich im gleichen Prozess. Es ist Hegels Version vom Wirken Gottes, der sich den Menschen offenbart, indem er selbst Mensch geworden ist.

Auch die *Phänomenologie*, die diesen Prozess schildert, sieht sich als Teil dieses Prozesses. Wissenschaftliches Erkennen bedeutet für Hegel nicht, eine Sache von außen wie mit einer Zange zu erfassen, sondern »sich dem Leben des Gegenstandes zu übergeben«, d. h., die Bewegung der Wirklichkeit nachzuvollziehen. Auch hier greift Hegel auf religiöse Traditionen zurück, auf die Mystik der jüdischen Kabbala oder auf den deutschen Mystiker des frühen 17. Jahrhunderts,

Jakob Böhme: Innen und außen, Mikrokosmos und Makrokosmos entsprechen sich und sind aufeinander bezogen.

Hegel beginnt den Erfahrungsweg des Geistes auf einer erkenntnistheoretischen Ebene, beim »Bewusstsein«. Es geht um die klassische Erkenntnisbeziehung zwischen Subjekt und Objekt, um die Art, wie sich der Mensch die Welt der Gegenstände aneignet. Dass das »Bewusstsein« am Anfang steht, zeigt, dass Hegel sich auf die von René Descartes begründete Tradition der neuzeitlichen Erkenntnistheorie bezieht, nach der sichere Erkenntnis durch eine Selbsterforschung der Vernunft des einzelnen Subjekts zu erreichen ist.

Die naivste, noch am wenigsten entwickelte Form des Geistes sieht Hegel in dem, was einem normalerweise als die sicherste und selbstverständlichste Form der Erkenntnis erscheint, die »sinnliche Gewissheit«. Wir sehen einen Baum, sagen: »Dies ist ein Baum«, und glauben, unsere Erkenntnis sei klar und eindeutig. Doch Hegel deckt in dieser scheinbar einfachen Gegenstandserkenntnis Bezüge und Unterscheidungen auf, die auf den ersten Blick verborgen waren. So wird in dieser Erkenntnis nicht der Baum »an sich«, unabhängig von mir, angesprochen, sondern mein Bewusstsein stellt eine Verbindung zwischen erkennendem Subjekt und erkanntem Objekt her. Die scheinbare Einheit ist in eine Zweipoligkeit zerfallen. Auch das »Dies« ist nicht eindeutig – drehe ich mich um, verweist es nämlich auf etwas anderes. »Dies« ist ein sprachlicher Begriff, der, genau wie »Baum«, auf verschiedene Gegenstände angewendet werden kann. Mit der Sprache bringen wir also einen Aspekt ins Spiel, der mehr meint als den einen konkreten Gegenstand, der uns vor Augen steht.

Unsere einfache, scheinbar konkrete sinnliche Gewissheit entpuppt sich also als eine komplexe Erkenntnis, die uns zum Gebrauch sprachlicher Begriffe, oder, wie Hegel sich ausdrückt, zu einem »Allgemeinen« führt. Diese Erkenntnis des Allgemeinen nennt Hegel »Wahrnehmung«, womit wir uns schon auf der nächsten, höheren Stufe der Geistesentwicklung befinden. Auch sie erscheint zunächst als eine »einfache« Erkenntnis. Doch wieder tun sich scheinbare Widersprüche und zunächst übersehene Bezüge auf. Denn einerseits sehen wir den Begriff als eine Einheit, andererseits umfasst das Konzept »Baum« ganz verschiedene Merkmale der Größe, Farbe, Form usw. Auch hier zerfällt also bei näherem Hinsehen die Einheit in Gegensätze. Eine höhere Einheit muss gefunden werden, die das Wesen des Allgemeinbegriffs, die Synthese von Einheit und Vielheit umfasst. Dies geschieht auf der nächsten Stufe, in der Tätigkeit des Verstandes.

Mit dieser Art der Analyse befinden wir uns mitten in der »Phänomenologie des Geistes«, in einer Denkbewegung, die immer wieder die gleiche Grundstruktur aufweist und die Hegel als »dialektische Bewegung« bezeichnet. Eine scheinbare Einheit, die auch »Positivität«, »Unmittelbarkeit« oder »Ansichsein« genannt wird, zerfällt in Gegensätze. Dieser von Hegel häufig als »Negation« bezeichnete Vorgang ist nichts anderes als das Aufzeigen von Unterschieden oder übersehenen Bezügen, die in einem Begriff enthalten sind. Nun werden in einem dritten Schritt die Gegensätze in einem dreifachen Sinn wieder aufgehoben: Sie werden eliminiert, gleichzeitig bewahrt und auf eine höhere Einheitsstufe gehoben. Sie werden zu integrierten Aspekten, zu »Momenten« der neuen Einheit. Über das »Ansichsein« und das »Für-andere-Sein« gelangt man zum »Fürsichsein« bzw. »An-und-für-sich-Sein«. Als vielseitig verwendbare Formel »These – Antithese – Synthese« findet sich dieses Erklärungsmuster bis heute in der Hausapotheke jedes Hegelianers wieder.

Die Dialektik ist das Entwicklungsgesetz des Geistes. Ist eine Stufe des Wissens erklommen, so stellt sich diese sofort als ebenso vorläufig heraus wie die vorhergehende und muss auf der nächsthöheren Stufe überwunden werden. Hegel will uns in seiner Analyse vorführen, dass man nicht wie Kant vor scheinbar unlösbaren Widersprüchen kapitulieren darf, sondern im Gegenteil die Wirklichkeit und das Denken, das sie erfasst, als einen ständigen Prozess der Überwindung immer neuer Widersprüche begreifen muss.

Die Stationen dieses Weges haben Generationen von Experten einiges Kopfzerbrechen bereitet. So gelangt Hegel vom Verstand zum Selbstbewusstsein und damit zu einer Stufe, die in seinem Buch eine besondere Rolle spielt. Mit »Selbstbewusstsein« meint er nicht das Selbstwertgefühl im heutigen umgangssprachlichen Sinn, sondern jenes Bewusstsein, das das Bewusstsein von sich selbst hat. Anders ausgedrückt: Das Selbstbewusstsein ist das Stadium, in dem das Bewusstsein sich selbst durchschaut, in dem ihm die Bezüge und Vorgänge klar werden, die mit dem Erkenntnisprozess verbunden sind. Deshalb spricht Hegel auch davon, mit dem Selbstbewusstsein »im einheimischen Reich der Wahrheit angekommen zu sein«.

Das Selbstbewusstsein begreift sich in all diesen Bezügen als Einheit, eine Einheit, die gleichwohl wieder zerfällt. Der Gegensatz, der sich nun herausbildet, gehört zu den meistdiskutierten in Hegels Werk. Hegel bedient sich nämlich einer sehr metaphorischen Sprache und bezeichnet ihn als Gegensatz zwischen »Herr« und »Knecht«.

Die Interpreten rätseln: Handelt es sich um einen Gegensatz zwischen zwei verschiedenen Subjekten oder nur um einen Gegensatz zwischen zwei Formen des Selbstbewusstseins – zwischen einem Ich-Bewusstsein und einem auf die Gegenstände ausgerichteten Bewusstsein –, also um einen Gegensatz, der sich innerhalb des Bewusstseins abspielt? Die meisten haben sich der letzteren Deutung angeschlossen.

Zwischen diesen beiden Formen des Selbstbewusstseins findet nach Hegel ein Kampf um Leben und Tod statt, in dem es um Anerkennung und Selbstbehauptung geht. Zu einer Auflösung dieser Kampfsituation und damit des Gegensatzes kommt es, indem das Verhältnis ins Wanken gerät, indem sich die Rollen vertauschen. Der Herr ist in Wahrheit der Abhängige, denn er erfährt die Wirklichkeit nur über die Vermittlung seines Knechts. Der wiederum erlangt durch seine Arbeit ein neues Selbstbewusstsein und überwindet seine Todesfurcht.

Inspiriert wurde Hegel zu dieser Passage durch einen berühmten experimentellen Aufklärungsroman des 18. Jahrhunderts, Diderots *Jacques der Fatalist und sein Meister*. Der Diener Jacques sieht, dass sein Herr zwar den Titel »Herr« trägt, er selbst aber die »Sache« hat, d. h. die eigentlich tätige Kraft ist. So folgert er: »Jacques regiert seinen Herrn.« Hegel drückt dies so aus: Die Knechtschaft werde »in ihrer Vollbringung zum Gegenteil dessen werden, was sie unmittelbar ist; sie wird als in sich zurückgedrängtes Bewusstsein in sich gehen und zur wahren Selbstständigkeit sich umkehren«.

Viele, besonders Marxisten, halten den Abschnitt über Herr und Knecht für den interessantesten Teil der *Phänomenologie*. Denn zeigt sich hier nicht die Vorläufigkeit der Klassengesellschaft, die notwendig in einen Herrschaftswechsel münden muss? Marx selbst hat aus dieser Passage seinen eigenen Begriff von »Arbeit« gewonnen, nämlich als formende Kraft der menschlichen Selbstverwirklichung.

Es scheint jedoch, als habe Hegel trotz seiner Metaphorik hier eher an Denk- und Bewusstseinsprozesse gedacht. In Anspielung auf Fichtes Begriff des »Ich«, das seine Freiheit im Setzen der Wirklichkeit behauptet, bezeichnet er die neue Stufe des Selbstbewusstseins als »freies Denken«, das seine inneren Widersprüche überwunden hat.

An dieser Scharnierstelle des Buches wechselt Hegel von einer erkenntnistheoretischen auf eine kulturphilosophische Ebene. Mit der »Freiheit des Selbstbewusstseins« betritt er den Boden der Geistesgeschichte, der großen Entwürfe menschlichen Selbstverständnisses. Die Unterscheidung zwischen einem individuellen und einem kollektiven Begreifen der Welt überspringt Hegel souverän. Er sieht auf allen Ebenen – ob in der Erkenntnisbemühung des Subjekts oder in einem »Zeitgeist« – denselben Geist am Werk, der unbeirrt in Richtung absolutes Wissen marschiert.

Zunächst begnügt sich das freie Denken mit innerer Autonomie, die – wie in der antiken Philosophie der Stoa – der Welt gegenüber passiv bleibt. Doch sie entzweit sich wieder – wie in der Philosophie der Skepsis – im vergeblichen Versuch, die Welt zu deuten, und versöhnt sich schließlich auf einer neuen Stufe, auf der die Zerrissenheit des Bewusstseins anerkannt wird, indem man die Begrenztheit und Endlichkeit des Bewusstseins von der Sphäre der Unendlichkeit trennt. Hegel nennt diese Stufe das »unglückliche Bewusstsein«. Was wie ein Begriff aus der Existenzphilosophie klingt, ist in Wahrheit eine Anspielung auf das Christentum, das die antike Philosophie ablöst und in dem sich Diesseits und Jenseits »unversöhnt« gegenüberstehen.

Den Versuch einer solchen Versöhnung macht die Vernunft – womit Hegel nicht das Absolute als Weltvernunft, sondern den Rationalitätsanspruch der Neuzeit meint, wie er sich – z. B. als »beobachtende Vernunft« – in den empirischen Naturwissenschaften äußert.

Dass die Vernunft durch die Stufe des »Geistes« abgelöst wird, löst Fragen aus: Reden wir nicht schon die ganze Zeit über die »Phänomenologie des Geistes«? Wozu noch ein eigenes Kapitel mit dem Titel »Geist«? Doch Hegel hat sich dabei etwas gedacht. Der Geist hat sich nämlich auf dieser Stufe erst als das verstanden, was er nach Hegel in Wahrheit ist: als allumfassendes Vernunftgesetz der Wirklichkeit. Dem Geist wird hier erst klar, wer er eigentlich ist, und deshalb darf er sich hier erst »Geist« nennen.

Spätestens an dieser Stelle verlagert sich der Schwerpunkt der *Phänomenologie* auf Themen, die wir heute der praktischen Philosophie zurechnen, also die Themen Sittlichkeit, Moral, Religion, Politik, Staat und Recht. Von hier ab diskutiert Hegel immer wieder, nach dialektischem Muster, bestimmte Etappen der Geistesgeschichte – wie z. B. die Aufklärung oder die Moralphilosophie Kants – und demonstriert, dass in ihnen Teilwahrheiten zum Vorschein kommen, aber nie die volle Wahrheit ausgesprochen wird. So erscheint ihm Kants Moralphilosophie als zu »formalistisch«, weil sie Pflicht und Neigung, Mensch und Natur in einen »unaufgehobenen« Gegensatz bringt.

In dem »Religion« betitelten vorletzten Kapitel tritt der Geist zwar schon in voller Gestalt, aber noch in bildlich-mythologischer Verkleidung auf die Bühne. Im absoluten Wissen schließlich wird er dieser mythologischen Form entkleidet. Wie sieht der im absoluten Wissen begriffene Geist also in Wahrheit aus? Wenn der Leser erwartet, dass Hegel nun die Tür aufsperrt und das Absolute in voller philosophischer Pracht erscheint, so irrt er. Der Weg selbst ist das Ziel, belehrt uns Hegel. Im durchschrittenen Weg selbst hat sich uns das Absolute gezeigt, indem die Stationen dieses Weges »auf den Begriff gebracht« wurden. Deshalb wendet Hegel am Ende des Buches seinen und des Lesers Blick zurück auf »die begriffene Geschichte« als »die Erinnerung und Schädelstätte des absoluten Geistes«. Nicht zufällig bedient er sich hier wieder einer religiösen Symbolik: Wie Christus auf Golgatha das Leiden der Menschen auf sich nahm und diese dadurch erlöste, so hat die *Phänomenologie* die Geistesgeschichte dialektisch nachvollzogen und damit begriffen.

Hegels erstes großes Hauptwerk erschien im Frühjahr 1807 in Bamberg, als er dort bereits eine Redakteursstelle bei der ›Bamberger Zeitung‹ angetreten hatte. Mit ihr öffnete er die Tür zu seiner Karriere und ebnete den Weg für seine späteren großen Werke. Es war die *Phänomenologie*, die von der Nachwelt als Hegels Geniestreich angesehen wurde. Vor allem Hegels Art, Dinge historisch, d. h. von ihrer Entwicklung her, zu erklären, übte großen Einfluss aus und setzte sich in der zweiten Hälfte des 19. Jahrhunderts auch bei Gegnern des Idealismus wie Auguste Comte in Frankreich oder Herbert Spencer in England durch.

Dass Hegels schwierige und ungewöhnliche Form der Analyse auch heftige Kritik hervorrief, verwundert nicht. »Immer wenn ich die *Phänomenologie des Geistes* aufschlug, dachte ich, ich öffnete das Fenster eines Irrenhauses«, lästerte sein etwas jüngerer Philosophenkollege Arthur Schopenhauer, der bei jeder Gelegenheit den »absoluten Gallimathias der Hegel'schen Dialektik« anprangerte, die auch Karl R. Popper, einhundert Jahre später, als Perversion der Logik empfand.

Doch selbst auf manche seiner Kritiker färbte Hegels Stil ab, so auf den dänischen Theologen Sören Kierkegaard, der mit seinen *Stadien auf des Lebens Weg* ein existenzphilosophisches Gegenbuch zur *Phänomenologie* schrieb, das an die Stelle der Entwicklung eines Absoluten die Entwicklung der konkreten Lebensanschauung des Einzelnen, also eine »Dialektik der Existenz«, setzte. Auch in der Existenzphilosophie des 20. Jahrhunderts, so in Jean-Paul Sartres *Das Sein und das Nichts*, werden Begriffe aus Hegels Dialektik wie »Ansichsein« und »Fürsichsein« weiter verwendet.

Vor allem aber der Marxismus wurde einer der wichtigsten Transporteure Hegel'schen Gedankenguts. Sein Begründer Karl Marx, der große Analytiker des Kapitalismus, übernahm Hegels Idee eines

Fortschritts im Sinne einer dialektischen Fortentwicklung der Weltvernunft, deutete sie aber materialistisch: Für ihn waren es die ökonomischen und gesellschaftlichen Kräfte, die die Menschheit nach vorne brachten.

Im 20. Jahrhundert bezogen sich vor allem unorthodoxe westliche Marxisten wie Georg Lukàcs, Ernst Bloch oder die Frankfurter Schule um Theodor W. Adorno und Max Horkheimer immer wieder auf die *Phänomenologie*. Für Bloch war es ein Werk, »das im philosophischen Schrifttum nicht seinesgleichen hat«.

Hegels Begriff der »Wahrheit«, der immer die »Totalität«, das Ganze der historischen und gesellschaftlichen Entwicklung, im Blick hat, wurde aber auch von nicht-marxistischen Philosophen wie Hans-Georg Gadamer, dem Neubegründer der philosophischen Hermeneutik, übernommen.

Obwohl kaum ein Philosoph heute noch daran glaubt, zu einem »absoluten Wissen« vordringen zu können, ist Hegels anhaltende Wirkung nicht zufällig: Seine Leser erleben ein Denken, das nie stillsteht und sich nie mit dem zufriedengibt, was sich scheinbar von selbst versteht. Die Wahrheit ist, wie Hegel formulierte, keine Münze, die man fertig einstreichen kann. Sie ist vielmehr, so könnte man ergänzen, ein Ziel, das die menschliche Vernunft auf Trab hält.

Ausgabe:
Georg Wilhelm Friedrich Hegel: Phänomenologie des Geistes. Frankfurt/ Main: Suhrkamp 1986.

Der große Wurf eines jungen Pessimisten

ARTHUR SCHOPENHAUER: Die Welt als Wille und Vorstellung (1819)

In Thomas Manns berühmtem Roman *Buddenbrooks* zieht eine der Hauptfiguren, der wohlhabende und erfolgreiche Lübecker Senator Thomas Buddenbrook, aus den tiefen Winkeln seines Bücherschranks ein Werk, das ihm mehr zufällig beim Stöbern in die Hände gefallen ist. Er nimmt es mit in den Pavillon in seinem Garten und liest darin. Thomas Buddenbrook befindet sich in einer Sinn- und Lebenskrise. Alter und Tod erscheinen am Horizont, sein Sohn Hanno erfüllt nicht seine Erwartungen. Wozu lebt er? Wer wird sein Lebenswerk fortführen? Worin besteht eigentlich der Sinn seiner rastlosen Tätigkeit?

Der Senator liest in einem Kapitel mit dem Titel »Über den Tod und sein Verhältnis zur Unzerstörbarkeit unseres Wesens an sich«. Plötzlich überfällt ihn beim Lesen eine Art Erleuchtung: »Und siehe da: Plötzlich war es, wie wenn die Finsternis vor seinen Augen zerrisse, wie wenn die samtne Wand der Nacht sich klaffend teilte und eine unermesslich tiefe, eine ewige Fernsicht von Licht enthüllte.« Die Erkenntnis, dass alle Menschen in einer tieferen Einheit miteinander verbunden sind, dass der Tod zwar unsere Individualität, aber nicht das Wesen des Menschen zerstört, dass der trügerischen Existenz in der Zeit die Erfahrung des ewigen Eins-Seins folgt – all dies zeigt ihm wie in einem Brennglas sein Leben in einer umfassenden und tröstlichen Perspektive.

Das Werk, das ihm diese Perspektive vermittelt, ist Arthur Schopenhauers *Die Welt als Wille und Vorstellung*. Wenn auch Thomas Buddenbrook das Buch bald wieder zur Seite legt und nicht mehr darauf zurückkommt – ganze Generationen von Lesern haben seine Erfahrung geteilt, dass Schopenhauers Hauptwerk mehr ist als ein Tüfteln an schwierigen theoretischen Problemen. Hier geht es um »Weltanschauung« in einem ganz ursprünglichen Sinn, um ein in allen Einzelheiten zusammenstimmendes Bild der Welt und der Stellung des Menschen in ihr.

Alle Teile des Buches scheinen in einer harmonischen Einheit miteinander verknüpft. Kunst, Moral, Wissenschaft und vor allem die Natur – sie alle deuten nach Schopenhauer auf einen verborgenen Kern der Welt. Ihn offen zu legen ist die Absicht Schopenhauers. Er ist ein Metaphysiker von altem Schrot und Korn. Ihm geht es um das, was die Welt »im Innersten zusammenhält«.

Auch wenn viele in diesem Werk Orientierung oder sogar Trost gefunden haben, so ist sein Grundtenor doch eher düster. Denn die Wurzel allen Seins ist nach Schopenhauer irrational. *Die Welt als Wille und Vorstellung* beinhaltet eine Abkehr von dem Glauben der Aufklärung an die Kraft der Vernunft. Es war der große Wurf eines jungen Pessimisten, eines gerade dreißigjährigen Genies und Außenseiters, der im Geist der Romantik den Nachtseiten der menschlichen Existenz bis auf ihren letzten Grund nachspürte.

Doch es war auch ein erfahrungsgetränktes Buch, das niemals versäumte, den konkreten Bezug zum Leben der Menschen herzustellen. Dies lag unter anderem an der Art, wie der junge Schopenhauer zur Philosophie kam und wie er mit ihr umging. Der 1788 geborene Sohn eines wohlhabenden Danziger Kaufmanns war nie ein typischer Akademiker. Aufgewachsen in den Handels- und Hafenstädten Danzig und Hamburg, machte ihn sein praktisch orientierter Vater früh mit den harten Tatsachen des Lebens vertraut.

Eine solche Konfrontation mit dem Leben war es auch, die am Beginn seines philosophischen Nachdenkens stand. Der sechzehnjährige Schopenhauer, der sich mit seinen Eltern auf einer mehrjährigen Bildungsreise befand, erblickt in der südfranzösischen Hafenstadt Toulon angekettete Galeerensklaven, deren Leben aus Qual und Hoffnungslosigkeit besteht. Im Eintrag vom 8. April 1804 hält er diese erschütternden Eindrücke in seinem Reisetagebuch fest. Das

Bild »dieser Unglücklichen«, deren Los er »für bei weitem schrecklicher als Todesstrafen« hält, wird ihm zum Sinnbild menschlicher Existenz überhaupt: Der Mensch ist wie ein Galeerensklave an seine Individualität und seinen Leib und damit an Krankheit, Leiden und Tod gekettet. Dem jungen Schopenhauer gerinnt diese Erfahrung zu einer philosophischen Vision: Das Schicksal, so sollte er später formulieren, ist »Mangel, Elend, Jammer, Qual und Tod«.

Es war der Drang, Erfahrungen philosophisch zu deuten, der seinen weiteren Lebensweg bestimmte. Dem Wunsch seines Vaters, das Kaufmannsgeschäft zu erlernen, folgte er nicht. Die begonnene Kaufmannslehre brach er nach dessen Tod 1805 ab. Mutter und Schwester Schopenhauer gaben das Haus in Hamburg auf und siedelten sich in Weimar, im gesellschaftlichen Umkreis des Goethe-Zirkels, an. Der junge Schopenhauer ging nun seine eigenen Wege. Er ließ sich seinen Anteil am Vermögen auszahlen und erhielt so eine finanzielle Absicherung, die er durch Geldanlagen stetig vermehrte und die es ihm in späteren Jahren erlaubte, als Privatier ganz der Philosophie zu leben. Das Abitur holte er am Gymnasium in Gotha nach und begann anschließend das so sehr ersehnte Philosophiestudium an der Göttinger Universität. Nach vier Studienjahren in Göttingen und Berlin reicht er 1813 seine Doktorarbeit *Über die vierfache Wurzel des Satzes vom zureichenden Grunde* an der Universität Jena ein. Mit ihr betritt er die erste Stufe seiner eigenen Philosophie.

Sein Denken, so hat Schopenhauer später reklamiert, habe er aus drei philosophischen Quellen geschöpft: aus der Philosophie Platons, der Philosophie Kants und den altindischen *Upanischaden.* Platon und Kant lernt er an der Universität kennen: Sie führen ihn zum philosophischen Idealismus, das heißt zu der Auffassung, dass die Welt nicht das ist, was sie zu sein scheint, dass sich erst hinter der empirischen Realität die wahre Realität auftut.

Schopenhauers Doktorarbeit ist der erste Ausdruck dieses philosophischen Idealismus. Wie Kant in seiner *Kritik der reinen Vernunft* will er die Grenzen der empirisch erfahrbaren Realität ziehen. Diese Welt, die bei Kant »Erscheinungswelt« heißt, nennt Schopenhauer »Vorstellung«. Wir selbst sind es, die dieser Welt eine Ordnung, eine

Struktur geben, indem wir für alle Dinge und Vorgänge einen »Grund« angeben. Alles in dieser Welt ist nach Schopenhauer dem »Satz vom Grunde« unterworfen, die gesamte Welt der Vorstellungen besteht aus einem Netz von Gründen.

Mit »Grund« meint Schopenhauer in seiner frühen Schrift etwas sehr Umfassendes. Die kausale Erklärung im engeren Sinne, das heißt die Einordnung eines Dings in den Zusammenhang von Ursache und Wirkung, ist als »Grund des Werdens« nur einer von vier möglichen Gründen. Daneben gibt es den »Erkenntnisgrund«, das heißt die logische Begründung einer Behauptung, den so genannten »Seinsgrund«, mit dem wir die Lage eines Gegenstands in Raum und Zeit bestimmen, und schließlich den »Handlungsgrund«, mit dem wir das Motiv einer Handlung angeben.

Über die vierfache Wurzel des Satzes vom zureichenden Grunde war die Ouvertüre zu Schopenhauers Hauptwerk. Er hatte die Landkarte der vordergründig so genannten »Realität« vermessen, doch was ihn wirklich interessierte, war die wahre Realität hinter der scheinbaren Realität, das, was Platon in seinen »Ideen« gesehen und Kant als »Ding an sich« bezeichnet hatte.

Der frisch gebackene Doktor besucht zunächst für einige Monate Weimar, den Wohnort der Mutter. Von ihr, der geistreichen und schriftstellernden Lebedame, mit der er auf sehr distanziertem Fuß stand, konnte er allerdings kaum Anerkennung erwarten. Als er ihr seine Doktorarbeit in die Hand drückt, reagiert sie mit einem Naserümpfen: Dies sei wohl etwas für Apotheker – so ihre erste Stellungnahme, als sie einen Blick auf den Titel wirft.

Es waren zwei andere Begegnungen, die ihn während seines halbjährigen Aufenthaltes in Weimar geistig anregten und der Vollendung seiner eigenen Gedanken näher brachten. Zum ersten Mal kam es in dieser Zeit zu einem intensiven Dialog zwischen dem jungen Schopenhauer und dem Star der Weimarer Szene: Goethe. Gerade in jener Zeit war Goethe intensiv mit naturphilosophischen Fragen beschäftigt. Drei Jahre zuvor, 1810, hatte er seine Farbenlehre veröffentlicht, die er für revolutionär hielt. Wenn sich auch Schopenhauer in der Deutung der Farben nicht an Goethe anschloss, so teilte er doch dessen Auffassung von der Einheit der Natur, eine Auffassung, die im 17. Jahrhundert bereits Baruch de Spinoza vertreten hatte. In den Diskussionen mit Goethe festigte sich bei Schopenhauer der Gedanke, dass hinter der Vielfalt des Lebens eine einheitliche Kraft steht.

Eine zweite entscheidende Anregung kam von dem Herder-Schüler und Jenaer Privatgelehrten Friedrich Majer. Majer machte Schopenhauer auf die altindische Philosophie der *Upanischaden* aufmerksam, die in Auszügen unter dem Titel *Oupnekhat* 1801 in französischer Sprache erschienen waren. Die Entdeckung der indischen Welt war eine der kulturellen Leistungen der Romantik, die sich in jenen Jahren auf ihrem Höhepunkt befand. Die *Upanischaden* bezeichneten die Welt des Werdens und Vergehens, die wir in Raum und Zeit erleben, als »Maja«. Sie ist gleichzeitig eine Welt der Täuschung und des Leidens. Das eigentliche Grundprinzip der Welt ist »Brahma«, die Weltseele.

Schopenhauer fühlte sich sofort angesprochen und zog Parallelen zu seiner eigenen idealistischen Weltdeutung: Er identifizierte »Maja« mit Kants Erscheinungswelt und seiner eigenen Welt der »Vorstellung«. Die These, dass die erlebte Welt Leiden ist, traf sich mit seiner eigenen Welterfahrung. In »Brahma«, der alles durchdringenden Weltseele, sah er Kants »Ding an sich«. Kant hatte sich bewusst geweigert, das »Ding an sich« näher zu charakterisieren, da es außerhalb unseres Erkenntnisvermögens liege. Schopenhauer war jedoch entschlossen, genau diesem »Ding an sich« mit Hilfe der *Upanischaden* auf die Spur zu kommen.

Mit den Weimarer Diskussionen und Ideen im Gepäck brach er im Mai 1814 nach Dresden auf. Die vier Jahre, die er dort verbrachte, sollten für ihn eine Zeit der schöpferischen Hochleistung werden, wie sie auch großen Philosophen nur in einigen begrenzten Phasen ihres Lebens vergönnt ist. Fern der akademischen Welt, aber auch abseits des gesellschaftlichen Lebens widmete sich Schopenhauer nun ganz der philosophischen Arbeit. Hier entstand *Die Welt als Wille und Vorstellung.*

Auch in Dresden schöpft Schopenhauers Denken seine Anregungen aus der konkreten Beobachtung und Anschauung. Die sächsische Residenzstadt mit ihrer Barockarchitektur und ihren Kunstschätzen war dafür ein idealer Ort. Er ging auf der Brühlschen Terrasse spazieren und verbrachte viel Zeit im Botanischen Garten, wo sich ihm die Vielfalt der Natur wie in einer Nussschale bot. Schopenhauer war noch ein junger Mann, gerade Ende zwanzig, aber er lebte schon wie ein älterer Herr, der sich vom Trubel der Welt zurückgezogen hat und seine Erfahrungen mit der Welt auswertet.

Zu den wenigen für ihn wichtigen Dresdner Kontakten gehörte die Bekanntschaft mit dem Philosophen Karl Christian Friedrich Krause, dessen Philosophie später in Spanien und Lateinamerika unter dem Namen »Crausismo« bekannt werden sollte. Krause lebte in unmittelbarer Nachbarschaft und war, mehr noch als Majer, mit der altindischen Geisteswelt vertraut. Er sprach Sanskrit und kannte sich mit Meditationstechniken aus.

Hatte seine Doktorarbeit noch einen rein erkenntnistheoretischen Charakter, so erhielt Schopenhauers Denken durch die Bekanntschaft mit der altindischen Philosophie eine zusätzliche moralische und religiöse Färbung. Für Schopenhauer schälte sich immer mehr die Einsicht heraus, dass der Ausweg aus der Welt der Vorstellung und des Leidens die Abkehr vom Wollen ist, das den Menschen rastlos umhertreibt. Im Wollen erblickte er auch die lang gesuchte Eingangstür zur Welt des »Dings an sich«: Nicht die Vernunft führt uns demnach zur wahren Realität, sondern unser Körper.

Wir können unseren Körper nach Schopenhauer auf zwei ganz unterschiedliche Arten erfahren: einmal als Objekt, als Vorstellung, indem wir sein Verhalten und seine Funktionen wie in der Medizin von außen betrachten und registrieren. Wir können ihn aber auch unmittelbar über seine Triebregungen erfahren: In Hunger, Durst, im sexuellen Verlangen oder im Schmerz teilt sich uns ein »Wollen« mit, das wir unmittelbar als unser eigenes Wollen erleben. Von diesem Wollen kann ich in Analogie auf das Wollen aller anderen Menschen schließen. Und sogar noch mehr: Das Wollen der Menschen ist lediglich Ausdruck einer universalen Kraft und Energie, die in der ganzen Natur wirkt und die die Inder als »Brahma« bezeichnen. Schopenhauer nennt diese universale Energie nun »Wille«, in Analogie zu dem individuellen Willen, den wir an uns selbst erfahren.

Die Welt der äußeren Erfahrung, der Vernunfterkenntnis und der Wissenschaft ist »Vorstellung«. Die wahre Realität jedoch, die hinter allem steht und die wir nicht mit den Kategorien des Verstandes erfassen können, das »Ding an sich«, ist der »Wille«. In ihm bestätigt sich das hinduistische »Tat twam asi« (»Das bist Du«), die Erkenntnis, dass wir den Kern unserer Existenz in allen anderen Wesen wiedererkennen können. Dass wir die wahre Realität als leibliche, physische Realität erfahren und sich nur die Erscheinungswelt nach den Vorgaben unseres Erkenntnisvermögens richtet, hat viele Schopenhauer-Interpreten zu der Frage geführt, ob Schopenhauer wirklich, wie er sagt, ein philosophischer Idealist ist – oder nicht vielmehr ein verkappter Materialist.

Die Welt als Wille und Vorstellung – der Titel des Werks, das 1818 vollendet wurde, enthält also bereits die wesentliche Aussage des Werks selbst. Eine ziellose, kosmische, universale Energie als Grund der Welt und ihre Erscheinung als Vorstellung – dies sind die beiden Hälften, die wie die einer Muschel aufeinander passen und die Schopenhauersche »Weltanschauung« vollenden.

Während seine großen Zeitgenossen Fichte, Schelling und Hegel, die Vertreter des deutschen Idealismus, noch an die Vernunft als letzten Grund der Wirklichkeit glaubten, hält Schopenhauer diese Vernunft für ein »Epiphänomen«, das heißt für eine eher zufällige Zusatzerscheinung des umfassenden irrationalen Willens. Das Irrationale und nicht das Rationale regiert die Welt. Der Wille ist kein vernünftig agierender »Weltgeist«, er ist vielmehr in sich zerrissen und erzeugt gegenläufige Kräfte auch in den Individuen selbst. Aus dieser »Selbstentzweiung« des Willens erklärt sich das Leiden der Welt, das niemals aufhört, solange es Leben gibt, und das keinen Grund hat – außer das Leben selbst. Die Welt ist ein Knäuel aus einander widerstreitenden Trieben. Wie das hinduistische Lebensrad, die Tschakra, dreht sie sich immer um sich selbst. Mit der Lehre vom Leiden als der unausweichlichen Konsequenz des Lebens wird Schopenhauers Irrationalismus zu einem Pessimismus.

Ein düsterer Inhalt – doch in einer ästhetisch sehr attraktiven Form! Schopenhauer, der mehrere Sprachen beherrschte, regelmäßig ausländische Zeitungen las und auch ein eifriger Leser von Belletristik war, glänzte durch einen kunstvollen und zugleich äußerst anschaulichen und verständlichen Stil. Das unverständliche Professorendeutsch eines Fichte, Schelling oder Hegel verabscheute er. Auch wegen der stilistischen Eleganz ist *Die Welt als Wille und Vorstellung* bis heute einer der lesbarsten Klassiker der Philosophiegeschichte.

Das Buch gliedert sich in vier, klar voneinander unterschiedene Teile: eine Erkenntnistheorie, die die Grenzen der uns zugänglichen empirischen Realität zieht; eine Metaphysik, die aufzeigt, was hinter dieser Realität steckt; eine Ästhetik, in der es um den Gegenstand und die Betrachtung von Kunst geht, und schließlich eine Ethik, die darlegt, worin moralisches Handeln besteht. So sehr diese Teile auch gegeneinander abgegrenzt sind, so sehr sind sie auch wieder durch den Grundgedanken des Willens als letztem Grund der Welt miteinander verbunden.

Im ersten Teil führt Schopenhauer die Überlegungen seiner Doktorarbeit fort: Er beschäftigt sich mit der Art, wie die Welt uns als »Objekt« erscheint, das heißt mit der normalen äußeren Wahrnehmung der Vielfalt der Dinge und mit unseren Möglichkeiten, sie wissenschaftlich zu erklären. Es ist die Welt, die dem »Satz vom Grunde« unterworfen ist. In ihr gibt es die Trennung zwischen erkennendem Subjekt und erkanntem Objekt.

Schopenhauer folgt hier dem philosophischen Idealismus Kants, der behauptet hatte, dass das erkennende Subjekt mit einer Erkenntnisbrille versehen ist, durch die jedes Objekt in einer bestimmten Art und Weise erscheint. Kant hatte diese Brille als einen sehr komplexen Apparat beschrieben. Schopenhauer vereinfacht diesen Apparat, so dass er schließlich nur noch aus drei Elementen besteht: Raum, Zeit und Kausalität. Im Prisma von Raum, Zeit und Kausalität bricht sich die Welt in eine Vielheit von Dingen – Schopenhauer nennt dies das »principium individuationis«, das Prinzip der Individuation oder Vereinzelung. Auch eine wissenschaftliche Erklärung bleibt immer in diesem Erkenntnisrahmen. Sie beschreibt, in welchem Verhältnis Erscheinungen stehen, sie erklärt aber nicht, was diese Erscheinungen eigentlich sind.

Im zweiten Teil betrachtet Schopenhauer diese Welt quasi von der Rückseite her: Er liefert eine metaphysische Deutung dieser in Subjekt und Objekt zerfallenen Welt. Hier sagt er, was diese Welt wirklich ist. Sie ist nichts anderes als ein Ausdruck, eine Erscheinung – Schopenhauer verwendet hier das Wort »Objektivation« – des Willens. Unsere wissenschaftlichen Theorien über die Welt, die uns darüber aufklären, welche Phänomene auf welche Ursachen zurückzuführen sind, kratzen lediglich an der Oberfläche. Wenn wir nicht nur fragen: »Warum?«, »Wo?« oder »Wann?«, sondern »Was?«, wenn wir also nach dem Wesen der Dinge fragen, nach dem, was sie eigentlich sind, stoßen wir auf Naturkräfte, die sich alle auf die einzige Urkraft des Willens zurückführen lassen. Hier gibt es die Trennung zwischen Subjekt und Objekt nicht mehr. In Wahrheit – und hier wandelt Schopenhauer auf den Spuren Spinozas, Goethes und der *Upanischaden* – sind alle Dinge eins.

Was die Erscheinungen oder Objektivationen des Willens angeht, führt Schopenhauer eine Unterscheidung ein, die im dritten Teil wichtig wird. Es gibt nämlich nicht nur die Vielfalt der Einzeldinge, sondern auch so etwas wie ideale Muster, die nicht dem Werden und Vergehen, also nicht dem Satz vom Grunde unterworfen sind. Schopenhauer identifiziert diese Formen mit den »Ideen« Platons. Diese Ideen sind – im Gegensatz zu organischen oder anorganischen Wesen – »reine« Objektivationen des Willens. Die Erkenntnis dieser Formen verlangt vom Menschen eine ganz bestimmte Einstellung, die Schopenhauer »Kontemplation« nennt. Wenn wir sie betrachten, müssen wir von allem Wollen absehen. Diese Art der Betrachtung gleicht nicht zufällig dem, was Immanuel Kant hinsichtlich des Schönen »interesseloses Wohlgefallen« genannt hat.

Auch Schopenhauer bringt die Ideen in unmittelbare Verbindung mit dem Schönen: Sie sind für ihn nämlich die Objekte der Kunst. Schopenhauer trägt hier zwei Beobachtungen Rechnung, die man im Umgang mit Kunst macht: In der Kunst geht es immer um etwas Allgemeines, um etwas, das unabhängig von Ort und Zeit jeden Menschen angeht. Auch machen wir die Erfahrung, dass wir dieses Allgemeine nicht erkennen, wenn wir von unseren eigenen Interessen und

Wünschen beherrscht werden. Die ästhetische Betrachtung ist immer eine Art Kontemplation, in der das Wollen zurückgestellt wird.

Schopenhauers Ästhetik ist also aufs Engste mit seiner Metaphysik und Erkenntnistheorie verbunden. Das Gleiche gilt für die Ethik, die Thema des vierten Teils ist. Während in der Ästhetik die Welt der Vorstellung aus dem Bereich des Werdens und Vergehens in den Bereich der unveränderlichen Ideen aufgelöst wird, geht es in der Ethik um die Auflösung des Willens, das heißt um die Erlösung von den Kräften, mit denen der Wille den Menschen bindet.

Zwar ist der Mensch nach Schopenhauer wie alle anderen Wesen selbst eine Erscheinung des Willens, doch er nimmt innerhalb der Natur eine Sonderrolle ein. Im Menschen, genauer gesagt: in der menschlichen Vernunft, gelangt der ansonsten blinde Wille zur Selbsterkenntnis. Auf dieser Erkenntnis aufbauend, kann der Wille sich »wenden«, das heißt, der Mensch kann sich in seiner Lebensführung von seiner eigenen Trieb- und Bedürfnisbestimmtheit lösen. Im moralischen Handeln durchbricht er seinen Egoismus und seine Triebbestimmtheit. Dies kann auf zweierlei Art geschehen: Einmal, indem sich der Mensch mit anderen Wesen solidarisiert und mit ihnen Mitleid zeigt. Dies gilt für das Verhalten gegenüber allen Kreaturen. So ist Schopenhauer einer der wenigen Philosophen, der – aufgrund seiner Lehre von der Einheit aller Lebewesen – vom Menschen auch eine moralische Behandlung von Tieren fordert.

Doch es gibt noch eine zweite Art, in der der Wille sich wenden kann, und diese wird von Schopenhauer noch höher gestellt: durch die Abtötung aller Triebe in der Askese. In der vollkommenen Askese verwirklicht sich für Schopenhauer das Ideal der Heiligkeit, wie er es bei manchen Vertretern des Christentums, vor allem aber bei den Weisen der indischen Philosophie verwirklicht sieht. Im Mitleid und in der Askese gelingt die Aufhebung des principium individuationis – der Mensch löst sich durch sein Handeln aus den Fesseln von Raum, Zeit und Kausalität und bringt dadurch die ziellose Energie des Willens zum Erlöschen.

Mit der Abwendung von der Verstandesethik Kants, die sich an einem sehr abstrakten Moralgesetz orientiert, wertet Schopenhauer das ursprüngliche moralische Gefühl des Menschen wieder auf: Die Charaktereigenschaft der Herzensgüte spielt in seiner Ethik eine viel wichtigere Rolle als die Befolgung einer moralischen Regel.

Die Verknüpfung ethischer und metaphysischer Fragen zeigt sich bei Schopenhauer besonders in seiner Erklärung von »Schuld«: Er geht von einer Art »Urschuld« aus. Alles Leben, auch das Leben des Menschen, ist von seiner Entstehung her mit Schuld verknüpft, ein Gedanke, der nach Schopenhauers Meinung auch in der christlichen Lehre von der Erbsünde enthalten ist. Seine Auffassung, dass in der menschlichen Existenz Schuld fortgezeugt wird, findet wiederum in der östlichen Seelenwanderungslehre eine religiöse Entsprechung. Der Mensch ist von vornherein mit einem bestimmten Charakter versehen, aus dem sich sein Leben und seine Handlungen wie ein sich aufdröselndes Wollknäuel folgerichtig entspinnen.

Diese Schuld wird nur durch das Verlöschen im Nichts getilgt. Der gewendete Wille führt in dieses Nichts: »Denen, in welchen der Wille sich gewendet und verneint hat«, so Schopenhauer, ist »diese unsere so sehr reale Welt mit allen ihren Sonnen und Milchstraßen – Nichts.« Dieses groß geschriebene »Nichts«, das eng mit dem buddhistischen »Nirwana« verwandt ist, ist das letzte Wort der *Welt als Wille und Vorstellung* – das Schlusswort eines Pessimisten, der glaubt, dass dieser Welt, die den Geburtsfehler hat, Produkt des Willens zu sein, nicht zu helfen ist.

Die *Welt als Wille und Vorstellung*, die Anfang 1819 bei dem Verleger F. A. Brockhaus erschien, brauchte viele Jahre, bis sie von einem größeren Publikum wahrgenommen wurde. Schopenhauers großer Wurf wirkte zunächst wie ein gestrandetes Ufo in einer Zeit, die von der geschichtlichen Macht der Vernunft überzeugt war. In den ersten anderthalb Jahren verkauften sich gerade einmal hundert Exemplare, der größte Teil der Auflage musste eingestampft werden. Zudem überwarf sich Schopenhauer wegen des Honorars mit seinem Verleger, der mit diesem Buch immerhin ein großes kaufmännisches Risiko eingegangen war. Eines der wichtigsten philosophischen Werke des 19. Jahrhunderts versank für einige Jahrzehnte im Vergessen.

Schopenhauer selbst hat jedoch nie an der Bedeutung seines Werks gezweifelt, obwohl oder vielleicht gerade weil seine Umwelt ihm keinerlei Erfolg oder Bestätigung verschaffte. Zunächst sah er das Buch noch als Sprungbrett für eine akademische Karriere an. Doch seine Bemühungen, ausgerechnet an der Berliner Universität, der Hochburg der ihm so verhassten Hegelschen Philosophie, Fuß zu fassen, scheiterten. Die Studenten zeigten wenig Interesse an dem unbekannten Privatdozenten.

Anfang der dreißiger Jahre siedelte Schopenhauer nach Frankfurt am Main über und richtete sich dort als Privatgelehrter ein. Dort schloss er 1843 den zweiten Band der *Welt als Wille und Vorstellung* ab, der 1844 zusammen mit der zweiten Auflage des ersten Bandes erschien. Zu jedem der vier ursprünglichen Teile hatte er mehrere Essays geschrieben, die den Hauptgedanken des ersten Bandes fortführen und erweitern. Darunter Essays wie »Über das metaphysische Bedürfnis des Menschen« und der in den *Buddenbrooks* erwähnte Aufsatz »Über den Tod und sein Verhältnis zur Unzerstörbarkeit unseres Wesens an sich«, die viel zur späteren Popularität des Werkes beigetragen haben. Sie schlagen die Brücke zu konkreten weltanschaulichen Fragen des Menschen und lassen sich auch unabhängig von den anderen Teilen des Buches lesen.

Gerade der letztgenannte Essay erfüllt das Bedürfnis vieler Leser nach einer »philosophischen Religion«: Da unsere individuelle Existenz ohnehin nur eine von Schuld und Egoismus geprägte Erscheinungsform des Willens ist, sollte der Tod als eine Reinigung begriffen werden, eine Gelegenheit, sich vom Schein des Ichs zu befreien. »Das Sterben«, so Schopenhauer, »ist der Augenblick jener Befreiung von der Einseitigkeit einer Individualität, welche nicht den innersten Kern unseres Wesens ausmacht.« Dieser Kern ist unsterblich.

Mit dem Erscheinen seiner so genannten »Nebenschriften«, der *Parerga und Paralipomena* 1851, die auch die berühmten *Aphorismen zur Lebensweisheit* enthalten, fand Schopenhauers Werk endlich stärkere Beachtung. Der alte Schopenhauer konnte schließlich den Ruhm genießen, den der Geniewurf des jungen Mannes eigentlich schon verdient gehabt hätte. Dass man ihn nun den »Buddha von

Frankfurt« nannte, mag er sogar als Kompliment betrachtet haben. Denn er war es schließlich, der mit seiner *Welt als Wille und Vorstellung* als erster bedeutender europäischer Philosoph der indischen Philosophie Eingang ins westliche Denken verschafft hatte.

Für Friedrich Nietzsche wurde Schopenhauers Werk sogar zu einer Art Erweckungserlebnis. Die Lebensphilosophie um den französischen Philosophen Henri Bergson ist ohne Schopenhauer nicht denkbar. Auffällige Parallelen gibt es zwischen Schopenhauer und der Psychoanalyse Sigmund Freuds, etwa die Erkenntnis, wie trügerisch unser Glaube an die Kraft der Vernunft ist und wie sehr die eigentlichen Antriebskräfte unseres Lebens und Handelns in den leiblichen Trieben zu finden sind. Und die bei Freud so herausgestellte Rolle der Sexualität findet sich schon bei Schopenhauer: als eine vornehmliche Äußerung des Willens zum Leben.

Breite Wirkung erzielte Schopenhauer bei Künstlern, nicht nur bei Schriftstellern wie Thomas Mann, sondern auch bei Musikern wie Richard Wagner oder Malern wie Max Beckmann. Nicht verwunderlich ist, dass im 20. Jahrhundert, einem Jahrhundert der totalitären Barbarei und politischer Katastrophen, Schopenhauers Pessimismus eine besondere Aktualität gewonnen hat.

Bis heute spricht Schopenhauer nicht die Akademiker und Berufsphilosophen an, sondern Liebhaber der Philosophie, die mehr suchen als eine Vorlage für kluge Dissertationen. Wie kaum ein anderes philosophisches Buch der letzten zweihundert Jahre hat die *Welt als Wille und Vorstellung* die Erfahrungen und das Lebensgefühl vieler Menschen erreicht und dem Bedürfnis nach Weisheit und philosophischer Lebenshilfe Rechnung getragen. Schopenhauers These, dass die Welt ein Tal des Jammers ist und der bösartige Charakter des Menschen sich unverändert zeigt, wird zumindest als ein Stachel im Fleisch der Philosophie erhalten bleiben.

Ausgabe:

ARTHUR SCHOPENHAUER: Die Welt als Wille und Vorstellung. München: dtv 1998.

Warum Religion menschlich ist

Ludwig Feuerbach: Das Wesen des Christentums (1841)

In manchen Religionen ist jede Art der bildlichen Darstellung Gottes verboten. Dafür gibt es auch einige gute Gründe. Menschen neigen nämlich dazu, die eigenen kulturellen Erfahrungen und Vorlieben zum Vorbild ihrer Gottesvorstellungen zu machen. So ist die griechische Götterwelt eine Ansammlung von Charakteren, denen nichts Menschliches fremd ist und die sich von der Lebenswelt der Hellenen lediglich durch ihre Macht und Unsterblichkeit unterscheiden. Auch die Christusdarstellungen der europäischen Malerei sind häufig von heimischen Schönheitsidealen geprägt: Albrecht Dürers Christus, ein groß gewachsener, blondlockiger Mann, trägt sogar Züge eines Selbstporträts.

Der Zusammenhang zwischen Menschenwelt und Götterbild war auch schon früh ein Thema der griechischen Philosophie: »Die Äthiopier behaupten, ihre Götter seien stumpfnasig und schwarz, die Thraker, blauäugig und rothaarig«, stellte Xenophanes von Kolophon bereits im 6. vorchristlichen Jahrhundert fest. Die Auseinandersetzung mit dem Anthropomorphismus der Religionen, also damit, dass die Götter nach dem Bild der Menschen geformt werden, hat seitdem in der philosophischen Religionskritik eine lange Tradition. Doch es dauerte bis zum 19. Jahrhundert, bis diese Kritik zu einer Theorie ausgearbeitet wurde, in der von jeder Art der Transzendenz und der jenseitigen Welt Abschied genommen wird und die Götter endgültig auf ihre menschlichen Ursprünge zurückgeführt werden.

Mit seinem *Wesen des Christentums* gab Ludwig Feuerbach eine Erklärung dafür, warum Religion menschlich ist und warum nicht

Gott Schöpfer der Menschen, sondern die Menschen Schöpfer Gottes sind. Er glaubte, dass Gott, von Nahem betrachtet, uns immer ähnlicher wird. Der ferne, jenseitige Gott hat in Wahrheit ein Menschengesicht. Gott, so Feuerbachs revolutionäre These, ist nichts anderes als eine Projektion des Menschen.

Feuerbach will also die Religion vom Kopf auf die Füße stellen und dabei das ans Licht ziehen, was seiner Meinung nach der verdeckte, aber wahre Inhalt der Religion ist: der Mensch. »Wir haben bewiesen«, so schreibt er im letzten Kapitel seines Buches, »dass der Inhalt und Gegenstand der Religion ein durchaus menschlicher ist, bewiesen, dass das Geheimnis der Theologie die Anthropologie, des göttlichen Wesens das menschliche Wesen ist.« Gerade im Christentum scheint ihm der menschliche Charakter jeder Religion besonders deutlich zum Ausdruck zu kommen.

Am Beispiel des Christentums wollte Feuerbach den wahren Kern der Religion aufdecken. In diesem Sinn verstand er sich als Aufklärer und als Vollender der Reformation Luthers. *Das Wesen des Christentums* zeugt von seiner therapeutischen Absicht, den Menschen von jenseitigen Projektionen und Illusionen zu befreien und die Religion dort zu verankern, wo sie seiner Meinung nach hingehört: in das Herz und das Gemüt des Menschen. Nicht ein abstrakter Gott, sondern der konkrete Mensch aus Fleisch und Blut steht im Mittelpunkt der Religion. Der Mensch sagt »Gott«, so Feuerbach, doch in Wahrheit redet er über sich selbst.

Mit dieser These gehört das Buch nicht nur zu den Klassikern der Religionskritik, sondern auch zu den bahnbrechenden Werken der philosophischen Anthropologie. Es gehört zu jenen Pionierleistungen der Philosophiegeschichte, die dem Materiellen und Sinnlichen gegenüber dem Geistigen und Abstrakten wieder zu ihrem Recht verhelfen und damit den »ganzen« Menschen ins Zentrum der Betrachtung rücken. Feuerbach hat mit dem *Wesen des Christentums* den Satz des frühgriechischen Philosophen Protagoras, »Der Mensch ist das Maß aller Dinge«, mit neuem Inhalt gefüllt.

Die Beschäftigung und Auseinandersetzung mit Religion hatte Feuerbachs Leben schon von früher Jugend an geprägt. Als vierter

Sohn des berühmten Rechtsgelehrten Paul Anselm Feuerbach wuchs der 1804 im bayerischen Landshut geborene Ludwig im Milieu des gehobenen Bürgertums auf und entwickelte früh intellektuelle Interessen. So trat er auf dem Gymnasium in Ansbach gegenüber seinen Mitschülern als Experte in Fragen der protestantischen Theologie auf, dem die Bibel als die höchste Autorität galt. Schon damals war er, wie er später schrieb, davon überzeugt, dass man die »Glaubenswahrheiten« auf »Vernunftwahrheiten« zurückführen könne. Feuerbach wollte, ganz dem Wunsch seines Vaters entsprechend, ein aufgeklärter evangelischer Pfarrer werden.

Sein 1823 in Heidelberg aufgenommenes Theologiestudium führte ihn dann endgültig in eine geistige Welt, in der Theologie und Philosophie eine enge Verbindung eingegangen waren. Besonders in Deutschland hatte die von Schelling und Hegel geprägte Philosophie des Deutschen Idealismus Impulse der protestantischen Theologie aufgenommen und wirkte ihrerseits wieder auf die Theologen zurück. Hegels Auffassung, dass Philosophie und Theologie den gleichen Gegenstand haben und dass die Wirklichkeit eine von der Vernunft durchdrungene, gesetzmäßige Ordnung darstellt, die in der christlichen Offenbarungsreligion in bildlicher Form beschrieben und einer rationalen Erkenntnis durchaus zugänglich ist, war unter vielen damaligen Theologen verbreitet.

Eine solche von Hegel beeinflusste Theologie lernte der junge Feuerbach bei dem Heidelberger Professor Karl Daub kennen. Ganz im Sinne Hegels lehrte Daub, dass sich alle biblischen Wunder und kirchlichen Dogmen rational begründen lassen. Feuerbach begnügte sich aber bald nicht mehr mit der theologischen Kopie, sondern wollte das philosophische Original kennen lernen. 1824 ging er deshalb zu Hegel nach Berlin, wo er ganz von der Theologie zur Philosophie wechselte. Nun gerieten seine religiösen Überzeugungen völlig ins Wanken. Für den jungen Feuerbach konnten die Inhalte des christlichen Glaubens vor der Vernunft nicht mehr bestehen. Er blieb nur zwei Jahre im unmittelbaren Wirkungskreis Hegels, doch dessen Philosophie prägte fortan sein Denken. Vom Berufsziel des Pfarrers nahm er Abschied.

Dabei war man sich unter Hegels Schülern durchaus uneinig darüber, welche Haltung zur Religion der Meister wirklich eingenommen hatte: War sie nur eine unvollkommene Version der philosophischen Weltdeutung, oder behauptete sie ihre Wahrheit mit all ihren Dogmen, Wundern und Glaubenssätzen gleichberechtigt neben der Philosophie?

Feuerbach verstand Hegels System als »Panlogismus«, als eine Weltanschauung, für die der »logos«, die Vernunft, die Einheit der Wirklichkeit verbürgt. Denken und Sein waren für Hegel im Grunde eins. Die Gedanken der Menschen über Gott, also die religiöse Weltdeutung, waren für ihn gleichbedeutend mit den Gedanken Gottes, die sich stufenweise in der Geschichte verwirklichen.

Aus dem Studium Hegels entwickelte Feuerbach also die Ablehnung eines Jenseits und die Überzeugung, dass Gott und Welt eine Einheit bilden. In der Philosophiegeschichte fand er neben Hegel mehrere Paten für diese Überzeugung: so den italienischen Renaissancephilosophen Giordano Bruno, den deutschen Mystiker Jakob Böhme und den Rationalisten Baruch de Spinoza, der Gott und Welt gleichgesetzt hatte.

Da er als Empfänger eines bayerischen Stipendiums sein Studium an einer Landesuniversität abschließen musste, wechselte Feuerbach 1828 an die Universität Erlangen, wo er promovierte und anschließend bis 1832 als Privatdozent lehrte. Seine Dissertation *Über die Eine, allgemeine und unendliche Vernunft* knüpft im Titel an Giordano Brunos Werk *Von der Ursache, dem Prinzip und dem Einen* an und bekräftigt den von Bruno und von Hegel übernommenen Gedanken einer einheitlichen, von einem Grundprinzip beherrschten Wirklichkeit.

Für Feuerbach ließ dieser Einheitsgedanke keinen Platz mehr für einen Glauben, der neben dem Wissen stand, und auch keinen Platz für eine Auffassung, die die Wirklichkeit in ein Diesseits und Jenseits aufspaltete. Damit stand für ihn auch einer der wichtigsten Bausteine des christlichen Glaubens auf dem Prüfstand: die Lehre von der Auferstehung und der Unsterblichkeit des einzelnen Menschen.

Gegen den Rat seines Vaters, der ihm zu bedenken gab, dass seine Thesen ihn die künftige Anstellung im bayerischen Staatsdienst kosten würden, veröffentlichte Feuerbach 1830 seine *Gedanken über Tod und Unsterblichkeit*, die sich kritisch mit dem Glauben an eine jenseitige Welt auseinandersetzten. Unsterblichkeit, so Feuerbach, gibt es lediglich für den menschlichen Geist insgesamt, für die Gattung also, aber nicht für das Individuum. Die Träume von einem Weiterleben des Individuums nach dem Tod haben vielmehr psychologische Ursachen. Sie liegen in den Mängeln des diesseitigen Lebens, die durch die Vorstellung einer jenseitigen Erlösung kompensiert werden.

Obwohl Polizeispitzel ihn als Verfasser der anonym veröffentlichten Schrift identifizierten, gab Feuerbach die Hoffnung auf eine akademische Karriere nicht auf. Bis 1836 versuchte er, sich durch Vorlesungen und zahlreiche Veröffentlichungen zu empfehlen. Doch der gegen ihn gerichtete Einfluss kirchlicher Autoritäten war groß. »Unberücksichtigt, hoffnungslos, aller ermunternden Anregungen beraubt, stehe ich daher – ein isoliertes Individuum – in Bayern da«, schrieb er in einem Brief nach Berlin, wo man durch seine 1833 erschienene *Geschichte der neueren Philosophie von Bacon bis Spinoza* wieder auf ihn aufmerksam geworden war und ihn ermuntert hatte, sich an der Berliner Universität zu bewerben. Nach dem Tod Hegels 1831 war dessen Lehrstuhl noch nicht wieder besetzt worden. Doch ein polemischer Artikel Feuerbachs gegen Friedrich Julius Stahl, einen in Berlin protegierten erzkonservativen Rechtsphilosophen und Hegelkritiker, zerstörte auch diese Perspektive.

Seine Lebensumstände wendeten sich zum Positiven, als er 1837 Bertha Löw, die Tochter eines wohlhabenden Industriellen, heiratete. Feuerbach zog sich nun auf deren Familiensitz im fränkischen Bruckberg zurück und begann sich mit dem Leben als freier Autor abzufinden.

Hatte er sich bisher noch auf dem Boden der Hegel'schen Philosophie bewegt, so begann er nun, sich vom philosophischen Idealismus Hegels abzusetzen und die Einheit der Wirklichkeit nicht mehr in der Vernunft als einer geistigen Kraft, sondern in der natürlichen, sinnlich erfahrbaren Welt zu finden. Damit stellte sich auch die Frage nach der Verbindung zwischen Mensch und Religion neu.

So nahm Feuerbachs großes philosophisches Projekt, an dem er von 1838 an arbeitete und mit dem er dem Ursprung des religiösen Bewusstseins auf die Spur kommen wollte, Gestalt an. Als »Präludium« veröffentlichte er noch im selben Jahr seine Studie *Pierre Bayle* über den französischen Religionskritiker und Frühaufklärer. Hier wird die Rolle der Religion bereits psychologisch beleuchtet und als »subjektives Trostmittel«, als »Opium fürs Volk« bezeichnet, eine Wendung, die Karl Marx einige Jahre später in seinem Aufsatz *Kritik der Hegel'schen Rechtsphilosophie* aufgreift, wo er von der Religion als »Opium des Volks« spricht.

Noch im Jahr 1838 begann Feuerbach, Aufsätze und Rezensionen für die von Arnold Ruge und Theodor Echtermeyer herausgegebenen *Hallischen Jahrbücher* zu schreiben. Die *Jahrbücher* waren das publizistische Organ der »Junghegelianer«, der »linken« Fraktion unter den Anhängern Hegels. Sie standen den gegebenen Verhältnissen in Politik und Religion kritisch gegenüber und forderten von der Philosophie, sich als verändernde Kraft zu verstehen und in die gesellschaftliche Wirklichkeit einzugreifen. Zu ihren prominentesten Vertretern gehörten neben Ruge der Religionskritiker Bruno Bauer sowie Max Stirner, der einen radikalen, individualistischen Anarchismus vertrat und jede Autorität von Kirche oder Staat ablehnte. Auch Karl Marx ging einige Jahre später aus dem Milieu der Junghegelianer hervor.

Religionskritik spielte in den Schriften der Junghegelianer eine zentrale Rolle. Sie war so etwas wie der Schlüssel zu einer Interpretation der Wirklichkeit. Angeregt wurde die religionskritische Debatte durch das höchst einflussreiche Buch des Tübinger Theologen David Friedrich Strauss, *Das Leben Jesu*, das 1835 erschienen war. Strauss hatte die historische Wahrheit der Evangeliengeschichten bestritten und sie als philosophischen Mythos interpretiert. Mit der christlichen Heilsgeschichte, so Strauss, sei in Wahrheit die diesseitige Menschheitsgeschichte gemeint.

Feuerbach wurde durch seine Publikationen zu einem der einflussreichsten Junghegelianer, obwohl er zu den anderen Mitgliedern dieser Bewegung kaum persönliche Kontakte pflegte. Einen geradezu programmatischen Charakter für seine Philosophie bekam der 1839 in den *Hallischen Jahrbüchern* erschienene Aufsatz *Zur Kritik der Hegel'schen Philosophie.* Noch im Hegel'schen Geist entwirft Feuerbach hier das Konzept einer genetisch-kritischen Philosophie, die Phänomene dadurch erklärt, dass sie ihre Entstehung aufzeigt. Gleichzeitig kündigt sich seine Abwendung von Hegel und seine Hinwendung zu einem philosophischen Materialismus an, indem er Hegel den Vorwurf macht, die materielle Wirklichkeit zugunsten einer abstrakten Rationalität vernachlässigt zu haben. Damit war einer Religionskritik der Boden bereitet, die das religiöse Bewusstsein als eine psychologische Projektion deutete und auf konkrete Bedürfnisse und Erfahrungen des Menschen zurückführte.

Von März 1839 an arbeitete Feuerbach an der Zusammenfassung seiner Position in einem größeren systematischen Werk. Im Juni 1840 lag schließlich das fertige Manuskript vor. Feuerbach zögerte noch mit einer Veröffentlichung, da er das Ergebnis einer Bewerbung an der Universität Freiburg abwarten wollte. Als sich auch diese Perspektive zerschlagen hatte, bot er das Manuskript im Januar dem Leipziger Verleger Otto Wiegand zum Druck an. Doch auch danach arbeitete er noch, bis März 1841, weitere Veränderungen ein.

Das Wesen des Christentums ist das philosophisch wichtigste Produkt der junghegelianischen Debatte um das Verhältnis zwischen Religion, Vernunft und Wirklichkeit. Für Feuerbach war es noch mehr: Er sah sein Werk als Vollendung der philosophischen Aufklärung in der Tradition Immanuel Kants an. Deshalb hatte er auch zunächst den Titel »Kritik der reinen Unvernunft« in Erwägung gezogen, in Anlehnung an Kants *Kritik der reinen Vernunft.* Kant hatte den Anspruch zurückgewiesen, religiöse Überzeugungen wie die von der Existenz Gottes oder der Unsterblichkeit der Seele könnten sich auf Wissen stützen. Feuerbach wollte nun endgültig eine Befreiung dieses Wissens aus »selbstverschuldeter Unmündigkeit« erreichen.

Damit sollte jeder Art der »spekulativen Religionsphilosophie«, also einer Philosophie, die der Religion philosophische Weihen erteilt, der Garaus gemacht werden. Die christliche Religion war für ihn weder – wie bei Hegel – eine bildliche Darstellung des Absoluten noch – wie bei Strauss – eine Mythologie, die es richtig zu entziffern galt. Als Konsequenz seines genetisch-kritischen Ansatzes sah er ihre Wurzeln vielmehr in der kollektiven Psyche des Menschen. Feuerbachs Religionskritik verstand sich als Psychologie oder, wie er selbst es nannte, als »psychische Pathologie«.

In Anlehnung an Kants Einteilung seiner *Kritik der reinen Vernunft* in eine »Transzendentale Elementarlehre« und eine »Transzendentale Methodenlehre« gliederte Feuerbach sein Buch in zwei große Teile: Im ersten geht es um das »wahre, d. i. anthropologische Wesen der Religion«, d. h. um den Nachweis, dass hinter unseren religiösen Vorstellungen menschliche Vorstellungen stehen, Vorstellungen allerdings, die sich verselbstständigt haben und die der Mensch nicht mehr als seine eigenen Kinder erkennt. Das »unwahre, d. i. theologische Wesen der Religion«, d. h. die Widersprüche der traditionellen Religionsauffassung, sind Gegenstand des zweiten Teils. Es ist der erste Teil des Buches, der den Kern der Feuerbach'schen Religionsphilosophie enthält.

Feuerbach beginnt sein Werk mit grundsätzlichen Aussagen über den Menschen. Der Mensch hat für ihn ein völlig anderes Verhältnis zu der ihn umgebenden Welt als andere Wesen. Er hat ein Bewusstsein davon, dass er Teil einer Gattung ist, dass er also mit anderen das Menschsein teilt. Er ist sich als »Mensch« bewusst, als Wesen, das durch Vernunft, Wille und Herz gekennzeichnet ist.

Mit seinem Bewusstsein kann sich der Mensch die Welt aneignen. In diesem Vorgang der Aneignung sind Mensch und Gegenstand, Subjekt und Objekt, eng miteinander verklammert. In der Art, wie der Mensch sich Gegenstände bewusst macht, steckt immer schon ein ganzes Stück von ihm selbst. Wenn wir etwas mit der Vernunft erfassen, so erfassen wir damit auch immer die eigene Vernunft, die sich zum Objekt der Betrachtung gemacht hat. Auch der gefühlte Gegenstand ist im Grunde nichts anderes als das vergegenständlichte Gefühl. Für Feuerbach ist jede Form des menschlichen Weltbezugs eine Art Projektion, eine Veräußerlichung des Menschen. »Was für eines Gegenstandes wir uns daher auch nur immer bewusst werden«, sagt Feuerbach, »wir werden stets zugleich unseres eigenen Wesens uns bewusst.«

Doch die grundlegende, elementare Aneignung der Welt erfolgt nicht über das begriffliche Denken, sondern über die sinnliche Erfahrung. Im *Wesen des Christentums* ist Feuerbach bei einer materialistischen Auffassung der Wirklichkeit angelangt. Unsere Welt ist eine sinnliche Welt, und Sinnlichkeit ist für Feuerbach die entscheidende Brücke des Menschen zur Welt. Auch religiöser Inhalte werden wir uns nach Feuerbach nicht durch das begriffliche Denken, sondern durch das Gefühl bewusst. Das Gefühl ist das entscheidende »Organ der Religion«.

Die Religion ist für Feuerbach ein besonders charakteristischer Bereich, in dem sich das »Selbstbewusstsein« des Menschen zeigt. Sie ist sogar, wie er sagt, dessen »erste«, aber auch »indirekte« Form. Die erste, weil sich der Mensch mithilfe der Religion – noch vor der Philosophie – über sein Wesen als »Mensch« im Sinne einer Gattung klar zu werden versucht. Indirekt deswegen, weil der Mensch mit der Religion einen Umweg beschreitet: Ohne sich dessen bewusst zu sein, biegt er auf dem Weg zu seinem Selbstverständnis in eine andere Richtung ab: in Richtung eines jenseitigen Gottes. Dieser Umweg markiert die Selbstentzweiung, die Entfremdung des Menschen von sich selbst.

Von diesem Umweg wieder auf den direkten Weg zu führen: Darin sieht Feuerbach seine Aufgabe als Aufklärer. Er will zeigen, dass in der Religion in Wahrheit immer vom Menschen die Rede ist: Die Eigenschaften, die wir Gott zusprechen, sind in Wahrheit ideale Eigenschaften der menschlichen Gattung. Überall, wo »Gott« draufsteht, ist eigentlich »Mensch« drin. Die Religion ist, so Feuerbachs These, »die mit dem Wesen des Menschen identische Anschauung vom Wesen der Welt und des Menschen«.

Dies gilt auch für sehr abstrakte Gottesvorstellungen, die scheinbar von jedem Anthropomorphismus frei sind. Feuerbach denkt hier an den rationalen »Gott der Philosophen«, wie er auch in der christlichen Theologie anzutreffen ist: Gott als ewiges, absolutes Wesen, als reine Intelligenz und Prinzip der Wirklichkeit. Aristoteles,

Spinoza und Hegel, der ihn »absolute Vernunft« nannte, haben diesem philosophischen Gott gehuldigt.

Doch auch hier sind nach Feuerbach menschliche Projektionen im Spiel. Denn dieser metaphysische Gott ist nichts anderes als der reine, vom Menschen abgetrennte Verstand, die reine Intelligenz, die der Mensch sich als eigenständiges Objekt gegenüberstellt. Der Mensch befriedigt hier seinen Wunsch nach reiner, perfekter Verkörperung der Wirklichkeitserkenntnis. Im metaphysischen Gott nimmt das Bewusstsein von der Unendlichkeit der menschlichen Gattung Gestalt an.

Nicht nur der Verstand, auch Wille und Gefühl sind für Feuerbach »göttliche Eigenschaften« des Menschen, die der Mensch aber fälschlicherweise als Eigenschaften eines Gottes begreift. Der mit dem Menschen gefühlsmäßig verbundene Gott kommt vor allem dort ins Spiel, wo es um Moral und Mitmenschlichkeit geht. Gott als moralisch vollkommenes Wesen ist zunächst nichts anderes als das personifizierte moralische Gesetz. Viel näher an den Menschen heran rückt er noch dadurch, dass er der Gott der Liebe ist und der Gott der Inkarnation, der »Fleisch« geworden ist und für die Menschen gelitten hat. Dadurch wird Gott vollends vermenschlicht, er wird eine Persönlichkeit, ein »Herzenswesen«, mit dem sich der Mensch versöhnen kann. Gott verkörpert hier das, was dem Menschen das Höchste und Liebste ist: die Fähigkeit zur tiefen Empfindung, die sich in Leiden ausdrücken kann, vor allem aber die Liebe als das Band, das die Gattung zusammenhält. Dieser Gott als Herzenswesen will uns vor allem eins sagen: Empfindung und Liebe sind etwas Göttliches.

Der menschliche Charakter der Religion kommt nach Feuerbach besonders in der Art der Kommunikation zum Ausdruck, die der Mensch mit Gott pflegt. Im Gebet spricht der Mensch Gott mit »du« an und behandelt ihn wie ein menschliches Gegenüber, ein Gegenüber allerdings, von dem er sich abhängig fühlt und das er höherstellt als sich selbst. Aber auch dieses Gegenüber, das wir anbeten, ist, so Feuerbach, nichts anderes als unser eigenes Herz als Instanz der Liebe. Im Gebet wird die für den religiösen Menschen charakteristische Selbstteilung deutlich: Wo er scheinbar mit einem Gegenüber kommuniziert, spricht er in Wahrheit mit sich selbst.

Der christliche Gott, so Feuerbach, ist immer ein Gott der Vollkommenheiten, in denen sich nie erreichte, aber gewünschte *menschliche* Vollkommenheiten widerspiegeln. Aber warum projiziert der Mensch diese Vollkommenheiten auf einen Gott? Die Antwort gibt uns Feuerbach in dem Satz: »Nur der arme Mensch hat einen reichen Gott.«

Der Mensch hat Verstand, Wille und Herz, aber der einzelne Mensch ist in der Verwirklichung dieser Eigenschaften beschränkt. Die Religion entsteht aus dem Konflikt, in den der Mensch in seinem diesseitigen Leben mit sich selbst gerät. Er wünscht sich reine Erkenntnis, ein moralisches Leben und die Verwirklichung einer dem Mitmenschen zugewandten Liebe. Doch die Wirklichkeit konfrontiert ihn immer wieder mit seinen Schwächen, Irrtümern, unlauteren Motiven und Verfehlungen. Das, was sein soll, ist nicht. Um diesen Konflikt zu lösen, schafft sich der Mensch in der Religion eine von allen Beschränkungen befreite Wirklichkeit im Jenseits. »Das Jenseits«, so Feuerbach, »ist das im Bilde angeschaute, von aller groben Materie gereinigte – verschönerte Diesseits.« Die Trennung zwischen Diesseits und Jenseits drückt aus, dass sich der Mensch als ein zerrissenes Wesen versteht. Weil der Mensch unvollkommen ist, schafft er sich den vollkommenen Gott als Wunschbild seiner selbst.

Die Jenseitsreligion ist deshalb für Feuerbach nicht nur einfach eine Illusion, sie ist eine ganz und gar *menschliche* Illusion, in der sich vieles, was am Menschen wertvoll und wichtig ist, ausdrückt. Die in der Religion propagierten Werte und Gefühle können, in einem anderen Rahmen, wieder zu ihrem vollen menschlichen Recht kommen. Haben wir den Irrweg einer Jenseitsreligion verlassen, steht uns, mit einem veränderten Blick auf den Menschen und die ihn umgebende Welt, der direkte Weg einer Diesseitsreligion wieder offen.

Wer Feuerbachs Hauptwerk ausschließlich als eine aufklärerische Religionskritik liest, wird vermutlich immer wieder irritiert durch die von religiöser Bildlichkeit geprägte Sprache. Mit diesen Bildern feiert Feuerbach den natürlichen, sinnlichen Menschen, der wieder zu sich selbst zurückgefunden hat und für den Essen und Trinken in einem neuen Sinn zum »Mysterium des Abendmahls« geworden sind. Man brauche, so erklärt Feuerbach, »nur den gewöhnlichen, gemeinen Lauf der Dinge zu unterbrechen, um dem Gemeinen ungemeine Bedeutung, dem Leben überhaupt religiöse Bedeutung abzugewinnen«. »Heilig sei uns darum das Brot«, lautet deshalb der emphatische letzte Satz des Werks, »heilig der Wein, aber auch heilig das Wasser! Amen.« Es ist das Credo einer neuen Weltfrömmigkeit.

Das Wesen des Christentums hatte unter Feuerbachs Zeitgenossen eine enorme Wirkung, erlebte mehrere Auflagen und wurde von Feuerbach immer wieder neu bearbeitet. Im Milieu der Junghegelianer löste es allerdings ein zwiespältiges Echo aus. Max Stirner rieb sich an Feuerbachs religiöser Sprache und kritisierte seine Lehre als eine neoreligiöse »Metamorphose des Christentums« und damit als alten Wein in neuen Schläuchen.

Der junge Karl Marx hingegen sah in Feuerbach eine wichtige Etappe in dem Bemühen, Hegels Philosophie umzudrehen und aus ihr eine neue materialistische Interpretation der Wirklichkeit zu gewinnen. Was er bei Feuerbach jedoch vermisste, war das Verständnis vom Menschen als einem Wesen, das sich diese Wirklichkeit durch Praxis, durch schöpferische Arbeit aneignet. Aus der Armut und Unvollkommenheit des Menschen schloss Marx auf die Unvollkommenheit der gesellschaftlichen Verhältnisse, die es zu beseitigen galt. Genau dies ist die Stoßrichtung seiner kritischen *Thesen über Feuerbach*, die in der berühmten 11. Feuerbachthese gipfeln: »Die Philosophen haben die Welt nur verschieden *interpretiert*, es kömmt drauf an, sie zu *verändern*.« In den Augen der Marxisten ist Feuerbachs *Wesen des Christentums* bis heute eine »materialistische Streitschrift« und das entscheidende Bindeglied zwischen Hegel und Marx geblieben, die Brücke, auf der Marx das Land des historischen Materialismus erreichte.

Doch die Wirkung Feuerbachs ging weit darüber hinaus. Er wurde nicht nur zum Vater der modernen Religionskritik, sondern auch

zu einem der großen Anreger eines »ganzheitlichen«, Körper und Geist umfassenden Verständnisses des Menschen. Unter den Musikern gehörte Richard Wagner zu den Feuerbachianern, unter den Literaten waren es Gottfried Keller und die viktorianische Romanautorin Marian Evans alias George Eliot, die ihre Übersetzung von *Das Wesen des Christentums* 1854 unter dem Titel *The Essence of Christianity* veröffentlichte. Feuerbachs Auffassung vom Menschen hat u. a. die Philosophie Friedrich Nietzsches und die Psychoanalyse Sigmund Freuds beeinflusst. Freud setzte in seiner Schrift *Die Zukunft einer Illusion* das Feuerbach'sche Programm fort, den wahren menschlichen Charakter der Religion aufzudecken.

Auch wenn der Nachweis, dass der Gott der Religionen eine Projektion des menschlichen Selbstverständnisses ist, kein schlüssiger Beweis für die Nicht-Existenz Gottes ist, hat Feuerbach doch umfassend wie kein Zweiter den Zusammenhang zwischen unseren religiösen Vorstellungen und unserer menschlichen Lebenswelt aufgezeigt. Er hat uns die Augen dafür geöffnet, wie eng Diesseits und Jenseits miteinander verschwistert sind, und die Menschen ermutigt, den Himmel auf die Erde zurückzuholen.

Ausgabe:

Ludwig Feuerbach: Gesammelte Werke 5: Das Wesen des Christentums. Herausgegeben von Wolfgang Harich und Werner Schuffenhauer. Berlin: Akademie Verlag 2006.

Partitur der Lebensformen

SÖREN KIERKEGAARD: Entweder – Oder (1843)

Philosophische Bücher haben es – so liegt es in ihrer Natur – mit sehr grundsätzlichen Fragen zu tun, sie diskutieren oder verbreiten Theorien und fordern vom Leser ein hohes Maß an Konzentration. Sie sind häufig, wie man umgangssprachlich sagt, sehr »abstrakt«. Doch auch unter den klassischen Werken der Philosophie gibt es solche, die ein ganz anderes Gesicht zeigen. Sie kommen im Gewand der Dichtung daher: Personen treten in ihnen auf, Geschichten und Gleichnisse werden erzählt oder sie enthalten sogar Gedichte. Platons Dialogen werden zu Recht solche dichterischen Eigenschaften nachgesagt, aber auch die Bücher Friedrich Nietzsches haben die Leser aus eben diesen Gründen immer wieder angezogen.

Solche Werke sind besonders verführerisch und gefährlich: Sie bieten sich als anscheinend leicht verständliche Lektüre an. Doch dies ist in der Regel eine Falle, in die man nicht tappen sollte. Auch diese Werke haben es mit komplexen theoretischen Fragen zu tun. Sie präsentieren sie lediglich in einer besonders raffinierten Verpackung.

Eines der wichtigsten und bekanntesten »dichterischen« Werke der Philosophiegeschichte ist *Entweder – Oder*, der berühmte Erstling des dänischen Theologen und Philosophen Sören Kierkegaard. Und in diesem Fall ist die Theorie ganz besonders kunstvoll versteckt. Es handelt sich um ein dickes, beinahe tausend Seiten umfassendes Buch, das aus Tagebuchaufzeichnungen, Briefen, Essays und Aphorismen besteht. Kierkegaard hat dieses Werk so verschachtelt aufgebaut, wie es ein postmoderner Romancier nicht besser hätte machen können: Im Vorwort präsentiert sich uns ein »Herausgeber«, der sich eines Pseudonyms bedient. Er gibt vor, beim Kauf eines Sekretärs einen Stoß Papiere gefunden zu haben, die offenbar wiederum von mehreren Autoren stammen – der Herausgeber nennt sie »A« und »B«. Beide kennen sich. B wird als ein älterer Freund von A eingeführt. Nicht genug damit: Unter den Papieren von A findet sich das *Tagebuch des Verführers*, von dem A wiederum behauptet, es stamme gar nicht aus seiner Feder, sondern er habe es lediglich gefunden.

Eines wird dem Leser schon von Beginn an klar: Kierkegaard tut alles, um nicht mit den in den Papieren dargelegten Ansichten identifiziert zu werden. Er verhält sich in der Tat wie ein Romancier oder Theaterdichter, der bestimmte Figuren auf die Bühne bringt und sie eine Rolle spielen lässt, die sie als Personen charakterisiert, die sich aber nicht mit der Meinung des Autors decken muss. Ein Buch also, in dem der Autor nicht das sagt, was er selbst denkt?

Nicht ganz. Wie jeder Philosoph versucht auch Kierkegaard dem Leser die Ergebnisse seines Denkens zu vermitteln. Doch er tut dies indirekt. Er wählt die Form der »dichterischen« Philosophie, weil das, was er zu sagen hat, nicht theoretisch gelehrt oder gelernt werden kann. Es geht ihm vielmehr um Lebenseinstellungen, um die »Form«, die wir unserem Leben geben sollen. Das deutsche Wort »Selbstverwirklichung«, im wörtlichen Sinne genommen, drückt Kierkegaards philosophische Absichten genau aus: Der Mensch ist aufgefordert, sein Selbst im Leben erst zu erwerben, und dies kann er eben nur »selbst«, das heißt auf der Grundlage eigener praktischer Entscheidungen, tun. Theoretische Einsichten können dabei nicht mehr als ein Sprungbrett sein. Dies wird im letzten Satz des Buches noch einmal unterstrichen: »Nur die Wahrheit, die erbaut«, heißt es dort, »ist Wahrheit für dich.« Es ist ein Schlüsselsatz, auf den Kierkegaard noch einmal eigens in seinen Tagebüchern hingewiesen hat. »Erbauen« heißt bei ihm so viel wie »unmittelbar packen, ergreifen«. Nur eine Wahrheit, die sich der Mensch in seinem Leben praktisch zu Eigen macht, kann für ihn wichtig sein. Was theoretisch erkannt wird, aber keine Folgen für das Leben hat, ist, so Kierkegaard, wie ein Haus, das man baut, aber in dem man nicht wohnt.

Für diese dichterische, indirekte Art, die Wahrheit »an den Mann« zu bringen, hat Kierkegaard den Ausdruck »Existenzmitteilung« geprägt. Die Existenzmitteilung ist ein Aufzeigen von Möglichkeiten, die der Leser durch eine Entscheidung in die Wirklichkeit seines eigenen Lebens übersetzen muss. Der Philosoph kann, wie ein Theaterdichter, verschiedene Lebenshaltungen auf verschiedene Rollen verteilen, diese Rollen dem Leser »vorspielen« und ihm somit eine Entscheidungsgrundlage liefern. *Entweder – Oder* will genau dies sein: eine Partitur verschiedener Lebensformen und damit eine Grundlage für die Entscheidung, wie man leben will.

Damit setzt sich Kierkegaard in einen bewussten Gegensatz zur Philosophie Georg Wilhelm Friedrich Hegels, dessen Denken die damalige geistige Welt beherrschte. Nach Hegel ist die Wirklichkeit ein Prozess, bei dem sich die Vernunft in der Geschichte offenbart. Dabei, so schien es Kierkegaard, bleibt für den einzelnen Menschen nur die Rolle des Zuschauers, der sich staunend dem Treiben einer Weltvernunft gegenübersieht, ohne dass er weiß, wie ihm geschieht. Im Gegensatz zu Hegel richtet Kierkegaard seine Aufmerksamkeit ganz auf das, was der Einzelne wirklich aus seinem Leben macht.

Es verwundert daher nicht, dass *Entweder – Oder* auch in einem besonders engen Verhältnis zum Leben seines Autors steht. Der 1813 geborene Sören Kierkegaard wuchs als jüngster Sohn in einem streng protestantischen Elternhaus auf, das vor allem durch die düstere Frömmigkeit seines Vaters Michael Pedersen Kierkegaard geprägt war. Dieser hatte es vom armen jütländischen Bauernsohn zum wohlhabenden Kopenhagener Bürger und Kaufmann gebracht, der allen seinen Kindern materielle Sicherheit und eine gute Ausbildung verschaffen konnte. Doch sein gesamtes Leben lang war er von Schuldbewusstsein geplagt, das aus zwei Ereignissen herrührte: Als kleiner Junge hatte er, verzweifelt über seine ärmlichen Lebensumstände, auf der jütländischen Heide Gott verflucht. Und als verheirateter Mann war er ein Verhältnis mit seiner Magd eingegangen, das er allerdings nach dem Tod seiner Frau legalisierte.

Was bei anderen kaum Spuren hinterlassen hätte und eher als entschuldbare Fehltritte angesehen worden wäre, löste bei Michael

Pedersen einen lebenslangen Schuldkomplex und bohrenden Selbstzweifel aus: Wie stehe ich vor Gott? Welche Strafe werde ich zahlen müssen? Das fragte er sich bis zu seinem Tod. Auch seine Kinder trugen seiner Ansicht nach an dieser Schuld mit. Besonders seinen hoch begabten Jüngsten, Sören, hatte er ausersehen, einen Teil dieser Schuld dadurch abzutragen, dass er ihn zum Theologen ausbilden ließ. Doch zumindest auf diesen Sohn hatte sich das Schuldbewusstsein, die Schwermut und die Neigung zum Grübeln tatsächlich übertragen. Sünde, Schuld, das Verhältnis zu Gott, ein laues oder ein ernsthaft geführtes Leben – es waren die vom Vater übernommenen Probleme, die Kierkegaard auch in seiner Philosophie nie losließen.

Der Student Kierkegaard versuchte zunächst, sich von dem drückenden moralischen Erbe des Vaters zu befreien. Als er 1830, mit siebzehn Jahren, an der Universität eingeschrieben wurde, nutzte er die neue akademische Freiheit und wandte sich den Vergnügungen der Kopenhagener Gesellschaft zu. Er liebte die Opern- und Caféhäuser, die Literatur und das Theater. Aufführungen von Werken seines Lieblingskomponisten Mozart besuchte er regelmäßig. Sogar ein Bordellbesuch ist überliefert. Der junge Kierkegaard entwickelte sich zu einem stadtbekannten Müßiggänger und Flaneur.

Vor allem erwies er sich aber als geistreicher und witziger Kopf, der eine Gesellschaft allein unterhalten konnte. Er war ein glänzender Stilist, der zum Ärger seines Vaters begann, polemische Artikel in der Presse zu publizieren. Manche dieser Artikel unterzeichnete er mit dem Pseudonym »A« – ein literarisches Mittel, das er in *Entweder – Oder* übernehmen sollte.

Diese Phase seines Lebens endete, als der Vater 1838 starb. Nun fühlte sich Kierkegaard verpflichtet, dessen Erwartungen doch noch zu entsprechen und sein Theologiestudium abzuschließen. Er war bereit, Verpflichtungen zu erfüllen und Bindungen einzugehen. Im Juli 1840 legte er schließlich seine theologische Staatsprüfung ab und verlobte sich wenig später mit der zehn Jahre jüngeren Regine Olsen, Tochter aus bürgerlichem Kopenhagener Hause. Es war eine beiderseitige »romantische« Liebesbeziehung. Die Tür zum bürgerlichen Lebensglück schien ebenfalls offen: Vor Kierkegaard lagen eine standesgemäße Heirat und eine Karriere in der dänischen lutherischen Staatskirche.

Doch all dies erfüllt sich nicht. Bereits kurz nach der Verlobung holt ihn die tief verwurzelte Schwermut ein. Es kommen ihm Zweifel, ob er fähig ist, sich vorbehaltlos für einen Partner zu öffnen und für diesen die Verantwortung zu übernehmen. Quälende Monate folgen, bis Kierkegaard schließlich im Oktober 1841 eine Auflösung der Verlobung erreicht. Für beide wird die Trennung ein Drama. Für Kierkegaard bleibt sie der Pfahl im Fleisch, der ihn sein ganzes Leben lang bedrängt, ihn aber auch zu ständiger Produktivität antreibt.

Der Abschied von Regine ist auch der Abschied von einem normalen bürgerlichen Leben. Von diesem Zeitpunkt an lebt Kierkegaard in dem Bewusstsein, von Gott mit einer besonderen Rolle betraut zu sein: nämlich als »Spion Gottes« dem Geist des echten Christentums wieder Gehör zu verschaffen. Er sieht sich nun als Außenseiter, der öffentlichen Spott auf sich zu nehmen bereit ist und sowohl auf soziale Bindungen als auch auf eine Karriere verzichtet. Immer mehr wird ihm klar, dass es für ihn nur eine Form gibt, mit sich selbst ins Reine zu kommen, der Welt gegenüberzutreten und sich ihr mitzuteilen: die Existenz des Schriftstellers.

Bereits in seiner akademischen Abschlussarbeit *Der Begriff der Ironie mit ständiger Beziehung auf Sokrates* hatte Kierkegaard seine glänzende schriftstellerische Begabung gezeigt. Wie Sokrates tritt er nun, von einer Misson erfüllt, an die Öffentlichkeit. Wo Sokrates das verborgene Wissen der Menschen dem rationalen Bewusstsein zugänglich machen wollte, will Kierkegaard ein neues religiöses Bewusstsein wecken. Und während Sokrates die Menschen im Streitgespräch zu erreichen versuchte, bedient sich Kierkegaard der Literatur. Dabei macht er einen grundsätzlichen Unterschied: In allen Schriften, in denen er in direkter Weise wie ein Prediger zum Publikum spricht – in seinen christlichen Schriften –, schreibt er unter eigenem Namen. Dort dagegen, wo er indirekte Aussagen macht, das heißt spielerisch-literarisch Lebensmöglichkeiten vorführt, benutzt Kierkegaard Pseudonyme.

Entweder – Oder gehört zur letzteren Gattung. Das Buch ist der erste Versuch Kierkegaards, seine eigenen Lebensprobleme und Lebensexperimente literarisch zu verarbeiten und daraus eine Philosophie der Existenz zu entwickeln. Seine Zeit als Lebemann, besonders aber die gescheiterte Beziehung zu Regine lieferten ihm das Material, das er in dichterischer Form bearbeitet und philosophisch deutet. Seinem neuen Selbstverständnis als »Einzelner« und Außenseiter gibt er in dem Herausgeberpseudonym »Victor Eremita – Victor der Einsiedler« Ausdruck.

Entweder – Oder entstand in elf Monaten, von Dezember 1841 bis November 1842. Eine ganz wichtige Rolle im Prozess des Schreibens spielte ein mehrmonatiger Aufenthalt in Berlin.

Kurz nach der Trennung von Regine, am 25. Oktober 1841, verlässt Kierkegaard Kopenhagen. In Berlin angekommen, nimmt er ein Zimmer nahe dem Gendarmenmarkt, wo er zurückgezogen lebt. Seine Wege führen ihn lediglich ins Theater oder an die Universität. Er hört die Vorlesungen Schellings, besucht einen Deutschkurs und verbringt Teile des Tages mit Schreiben. Hier entsteht nun der größte Teil des Buches. Als Kierkegaard hört, Regine sei erkrankt, entschließt er sich im März 1842 zur vorzeitigen Rückkehr nach Kopenhagen. Dort schließt er das Manuskript ab.

Nicht nur diese vorzeitige Rückkehr zeigt, dass Kierkegaard weit davon entfernt ist, die Beziehung zu Regine hinter sich gelassen zu haben. Im Gegenteil: Sein Denken und seine Tagebucheintragungen beschäftigen sich unablässig mit ihr. In Regine sieht er auch die besondere Adressatin des Buches. Er will schreibend versuchen, sie »aus dem Verhältnis herauszulösen«, das heißt die Beziehung zu ihr als ein bloßes Lebensexperiment darzustellen und sich selbst damit in ein moralisch zweifelhaftes Licht zu rücken, um ihr die Trennung zu erleichtern.

Kierkegaard präsentiert in *Entweder – Oder* zwei grundsätzlich verschiedene Lebensformen: In der »ästhetischen« Lebensform, die in vielfältigen Variationen in den Papieren von A beschrieben wird, geht es vor allem um Genuss, entweder in einer einfachen sinnlichen oder in einer verfeinerten geistigen Form. Beide Male spielt die Erotik als Teil dieses Genusses eine große Rolle. Alles wird unter dem

Gesichtspunkt betrachtet, ob es »interessant« ist und das Lebensgefühl steigert. Kierkegaard nennt diese Lebensform »ästhetisch«, weil sie große Ähnlichkeit mit der Art hat, mit der wir mit Kunst umgehen. Auch die Kunst ist für uns ein Gegenstand der genussvollen, sinnlichen und geistigen Anregung. Der Ästhetiker lebt für die Gegenwart, Festlegungen für die Zukunft oder die Beschäftigung mit der eigenen Vergangenheit sind für ihn ohne Reiz.

Dem gegenüber steht die im zweiten Teil von B präsentierte »ethische« Lebensform. Sie ist nicht nur auf eine gegenwärtige Erfüllung, sondern auf die Zukunft hin, auf Dauer angelegt und zeichnet sich dadurch aus, dass der Mensch auch in verpflichtende Beziehungen mit anderen Menschen tritt. Als vornehmliches Beispiel einer ethischen Lebensform nennt Kierkegaard in *Entweder – Oder* die Ehe. Sie scheint auf den ersten Blick langweiliger und unspektakulärer, doch sie vermag dem Wechselspiel des Genusslebens eine einheitliche »Form« des Lebens entgegenzusetzen und damit eine Art Identität des Menschen herzustellen. »Entweder – Oder« heißt also zunächst: *Entweder* man entscheidet sich für die ästhetische *oder* für die ethische Lebensweise.

Der Unterschied zwischen beiden Teilen wird auch in ihrer Zusammensetzung und Gestaltung deutlich. Die Papiere von A im ersten Teil enthalten acht sehr unterschiedliche Texte, die bewusst dichterisch, also mit ästhetischem Anspruch komponiert sind. Während der erste Text aus einer Sammlung tagebuchartiger Kurzprosa besteht, beinhaltet der zweite eine Interpretation der Hauptfigur in Mozarts Oper *Don Giovanni*. Im Weiteren folgen Essays, die sich als »Ansprachen« oder »Rezensionen« tarnen, an die sich am Ende das fiktive *Tagebuch des Verführers* anschließt.

Die erheblich weniger umfangreichen Papiere von B bestehen demgegenüber aus drei nüchtern durchkonstruierten Abhandlungen, die B an seinen Freund A adressiert hat. Sie nehmen auch teilweise die Form theologischer Lehrbriefe an, in denen Gebete enthalten sind und auf Bibelstellen Bezug genommen wird.

Kierkegaards eigene Lebensexperimente werden vor allem im ersten Teil des Buches reflektiert. Viele der ästhetischen Rollen, die in den Papieren von A geschildert werden, hat Kierkegaard selbst in seinem Leben gespielt. Nicht zufällig liegen hier eindeutig die literarischen Höhepunkte. So wie bei Dante und Milton die Schilderungen der Hölle sehr viel überzeugender wirken als die des Himmels, so fällt Kierkegaards Präsentation des ästhetischen Lebens sehr viel lebendiger und anschaulicher aus als die trockenen Abhandlungen über die Ehe im zweiten Teil. Hier werden seine Schilderungen farbig und konkret, und hier kann er seine dichterische Brillanz demonstrieren.

Die ästhetisch beziehungsweise erotisch bestimmte Lebensanschauung ist schillernd, wechselnd, doch sie bewegt sich über einem Abgrund der Schwermut und Verzweiflung, über dem der Ästhetiker wie ein Seiltänzer balanciert. Er ist ein ewiger Lebensexperimentator, weil er im Grunde der Überzeugung ist, dass das Leben an sich keinen Sinn hat. Immer dann, wenn er einmal keine Rolle spielt und sich besinnt, steht er diesem Abgrund unmittelbar gegenüber. Dann drängt sich ihm der Gedanke auf, seinem Leben ein Ende zu setzen.

In den Kurzprosastücken, die unter dem Titel »Diapsalmata« zusammengefasst sind, gibt der Autor A seiner Schwermut und seinem Lebensüberdruss unmittelbar Ausdruck: »Mein Leben ist völlig sinnlos«, heißt es dort, »wenn ich seine verschiedenen Epochen betrachte, so geht es mit meinem Leben wie mit dem Worte ›Schnur‹ im Lexikon, das einmal einen Bindfaden bedeutet und zum anderen eine Schwiegertochter.« Der Ästhetiker ist ein Mensch, der immer wieder neue Masken trägt, aber kein eigenes Gesicht, keine Identität hat. Der Ästhetiker verwirklicht kein Selbst, er ist je nach Situation immer ein anderer.

Das menschliche Gegenüber, der Partner, ist für den Ästhetiker lediglich Objekt. Ebenso wenig wie er selbst eine Identität, ein Selbst, entwickelt, erkennt er es auch bei dem anderen an. Das Leben ist für den Ästhetiker eine Bühne, auf der das Spiel Selbstzweck ist. Deshalb fühlt er sich auch nicht zur Einhaltung moralischer Regeln verpflichtet. Er hat sich auf den Ernst des Lebens noch gar nicht eingelassen. Sein Leben befindet sich in einer permanenten Erprobungsphase.

Es gibt jedoch verschiedene Äußerungsformen der ästhetischen Lebensanschauung. Der Ästhetiker kann wie eine Biene von Blüte zu Blüte fliegen, immer den unmittelbaren sinnlichen Genuss suchen und in diesem sein Genüge finden. Er kann aber auch einen verfeinerten, raffinierten Genuss suchen, der auf einer strategischen Planung beruht. Dabei wird der mögliche Augenblicksgenuss bewusst hinausgezögert zugunsten eines besseren finalen Genusses. Dies führt schließlich dazu, den Weg zum Ziel zu machen und die Art des Genusserwerbs selbst zu genießen, ähnlich wie der Kenner ein Kunstwerk nicht wegen des Inhalts, sondern wegen der Art der Präsentation schätzt.

In den Papieren von A treten zwei exemplarische Figuren der ästhetischen Lebensanschauung hervor: Don Juan, die Hauptfigur in Mozarts Oper *Don Giovanni*, steht im Mittelpunkt des Essays »Die unmittelbaren erotischen Stadien oder das Musikalisch-Erotische«. Johannes wiederum ist der Protagonist des *Tagebuchs des Verführers*. Beide sind Meister der Erotik, der eine durch seine Natur, der andere durch seine Strategie.

Don Juan ist eine Figur, die vom Medium der Musik geprägt wird und wie diese eine unmittelbar sinnliche Wirkung ausübt. Planung und Strategie sind ihm fremd: Für Kierkegaard ist er wie eine Naturmacht: Der Genuss fällt ihm zu, und er lebt nur für den Augenblick.

Im *Tagebuch des Verführers* dagegen stellt Kierkegaard den reflektierten und planenden Ästhetiker vor. Nirgendwo hat er deutlicher seine Beziehung zu Regine literarisch verarbeitet. So finden sich hier ganze Passagen, die er wörtlich aus seinen eigenen Tagebüchern und Briefen übernommen hat. Vor allem mit der Figur des Johannes wollte er seine Absicht verwirklichen, Regine aus der Beziehung zu ihm herauszulösen und »herauszutäuschen«. Insofern ist Johnannes auch nicht mit Kierkegaard identisch: Er ist eine bewusst gestaltete Figur. Er ist der Verführer, den Kierkegaard präsentieren wollte, der er selbst aber nie war. Das *Tagebuch* erzählt die Geschichte einer perfekt inszenierten Beziehungsmanipulation, bei der der andere zum reinen Spielball und am Ende wie ein nutzlos gewordenes Instrument weggeworfen wird.

Im Gegensatz zu Don Juan will Johannes nicht nur in den Genuss der verführten Frau kommen, er genießt auch die planmäßig vorgehende Verführungsstrategie, die er wie ein Kunstwerk angelegt hat. Johannes trifft durch Zufall ein junges Mädchen, Cordelia, die er zunächst für die Liebe bereitmachen will, indem er für sie einen Verlobten besorgt. Gleichzeitig sorgt er aber auch dafür, dass sie sich in dieser konventionellen Beziehung nicht wohl fühlt und ein Bedürfnis nach »mehr« entwickelt, ohne genau zu wissen, worin dieses »Mehr« besteht. Nun bietet sich Johannes selbst als interessanten Kontrast an und gewinnt sie für sich. Als er schließlich mit ihr verlobt ist, bringt er sie so weit, dass auch sie die Form der Verlobung als Fessel empfindet und deren Auflösung wünscht, um die Liebe zu ihm zu retten. Er stimmt zu, bestellt sie an einen geheimen Ort, wo er mit ihr eine Nacht verbringt und sie am nächsten Tag verlässt.

Weder Don Juan noch Johannes vermögen über das Interessante und den Genuss hinaus einen Sinn des Lebens zu erkennen. Ihre Weigerung, im Leben mehr als einen Zeitvertreib zu sehen und eine dauerhafte Identität zu entwickeln, bringt sie in ein verfehltes Verhältnis zur Zeit. Der Mensch ist nach Kierkegaard eben nicht nur sinnlich, sondern auch geistig bestimmt, das heißt, er nimmt im Gegensatz zu den Tieren die Zeit bewusst wahr, er erinnert sich und er projiziert in die Zukunft. Als Christ gibt Kierkegaard diesem Unterschied zwischen Mensch und Tier eine theologische Deutung: Der Geist ist für den Menschen das Mittel, ein Verhältnis zur Ewigkeit und zu Gott zu erlangen. Wenn er sein Menschsein verwirklichen will, muss er also auch in ein geistig bewusstes Verhältnis zur Zeit eintreten. Er muss sich sowohl in der Vergangenheit als auch in der Zukunft als identisch wiedererkennen können. Ein Leben nur für die Gegenwart reicht nicht aus: Vergangenheit und Zukunft müssen in den eigenen Lebensentwurf mit einbezogen werden. Obwohl der Verführer Johannes einen ersten Schritt in diese Richtung macht, indem er über die unmittelbare Gegenwart hinausgeht und einen zukünftigen Genuss plant, gewinnt auch er noch keine Identität, da er mit jedem Abenteuer eine neue Rolle spielt.

Identität und ein bewusstes Verhältnis gegenüber der Zeit werden erst in der ethischen Lebensanschauung erworben. Hier, im zweiten Teil des Buches, führt Kierkegaard eine neue Autorenfigur ein. Während uns A als junger Lebemann präsentiert wird, der einige Züge des jungen Kierkegaard trägt, kommt nun mit B ein älterer, typischer Vertreter des Establishments ins Spiel, dessen Ansichten denen des Autors Kierkegaard nahe stehen. Im Gegensatz zu A, der mit wechselnder Maske lebt, hat B einen Namen (Wilhelm) und einen Beruf (Gerichtsrat). Auch sein Stil kann sich mit dem in den brillanten literarischen Stücken des ersten Teils nicht messen. B schreibt trocken und sachlich. Der angekommene, lebenserfahrene B wendet sich an seinen jüngeren Freund A, um ihn von den Vorzügen eines Lebens zu überzeugen, das dem Genussleben und dem Egoismus die dauerhafte Bindung und die soziale Verpflichtung entgegensetzt. Das Modell für diese ethische Lebensform ist die Ehe.

B will keinen absoluten Gegensatz zwischen ethischer und ästhetischer Lebensform gelten lassen. Die ethische Lebensform ist für ihn vielmehr eine Höher- und Weiterentwicklung der ästhetischen. Sie hat die positiven Seiten der ästhetischen Lebensanschauung in sich aufgenommen. Diese ist interessant und für ein erfülltes Leben sogar notwendig, aber man darf nicht bei ihr stehen bleiben. So ist die Ehe für ihn keine trockene Vernunft- oder Zweckehe, sondern eine auf Liebe beruhende Verbindung, in der die Erotik der romantischen Verliebtheit umgewandelt ist in ein Grundvertrauen, das über die Zeit hinwegträgt. Alle positiven Merkmale der ästhetischen Lebensform – sinnlicher Genuss, Raffinesse, das »Interessante« – werden erst in der Ehe verwirklicht, indem ihnen innerhalb einer sozialen Bindung eine dauerhafte Gestalt gegeben wird. In dem Eingehen einer solchen erotischen und zugleich sozialen Bindung entsteht eine Identität, die Vergangenheit und Zukunft mit einbezieht.

Diese Identität entsteht aber nicht einfach so, sie beruht auf einer Wahl. Mit dem Begriff der »Wahl« ist man im Zentrum der Philosophie Kierkegaards angekommen. Kierkegaards »Wahl« ist keine beliebige »Auswahl«, sondern das Ergreifen dessen, was in einem selbst schon angelegt ist. Erst indem der Mensch wählt, verwirklicht er sich, das heißt, er nimmt sich als Person mit allen dazugehörigen

Umständen an. Dazu zählen nicht zuletzt die Bindungen zu anderen Menschen, die mit dieser Wahl erst als Mitmenschen anerkannt und nicht mehr nur als Objekte betrachtet werden. Dazu gehören auch die eigene Vergangenheit und der Entwurf auf die Zukunft hin. Mit der Wahl tritt der Mensch bewusst in die Zeit ein, er entwickelt ein Verhältnis zur Geschichte.

Den Prozess des Zustandekommens einer solchen Wahl beschreibt Kierkegaard wie ein religiöses Erweckungserlebnis. Grundlage sind die Stimmungen der Schwermut, Trauer und Verzweiflung, die in Kierkegaards eigenem Leben eine große Rolle gespielt haben und mit denen auch der Ästhetiker in bestimmten Phasen seines Lebens konfrontiert wird. Gemeint sind aber nicht einfache Stimmungszustände, sondern die bei jedem Menschen auftretenden Grundbefindlichkeiten, die aufbrechen, wenn ihm bestimmte grundlegende Tatsachen des Lebens wie Sterblichkeit oder Sinnlosigkeit plötzlich vor Augen stehen. Der Mensch sieht sich dann vor die Aufgabe gestellt, sich anzunehmen und etwas aus seinem Leben zu machen. In der Schwermut erwacht die Möglichkeit eines geistig bestimmten, das heißt bewusst ergriffenen, Lebens lediglich als unbestimmte Ahnung, in der Verzweiflung dagegen bricht sich diese Ahnung als Stimme des Gewissens Bahn.

In der Wahl wird sich der Mensch seiner Freiheit bewusst, der Freiheit, dem Leben verantwortlich eine Richtung und eine Form zu geben. Darin liegt der Abschied von einem Leben, das sich »wahllos« dem Genuss überlässt. Für Kierkegaard ist das Bewusstsein des Wählen-Könnens, das Ergreifen der Wahlmöglichkeit als Ergreifen von Freiheit und Verantwortung wichtiger als der jeweilige Inhalt der Wahl.

Damit erhält sein »Entweder – Oder« seine eigentliche Bedeutung. Schien es zuerst, als handle es sich um die Wahl zwischen zwei Formen der Selbstverwirklichung, so geht es jetzt um Wahl oder Nichtwahl, um Selbstverwirklichung oder Nichtverwirklichung des Lebens. »Entweder – Oder« heißt jetzt: Entweder man lässt sich auf die Wahl ein wie der Ethiker und schafft somit ein Selbst, eine Identität, oder man vermeidet die Wahl wie der Ästhetiker und lebt einfach nur so dahin, von Augenblick zu Augenblick. Erst mit der Wahl, erst mit der ethischen Existenz tritt man in das eigentliche Leben ein, indem man Verantwortung übernimmt und als Person für sein Handeln einsteht. »Eine ästhetische Wahl«, so spricht B, »... ist keine Wahl. Überhaupt ist das Wählen ein eigentlicher und stringenter Ausdruck für das Ethische.«

Mit diesem Begriff der »Wahl« hat Kierkegaard noch einmal betont, dass es für ein selbstbestimmtes Leben nicht genügt, die Partitur der Lebensformen zu kennen. Man muss auch seine eigene Stimme zur Aufführung bringen. Als Theologe hat sich sein Blick in *Entweder – Oder* schon über die zwischenmenschliche Bindung der Ehe hinaus auf die Bindung des Menschen an Gott gerichtet. Bereits hier gibt er seinen Schlüsselbegriffen wie Freiheit und Wahl eine religiöse Bedeutung.

Die Offenheit und Unbestimmtheit der menschlichen Existenz, die sich in der Freiheit ausdrückt, ist für ihn eng mit der religiösen Lehre von der Erbsünde verknüpft, die die menschliche Natur von Gott entfernt hat. In der Annahme der Freiheit, in der bewussten Wahl und in dem Ergreifen einer eigenen Identität hat der Mensch die Möglichkeit, die Beziehung zu Gott zu erneuern. In seinen späteren Schriften hat Kierkegaard der ästhetischen und ethischen Lebensform die religiöse als die höchste und schwierigste Lebensform hinzugefügt. Sie deutet sich hier schon im Pseudonym »Victor Eremita« an. Es bezeichnet die Existenz des Einzelnen, der alle sozialen Bindungen zugunsten einer unmittelbaren Beziehung zu Gott opfert.

Mit *Entweder – Oder*, so schrieb Kierkegaard später, wollte er zeigen, dass man auch auf Dänisch ein bedeutendes Werk schreiben kann. Und in der Tat machte das 1843 erschienene Buch in Kopenhagen derart Furore, dass Kierkegaard von der Presse den Spitznamen »Entweder – Oder« erhielt. In der dänischen Öffentlichkeit wurde er eine bekannte, zuweilen belächelte, aber auch eine wegen seiner spitzen Feder gefürchtete Figur.

Entweder – Oder ist das berühmteste Buch Sören Kierkegaards und das Eingangsportal zu seiner Philosophie geblieben. Es wurde zum Auftakt einer Reihe dicht aufeinander folgender Schriften, die alle in dem Jahrzehnt von 1840 bis 1850 entstanden. Während sie in Dänemark heftige Diskussionen auslösten und großen Einfluss auf das geistige Leben des Landes ausübten, wurden sie im übrigen Europa erst im frühen 20. Jahrhundert entdeckt. Nun sah man in dem dänischen Theologen des frühen 19. Jahrhunderts den Modernen, der die Verantwortung des Menschen für sein Leben betont, aber sich auch mit jenen Widersprüchlichkeiten und Zerrissenheiten der menschlichen Existenz beschäftigt hat, die inzwischen ins öffentliche Bewusstsein gedrungen waren.

Besonders einflussreich wurde Kierkegaard für die Existenzphilosophie. Seine These, dass der Mensch ein Selbst, eine Identität, nur durch ein Bewusstsein der Freiheit und ein bewusstes Verhältnis zur Zeit entwickeln kann, wurde nicht zuletzt in Martin Heideggers berühmtem Werk *Sein und Zeit* aufgegriffen. Auch die französischen Existentialisten wie Jean-Paul Sartre und Albert Camus hatten ihren Kierkegaard im philosophischen Gepäck. Dass eine dichterische Philosophie wie die Kierkegaards auch Einfluss auf die Literatur hatte, verwundert nicht: In Ibsens Dramen, in den Gedichten Rilkes und den dunklen Parabeln Kafkas hat sie unter anderem ihre Spuren hinterlassen.

Mit *Entweder – Oder* hat Kierkegaard nachdrücklich in Erinnerung gebracht, dass das Leben kein rein theoretisches Problem ist und dass der einzelne Mensch mit seinen Lebensentscheidungen nicht aus der Philosophie ausgeblendet werden darf.

Ausgabe:

Sören Kierkegaard: Entweder – Oder. Übersetzt von H. Fauteck. München: dtv 2000.

Manifest für den aufrechten Gang

John Stuart Mill: Über die Freiheit (1859)

Nicht zu Unrecht haben viele Menschen ein Misstrauen gegen »große« Wörter. Sie werden häufig im Mund geführt, aber immer wieder mit unterschiedlichen Inhalten gefüllt. Es ist eine der Aufgaben der Philosophie, hier Klarheit zu schaffen und den »großen« Wörtern einen vernünftigen Sinn zu geben. »Gerechtigkeit« ist ein solches Wort, das die Philosophen von Platon an bis in die Gegenwart beschäftigt hat. Spätestens seitdem die Französische Revolution die Forderung nach Freiheit, Gleichheit und Brüderlichkeit erhoben hat, gehört auch die »Freiheit« zu jenen Begriffen, die uns zwar überall entgegenleuchten, aber immer eine andere Farbe annehmen. Ist Freiheit etwas, das wir besitzen, oder etwas, das wir erwerben müssen? Und wovon sind wir frei, wenn wir frei sind?

Kein Philosoph hat dies bisher klarer, verständlicher und überzeugender beantwortet als John Stuart Mill in seinem Essay *Über die Freiheit.* Für Mill ist »Freiheit« weit mehr als ein Schlagwort oder ein abstraktes Prinzip. Sie ist die Luft, die der Mensch zum Atmen braucht, wenn er ein selbstbestimmtes Leben führen will. Sie ist der Raum, der ihm zusteht, um sein Leben in eigener Verantwortung zu gestalten und seine Haltung öffentlich zu vertreten, ohne dass die Gesellschaft ihn in ein Netz von Konventionen steckt und der Staat ihm einen Maulkorb anlegt. *Über die Freiheit* ist das philosophische Manifest für den aufrechten Gang, das Plädoyer für die Würde des Menschen, der nicht am Gängelband geführt werden oder wie ein Schaf hinter der Herde hertrotten will.

Freiheit bedeutet für Mill konkrete, individuelle Freiheit. In dem ständig neu auftretenden Spannungs- und Konfliktverhältnis zwischen Individuum und Gesellschaft stellt sich Mill ganz auf die Seite des Individuums. Diese Freiheit ist für ihn zwar nicht alles – aber ohne sie ist alles nichts.

Dass sein Leben und seine Überzeugungen miteinander harmonierten, gehört zu den bemerkenswerten Seiten des Philosophen John Stuart Mill. Ein Kunstexperte braucht selbst kein großer Maler zu sein. Ebenso muss ein Philosoph, der uns den Begriff der Freiheit erläutern kann, kein Vorkämpfer gegen Unterdrückung sein. Doch Mill war genau dies: ein mutiger, unerschrockener Mann, der auch die Außenseiterexistenz nicht scheute und keinem Konflikt mit der Gesellschaft auswich.

Dazu musste er allerdings einen weiten Weg zurücklegen. Seine gesamte Jugend verbrachte er in den Fesseln einer Erziehung, die sein Vater James Mill für ihn vorgesehen hatte. James Mill stammte aus kleinen und beengten Verhältnissen in der schottischen Provinz, hatte sich als Selfmademan und Freigeist zum Mittelpunkt der radikaldemokratischen Opposition in London, der sogenannten »radicals«, emporgearbeitet. Er gehörte schließlich zu den bekanntesten Intellektuellen der englischen Hauptstadt und bekleidete einen hohen Posten in der East India Company.

Vor allem aber war James Mill ein Anhänger des »Utilitarismus« (von lat. »utilitas« = »Nützlichkeit«), einer philosophischen Richtung, die von seinem Freund Jeremy Bentham Ende des 18. Jahrhunderts begründet worden war. Bentham propagierte nicht nur, dass Nützlichkeit Maßstab jedes moralischen Handelns sein müsse mit dem Ziel, das »größtmögliche Glück der größtmöglichen Zahl« zu befördern; er forderte auch eine Reform gesellschaftlicher Institutionen nach streng rationalen Prinzipien.

James Mill wollte seinen 1806 in London geborenen Sohn zu einem Modell utilitaristischer Erziehung machen. Ganz im Sinne der Maxime, »keine Zeit zu verlieren«, konzentrierte sie sich ausschließlich auf die Entwicklung rationaler Fähigkeiten, während seelische und emotionale Anlagen vernachlässigt wurden. John Stuart besuchte weder Schule noch Universität. Er lernte in häuslicher Abgeschiedenheit und war einem genauen Erziehungsplan unterworfen.

Unter der strengen Aufsicht seines Vaters lernte er mit drei Jahren Griechisch, mit acht Jahren Latein und mit zehn Jahren die Differenzialrechnung. Dazu kam eine Unmenge schöngeistiger und historischer Lektüre. In Anspielung auf den Begründer des neuzeitlichen Rationalismus, René Descartes, für den der Mensch eine »denkende Maschine« war, schrieb John Stuart Mill später in seiner *Autobiographie*, er sei zu einer »reasoning machine« erzogen worden.

Zunächst erfüllte er die Erwartungen seines Vaters, trat wie dieser in die Dienste der East India Company und wurde Kopf einer Gruppe von jungen, radikalen Reformern im Geist des Utilitarismus. Spätestens seit John Locke Ende des 17. Jahrhunderts die absolute Macht des Staates in Frage gestellt und seit mit der »Glorreichen Revolution« von 1689 eine eingeschränkte, konstitutionelle Monarchie eingeführt worden war, gab es in keinem anderen Land Europas eine so ausgeprägte öffentliche Diskussionskultur wie in England.

Für die jungen »radicals« gingen diese Errungenschaften aber nicht weit genug. In zahlreichen brillanten Artikeln schrieb Mill schon als geistig frühreifer Teenager gegen den Reformstau in Kirche und Staat an. In der Sicht der Öffentlichkeit galt er als verlässliches Sprachrohr seines Vaters.

Die vom Vater gelegten Fundamente prägten Mills Leben noch lange. Er blieb sein Leben lang Utilitarist und verbrachte insgesamt fünfunddreißig Jahre in Diensten der East India Company. Ab den 1830er Jahren füllte er allerdings die utilitaristische Position mit neuen, von den Ansichten seines Vaters abweichenden Inhalten und begann ein eigenständiges und umfangreiches philosophisches Werk zu publizieren. Zwar hielt er wie Bentham an dem gesellschaftlichen »Glück« als dem Ziel politischen und moralischen Handelns fest, doch sah er dieses Glück nicht mehr als eine Anhäufung von »pleasure«, von »Lust«, sondern als ein durch geistige und kulturelle Erfahrungen qualifiziertes Glück.

Eine erste große persönliche Krise erlebte er mit zwanzig Jahren, als er sich eingestehen musste, dass das vernünftige Streben nach gesellschaftlicher Nützlichkeit alleine ihn nicht glücklich machte. Er löste sich von einem einseitigen Rationalismus und erkannte die Bedeutung einer ganzheitlichen Entwicklung der Persönlichkeit, wie sie der englische Dichter und Theoretiker Samuel Taylor Coleridge und die deutsche Literatur der Goethezeit propagierten. Der junge Kopfarbeiter entdeckte die Welt der Poesie und Gefühle.

Mill war 24 Jahre alt, als er mit dieser Welt auch leibhaftig in Berührung kam. Er traf Harriet Taylor, die Frau eines wohlhabenden Londoner Kaufmanns, die zur Liebe seines Lebens wurde. Obwohl ihr Verhältnis lange Zeit eher den Charakter einer »Seelenfreundschaft« und engen geistigen Verbindung hatte, löste es im viktorianischen England einen Skandal aus und führte dazu, dass sich beide in die gesellschaftliche Isolation zurückzogen. Erst 1851, nach dem Tode ihres Mannes, konnte Mill Harriet heiraten.

Harriet Taylor war eine kreative und geistig sehr produktive Frau, die ein Jahrhundert später im intellektuellen Leben eines westlichen Landes sicher eine große Rolle gespielt hätte. Im viktorianischen Zeitalter, in dem Autorinnen häufig noch männliche Pseudonyme annahmen, um in der Öffentlichkeit anerkannt zu werden, blieb ihr dies verwehrt. Obwohl sie sich immer wieder mit Artikeln zu Wort meldete, ist der größte Teil ihrer geistigen Hinterlassenschaft nur indirekt sichtbar – in dem Einfluss nämlich, den sie auf Mills Werk ausübte.

Harriet war es, die Mill dazu brachte, sich stärker mit der sozialen Lage der Arbeiterschaft in der frühindustriellen Gesellschaft auseinanderzusetzen. Von einem reinen Liberalismus, der alles dem freien Markt überlassen wollte, rückte Mill unter dem Einfluss Harriets nun ab. Anknüpfend an die Schriften des französischen Frühsozialisten Claude Henri de Saint-Simon, trat er nun stärker für soziale Reformen und eine gerechtere Verteilung des gesellschaftlichen Reichtums ein. Er versuchte die Forderung nach individueller Freiheit und sozialer Gerechtigkeit miteinander zu verbinden. In seinen 1848 fast gleichzeitig mit dem *Kommunistischen Manifest* von Karl Marx und Friedrich Engels erschienenen *Prinzipien der politischen Ökonomie* widmete er der »Zukunft der arbeitenden Klassen« ein eigenes Kapitel.

Harriet bestärkte auch Mills Interesse an der gesellschaftlichen Lage der Frau. Die Erfahrung der sozialen Ächtung und des gesellschaftlichen Konformitätsdrucks, denen Harriet und Mill ausgesetzt waren, machten ihn für die unterschiedlichen moralischen Maßstäbe, die an Männer und Frauen angelegt wurden, sensibel. Kein anderer Philosoph des 19. Jahrhunderts hat in seiner Forderung nach Freiheit so nachdrücklich die Rechte die Frau eingefordert wie Mill.

Die Erfahrung, dass die eigene Lebenserfüllung mit den gesellschaftlichen Konventionen in Konflikt geriet, führte aber auch dazu, dass Mill gegenüber dem Anspruch der Gesellschaft, auf das Leben des Einzelnen Einfluss zu nehmen, nun eine äußerst kritische Haltung einnahm. Bereits Anfang der 1830er Jahre hatte er das Werk Auguste Comtes, des Begründers des Positivismus (von lat. »positum« = das »erfahrungsmäßig Gegebene«), kennen gelernt. Wie dieser glaubte er, dass jede Gesellschaftstheorie sich auf die Ergebnisse der Naturwissenschaften stützen muss. Die gesellschaftspolitischen Vorstellungen Comtes, die auf eine totale Kontrolle und Reglementierung der Gesellschaft hinausliefen, lehnte er jedoch ab.

Hierin bestärkt wurde er durch einen anderen Franzosen, Alexis de Tocqueville, einen Vordenker des Liberalismus. Tocqueville war ein scharfsinniger Beobachter zeitgenössischer gesellschaftlicher Entwicklungen. Er sah die Freiheit des Individuums auch dort gefährdet, wo man es am wenigsten vermutete: in den gerade entstehenden modernen Demokratien und Massengesellschaften. In *Über die Demokratie in Amerika*, dessen zwei Bände 1835 bis 1840 erschienen, zog er optimistische, aber auch skeptische Schlussfolgerungen aus seinen Reiseerfahrungen in den jungen Vereinigten Staaten. Zu den skeptischen Folgerungen gehörte die These, dass die entstehende Massendemokratie eine neue Form der öffentlichen sozialen Macht ausbilde, die auf eine »Tyrannei der Mehrheit« hinauslaufe. Der Druck der öffentlichen Meinung sei in den modernen Demokratien die größte Gefahr für die Freiheit des Einzelnen. Auch fürchtete Tocqueville eine Machtkonzentration in Händen des Staates. Er war ein Kritiker der Zentralisierung. Mill las Tocquevilles Buch unmittelbar nach dessen Erscheinen und würdigte es ausführlich in einer Rezension.

Die Verteidigung des Ideals der allseitig entwickelten Persönlichkeit, das er in den Schriften Goethes und Coleridges kennen gelernt hatte, fand er in der Schrift des Deutschen Wilhelm von Humboldt, *Ideen zu einem Versuch, die Grenzen der Wirksamkeit des Staates zu bestimmen*, wieder. Das 1851 im Original und 1854 in englischer Übersetzung erschienene Buch zog aus dem Goethe'schen Ideal politische Konsequenzen: »Der wahre Zweck des Menschen«, so schreibt Humboldt, »ist die höchste und proportionierlichste Bildung seiner Kräfte zu einem Ganzen. Zu dieser Bildung ist Freiheit die erste und unerlässlichste Bedingung.« Das Stichwort »Freiheit« war gefallen.

Den entscheidenden Anteil daran, dass aus diesen philosophischen Anstößen die Freiheitsschrift entstand, hatte aber Harriet Taylor. In den frühen 1850er Jahren, als beide an Tuberkulose erkrankt waren und glaubten, nicht mehr viel Zeit zu haben, verfielen Harriet und Mill gemeinsam auf die Idee, ihre wichtigsten philosophischen Gedanken in einem Essayband zu versammeln. Einer von elf geplanten Essays sollte das Thema »Freiheit« behandeln. Harriet Taylor hatte bereits in einem unveröffentlichten Essay mit dem Titel »Toleration« das Recht des Individuums herausgestellt, auch eine Außenseiterexistenz gegen die Vorurteile der Gesellschaft durchzusetzen.

Daran anknüpfend entwickelte Mill seine Gedanken über die Freiheitsansprüche, die das Individuum gegenüber der Gesellschaft hat. Nach eigenem Zeugnis ging er mit Harriet jede einzelne Zeile des Manuskripts mehrmals durch. Das Buch, das Mill als die am sorgfältigsten konzipierte seiner Schriften bezeichnete, sei, so schrieb er, »ebenso ihr geistiges Eigentum wie das meine«.

Die Ausarbeitung des Essays kostete allerdings mehrere Jahre. Eine erheblich kürzere Frühfassung war schon 1854 fertig gestellt. Auf einer Italienreise habe er dann, so Mill, im Januar 1855 auf den Stufen des Kapitols in Rom den Plan gefasst, das Freiheitsthema zu einem Buch auszuarbeiten. Aber erst nach seinem Ausscheiden aus dem Dienst der East India Company konnte er die Schrift vollenden. Im Winter 1858/59 legte er letzte Hand an das Manuskript. *On Liberty*, wie die Schrift im englischen Original heißt, ist mehr als ein philosophischer Essay: Sie ist ein Denkmal für Harriet Taylor, die noch vor der Publikation des Buches verstorben war und der es gewidmet ist.

Mill macht gleich zu Beginn seiner Schrift klar, dass es ihm nicht um jene Art Freiheit geht, die die Philosophen als »Willensfreiheit« bezeichnen und die in der Fähigkeit besteht, die naturgesetzliche Kette von Ursachen und Wirkungen durch eigene Handlungsentscheidungen zu durchbrechen. Diese Freiheit ist ein angestammtes Thema der Metaphysik. Mill geht es vielmehr um die bürgerliche und soziale Freiheit, also jene Freiheit, die Thema der politischen Philosophie und Gesellschaftstheorie ist. Sie bezeichnet den Handlungsspielraum, den der Einzelne gegenüber der Gesellschaft hat. *Über die Freiheit* ist Mills Stellungnahme zum ewigen Kampf zwischen Individuum und Gesellschaft, zwischen Freiheit und Autorität.

Gleich im Einleitungskapitel seiner Freiheitsschrift greift Mill Tocquevilles These von der »Tyrannei der Mehrheit« auf, die sich mit seinen eigenen Erfahrungen in der viktorianischen Gesellschaft deckte. Die Verfechter der Freiheit hätten sich in der Vergangenheit, so Mill, im Namen des Volkes gegen die Unterdrückung der Mehrheit durch eine ungerechtfertigte Minderheitenherrschaft gewandt. Nun aber, da im Zuge der Aufklärung Herrschaft sich durch den Willen der Mehrheit legitimiere, sei eine neue Gefahr entstanden: die Gefahr nämlich, dass im Namen der Mehrheit unterdrückt werde. Mill spielt hier auf die Lehre von der Volkssouveränität an, die Jean-Jacques Rousseau in seinem *Gesellschaftsvertrag* entwickelt hatte. Danach repräsentiert der Staat, der durch einen solchen Gesellschaftsvertrag entstanden ist, den »Gemeinwillen«, der niemals ungerecht sein kann, weil er als solcher schon den Willen des Volkes repräsentiert. Demgegenüber weist Mill darauf hin, dass »das Volk, welches die Macht ausübt, nicht immer dasselbe Volk ist, über welches es sie ausübt«. Auch eine Volksregierung kann Unterdrückung und Zwang einsetzen. Und auch hier gibt es Minderheiten und Andersdenkende, gegen die sich dann eine neue »Tyrannei der Mehrheit« richtet.

Diese neue Tyrannei bedient sich nicht nur staatlicher Zwangsmittel, sondern auch des sozialen Drucks. In ihm sieht Mill eine noch größere Bedrohung. Denn er ist es, der in das Privatleben der Individuen eingreift, Möglichkeiten des Einzelnen, sein Leben zu gestalten, verhindert und ihn zwingt, nach dem Modell der Mehrheit zu leben. Wie Tocqueville sieht er in den modernen Massengesellschaften die Gefahr, dass die gesellschaftlichen Überwachungs- und Kontrollmöglichkeiten zu Ungunsten des Individuums vergrößert werden.

Eine freie Gesellschaft ist für Mill deshalb nicht nur durch den Einfluss der Mehrheit, sondern auch durch den Schutz derjenigen gekennzeichnet, die von der Mehrheit abweichen. Im Mittelpunkt dieses Schutzes steht die Freiheit des Individuums. Nur durch ihre Verwirklichung ist die »Tyrannei der Mehrheit« wirklich zu verhindern. Mill formuliert deshalb ein Freiheitsprinzip, das um das Individuum die größtmögliche Schutzmauer zieht. Es lautet: »Dass der einzige Grund, aus dem die Menschheit, einzeln oder vereint, sich in die Handlungsfreiheit eines ihrer Mitglieder einzumengen befugt ist, der ist: sich selbst zu schützen. Dass der einzige Zweck, um dessentwillen man Zwang gegen das Mitglied einer zivilisierten Gesellschaft rechtmäßig ausüben darf, der ist: die Schädigung anderer zu verhüten.« Der Handlungsspielraum, den der Einzelne gegenüber der Gesellschaft besitzt, kann nur durch den Handlungsspielraum der anderen begrenzt werden. »Die einzige Unabhängigkeit«, so Mill, »die diesen Namen verdient, ist die Möglichkeit, unser eigenes Wohl auf unsere eigene Weise zu erreichen, solange wir nicht versuchen, andere ihres Gutes zu berauben ...« Mit anderen Worten: Was keinem anderen schadet, ist erlaubt.

Mill verwehrt der Gesellschaft auch ein Recht, das sie in autoritären und halb-autoritären politischen Systemen gerne zur Begründung ihrer »Schutzmaßnahmen« anführt: nämlich zum Wohl des Einzelnen gegen dessen Willen zu handeln. Es ist ein besonders infamer Druck, der damit gerechtfertigt wird, dass er den »eigentlichen« Interessen des Individuums dient und zu seinem »Besten« ausgeübt wird. In der Tradition der Aufklärung hält Mill demgegenüber an der Mündigkeit des Bürgers fest. Der Einzelne weiß selbst am besten, was für ihn gut ist.

Kann aber diese sehr weit gefasste individuelle Freiheit dem Gemeinwohl dienen? Mill bejaht diese Frage. Je freier die Bürger, so seine Überzeugung, desto mehr wird die Gesellschaft letztlich profitieren. Er unterscheidet dabei zwischen drei Arten von Freiheit: der Meinungs- und Redefreiheit, der Freiheit, seine eigene Lebensform zu wählen, und der Versammlungsfreiheit, die der Bürger in Anspruch nimmt, um seinen politischen Einfluss geltend zu machen. Es sind die ersten beiden Arten von Freiheit, die im Mittelpunkt seiner Schrift stehen.

Die Meinungsfreiheit oder »Gedanken- und Diskussionsfreiheit« (»liberty of thought and discussion«), wie er sie nennt, umfasst bei Mill nicht nur die »innere Freiheit«, eigene Überzeugungen zu bilden und diese in einem beschränkten Kreis ungehindert zu äußern. Noch wichtiger für ihn sind die öffentlichen Äußerungsformen dieser Freiheit, z. B. in publizistischen oder wissenschaftlichen Auseinandersetzungen. Ein wesentlicher Nutzen der Meinungsfreiheit liegt nach Mill darin, dass eine ausgeprägte öffentliche Streitkultur der Wahrheitsfindung und damit der Lösung von Problemen dient.

Mill stützt diese These mit drei Argumenten: Nehmen wir erstens an, eine gegensätzliche Meinung sei falsch. Dann sollte sie geäußert werden dürfen, weil sie uns zwingt, bessere Argumente für unsere eigene Meinung zu finden und damit unseren Wahrheitsanspruch öffentlich besser zu untermauern. Nehmen wir zweitens an, eine gegensätzliche Meinung sei wahr. Dann verdient sie erst recht Gehör, weil sie uns vom Irrtum abbringt. Nehmen wir drittens an, verschiedene gegensätzliche Meinungen seien teilweise wahr und teilweise falsch. Dann wird das Finden der Wahrheit durch die öffentliche Austragung von Argumenten in jedem Fall befördert.

Dahinter steht Mills Überzeugung, dass wir der Wahrheit nie endgültig habhaft werden, sondern lediglich hoffen können, bestimmte Überzeugungen als falsch nachzuweisen. Er vertritt also einen »Fallibilismus«, wonach nicht der Beweis der Wahrheit, sondern der Nachweis der Falschheit, also die Irrtumsermittlung die Grundlage unseres Wissensfortschritts ist. In unserer Suche nach Wahrheit kommen wir deshalb nur weiter, wenn wir eine unbeschränkte öffentliche Diskussion zulassen, die alle Überzeugungen auf den Prüfstand stellt. Meinungsfreiheit ist für Mill die Grundlage einer nie abgeschlossenen Wahrheitsfindung und damit auch die Grundlage dafür, dass sich eine Gesellschaft die am weitesten fortgeschrittenen Erkenntnisse zunutze machen kann. Die Erfahrung mit totalitären Gesellschaften, in denen Erkenntnisse und Forschungsergebnisse aus ideologischen Gründen unterdrückt und dringende Reformen deshalb verschleppt werden, bestätigen Mill.

Die Freiheit, sein eigenes Leben zu führen und seine Individualität ungehindert zu entfalten, auch wenn dies in den Augen der Gesellschaft als »ungebührlich« oder »exzentrisch« gilt: Dieses Anliegen Harriet Taylors übernimmt Mill in prononcierter Form. Hatte Immanuel Kant noch im Sinne der Aufklärung gefordert: »Wage es, dich deines eigenen Verstandes zu bedienen«, so geht es Mill nicht nur um theoretische Mündigkeit, sondern um die lebenspraktische Selbstverwirklichung. Überall dort, wo die Interessen anderer – sei es die von Individuen oder die der Gesellschaft – nicht berührt sind, soll der Einzelne freie Entfaltungsmöglichkeit haben.

Mills Begriff der »Persönlichkeit« ist nicht nur von Goethe, sondern auch von den Schriften seines englischen Zeitgenossen Thomas Carlyle beeinflusst, der den Wert großer Persönlichkeiten und die Bedeutung von Individuen mit außergewöhnlichen Fähigkeiten herausstellte. Auch für Mill ist das Individuum – und nicht der Staat oder die Gesellschaft – der Ort der Kreativität. Deshalb muss es auch im übergeordneten Interesse der Gesellschaft liegen, ausgeprägte Individualitäten zu ermöglichen und zu fördern. Freie Gesellschaften fördern aktive und selbstbewusste Bürger, Despotien dagegen lassen Passivität und Duckmäuserei entstehen. Ein warnendes und abschreckendes Beispiel ist für Mill die auf Konformität beruhende chinesische Gesellschaft.

Die Gesellschaft muss also einen Raum schaffen, in dem die verschiedensten Individuen ihre Kreativität entfalten können. Sie muss, in anderen Worten, pluralistisch sein, also das Nebeneinander verschiedener Lebensformen ermöglichen. Statt für Einheitlichkeit, Harmonie oder Konformität der Lebensformen plädiert Mill für möglichst große Vielfalt. Der Routine setzt er die Spontaneität, der Kopie die Originalität, der Stagnation das Experiment entgegen. Möglichst viele »experiments of living«, also Erprobungen von Lebensentwürfen, sind nach Mill die Voraussetzung dafür, dass sich eine Gesellschaft nach vorne bewegt. Diejenigen, die anders leben, sind keine Störenfriede, sondern das Ferment einer lebendigen Gesellschaft. Jede gesellschaftliche Zensur privater Lebensentwürfe lehnt er ab. Über seinen Körper und Geist, so Mill, hat das Individuum Souveränität.

Dies gilt, so Mill, auch für Frauen, die außerhalb der Ehe keine materielle Absicherung und innerhalb der Ehe keine Rechte hatten und vom Mann wie ein Eigentum behandelt werden konnten. Mill hielt diese Zustände für skandalös und forderte die vollständige Gleichstellung von Mann und Frau – eine Position, die er in seiner späteren Schrift *Die Hörigkeit der Frau* (1869) noch ausarbeitete und mit der er zu einem Vorreiter der Frauenemanzipation werden sollte.

Auch gegen die Annahme von »Pflichten gegen sich selbst«, wie sie Kant 1797 in seiner *Metaphysik der Sitten* begründet hatte, äußert Mill Bedenken. Solange der Einzelne nicht den Interessen der Gesellschaft zuwiderhandelt und nicht den Lebensspielraum anderer verletzt, muss er in Ruhe gelassen werden. Wenn also ein Alleinstehender, der finanziell abgesichert ist, seine Körperpflege vernachlässigt und zu trinken anfängt, so hat er noch keine Pflichten verletzt und der Gesellschaft noch keine Rechtfertigung gegeben, einzugreifen. Legt jedoch ein Familienvater ein solches Verhalten an den Tag und vernachlässigt er dadurch die Erziehung seiner Kinder oder nimmt öffentliche Sozialleistungen in Anspruch, so liegt eine Pflichtverletzung vor, auf die die Gesellschaft mit sozialen oder rechtlichen Maßnahmen reagieren kann.

Mill war sich natürlich selbst im Klaren darüber, dass hier der Teufel im Detail steckt und dass es nicht immer einfach ist, sich darauf zu verständigen, ob die Gesellschaft »betroffen« ist oder nicht. Deshalb diskutiert er am Ende seines Essays zahlreiche Anwendungen seiner Theorie. Auch macht er einige Einschränkungen bezüglich derjenigen, die das Recht auf individuelle Selbstverwirklichung in Anspruch nehmen dürfen. Es gilt, so formuliert er, nur für Menschen mit »völlig ausgereiften Fähigkeiten«. Damit sind Minderjährige, aber auch Menschen mit einem sehr geringen Bildungsniveau ausgeschlossen. Bildung und zivilisatorische Errungenschaften sind für Mill Bedingungen dafür, dass Freiheit ihre Wirkung als Dünger des gesellschaftlichen Fortschritts entfalten kann. Auch der revolutionäre Theoretiker der Freiheit konnte nicht ganz über den Schatten des viktorianischen Bildungsbürgers springen. Doch blieb er immer der Überzeugung treu, dass »der Wert eines Staates auf lange Sicht der Wert der Individuen ist, die ihn bilden«. Und dieser Wert wird in der Münze der Freiheit gezahlt.

Über die Freiheit erschien im Frühjahr 1859 beim Londoner Verleger John W. Parker. Mill betrachtete die Schrift als das theoretische Vermächtnis Harriet Taylors, aber auch als dasjenige seiner Werke, das die größte Wirkung versprach. Nach dem Erscheinen beendete er seine Isolation und seinen Rückzug ins Private. Er engagierte sich in der Politik, saß für kurze Zeit als Abgeordneter im Unterhaus und machte sich als Reformer und besonders als Fürsprecher von Frauenrechten einen Namen.

Wie er erwartet hatte, wurde *Über die Freiheit* seine am meisten beachtete Schrift. Sie wühlte die englische Öffentlichkeit auf, zog gehässige Polemiken nach sich, übte aber auch auf eine ganze Generation junger Intellektueller einen prägenden Einfluss aus. Sie wurde zur Programmschrift und zur Gründungsurkunde des modernen Liberalismus und machte Mill in der angelsächsischen Welt zum einflussreichsten Philosophen des 19. Jahrhunderts.

Als Verteidiger individueller Freiheit wurde Mill im 20. Jahrhundert zum Vordenker der Kritiker des modernen Totalitarismus. Dass der Mensch nicht zum Werkzeug des Staates degradiert werden darf und die menschliche Würde untrennbar mit Freiheit verbunden ist, haben im Anschluss an Mill Liberale wie Friedrich A. Hayek und Karl R. Popper betont. Poppers kritischer Rationalismus tritt dabei nicht nur für eine »offene Gesellschaft« ein, in der die Ansprüche des

Individuums geachtet sind, sondern Popper glaubt wie Mill an die Rolle der freien Diskussion und der Irrtumsverringerung für die Wahrheitssuche. Aber auch ein Popper-Kritiker wie Paul Feyerabend, der anstelle einer einheitlichen Methode einen Pluralismus von Weltdeutungen und Lebensformen fordert, konnte sich in der Tradition Mills sehen.

Über die Freiheit verteidigt das Kostbarste an der Demokratie: das Recht, anders sein zu dürfen. Gerade der Umgang mit den in jeder Generation neu entstehenden »alternativen« Lebensformen bestätigt die Auffassung Mills, dass eine Gesellschaft genau so frei ist wie ihre Minderheiten und Außenseiter.

Ausgabe:
John Stuart Mill: Über die Freiheit. Aus dem Englischen übersetzt von Bruno Lemke. Mit Anhang und Nachwort herausgegeben von Manfred Schlenke. Stuttgart: Reclam 1974 (mit bibliografischem Anhang 1988).

Das Buch vom Wa(h)ren Wert

KARL MARX: Das Kapital (1867–1894)

Die Karriere eines philosophischen Buches ist ebenso wenig vorhersehbar wie der Werdegang eines Menschen. Wie oft stehen wir staunend vor der Tatsache, dass der unscheinbare und nur mäßig intelligente Banknachbar unserer Schulzeit wie ein Komet aufgestiegen und ein allseits präsenter Prominenter geworden ist? Wie oft registrieren wir überrascht, dass ein ehemals belächelter Außenseiter nun im Mittelpunkt der Aufmerksamkeit steht? Bei vielen Menschen entgehen uns offenbar auf den ersten Blick Eigenschaften und Fähigkeiten, die einen vorher kaum für möglich gehaltenen gesellschaftlichen Erfolg begründen können.

Auch philosophischen Klassikern sieht man den Grund ihres Erfolges und ihrer Wirkung nicht immer gleich an. So ist *Das Kapital*, das voluminöse Hauptwerk von Karl Marx, beim ersten Hinsehen eher geeignet, Leser abzuschrecken als anzuziehen. Wie konnte, so fragt man sich, ein dreibändiges, zweitausendfünfhundert Seiten starkes Werk, in dem es um komplizierte ökonomische Zusammenhänge geht und das gespickt ist mit Tabellen, Kalkulationen und Zahlen, ein Buch also, das sich anscheinend hervorragend zum Ladenhüter eignet, zu einem der einflussreichsten und meist diskutierten Bücher der Moderne werden?

Das Kapital machte in der Tat große Karriere: Es wurde im späten 19. und im gesamten 20. Jahrhundert nicht nur zur Grundlage der Philosophie des Marxismus, sondern legte auch das theoretische Fundament einer politischen Massenbewegung, die unter den Fahnen der sozialistischen und kommunistischen Parteien eine radikale Veränderung der Gesellschaftsordnung anstrebte.

Es ist wohl genau diese politische Sprengkraft, die dieses Werk einzigartig gemacht und wesentlich zu seinem Erfolg beigetragen hat. *Das Kapital* sollte nicht nur Theorie, sondern auch praktisches Werkzeug, eine Waffe im politischen Kampf sein. Es atmet nicht den Geist eines reflektierenden Denkers, sondern den eines militärischen Strategen, der einen Angriff vorbereitet, indem er gründlich das Terrain des Gegners untersucht.

Das Werk versucht, die inneren Mechanismen der modernen Waren- und Industriegesellschaft freizulegen, um den Weg aufzuzeigen, wie die von ihr erzeugten neuen Formen der Ausbeutung des Menschen beendet werden können. Diese vom »Kapital« regierte, »kapitalistische«, Gesellschaft trägt den Keim ihrer eigenen Zerstörung bereits in sich. Marx beschreibt sie, wie man heute ein Computersystem beschreiben würde, das vom Zeitpunkt seiner Programmierung an schon mit einem Killervirus infiziert ist. Es ist ein System, das irgendwann an seine eigenen Grenzen stößt, zusammenbricht und damit Raum zur Verwirklichung einer freien menschlichen Gesellschaft gibt.

Deshalb wollte *Das Kapital* mehr sein als eine groß angelegte ökonomische Analyse, mehr als ein Buch über den Wert, den Menschen und Dinge in einer Warengesellschaft annehmen. Hinter dem »Warenwert« sollte auch der »wahre Wert« sichtbar werden, den der Mensch und seine Arbeit in einer von Ausbeutung freien Gesellschaft erhalten. Marx wollte die Bedingungen aufzeigen, unter denen der Mensch wieder »Mensch« werden und soziale Gerechtigkeit wiederhergestellt werden kann.

Ein solches Werk erforderte nicht nur eine enorme Erkenntnisbreite, unermüdlichen Fleiß und Willenskraft, sondern auch ein ausgesprochen kämpferisches Sendungsbewusstsein. All dies traf auf Marx zu. Ein ausgeprägtes Selbstbewusstsein, begleitet von einer polemischen Aggressivität im Umgang mit seinen Gegnern, zeichneten ihn schon sehr früh aus.

Es waren vor allem religiöse und philosophische Impulse, die das Denken seiner Jugend bestimmten. Marx wurde 1818 in der alten Bischofsstadt Trier geboren, die damals zur preußischen Rheinprovinz gehörte. Sowohl in väterlicher als auch in mütterlicher Linie stammte er aus alten Rabbinerfamilien. Erst seine Eltern waren vom Judentum zum Protestantismus übergetreten. Der Vater, ein philosophisch gebildeter Jurist, bekannte sich, wie viele assimilierte Juden, zum Gedankengut der Aufklärung. Zwei Elemente der rabbinischen Tradition finden sich in Marx' Denken wieder: der durch intensive Textauslegung geschulte logische Scharfsinn und der messianische Glaube, dass die Menschheit eines Tages aus ihrem Zustand des Leidens erlöst werden wird. Obwohl Marx Religion als »Opium des Volkes« bezeichnete, übernahm er doch den jüdisch-christlichen Gedanken einer heilsgeschichtlichen Entwicklung.

Ein Grund dafür war, dass dieser Gedanke längst Eingang in die Philosophie gefunden hatte. So glaubte auch Georg Wilhelm Friedrich Hegel, der einflussreichste deutsche Philosoph des frühen 19. Jahrhunderts, dass am Horizont der menschlichen Geschichte ein Zustand stehe, in dem der Mensch wieder »zu sich selbst« findet. Doch im Gegensatz zu den Philosophen, die die Geschichte religiös deuteten, war er davon überzeugt, dass dieser Zustand vom Menschen selbst hervorgebracht wird.

Für Hegel ist die menschliche Geschichte ein gesetzmäßiger Prozess der Bewusstwerdung und Verwirklichung der Vernunft. Am Ende stehen »vernünftige« Verhältnisse, so auch ein moderner Staat, in dem Freiheit und Gerechtigkeit durchgesetzt sind. Hegel glaubte, dass seine eigene Philosophie diese Entwicklung zum ersten Mal auf den Punkt gebracht habe und dass er und seine Zeitgenossen Zeugen der Verwirklichung der Vernunft in Kultur und Politik seien. Hegel, der bis zu seinem Tod 1831 an der Berliner Universität lehrte, kam deshalb auch in den Ruf, *der* preußische Staatsphilosoph zu sein.

Als Marx von 1835 bis 1841 zunächst in Bonn und dann in Berlin studierte, stand die Universitätsphilosophie noch ganz im Bann Hegels. Marx entwickelte sein eigenes philosophisches Denken von Anfang an in Anlehnung und Abgrenzung zu Hegel. In Berlin schloss er sich den so genannten »Junghegelianern« an, die zwar Hegels Gedanken eines gesetzmäßigen Fortschritts aufgriffen, doch zu einer ganz anderen Beurteilung der zeitgenössischen Wirklichkeit kamen:

Statt einer Verwirklichung der Vernunft sahen sie um sich herum vor allem Elend und politische Unterdrückung. Die Junghegelianer waren philosophische und politische Rebellen. In ihrer Wahrnehmung stand die Vernunft nicht auf Seiten der zeitgenössischen Verhältnisse, sondern auf Seiten der neuen demokratischen und revolutionären Bewegungen.

Karl Marx war unter diesen Rebellen einer der rebellischsten: »Wer jaget hinterdrein mit wildem Ungestüm? Ein schwarzer Kerl aus Trier, ein markhaft Ungetüm ... Geballt die böse Faust, so tobt er sonder Rasten, als wenn ihn bei dem Schopf zehntausend Teufel fassten.« So dichtete der junge Friedrich Engels über den Studenten Marx. Seine politische Haltung verbaute ihm auch eine akademische Karriere. Also heuerte Marx nach seinem Studium als Journalist an. Die journalistische Arbeit beförderte die Entwicklung seiner politischen Philosophie, indem sie ihn zwang, sich intensiver mit den Problemen der Wirklichkeit auseinander zu setzen.

Das frühe 19. Jahrhundert erlebte ungeheure soziale und politische Umbrüche. Industrialisierung, Bevölkerungsexplosion und Landflucht führten immer wieder, in Folge der Französischen Revolution, zu Forderungen nach demokratischen Verfassungen und sozialen Reformen. Die Gesellschaft schien im Eiltempo neue Ressourcen und Reichtümer zu erschließen, aber auch eine Schicht neuer Lohnsklaven zu erzeugen: die Industriearbeiterschaft. Die »soziale Frage« wurde nun auch zum Thema der Philosophie.

Hegel hatte bereits für die moderne, vom Privateigentum geprägte, arbeitsteilige Gesellschaft den Begriff »bürgerliche Gesellschaft« eingeführt und auch schon die zentrale Rolle der Arbeit für die Entwicklung dieser Gesellschaft gesehen. Doch er blieb, im philosophischen Sinne, ein »Idealist«, das heißt, er maß den ideellen, also den ideen- und kulturgeschichtlichen Entwicklungen in Religion, Kunst, Recht und Philosophie die entscheidende Bedeutung bei. Der »Geist« war für ihn der Akteur in der Geschichte. Für Marx dagegen lagen die Antriebskräfte der Geschichte in den »materiellen«, das heißt den ökonomischen Prozessen einer Gesellschaft. Nicht das »Bewusstsein« bestimmt nach Marx das »Sein«, sondern umgekehrt, das »Sein« bestimmt das »Bewusstsein«. Marx wurde zu einem philosophischen »Materialisten«, der für sich in Anspruch nahm, Hegel vom Kopf auf die Füße gestellt zu haben.

Um diesen Anspruch einzulösen, musste er sich in die ökonomischen Gesetzmäßigkeiten einarbeiten. Marx war das Kind eines wissenschaftsgläubigen Zeitalters, das sich auf die Fahne geschrieben hatte, metaphysische Spekulationen durch akribische empirische Forschung zu ersetzen. Den frühen Theoretikern des Sozialismus warf er deshalb vor, sie hätten ihre Theorien auf Utopien und Träumereien gegründet. Er hingegen wollte sich auf wissenschaftliche Analysen stützen.

Nachdem Marx wegen politisch unliebsamer Artikel seine Arbeit als Redakteur in Preußen aufgeben musste, begann er mit seinen ökonomischen Studien Ende 1843 in Paris. Das erste wichtige Zeugnis dieser Beschäftigung sind die so genannten *Pariser Manuskripte* von 1844, in denen die Spuren der Hegelschen Philosophie noch sehr deutlich sind. »Arbeit« und »Entfremdung«, zwei Begriffe, die bei Hegel eine große Rolle spielten, werden bei Marx nun »materialistisch«, das heißt ökonomisch, gedeutet. Marx stellt die Bedeutung der freien und schöpferischen Arbeit für die menschliche Selbstverwirklichung heraus: In der Arbeit wird der Mensch erst zum Menschen. Die Lohnarbeit dagegen, die auf einem Verkauf der Arbeitskraft beruht, ist die Wurzel der menschlichen Entfremdung.

Auch die messianische Idee einer Erfüllung der Geschichte übertrug er auf die Welt der Arbeit und der Produktion. Eines der berühmtesten Zeugnisse dieser neuen Geschichtsphilosophie ist das *Manifest der Kommunistischen Partei*, das Marx zusammen mit Engels verfasste und das im Revolutionsjahr 1848 erschien.

Hier wird die Geschichte als eine Abfolge von Klassenkämpfen zwischen der jeweils herrschenden und der jeweils beherrschten Klasse dargestellt, die in jeder Gesellschaftsform neu entbrennen. Doch jede dieser Gesellschaftsformen erzeugt, nach Hegelschem Modell, aus sich heraus die Kräfte, die zu ihrer Überwindung führen. In der modernen kapitalistischen Gesellschaft ist dies die Industriearbeiterschaft, das Proletariat, das sich in einem Kampf mit dem besitzenden Bürgertum, der Bourgeoisie, befindet. Dem Proletariat fällt die Rolle des neuen Messias zu. Mit der proletarischen Revolution, der Überwindung der kapitalistischen Gesellschaft, entsteht nun nicht mehr eine neue Form der Unterdrückung und des Klassenkampfes, sondern sie führt zur Überwindung jeder Art von Klassenherrschaft in der kommunistischen Gesellschaft. Der Schlusssatz des *Kommunistischen Manifests*, »Proletarier aller Länder, vereinigt Euch!«, war der Fanfarenstoß, mit dem der neue Messias angekündigt wurde.

Doch die Hauptarbeit war damit noch nicht geleistet. Marx musste zeigen, dass diese Gesellschaft tatsächlich von Mechanismen beherrscht wird, die schließlich zu ihrer Selbstzerstörung, das heißt zu einer sozialen Revolution, führen müssen. Er musste klären, welchen Gesetzen die Lohnarbeit gehorcht und was mit den Produkten passiert, die im Rahmen der kapitalistischen Gesellschaft hergestellt werden. Er musste, mit anderen Worten, den Prozess der Arbeit und der Entfremdung innerhalb der kapitalistischen Gesellschaft genau beschreiben.

Nachdem Marx wegen seiner politischen Aktivitäten sowohl aus Frankreich als auch aus Belgien und Preußen ausgewiesen worden war, ging er 1849 als Staatenloser nach England, wo er sein endgültiges Exil fand. Er und seine Familie lebten nun unter materiell äußerst schwierigen Bedingungen. Seinen Lebensunterhalt verdiente er mit Zeitungsartikeln. Für die ins Auge gefasste Arbeit erwies sich England allerdings als idealer Ort. Das Land, in dem die Industrialisierung am weitesten fortgeschritten war, bot die besten Anschauungs- und Studienbedingungen.

In England vertiefte Marx seine ökonomischen Studien. Insbesondere beschäftigte er sich mit der Geschichte der Nationalökonomie. Sie wurde für ihn zur neuen Grundlagendisziplin der Philosophie, zu dem, was Aristoteles einst als »Erste Philosophie« bezeichnet hatte. Der erste Philosoph, der die moderne Ökonomie für die politische Philosophie erschlossen hatte, war für Marx John Locke, der schon Ende des 17. Jahrhunderts den Status des Bürgers an die Arbeit und das Privateigentum geknüpft hatte.

Vor allem in Großbritannien, dem Land der Industrialisierung, hatte die Nationalökonomie im späten 18. und frühen 19. Jahrhundert einen Höhepunkt erlebt. Theoretiker wie Adam Smith, David Ricardo oder Thomas Robert Malthus untersuchten zum Beispiel den Zusammenhang zwischen dem Wert einer Ware und der Arbeitszeit oder den zwischen dem Bevölkerungswachstum und dem gesellschaftlichen Wohlstand. Der große liberale Gegenspieler Marx', John Stuart Mill, war in seinen 1848 erschienenen *Grundsätze der politischen Ökonomie* zwar für die Beibehaltung der kapitalistischen Produktionsweise, aber auch für eine gerechtere Verteilung des gesellschaftlichen Reichtums eingetreten.

Marx verbrachte nun unzählige Tage im British Museum, um sich die Details ökonomischer Sachkenntnis anzueignen. Von den frühen fünfziger Jahren an entwickelte er immer neue Konzepte und Entwürfe für das große philosophisch-ökonomische Hauptwerk. Von 1857 bis 1858 entstanden die erst im 20. Jahrhundert veröffentlichten *Grundrisse der Kritik der politischen Ökonomie.* 1859 erschien die Schrift *Zur Kritik der politischen Ökonomie.* In beiden Werken geht es um Probleme, die später in den ersten Abschnitten des *Kapitals* eine Rolle spielen sollten: um den Prozess, wie innerhalb der Warenproduktion Kapital entsteht. Ausgangspunkt dieses Prozesses ist die Arbeit, und zwar eine Arbeit, die selbst wie eine Ware auf dem Markt angeboten wird: »Freie Arbeit und Austausch dieser freien Arbeit gegen Geld, um das Geld zu reproduzieren und zu verwerten« – dies bezeichnet Marx in den *Grundrissen* als eine entscheidende Voraussetzung des kapitalistischen Systems.

Anfang der sechziger Jahre entwickelte sich der endgültige Plan des Werks, wie er sich später in den drei Bänden des *Kapitals* widerspiegeln sollte. Zunächst sollte der Prozess der Warenproduktion und der Kapitalbildung (»Der Produktionsprozess des Kapitals«), danach der Kreislauf des Kapitals im Warenverkehr (»Der Zirkulationsprozess des Kapitals«) und schließlich der »Gesamtprozess der kapitalistischen Produktion« behandelt werden, in dem die Formen der Profitbildung im Mittelpunkt stehen.

Ende 1865 konnte Marx endlich sein Manuskript abschließen.

Doch er musste es noch für den Druck bearbeiten. Von Januar 1866 bis März 1867 stellte er daraus den ersten Band zusammen, der noch im selben Jahr erschien. Die Tagespolitik und seine journalistischen Arbeiten hielten ihn von der publikationsfertigen Bearbeitung der restlichen Teile ab. Dies besorgte schließlich, nach Marx' Tod 1883, sein Freund Friedrich Engels, der den zweiten Band 1885 und den dritten 1894 herausgab.

Das Kapital ist keine einfache, aber auch keine trockene Lektüre. Als Philosoph spürt Marx überall den Gesetzmäßigkeiten hinter den Erscheinungen nach, zieht Vergleiche zu anderen Lebensbereichen und würzt seine Darstellung mit teilweise deftigen Kommentaren. Er erweist sich als begnadeter Polemiker und als versierter Stilist, der den Leser immer wieder mit anschaulichen Bildern und mit Zitaten aus der Literatur verblüfft. Vor allem der erste Band, der auch als der philosophisch wichtigste und einflussreichste gilt, zeigt die unverwechselbare Handschrift des Schriftstellers Marx.

Marx beschreibt eine Gesellschaft, die vom Gegensatz zwischen der Arbeiterschaft, dem Proletariat, und den Kapitalisten, der Bourgeoisie, bestimmt ist. Der Proletarier schafft durch seine Arbeit Werte, der Kapitalist eignet sie sich an und macht mehr daraus, er »verwertet« sie. Der Proletarier ist in der Geschichte der Arbeit ein neuer Typ. Er ist in dem, was er arbeitet und wie er arbeitet, nicht mehr an mittelalterliche Zunftregeln gebunden und – im Gegensatz zum traditionellen Handwerker – verfügt er auch über keine Produktionsmittel mehr. Er besitzt nichts außer seiner Arbeitskraft, die er auf dem Markt verkaufen muss. Der Kapitalist hingegen ist im Besitz aller Produktionsmittel, wozu neben Fabriken, Maschinen, Rohmaterial usw. auch die Arbeitskraft des Proletariers gehört.

Diese Gesellschaft, in der Arbeiter und Produktionsmittel getrennt werden, ist nach Marx die Folge von Entwicklungen, die sich über mehrere hundert Jahre in Europa vollzogen haben. Das Proletariat entstand, indem große Teile der Landbevölkerung nach und nach enteignet wurden, in die Städte abwanderten und sich dort ein neues Reservoir an Arbeitskräften bildete. Andererseits sammelte sich aus Pacht, Handel, aus den Erlösen des Kolonialismus, aber auch durch ein von Banken finanziertes Kreditwesen ein Grundkapital in den Händen weniger, das die industrielle Produktion im Großen ermöglichte. Beide Vorgänge bezeichnet Marx mit dem Begriff der »ursprünglichen Akkumulation«, das heißt einer Anhäufung von freien, ungebundenen Arbeitskräften auf der einen und von privatem Kapital auf der anderen Seite.

An den Beginn seines Buches setzt Marx eine Analyse der Ware, die er als die »ökonomische Zellenform« des Kapitalismus bezeichnet. Die kapitalistische Gesellschaft ist eine Warengesellschaft. Nur durch Warentausch und Warenzirkulation kann der Kapitalist seine Profite erwirtschaften. Hinter der Art und Weise, wie Warenwerte entstehen, verbirgt sich das Geheimnis des Kapitalismus: »Eine Ware«, so Marx, »scheint auf den ersten Blick ein selbstverständliches, triviales Ding. Ihre Analyse ergibt, dass sie ein sehr vertracktes Ding ist, voll metaphysischer Spitzfindigkeiten und theologischer Mucken.« Jede Ware hat nach Marx einen Gebrauchswert und einen Tauschwert. Der Gebrauchswert bemisst sich an ihrer Nützlichkeit, also an dem Material, aus dem sie besteht, und ihrer Verwendbarkeit.

In der kapitalistischen Marktgesellschaft wird die Ware jedoch vornehmlich an ihrem Tauschwert bemessen, der sich in Geld ausdrückt. Der Tauschwert ist der eigentliche Warenwert. Im Tauschwert, das heißt im Verhältnis von Waren zueinander, spiegelt sich nach Marx in »phantasmagorischer Form« das Verhältnis, in das die Arbeiter durch ihre Arbeitsleistung zueinander treten. Die Ware wird damit zu einer Art Fetisch, weil ihr Eigenschaften zugesprochen werden, die im Grunde Eigenschaften menschlicher Verhältnisse sind.

Marx schildert den Weg, den das Arbeitsprodukt, die Ware, in der kapitalistischen Gesellschaft zurücklegt, wie einen religiös-mystischen Wandlungsprozess, einen Prozess, den das *Kapital* entschleiern und aufklären will. Der Weg von einer Ware zur anderen führt über das Geld. Die Ware wird verkauft und mit dem Erlös wird eine andere Ware gekauft. Der Kapitalismus zeichnet sich nun dadurch aus, dass das Geld selbst zu einer Ware wird, die in den Warenaustausch eingebracht wird und sich dort vermehrt. Geld schafft einen Wertmaßstab, der sich auf alle Waren ausdehnen lässt und damit den unmittelbaren Tauschhandel zwischen konkreten Produkten überflüssig macht, eine Rolle, die schon Mephistopheles im zweiten Teil von Goethes *Faust* ironisch kommentiert:

Ein solch Papier, an Gold und Perlen Statt,
Ist so bequem, man weiß doch, was man hat;
Man braucht nicht erst zu markten, noch zu tauschen,
Kann sich nach Lust in Lieb' und Wein berauschen.

Geld ist nicht nur ein bequemes Zahlungsmittel, es ist der Hexenmeister des Kapitalismus. »Da dem Geld nicht anzusehn, was in es verwandelt ist«, schreibt Marx, »verwandelt sich alles, Ware oder nicht, in Geld.« Der Kapitalismus ist das System, in dem für Geld alles zu haben, in dem also alles käuflich ist. Wenn man versteht, wie die durch Arbeit geschaffenen Werte sich unter dem Mantel des Geldes wundersam vermehren, ohne dass derjenige, der arbeitet, davon profitiert, hat man durchschaut, was in der Hexenküche des Kapitalismus passiert.

Entscheidend ist dabei die Verwandlung von Geld in Kapital, in einen, wie Marx sagt, »selbst verwertenden Wert«, der sich im Prozess der Warenzirkulation ständig vermehrt. Nicht der Kreislauf W-G-W also Ware-Geld-Ware, sondern der Kreislauf G-W-G, Geld-Ware-Geld, ist für den Kapitalismus typisch. Der Kapitalist kauft Ware und verkauft sie wiederum für mehr Geld. Dieses sich ständig vermehrende, sich »selbst verwertende« Geld nennt Marx »Kapital«. Der Sinn oder Unsinn des Kapitalismus besteht in der rastlosen und unendlichen Kapitalvermehrung. Der Wert des Kapitals, so Marx, »hat die okkulte Qualität erhalten, Wert zu setzen, weil er Wert ist. Er wirft lebendige Junge oder legt wenigstens goldne Eier.«

Den Mehrerlös aus dem Verkauf einer Ware, also die Grundlage für die ständige Vermehrung des Kapitals, nennt Marx »Mehrwert«. Doch wo liegt sein Ursprung? Natürlich kann man eine Ware immer teurer verkaufen, als man sie eingekauft hat. Marx hat aber eine Ware im Auge, die immer und konstant mehr wert ist, als sie kostet. Diese

Ware ist die Arbeitskraft, die sich der Kapitalist auf dem »freien« Arbeitsmarkt kauft. In ihr und nicht im Markt liegt der Quell aller Warenwerte.

Auf den ersten Blick sind der Kauf und Verkauf der Arbeitskraft nichts anderes als eine Vereinbarung zwischen zwei gleichwertigen Partnern: Der eine gibt etwas, der andere bezahlt dafür. In Wahrheit jedoch gibt der Arbeiter mehr, als er an Lohn zurückerhält. Der Kapitalist bezahlt für die geleistete Arbeit gerade so viel, dass sich der Arbeiter seine eigene Arbeitskraft erhalten kann. Doch in der vom Arbeiter hergestellten Ware steckt mehr Wert, als der Kapitalist für die Ware Arbeitskraft bezahlt hat. Es gibt einen Wertüberschuss, einen Mehrwert, den sich der Kapitalist aneignet. Dieser Mehrwert ermöglicht die Kapitalbildung, indem die Ware für einen höheren Preis auf dem Markt verkauft wird. Der Arbeiter verkauft dem Kapitalisten also, um in dem von Marx gewählten Bild zu bleiben, ein Huhn, aber er erhält dafür nur den Preis einiger Eier. Im Mehrwert drückt sich die Ausbeutung des Arbeiters aus. »Der Arbeiter«, so Marx, »produziert daher beständig den objektiven Reichtum als Kapital, (als eine) ihm fremde, ihn beherrschende und ausbeutende Macht.«

Die Abhängigkeit der kapitalistischen Warenproduktion von jeweils privaten Profitinteressen führt nach Marx dazu, dass im Rahmen der gesamten Volkswirtschaft nicht planmäßig, sondern anarchisch produziert wird. Produziert wird nicht in erster Linie das, was gebraucht oder als sinnvoll erachtet wird, sondern das, was die meisten Profite verspricht. Das Kapital ist auf unablässiger Suche nach neuen Absatzmärkten. Der Kapitalismus ist wie ein gefräßiges Tier, das nicht mit normalen Mahlzeiten zufrieden ist, sondern jeden Happen verschlingt, der ihm vor die Zähne kommt.

Dabei überfrisst sich das Tier regelmäßig und muss deshalb von Zeit zu Zeit Diät halten, sprich: Der Kapitalismus ist gekennzeichnet durch Phasen mittlerer Produktionstätigkeit, aber auch durch Phasen der Überproduktion und Konjunkturerhitzung, denen wiederum Phasen der Stagnation folgen, in denen die Produktion gedrosselt werden muss und zahlreiche Arbeiter entlassen werden. Es ist ein System, das ständig seine eigenen Krisen produziert. In einem entwickelten Stadium, so Marx, treten diese Krisen etwa alle zehn Jahre auf. Die Gesetze des Kapitalismus sind die Gesetze eines beständigen Auf und Ab, bei denen der Mensch nicht Akteur seines eigenen Geschicks, sondern Opfer ist.

Doch diese Krisenzyklen allein führen noch nicht zum Ende des Systems. Entscheidend ist vielmehr der grundsätzliche Widerspruch zwischen der Art, wie produziert wird, und der Art, wie die Produkte verwertet werden. Die durch Arbeitsteilung gekennzeichnete Produktion ist auf den Zusammenhang der Gesellschaft insgesamt ausgerichtet: Es wird nicht mehr für die Selbstversorgung oder einen lokalen Markt produziert, sondern es werden Produkte hergestellt, die ihren Sinn erst im Rahmen eines großen gesellschaftlichen Marktes erhalten. Angeeignet und verwertet werden diese Produkte allerdings von nur ganz wenigen. Dieser »antagonistische«, das heißt nicht auflösbare, Widerspruch zwischen gesellschaftlicher Produktion und privater Aneignung führt zu zwei Entwicklungen, die das System schließlich von innen her zerstören. Marx sieht sie als zwei Seiten eines Gesetzes, das er »das allgemeine Gesetz der kapitalistischen Akkumulation« nennt.

Die erste dieser Entwicklungen führt zur Konzentration des Kapitals in immer weniger Händen. Marx nennt dies den »Prozess der Zentralisierung«. Die größeren Kapitalisten können billiger produzieren und sie können ihre Produktionspalette erweitern, wodurch sie krisenunabhängier werden. Wenn die kleineren Betriebe unrentabel und nicht mehr konkurrenzfähig sind, teilen sie das Schicksal der kleinen Fische in einem Haifischbecken: Sie werden aufgefressen.

Diese Konzentration des Kapitals hat aber noch eine andere Seite. Ein immer größerer Anteil des angesammelten Kapitals – Marx nennt es das »konstante Kapital« – fließt in die Produktionsmittel, also zum Beispiel in die Modernisierung der Maschinen. Ein immer kleinerer Anteil fließt als »variables Kapital« in die Lohnkosten, also in den Kauf der Arbeitskraft. Durch die Modernisierung erhöht sich ständig die Arbeitsproduktivität, indem immer niedrigere Arbeitskosten einen immer größeren Ertrag einbringen.

Dies führt dazu, dass nicht nur in wirtschaftlich schlechten Zeiten, sondern auch in Zeiten der Hochkunjunktur im Verhältnis immer weniger Arbeitskräfte gebraucht werden, ein Prozess, der uns heute als »Rationalisierung« vertraut ist. Dies bedeutet aber gleichzeitig, dass der Kapitalismus eine ständig steigende Zahl von Arbeitslosen produziert, aus denen sich die Kapitalisten mit der Zeit nur noch die besten bei Bedarf aussuchen können. Das System erzeugt also eine »industrielle Reservearmee« von Arbeitern, von denen schließlich eine große Zahl ins Elend absinkt. »Es folgt daher«, so Marx, »dass im Maße, wie Kapital akkumuliert, die Lage des Arbeiters, welches immer seine Zahlung, sich verschlechtern muss ... Die Akkumulation von Reichtum auf dem einen Pol ist also zugleich Akkumulation von Elend, Arbeitsqual, Sklaverei, Unwissenheit, Brutalisierung und moralischer Degradation auf dem Gegenpol.«

Diese unter dem Namen »Verelendungstheorie« bekannt gewordene These besagt also, dass der Kapitalismus zwangsläufig die Verarmung des größten Teils der Bevölkerung herbeiführt. Nicht nur entsteht damit ein revolutionäres Potenzial von Unzufriedenen, die nichts mehr zu verlieren haben, dem System gehen auch die Konsumenten und damit wiederum die Möglichkeiten des Profitmachens verloren. Am Ende stehen auf der einen Seite riesige, in wenigen Händen konzentrierte Kapitalvermögen und steht auf der anderen Seite Massenelend. Das System hat sich totgelaufen.

Das kapitalistische Privateigentum beruht auf der Ausbeutung fremder Arbeit. Solange diese Trennung zwischen Arbeit und Besitz von Produktionsmitteln bestehen bleibt, werden sich nach Marx auch die sozialen Ungerechtigkeiten, die das System hervorbringt, nicht beseitigen lassen. Reformen, zum Beispiel Lohnerhöhungen oder Verbesserung der Arbeitsbedingungen, können das nicht leisten, sondern nur ein radikaler Systemwechsel. Der Kapitalismus ist für Marx nicht reformierbar.

Die Lösung des Problems liegt darin, dass der Grundwiderspruch zwischen gesellschaftlicher Produktion und privater Aneignung beseitigt wird. Auch die Aneignung und Verwertung der Arbeitsprodukte muss in gesellschaftliche Hand überführt werden. Da die Kapitalisten ihr Privateigentum an Produktionsmitteln nicht freiwillig aufgeben werden, muss dies durch eine Revolution geschehen, das heißt durch eine gewaltsame Enteignung der Kapitalisten.

Marx hat im *Kapital* keine Theorie der Revolution ausgearbeitet und sich auch nicht darüber ausgelassen, wie eine gesellschaftliche Aneignung von Produktionsmitteln in der Praxis aussehen soll. Er war aber davon überzeugt, dass einer politisch gut organisierten Arbeiterklasse das System wie eine reife Frucht in die Hände fallen wird.

Mit dem Ende des Kapitalismus ist nach Marx auch die »Vorgeschichte« des Menschen zu Ende, die Zeit, in der er ausgebeutet wurde und geknechtet war. Erst jetzt, wenn er sich die Produkte seiner Arbeit aneignen und über ihre Verwertung bestimmen kann, fängt die »eigentliche« Geschichte des Menschen an, in der nicht nur jede soziale Ungerechtigkeit, sondern in der auch jede Art der Entfremdung des Menschen vom Menschen beseitigt ist. Der Mensch, der Herr über seine eigene Arbeit geworden ist, wird auch wieder Herr über sein Geschick, also über die Abläufe der Gesellschaft und Geschichte.

Nachdem der erste Band des *Kapitals* im Herbst des Jahres 1867 im Verlag Otto Meissner in Hamburg erschienen war, zeigte sich Marx zunächst sehr unzufrieden über die Reaktion der Öffentlichkeit. Doch bald wurde seine Arbeit von vielen Seiten, so auch von ökonomischen Fachleuten, gewürdigt. Dass *Das Kapital* schließlich in mehrere Sprachen übersetzt wurde, hing vor allem mit der Bedeutung zusammen, die das Buch für die sozialistische und kommunistische Arbeiterbewegung erlangte.

In zahlreichen Popularisierungen wurde es zum Grundbuch der Marxisten in ihrem Kampf gegen die kapitalistische Gesellschaft. Friedrich Engels bezeichnete es sogar als »Bibel des Arbeiters«. Noch in den sechziger Jahren des 20. Jahrhunderts vertieften sich linke Studenten in Arbeitskreisen in die Lektüre des Werks, um ihren politischen Absichten eine theoretische Grundlage zu geben.

Auch die marxistische Philosophie bezog sich immer wieder auf dieses Buch. Lenin ergänzte und erweiterte die Ausführungen des *Kapitals* durch eine Revolutionstheorie, in der eine straff organisierte kommunistische Kaderpartei die führende Rolle spielen sollte, und durch eine Erörterung der Formen, die der Kapitalismus im Zeitalter des Imperialismus, also des späten 19. und beginnenden 20. Jahrhunderts, annahm. Westliche Marxisten des 20. Jahrhunderts wie Georg Lukács oder die beiden Mitbegründer der Frankfurter Schule, Max Horkheimer und Theodor W. Adorno, wurden vor allem von der These beeinflusst, dass der Warencharakter im Kapitalismus alle gesellschaftlichen Beziehungen beherrscht. Auch liberale politische Philosophen wie der Amerikaner John Rawls sind durch Marx dazu geführt worden, sich stärker mit der Verteilung ökonomischer Güter und der Herstellung sozialer Gerechtigkeit in der Gesellschaft auseinander zu setzen.

Wenn auch der von Marx prophezeite Zusammenbruch des Kapitalismus nicht eingetreten ist und wenn auch die sich auf ihn berufende kommunistische Staatenwelt gescheitert ist, sitzen doch die Grundfragen des *Kapitals* weiterhin wie ein Stachel im Fleisch der westlichen Gesellschaften: Für wen und zu welchem Zweck setzen wir unsere Arbeitskraft ein? Wer steckt hinter dem »Markt«, der bestimmt, was und wie viel produziert wird? Werde ich wirklich für meine Arbeit gerecht bezahlt?

Doch diese ökonomischen Fragen führen bei Marx sehr viel tiefer. Auch wenn man von den komplizierten Analysen über Arbeitslohn, Mehrwert und Profitrate zunächst abgeschreckt wird: *Das Kapital* ist wie eine auf den ersten Blick unansehnliche Muschel, in der eine wertvolle Perle steckt. Hinter den ökonomischen Analysen verbirgt sich das philosophische Plädoyer für den wahren Wert und die Würde des Menschen, der ein Recht hat, seine Arbeit in den Dienst seiner schöpferischen Kräfte zu stellen und sie nicht wie eine Ware auf dem Markt verschachern zu lassen.

Ausgabe:

KARL MARX: Das Kapital, Band 1–3. Berlin: Dietz 1953–1989.

Die Bibel des Antichristen

FRIEDRICH NIETZSCHE: Also sprach Zarathustra (1883–1885)

Am Beginn aller großen Religionen stehen Propheten, Menschen, die sich für auserwählt halten, sich vom göttlichen Geist durchdrungen und berufen fühlen, den Menschen die Wahrheit zu verkünden. Da diese Wahrheit sich häufig auf eine Offenbarung stützt und der Vernunft und dem normalen Menschenverstand nicht immer zugänglich ist, greifen sie zum Hilfsmittel einer bildlichen Sprache. Sie sagen es den Menschen gewissermaßen »durch die Blume«. Alle großen »heiligen« Bücher versuchen, ihre Lehre in Form von Gleichnissen, Erzählungen und Sinnsprüchen zu vermitteln – so auch im westlichen Kulturkreis die Bibel, die Gründungsurkunde des Christentums.

Die Philosophie dagegen lehnt Offenbarungen als Erkenntnisquelle ab. Sie stützt sich vielmehr auf Vernunft und Erfahrung und bemüht sich, die Mehrdeutigkeit der Bildersprache durch eine eindeutige Begriffssprache zu ersetzen. Doch auch unter den großen Werken der Philosophie gibt es Bücher, die sich in Form und Sprache bewusst an religiöse Offenbarungsbücher anlehnen. In der Philosophie der Moderne ist Friedrich Nietzsches *Also sprach Zarathustra* das prominenteste Beispiel. Der feierliche Verkündigungs- und »Evangelienstil« des Buches hebt sich deutlich von der nüchternen Argumentationsweise anderer philosophischer Klassiker ab.

Nietzsche hat mit diesem Buch seinen ganzen Ehrgeiz als Philosoph und Dichter verbunden. Er sah sich als philosophischer Prophet, der das Ende des alten und den Beginn eines neuen Zeitalters einläuten wollte. Die alte Metaphysik, die alte Moral, vor allem aber der Glaube an ein Jenseits sollten zu Grabe getragen und der freie, der natürliche Mensch wieder in seine Rechte eingesetzt werden. Eine religiöse Verkündigung ist *Also sprach Zarathustra* deshalb nur der Form, nicht dem Inhalt nach. An die Stelle der religiösen Frömmigkeit setzt Nietzsche eine Weltfrömmigkeit. Der *Zarathustra* ist deshalb eine gegen die herkömmliche Religion, insbesondere gegen das Christentum, gerichtetete Verkündigung – eine Bibel des Antichristen.

Schon mit dem ersten Satz schlägt das Buch seinen charakteristischen biblischen Ton an: »Als Zarathustra dreißig Jahre alt war, verließ er seine Heimat und den See seiner Heimat und ging in das Gebirge. Hier genoss er seines Geistes und seiner Einsamkeit und wurde dessen zehn Jahre nicht müde. Endlich aber verwandelte sich sein Herz, – und eines Morgens stand er mit der Morgenröte auf, trat vor die Sonne hin und sprach zu ihr also: ›Du großes Gestirn! Was wäre dein Glück, wenn du nicht die hättest, welchen du leuchtest! Zehn Jahre kamst du hier herauf zu meiner Höhle: du würdest deines Lichtes und dieses Weges satt geworden sein, ohne mich, meinen Adler und meine Schlange ... Ich muss, gleich dir, *untergehen*, wie die Menschen es nennen, zu denen ich hinab will. So segne mich denn, du ruhiges Auge, das ohne Neid auch ein allzugroßes Glück sehen kann! Segne den Becher, welcher überfließen will, dass das Wasser golden aus ihm fließe und überallhin den Abglanz deiner Wonne trage! Siehe! Dieser Becher will wieder leer werden, und Zarathustra will wieder Mensch werden.‹«

Zarathustra, der Name des persischen Religionsstifters des 6. und 7. vorchristlichen Jahrhunderts, ist die Maske, die sich Nietzsche zum Zwecke seiner Verkündigung aufsetzt. Es ist allerdings nicht die Zarathustra-Religion, sondern die Bibel, insbesondere das christliche Neue Testament, auf das Nietzsche mit Parallelen und Gegensätzen beständig anspielt. Zarathustra ist Nietzsches Gegenfigur zu Jesus von Nazareth. Während Zarathustra sich mit dreißig Jahren zurückzieht, beginnt Jesus im gleichen Alter seine Lehrtätigkeit. Jesus predigt die Tugenden der Demut und intellektuellen Bescheidenheit, Zarathustra umgibt sich mit dem Adler und der Schlange, den Symbolen des Stolzes und der Klugheit. Jesus kommt als Sohn und Botschafter eines jenseitigen Gottes, Zarathustra erbittet sich den Segen der Sonne, des Lichtes der diesseitigen, natürlichen Welt.

Doch es gibt auch viele Gemeinsamkeiten. Wie Jesus will Zarathustra nach seiner Zeit der Zurückgezogenheit zu den Menschen gehen, er will ein Mensch wie jeder andere werden. Er will »untergehen«, sich also wie Jesus für seine Sache opfern. Aber auch die Bedeutung »hinuntergehen« schwingt hier mit: Zarathustra steigt von seinem Berg zu den Menschen hinab. Wie Jesus gelangt er an einen Kreuzweg und ist von »Jüngern« umgeben. Und wie sich Jesus in der biblischen Geschichte vor seiner Kreuzigung auf den Ölberg vor Jerusalem zurückzieht, um zu beten, so fügt auch Nietzsche vor den entscheidenden Passagen seines Buches den Abschnitt »Auf dem Ölberge« ein – für Zarathustra allerdings kein Ort der Angst und der Versuchung, sondern ein »Sonnen-Winkel«, ein Quell der Kraft.

Im Neuen Testament sollte das alttestamentarische Gesetz des Moses durch ein neues Gesetz abgelöst werden. Auch Zarathustra sieht sich als Verkünder eines neuen Gesetzes: In dem Kapitel »Von alten und neuen Tafeln« sitzt er vor den zerbrochenen alten Tafeln – womit nicht nur die Gesetzestafeln des Moses gemeint sind, sondern der gesamte Moralkodex des christlichen Europas. Nietzsches Figur des Zarathustra ist der Stifter einer besonderen Art »Religion«, er ist Verkünder einer philosophischen Diesseitsreligion und einer neuen Weltgläubigkeit.

Religion hat bei Nietzsche von früher Kindheit an eine maßgebliche Rolle gespielt. Wie viele deutsche Dichter und Philosophen des 18. und 19. Jahrhunderts stammte er aus einem protestantischen Pfarrhaus. 1844 in Röcken bei Leipzig geboren, besuchte er nach dem frühen Tod des Vaters die Eliteschule Schulpforta bei Naumburg. Der junge Friedrich war ein sensibles und hochbegabtes, vor allem aber ein sehr frommes Kind, das sich ausgezeichnet in der Bibel auskannte. In der Schule erhielt er sogar den Spitznamen »der kleine Pastor«.

Doch bereits in die Schulzeit fällt Nietzsches Abwendung vom Christentum. Musik und Dichtung, vor allem aber die Kultur der Antike prägen von nun an seine geistige Entwicklung. Von der Beschäftigung und der Auseinandersetzung mit dem Christentum hat sich Nietzsche jedoch nie gelöst. So empfand er früh den Gegensatz zwischen dem nordisch-protestantischen, von Sünde und Schuld bestimmten Weltbild und dem der Sinnlichkeit zugewandten griechischen Weltbild.

Die antike Kultur steht auch im Zentrum seiner Universitätszeit. Nach fünf Jahren des Studiums der klassischen Philologie wird Nietzsche, ohne Examen und Doktortitel, als Professor nach Basel berufen. Aber er bleibt hier nur wenige Jahre. Nietzsche war kein akademischer, »wissenschaftlicher« Typ. Ihn zog es über die Fach- und Gattungsgrenzen hinweg zu einem Denken, das die Trennlinie zwischen Philosophie und Dichtung immer wieder überschreitet oder ignoriert. Verbunden mit gesundheitlichen Problemen war dies auch der Anlass, sich vom akademischen Lehrbetrieb zurückzuziehen. Fortan führt er ein unstetes Leben und wohnt in Hotels oder bei Freunden. Immer wieder zieht es ihn in den »hellen« Süden, in die Alpen- und Mittelmeerregion, eine Landschaft, die ihn inspiriert und in der sich sein eigenes Weltbild formt.

Bereits als Baseler Professor hatte er mit seiner unorthodoxen Erstlingsschrift Furore gemacht: *Die Geburt der Tragödie aus dem Geiste der Musik* (1872). Auch hier geht es um die Antike. Nietzsche greift das Bild der griechischen Kultur an, wie es durch die deutsche Klassik und insbesondere durch den Archäologen Johann Joachim Winckelmann (1717–1768) verbreitet worden war. Dieser hatte als Ideal der griechischen Kunst »edle Einfalt und stille Größe« ausgemacht. Am Beispiel der griechischen Tragödie zeigt Nietzsche, dass es neben dieser Welt des Traums und des schönen Scheins, die er das »Apollinische« nennt, auch eine tiefere Dimension in der griechischen Kunst gibt: das »Dionysische«. Es ist der Bereich der ungebändigten und ungezähmten Vitalität, der »rauschvollen Wirklichkeit«.

Apoll, von Nietzsche als Gott des Maßes verstanden, und Dionysos, Gott des Rausches, des Lebens und des Todes, werden zu Taufpaten nicht nur zweier Kunstprinzipien, sondern auch zweier unterschiedlicher Lebenshaltungen. In seinem eigenen Jahrhundert sieht Nietzsche das Dionysische in der Metaphysik Arthur Schopenhauers und in der Musik Richard Wagners ausgedrückt. Für Schopenhauer war die Welt durch die irrationale Triebkraft eines kosmischen »Willens« bestimmt, eine Einsicht, die seine pessimistische Weltdeutung begründete.

Es war die Hinwendung zum Dionysischen, die seitdem Nietzsches Denken bestimmte. Sowohl von Schopenhauer als auch von Wagner sagte er sich jedoch bald los: Schopenhauer hatte in seiner Ethik Askese und Mitleid und damit Weltentsagung gepredigt. Wagner war ihm in seinen späten Opern gefolgt und hatte sich damit in den Augen Nietzsches wieder in den Schoß des Christentums zurückbegeben. Auch von Schopenhauers pessimistischer Weltdeutung wandte sich Nietzsche, obwohl ursprünglich selbst Pessimist, nun ab. Er begann, das Irrationale aufzuwerten und zu bejahen.

In seinen großen Aphorismenbüchern *Menschliches, Allzumenschliches* (1876–1880), *Morgenröte* (1880/81) und *Die fröhliche Wissenschaft* (1882) feiert er den »freien Geist«, der sich von den Fesseln einer dekadenten Kultur löst, welche den Menschen einer lebensfeindlichen Moral unterwirft und die konkrete, sinnlich erfahrbare Welt zugunsten einer Welt der Ideale abwertet. Doch dieser »freie Geist« war noch nicht Nietzsches letztes Wort. Als ausschließlich kritischer Geist, der die traditionelle Moral, Philosophie und Religion angreift, war er ein Geist, der »stets verneint«. Nietzsche wollte dem auch etwas Positives an die Seite stellen, eine neue Tugend und eine neue Weltsicht.

Ansätze dieser neuen, »positiven Weltanschauung« finden sich bereits in der *Morgenröte* und der *Fröhlichen Wissenschaft.* Nietzsche hat beide Bücher sogar als vorgezogenen »Kommentar« zum *Zarathustra* bezeichnet. So enthält das Ende des vierten Buches der *Fröhlichen Wissenschaft* beinahe wörtlich den Abschnitt, der später an den Beginn des *Zarathustra* rücken sollte. Auch in einem der Gedichte des Anhangs, »Sils-Maria«, wird die für den *Zarathustra* charakteristische Stimmung des »Mittags« beschworen in Erwartung einer Welt, die, »ganz Zeit ohne Ziel«, vollkommen in sich selbst ruht:

Hier saß ich, wartend, wartend, – doch auf Nichts,
Jenseits von Gut und Böse, bald des Lichts
Genießend, bald des Schattens, ganz nur Spiel,
Ganz See, ganz Mittag, ganz Zeit ohne Ziel.

Da plötzlich, Freundin! wurde eins zu Zwei –
– Und Zarathustra ging an mir vorbei …

Die Figur des Zarathustra beginnt nun ins Zentrum des Nietzscheschen Denkens zu treten. Eine »Weltanschauung«, die das Leben ohne moralische oder metaphysische »Hinterwelten« als zweckfreies Spiel begreift, war die Lehre, die sich von hier aus herausbildete und die von Zarathustra verkündet werden sollte.

In Sils-Maria im Schweizer Oberengadin hatte Nietzsche 1881 eine Landschaft gefunden, die ihm körperlich wohl tat und ihn gleichzeitig geistig inspirierte. Seine Krankheit, die ihm in immer neuen Schüben zugesetzt hatte, schien eine Pause zu machen. Er erlebte nun eine Phase kreativer Hochstimmung. Dabei waren Spaziergänge in der Natur für Nietzsche immer eine der wichtigsten schöpferischen Anregungen. Bei einem solchen Spaziergang zum Silvaplaner See hatte er sein philosophisches Erweckungserlebnis. Vor einem Felsblock unweit Surlej wurde er im August 1881 von dem »Ewigen-Wiederkunfts-Gedanken getroffen«. Er selbst hat dieses Erlebnis mit einer religiösen Offenbarung verglichen: Keine Denkanstrengung habe ihn dorthin geführt, sondern die Dinge selbst hätten sich ihm als Gleichnis angeboten.

Im Winter 1882/83, bei einem Aufenthalt im italienischen Rapallo, nahm die Figur des Zarathustra konkrete Gestalt an. Dort schrieb Nietzsche zu Beginn des Jahres 1883 innerhalb von zehn Tagen den ersten Teil des neuen Buches nieder. Auch die übrigen Teile entstanden in kurzen Phasen einer schöpferischen Hochstimmung. Im Sommer 1883 vollendete Nietzsche den zweiten Teil in Sils-Maria, im Januar 1884 den dritten in Nizza und im Winter 1884/85 schließlich, ebenfalls an der französischen Mittelmeerküste, den vierten und letzten Teil des Buches.

Also Sprach Zarathustra hat, wie sein biblisches Vorbild, eine lockere Struktur. Jeder Teil, sogar jedes Kapitel kann unabhängig von anderen Textteilen gelesen werden, wobei allerdings im dritten Teil der Höhepunkt der »philosophischen Offenbarung« Nietzsches liegt. Das Werk wird lose zusammengehalten durch die Figur des Zarathustra und seine Absicht, den Menschen seine neue Lehre zu verkünden. Auf die Frage, warum er sich gerade den alten persischen Religionsstifter zum Sprachrohr gewählt habe, hat Nietzsche geantwortet, dass Zarathustra der Erste gewesen sei, der die Welt in Gut und Böse eingeteilt und damit eine moralische Weltdeutung vertreten habe. Nun solle gerade er dazu dienen, mit dieser moralischen Weltdeutung Schluss zu machen.

Um die Figur des Zarathustra rankt sich auch die Rahmenhandlung des Buches. Im ersten Teil geht der Prophet auf die Marktplätze und die Städte und versucht, die große Mehrheit der Menschen für seine Sache zu gewinnen. Nachdem er den »Samen« seiner Botschaft ausgestreut hat, zieht er sich wieder in die Einsamkeit zurück. Im zweiten Teil wendet er sich nur noch an seine Jünger. Doch den Kerngedanken seiner Lehre, der ihm selbst erst allmählich zu vollem Bewusstsein kommt, offenbart er ihnen noch nicht. Wiederum wählt er die Einsamkeit, um im dritten Teil seinen wichtigsten Gedanken, das letzte Geheimnis seiner Lehre, preiszugeben. Hier spricht er als Einzelner, nur noch umgeben von seinen Tieren. Im letzten Teil setzt sich der gealterte, inzwischen weißhaarige Zarathustra mit jenen auseinander, die er »höhere Menschen« nennt: die Sinnsucher, die sich mit der Leere des modernen Lebens nicht zufrieden geben, aber ihre alten Ideale verloren haben.

Zarathustras Botschaft gipfelt in der Aufforderung, zur Welt Ja zu sagen, zur Welt, so wie sie ist und immer war. Es ist die Aufforderung, das Leben nicht zu verschenken zugunsten von Idealen, die die Welt selbst schlechtreden und uns ein Wolkenkuckucksheim »hinter« dieser Welt vorgaukeln. *Also sprach Zarathustra* will einen Blick auf die Welt werfen, der nicht durch den Schleier von Metaphysik und Moral verstellt ist. Der Sinn der Welt liegt nach Nietzsche nicht in Gott oder in einer »moralischen Weltordnung«, sondern schlicht in ihr selbst.

Diese veränderte »Weltanschauung« führt auch zu einer veränderten »Lebensanschauung«, zu einer neuen Einstellung zum Leben »jenseits von Gut und Böse«. Der Mensch soll sich von der Vernunft-, der Geist- und Morallastigkeit befreien, er soll sich der konkreten, sinnlich erfahrbaren Welt zuwenden, er soll die Erfüllung im Diesseits suchen. Nietzsche hat diese Neuorientierung des Menschen auch als »große Gesundheit« bezeichnet.

Nietzsche sieht sich und sein Werk als den End- und Wendepunkt eines langen Prozesses in der Geschichte des menschlichen Selbstverständnisses. In dem Kapitel »Von den drei Verwandlungen« im ersten Teil des Buchs hat er die Stadien dieses Prozesses mit drei Bildern bezeichnet: dem Kamel, dem Löwen und dem Kind. In der ersten Verwandlung wird der Geist zum Kamel. Nietzsche spielt hier unter anderem auf die Entstehung der großen monotheistischen Religionen an – Judentum, Christentum und Islam –, die alle in der Wüste entstanden sind und deren Denken auch die Philosophie jahrhundertelang geprägt hat.

Das Kamel ist ein Last tragendes Tier, es ist, in Nietzsches Worten, ein »tragsamer Geist«. Es ist das Sinnbild einer Haltung, die sich das Leben »schwer macht«. Wahrheit und Erlösung sollen sauer verdient werden, indem man bewusst Opfer und Schwierigkeiten auf sich nimmt und sich unter die Herrschaft eines »Gesetzes« stellt. Kamele sind zum Beispiel die streng gläubigen Christen, die Mönche und Asketen, die bewusst auf die Genüsse der Welt verzichten. Ihre Moral ist für Nietzsche das Werk der Zu-kurz-Gekommenen, mit dem die Starken und Vitalen gebändigt werden sollen.

In dem Kapitel »Vom Geist der Schwere« im dritten Teil des *Zarathustra* hat sich Nietzsche zu dieser Haltung noch einmal ausführlicher geäußert. Der Mensch, der in diesem Geist lebt, ist fremdbestimmt. Er hat sich unter das künstliche Gesetz von Gut und Böse gestellt. Es ist die demütige, lebensfeindliche Existenz – jahrhundertelang gelehrt auf den »Lehrstühlen der Tugend«. Statt sich selbst anzunehmen, wird vom Menschen erwartet, die Anstrengung der Selbstverleugnung auf sich zu nehmen.

Mit der zweiten Verwandlung, der Verwandlung vom Kamel zum

Löwen, emanzipiert sich der Geist von einer Haltung, die von der Unterordnung unter religiöse oder moralische Gesetze bestimmt ist. Der Löwe ist Nietzsches Sinnbild für den freien, kritischen Geist, wie er in Europa vor allem in der Aufklärung auftrat. Der freie Geist beruft sich auf die Vernunft und wendet sich gegen seinen alten Herrn, den »großen Drachen«, wie Nietzsche ihn nennt. Die Zeit der »tausendjährigen Werte«, der Gebote, und des »Du sollst!« ist für den freien Geist vorbei. Mit der Abwendung von der alten Moral ist auch die Abwendung von Gott verbunden. Schon in den Schriften vor dem *Zarathustra* hatte Nietzsche das Schlagwort geprägt: »Gott ist tot!« Der Pfarrerssohn Nietzsche bekannte sich plakativ und provokativ zum Atheismus.

Doch Nietzsche hat zur Aufklärung ein zwiespältiges Verhältnis: Während er die Kritik der Aufklärer an Religion und Metaphysik unterstützt, sind ihm die Forderungen nach einem neuen Vernunftgesetz, nach materieller Besserstellung und nach politischer Emanzipation fremd. Er ist nicht nur ein radikaler Kritiker der Tradition, sondern auch ein radikaler Kritiker des modernen Zeitalters, das sich den aufklärerischen Ruf nach Fortschritt zu Eigen gemacht hat. So greift er gerade die Ideen an, die in seiner Zeit als fortschrittlich galten: die Forderungen nach Freiheit, Gleichheit, Brüderlichkeit, wie sie seit der Französischen Revolution erhoben wurden. Seine Zeitgenossen, die vom Streben nach materiellen Gütern, nach sozialer Gleichheit, vom Streben also nach dem Glück und dem bequemen Leben, geprägt sind, bezeichnet er verächtlich als die »letzten Menschen«. Mit ihnen geht er in »Zarathustras Vorrede« ins Gericht. Die »letzten Menschen« haben jede Herausforderung und jede Verantwortung aus ihrem Leben entfernt. Sie sind rundum versorgt und haben ihr »Lüstchen für den Tag« und ihr »Lüstchen für die Nacht«. Nietzsches Spott auf die »letzten Menschen« klingt wie eine prophetische Kritik am modernen Wohlfahrtsstaat.

Der »letzte Mensch« trägt seinen Namen, weil er das letzte Stadium des alten Menschen ist, der Gipfel der Dekadenz. Er ist für Nietzsche aber auch die Brücke zu einem neuen Menschentyp, dem »Übermenschen«. Als neues Menschheitsideal steht dieser bei Nietzsche in engem Zusammenhang mit der Lebenshaltung, die aus seiner dritten Verwandlung, der Verwandlung vom Löwen zum Kind, hervorgeht. Im *Zarathustra* gibt sich Nietzsche nämlich nicht mit einer Kritik an den alten Werten zufrieden: Er will eine neue Werteordnung predigen, eine »Umwertung aller Werte«. Sie realisiert sich in der Haltung des Kindes. Sie ist geprägt von Unschuld und zugleich von einer Leichtigkeit, einem unangestrengten, spielerischen Umgang mit der Welt.

Durch das gesamte Werk hindurch benutzt Nietzsche Bilder des Fliegens, Tanzens und Spielens, um seine neue Lebenshaltung und seine Abkehr vom »Geist der Schwere« zu charakterisieren. Auch Jesus von Nazareth hatte von seinen Anhängern gefordert: »Werdet wie die Kinder!« Doch während die christliche Unschuld mit intellektueller Bescheidenheit und einem naiven Vertrauen in die göttliche Lehre verbunden ist, bezieht sich Nietzsches kindliche Unschuld auf das Diesseits, auf die Welt. Der Mensch soll der Welt wie ein Kind gegenübertreten, ohne die alten moralischen Bewertungen und ohne metaphysische Schablonen. Er soll sie unbefangen in sich aufnehmen, er soll spielerisch und schöpferisch mit ihr umgehen – wie ein Kind, das mit allen Dingen, die ihm in die Hände fallen, neue Spiele erfindet. Nietzsche spricht deshalb von der kindlichen Unschuld als einem »heiligen Ja-Sagen«.

Mit diesem Ja-Sagen hat sich der Mensch erst wirklich aus der Dekadenz gelöst und eine neue, entscheidende Entwicklungsstufe erreicht. Diese ja-sagende Haltung ist auch die des Übermenschen. Das Bild des Kindes und das des Übermenschen müssen im *Zarathustra* vom Leser zusammengeführt werden. Der Übermensch ist für Nietzsche der »Sinn der Erde«. Er repräsentiert die höchste Stufe der menschlichen Selbstverwirklichung. Der Mensch ist ein Versuch, ein Experiment – das erst im Übermenschen gelingt.

Im Übermenschen hat Nietzsche seine neuen Tugenden und seine Vorstellung von der »großen Gesundheit« gebündelt: Er ist klug, stolz, mutig, unbekümmert, gewalttätig, schöpferisch und offen für Veränderungen. Auch Leiden und Vergänglichkeit sieht er als Quellen der Lust. Schlüsselwörter dieser neuen Haltung sind der »Leib«

und die »Erde«. Wie Montaigne, den er sehr verehrte, wertet Nietzsche den Körper gegenüber dem Geist und gegenüber der Seele auf. Statt einer Herrschaft der Vernunft oder einer Unsterblichkeit der Seele propagiert er die »Begeisterung des Leibs«.

Der Begriff des »Übermenschen« hat heftige Kritik herausgefordert, an der Nietzsche nicht unschuldig ist. Gerade seine aus der Biologie entlehnte Sprache hat der Interpretation Vorschub geleistet, der Übermensch sei eine Art rassischer Züchtung im Sinne des faschistischen Herrenmenschen. Immer wieder hat Nietzsche das Ideal des alle Moral über Bord werfenden, starken Kriegers beschworen und den Übermenschen als den »Wahnsinn« bezeichnet, mit dem der alte Mensch »geimpft« werden müsse.

Mit seinem ganz an der »Erde« orientierten Übermenschen setzt Nietzsche sich nicht nur in Gegensatz zur christlich-religiösen Tradition, sondern auch zur Tradition der griechischen, von Platon und Aristoteles bestimmten Metaphysik, die dem »Geist« immer Vorrang vor der »Materie« gab. Nietzsche ist ein Gegner des Rationalismus. Das, was vorher böse und verdammt war, der Körper, die Sinnlichkeit, die Triebe, die Selbstliebe – sie werden nun zu positiven Werten. Und das, was vorher als gut galt, der Verzicht, die Askese, die Nächstenliebe – sie werden zu Merkmalen der Dekadenz. Der Übermensch vertraut dem Leib eher als dem Intellekt, und er ist der Erde zugewandt, die für ihn keine tote Materie, sondern eine schöpferische, sich wandelnde Kraft ist.

In dieser neuen Sicht der Erde und der Welt wird Nietzsches Gegensatz zu Schopenhauer am offensichtlichsten. Die alles durchwaltende Kraft, die die Welt beherrscht, sieht er in einem positiven Licht. Sie ist das Dionysische, sie ist Trieb, Rausch und Entfaltung von Vitalität. Die durch den Leib und die Erde wirkende Kraft und Energie, die Schopenhauer »Wille« nannte und die er für ziellos und sich selbst widerstreitend hielt, ist für Nietzsche die Quelle aller wahren Werte und Tugenden. Er tauft deshalb den Schopenhauerschen Willen um in »Wille zur Macht«. Um ihn geht es vor allem im zweiten Teil des Buches. Dabei denkt Nietzsche nicht in erster Linie an politische Macht, sondern an eine Energie, die den Menschen höher und weiter, bis zur Selbstvervollkommnung, treibt. Nietzsche nennt ihn auch den »unerschöpften zeugenden Lebens-Willen«.

»Schaffen«, »Zeugen«, »Werden« – dies sind einige der wichtigsten Attribute, die diese positiv verstandene Kraft für Nietzsche hat. Mit dem »Willen zur Macht« hat Nietzsche, obwohl ein erklärter Gegner der Metaphysik, selbst wiederum die Welt metaphysisch gedeutet. Sie ist in ihrem wahren Kern dionysisch und Zarathustra ist ihr Prophet. Er spricht im Geist des Dionysos.

Aber auch damit hatte Nietzsche noch nicht seinen »tiefsten Gedanken« enthüllt, die Eingebung der »Ewigen Wiederkehr des Gleichen«, die ihm beim Spaziergang am Silvaplaner See gekommen war. Sie wird im dritten Teil des Buches ausgesprochen. Auch hier verzichtet Nietzsche nicht darauf, eine biblische Parallele zu ziehen. Während Gott im Buch Genesis sieben Tage für die Erschaffung der Welt braucht, muss sich Zarathustra sieben Tage zurückziehen und ruhen, bis er die Kraft hat, seinen Gedanken auszusprechen. Die Welt ist ein Tanz, ein unschuldiges Spiel, ein stetig sich erneuerndes Werden, dem eine ewig wirkende schöpferische Kraft zugrunde liegt.

Nietzsche fasst den ewigen Kreislauf der Zeit in ein Gleichnis: Jeder Augenblick ist ein Torweg, von dem eine unendliche Gasse rückwärts und auch vorwärts verläuft. Die beiden Gassen müssen sich irgendwo treffen. Da aber die Zahl der möglichen Ereignisse endlich ist, muss jedes Ereignis schon einmal stattgefunden haben und wird sich auch noch unendlich oft wiederholen. Alles, was sich jemals ereignet hat, wird sich immer wieder ereignen: »Alles geht, Alles kommt zurück; ewig rollt das Rad des Seins. Alles stirbt, Alles blüht wieder auf, ewig läuft das Jahr des Seins« – so heißt es in dem Kapitel »Der Genesende«.

Damit hat Nietzsche von der alten, christlich geprägten Vorstellung von Zeit Abschied genommen, nach der die Geschichte wie eine gerade Linie auf ein Ziel zuläuft und sich irgendwann einmal erfüllt. Stattdessen erneuert er eine Geschichtsauffassung, die schon von den frühen Griechen, so zum Beispiel von Heraklit, vertreten wurde: dass die Veränderungen in der Welt nur die Oberfläche eines sich nach unabänderlichen Gesetzen vollziehenden, ewigen Kreislaufs sind. Wir leben nicht in einer endlichen Welt, die einem ewigen Jenseits gegenübersteht. Die Welt selbst, unsere diesseitige Welt, ist ewig. Das Ja-Sagen zur Welt bedeutet damit auch das Ja-Sagen zur Ewigkeit. In Nietzsches Kapitel »Die sieben Siegel, oder: das Ja- und Amen-Lied« endet jede Strophe mit der Wendung: »Denn ich liebe dich, oh Ewigkeit.« Nietzsche fordert vom Menschen eine heroische Haltung, die das Unabänderliche akzeptiert, die sich aber gleichzeitig mit Leichtigkeit und Heiterkeit der Welt zuwendet.

Nietzsche hat sich selbst als Nihilisten (von lateinisch »nihil« = nichts) bezeichnet, als jemanden also, der keinerlei Werte mehr anerkennt. Im *Zarathustra* ist er allerdings über die Kritik und die Ablehnung der alten Werte hinausgegangen. Mit seiner Lehre vom Übermenschen, vom Willen zur Macht und von der Ewigen Wiederkehr des Gleichen hat Nietzsche dem Nihilismus eine neue Lehre vom Menschen, eine neue Tugendlehre und eine neue Metaphysik entgegengesetzt.

Als Nihilisten kann man viel eher jene Figuren bezeichnen, mit denen Zarathustra im vierten Teil des Buches, in einer Parodie der letzten Zusammenkunft Jesus' mit seinen Jüngern, das »Abendmahl« feiert: die so genannten »höheren Menschen«, darunter der Wahrsager der großen Müdigkeit, ein alter Papst, der nach dem Tod Gottes arbeitslos ist, ein Zauberer, zwei Könige, aber auch unter anderen der »Schatten Zarathustras«. Sie alle sind Menschen, die im alten Glauben verwurzelt waren und diesen nun verloren haben. In ihrer Sehnsucht nach einer neuen Sinngebung stehen sie vor dem Nichts. Dass hierzu auch der »Schatten Zarathustras« gehört, ist im Hinblick auf Nietzsches eigene Entwicklung aufschlussreich: Nietzsche ist mit dem *Zarathustra* aus dem Schatten des Nihilismus herausgetreten und hat mit diesem Buch einen Teil seiner eigenen philosophischen Vergangenheit hinter sich gelassen.

Die verschiedenen Teile des *Zarathustra* wurden zunächst separat veröffentlicht: Teil eins und zwei erschienen 1883, der dritte Teil 1884 und der vierte 1885. Wie viele andere berühmte philosophische

Werke wurde auch der *Zarathustra* von den Zeitgenossen zunächst ignoriert. Doch Nietzsche war über die Bedeutung des Buches nie im Zweifel. In seiner 1908 posthum erschienenen Schrift *Ecce homo* behauptet er sogar, mit dem *Zarathustra* Dante und Goethe dichterisch in den Schatten gestellt zu haben.

Tatsächlich wurde *Also sprach Zarathustra* im 20. Jahrhundert zu einem der einflussreichsten und meist gelesenen, aber auch zu einem der umstrittensten philosophischen Werke. Nietzsches »wilde Weisheit«, wie er sie selbst nennt, hat bis heute als fruchtbare, aber auch als verhängnisvolle Provokation gewirkt. Seine pathetische, mitunter schillernd mehrdeutige Sprache übt auf zahllose Leser des Buches eine ungebrochene, wenn auch zwiespältige Faszination aus.

Begriffe wie der »Übermensch« oder der »Wille zur Macht« haben sich für rechtsradikale Ideologien geradezu angeboten. Entsprechend hat der deutsche Faschismus Nietzsche als ideologischen Stammvater für sich reklamiert. Mit Sätzen wie »Der Mann soll zum Krieger erzogen werden und das Weib zur Erholung des Kriegers«, oder »Du gehst zu Frauen? Vergiss die Peitsche nicht!«, die beide im Kapitel »Von alten und jungen Weiblein« im ersten Teil des Buches stehen, gab Nietzsche weniger Anlass zu philosophischen Diskussionen als zur Bestätigung von Ressentiments.

Weitaus fruchtbarer war Nietzsches Einfluss auf die Kunst und Philosophie, der im frühen 20. Jahrhundert einsetzte. Wie bei Schopenhauer gehörten zu seinen Lesern zahlreiche Künstler. So finden sich seine Spuren in der Literatur und Malerei des Expressionismus und bereits 1896 machte Richard Strauss den *Zarathustra* zur Grundlage einer sinfonischen Dichtung. Als einer der Väter der Lebensphilosophie, die im »Leben« den schöpferischen, aber auch irrationalen Grund der Welt sah, rückte der Außenseiter Nietzsche ins Zentrum der philosophischen Diskussion und beeinflusste auf diesem Weg Autoren wie Oswald Spengler und Ludwig Klages.

Nietzsches These, dass der Mensch sich der Sinnfrage ohne Transzendenz und ohne Gott stellen muss, wurde zu einem der wichtigsten Anliegen der modernen Existenzphilosophie und von Karl Jaspers, Martin Heidegger, Jean-Paul Sartre und Albert Camus aufgegriffen.

Besonders wirkungsvoll war Nietzsches Vernunftkritik, die in der Frankfurter Schule um Max Horkheimer und Theodor W. Adorno, aber auch von der Philosophie der Postmoderne weitergeführt wurde.

Also sprach Zarathustra verdankt seine große Wirkung nicht zuletzt der Tatsache, dass das Buch einen Urimpuls der Philosophie erneuert: den Impuls, sich von Traditionen, Autoritäten und Schulweisheiten zu lösen und sich wieder unbefangen auf das Abenteuer Welt einzulassen.

Ausgabe:

FRIEDRICH NIETZSCHE: Also sprach Zarathustra. Herausgegeben von G. Colli und M. Montinari. Kritische Studienausgabe in 15 Bänden, Band 4. München: de Gruyter und dtv 1988.

Panoramablick auf die Weltgeschichte

Oswald Spengler: Der Untergang des Abendlandes (1918–1923)

Dass Propheten im eigenen Land nichts gelten, ist eine der vielen Halbwahrheiten, die zwar häufig zutreffen, aber auch immer wieder in Frage gestellt werden müssen. Man denkt an Kassandra, die den Fall ihrer Heimatstadt Troja vorhersah und ebenso wie viele ihrer Nachfolger das Schicksal einer gemiedenen und verleumdeten gesellschaftlichen Außenseiterin erfuhr. Doch der neben Nietzsche bekannteste Prophet der modernen Philosophie, Oswald Spengler, erntete für seine Prognose, die westliche Kultur sei in ihre letzte Phase eingetreten und werde in den nächsten zweihundert Jahren ihren kreativen Geist ganz aufgeben, unerwartet viel Beifall. Diesmal wurde der Bote nicht für die schlechte Botschaft bestraft. Im Gegenteil: Mit seiner pessimistischen Geschichts- und Kulturphilosophie erreichte Spengler in der Weimarer Republik ungeahnte Popularitätshöhen. Sein voluminöses Hauptwerk *Der Untergang des Abendlandes*, avancierte in den Jahren zwischen den beiden Weltkriegen zu einem Bestseller.

Doch Spenglers Analysen gehen über eine Modeerscheinung weit hinaus. Sie enthalten mehr als eine historische Bestandsaufnahme der westlichen Kultur. Spengler war nämlich der erste bedeutende westliche Geschichtsphilosoph, der in Europa nicht mehr den Nabel der Weltgeschichte sah. Die westliche Kultur war für ihn eine Hochkultur neben anderen – eine in ihrer Dauer begrenzte Episode im unendlichen Strom der Zeit. *Der Untergang des Abendlandes* wagt einen historischen Kulturenvergleich und erlaubt so einen Panoramablick auf die Weltgeschichte, der über den Tellerrand der »westeuropäisch-amerikanischen Kultur«, wie Spengler sie nennt, hinausführt.

Einerseits ein globaler Denker, blieb Spengler andererseits ein einsamer und isolierter Mensch. Als Privatgelehrter lebte und schrieb er zurückgezogen, von der akademischen Welt ebenso distanziert wie vom Medienbetrieb. Auf Fotos blickt dem Betrachter ein verschlossenes und verbittertes Gesicht entgegen, das zu dem Pessimismus, den Spengler vertrat, gut zu passen scheint. Spengler wurde 1880 geboren, zu Beginn der klassischen Moderne – eine Epoche, die er, im Gegensatz zu vielen seiner Zeitgenossen, als flach und dekadent empfand.

Er war das Gegenteil einer Frohnatur: Er litt unter seinem geist- und kulturfernen Elternhaus, unter der Atmosphäre der intellektuellen Mittelmäßigkeit, die ihm auf Schule und Universität begegnete, und unter dem Brotberuf des Gymnasiallehrers, den er zeitweise ausüben musste. Als Sohn eines kleinen Postbeamten, der mehrmals versetzt wurde, verbrachte er seine Schulzeit in Blankenburg im Harz, im westfälischen Soest und schließlich in Halle an der Saale. Der eher träumerische und wenig lebenspraktisch veranlagte junge Spengler beschäftigte sich mit der pessimistischen Philosophie Schopenhauers und Nietzsches und wurde in seinen Fantasien von den großen Gestalten der Geschichte angeregt: Napoleon faszinierte ihn ebenso wie die Königsdramen Shakespeares. Er schwelgte in großdeutschen Visionen und vollendete mit siebzehn Jahren ein Drama über den Aztekenherrscher Montezuma.

Spenglers intellektuelle Interessen waren weit gespannt. Aus Nützlichkeitsgründen entschied er sich zunächst für ein Studium der Mathematik und Naturwissenschaften, das er 1899 in Halle aufnahm und das ihn auch nach München und Berlin führte. Er tat sich aber auch in der Geschichte, der Kunstgeschichte und der Philosophie um. Spengler schloss sich keiner Schule richtig an und blieb sein Leben lang ein halber Autodidakt, der sich seinen eigenen Weg in der Bildungslandschaft suchte und in den Natur- und Geisteswissenschaften gleichermaßen zu Hause war. Dies machte es ihm später möglich, immer wieder Vergleiche zwischen beiden Bereichen zu ziehen.

In dem frühgriechischen Philosophen Heraklit, über den er seine Dissertation schrieb, die er gleichzeitig als Staatsarbeit für den

Lehrdienst an höheren Schulen einreichte, begegnete er, wie er sich selbst ausdrückte, dem »vielseitigsten und umfassendsten Geist der Griechen«, einem Philosophen, der die Wirklichkeit als einen Prozess sich wiederholender Kreisläufe begriff. Auch die Haltung des einsamen, weltverachtenden Denkers, die er in Heraklit sah, zog ihn an.

Um seinen Lebensunterhalt zu finanzieren, ging Spengler zunächst als Gymnasiallehrer nach Hamburg. Als ihm 1910 durch den Tod der Mutter eine kleine Erbschaft zufiel, konnte er die ungeliebte Lehrertätigkeit aufgeben. Das Jahr 1911 markiert die große Zäsur in Spenglers Leben. Er ließ sich vom Schuldienst beurlauben und nahm sich in München eine Wohnung. Hier begann die Karriere des einsamen und doch erfolgreichen Denkers. Von nun an führte er das Leben eines freien Autors und Privatgelehrten.

Bis dahin hatte Spengler lediglich einige verstreute Aufsätze veröffentlicht. Nach seinem Umzug fasste er jedoch erste Pläne für ein Buchprojekt, angeregt von der sogenannten »zweiten Marokkokrise«. In einem der vielen Konflikte zwischen den imperialistischen Großmächten vor dem Ersten Weltkrieg hatte das Deutsche Reich 1911 ein Kanonenboot ins marokkanische Agadir gesandt, um gegenüber Frankreich eigenen Territorialansprüchen Nachdruck zu verleihen. Die große politische Spannung, die sich im Ersten Weltkrieg entlud, lag schon in der Luft.

Spengler, immer dafür empfänglich, bedeutende politische Ereignisse als »schicksalhaft« zu deuten, nahm dies zum Anlass, wie er später in der Einleitung zum *Untergang des Abendlandes* schrieb, »über einige politische Erscheinungen der Gegenwart und die aus ihnen möglichen Schlüsse für die Zukunft etwas aus einem weiteren Horizont zusammenzustellen«. Es ging ihm zunächst darum, das eigene Zeitalter in eine geschichtliche Perspektive einzuordnen. Dass der »weitere Horizont« sich in den nächsten Jahren zu einer umfassenden Geschichts- und Kulturphilosophie ausdehnen würde, wurde ihm erst im Laufe der Arbeit bewusst.

1912 entdeckte Spengler in einem Schaufenster ein Werk, das ihm die Titelidee für sein eigenes Buch eingab: die *Geschichte des Unter-*

gangs der antiken Welt von Otto Seeck, einem in Münster lehrenden Altphilologen, den er in seinem Werk allerdings nirgends erwähnt.

Spengler gehörte keiner der zeitgenössischen philosophischen Strömungen an, doch bündelten sich in seinem Werk mehrere Einflüsse. Wie die Vertreter des Historismus des späten 19. Jahrhunderts war er ein Gegner der Geschichtsphilosophie Georg Wilhelm Friedrich Hegels, in der die Geschichte als gesetzmäßiger, stetiger Fortschrittsprozess begriffen wurde. Einer der wichtigsten Historisten, der Historiker Leopold von Ranke, hielt Hegel entgegen, dass jede Kultur gleich nah und gleich fern zu Gott stehe. Spengler, der sich häufig auf Ranke bezog, teilte diese Ansicht. Alle großen Kulturen waren für ihn gleichwertig.

Auch Spenglers Nähe zur Lebensphilosophie ist oft bemerkt worden. Diese von Schopenhauer und Nietzsche beeinflusste und maßgeblich von dem französischen Philosophen Henri Bergson begründete Richtung setzte der rationalen, begrifflichen Welterfassung eine intuitive Form der Erkenntnis entgegen. Nur sie könne das »Leben«, also den irrationalen, schöpferischen Grund der Wirklichkeit, erfassen. Die Lebensphilosophie übte auch in Deutschland große Wirkung aus, wo die Abneigung gegen die moderne, technisierte Massengesellschaft unter den Intellektuellen besonders verbreitet war. Mit Ludwig Klages nahm die lebensphilosophische Kritik am Rationalismus die Gestalt einer Zivilisationskritik an. Klages sprach bereits 1913 in seinem Aufsatz *Mensch und Erde* von dem »Untergang der Seele« als dem Ergebnis einer technisierten und mechanisierten Zivilisation. Der Verlust von »Seele« und »Leben« im gegenwärtigen Zeitalter spielte auch in der Analyse Spenglers eine große Rolle. Und wie die Lebensphilosophen nahm er für sich in Anspruch, sich in seiner Geschichtsdeutung auf eine nicht-rationale Anschauung zu stützen.

Als die für ihn einflussreichsten Denker hat Spengler selbst Goethe und Nietzsche genannt. Von Nietzsche, so Spengler, habe er die Fragestellung, von Goethe die Methode übernommen. Nietzsche hatte – so wie Spengler – sein eigenes Zeitalter als eine dekadente Umbruchs- und Endzeit begriffen und von einer »Umwertung aller Werte« gesprochen.

Goethe wiederum hatte in seinen naturphilosophischen Studien sein Konzept einer »lebendigen Natur« der Naturdeutung Newtons entgegengesetzt, der die Natur als einen mathematisch erfassbaren, dem Gesetz von Druck und Stoß unterworfenen Prozess verstand. Für Goethe hingegen war sie ein organischer Zusammenhang, in dem sich bestimmte Formen und Gestalten nach einem ihnen innewohnenden Entwicklungsprinzip entfalteten. So glaubte Goethe die Gestalt einer Urpflanze entdeckt zu haben, aus der die Gestalten aller Pflanzen ableitbar seien.

Goethes Morphologie, also seine Gestalttheorie der Natur, wurde zum Vorbild für Spenglers morphologische Deutung der Geschichte. Die »Gestalten«, um die es ihm jedoch ging, waren die großen Kulturen.

So wurde Spengler im Fortgang seiner Arbeit bewusst, dass die Merkmale seines eigenen Zeitalters auch bei früheren Kulturen in der Geschichte beobachtet werden konnten. Er war, wie er glaubte, allgemeinen historischen Gesetzmäßigkeiten beziehungsweise dem »Geheimnis der Weltgeschichte« auf der Spur, wie er es selbst etwas pathetisch ausdrückte. Dies schien es möglich zu machen, die Zukunft der eigenen Kultur vorauszusagen. So entstand das Projekt einer »Morphologie der Weltgeschichte«, wie es im Untertitel seines Buches heißt.

In einem ersten Teil, den er »Gestalt und Wirklichkeit« überschrieb, erklärt Spengler seinen philosophischen Ansatz und untersucht die Formensprache der großen Kulturen, in denen sich ihr jeweiliges »Weltgefühl« ausdrückt. Dieser erste Band lag nach drei Jahren Arbeit 1914 als Manuskript fertig vor. Der Ausbruch des Ersten Weltkriegs verzögerte die Publikation, sodass es erst 1918 in Druck gegeben wurde.

Im zweiten Band, »Welthistorische Perspektiven«, setzt Spengler die großen Kulturen in eine historische Beziehung zueinander und gewinnt daraus die Voraussetzungen für eine Zukunftsprognose. Dieser Band erschien 1922. Ein Jahr später legte Spengler eine nochmals erheblich überarbeitete Fassung des ersten Teils vor, sodass das Werk in seiner endgültigen Fassung 1923 dem Publikum zugänglich war.

Der Titel *Untergang des Abendlandes* ist geeignet, beim Leser falsche Assoziationen zu wecken. Es geht in dem Buch nicht um ein Katastrophenszenario und auch nicht darum, ein Klagelied über das Ende der westlichen Kultur anzustimmen. Spengler gibt lediglich ohne jede Sentimentalität den Ort an, an dem die westliche Kultur sich im Koordinatensystem der Weltgeschichte befindet, einem Koordinatensystem, das er für diesen Zweck selbst errichtet. Entsprechend hatte er ursprünglich den etwas passenderen Titel »Vollendung des Abendlandes« vorgesehen.

Die westliche Kultur ist, so Spengler, in das letzte Stadium einer ihr eigentümlichen, in ihr angelegten Entwicklung eingetreten – eine Feststellung, die für ihn nicht bedauerlicher ist als die, dass ein Baum im natürlichen Fortgang seiner Entwicklung seine Blätter verliert. Da sich aus dem bisherigen Verlauf dieser Entwicklung und aus einem Vergleich mit anderen Kulturen Schlussfolgerungen für ihre Zukunft ziehen lassen, bezeichnet Spengler sein Projekt auch als den Versuch, »eine unphilosophische Philosophie der Zukunft vorzulegen«.

Mit der Ablehnung Hegels war bei Spengler die Ablehnung der gesamten vom Christentum beeinflussten und in der westlichen Philosophie vorherrschenden Geschichtsauffassung verbunden, nach der der Sinn der Geschichte in einer Vollendung liegt, die durch eine lineare Fortschrittsbewegung verwirklicht wird. Am Ende stehen die Erfüllung der Geschichte und das Heil des Menschen. Augustinus, der Vordenker des frühen Christentums, hatte diese heilsgeschichtliche Interpretation in die Philosophie eingeführt. In den Händen der Aufklärer war der christlich-spirituelle Fortschritt zu einem weltlichen Fortschritt geworden und der Erlösungsgedanke durch den Gedanken der Selbstbefreiung der Vernunft abgelöst worden.

Für Spengler dagegen hat die Menschheit »kein Ziel, keine Idee, keinen Plan, so wenig wie die Gattung der Schmetterlinge oder der Orchideen ein Ziel hat ... Ich sehe«, so Spengler, »statt jenes öden Bildes einer linienförmigen Weltgeschichte ... das Schauspiel einer Vielzahl mächtiger Kulturen.« Eine einheitliche, von einem einzigen Sinn bestimmte Weltgeschichte gibt es für ihn nicht.

Spengler identifiziert zwei grundsätzliche Wege, die Welt zu erfassen: einen auf den Raum und einen auf die Zeit gerichteten. Die »Logik des Raumes«, mit der er die traditionelle Vorgehensweise der Wissenschaften meint, versucht die Beziehung zwischen Dingen als Kausalbeziehung, als Beziehung zwischen Ursache und Wirkung, gesetzmäßig zu fixieren. Ihre Gesetze antworten auf die Fragen »Wo?« und »Warum?« und legen fest, welche Ereignisse *möglich* sind.

Diese »Logik des Raumes« muss nach Spengler durch eine »Logik der Zeit« ergänzt werden, in der auf die Fragen nach dem »Wann?« und »Wie?« geantwortet wird. Die »Logik der Zeit« ist das, was er für seine eigenen Untersuchungen in Anspruch nimmt. Hier geht es um das »Leben als Gestalt«, um einmalige, zeitlich gerichtete Ereignisse, die nicht rational »erkannt«, sondern durch eine intuitive Schau »erfühlt« werden. Es geht dabei auch nicht darum festzustellen, was – entsprechend einer kausalen Gesetzmäßigkeit – *möglich* ist, sondern was zu einem bestimmten Zeitpunkt geschehen *musste.* Spengler führt hier eine eigene, neue Art von Ursache ein, die er »Schicksal« nennt. »Schicksal« als eine Art Tiefengrund für bestimmte Abläufe, Vorgänge und Ereignisse ist einer von Spenglers Schlüsselbegriffen. Es ist, so Spengler, »das Wort für eine nicht zu beschreibende innere Gewissheit«. So ist das Auftreten Cäsars oder Napoleons zu einem bestimmten Zeitpunkt in der Geschichte Ausdruck einer schicksalhaften Notwendigkeit.

Spenglers Ablehnung einer an den empirischen Wissenschaften orientierten Betrachtung der Geschichte führt ihn zum Gebrauch einer sehr eigenwilligen metaphorischen Sprache, die ihre Vorbilder in der Kunst und Religion hat. Besonders häufig sind dabei Bilder aus dem Bereich der organischen Natur. Auch ist der begriffliche Gegensatz »organisch – mechanisch« bei Spengler allgegenwärtig. In Anlehnung an Goethes »lebende Natur« betrachtet er Geschichtsprozesse als »organische« Prozesse, die sich einer mechanischen Erklärung entziehen. Das »Geheimnis der Weltgeschichte« besteht für ihn genau darin, dass Geschichte eine »organische Einheit von regelmäßiger Struktur« ist.

Auch die großen Kulturen sind für ihn lebende Organismen, die eine bestimmte »Physiognomie« und einen eigenen Lebenslauf haben, die nachzuzeichnen Spengler als seine Aufgabe ansieht. Jede Kultur hat auch ihr eigenes »Weltgefühl«, das sich in der Formensprache der Kunst sowie in den gesellschaftlichen und politischen Institutionen ausdrückt. Das Problem, wie verschiedene Kulturen sich miteinander verständigen können, war Spengler dabei durchaus bewusst.

Den intuitiven Zugang zu einer Kultur nennt er »physiognomischen Takt«. Durch ihn ist die symbolische Deutung kultureller Formen als »Gestalt« und damit als »Ausdruck« einer tieferen Wirklichkeitsschicht möglich, einer Schicht, die Spengler »das Seelische« nennt und die von dem wissenschaftlichen Weltbild nicht erreicht wird. Jede Kultur ist für ihn »Leib« einer bestimmten »Seele«. Inbegriff dieser Seele und damit des Weltgefühls einer Kultur ist das »Ursymbol«, das sich selbst nicht in einer bestimmten Gestalt verwirklicht, sondern in der Gesamtheit der Ausdrucksformen einer Kultur spürbar ist.

Spengler unterscheidet Völker vor, innerhalb und nach einer Kultur. Die ersten sind die sogenannten »Urvölker«, die letzten die »Fellachenvölker«, die ihre große Zeit, wie die heutigen Ägypter, schon hinter sich haben. Urvölker und Fellachenvölker sind für Spengler keine Völker im strengen Sinn, sondern Bevölkerungen ohne erlebte Identität. Sie machen keine Geschichte und prägen der Zeit keinen kulturellen Stempel auf. Erst die historischen Völker, die innerhalb einer Kultur leben, gestalten und prägen durch ihre kreativen Leistungen die Geschichte.

Spengler geht von der Existenz von acht Hochkulturen in der bisherigen Geschichte aus, die sich zeitversetzt ausgebildet haben: die babylonische und die ägyptische Kultur, die er beide von etwa 3000 v. Chr. an datiert; die chinesische, indische und antike Kultur, die sich um 1500 v. Chr. formieren, sowie die jüngeren Kulturen wie die arabische, »mexikanische« (d. h. indianisch-aztekische) Kultur und schließlich die westeuropäisch-amerikanische Kultur.

Die arabische Kultur entsteht nach Spengler zwischen Tigris und

Nil sowie zwischen Schwarzem Meer und Südarabien um etwa Christi Geburt. Zu ihr zählt er viele kulturelle Erscheinungen, die man normalerweise der spätantiken bzw. der frühchristlichen Kultur zurechnet wie etwa die byzantinische Baukunst des Ostens oder die hellenistisch-christliche Philosophie des Origines und des Augustinus. Die mexikanische Kultur beginnt für ihn etwa zweihundert Jahre, die westliche Kultur etwa neunhundert Jahre nach der arabischen. Spengler nimmt also antike Kultur und westliche Kultur nicht als Einheit, sondern als zwei völlig unterschiedliche Kulturen wahr. Die westliche Kultur beginnt für ihn erst dort, wo wir heute das Hochmittelalter ansetzen. Ihr Entstehen fällt geistesgeschichtlich mit der Gotik und der mittelalterlichen Scholastik zusammen.

Für Spengler haben die Hochkulturen nicht nur einen datierbaren Anfang, sondern auch ein datierbares Ende. Ihre durchschnittliche Lebenszeit beträgt etwa tausend Jahre. Eine Ausnahme bildet die mexikanische Kultur, die in ihrem Fortgang durch die europäischen Eroberer jäh unterbrochen und vernichtet wurde.

Keine Kultur kann nach Spengler eine zentrale Stellung beanspruchen, und keine kann Maßstäbe für andere Kulturen setzen. *Der Untergang des Abendlandes* verbindet ein polyzentrales Geschichtsbild mit einem Kulturrelativismus.

Das traditionelle westliche Schema Antike-Mittelalter-Neuzeit, das noch einer linearen Geschichtsauffassung verpflichtet ist, hält Spengler für erklärungsuntauglich. Als lebende Organismen entwickeln sich die Hochkulturen vielmehr zyklisch, im Rhythmus von Jahreszeiten – eine Auffassung, die man schon zu Beginn des 18. Jahrhunderts bei dem italienischen Frühaufklärer Giambattista Vico findet. Vico unterschied in seiner *Neuen Wissenschaft* in jeder Kultur ein göttliches, heroisches und menschliches Zeitalter, in deren Abfolge sich jeweils »Aufstieg, Fortschritt, Blüte, Verfall und Ende« spiegeln.

Spengler erläutert seine Theorie der organischen Entwicklung von Kulturen anhand dreier großer Schautafeln, in denen er die Geistesepochen (Philosophie, Religion), die Kulturepochen (Kunst) und die politischen Epochen (Politik und Gesellschaft) zwischen den einzelnen Hochkulturen vergleicht.

Auf der Ebene der Geistesepochen unterscheidet Spengler zwischen Frühling (erwachende Seele), Sommer (reifendes Bewusstsein), Herbst (Höhepunkt geistiger Gestaltungskraft) und Winter (Erlöschen der geistigen Gestaltungskraft). Auf der Ebene der Kulturepochen und politischen Epochen ist dem Beginn der eigentlichen Kultur noch eine »Vorzeit« vorgeschaltet, der die Kultur selbst mit Frühzeit und Spätzeit folgt (zeitlich mit dem Frühling, Sommer und Herbst korrespondierend) sowie schließlich die »Zivilisation«, die dem Winter auf der Ebene der Geistesepochen entspricht.

»Zivilisation« ist für Spengler also kein wertneutraler, sondern ein abwertender Begriff, der kulturelle Dekadenz bezeichnet. Die Zivilisation ist für ihn das Schicksal einer Kultur in dem Sinne, dass jede Kultur zwangsläufig in einer Zivilisation erstarrt. Über Spengler hat sich vor allem in Deutschland der Gegensatz zwischen »Kultur« und »Zivilisation« durchgesetzt, der in anderen westeuropäischen Ländern unüblich ist. Deshalb wird im Deutschen häufig das als »Kultur« bezeichnet, was in anderen Sprachen, wie dem Englischen oder Französischen, »Zivilisation« heißt.

Alle Hochkulturen haben also den gleichen »Bau«, d.h., sie prägen vergleichbare Stadien in der Entwicklung ihrer Formensprache aus. So gibt es z. B. in der Philosophie in allen Hochkulturen auf dem Höhepunkt ihrer Entwicklung die Zeit der »großen, abschließenden Systeme«, die für Spengler in der antiken Kultur mit Platon und Aristoteles und in der westlichen Kultur – in der für Spengler typischen deutschzentrierten Sicht – mit Goethe, Kant und dem Deutschen Idealismus eines Fichte, Schelling und Hegel vorliegen. In ihrer Zivilisationsphase entwickelt die Philosophie in allen Kulturen stärker praktisch orientierte, materialistische und nützlichkeitsorientierte Weltanschauungen, wie etwa die hellenistischen Philosophenschulen in der Antike oder die Philosophie des Utilitarismus und Sozialismus im europäischen 19. Jahrhundert. Das abstrakte Denken wird durch eine akademische »Katheder-Philosophie« zurückgedrängt.

Die Art, wie eine Hochkultur die Phasen ihrer Entwicklung mit kulturellen Formen ausfüllt, ist allerdings sehr unterschiedlich und hängt von ihrem Weltgefühl ab, das sich im Ursymbol kristallisiert. So bezeichnet Spengler das Weltgefühl der westlichen Kultur als »faustisch« – nach der Figur des Faust, der in der deutschen Geistesgeschichte eine kulturelle Ikone ist und in Goethes gleichnamigem Versepos seine berühmteste literarische Gestaltung gefunden hat. Faust steht für den nie zu befriedigenden Drang nach umfassendem Wissen. Für Spengler ist er eine Figur, die das Streben nach Unendlichkeit symbolisiert. Entsprechend ist das Ursymbol des faustischen Weltgefühls der grenzenlose Raum, wie er sich bereits in den gotischen Kathedralen oder auch in der westlichen Literatur ausdrückt, wo die Verlorenheit des Einzelnen gegenüber einem fremden, unendlichen All immer wieder Thema ist. Dieser Hang zum Grenzenlosen ist auch der Grund dafür, dass die westliche Kultur als einzige die Tendenz zu einer weltumspannenden Kultur hat. Überall, auf ökonomischem, politischem und kulturellem Gebiet, strebt sie danach, neue Räume zu erobern. Spengler ist damit avant la lettre zu einem Propheten der Globalisierung geworden.

Die westliche Kultur unterscheidet sich damit grundsätzlich von der antiken Kultur mit ihrem »apollinischen Weltgefühl«, dessen Ursymbol der »sinnliche Einzelkörper« ist. Überall in der antiken Kultur findet Spengler den Hang zur Begrenzung, zum Festhalten am Gegenwärtigen und Sinnlichen. Den Begriff »apollinisch« entlieh er Nietzsches Frühwerk *Die Geburt der Tragödie aus dem Geist der Musik*, in dem die beiden Kunstprinzipien des Apollinischen und des Dionysischen dazu dienen, das doppelte Gesicht der griechischen Kunst zwischen schönem Schein und rauschhaftem Erleben zu beschreiben.

Den Ruf des Pessimisten erwarb sich Spengler vor allem durch die Analyse seines eigenen Zeitalters, der Zivilisationsphase der westlichen Kultur, deren Beginn er mit dem Jahr 1800 ansetzt. Die Phase der Zivilisation ist für ihn dadurch gekennzeichnet, dass die theoretische und ästhetische Gestaltungskraft einer Kultur zugunsten einer stärker praktischen Orientierung an Fragen der Organisation, der Politik, Wirtschaft und Technik zurückgeht. Es entstehen Weltstädte und politisch große imperiale Einheiten wie das Römische Reich in der Antike. Die Identität der Nationen wird durch einen Kosmopolitismus und die Entstehung pluralistischer Massengesellschaften aufgelöst. Die großen Leistungen einer Kultur in der Phase der Zivilisation bestehen in politischen Eroberungen sowie in technischen und wirtschaftlichen Errungenschaften. Sie gipfeln in der Herrschaft des Geldes als dem Symbol eines rechnenden, rein quantitativen Denkens. In der Zivilisation trocknet die innere Vitalität einer Kultur, ihr »Leben«, aus. An ihre Stelle treten organisatorische und logistische Fähigkeiten.

Es ist die Dominanz des englischen Geistes, die Spengler in besonderer Weise mit der Phase der westlichen Zivilisation in Verbindung bringt. England als Ursprungsland der modernen Nationalökonomie und Vorreiternation des Kapitalismus, als Heimat des philosophischen Utilitarismus und als bedeutendste imperiale Macht Europas im 19. Jahrhundert ist für ihn der Protagonist auf der Bühne, auf der der Untergang des Abendlandes gespielt wird. Hätte Spengler die Entwicklungen des späten 20. Jahrhunderts, die Vereinigung der westlichen Staatenwelt unter dem Dach einer amerikanischen Supermacht, die Globalisierung und Entstehung multikultureller Gesellschaften erlebt, hätte er sich in seinen Voraussagen sicher bestätigt gesehen.

Doch der Leser Spenglers erwartet von einer »Philosophie der Zukunft« natürlich auch eine Auskunft darüber, wie es denn nach dem »Untergang des Abendlandes« weitergeht. Ist eine neue Hochkultur in Sicht, die die westliche ablösen wird? Spenglers Ausführungen hierzu sind eher spärlich, doch immerhin nennt er den entscheidenden Namen: Es ist Russland, dessen Gesellschaft sich im 19. Jahrhundert in einer vergleichbaren Phase befindet wie das Frankenreich, das in die Vorzeit der abendländischen Kultur fällt. Die seit Peter dem Großen dort eingedrungenen westlichen Einflüsse verfälschen für Spengler den wahren Charakter des Landes, den er am besten im religiösen Weltgefühl der Romane Dostojewskijs verkörpert sieht: »Dem Christentum Dostojewskijs«, so Spengler, »gehört das nächste Jahrtausend.«

Das Rad der Geschichte dreht sich weiter, und niemand kann sich dem entziehen. Spengler ist nicht nur Pessimist, sondern auch Fatalist: Dem Menschen bleibt die Wahl, sich in den Dienst der Geschichte zu stellen oder zu scheitern. Im Zeitalter der Zivilisation können keine großen Werke der Musik mehr entstehen, wohl aber Ölpipelines und Computer. »Wir haben nicht die Freiheit, dies oder jenes zu erreichen«, schreibt Spengler am Ende seines Buches, »aber die, das Notwendige zu tun oder nichts.«

Als der erste Band seines Mammutwerkes 1918 erschien, leitete ihn Spengler mit der Bemerkung ein, er enthalte »die unwiderlegliche Formulierung eines Gedankens, den man nicht mehr bestreiten werde, sobald er einmal ausgesprochen sei«. Nicht alle Leser reagierten jedoch in Spenglers Sinne, sodass er in einer späteren Auflage hinzufügte: »... sobald er verstanden sei.«

Ob das konservative deutsche Bürgertum, das Spengler nach dem Ersten Weltkrieg zum Hausphilosophen erkor, ihn wirklich verstand, mag offen bleiben. Spenglers Engagement für die antidemokratische Rechte trug darüber hinaus nicht unerheblich dazu bei, dass seine Geschichts- und Kulturphilosophie mit demokratiefeindlichen politischen Gesinnungen in Verbindung gebracht wurde.

Doch sollte in diesem Fall niemand der Verführung unterliegen, von der Begrenztheit der Person auf die Begrenztheit des Werkes zu schließen. Mit seinem Panoramablick öffnete Spengler dem europäischen Selbstverständnis vielmehr eine globale Perspektive, die sich erst am Ende des 20. Jahrhunderts in der Philosophie – so in der Diskussion um die Universalität kultureller und moralischer Normen – durchsetzen sollte.

Nicht zufällig entfaltete *Der Untergang des Abendlandes* eine internationale Wirkung. Ortega y Gasset übersetzte Spengler ins Spanische und benutzte dessen Zivilisationskritik in seinem Hauptwerk *Der Aufstand der Massen.* André Malreaux war ebenso ein Spengler-Verehrer wie Thomas Mann. Selbst einer der Köpfe der neomarxistischen Frankfurter Schule, Theodor W. Adorno, lobte Spenglers Gegenwartsanalyse und fand Gemeinsamkeiten mit seinem eigenen Kulturpessimismus.

Vor allem aber haben die großen Geschichtsdenker des 20. Jahrhunderts von Spengler maßgebliche Impulse erhalten. Arnold Toynbees *Gang der Weltgeschichte* ist ebenso von der Spengler-Lektüre geprägt wie Samuel Huntingtons *Kampf der Kulturen*. Gerade den Leser, der die eigene Kultur mit der Weltkultur verwechselt, zwingt Spengler zu schmerzlichen Einsichten: Jede Kultur ist im globalen Rahmen nur ein endliches, peripheres und gleichzeitig einmaliges Ereignis – vielleicht aber deshalb genauso faszinierend und attraktiv wie jener blaue Planet, den die Astronauten vom Weltraum aus beobachten.

Ausgabe:
Oswald Spengler: Der Untergang des Abendlandes. Umrisse einer Morphologie der Weltgeschichte. München: dtv [17]2006.

Logik im Dienst der Mystik

Ludwig Wittgenstein: Tractatus logico-philosophicus (1921)

Es gibt philosophische Werke, die gleich nach ihrem Erscheinen als völlig ungewöhnlich und revolutionär wahrgenommen werden und die sehr schnell unter ihren Lesern Kultstatus erlangen. Dies gilt auch für Ludwig Wittgensteins *Tractatus logico-philosophicus*, ein schmaler Band, der seit seinem Erscheinen 1921 seine Leser fasziniert, aber ebenso in Verwirrung gestürzt hat.

Ein großer Teil der Leser dieses Buches glaubt, dass Wittgenstein hier der traditionellen Philosophie, und insbesondere der Metaphysik, endgültig den Garaus gemacht hat. Wittgenstein habe hier überzeugend und endgültig nachgewiesen, dass Sätze, die sich nicht in einer logisch eindeutigen Form auf die Wirklichkeit beziehen, sinnlos sind. Gott, Freiheit, Unsterblichkeit, Moral, Kunst und vieles andere seien damit als Themen der Philosophie erledigt. Wittgenstein habe die Grundlagen dafür gelegt, dass die Philosophie sich nicht mehr außerhalb wissenschaftlich gesicherter Erkenntnisse bewegen könne.

Wer mit diesen Augen die letzten Seiten des Buches liest, muss allerdings etwas irritiert sein. Wittgenstein beginnt hier nämlich Aussagen über Ethik, Tod und Gott zu treffen, zum Beispiel: »Der Tod ist kein Ereignis des Lebens. Den Tod erlebt man nicht« – eine Behauptung, die schon der griechische Philosoph Epikur gemacht hatte. Dass solche Sätze am Ende und damit an einer exponierten Stelle des Buches stehen, hat bei einem anderen Teil der Wittgenstein-Leser immer den Verdacht genährt, dass der Autor nach all den Thesen über Logik und Sprache nun endlich zu den für ihn wichtigen Themen kommt.

In der Tat: Betrachtet man die Thesenfolge des ganzen Buches und bezieht dabei seine Entstehungsgeschichte und die komplexe Persönlichkeit des Autors Ludwig Wittgenstein mit ein, so drängt sich die Einsicht auf, dass hier die Logik in den Dienst einer ganz anderen Art von Erkenntnis gestellt wird, die zwar für die rational argumentierende Philosophie unerreichbar bleibt, die aber die wesentlichen Dinge der menschlichen Existenz berührt. Und dies sind genau jene Themen, mit denen viele Wittgenstein-Anhänger ihren Meister überhaupt nicht in Verbindung bringen wollen: Gott, Tod, Sinn des Lebens und die uralte metaphysische Frage, warum etwas ist und nicht *nichts ist.*

Bis heute ist umstritten, welche Absichten der Autor mit seinem Buch eigentlich verfolgt hat: Ist der *Tractatus* ein Grundlagenwerk der modernen Logik oder eine unter dem Deckmantel der Logik versteckte Hinführung zur Mystik? Das Rätsel des *Tractatus* scheint genau in dieser eigenartigen Verknüpfung von Logik und Mystik zu liegen, zwei Bereichen der Erkenntnis, die sich normalerweise ausschließen.

Diese Doppelschichtigkeit des Buches reflektiert die vielschichtige und widersprüchliche Persönlichkeit seines Autors. Ludwig Wittgenstein, 1889 geboren, wuchs in einer der reichsten Familien Wiens auf. Sein Vater, Karl Wittgenstein, hatte sich zu einem der erfolgreichsten Industriellen der Donaumonarchie emporgearbeitet. Die Talente des jungen Ludwig waren vielfältig, seine Möglichkeiten schienen unbegrenzt. So hatte er eine ausgeprägte Fähigkeit, mathematische und technische Zusammenhänge zu erkennen. Auf Betreiben seines Vaters studierte er zunächst Maschinenbau in Berlin und Manchester mit dem Ziel, später einmal das väterliche Unternehmen zu führen.

Doch mindestens ebenso stark waren seine musischen und philosophischen Interessen. Von Jugend an faszinierten ihn grundlegende philosophische Fragen, Fragen nach dem Sinn des Lebens und dem Sinn der Welt. Ethik, Religion und Kunst waren tägliche Diskussionsthemen in einer Familie, in der es von musikalischen Genies wimmelte und in deren Haus zahlreiche Künstler ein- und ausgingen.

Der junge Wittgenstein war ein Sinnsucher: Er las Schopenhauer und Kierkegaard und war besonders von der exzentrischen These beeindruckt, die der dreiundzwanzigjährige Otto Weininger in seinem 1903 erschienenen Buch *Geschlecht und Charakter* aufgestellt hatte: Dass dem Menschen nämlich nur die Wahl bleibe, Versager zu sein oder Genie. Wie Weininger, der sich kurz nach Erscheinen seines Buches eine Kugel durch den Kopf gejagt hatte, kannte Wittgenstein keine Kompromisse oder halben Sachen. Genie oder Versagen, Erlösung oder Verdammung: Diese Alternativen standen ihm sein ganzes Leben lang vor Augen. Mehrere seiner Familienmitglieder hatten Selbstmord begangen und auch Wittgenstein selbst wurde immer wieder von Suizidgedanken geplagt.

Auf der quälenden Suche nach seinem eigenen Genie beschäftigte sich der Ingenieurstudent Ludwig Wittgenstein mit den Grundlagen der Mathematik und entdeckte auf diesem Weg die Logik. Durch die Schriften des Jenaer Mathematikprofessors Gottlob Frege und des in Cambridge lehrenden Philosophen Bertrand Russell wurde er mit den Bemühungen vertraut, die Mathematik auf eine rein logische Grundlage zu stellen und Mittel zu einer logischen Analyse der Sprache zu entwickeln. Russell hatte zum Beispiel darauf hingewiesen, dass unsere normale Sprache keineswegs »logisch« konstruiert ist. Die Sätze »Peter schlägt Kurt« und »Kurt wird von Peter geschlagen« zum Beispiel sind von ihrer grammatischen Struktur her verschieden, obwohl sie denselben Vorgang beschreiben, logisch also gleichwertig sind. Frege hatte eine neue logische Formelsprache entwickelt, eine Kunstsprache, die es erlaubte, komplexe Aussagen auf einfache, logisch eindeutige Aussagen zurückzuführen. Mit diesen Arbeiten hatten Frege und Russell die Logik, die seit den Zeiten des Aristoteles beinahe unverändert gelehrt worden war, auf eine neue Grundlage gestellt.

1911 machte sich Wittgenstein nach Jena auf, um mit Frege persönlich Fragen der Logik zu erörtern. Obwohl er noch für ein weiteres Jahr in Manchester ein Stipendium erhalten hatte, sah er sich nun an einem Scheideweg: Sollte er das Studium abschließen und in die Fußstapfen seines Vaters treten oder sollte er sich der Logik und damit einer Fundamentaldisziplin der Philosophie widmen? Frege empfahl ihm, zu Russell an die Universität Cambridge zu gehen, um seine Studien der Mathematik und Logik zu vertiefen. Wittgenstein befolgte den Rat und brach sein Ingenieurstudium ab: Von nun an bestimmte die Philosophie sein Leben.

Von diesem Zeitpunkt an trug er sich auch mit dem Vorhaben, ein eigenes philosophisches Werk zu verfassen, das auf den Arbeiten Freges und Russells aufbauen sollte. Es sollte aber auch ihn selbst in seinem Selbstverständnis als Genie bestätigen und damit sein Leben rechtfertigen. Vom Gelingen dieses Plans hing deshalb für ihn viel, wenn nicht alles ab, und er lebte in beständiger Furcht, vor Vollendung des Werks zu sterben.

In Cambridge wurde er zum Freund und Meisterschüler Russells und zur interessantesten, aber auch schwierigsten Figur in der dortigen Philosophieszene. Small Talk und die in der englischen akademischen Welt üblichen Höflichkeitsregeln waren ihm fremd. Ein Mann der Gesellschaft, der Konversation und Diskussion wurde Wittgenstein nie. Er versah alle seine Aussagen mit einem Absolutheitsanspruch. Es ging ihm immer um die Sache und um endgültige, unbezweifelbare Lösungen. Widerspruch verärgerte ihn und provozierte ihn zu aggressiven Reaktionen, die seine Gesprächspartner vor den Kopf stießen. So geriet er auch mit seinen Cambridger Lehrern, Russell und George Edward Moore, immer wieder aneinander. Phasen des fruchtbaren intellektuellen Austauschs folgten Phasen der Flucht aus der Gesellschaft. So zog er sich 1913, kurz vor Ausbruch des Ersten Weltkriegs, an einen einsamen Fjord in Norwegen zurück, um erste Skizzen für das geplante Buch zu erstellen.

Im Gegensatz zu Russell, der wegen seiner pazifistischen Gesinnung eine Haftstrafe abbüßen musste, meldete sich Wittgenstein bei Ausbruch des Ersten Weltkriegs als Freiwilliger für die österreichisch-ungarische Armee. Zunächst diente er bei der Artillerie, wobei ihn der ihm zugewiesene Bürodienst abseits der Kampfhandlungen nicht befriedigte. Er ließ sich deshalb 1916 direkt an die Front nahe der rumänischen Grenze versetzen. Wittgenstein war kein Kriegschauvinist, aber er suchte in der ihm eigenen extremen Art die persönliche Bewährung. Sich in unmittelbare Nähe des Todes zu begeben war für ihn eine moralische Forderung.

Seine Lektüre während der Kriegsjahre gibt einigen Aufschluss über das, was ihn bewegte: Er las unter anderem Essays des amerikanischen Philosophen Ralph Waldo Emerson, Romane von Dostojewskij und vor allem Tolstois *Kurze Erläuterung des Evangeliums*, die ihm in der Buchhandlung einer kleinen Frontstadt in die Finger gekommen waren. Tolstois Forderungen nach moralischer Reinigung und Erlösung durch ein einfaches, der Nächstenliebe gewidmetes Leben beeindruckten ihn tief. Von Autoren wie Schopenhauer und Tolstoi ist auch Wittgensteins mystisch-religiös gefärbtes Verständnis von Ethik geprägt: Es ging ihm nicht um die Begründung moralischer Regeln, um konkrete Handlungsanweisungen, sondern um Erlösung von Leid und Schuld, um eine Haltung und eine Wandlung der Persönlichkeit.

Durch die tägliche Konfrontation mit Sterben und Tod waren die großen ethischen und metaphysischen Fragen in Wittgensteins Bewusstsein immer präsent. Sie standen auch im Hintergrund seines Buchs, das mitten in der Kriegszeit Gestalt annahm. Nicht nur um das Verhältnis von Logik, Sprache und Welt konnte es also gehen, sondern auch um jene Fragen, die für sein eigenes Leben so wichtig waren. Von Juli bis September 1918 erhielt der inzwischen zum Leutnant beförderte Wittgenstein Urlaub, den er bei einem Onkel in Hallein nahe Salzburg verbrachte. Hier, in den letzten Monaten des Ersten Weltkriegs, wurde der *Tractatus* vollendet.

Die Schrift verzichtet auf jedes rhetorische Beiwerk: Sie besteht aus Ober- und Unterthesen, deren Stellenwert in der Argumentation durch eine streng durchgeführte Nummerierung angezeigt wird. Die Unterthesen sind jeweils als Erläuterung der Oberthesen angelegt, auf die sie bezogen sind. Es ist ein ebenso trockener wie eindringlicher Text, der auch vor Formeltabellen nicht zurückschreckt. Wittgensteins berüchtigte apodiktische Haltung in seinem persönlichen Auftreten prägt auch den Stil des *Tractatus*. Jede These hat die Wucht eines Hammerschlags, der dem Leser eine unbezweifelbare Wahrheit einbläut. Russell bemerkte, jeder Satz wirke wie ein Erlass des Zaren. In seiner strengen Formensprache erinnert er an die Architektur der Wiener Moderne, wie sie vor allem durch Adolf Loos repräsentiert wurde. Mit einem von dessen Schülern, Paul Engelmann, sollte Wittgenstein einige Jahre später für seine Schwester ein Haus entwerfen, das den Beinamen »Stein gewordener Tractatus« erhalten sollte.

Die nach dem Vorbild einer mathematischen Abhandlung konstruierte Anordnung der Thesen erleichtert einen Überblick über die wichtigsten Aussagen des Buches. Die Hauptthesen ergeben, hintereinander gestellt, einen einprägsamen Argumentationszusammenhang. So lauten die ersten fünf Thesen: »1. Die Welt ist alles, was der Fall ist. 2. Was der Fall ist, die Tatsache, ist das Bestehen von Sachverhalten. 3. Das logische Bild der Tatsache ist der Gedanke. 4. Der Gedanke ist der sinnvolle Satz. 5. Der Satz ist eine Wahrheitsfunktion des Elementarsatzes.«

Zunächst scheinen drei große Themen die Schrift zu beherrschen: Welt, Sprache und Logik. Während in Wittgensteins eigener philosophischer Entwicklung das Nachdenken über Logik am Anfang stand und schließlich zum Nachdenken über die Sprache und die Welt führte, ist der Argumentationsgang im *Tractatus* umgekehrt: Von der Welt führt Wittgensteins Argumentation zur Sprache, in der sie sich als »logisches Bild« spiegelt. Die Sprache wiederum wird als ein komplexer Zusammenhang von Sätzen gesehen, die sich auf »Elementarsätze« zurückführen lassen. Die mögliche Verbindung zwischen Elementarsätzen lässt sich mit Hilfe der Logik so beschreiben, dass man gleich erkennt, unter welchen Umständen sie wahr oder falsch sind. Komplexe Sätze sind »Wahrheitsfunktionen« von Elementarsätzen, das heißt, ihre Wahrheit und Falschheit hängt von der Wahrheit und Falschheit der Elementarsätze ab.

Welt, so lautet ein Credo des Buches, ist uns nur durch den Filter der Sprache zugänglich. Die Sprache wiederum ist an eine logische Form gebunden. In der Nachfolge Freges und Russells will Wittgenstein die Logik dazu benutzen, Grenzen und Möglichkeiten der Sprache aufzuzeigen. Ursprünglich wollte er seinem Buch den Titel »Der Satz« geben, ein Hinweis darauf, dass für ihn die logische Form der sprachlichen Aussage in der Schrift eine Schlüsselrolle einnimmt.

Mit der letzten Hauptthese des *Tractatus*, zugleich der letzte Satz überhaupt, erhält dieser Argumentationsgang aber eine tiefere Dimension: »Wovon man nicht sprechen kann, darüber soll man schweigen.« Hier spricht Wittgenstein jenen Bereich der großen ethischen und metaphysischen Sinnfragen an, die ihn von jeher beschäftigt hatten. Er nimmt zugleich Bezug auf eine Unterscheidung, die für das Verständnis seines Buches von großer Bedeutung ist: die Unterscheidung zwischen dem »Sagen« und dem »Zeigen«.

Im Anschluss an Frege und Russell wollte Wittgenstein zunächst zwei Fragen klären: In welcher Beziehung steht die Sprache zur Welt? Und: Wie sieht eine logisch korrekte Sprache aus und was kann sie leisten? Sind diese Fragen beantwortet, so ist der Bereich des »Sagbaren« abgesteckt, der Bereich, in dem »sinnvolle« Aussagen möglich sind, Aussagen also, die wahr oder falsch sein können. Man kann auch den ganz überwiegenden Teil des *Tractatus* als Versuch ansehen, den sinnvollen Gebrauch der Sprache zu beschreiben, also das, was »gesagt« werden kann.

Im Zeigen allerdings und nicht im Sagen lag für Wittgenstein der Zugang zu ethischen und religiösen Problemen. Alles, was mit dem Sinn der Welt und des Lebens, mit Gott, Tod und Erlösung zu tun hat, wird von Wittgenstein in den Bereich dieses »Zeigbaren« verwiesen. So werden zum Beispiel in Religion und Kunst Dinge sichtbar und erfahrbar, die sich nicht sagen, also durch Aussagen beschreiben lassen. Über diese Erfahrungen soll man schweigen, weil sie nicht in den Bereich des Sagbaren gehören. Dies bedeutet aber nicht, dass sie nicht wichtig sind. Im Gegenteil: Der Bereich des Zeigbaren enthält für Wittgenstein die eigentlichen Lebensprobleme.

Der Unterschied zwischen *Sagen* und *Zeigen*, zwischen zwei sich ausschließenden Formen der Erkenntnis, bildet den Angelpunkt des *Tractatus*. Entsprechend entwickelte Wittgenstein eine Philosophie auf zwei Etagen: Auf der unteren geht es um das Sagbare, um die Grenzen der rationalen Erkenntnis, um das, was wir mit Hilfe der Sprache beschreiben können. Gemeint ist eine Sprache, die aus Sätzen besteht, die wahr oder falsch sein können. Es ist dieser Bereich, den Wittgenstein »Welt« nennt und der auch das Territorium der Wissenschaft markiert. Auf der höheren Etage dagegen geht es um ethische und metaphysische Fragen, die in den Untersuchungen Freges und Russells keine Rolle gespielt hatten.

Daher nimmt das Thema des Verhältnisses zwischen Logik, Sprache und Welt zwar den größten Teil der Schrift ein, bildet aber lediglich das Untergeschoss in Wittgensteins Gedankengebäude.

Für Wittgenstein sind Sprache und Welt eng miteinander verklammert. Es ist die Sprache, die die Grenzen unserer Welterfahrung zieht, die die Welt für uns erst sichtbar macht. Deshalb stellt Wittgenstein die auf den ersten Blick befremdliche These auf: »Die Welt ist die Gesamtheit der Tatsachen, nicht der Dinge.« Nicht dass Wittgenstein geleugnet hätte, dass noch etwas außerhalb der sprachlich eingegrenzten Welt existiert. Aber streng genommen können wir darüber überhaupt nicht sprechen. Denn schon der Satz: »Es existiert etwas außerhalb der Welt«, ist für Wittgenstein ein sinnloser Satz, der weder wahr noch falsch sein kann.

Eine Tatsache ist das, was in einem wahren Satz behauptet wird. Wenn wir etwas behaupten, dessen Wahrheit noch nicht erwiesen ist, sprechen wir von einem Sachverhalt. Die Aussage: »Der Baum vor meinem Fenster ist kahl«, beschreibt einen Sachverhalt, nämlich das »Kahlsein des Baumes vor meinem Fenster«. Hat sich dieser Sachverhalt als wahr erwiesen, ist der Baum also tatsächlich kahl, ist der Sachverhalt zu einer Tatsache geworden. Wittgensteins Welt ist die Gesamtheit der Tatsachen, die in wahren Aussagen beschrieben werden.

Die Beziehung zwischen Sprache und Welt bezeichnet Wittgenstein mit den Begriffen »Bild« oder »Abbildung«. Ein Satz, eine Aussage ist nach Wittgenstein »ein Bild der Wirklichkeit«. Dass Sätze Sachverhalte »abbilden«, war eine der Intuitionen, die Wittgenstein während des Krieges gewonnen hatte. Dabei darf man sich natürlich kein »gemaltes«, realistisches Bild vorstellen. Wittgenstein hatte Planspiele und Modelle vor Augen, wie sie zum Beispiel vor Gericht benutzt werden, um bestimmte Tathergänge nachzuspielen: Bestimmte Steine stehen für Menschen, Autos oder Häuser und werden in einer bestimmten Weise angeordnet. Gemeint ist also eine Analogie und Strukturähnlichkeit.

Diese »Bildtheorie« der Sprache hat in der Philosophie des 20. Jahrhunderts großen Wirbel verursacht. Sie hat Bemühungen befördert, den Bildcharakter der Sprache immer genauer auszumalen, das heißt Sprachregeln und Kunstsprachen zu entwickeln, mit denen die sprachlichen Ausdrucksmöglichkeiten immer präziser und eindeutiger werden sollten. Wittgenstein selbst hat hierzu vor allem das Werkzeug der »Aussagenlogik« entwickelt, das heißt einer Logik, die sich mit der Wahrheit und Falschheit von Sätzen beschäftigt.

So wie die Grenzen der Welt durch die Sprache aufgezeigt werden, so werden nach Meinung Wittgensteins die Grenzen der Sprache durch die Logik aufgezeigt. Die Logik liefert die Struktur, das Netz, mit dem Sprache und Welt verbunden sind. Wittgenstein hat die Untersuchung der Sprache auf die ihr zugrunde liegende logische Struktur als die eigentliche Aufgabe der Philosophie angesehen. Philosophie wird damit im Wesentlichen zur Sprachanalyse.

Insofern schließt sich Wittgenstein im *Tractatus* dem »logischen Atomismus« seines Lehrers Russells an: Sowohl die Welt als auch die Sprache lassen sich in kleinste Einzelbestandteile, »Atome«, zerlegen. Die Sprache besteht aus einem Korpus von komplexen Sätzen, die sich auf einfachste Sätze, auf »Elementarsätze«, reduzieren lassen. Ein konkretes Beispiel für einen Elementarsatz hat Wittgenstein nie angegeben. Er hat ihm lediglich die Symbole »p« oder »q« zugeordnet und ihn als eine Verknüpfung von »Namen« bezeichnet. Der Name ist so etwas wie das einfachste sprachliche Zeichen, dem auf der Ebene der Welt ein Gegenstand zugeordnet ist. Aufgabe der Philosophie als Sprachkritik ist es nun, alle Sätze auf ihre Urbestandteile, die Elementarsätze, zu reduzieren und den darin vorkommenden Namen Gegenstände zuzuordnen. Die Sprache wird dadurch also auf eine rein »beschreibende« Sprache reduziert.

Hat man auf diese Art analysiert, ob es sich um einen »sinnvollen« beschreibenden und möglicherweise sogar um einen wahren Satz handelt, kann man nun auch die Wahrheitsfähigkeit beziehungsweise die Wahrheit komplexer Sätze feststellen. Sie sind Wahrheitsfunktionen von Elementarsätzen, das heißt, ihre Wahrheit oder Falschheit hängt von der Wahrheit und Falschheit der Elementarsätze ab, aus denen sie bestehen. Wittgenstein erfand zu diesem Zweck die so genannten »Wahrheitstafeln«, in denen beschrieben wird, unter welchen Bedingungen Verknüpfungen zwischen Elementarsätzen wahr oder falsch sind. Sie gehören heute zum Bestandteil jedes Grundkurses in Logik.

Nehmen wir zum Beispiel die einfache Verknüpfung »p« *und* »q«. Es handelt sich also um eine mit »und« hergestellte Verbindung von Elementarsätzen, zum Beispiel: »Es regnet *und* die Autobahn ist gesperrt.« Diese Verknüpfung ist nur unter einer bestimmten Bedingung wahr: nämlich wenn »p« wahr ist (also wenn es tatsächlich regnet) und zugleich »q« wahr ist (wenn es also auch stimmt, dass die Autobahn gesperrt ist). In allen anderen drei möglichen Fällen ist sie falsch. Falsch ist der Satz also erstens, wenn es zwar tatsächlich regnet, die Autobahn aber frei befahrbar ist; zweitens, wenn die Autobahn zwar gesperrt ist, es aber nicht regnet; und drittens, wenn jeder der beiden Teilsätze etwas Unzutreffendes behauptet. Bei den Wahrheitswerten taucht hier also drei Mal »F« (für »falsch«) und einmal »W« (für »wahr«) auf. Im *Tractatus* ist diese nur eine von mehreren »Wahrheitsfunktionen« und wird dort als Formel so zusammengefasst: (W F F F) (p,q).

Solche Formeln haben für viele Leser natürlich erst einmal eine abschreckende Wirkung. Aber Wittgenstein zieht aus seinen logischen Kalkülen weit reichende philosophische Folgerungen. Mit den Gesetzen der Logik wird nicht nur der Bereich der sinnvollen Aussagen vermessen, sondern auch das Feld der empirischen Wissenschaften. Mit der Behauptung: »Die Gesamtheit der wahren Sätze ist die gesamte Naturwissenschaft«, identifiziert Wittgenstein die Welt mit der wissenschaftlich erfassbaren Welt. Sprache außerhalb dieses Bereichs »sagt« dagegen nichts.

Wittgensteins Fazit des ersten Teils des *Tractatus*, der sich mit dem Verhältnis von Logik, Sprache und Welt beschäftigt, ist also zusammengefasst Folgendes: Was wir über die Welt sinnvollerweise und wissenschaftlich aussagen können, muss in den Grenzen einer logisch normierten Sprache verbleiben. Innerhalb der Welt, im Raum des »Sagbaren«, gibt es keine ungelösten Probleme. In diesem Sinne sagt Wittgenstein: »*Das Rätsel* gibt es nicht. Wenn sich eine Frage überhaupt stellen lässt, so kann sie auch beantwortet werden.« Alles andere gehört nicht zur Welt und kann deshalb nicht *gesagt* werden. Wenn die Philosophie dies dennoch tut, zum Beispiel wenn sie Theorien über »Gott«, das »Sein« oder das »Gute« aufstellt, so macht sie sich eines Missbrauchs der Sprache schuldig. So ist auch der letzte, berühmte Satz des *Tractatus* konsequent: »Worüber man nicht sprechen kann, darüber muss man schweigen.«

Mit diesem Schweigegebot steht Wittgenstein in enger Nachbarschaft zu einer Reihe österreichischer Kulturkritiker und Dichter seiner Zeit, die – wie zum Beispiel Karl Kraus – die Sprache von unnötigem Schwulst und leerer Rhetorik befreien wollten. Auch Hugo von Hofmannsthal hatte in seinem »Chandos-Brief« wie Wittgenstein auf die Erfahrung hingewiesen, dass der Mensch gegenüber manchen wesentlichen Fragen verstummen muss. Der *Tractatus* legt der Philosophie ein spartanisch strenges und asketisches Gewand an: Er verlangt von ihr, Rechenschaft über jeden verwendeten Satz und jeden verwendeten Begriff zu geben. Mit ihm beginnt die Sprachkritik zu einem der wichtigsten Themen der Philosophie des 20. Jahrhunderts zu werden.

Dass mit dem von Wittgenstein verordneten Schweigen jedoch keine grundsätzliche Ablehnung metaphysischer Ideen verbunden ist, wird auf den letzten Seiten des *Tractatus* deutlich. Mit der Klärung dessen, was sagbar ist, werden zwar Wissenschaft und Philosophie in die Schranken verwiesen. Sie erhalten aber einen untergeordneten Rang, weil in ihnen »unsere Lebensprobleme noch gar nicht berührt sind«. Diese Lebensprobleme, wie das Problem des Todes, der Sinn des Lebens oder der Sinn der Welt, liegen jenseits von Wissenschaft und Philosophie. Sie sind aber dennoch für den Menschen fundamental, ja, sie sind für ihn das eigentlich Wichtige. Wittgenstein hat seine Thesen zur Welt, Sprache und Logik mit einer Leiter verglichen, die man erst hinaufsteigen müsse, um sie dann hinter sich umzuwerfen. Die Leiter führt uns an die Schwelle der Lebensprobleme und Sinnfragen.

Das, was jenseits dieser Schwelle liegt, kann nicht mehr gesagt, sondern nur noch gezeigt werden. Auf den letzten Seiten des *Tracta-*

tus erhält das Zeigen die Funktion, über das Rationale hinaus auf das Mystische zu verweisen. »Es gibt allerdings Unaussprechliches«, schreibt Wittgenstein, »dies *zeigt* sich, es ist das Mystische.« Wie Kierkegaard den Sprung ins Religiöse, so fordert Wittgenstein nun einen Sprung ins Mystische. Die Logik steht damit für ihn tatsächlich im Dienst der Mystik: Wie in Dantes *Göttlicher Komödie* Vergil als Repräsentant der menschlichen Vernunft den Menschen nur bis zum Rand des Paradieses begleitet und dort seine Führung abgeben muss, so kann die Logik im *Tractatus* den Menschen nur bis zum Rand des Sagbaren bringen.

Dass es die eigentliche Absicht des Buches war, den Leser bis zur Schwelle dieser zweiten, »mystischen« Etage zu führen, hat Wittgenstein in einem Brief erläutert: »Der Sinn des Buches ist ein ethischer. Ich wollte einmal in das Vorwort einen Satz geben, der nun tatsächlich nicht darin steht, den ich Ihnen aber jetzt schreibe, weil er Ihnen vielleicht ein Schlüssel sein wird: Ich wollte nämlich schreiben, mein Werk bestehe aus zwei Teilen: aus dem, der hier vorliegt, und aus alledem, was ich *nicht* geschrieben habe. Und gerade dieser zweite Teil ist der wichtige. Es wird nämlich das *Ethische* durch mein Buch gleichsam von innen her begrenzt.«

Das »Ethische« – ein Begriff, mit dem Wittgenstein hier die Gesamtheit der »Lebensprobleme« bezeichnet – fängt also erst an der Außengrenze dessen an, was Wittgenstein »Welt« genannt hat. Entsprechend formuliert er die These: »Der Sinn der Welt muss außerhalb ihrer liegen.« Der »Sinn der Welt« gehört nicht mehr zu den Dingen, über die wir »sinnvoll«, das heißt mit den Mitteln einer beschreibenden Sprache, reden können. Ebenso liegt die Lösung des Rätsels des Lebens in Raum und Zeit »außerhalb von Raum und Zeit«. So ist auch der Satz zu verstehen, dass der Tod »kein Ereignis des Lebens« ist. Der Tod ist ein Phänomen der Grenzüberschreitung. Er kann mit den Mitteln, mit denen wir die Welt oder das Leben begreifen, nicht erfasst werden.

Was für das »Ethische« gilt, gilt auch für das »Ästhetische«, den Bereich der Kunst. Wittgenstein spricht deshalb davon, dass das Ethische und das Ästhetische »transzendental« seien.

Solche Aussagen sind nach Wittgenstein – streng genommen – selbst wieder sinnlos, weil sie nicht beschreibend sind. Sie sind lediglich Hilfsmittel, eine Art Zeigestock, mit dem auf das »Unsagbare« verwiesen wird. Dieses Unsagbare, also alles, was sich in Kunst, moralischem Handeln und Religion *zeigt*, ist für Wittgenstein das eigentliche, verdeckte Thema des Buches, das erst auf den letzten Seiten offen zutage tritt. Was wie ein Lehrbuch zur Logik beginnt, endet daher wie ein religiöses Meditationsbrevier.

Erst nach dem Ende des Ersten Weltkriegs konnte Wittgenstein an eine Veröffentlichung der Schrift denken. Nun trat er wieder mit Russell in Kontakt, schickte ihm das Manuskript und versuchte einen Verleger zu finden. Er musste nun erleben, dass Russell, wie auch andere Leser, sich in ihrer Lektüre ganz auf das Thema »Logik – Sprache – Welt« konzentrierten und das »ethische« Thema der Lebensprobleme ignorierten. Es war dennoch Russell, der sich anbot, ein Vorwort zu schreiben, und mit seinem Namen dazu beitrug, dass nach vielen vergeblichen Versuchen die Schrift unter dem Titel *Logisch-Philosophische Abhandlung* 1921 als Zeitschriftenbeitrag erschien. Die englische Übersetzung erhielt auf Vorschlag George Edward Moores den lateinischen Titel *Tractatus logico-philosophicus* (»Logisch-philosophischer Traktat«), der sich an den im 17. Jahrhundert erschienenen *Tractatus Theologico-Politicus* Spinozas anlehnt und sich inzwischen auch im Deutschen durchgesetzt hat. Inhaltlich haben aber Spinozas und Wittgensteins Schrift kaum etwas miteinander gemein.

Wittgenstein war der Meinung, mit dem *Tractatus* den Spagat zwischen Logik und Mystik geschafft zu haben. Er hatte seiner Meinung nach geklärt, was man sinnvoll *sagen* und was man lediglich *zeigen* kann. Mehr blieb nicht zu tun. Die Überzeugung, damit das letzte Wort über die Logik, den Sinn der Welt und des Lebens geschrieben zu haben, äußert er mit dem für ihn charakteristischen Absolutheitsanspruch schon in der Einleitung: »Das Buch behandelt die philosophischen Probleme und zeigt – wie ich glaube –, dass die Fragestellung dieser Probleme auf dem Missverständnis der Logik unserer Sprache beruht. Man könnte den ganzen Sinn des Buches etwa in die Worte fassen: Was sich überhaupt sagen lässt, lässt sich klar sagen; und wovon man nicht reden kann, darüber muss man schweigen … Dagegen scheint mir die Wahrheit der hier mitgeteilten Gedanken definitiv. Ich bin also der Meinung, die Probleme im Wesentlichen endgültig gelöst zu haben.«

Wittgenstein zog aus dem Nachdenken über die Lebensprobleme auch unmittelbare praktische Konsequenzen. Es war ihm ernst mit der Absicht, sich moralisch zu reinigen und ein neues Leben zu beginnen. Als der *Tractatus* erschien, hatte er sich weit von dem Milieu der akademischen Philosophen entfernt. Er war den Forderungen Tolstois gefolgt und hatte sich dem einfachen Leben und dem Dienst am Nächsten zugewandt. Zeitweise arbeitete er als Gärtnergehilfe in einem Kloster. Von seinem Anteil des väterlichen Vermögens trennte er sich, indem er es an seine Geschwister oder an wenig begüterte Künstler verschenkte. Russell, bon vivant und Atheist, besuchte Wittgenstein 1922 in Innsbruck und hatte sich auf eine Diskussion über Logik eingestellt. Doch mit dem von religiösen und ethischen Fragen ganz eingenommenen Wittgenstein konnte er nicht mehr viel anfangen.

Diese Haltung gegenüber den ethischen und mystischen Absichten des Buches spiegelt sich auch in der Wirkungsgeschichte des *Tractatus* wieder. Das Buch hat auf die Philosophie des 20. Jahrhunderts einen ungeheuren Einfluss ausgeübt. Ähnlich wie Kants *Kritik der reinen Vernunft* leitete es eine neue Phase in der Philosophiegeschichte ein und verursachte eine Veränderung der philosophischen Blickrichtung. Doch diese Neuorientierung verblieb ganz im Rahmen des Bemühens, die Philosophie »logischer« und »wissenschaftlicher« zu machen.

Mit der These, dass die Welt immer nur durch den Filter der Sprache erfahrbar ist, hat Wittgenstein eine der größten Revolutionen in der Philosophie des 20. Jahrhunderts eingeleitet, das, was man im Englischen »linguistic turn« und im Deutschen »sprachphilosophische Wende« nennt. Die Sprachphilosophie wurde durch Wittgenstein im 20. Jahrhundert zu einer Grundlagendisziplin der Philosophie. So hat die so genannte Sprachanalytische Philosophie Wittgensteins Forderung übernommen, Mehrdeutigkeiten und Unklarheiten der Sprache aufzuklären oder zu beseitigen.

Im »Wiener Kreis«, einer Gruppe von Philosophen und Wissenschaftlern um Moritz Schlick und Rudolf Carnap, betrachtete man den *Tractatus* als die Bibel einer neuen »wissenschaftlichen« Philosophie und las ihn Zeile für Zeile. Hier stand die Wiege des Logischen Positivismus, einer philosophischen Strömung des 20. Jahrhunderts, die nur Aussagen akzeptierte, die eine Grundlage in der Erfahrung sowie eine mathematisch und logisch korrekte Form haben. Die Bemühung um eine logisch einwandfreie »Idealsprache« hat Wittgenstein selbst später allerdings aufgegeben.

Doch sollte auch nicht vergessen werden, dass der *Tractatus* ein janusköpfiger Text ist. Hinter den logischen Sprachanalysen und Wahrheitstafeln lugt ein moderner Mystiker hervor. Gerade weil der *Tractatus* so beharrlich auf dem schmalen Grat zwischen Sagbarem und Unsagbarem, zwischen Rationalem und Irrationalem wandelt, ist er einer der anregendsten und aufregendsten Texte der Philosophiegeschichte geblieben. Und wenn auch Wittgenstein zu dem Ergebnis kam, dass man über die wirklich wichtigen Dinge des Lebens schweigen muss, so hat er in der rationalen Tradition der westlichen Philosophie doch auch zu begründen versucht, warum dies so ist.

Ausgabe:

LUDWIG WITTGENSTEIN: Tractatus logico-philosophicus. Logisch-philosophische Abhandlung. Frankfurt/Main: Suhrkamp 1963.

Aufruf zur Selbstverwirklichung

MARTIN HEIDEGGER: Sein und Zeit (1927)

Was das Auftauchen der Beatles in der Musikszene der sechziger Jahre war, das war das Auftreten des jungen Martin Heidegger in der deutschen Philosophie der zwanziger Jahre. Als der dreiundreißigjährige Privatdozent Martin Heidegger 1923 zum außerordentlichen Professor in Marburg berufen wird, eilt ihm schon der Ruf eines ungewöhnlich erfolgreichen Dozenten und unkonventionellen Philosophen voraus, der die trockene Akademikerphilosophie über den Haufen geworfen und die Philosophie wieder zum Wesentlichen zurückgeführt habe. Die Studenten strömten nun in Scharen nach Marburg und hatten das Gefühl, dass hier Philosophie nicht nur gelehrt, sondern auch praktiziert wurde. Ein neuer Ton und ein neuer Stil waren in die Philosophieszene eingekehrt. Auch die Fachkollegen hatten nach der Lektüre der wenigen Schriften, die Heidegger entweder veröffentlicht hatte oder zirkulieren ließ, eine Ahnung, dass hier etwas für die Philosophie Explosives entstand.

Bestätigt wurde diese Ahnung durch das Erscheinen von *Sein und Zeit.* Obwohl das Buch in einer sehr schwierigen und eigenwilligen Sprache geschrieben ist, waren bereits die frühen Leser von Heideggers Art fasziniert, auf die konkreten Lebensbezüge des Menschen einzugehen. Hier standen keine Kategorien, Prinzipien oder Gesetze im Mittelpunkt. *Sein und Zeit* wendet sich vielmehr Themen wie »Angst«, »Sorge« oder »Tod« zu, Themen, die aus der akademischen Philosophie längst verschwunden waren. Was die Leser zuerst erreichte, war die eindringlich vorgetragene Aufforderung, sich von einem gedankenlosen Alltagsleben zu lösen und die eigene Existenz bewusst und klarsichtig zu gestalten. *Sein und Zeit* war ein auf über vierhundert Seiten angelegter philosophischer Aufruf zur Selbstverwirklichung. Mit diesem Werk, so der allgemeine Eindruck, hatte die Philosophie wieder begonnen, unmittelbar ins Leben einzugreifen.

Heidegger hatte mit seinem frühen Hauptwerk ursprünglich viel weiter reichende Pläne verfolgt. Er wollte die Metaphysik und die Ontologie, die Lehre vom Sein und den letzten Gründen der Wirklichkeit, erneuern. Er wollte eine »Fundamentalontologie« begründen und die Frage nach dem Sein, dem dunkelsten und allgemeinsten Begriff der Philosophie, auf eine neue Art beantworten. Auf diesem Weg blieb er jedoch bei einem Thema stecken, das zunächst nichts anderes sein sollte als eine Hinführung zum Sein: dem Thema der menschlichen Existenz. *Sein und Zeit* blieb ein Torso und hatte vielleicht deshalb eine so große Wirkung: Es wurde eine Analyse des Menschen und seines Eingebundenseins in die Welt, in die Gemeinschaft mit anderen Menschen und vor allem in den Horizont der Zeitlichkeit und Vergänglichkeit.

Wenn die Leser nach der Lektüre von *Sein und Zeit* auch den Eindruck hatten, aus der philosophischen Enge der Fachdiskussionen und Spezialanalysen herausgeführt worden zu sein, so haftete dem Menschen Martin Heidegger, seinem Auftreten, seiner Sprache und seinem Werdegang doch immer eine gewisse Provinzialität an. Heidegger mied nicht nur die Großstadt, er hielt sich überhaupt von der modernen Welt der Technik und der Medien fern. Außerhalb kleinerer Universitätsstädte wie Freiburg und Marburg hat er nie gewirkt.

Viele seiner Bilder und Vergleiche entnahm er der bäuerlichen, vormodernen Welt seiner südbadischen Heimat. Begriffe wie »Lichtung« oder »Holzwege« wurden Teil seines philosophischen Sprachgebrauchs. Heidegger liebte es, in Lodenanzügen aufzutreten und mit den Studenten Ski zu fahren. Nahe bei Freiburg, in Todtnauberg, baute er sich eine Schwarzwaldhütte, in der er, fern von der Hektik des modernen Lebens, seine philosophische Inspiration suchte. Auch *Sein und Zeit* entstand hier, mit dem Blick auf einen Brunnen und die Almwiesen. Heidegger wurde nie ein »Mann von Welt«. Nur im alemannisch geprägten Südwesten Deutschlands fühlte er sich wirklich heimisch.

In Heideggers Kindheitswelt war der Einfluss der katholischen Kirche auf Leben und Erziehung allgegenwärtig. 1889 in Meßkirch, einer Kleinstadt am Südrand des Schwarzwaldes geboren, wurde Heidegger besonders durch die im Elternhaus vermittelte Religiosität geprägt. Es war auch die katholische Kirche, die seinen Erziehungsweg nicht nur bestimmte, sondern auch finanzierte. Mit einem kirchlichen Stipendium versehen ging er zunächst auf ein katholisches Internat in Konstanz. 1906 wechselte er auf das erzbischöfliche Konvikt in Freiburg. Das dortige Wohnrecht war mit der Verpflichtung verbunden, in Freiburg ein Theologiestudium anzuschließen und die Priesterlaufbahn einzuschlagen.

Dieses Studium nimmt Heidegger 1909 zwar auf, bricht es allerdings zwei Jahre später wieder ab. Er beginnt, sich innerlich von der katholischen Lehre zu distanzieren. Da er jedoch auf das Geld der Kirche angewiesen ist, schließt er einen Kompromiss und ist damit einverstanden, sein Studium mit dem Schwerpunkt »katholische Philosophie« fortzusetzen.

Heidegger konzentriert sich deshalb auf die christliche Philosophie des Hochmittelalters und habilitiert sich 1915 mit einer Arbeit über den mittelalterlichen Philosophen Duns Scotus. Erst 1919 sagt er sich offiziell von der Kirche los. Doch die Auseinandersetzung mit dem Glauben und mit theologischen Inhalten hat bleibende Spuren in seinem Denken hinterlassen. Begriffe der christlichen Morallehre wie »Gewissen« und »Schuld« tauchen in seiner späteren Philosophie ebenso auf wie die ursprünglich religiös motivierte Aufforderung zur Abkehr von der Welt und zur Hinwendung zu einer tieferen Schicht der Wirklichkeit.

So ist es auch nicht verwunderlich, dass seine eigene Philosophie mit einer Art Bekehrungserlebnis beginnt: Heidegger lernt das Werk Edmund Husserls, des Begründers der Phänomenologie, kennen. Husserl wollte die Philosophie wieder zu ihren Ursprüngen zurückführen und vom Ballast der akademischen Theorien befreien. Entsprechend lautete sein philosophischer Wahlspruch: »Zu den Sachen!« Zu den »Sachen«, den Phänomenen also, die unsere alltägliche Welterfahrung ausmachen, gelangen wir aber nur, wenn wir der Tätigkeit unseres Bewusstseins auf den Grund gehen. Husserl wollte mit dem Vorurteil aufräumen, dass das Bewusstsein eine Art Aufnahmeorgan ist, das sich nach und nach mit Inhalten füllt. Es gibt kein reines Subjekt und kein reines Objekt: Das Bewusstsein ist vielmehr von Anfang an mit den Gegenständen wie mit einer Klammer verbunden. Es ist, wie Husserl meint, immer schon auf Objekte »gerichtet«, es knüpft die wahrnehmbare Welt als ein Netz zwischen uns und den Dingen.

Husserl verwandte große Mühe darauf, eine phänomenologische Untersuchungsmethode und eine phänomenologische »Einstellung« zu entwickeln, in der die Tätigkeit und die »Gerichtetheit« des Bewusstseins in möglichst reiner Form sichtbar wird. Husserl wollte alle »Vorannahmen« und »Vorurteile« ausschalten, bis der Blick auf die reine Bewusstseinstätigkeit frei wurde, bis die Phänomene »sich zeigten«.

Schon der Student Martin Heidegger leiht sich Husserls frühes Hauptwerk, die *Logischen Untersuchungen*, zwei Jahre lang ununterbrochen aus der Freiburger Universitätsbibliothek aus. Nach dem Ersten Weltkrieg, als Husserl bereits von Göttingen auf einen Lehrstuhl in Freiburg gewechselt war, wird Heidegger schließlich sein Assistent. Die Phänomenologie wird seine neue philosophische Heimat. Der endgültige Abschied von einer christlichen Philosophie war vollzogen.

Doch der junge Universitätsdozent geht in seiner Lektüre und in seinem Denken schon früh eigene Wege. Er liest Werke von Vertretern der so genannten »Lebensphilosophie« wie Friedrich Nietzsche, Wilhelm Dilthey oder Henri Bergson, die die Aufmerksamkeit vom Bewusstsein und der reinen Verstandeserkenntnis weg auf Formen des gefühlsmäßigen und intuitiven »Verstehens« lenkten. Dilthey machte darauf aufmerksam, dass der Mensch nicht wie ein normales Objekt der Naturwissenschaften »erklärt« werden könne, sondern aus seinem Erleben und aus seinem kulturellen Schaffen heraus »verstanden« werden müsse. Bergson, einer der damals populärsten Philosophen Europas, untersuchte unter anderem die unterschiedlichen Formen, in denen wir »Zeit« erleben. Heidegger las aber auch den damals nur wenigen bekannten dänischen Theologen Sören Kierkegaard, der in seiner Schrift *Der Begriff Angst* die menschliche Freiheit mit der Grundstimmung der Angst in Verbindung gebracht und den Menschen aufgefordert hatte, durch eine grundsätzliche Wahl seiner Existenz einen Sinn zu geben.

Heideggers Hinwendung zu konkreten Phänomenen der menschlichen Existenz wurde durch die Zeitstimmung nach dem Ersten Weltkrieg befördert, die von Krisenbewusstsein, geistiger Orientierungssuche und Aufbruchsenthusiasmus geprägt war. Existenz- und Entscheidungsfragen standen überall auf der Tagesordnung. Schon in der Vorkriegszeit hatte er mit den Jugendbewegungen sympathisiert, die für Natürlichkeit, Authentizität und Abkehr von starren gesellschaftlichen Formen eintraten und nicht nur eine Erneuerung der gesellschaftlichen Institutionen, sondern auch eine »Lebensreform« des Einzelnen anstrebten.

So wurde Heidegger zu einem Phänomenologen besonderer Art. Von Husserl hatte er den Anspruch übernommen, den Zugang des Menschen zur Welt von Grund auf, von seinen ursprünglichen Bedingungen her zu untersuchen. Doch nicht das Bewusstsein wird für ihn der Untersuchungsgegenstand, sondern die Lebenswelt, das normale, alltägliche Leben des Menschen. Auf diese Lebenswelt richtete er seine ganz eigene Art des Philosophierens, die ihn schon als jungen Dozenten in Freiburg berühmt machte.

Die Studenten nannten ihn den »Zauberer von Meßkirch«, weil er philosophische Fragen an der Wahrnehmung alltäglicher Dinge entzünden konnte. So begann Heidegger, vor seinen Studenten über die Wahrnehmung des Katheders zu reden,und versuchte zu erklären, dass Betrachter und Gegenstand Teil einer gemeinsamen »Umwelt«, eines Beziehungsgeflechts von Gegenständen sind. Erst aus dieser Verflechtung heraus lässt sich die »Bedeutung« der Gegenstände erkennen. Was bei Husserl die Verklammerung von Subjekt und Objekt im Bewusstsein war, wurde bei Heidegger zu einer Verklammerung des Menschen mit den Dingen in einer gemeinsamen Umwelt.

Deshalb ist die Welt, die wir wahrnehmen und in der wir leben, so

Heideggers Erkenntnis, in einem ganz unmittelbaren Sinn immer die Welt des Menschen. Welt und Mensch stehen sich nicht gegenüber. Der Mensch ist immer schon Teil der Welt. Die großen Philosophen hatten die Wirklichkeitsgrundlagen dieser Welt immer in einem unveränderten »Sein« gesucht, in Ideen, Prinzipien, Kategorien. Angeregt von Bergson versuchte Heidegger nun, dieses »Sein« auf eine ganz neue Grundlage zu stellen. Diese neue Grundlage bestand in der »Zeit«. Da die Zeit aber mit Veränderung verbunden ist, konnte auch das Sein nicht mehr in unveränderlichen Prinzipien gesucht werden.

Als Heidegger 1923 als außerordentlicher Professor nach Marburg berufen wird, beginnt für ihn philosophisch und privat die aufregendste Zeit seines Lebens. 1924 lernt er die junge Philosophiestudentin Hannah Arendt kennen, die für einige Zeit seine Geliebte wird. Mit seinem Kollegen Karl Jaspers in Heidelberg bildet er eine »Kampfgemeinschaft«, die die akademische Philosophie mit einem neuen Stil und neuen Themen herausfordern will. Heidegger lebt zeitweise beflügelt, in einem kreativen Rausch.

Als Ergebnis dieser höchst produktiven Lebensatmosphäre begann das Werk konkrete Gestalt anzunehmen, mit dem er vom Geheimtipp zum deutschen Philosophenkönig aufsteigen sollte. Das Projekt von *Sein und Zeit* entwickelte sich aus Heideggers eigenständiger Auseinandersetzung mit der Phänomenologie Husserls, aber auch angeregt durch die Stimmungen und Lebensfragen der Epoche.

Den letzten Anstoß zur Abfassung des Werks gab jedoch die Universität selbst. Seit 1925 war die Stelle eines ordentlichen Philosophieprofessors in Marburg neu zu besetzen. Heidegger schien die selbstverständliche erste Wahl zu sein. Doch um eine positive Entscheidung des Kultusministeriums zu erhalten, musste er zumindest eine wichtige Veröffentlichung vorlegen. Seit 1916 seine Habilitationsschrift erschienen war, hatte er kein einziges Werk publiziert.

Es waren die Unterlagen zu seinen Lehrveranstaltungen, ausgearbeitete Vorlesungen und für die Universität verfasste Vorträge, aus denen Heidegger schließlich das Manuskript von *Sein und Zeit* herstellte. Am 25. Juli 1924 hatte er vor der Marburger Theologischen

Gesellschaft einen Vortrag über den »Begriff der Zeit« gehalten, der wegen seines Umfangs nicht als Aufsatz veröffentlicht worden war. Heidegger hatte ihn zu einer fünfundsiebzigseitigen Abhandlung erweitert. Im Sommersemester 1925 griff er die gleiche Thematik in einer Vorlesung unter dem Titel »Geschichte des Zeitbegriffs« wieder auf. Hier sprach er auch zum ersten Mal Fragen wie »Tod« und »Gewissen« an. In den Semesterferien arbeitete er diese Themen auf seiner Hütte in Todtnauberg in den Text ein.

Der Durchbruch zu einem umfangreichen Buchmanuskript erfolgte im März 1926. Eine erste Sendung ging im April in den Druck. Weitere Teile arbeitete er im Laufe des Jahres 1926 aus, um sie am 1. November beim Verlag einzureichen. Es blieb ein Rest, darunter eine Auseinandersetzung mit Kant, Descartes und Aristoteles, der nicht mehr fertig gestellt und in späteren Publikationen verarbeitet wurde. Das Erscheinen des Buches machte den Weg frei für Heideggers Berufung zum ordentlichen Professor. Die Berufung, die vorher bereits zwei Mal vom Ministerium abgelehnt worden war, erfolgte schließlich im Oktober 1927.

Wer immer *Sein und Zeit* zum ersten Mal liest, wird sich an Heideggers ungewöhnliche Sprache gewöhnen müssen. Heidegger gehört zu den großen Sprachschöpfern, aber auch Sprachumformern in der Philosophie. Vertraute Begriffe wie »Dasein« oder »Sorge« erhalten eine völlig neue oder eine abgewandelte Bedeutung. Oft beruft sich Heidegger dabei auf einen ursprünglichen, etymologisch begründeten Wortsinn. Aber auch völlig neue Wortprägungen wie das »Man« oder das »Zuhandene« sind eine Herausforderung für den Leser. Kein wichtiger Begriff, den Heidegger verwendet, sollte in seiner normalen Alltagsbedeutung verstanden oder vorausgesetzt werden.

Sein und Zeit beginnt mit der Frage nach dem »Sinn von Sein«, eine Frage, die das Buch letztlich nicht beantworten wird. Das Sein als die Grundlage der Wirklichkeit ist nach Heidegger nicht, wie von den meisten Philosophen geglaubt, ein »Seiendes«, das heißt eine beschreibbare und definierbare Sache. Dennoch führt der Weg zu diesem Sein über das Seiende, allerdings über ein ganz besonderes Seiendes, nämlich den Menschen. Der Mensch ist für Heidegger die

Brücke zum Sein, weil er das einzige Wesen ist, das die Frage nach dem Sein stellt, weil er ein »Seinsverständnis« hat und deshalb über den bloßen Status als Ding oder Sache hinausreicht. Der Mensch hat von daher eine besondere Seinsweise, die Heidegger »Dasein« nennt. Die Untersuchung oder, wie Heidegger sagt, die »Fundamentalanalyse des Daseins« ist das eigentliche Thema von *Sein und Zeit* geworden.

Mit dem »Dasein« kommt auch der vielleicht berühmteste Begriff von *Sein und Zeit* ins Spiel: die »Existenz«. Existenz ist für Heidegger nicht nur einfach die Tatsache des Lebens oder Existierens. Sie ist vielmehr die Verbindung zwischen dem Dasein und dem Sein. Der Begriff ist bei Heidegger in seinem ursprünglichen lateinischen Wortsinn zu verstehen. »Ex-sistere« heißt wörtlich »herausstehen«. Der Mensch ragt aus der normalen Welt der Dinge dadurch heraus, dass er ein Verhältnis zum Sein entwickeln kann. Existenz ist ein bewusstes, erfülltes, dem Sein zugewandtes Dasein.

Heidegger will hier in der Tat einen neuen, revolutionären Weg gehen. Er will das Sein nicht »hinter« den Dingen oder »außerhalb« der Dinge suchen, sondern in einem bestimmten Vollzug des menschlichen Lebens, in der Art, wie der Mensch seine Existenz gestaltet. Von dem »Sein des Daseins« her soll dann der »Sinn von Sein« insgesamt erschlossen werden.

Was dem Leser letztlich als Gesamtdarstellung vorliegt, sind zwei große Abschnitte dessen, was Heidegger ursprünglich als ersten Teil vorgesehen hatte: In der »vorbereitenden Fundamentalanalyse des Daseins« wird die alltägliche Art analysiert, wie der Mensch in der Welt lebt. Im zweiten Abschnitt, betitelt »Dasein und Zeitlichkeit«, geht es darum, wie der Mensch vor dem Hintergrund der Zeit seine Existenz verwirklichen, wie er sich dem Sein zuwenden kann. Ein ursprünglich vorgesehener dritter Abschnitt, der die Schlussfolgerung dieser Analysen unter dem Titel »Zeit und Sein« enthalten sollte, fehlt. Ebenso fehlt ein umfangreich geplanter zweiter Teil, der den Begriff des Seins in der Philosophiegeschichte beleuchten wollte.

Heidegger beginnt mit einer »Daseinsanalytik«, also einer Analyse dessen, was den Menschen von anderem »Seienden« unterscheidet. Im Mittelpunkt steht dabei nicht der bewusste, sich selbst verwirklichende Mensch, sondern der normale Alltagsmensch, der in seine gewohnte Welt eingebunden ist und sein Leben nicht als Problem empfindet. Für diesen Zustand hat Heidegger den Begriff »Uneigentlichkeit« eingeführt. Dem steht die »Eigentlichkeit« entgegen, der Zustand, in dem der Mensch auf die Bedingungen seiner Existenz bewusst reagiert.

Um die Bedingungen des normalen Alltagslebens zu analysieren, stützt sich Heidegger vor allem auf zwei Ansätze: auf Husserls phänomenologische »Einstellung«, die sich nun auf die Lebenswelt richtet; und auf Wilhelm Diltheys »Hermeneutik«, die Lehre vom Verstehen des menschlichen Erlebens. Heidegger will eine »Daseinshermeneutik« betreiben, das heißt, er will die Art, wie Dinge und Menschen in alltäglichen Verrichtungen aufeinander bezogen und miteinander verflochten sind, aufdecken und in einer neuen Weise interpretieren, so dass Aussagen über den Menschen insgesamt möglich werden.

Heidegger fasst die Grundbeziehungen des menschlichen Lebens mit dem Begriff »In-der-Welt-sein« zusammen. Dazu gehören zum einen die Beziehungen des Menschen zu den Dingen und zum anderen die Beziehungen des Menschen zu anderen Menschen. Der Mensch befindet sich immer in einer »Situation« gegenüber Dingen und anderen Menschen. Wenn wir das Wesentliche am Menschen erfassen wollen, müssen wir den Blick auf die Grundsituationen des Menschen freilegen.

Die Dinge sind wie der Mensch Teil einer gemeinsamen »Umwelt«, in der beide aufeinander bezogen sind und beide aufeinander verweisen. Der Bezug der Dinge zum Menschen entsteht durch den Gebrauch und den Nutzen. Deshalb bezeichnet Heidegger die Dinge auch als »Zeug«. Es ist dies eine seiner typischen Wortschöpfungen. Ganz bewusst erinnert sie an Begriffe wie »Werkzeug« oder »Schreibzeug«. Das Zeug ist für den Menschen ein Instrument, es hat eine Funktion in seinem Leben. Es dient zu etwas. Die Dinge sind nicht, wie die traditionelle Philosophie dachte, einfach »vorhanden«. Sie sind vielmehr »zuhanden«, sie sind dazu da, dem Menschen »zur Hand« zu sein. Die menschliche Umwelt ist durch »Zuhandenheit«

geprägt, durch eine Vertrautheit, die durch den täglichen Umgang entstanden ist.

Ein anderes Merkmal des »In-der-Welt-seins« ist das »Mitsein«, die Tatsache, dass der Mensch nie alleine lebt, sondern immer auf andere Menschen bezogen ist. Allerdings hat dieses »Mitsein« im Alltag eine ganz bestimmte Form angenommen, nämlich die der Angepasstheit und Konformität. Statt dass wir selbst in der Auseinandersetzung mit anderen unserem Leben eine bestimmte Richtung geben, versuchen wir, nicht aufzufallen, und bemühen uns so, wie die anderen zu sein. Wir geben die Verantwortung für unser Leben an eine merkwürdig gesichtslose und neutrale Instanz ab, sei es der Zeitgeist, der Massengeschmack oder die Sitte.

Heidegger nennt diese Instanz das »Man«, ein Begriff, dem er die Bedeutung und Funktion eines Substantivs verleiht. Damit gemeint ist jene konkret nie greifbare öffentliche Autorität, die sich in Forderungen wie »Man tut dies« oder »Man tut dies nicht« äußert. Die »Diktatur des Man«, von der Heidegger spricht, ist die Diktatur der Durchschnittlichkeit, die den Menschen an seiner Selbstverwirklichung hindert. Das Man ist für Heidegger ein normaler Bestandteil des menschlichen Lebens, aus dem wir uns nie völlig lösen können. Wir können uns aber in einer bewussten Weise dazu verhalten, wir können die Herrschaft, die das Man über unser Leben ausübt, beenden.

Heideggers Analyse des Man gehört zu den berühmtesten Passagen des Buches. Sie traf sich mit der Kritik an der Anonymität der modernen Massengesellschaft, wie sie zum Beispiel auch wenige Jahre später in dem Hauptwerk des spanischen Philosophen Ortega y Gasset, *Der Aufstand der Massen*, geübt wurde. Auch Heidegger ist immer ein Gegner der modernen Lebensformen geblieben, der urbanen, pluralistischen Welt, wie sie sich vor allem in den Großstädten herausgebildet hatte. Seine Ablehnung betraf sowohl die Demokratie als politische Lebensform als auch die mediengeprägte Öffentlichkeit mit ihren schnelllebigen Nachrichten oder Trends. Die Moderne war für Heidegger ein Ort des »uneigentlichen« Lebens.

In diesen Zusammenhang einer Kritik am uneigentlichen Leben

gehört auch ein anderes, ebenso berühmtes Kapitel aus *Sein und Zeit*, in dem es um das »Gerede« und die »Neugier« geht. Mit »Gerede« oder »Neugier« meint Heidegger Formen der oberflächlichen Kommunikation, die das Verständnis zwischen Menschen eher verhindern, als es herzustellen. Alles wird nur unter dem Gesichtspunkt gesehen, ob es als Neuigkeit oder Nachricht verwertbar ist. »Gerede und Neugier«, so Heidegger, »sorgen in ihrer Zweideutigkeit dafür, dass das echt und neu Geschaffene bei seinem Hervortreten für die Öffentlichkeit veraltet ist.« Wenn wir in diesen Kommunikationsformen verbleiben, so ist das Dasein »verfallen«. »Verfallensein« ist für Heidegger ein Merkmal des uneigentlichen Daseins. Der Mensch ist durch die Formen der alltäglichen Kommunikation, besonders aber durch die Versuchung der modernen Kommunikations- und Medienwelt ständig in Gefahr, von sich selbst abgelenkt zu werden, von sich selbst »abzufallen«.

Die verschiedenen Formen des In-der-Welt-seins binden uns zunächst an ein entfremdetes, uneigentliches Leben. »Das In-der-Welt-sein«, so Heidegger, »ist immer schon verfallen.« Der Mensch ist in die Welt geworfen, er hat sich selbst nicht dorthin gestellt. Aber diese »Geworfenheit«, wie Heidegger sie nennt, hat zwei Seiten: Sie setzt uns den Gegebenheiten aus, aber sie enthält auch den Aspekt der Offenheit, die Möglichkeit eines eigenen Lebensentwurfs.

Dieser Doppelaspekt der Geworfenheit und des Entwerfen-Könnens steckt auch in dem Begriff der »Sorge«, mit dem Heidegger die wesentlichen Aspekte des Daseins zusammenzufassen versucht. Auch hier weicht er von unserem normalen Sprachgebrauch ab. Er meint damit nicht so etwas wie »Kummer«, sondern den zielgerichteten, planenden Umgang des Menschen mit der Welt, wie er zum Beispiel durch das Wort »besorgen« ausgedrückt wird. Während wir uns zu den Dingen der Umwelt »besorgend« verhalten, sind wir dem Mitmenschen in »Fürsorge« verbunden, das heißt, wir beziehen den anderen als gleichwertiges Dasein in unsere Lebensplanung mit ein.

Die »sorgende« Beziehung zur Umwelt ist nach Heidegger auch die Bedingung dafür, dass der Mensch ein ganz eigenes Verhältnis zum Sein aufbauen, also eine Existenz führen kann. Denn in dem planenden, Dinge und Menschen ins eigene Leben einbeziehenden Umgang kommt eine neue Dimension ins Spiel, die im Mittelpunkt des zweiten Teils steht: die Zeit. In der Sorge ist immer ein erinnerndes und ein vorausschauendes Element enthalten, also eine Beziehung zur Vergangenheit und zur Zukunft. Dass menschliches Dasein zeitliches Dasein ist, rückt die von Heidegger im ersten Teil seines Buches vorgenommene Daseinsanalyse in ein neues Licht. Nun geht es darum, wie, im Horizont der Zeit, der Mensch aus den alltäglichen Bezügen, in denen er steht, aus dem In-der-Welt-sein zu einem selbstbestimmten Leben findet.

Diese menschliche Selbstverwirklichung, die bei Heidegger Verwirklichung der »Eigentlichkeit«, des »Selbst« oder der »Existenz« heißt, ist nicht nur eine Abkehr von Anonymität, Oberflächlichkeit und Konventionen, sie ist vor allem begleitet von dem Bewusstsein der Endlichkeit des Lebens, von einem ständig vorhandenen Zeitbewusstsein. *Sein und Zeit* schreitet den Weg zu diesem Bewusstsein ab. Er führt über die Grundstimmung der Angst, über die Annahme des Todes als Horizont des Lebens, über den »Ruf des Gewissens« bis zur »Entschlossenheit«, mit der der Mensch seine Existenz ergreift.

Dass der Mensch frei ist, sein eigenes Leben zu gestalten, dass sein »Verfallensein« nicht das letzte Wort ist, sondern dass man vorgegebene Bindungen und Beziehungen auch bewusst gestalten kann, macht sich, noch vor aller rationaler Einsicht, in Stimmungen bemerkbar. Stimmungen sind für Heidegger wie Fühler, mit denen wir Kontakt zur Welt herstellen. Dabei spielt die Grundstimmung der Angst eine besondere Rolle.

Kierkegaard hatte die Angst als ein unbestimmtes Gefühl beschrieben, das dem Menschen seine Sündhaftigkeit, aber damit auch seine Freiheit und Verantwortung gegenüber Gott offenbart. Auch bei Heidegger ist Angst im Gegensatz zu Furcht eine unbestimmte Stimmung, die sich nicht auf einen bestimmten Vorgang oder Gegenstand richtet. Es ist die Angst vor dem Unbekannten eines selbst gestalteten, offenen Lebens. Die Selbstverständlichkeiten des Lebens geraten ins Schwanken, das Nichts bricht auf und damit aber auch die Möglichkeit, das entstandene Vakuum zu füllen, die Möglichkeit, die eigene

Existenz selbst zu wählen. Die Angst, so schreibt Heidegger, offenbart »das Freisein für die Freiheit des Sich-selbst-Wählens«.

Dieses Erwachen des Menschen zum Freiheitsbewusstsein ist begleitet von der Wahrnehmung der eigenen Sterblichkeit. Unter der Herrschaft des Man wird der Tod aus dem Leben verdrängt. Wenn Heidegger sagt, dass das Leben ein »Vorlaufen« auf den Tod ist, dann meint er nicht nur die banale Tatsache, dass am Ende unseres Lebens der Tod steht. Die Zeit ist bei Heidegger kein Raum, den wir durchschreiten, sondern sie ist in uns, sie durchzieht wie ein roter Faden unser Selbstverständnis, unsere »Lebensanschauung«. Die Zeit ist etwas, das vom Menschen vollzogen wird.

Um sie als Vorgang und Vollzug kenntlich zu machen, prägt Heidegger das Wort »zeitigen«. Indem wir uns der eigenen Sterblichkeit bewusst werden, nehmen wir auch die Zeit bewusst in unser Lebensverständnis auf. Das menschliche Leben, das Dasein, ist ein »Sein zum Tode« in dem Sinne, dass es mit der Erkenntnis seiner Grenzen auch die Lebensintensität und die Dringlichkeit eines eigenen Lebensentwurfes erhöht.

Diese Dringlichkeit wird dem Menschen nicht allmählich bewusst, sondern in einem Appell, einem Aufruf, den er quasi an sich selbst richtet. Heidegger verwendet hier Begriffe wie »Gewissen« und »Schuld«, entkleidet sie aber von der traditionellen moralischen und religiösen Bedeutung. Als »Ruf des Gewissens« bezeichnet er das Aufwachen aus der konventionellen Lebensweise des Man. Mit »Schuld« meint er das Bewusstsein, etwas aus sich machen zu müssen, seinen eigenen Existenzmöglichkeiten etwas »schuldig« zu sein.

Der Mensch ist in das Dasein geworfen. Der Ruf des Gewissens, der ihn an seine »Schuld« erinnert, bringt ihn jedoch dazu, nicht passiv zu bleiben, sondern auf die Herausforderung des Daseins mit einem eigenen Entwurf zu antworten, also das Dasein zur Existenz zu machen. In der Annahme dieser Herausforderung liegt die »Entschlossenheit«. In der für Heidegger eigentümlichen Sprache lautet dies: »Entschlossenheit besagt: Sichvorrufenlassen auf das eigenste Schuldigsein.« Der Mensch muss sich nach Heidegger stellen: Ein Verhältnis zum Sein, eine eigenständige Existenz führt er nur dann, wenn er im Bewusstsein der Zeit lebt, wenn er im Bewusstsein seiner Vergangenheit, im Ergreifen der Gegenwart und im Hinblick auf seine Möglichkeiten in der Zukunft lebt. Wer sich der Diktatur des Man unterwirft, vergisst seine Vergangenheit und verliert sich in alltäglichen »Besorgungen«.

Viele hat es irritiert, dass *Sein und Zeit* keine Antwort auf die Frage gibt, *wozu* man sich in seinem Lebensentwurf entscheiden soll, wie die Existenz, das selbstbestimmte Dasein inhaltlich aussieht. Doch die Botschaft des Buches ist vielmehr: Wichtig ist nicht, *wozu* du dich entscheidest, sondern *dass* du dich der Herausforderung des Lebens stellst und einen eigenen Lebensentwurf wählst, der nicht im Man, in Konventionen und Belanglosigkeiten, stecken bleibt. *Sein und Zeit* ruft zu einer Lebenshaltung, zu einer Entscheidung und zu einer Wahl auf. Wie diese Entscheidung aussieht, bleibt dem Einzelnen überlassen.

Mit der These, dass das Verhältnis des Daseins zum Sein immer durch die Zeit geprägt ist, deutet sich zumindest an, in welcher neuen Weise Heidegger auch den Begriff des »Seins« versteht. Ein ewiges, unveränderliches Sein oder ein Leben, das sich an einem unveränderlichen, zeitunabhängigen Maßstab ausrichtet, gibt es bei ihm nicht mehr. »Sein« und »Zeit« stehen in einem engen Zusammenhang. Wie dieser Zusammenhang genau zu erklären ist, erfährt der Leser allerdings nicht. Heideggers Buch bricht mit Fragen ab: »Führt ein Weg von der ursprünglichen Zeit zum Sinn des Seins? Offenbart sich die Zeit selbst als Horizont des Seins?«

Weil diese Fragen nicht mehr erörtert werden, ist *Sein und Zeit* auch nicht die von Heidegger in der Einleitung angekündigte »Fundamentalontologie« geworden. Stattdessen enthält das Werk eine Theorie über den Menschen und sein Verhältnis zur Welt, in der die Möglichkeiten individueller Selbstbestimmung und Selbstverwirklichung im Mittelpunkt stehen.

Die Schrift erschien im April 1927 als Band VIII des von Husserl herausgegebenen *Jahrbuchs für Philosophie und phänomenologische Forschung*. Versehen mit der Widmung »Edmund Husserl in Verehrung und Freundschaft zugeeignet«, wurde es eines der berühmtesten Fragmente der Philosophiegeschichte. Heidegger ebnete mit diesem Werk den Weg für seine akademische Karriere, aber er trat damit auch erstmals für eine breitere Öffentlichkeit in Erscheinung. Die Veröffentlichung des Buches etablierte seinen Ruf als einer der maßgeblichsten Philosophen seiner Zeit, ein Ruf, den er selbst beschädigte, als er sich 1933 den Nazis anschloss und die Widmung für seinen Lehrer Edmund Husserl, der jüdischer Abstammung war, aus dem Buch tilgte.

Sein und Zeit wurde zu einem der einflussreichsten Werke der Philosophie des 20. Jahrhunderts. Als Gründungsurkunde der Existenzphilosophie trat es vor allem in Deutschland und Frankreich eine Lawine los. Jean-Paul Sartres Hauptwerk *Das Sein und das Nichts* war das erste bedeutende Werk, das sich in seinen Fragen und Themen unmittelbar daran anschloss. Aber auch Hans-Georg Gadamers Neubegründung einer philosophischen Hermeneutik baut auf Heideggers frühem Hauptwerk auf.

Beim späteren Heidegger trat das Thema der Existenz des Menschen in den Hintergrund zugunsten des Versuchs, den Begriff »Sein« neu zu bestimmen. Heidegger als Kritiker einer an Vernunft und Geist ausgerichteten Metaphysik wurde nun auch zu einem der philosophischen Väter der Postmoderne.

Sein und Zeit ist dennoch Heideggers großer Wurf geblieben, ein Buch, das wie kaum ein anderes philosophisches Werk schwierige Analysen mit dem Charakter eines an jeden Menschen persönlich gerichteten Appells verbindet. Es ist ein philosophischer Weckruf, eine Aufforderung zum Aussteigen aus dem, was uns am eigenen, selbst gewählten Leben hindert.

Ausgabe:
Martin Heidegger: Sein und Zeit. Tübingen: Niemeyer [18]2001.

Die Heilige Schrift des Existentialismus

JEAN-PAUL SARTRE: Das Sein und das Nichts (1943)

Metropolen wie London, Paris oder New York werden immer wieder zum Treffpunkt avantgardistischer Künstler, Schriftsteller und Musiker, die nicht nur durch ihre Werke, sondern auch durch ihr öffentliches Auftreten ein neues Zeitgefühl und einen neuen Lebensstil prägen. Auch die Philosophie kann Teil einer solchen »Szene« sein. Dass sie allerdings zum geistigen Mittelpunkt einer urbanen Avantgarde wird, ist sehr selten.

Genau dies geschah nach dem Ende des Zweiten Weltkriegs in den Pariser Intellektuellenvierteln am linken Seine-Ufer. Im Rausch der Befreiung und des geistigen Aufbruchs war es die Philosophie des Existentialismus, die die Diskussionen in den Pariser Cafés beherrschte. Die jungen Damen, die sich im Stil von Juliette Greco ganz in Schwarz kleideten und sich die Zigarettenspitze schräg in den Mund steckten, waren vom existentialistischen Virus ebenso angesteckt wie jene, die sich in den Pariser Jazzklubs von der Gitarre Django Reinhardts oder der Trompete Boris Vians inspirieren ließen. Eine neue rebellische Literatur entstand: Albert Camus war aus dem algerischen Oran gekommen, Emile Cioran aus Bukarest und Jean Genet, der poète maudit der Szene, hatte gerade eine seiner vielen Gefängnisstrafen hinter sich.

Der Existentialismus von Saint-Germain-des-Prés eroberte von Paris aus die Verlage, Kaffeehäuser und Universitäten der westlichen Welt. Sein Chefdenker und Oberpriester war Jean-Paul Sartre, ein klein gewachsener schielender Kettenraucher, der zusammen mit seiner Freundin Simone de Beauvoir im Café Flore Hof hielt. Sartre hatte nicht nur den Sprung vom provinziellen Philosophielehrer zum intellektuellen Guru von Paris geschafft. Er hatte auch bereits während des Krieges ein mehr als tausendseitiges philosophisches Werk vorgelegt, das zur Heiligen Schrift des Existentialismus wurde: *Das Sein und das Nichts*, ein Text, der sich auf den Höhen einer sprachlich sehr komplexen philosophischen Reflexion bewegt, aber auch immer wieder in die Täler des alltäglichen Lebens hinabsteigt.

Es war ein Buch, das die Freiheit des Menschen, zugleich aber auch seine Verlorenheit in einem sinnlosen Universum offen legte. Sartres Appell an den Menschen, die Verantwortung für das eigene Leben zu übernehmen und die Sinnlosigkeit durch einen eigenen Sinnentwurf zu überwinden, hatte große Attraktivität für viele, die sich von den totalitären Weltanschauungen abkehrten, aber auch in der christlichen Weltdeutung keine geistige Heimat mehr fanden. *Das Sein und das Nichts* entfaltete eine Diesseitsreligion der Freiheit in einer Welt ohne Gott.

Niemand hatte Sartres ungeheure öffentliche Wirkung voraussehen können. Denn der junge Jean-Paul war, wie er selbst in seiner autobiografischen Schrift *Die Wörter* detailliert schildert, ein Einzelgänger, der sich die Welt über das Medium der Literatur aneignete. Im Gegensatz zu vielen anderen Philosophen, bei denen eine stürmische erste einer eher ruhigen, der Arbeit gewidmeten zweiten Lebensphase gegenübersteht, lebte der junge Sartre zurückgezogen und in seine Bücher vergraben. Erst im mittleren Mannesalter wurde er zu einer gefeierten und zugleich umstrittenen öffentlichen Figur.

Der 1905 geborene Sartre verlor mit zwei Jahren seinen Vater und wuchs bei seinen Großeltern in La Rochelle am Atlantik auf. Zum eigentlichen Erzieher wurde der Großvater Charles Schweitzer, ein Onkel von Albert Schweitzer. Als Deutschlehrer am Gymnasium und Besitzer einer umfangreichen Bibliothek verschaffte er seinem Enkel früh den Eintritt in die Welt des Geistes. Der sozial eher schüchterne, aber intellektuell frühreife Jean-Paul begann im Alter von sieben Jahren mit ersten literarischen Versuchen. Mit zwölf hatte er sich bereits vom christlichen Glauben gelöst. Als vaterloses Einzelkind fühlte er sich in seiner eigenen Familie fremd und einsam. Auch von seiner Umwelt sah sich der junge Sartre ausgestoßen, kritisiert und bedroht, eine Erfahrung, die später in seine Analyse der Beziehung des Menschen zu seinen Mitmenschen, den »Anderen«, einfloss.

Sartres Gefühl, ein Außenseiter zu sein, hinderte ihn jedoch nicht daran, sich in Schule und Studium durch seine Leistungen auszuzeichnen. Mit neunzehn Jahren wurde er in die renommierte Eliteschmiede der École Normale Supérieure aufgenommen, die er als Jahrgangserster abschloss. Hier lernte er auch seine spätere Lebensgefährtin Simone de Beauvoir kennen.

Sartres eigenes philosophisches Denken entwickelte sich, als er, nach einem zweijährigen Militärdienst und einer kurzen Zeit als Philosophielehrer in Le Havre, ein Jahr am Institut Français in Berlin verbrachte. Er kam 1933 nach Deutschland, ausgerechnet in dem Jahr, in dem Hitler die Macht ergriffen und die bürgerlichen Freiheiten abgeschafft hatte. Doch Sartres Aufmerksamkeit galt weniger den politischen Verhältnissen, sondern vor allem der deutschen Philosophie. Er widmete sich dem Studium Edmund Husserls, des Begründers der Phänomenologie, den er schon in französischen Übersetzungen kennen gelernt hatte und mit dem er sich in den folgenden Jahren auseinandersetzte.

Husserl suchte das Wesen der Dinge nicht mehr hinter den Dingen, sondern in den Phänomenen selbst, in der Art, wie sie uns erscheinen. Dabei knüpfte er an René Descartes an, den Begründer des neuzeitlichen Rationalismus. Descartes hatte den Akt des »Ich denke« (»Cogito«) zum Ausgangspunkt jeder Erkenntnisgewissheit und auch der Selbstgewissheit des Menschen gemacht. Auch Husserl nahm den Weg über die Bewusstseins- und Denktätigkeit des Menschen, doch dieses Bewusstsein war für ihn nicht nur auf ein »Ich denke« beschränkt. Es war vielmehr immer ein »Bewusstsein von«, d. h. ein Bewusstsein, das auf einen Erkenntnisgegenstand gerichtet ist. Es gab für ihn kein reines Erkenntnissubjekt ohne die Beziehung auf ein Erkenntnisobjekt. Diese typisch cartesianische Fragestellung, wie man über das Bewusstsein des Subjekts zur Selbsterkenntnis und zur Erkenntnis der Welt gelangt, war es, die auch den jungen Sartre beschäftigte.

Als er nach Frankreich zurückkehrte, setzte er sich in mehreren

Schriften mit Husserl auseinander. Sartre ging es darum, sich von der Vorstellung zu verabschieden, das Ich sei der Ausgangspunkt, der ursprüngliche Inhalt des Bewusstseins. Er glaubte zwar wie Husserl, dass unser Bewusstsein immer ein »Bewusstsein von«, also ein auf Gegenstände gerichtetes Bewusstsein ist. Doch in diesem »Bewusstsein von« bei Husserl schien ihm immer noch die Vorstellung eines Ich enthalten zu sein.

Sartre entwickelte stattdessen die Idee eines leeren Bewusstseins, eines »Ur-Bewusstseins«, das sich noch keines bestimmten Inhalts bewusst ist. Weder die Vorstellung eines Ich noch der Unterschied zwischen Subjekt und Objekt ist in ihm enthalten. Dieses ursprüngliche Bewusstsein ist etwas Unpersönliches, Leeres, Spontanes. Das Einzige, dessen es sich bewusst ist, ist die Tatsache, dass es existiert. In *Das Sein und das Nichts* bezeichnet Sartre dieses Ur-Bewusstsein als eine »Existenzfülle«, als ein Feld von Möglichkeiten, das die Vorstellung eines Ich erst noch erwerben muss.

In dieser Spontaneität und Unausgefülltheit des ursprünglichen Bewusstseins liegt der Keim für Sartres Vorstellung von Freiheit. Gemeint ist dabei nicht die politische Freiheit, die sich in bürgerlichen Rechten wie z. B. der Meinungsfreiheit ausdrückt. Es ist eine Freiheit, die der des Künstlers ähnelt, der seine Figuren frei erschaffen kann. Entsprechend ist Sartres Freiheit die schöpferische Freiheit des Menschen, sich selbst zur eigenständig handelnden Gestalt in der Welt zu bilden. Aus der Auseinandersetzung mit Husserl über das menschliche Bewusstsein entwickelte sich eine Theorie über den Menschen, der durch sein Handeln seinem Leben ein eigenes Gesicht geben muss.

Sartre war von Anfang an nicht nur ein philosophischer, sondern auch ein literarischer Autor. Den Weg zu seinem Hauptwerk ebneten ihm auch Romane und Theaterstücke. Gerade sie begründeten seinen Ruhm in der Öffentlichkeit. Der literarische Erfolg setzte ein, als er es 1936 geschafft hatte, der Provinz den Rücken zu kehren und am Pasteur-Gymnasium in Paris angestellt zu werden.

Zwei seiner frühen literarischen Schriften haben eine besonders enge Beziehung zu seiner Philosophie: der 1938 erschienene Roman

Der Ekel und das Theaterstück *Die Fliegen*, das 1943, im selben Jahr wie *Das Sein und das Nichts*, veröffentlicht wurde.

In *Der Ekel* macht die Hauptfigur Roquentin die Erfahrung, dass ihm die gewohnten Zusammenhänge verloren gehen und ihm die Dinge fremd werden. Das Gefühl des Ekels entsteht, indem sich ihm beim Betrachten der Dinge die Wirklichkeit plötzlich in ihrer ganzen Sinnlosigkeit aufdrängt. Die Welt der Dinge, so wird es Sartre später ausdrücken, ist »kontingent«, ein Begriff der mittelalterlichen Philosophie, der das Zufällige, Unwesentliche im Gegensatz zum Wesentlichen und Notwendigen bezeichnet. Der Mensch findet in der Welt keinen vorgefertigten Sinn vor, sondern es liegt an ihm selbst, etwas Sinnvolles zu schaffen.

Wie dies geschehen kann, davon handelt das Drama *Die Fliegen*, in dem die griechische Sage von Agamemnon aufgegriffen wird, der nach seiner Heimkehr aus dem Trojanischen Krieg von seiner Frau Klytemnästra und ihrem Liebhaber Ägist ermordet und in der Herrschaft abgelöst wird. Bei Sartre geht es um Agamemnons Sohn, Orest, der sich dazu entschließt, die Tyrannei des Ägist zu beseitigen. Dadurch wird er zum Symbol für den Menschen, der seine Freiheit ergreift und dadurch der Verantwortung gegenüber seinem eingenen Leben gerecht wird.

Das leere, noch unbestimmte menschliche Bewusstsein, die Kontingenz des menschlichen Daseins und ihre positive Kehrseite, die Freiheit des Menschen – alle diese Themen werden in *Das Sein und das Nichts* zu einem umfangreichen Theoriegebäude gezimmert.

Das Sein und das Nichts entstand mitten im Zweiten Weltkrieg unter höchst ungewöhnlichen Umständen. Einige Monate nach Ausbruch des Krieges wurde Sartre von den Deutschen in ein Internierungslager in der Nähe von Trier gebracht. Hier standen ihm nur wenige, ausnahmslos deutschsprachige Bücher zur Verfügung, von denen ihn vor allem eines interessierte: Martin Heideggers 1927 erschienenes Hauptwerk *Sein und Zeit*. Heidegger war ebenfalls ein Husserl-Schüler, der versucht hatte, die besondere Rolle des Menschen in der Welt herauszuarbeiten. Der Mensch ist für ihn das einzige Wesen, das ein »Seinsverständnis« hat, d.h., das sich bewusst gegenüber sich selbst und der Wirklichkeit, in der es lebt, verhalten kann. Auf der Grundlage einer Analyse der durch Konventionen geprägten Alltagsexistenz – die er »Uneigentlichkeit« nannte – entwarf Heidegger eine Theorie der menschlichen Selbstverwirklichung, in der dem Menschen die Aufgabe gestellt ist, seiner Freiheit durch eine Existenzwahl Ausdruck zu geben. Erst dadurch erreicht er die Ebene der »Eigentlichkeit« und wird seiner Sonderrolle gerecht.

Im Anschluss an Husserl und Heidegger ging Sartre nun daran, seine eigene Theorie der menschlichen Existenz zu entwickeln. In einem Brief an Simone de Beauvoir vom 22. Juli 1940 berichtet er, er habe mit der Niederschrift von *Das Sein und das Nichts* begonnen. Im März 1941 gelingt es ihm, aus dem Lager entlassen zu werden und an sein Pariser Gymnasium zurückzukehren. Nun nimmt die Arbeit an dem Buch Fahrt auf. In jeder freien Minute arbeitet Sartre im ersten Stock des Café Flore an dem Manuskript, das er bereits im Oktober 1942 beim Pariser Verlag Gallimard abgibt.

Mit Simone de Beauvoir hatte sich inzwischen eine Partnerschaft entwickelt, in der sich persönliche Nähe und philosophischer Gedankenaustausch ergänzten. Beider Werk entstand parallel, und beide wurden zum berühmtesten Philosophenpaar des 20. Jahrhunderts. »Castor« und »Pollux« nannten sie einander. So enthält auch *Das Sein und das Nichts* die Widmung »Für den Castor«.

Bereits mit seinem Titel *Das Sein und das Nichts – Versuch einer phänomenologischen Ontologie* lehnt sich Sartre an die schwierige Rhetorik der deutschen Philosophie in der Tradition Hegels, Husserls und Heideggers an. »Sein« ist ein Begriff, der als der allgemeinste und grundlegendste Begriff der Metaphysik schon in der Antike eine große Rolle spielte, dann aber besonders von Georg Wilhelm Friedrich Hegel, dem bedeutendsten Vertreter des Deutschen Idealismus, und später von Heidegger wieder aufgegriffen wurde. Mit dem »Sein« meint Sartre den gesamten Bereich der Wirklichkeit, einschließlich des Menschen.

Hegel und Heidegger lieferten Sartre auch den Begriff des »Nichts«, der nun aber eine ganz spezielle Färbung annimmt. Die französische Sprache kennt für das »Nichts« zwei unterschiedliche Begriffe, »néant« und »rien«. Das von Sartre benutzte »néant« bezeichnet etwas Fehlendes, eine Leerstelle, die aber ausgefüllt werden kann. »Néant« ist im Gegensatz zu »rien« offen für eine Verwirklichung. Es deutet auf eine noch nicht vorhandene, aber mögliche Wirklichkeit.

Mit dem Begriff »phänomenologisch« gibt Sartre einen Hinweis darauf, dass er die Schrift als eine Weiterentwicklung der Phänomenologie Edmund Husserls begreift. Dass es sich um eine »Ontologie«, um eine Lehre von den Grundlagen und Prinzipien der Wirklichkeit, handelt, scheint zwar durch die hervorgehobene Verwendung des Begriffs »Sein« bestätigt zu werden, gilt jedoch nur mit Einschränkung: Denn Sartre geht es, wie Heidegger, vor allem um den Menschen, seine Freiheit und seine Selbstverwirklichung.

Das Sein und das Nichts hat sprachlich zwei völlig unterschiedliche Gesichter: Sartre benutzt einerseits eine hoch abstrakte Kunstsprache, offenbart jedoch andererseits sein literarisches Talent, indem er seine Thesen auf fast erzählerische Art durch konkrete Szenen und Situationen beleuchtet. Gerade diese Passagen werden immer wieder zitiert und haben das Buch berühmt gemacht.

Sartre unterscheidet zwei grundsätzliche Arten des Seins: Das »An-sich-sein« und das »Für-sich-sein«. Beide Begriffe stammen von Hegel, doch Sartre gibt ihnen eine eigenständige Bedeutung. Mit »An-sich-sein« meint er die Welt der Dinge, die kein Bewusstsein haben und in ihren wesentlichen Eigenschaften festgelegt sind. Dasjenige Sein, das Bewusstsein hat und zur Wirklichkeit eine eigenständige Beziehung herstellen kann, nennt er »Für-sich-sein«. Vereinfacht gesagt: Das »Für-sich-sein« ist der Mensch, das »An-sich-sein« die ihn umgebende Welt.

Der inhaltliche Aufbau des Buches lässt sich in Analogie zu einer Romanhandlung beschreiben: Sartre enthüllt vor dem Leser, wie aus der Ordnung des An-sich-seins ein zunächst unbekanntes Wesen, das Für-sich-sein, auftaucht, wie es allmählich Gestalt annimmt und sich schließlich selbst in der Ordnung der Wirklichkeit einen eigenen Platz schafft.

In der Welt des Seins entdeckt es zunächst schwarze Löcher, also ein Sein, von dem wir zunächst nicht genau sagen können, was es eigentlich ist. Und doch zeigt sich in diesen Leerstellen etwas: das »Nichts«. Es kann nicht von dem An-sich-sein hervorgebracht worden sein, von den Dingen also, die uns in ihren Eigenschaften bekannt sind. Das Nichts ist vielmehr mit einem anderen Sein verbunden, dem menschlichen Sein. Es ist ein Sein, das nicht in allen Eigenschaften festgelegt ist. In ihm enthüllt sich etwas Offenes, etwas, von dem wir noch nicht wissen, was aus ihm wird.

Das menschliche Sein hat die einmalige Eigenschaft, etwas Bestimmtes auch *nicht* zu sein, d. h., sich gegenüber der Wirklichkeit auch negativ verhalten zu können. Wie Heidegger glaubt Sartre, dass sich der Mensch bewusst zu seinem eigenen »Sein« verhalten, dass er sich für etwas entscheiden und sein Sein selbst gestalten kann. Er kann immer auch Nein sagen.

Doch der Mensch kann sich nicht nur negativ gegenüber der Welt, sondern auch negativ gegenüber sich selbst verhalten. Er kann die Möglichkeit, auch anders zu sein, die ihn von den Dingen unterscheidet, übersehen und leugnen. Diese Haltung nennt Sartre »mauvaise foi«, ein Begriff, der für jeden Übersetzer eine Herausforderung darstellt und im Deutschen häufig mit »Unaufrichtigkeit«, manchmal sogar mit »schlechtem Gewissen« übersetzt wird. Doch Sartre verbindet mit diesem Begriff keine moralische Wertung. »Mauvaise foi«, wörtlich: »Schlechtgläubigkeit«, hat derjenige, der im Grunde weiß, dass er etwas tun kann oder soll, es aber nicht tun will und deshalb behauptet, er könne es nicht. »Mauvaise foi« ist bei Sartre die Form der Selbsttäuschung, mit der sich der Mensch über sein eigenes Wesen betrügt. Er verhält sich wie ein An-sich-sein, obwohl er ein Für-sich-sein ist. Es ist Sartres Pendant zu Heideggers Zustand der »Uneigentlichkeit«, in dem der Mensch sich weigert, die in ihm angelegten Möglichkeiten zu verwirklichen.

Ein bekanntes Beispiel, das Sartre für »mauvaise foi« gibt, ist das des Kellners, der sich völlig mit seiner beruflichen Rolle identifiziert. Indem er die Abläufe seiner Tätigkeit automatisiert, gibt er ihnen den Charakter der Unausweichlichkeit. Er bemüht sich, so Sartre, »seine Bewegungen ineinander übergehen zu lassen, als wären sie Mechanismen, die einander steuern, seine Mimik und sogar seine

Stimme wirken wie Mechanismen«. Der Kellner tut so, als sei er ein An-sich-sein, als sei das Kellner-Sein sein für allezeit festgelegtes Wesen. In Wahrheit spielt er jedoch nur eine Rolle. Wie alle Menschen könnte er auch eine andere Rolle spielen, sich von dem, was er im Augenblick gerade ist und tut, distanzieren und seinen Zustand verändern. Dies sich selbst gegenüber zu leugnen ist »mauvaise foi«.

Das Auftauchen des Nichts in der Ordnung des Seins führt uns nach Sartre also zum Für-sich-sein, zu dem menschlichen Bewusstsein, das sich unseren Festlegungen entzieht. Die Art, wie Sein und Nichts für dieses Bewusstsein zusammenspielen, hat Sartre in folgendem Satz zusammengefasst: »Das Bewusstsein ist nicht, was es ist, und es ist, was es nicht ist.« Eine zunächst höchst verwirrende Aussage, die sich nur dann verstehen lässt, wenn man erkennt, dass Sartre hier das Wörtchen »ist« in jeweils verschiedener Weise verwendet. »Das Bewusstsein ist nicht, was es ist« heißt: Das Bewusstsein lässt sich nicht auf seinen jeweils gegenwärtigen Zustand festlegen. Die entscheidende Eigenschaft, das Wesen des Bewusstseins liegt vielmehr darin, dass »es ist, was es nicht ist«, dass es also immer wieder über sich hinausgehen, sich übersteigen kann. Genau in diesem Sinn des Übersteigens, lateinisch »transcendere«, benutzt Sartre den Begriff »Transzendenz«. Gemeint ist nicht die übersinnliche Welt, die sich unserer Erfahrung entzieht, sondern etwas typisch Menschliches: die Fähigkeit, etwas anderes aus sich zu machen, als man ist.

Man kann Sartres Satz also folgendermaßen übersetzen: Das Bewusstsein zeichnet sich dadurch aus, dass es sich nie festlegen lässt und immer für neue Möglichkeiten des Selbstverständnisses offen bleibt.

So gewinnt Sartre aus der Analyse des Nichts die Vorstellung eines menschlichen Bewusstseins als dem Ursprung menschlicher Freiheit. Es ist das, was den Menschen vor den Dingen, dem An-sich-sein, auszeichnet. Sartre gehört zu jenen Philosophen, die die Sonderrolle des Menschen gegenüber allen anderen Erscheinungen der Wirklichkeit besonders betonen und es ablehnen, den Menschen durch äußere Einflüsse wie Vererbung, Erziehung oder gesellschaftliche Stellung zu definieren.

Sartre bezieht sich auf Diskussionen der mittelalterlichen Philosophie, wenn er sagt, dass beim Menschen, im Unterschied zu den Dingen, die »Existenz« der »Essenz«, also das »Dasein« dem »Wesen« vorausgeht. Inwieweit z.B. im Wesen, d.h. in der allgemeinen Definition von »Mensch« oder »Pferd« die Existenz eines Menschen oder eines Pferdes bereits vorgeprägt ist und ob jenes »Allgemeine« vielleicht sogar eine eigenständige Existenz besitzt, war im Mittelalter heiß umstritten. Für Sartre jedenfalls ist die menschliche Existenz nicht vorgeprägt. Der Mensch ist für ihn zunächst wie ein unbeschriebenes Blatt und bildet das, was ihn eigentlich ausmacht, erst im Laufe seines Lebens aus. Anders verhält es sich mit dem An-sich-sein, der Welt der Dinge: Sie sind in ihren wesentlichen Eigenschaften von vorneherein festgelegt.

Das Für-sich-sein gibt dem Menschen auch in einer anderen Hinsicht eine einmalige Stellung innerhalb der Wirklichkeit: Er kann sich zum Zentrum seiner Welt machen und die Dinge um ihn herum auf sich beziehen. Doch dabei gibt es eine entscheidende Schwierigkeit: Der Mensch ist nicht allein auf der Welt, es gibt nicht nur ein einziges Für-sich-sein, sondern mehrere. Heidegger hatte die soziale Verknüpfung des Menschen mit anderen Menschen durch den Begriff »Mitsein« bezeichnet. Bei Sartre allerdings erhält dieses Mitsein den Charakter eines Gegensatzes, einer Bedrohung. Der Andere ist jemand, der im Weg steht und mit dem man sich ständig auseinandersetzen muss. Inspiriert wurde Sartre zu dieser Sicht von dem berühmten Abschnitt über »Herr und Knecht« in Hegels *Phänomenologie des Geistes*, in dem Hegel in einer bildlichen Sprache schildert, wie sich das menschliche Selbstbewusstsein durch einen Kampf herausbildet, den es mit einem anderen Selbstbewusstsein um gegenseitige Anerkennung ausficht.

Einen solchen Konflikt schildert Sartre in dem zentralen und vielleicht bekanntesten Kapitel des Buches mit dem Titel »Der Blick«. Der Andere stellt meine Freiheit, die Möglichkeit, meinen Platz in der Welt zu wählen, in Frage, indem er mich wie ein Objekt, wie ein An-sich-sein, anblickt. Wie im Falle des Ekels, der mir die Präsenz einer sinnlosen Welt bewusst macht, ist es wiederum ein Grundgefühl, das mir eine fremde Wirklichkeit, die Präsenz des Anderen, bewusst macht. Es ist das Gefühl der Scham. Sartre verdeutlicht dies durch die Situation desjenigen, der eine Szene durch ein Schlüsselloch beobachtet und in diesem Schauen zunächst ganz aufgeht. Plötzlich fühlt er selbst den Blick eines anderen auf sich ruhen. Im Angeblickt-Werden erfährt er den Anderen als Subjekt und sich selbst als Objekt. Er fühlt sich mitten in die Welt der Dinge »geworfen«. Dieses Objekt-Sein löst Scham aus, aber auch das Bewusstsein, ein Ich zu sein. Hier erst, in der Konfrontation mit dem Anderen, entsteht aus dem ursprünglich leeren Bewusstsein zugleich das Bewusstsein von einem Ich und das Bewusstsein von der Existenz des Anderen. Indem ich aber ein eigenes Ich-Bewusstsein entwickle, bin ich nun auch fähig, meine Entfremdung als Objekt zu überwinden und den Anderen, wie Sartre sagt, »als Objekt zu konstituieren«, d. h., den Spieß umzudrehen.

Der Mensch bleibt gegenüber dem anderen Menschen bei Sartre immer in einem Verhältnis des Konflikts und der Abgrenzung. Zu einem gegenseitigen Verstehen des Anderen, zu einem gleichberechtigten Verhältnis von Subjekt zu Subjekt kommt es nicht. Der Andere bleibt immer eine potenzielle Bedrohung meiner Subjektivität. In seinem kurz nach *Das Sein und das Nichts* erschienenen Theaterstück *Geschlossene Gesellschaft* hat Sartre dies in dem berühmten Satz ausgedrückt: »Die Hölle, das sind die Anderen.«

Das Sein und das Nichts bleibt auf den einzelnen Menschen und seine Selbstverwirklichung konzentriert. Dabei ist die Analyse von Bewusstseins- und Erkenntnisprozessen lediglich der Ausgangspunkt. Sartre ist ein Philosoph, der den Menschen mitten in die Welt platziert und von ihm verlangt, auf die Herausforderung eines sinnlosen Universums, auf die Tatsache des »Geworfenseins« mit einem eigenen Existenzentwurf zu antworten. Sartres Philosophie der Freiheit ist auch eine Philosophie des Engagements. Der Mensch kann diese Freiheit nicht ablehnen, da er sonst dem »mauvaise foi«, dem Selbstbetrug, verfällt. Wir sind, so eine der bekanntesten Aussagen Sartres, »zur Freiheit verurteilt«.

Deshalb steht nicht zufällig das Handeln im Mittelpunkt des letzten Teils des Buches. Mit der Freiheit müssen wir auch die Verantwortung für unsere Existenz annehmen. Dies bedeutet, sich auch auf die Umstände einzulassen, die wir vorfinden. Wir werden mit einer bestimmten genetischen Ausstattung geboren, wir leben an einem bestimmten Ort und zu einer bestimmten Zeit. Diese Umstände, an die unser Leben gebunden ist, nennt Sartre »Faktizität«. Faktizität und Transzendenz, das Gebundensein und das Überschreitenkönnen, sind die beiden Pole, zwischen denen sich unser Handeln vollzieht.

Die Stellung, die wir zwischen diesen beiden Polen haben, nennt Sartre »Situation«. In der Situation muss der Mensch für die Umstände, in denen er lebt, die Verantwortung übernehmen und sie als Bestandteil der eigenen Wahl begreifen. Sie sind gewissermaßen das Material, dessen sich meine Freiheit bedient, um ein eigenes Haus zu bauen. Sie sind nicht in erster Linie Einschränkungen, sondern Ausgangspunkt, Chance und Gelegenheit. In die Welt geworfen sein heißt, sich wie ein Läufer am Start zu sehen und den Wettkampf des Lebens anzunehmen: »Ich bin in die Welt *geworfen*«, so Sartre, »nicht in dem Sinn, dass ich preisgegeben und passiv bliebe in einem feindlichen Universum, wie die Planke, die auf dem Wasser treibt, sondern im Gegenteil in dem Sinn, dass ich mich plötzlich allein und ohne Hilfe finde, engagiert in eine Welt, für die ich die gesamte Verantwortung trage ...«

Das Sein und das Nichts entwirft das Bild einer Welt, in der jeder Einzelne, der uns zunächst wie ein unbekanntes Objekt in der Ordnung des Universums erschienen war, dazu aufgerufen ist, sich durch sein Handeln kenntlich zu machen und sein eigenes Stückchen Sinn in dieses Universum zu tragen. Die Verantwortung dafür hat jeder alleine. Und jeder muss es auf seine eigene Art tun.

Das Sein und das Nichts erschien 1943 in Paris zu einer Zeit, als die Stadt noch nicht von der deutschen Besatzung befreit war. Deshalb fand das Buch zunächst kaum ein Echo. Doch in die philosophische Öffentlichkeit der Nachkriegszeit schlug das Werk wie eine Bombe ein. Für die einen wurde es zum philosophischen Äquivalent der Résistance, zu einem Akt der Befreiung von den totalitären Ideologien der ersten Jahrhunderthälfte, in denen das Individuum zum Hilfsarbeiter der Weltgeschichte gemacht worden war. Für die anderen war es ein Skandal: Die Kirche kritisierte die Abwesenheit Gottes, die damals sehr einflussreichen französischen Kommunisten beklagten das Fehlen der Solidarität und der gesellschaftlichen Rolle des Menschen, ein Einwand, den Sartre durch sein zweites großes Werk, *Die Kritik der dialektischen Vernunft*, zu entkräften suchte. Doch obwohl er sich in späteren Jahren in einen heftigen Flirt mit dem Marxismus verwickelte und sich als Gesellschaftsphilosoph etablieren wollte, blieb seine philosophische Lebensleistung vor allem mit seiner existentialistischen Frühphase verbunden.

Die in *Das Sein und das Nichts* formulierten Thesen beeinflussten die gesamte zeitgenössische Literatur und Kunst, vom absurden Theater eines Samuel Beckett oder Eugène Ionesco bis zu den Skulpturen Alberto Giacomettis. Sie dienten auch Simone de Beauvoir als Inspiration für ihr monumentales Werk *Das andere Geschlecht*, ein Grundbuch des modernen Feminismus, das mit der Analyse der Rolle der Frau der Kategorie des »Anderen« einen neuen Sinn gab.

Das Sein und das Nichts hat die einmalige Rolle des Menschen in der Welt herausgearbeitet und gezeigt, dass unsere Rede von der Würde, der Verantwortung oder der Kreativität des Menschen nur Sinn hat, wenn wir dahinter den Einzelnen sehen, der in Freiheit sein eigenes Leben gestalten kann. Es ist das Verdienst Sartres, dieser Freiheit eine philosophische Grundlage gegeben zu haben.

Ausgabe:
JEAN-PAUL SARTRE: Das Sein und das Nichts. Versuch einer phänomenologischen Ontologie. Herausgegeben von Traugott König. Deutsch von Hans Schöneberg und Traugott König. Reinbek: Rowohlt 1993.

Offenbarungseid des Fortschritts

MAX HORKHEIMER/THEODOR W. ADORNO:
Dialektik der Aufklärung (1944)

Zu den unverwüstlichen Mythen der Menschheit gehört die Geschichte vom verlorenen Paradies. In der jüdischen und christlichen Tradition wird sie im ersten Buch des Alten Testaments erzählt. Der strenge und machtbewusste alttestamentarische Gott vertreibt Adam und Eva aus dem Garten Eden, weil sie vom verbotenen Baum der Erkenntnis gegessen haben. Dieser Sündenfall markiert das Ende ihrer Unschuld. Die Menschen haben, so könnte man sagen, sich aus der Natürlichkeit des instinktgeleiteten Verhaltens gelöst und sind sich eines brisanten Werkzeugs bewusst geworden: der Vernunft. Natur und Vernunft treten auseinander. Zum alten Zustand gibt es nun kein Zurück mehr. Engel mit flammendem Schwert bewachen das Paradies, das den Menschen von nun an verwehrt ist.

Der Sündenfall hat bis heute auch die Philosophen beschäftigt, vor allem diejenigen, die sich die Frage stellten: Was ist seitdem aus der Menschheit geworden? Wie haben die Menschen ihre Vernunft genutzt? Die *Dialektik der Aufklärung* von Max Horkheimer und Theodor W. Adorno hat darauf eine niederschmetternde Antwort gegeben: Statt sich mit der Natur neu zu versöhnen, hat die Vernunft sich selbst verraten und ist zum Instrument der Unterdrückung des Menschen und der Vergewaltigung der Natur geworden. Der Mensch hat sich die Natur, im schlechten Sinn des Wortes, »untertan gemacht«. Vernunft, Aufklärung, Fortschritt: Das, was dem Glück der Menschheit dienen sollte, ist zum Instrument ihres Unglücks geworden. Die *Dialektik der Aufklärung* enthält den Offenbarungseid des

Fortschritts. Dessen Bilanz fällt vernichtend aus: »Die vollends aufgeklärte Erde«, so heißt es am Beginn des Buches, »strahlt im Zeichen triumphalen Unheils.«

Horkheimer und Adorno liefern die Theorie zu einer These, die ihr philosophischer Weggefährte Walter Benjamin kurze Zeit zuvor beim Betrachten des Bildes »Angelus Novus« von Paul Klee aufgestellt hatte. Klees »Neuer Engel« ist für Benjamin der »Engel der Geschichte«, der die Folgen des menschlichen Sündenfalls besichtigt. »Er hat«, so Benjamin, »das Antlitz der Vergangenheit zugewendet. Wo eine Kette von Begebenheiten vor uns erscheint, da sieht er eine einzige Katastrophe, die unablässig Trümmer auf Trümmer häuft und sie ihm vor die Füße schleudert. Er möchte wohl verweilen, die Toten wecken und das Zerschlagene zusammenfügen. Aber ein Sturm weht vom Paradiese her, der sich in seinen Flügeln verfangen hat und so stark ist, dass der Engel sie nicht mehr schließen kann. Dieser Sturm treibt ihn unaufhaltsam in die Zukunft, der er den Rücken kehrt, während der Trümmerhaufen vor ihm zum Himmel wächst. Das, was wir Fortschritt nennen, ist dieser Sturm.«

Wie der »Angelus Novus« betrachten Horkheimer und Adorno das Trümmerfeld, das der Sturm des Fortschritts hinterlassen hat. In Anlehnung an die Kritik des Kapitalismus bei Karl Marx beschreiben sie den Menschen als ein ausgebeutetes und geknechtetes Wesen, das zu einer handelbaren Ware heruntergekommen ist. Deshalb sehen viele in der *Dialektik der Aufklärung* bis heute die brillanteste Form der marxistischen Gesellschaftskritik, die das 20. Jahrhundert hervorgebracht hat.

Doch dieser Marxismus enthält einige reichlich unmarxistische Zutaten. Ganz im Sinne von Benjamin, aber im Gegensatz zur Fortschrittsgläubigkeit der marxistischen Gründerväter Marx, Engels und Lenin, vertritt das Buch eine pessimistische Geschichtsphilosophie, die von religiösen Untertönen begleitet wird. Nicht zufällig spielen Horkheimer und Adorno immer wieder auf das uralte Thema des Sündenfalls und des verlorenen Paradieses an. Der eigentliche Sündenfall, von dem die destruktive Kraft des Fortschritts ihren Ausgang nahm, fand für sie aber bereits vor dem Fehltritt Adams und Evas statt. Denn schon die Figur eines Gottes, der mit Hilfe seiner Engel Herrschaft ausübt und den Menschen ein bestimmtes Verhalten im Paradies verbietet, ist für sie Symptom einer auf Unterwerfung aufbauenden, gegen die Natur organisierten Zivilisation: »Der Engel mit dem feurigen Schwert«, so schreiben sie, »der die Menschen aus dem Paradies auf die Bahn des technischen Fortschritts trieb, ist selbst Sinnbild solchen Fortschritts.«

Dieser fehlgeleitete Fortschritt ist auch nicht durch die Forderung der Aufklärung, den Menschen mündig zu machen, in eine richtige Richtung gelenkt worden. Im Gegenteil: Aus dem aufklärerischen Programm, so die These des Buches, ist eine neue Art Knechtschaft entstanden. Die Aufklärung habe sich zum »totalen Betrug der Massen« gewandelt. Dabei sei sie nicht am Widerstand ihrer Gegner gescheitert, sondern an den Tendenzen, die in ihr selbst angelegt waren. Genau dies meinen die beiden Autoren mit »Dialektik«: eine Bewegung, die aus sich selbst heraus Kräfte und Entwicklungen hervorbringt, die ganz im Gegensatz zur ursprünglichen Richtung dieser Bewegung stehen. Der Mensch war angetreten, um sich von den Fesseln der Naturkräfte und mythischen Weltdeutungen zu befreien: In diesem Projekt, so Horkheimer und Adorno, war von vorneherein der Wurm drin. Der Mensch habe sich zum Herrscher der Dinge aufschwingen wollen und sei in der Folge selbst zu einem beherrschten Ding geworden.

Die *Dialektik der Aufklärung* ist deshalb mehr als Gesellschaftsanalyse und Gesellschaftskritik: Sie ist umfassende Zivilisationskritik. Aus diesem Grund setzen Horkheimer und Adorno ihre Akzente auch etwas anders als Marx. Wo dieser die ökonomische Ausbeutung des Menschen in den Mittelpunkt gestellt hatte, schenken sie den kulturellen Äußerungen der Gesellschaft besondere Aufmerksamkeit.

Mit der Welt der Kultur waren Horkheimer und Adorno ohnehin sehr viel intimer vertraut. Beide entstammten dem Milieu des wohlhabenden deutsch-jüdischen Bürgertums. Horkheimer, 1895 geboren, sollte ursprünglich die Baumwollfabrik seines Vaters in Stuttgart-Zuffenhausen übernehmen, der acht Jahre jüngere Adorno wuchs als Sohn eines Frankfurter Weinhändlers und einer bekannten, ehemals kaiserlichen Hof-Opernsängerin auf.

Beide erhielten ihre philosophische Ausbildung an der Frankfurter Universität. »Teddy« Adorno, wie ihn seine Freunde nannten, war allerdings eine Doppelbegabung. Lange Zeit hatte er seine Zukunft in der Musik gesehen. Er trat als ein glänzender Pianist und sehr begabter Komponist hervor. Mitte der 20er Jahre, nach seiner Promotion in Philosophie, studierte er in Wien noch Klavier und Komposition. Vor allem machte er sich sehr früh als Musikkritiker einen Namen. Seine Vorliebe galt der avantgardistischen Musik Arnold Schönbergs und Alban Bergs.

Adornos Denken und Schreiben wurde zeitlebens von den Erfahrungen und Anschauungen beeinflusst, die er in der Auseinandersetzung mit der modernen Musik erworben hatte. Seine Vorliebe für die »fortschrittliche« neue Musik, die sich von alten Formen gelöst hatte, führte ihn auch zum Marxismus als der, wie viele Intellektuelle es sahen, »fortschrittlichen« Philosophie der Moderne. Hin- und hergerissen zwischen Philosophie und Musik, entschied er sich Ende der 20er Jahre endgültig für die Philosophie als Hauptberuf. Nach seiner Habilitation 1931 lehrte er an der Frankfurter Universität, bis ihm die Nazis zwei Jahre später die Lehrbefugnis entzogen.

Zu dieser Zeit war Horkheimer bereits Leiter des berühmten Frankfurter Instituts für Sozialforschung, ein 1924 gegründetes und von einer privaten Stiftung finanziertes Forschungsinstitut, das aber an die Frankfurter Universität angebunden war. Die Mitarbeiter des Instituts waren weltanschaulich vom Marxismus geprägt. Sie strebten eine Theorie der bürgerlich-kapitalistischen Gesellschaft an, die wissenschaftlich auf dem neuesten Stand war und aktuelle Ergebnisse verschiedener Teilwissenschaften wie Soziologie, Philosophie, Ökonomie oder Psychologie einbezog. Durch die interdisziplinäre Ausrichtung des Instituts sollte die Trennung der Teilwissenschaften, aber auch die einseitige Ausrichtung des Marxismus auf ökonomische Zusammenhänge überwunden werden. So spielte etwa die Psychoanalyse Sigmund Freuds, von orthodoxen Marxisten immer mit scheelem Blick betrachtet, in den Arbeiten des Instituts eine große Rolle. Ziel war die Ausarbeitung einer »Kritischen Theorie«, die sowohl Analyse als auch Kritik der Gesellschaft, sowohl theoretische Erklärung als auch Teil des politischen Kampfes gegen kapitalistische Ausbeutung sein sollte. Mit der *Zeitschrift für Sozialforschung* schuf sie sich ihr eigenes Forum und Publikationsorgan. Das Frankfurter Institut für Sozialforschung wurde zur Wiege der neomarxistischen Frankfurter Schule.

Horkheimer wurde bereits 1930, kurz nach seiner Berufung auf den Frankfurter Lehrstuhl für Sozialphilosophie, zum Direktor des Instituts gewählt. Während Adorno ein eher praxisferner Schöngeist war, blieb Horkheimer zeitlebens der dominante »Macher« des Instituts, ein einflussreicher Organisator, bei dem alle Fäden – auch die zwischen den Mitarbeitern – zusammenliefen. Walter Benjamin, Ernst Bloch und Herbert Marcuse – später allesamt illustre Namen – gehörten dem Institut an.

Das Institut für Sozialforschung wurde bereits 1933 von den neuen Machthabern geschlossen. Klugerweise hatte man schon vorher das Stiftungskapital im Ausland angelegt und konnte somit die Arbeit außerhalb Deutschlands fortsetzen. Das einzige Land, das dem Institut großzügige Arbeitsmöglichkeiten bot und ihm zugleich auch Räumlichkeiten zur Verfügung stellte, waren die Vereinigten Staaten, die Hochburg des von Horkheimer und Adorno so kritisierten Kapitalismus. 1934 bezog das Institut auf dem Gelände der Columbia University in New York City sein neues Domizil. Adorno siedelte erst 1938, nach einem Zwischenaufenthalt an der Universität Oxford, in die USA über und wurde noch im selben Jahr offiziell von Horkheimer in das Institut aufgenommen. Fortan arbeiteten beide eng zusammen.

Horkheimer und Adorno, zwei klassische europäische Bildungsbürger mit professoralem Auftreten und Selbstverständnis, taten sich mit ihrem Gastland schwer. Sie erhielten zwar Forschungsaufträge, doch in den Vereinigten Staaten waren diese sehr viel enger mit kommerziellen Interessen verbunden als in Europa. Und die Amerikaner verstanden unter soziologischer Forschung vor allem empirische Feldforschung und keine theoretischen Spekulationen – eine Auffassung, die Horkheimer und Adorno, die sich beide als Theoretiker der Gesellschaft verstanden, befremdete. Immerhin ging aus der empirischen soziologischen Arbeit während des Exils die Studie *Autoritäre Persönlichkeit* hervor, die später im Nachkriegsdeutschland noch eine große Wirkung entfalten sollte.

In einem Aufsatz von 1937, *Traditionelle und Kritische Theorie*, erläutert Horkheimer, was Gesellschaftstheorie seinem Verständnis nach sein sollte. Das entscheidende Merkmal der Kritischen Theorie sieht er darin, dass sie ihren Gegenstand, die Gesellschaft, nicht einfach beschreibt, sondern ihre Strukturen auch im Sinne einer Befreiung des Menschen von Ausbeutung *deutet*. Es sind Strukturen, die von Menschen gemacht sind und damit veränderbar bleiben. »Die kritische Anerkennung der das gesellschaftliche Leben beherrschenden Kategorien«, so schreibt Horkheimer, »enthält zugleich seine Verurteilung.« Die Kritische Theorie ist also mehr als eine statistische Erhebung von Daten: Sie ist Gesellschaftskritik. Anders als der traditionelle Marxismus sieht sie die Befreiung von Ausbeutung jedoch nicht mehr an die Aktivität einer bestimmten sozialen Schicht oder Klasse gebunden. Die Kritische Theorie glaubt also, im Gegensatz zu Karl Marx, nicht mehr an die historische Mission der Arbeiterklasse.

Auch zur amerikanischen Unterhaltungs- und Medienlandschaft hatten die beiden Alteuropäer keinerlei Zugang. Vor allem Adorno mit seinem strengen Verständnis von Kunst konnte sich überhaupt nicht mit dem Kino, der Musik des Jazz oder dem Varieté anfreunden. Er sah darin ein Verdummungsspektakel für die Massen. Schon 1936 hatte er in einem Aufsatz *Über Jazz* die Jazzmusik als musikalische Konfektionsware charakterisiert, deren scheinbare Spontaneität in Wahrheit stereotypen Mustern folgt. Durch diese Erfahrungen und Wahrnehmungen prägte sich der Begriff der »Kulturindustrie« aus, der in der *Dialektik der Aufklärung* eine so große Rolle spielen sollte.

1940 siedelte Horkheimer von New York nach Kalifornien um. Adorno folgte ihm kurze Zeit später. Die Gegenwart, auf die beide blickten, gab keinerlei Anlass zu Optimismus. Der Zweite Weltkrieg befand sich auf seinem Höhepunkt und legte eine Spur der Zerstörung durch Europa. Freiheit, Demokratie und politische Selbstbestimmung befanden sich überall in der Defensive: Die totalitären politischen Systeme des Faschismus und Stalinismus führten die Unterdrückung des Menschen einem neuen Höhepunkt zu.

Vor diesem Hintergrund entstand, von 1941 an, im kalifornischen Exil das Manuskript der *Dialektik der Aufklärung*, eines der ganz wenigen Werke der Philosophiegeschichte, bei dem zwei Denker gleichberechtigte Autorschaft beanspruchen können. Manche Teile diktierten beide Autoren gemeinsam Zeile für Zeile, andere wurden jeweils von Adorno oder Horkheimer alleine geschrieben. 1944 schließlich war das Manuskript abgeschlossen.

Der Untertitel »Philosophische Fragmente« verweist darauf, dass die Autoren nicht den Anspruch erheben, ein ausgearbeitetes philosophisches System vorzulegen. Der Begriff »Fragmente« trifft aber, streng genommen, nur auf den letzten Teil des Werks zu, in dem unter dem Titel »Aufzeichnungen und Entwürfe« kurze Prosastücke zu unterschiedlichen Aspekten von Kunst, Gesellschaft und Philosophie versammelt sind. Ansonsten handelt es sich um fünf größere Essays, die aus unterschiedlicher Perspektive die negative Entwicklung der menschlichen Zivilisation analysieren.

In die *Dialektik der Aufklärung* fließen die unterschiedlichsten theoretischen Ansätze ein. Zahlreiche Begriffe und die oft sehr verschachtelte Sprache entstammen der Tradition der Hegel'schen Philosophie, von der auch Marx geprägt war. Von Marx selbst wird vor allem die These übernommen, dass in der modernen kapitalistischen Gesellschaft alle Beziehungen, sowohl die zwischen den Menschen als auch die zwischen Menschen und Dingen, zu reinen Warenbeziehungen verkommen sind, die unter dem Gesetz des Tauschwerts stehen. Ergänzt wird die marxistische Analyse durch Erkenntnisse aus der Psychoanalyse Sigmund Freuds. So hatte Freud die Formen analysiert, in denen die menschliche Rationalität der Triebunterdrückung und Triebkontrolle dient. Horkheimer und Adorno übernahmen aber auch Thesen des Soziologen Max Weber, der die Entwicklung der westlichen Gesellschaften als zunehmende »Rationalisierung« beschrieben hatte, als einen Prozess der »Entzauberung der Welt«, bei der bildliche oder mythische Formen der Welterklärung durch abstraktere Erklärungsmuster abgelöst werden.

Horkheimer hatte zudem früh die Philosophie Arthur Schopenhauers kennen gelernt und war von dessen Pessimismus und dessen Skepsis gegenüber der Rolle der Vernunft beeinflusst worden. In einem parallel zur *Dialektik der Aufklärung* entstandenen, 1947 unter dem englischen Titel *Eclipse of Reason* erschienenen Werk, *Zur Kritik der instrumentellen Vernunft,* nimmt diese Skepsis bereits eine radikale Form an. »Im Augenblick ihrer Vollendung«, so schreibt Horkheimer dort, »ist Vernunft irrational und dumm geworden.« Diese Formulierung beinhaltet auch eine der wichtigsten Thesen der *Dialektik der Aufklärung,* nämlich die, dass der Gebrauch dieser »dummen« Vernunft die Menschen in einen »Verblendungszusammenhang« verstrickt hat. Die scheinbar aufgeklärte Menschheit ist in Wahrheit unaufgeklärt: Sie ist sich über ihre wahre gesellschaftliche Rolle nicht im Klaren.

Dem soll die *Dialektik der Aufklärung* als »Ideologiekritik« entgegentreten, d. h. als Versuch, Deutungen der Vernunft, die sich auch in philosophischen oder wissenschaftlichen Theorien niederschlagen, auf ihre wahre Funktion hin zu »enttarnen«. Es gibt eine Oberflächenbedeutung von Theorien, die sich aus ihren eigenen Formulierungen und Ansprüchen ergibt. Dem steht jedoch häufig ihre wahre »ideologische« Funktion entgegen, die sich aus ihrer objektiven gesellschaftlichen Rolle, aus ihrer Bedeutung für die Emanzipation des Menschen herleitet. So wird auch die scheinbar objektive Wissenschaft zur »Ideologie«, zu einem theoretischen Herrschaftsinstrument. Die wichtigste These des Buches, dass nämlich die sogenannte »aufklärerische Vernunft« in Wahrheit Entfremdung und Unterdrückung des Menschen befördert hat, ist deshalb eine ideologiekritische These. Die aufklärerische Vernunft ist für Horkheimer und Adorno in Wahrheit »instrumentelle Vernunft«, sie ist ein Werkzeug der Herrschaftssicherung.

Auch der Umgang mit der Sprache steht bei Horkheimer und Adorno unter ideologiekritischer Beobachtung. Wenn die *Dialektik der Aufklärung* den Leser vor einige sprachliche Probleme stellt, so ist dies nicht unbeabsichtigt. Denn Adorno und Horkheimer misstrauen einer glatten, klaren Sprache, die bei ihnen im Verdacht steht, »eingeschliffen« und »abgegriffen« zu sein und damit im Dienst der instrumentellen Vernunft zu stehen. Sie wird dadurch zu einem ideologischen Mittel der Verdunkelung. »Die falsche Klarheit«, so schreiben sie in ihrem Vorwort, »ist nur ein anderer Ausdruck für den Mythos.« Die schwierige, z. T. metaphorische Sprache signalisiert deshalb ein Stück Widerstand gegen die »Instrumentalisierung« der Sprache in Händen der Macht. Aus den gleichen Gründen genießt auch die Kunst, vor allem die schwierige avantgardistische Kunst, bei beiden eine so hohe Wertschätzung. Auch sie enthält, indem sie sich gegen einfache Deutungen und Vereinnahmungen sperrt, ein Widerstandspotenzial.

Der erste Essay des Buches, »Begriff der Aufklärung«, vollzieht die für das Buch charakteristische Umdeutung und Erweiterung des Begriffs »Aufklärung«. Die Aufklärung als Epoche und Programm meint normalerweise eine in Westeuropa im späten 17. und 18. Jahrhundert entstandene philosophische Bewegung, die die Emanzipation und Mündigkeit des Menschen, die Abkehr von der Dunkelheit des Aberglaubens und die Hinwendung zum Licht der Vernunft einfordert. Sie richtete sich sowohl gegen die weltliche Herrschaft des Absolutismus als auch gegen die geistige Herrschaft der Kirche. Philosophen wie Voltaire, Lessing oder Kant sahen in der Vernunft noch ganz unbefangen ein Medium der Befreiung.

Für Adorno und Horkheimer dagegen ist die Aufklärung des 18. Jahrhunderts lediglich Teil einer jahrhundertealten Entwicklung, in der sich der Mensch von der Naturabhängigkeit, von Magie, Zauber und unentrinnbarem Schicksal befreien wollte – und dabei das Kind mit dem Bade ausgeschüttet hat. Er hat sich zwar von der Herrschaft der Natur gelöst, dabei aber die Natur und schließlich sich selbst zu einer verfügbaren Sache gemacht. Auch lässt sich der Unterschied zwischen rationaler Aufklärung und irrationalem Mythos nicht aufrechterhalten. Schon die frühen Mythen sind »Aufklärung« in dem Sinne, dass auch sie »Erklärungen« der Natur und der Welt liefern und diese damit zum Objekt gemacht haben. Andererseits bleibt die Aufklärung dadurch Mythologie, dass sie den Menschen in neue Formen des schicksalhaften Zwangs versetzt, indem sie die Vernunft zu einem neuen Herrschaftsinstrument macht. »Wie die Mythen schon Aufklärung vollziehen«, so heißt es in dem Buch, »so verstrickt Aufklärung mit jedem ihrer Schritte sich tiefer in Mythologie.«

Die gesamte neuzeitliche Naturwissenschaft, ja schon die Bemühungen der frühantiken Dichter und Denker sind für Horkheimer und Adorno Teil eines Prozesses, bei dem das Begreifen der Welt immer einhergeht mit einer zunehmend »nivellierenden Herrschaft des Abstrakten« und einem Verlust von Humanität. Alles wird auf Berechenbarkeit hin reduziert. Was Max Weber die »Entzauberung der Welt« nannte, wird hier durchweg negativ gedeutet und als »Verdinglichung« bezeichnet. Alles wird zum Ding unter der Herrschaft einer berechnenden Vernunft. Höhepunkt dieser Entwicklung ist die moderne kapitalistische Warengesellschaft, in der Rationalität nur noch die Funktion hat, möglichst effektive Mittel zum Zweck der Produktverwertung und Profiterwirtschaftung zu finden. Dem entspricht eine Wissenschaft, die nur noch auf Faktenwissen reduziert ist.

Die Vernunft als Zweckrationalität, d. h. als Kalkül, Mittel für vorgegebene Zwecke zu finden, wird am Ende zum Diener einer die gesamte Existenz des Mensch manipulierenden, »verwalteten Welt«. Das ideologiekritische Fazit der beiden Autoren lautet: Das Wesen der Vernunft, so wie sie sich in der Geschichte entwickelt hat, ist »Herrschaft«, und die sogenannte »Aufklärung« ist deshalb »totalitär«.

In den beiden Essays »Odysseus oder Mythos und Aufklärung« und »Juliette oder Aufklärung und Moral«, die als »Exkurse« zum ersten Essay bezeichnet werden, soll an Beispielen der Literatur und Philosophie die These der Autoren verdeutlicht werden, dass sowohl Aufklärung und Mythos als auch Vernunft und Natur sich immer gegenseitig durchdringen.

So hat Homers frühgriechisches Epos *Odyssee* zwar mythologische Begebenheiten zum Thema, aber der mythologische Stoff wird auf eine rationale Weise verarbeitet. Die Hauptfigur Odysseus nämlich wird zum Sinnbild des Menschen, der seine Identität in der Abwehr irrationaler Naturkräfte behauptet. Die Irrfahrten und Abenteuer sind in dieser Interpretation Verlockungen, mit denen Odysseus in den Bann der Naturmagie gezogen werden soll. Indem er ihnen widersteht, bildet er ein Selbstbewusstsein aus, er beginnt, sich als eigenständiges Subjekt zu verstehen, das der Natur gegenübersteht. Horkheimer und Adorno interpretieren Odysseus mit den begrifflichen Mitteln, die Hegel 130 Jahre zuvor in seiner *Phänomenologie des Geistes* herausgearbeitet hatte: als Beispiel dafür, wie der menschliche Geist im Verlauf der Kultur- und Geistesgeschichte sich selbst verstehen lernt.

Die Aufklärung des 18. Jahrhunderts wiederum, die sich die Verwirklichung der Vernunft auf die Fahnen geschrieben hatte, hat mit de Sade einen Autor hervorgebracht, der die natürliche Triebhaftigkeit verherrlicht. Wie später bei Nietzsche sehen Horkheimer und Adorno darin eine Reaktion auf das abstrakte Moralgesetz, wie es in der Aufklärung vor allem von Kant aufgestellt wurde. Kants sogenannter »Kategorischer Imperativ« – »Handle nur nach derjenigen Maxime, durch die du zugleich wollen kannst, dass sie ein allgemeines Gesetz werde« – sagt dem Menschen nicht, was er konkret tun soll, sondern gibt ihm lediglich einen abstrakten Maßstab zur moralischen Beurteilung an die Hand. Die Welt der Sinnlichkeit und Natur hat sich in dieser Moralphilosophie ganz unter die Herrschaft des Zuchtmeisters Vernunft begeben. Bei de Sade nun, so die Interpretation Horkheimers und Adornos, befreit sich die Sinnlichkeit von der Knute der Vernunft und ergreift selbst die Peitsche. Nun wird der Spieß umgedreht: Moral ist nichts anderes mehr als Dienst an den natürlichen Trieben. Sie geht in der Natur auf.

Die Manipulationsinstrumente einer verplanten Welt zeigen sich in der modernen Welt besonders im Bereich der Medien und der Kunst. Wir sprechen heute ganz selbstverständlich von »Musik- oder Unterhaltungsindustrie« und befinden uns damit auf den Spuren der *Dialektik der Aufklärung*. Als Horkheimer und Adorno in ihrem vierten Essay »Kulturindustrie – Aufklärung als Massenbetrug« den Begriff »Kulturindustrie« verwendeten, war er noch neu und ungewöhnlich. Er bedeutet, dass Kunst und Kultur nur noch Reklamefunktion haben. Sie passen sich dem Massengeschmack an und degenerieren zur stets konsumierbaren Fertigware. Der künstlerische Anspruch wird dadurch eingeebnet. Besonders in den modernen Medien wie Film und Unterhaltungsmusik – die ohnehin nicht Horkheimers und Adornos Sympathie genossen – ist diese Entwicklung ausgeprägt. Das Ergebnis ist ein Massengeschmack auf niedrigem Niveau, eine »Verkümmerung der Vorstellungskraft und Spontaneität des Kulturkonsumenten«. Der Mensch wird zum passiven Empfänger von Reizen – für Horkheimer und Adorno ein Spiegelbild seiner politischen und gesellschaftlichen Machtlosigkeit.

Im letzten der großen Essays, »Elemente des Antisemitismus«, schneiden die Autoren ein Thema an, das in der Zeit des Faschismus besonders aktuell war. Wie Marx in seinem 1843 erschienenen Aufsatz *Zur Judenfrage* glauben sie, dass Antisemitismus ein gesellschaftliches Phänomen ist, das letztlich nur gelöst werden kann, wenn die Herrschafts- und Machtverhältnisse in der Gesellschaft aufgebrochen werden: »In der Befreiung des Gedankens von der Herrschaft, in der Abschaffung der Gewalt könnte sich erst die Idee verwirklichen, dass der Jude ein Mensch sei.«

In der Analyse der Ursachen des Antisemitismus verbinden Horkheimer und Adorno eine marxistische mit einer psychoanalytischen Deutung. Der Hass auf Juden ist umgeleiteter Selbsthass. Antisemitismus ist eine kollektive Projektion, bei der die Täter, selbst Opfer einer totalitären und verwalteten Welt, ihren in verdrängten Bedürfnissen und Wünschen wurzelnden Selbsthass nun gegen ein äußeres Objekt, eine andere gesellschaftliche Gruppe richten. Wie überall in der verwalteten Welt, so wird auch hier die Wahrnehmung der Wirklichkeit auf Stereotype reduziert. So entsteht das Zerrbild »des Juden«, der als Sündenbock herhalten muss. Befangen im gesellschaftlichen »Verblendungszusammenhang«, machen sich die Antisemiten zu Handlangern derjenigen, von denen sie selbst unterdrückt werden.

Die *Dialektik der Aufklärung* ist ein tiefschwarzes und melancholisches Buch. Hatten die Marxisten so wie ihr Gründervater Marx noch daran geglaubt, dass die Geschichte mit Notwendigkeit eine klassenlose Gesellschaft herbeiführen werde, so fehlt bei Horkheimer und Adorno dieser Glaube völlig. Dennoch gibt es einen Gegenbegriff zu dem Verblendungszusammenhang und der Entfremdung der verwalteten Welt. Er lautet »Wahrheit«. Wahrheit ist für Adorno und Horkheimer, anders als für viele logisch und analytisch orientierte Philosophen, nicht in erster Linie eine Eigenschaft von Sätzen und Theorien, sondern eine bestimmte Gestalt, die die Wirklichkeit annimmt. Es ist der Zustand, in dem wahre Aufklärung verwirklicht ist, Vernunft und Natur miteinander versöhnt sind.

Die leise Hoffnung auf Verwirklichung von Wahrheit, die in dem Buch zuweilen durchschimmert, hat eine gewisse Nähe zur »negativen Theologie«, die einen Gott annimmt, aber nichts über ihn aussagen will. Wie der alttestamentarische Gott Jahwe, der nicht beschrieben oder abgebildet werden kann, so bleibt auch der Zustand der Wahrheit im Buch eine nicht beschreibbare Möglichkeit, die sich nur »negativ«, also nur über das erschließen lässt, was sie *nicht* ist. Im »Unmaß« des »Widersinns« gesellschaftlicher Verhältnisse, so heißt es am Ende des Essays über Antisemitismus, »tritt ... die Wahrheit negativ zum Greifen nahe«.

Auch finden sich immer wieder Hinweise darauf, dass die Kunst ein mögliches, wenn nicht gar vorbildliches Medium der Wahrheit ist. Gerade Adorno stand als Musiker dieser Sichtweise nahe. Für ihn konnte in der Kunst etwas gelingen, das das begriffliche Denken der Philosophie nicht zustande brachte: eine Wiedervereinigung von Begriff und Bild, eine Gestaltung der Einheit von Mensch und Natur und damit eine Perspektive, die eine Überwindung der einseitigen Herrschaft der Vernunft und der Entfremdung des Menschen sichtbar macht.

Als die *Dialektik der Aufklärung* 1947 in Amsterdam erschien, wurde sie kaum beachtet. Auch die Anhänger des Marxismus waren eher vom Geist des Aufbruchs als vom Geist pessimistischer Kritik beseelt. Georg Lukács, ein neomarxistischer Rivale der Frankfurter Schule, spottete über Adorno, dieser hätte es sich im »Hotel Abgrund« bequem gemacht.

Als sich aber die gesellschaftskritische 68er-Generation auf die Suche nach einer Kapitalismuskritik begab, die auf westliche Verhältnisse zugeschnitten war und sich von den versteinerten orthodox-marxistischen Theorien unterschied, feierte die *Dialektik der Aufklärung* eine publizistische Auferstehung. Die Kritik an der Zweckrationalität gesellschaftlicher Zusammenhänge und vor allem die Analyse der Kulturindustrie trafen jetzt bei kritischen Marxisten einen Nerv. Der Offenbarungseid des Fortschritts wurde nun ironischerweise zum Antrieb eines neuen, progressiven Denkens. Neben Herbert Marcuses *Der eindimensionale Mensch* entwickelte sich die *Dialektik der Aufklärung* zum philosophischen Kultbuch der 68er. Sie ist bis heute das Hauptwerk der Frankfurter Schule und eines der wichtigsten Werke des westlichen Neomarxismus geblieben.

Horkheimer und Adorno waren inzwischen nach Frankfurt zurückgekehrt und hatten das Institut für Sozialforschung neu begründet. Sie galten nun als die unbestrittenen Väter der Kritischen Theorie. Adornos *Philosophie der neuen Musik* (1949), von ihm selbst als »ausgeführter Exkurs« zur *Dialektik der Aufklärung* bezeichnet, etablierte darüber hinaus den Ruf ihres Verfassers als eines der wichtigsten Musikphilosophen seiner Zeit. Mit Jürgen Habermas, einem zeitweiligen Assistenten Adornos, brachte die Frankfurter Schule den einflussreichsten deutschen Philosophen der zweiten Hälfte des 20. Jahrhunderts hervor, der das Projekt einer kritischen Gesellschaftstheorie fortsetzte.

Die *Dialektik der Aufklärung* weist aber weit über den Rahmen des Marxismus hinaus und hat auch im 21. Jahrhundert nichts an Aktualität verloren. Die bei Horkheimer und Adorno geübte Kritik an der destruktiven Rolle der Vernunft wurde von Vertretern der Postmoderne wie Michel Foucault und Jacques Derrida, aber auch von einem ehemaligen Rationalisten wie Paul Feyerabend aufgenommen. Auch Anhänger der ökologischen Bewegungen und Globalisierungsgegner weisen darauf hin, welchen Preis wir dafür bezahlt haben, dass wir so viel wissen, so viel konstruieren können und so vieles beherrschen.

Wenn es eine der Aufgaben der Philosophie ist, die menschliche Lebenswelt und ihre Werte zu durchleuchten, so hat die *Dialektik der Aufklärung* ein Röntgenbild geliefert, auf dem die dunklen Schatten einer langen Menschheitsgeschichte erkennbar sind.

Ausgabe:
Max Horkheimer/Theodor W. Adorno: Dialektik der Aufklärung. Philosophische Fragmente. Frankfurt/Main: Fischer Taschenbuch Verlag 1988.

Abrechnung mit dem totalitären Denken

KARL R. POPPER: Die offene Gesellschaft und ihre Feinde (1945)

Dass sich philosophische Werke, unbeeinflusst von aktuellen Ereignissen, mit den »ewigen« Problemen der Menschheit befassen und den Trubel der Welt mit souveräner Missachtung strafen – dies ist eines der Vorurteile, das durch *Die offene Gesellschaft und ihre Feinde* eindrucksvoll widerlegt wird. Auch große Philosophie wird zuweilen unmittelbar durch das Weltgeschehen angeregt und erhebt den Anspruch, auf dieses Geschehen Einfluss zu nehmen.

Am 12. März 1938, fünf Jahre nach der Machtübernahme der Nazis in Deutschland, marschierten Hitlers Truppen in Österreich ein. Drei Tage später trat Hitler selbst auf dem Balkon der Wiener Hofburg vor die Öffentlichkeit und beschwor vor Hunderttausenden jubelnder Anhänger die Treue Österreichs zur »großen deutschen Volksgemeinschaft«. Auf der anderen Seite des Globus, im neuseeländischen Christchurch, beobachtete ein aus Wien emigrierter Wissenschaftler jüdischer Abstammung die politische Entwicklung in Mitteleuropa mit großer Aufmerksamkeit und Sorge: der sechsunddreißigjährige Philosoph Karl Raimund Popper, der ein Jahr zuvor mit seiner Frau über England nach Neuseeland gekommen war, um dort eine Dozentenstelle anzutreten. In Wien hatte er seine Mutter und viele andere Familienmitglieder zurückgelassen.

Die Bilder vom Einzug Hitlers in seiner Heimatstadt vor Augen, entschloss sich Popper, den Diktaturen Hitlers und Stalins, die ihren Schatten über ganz Europa geworfen hatten, eine philosophische Antwort entgegenzusetzen. Sie kostete ihn viele Jahre. Unter den widrigsten Umständen des Exils und des Krieges entstand eines der wichtigsten Werke der politischen Philosophie des 20. Jahrhunderts:

Die offene Gesellschaft und ihre Feinde. Es wurde kein akademisches Buch. Jede Zeile ist mit dem Herzblut eines Mannes geschrieben, der ein existenzielles Anliegen vertritt: Es ging um eine Parteinahme im Kampf zweier gegensätzlicher politischer Kulturen im Wertestreit zwischen westlicher Demokratie und Totalitarismus. Der Gegner saß in diesem Fall nicht hinter Universitätsmauern, sondern zertrampelte mit seinen Armeen Zivilisationen, mordete, folterte und baute Konzentrationslager.

Popper legte eine umfassende Kritik der philosophischen Väter des Totalitarismus, aber auch eine Formulierung der Prinzipien vor, auf denen eine demokratische Nachkriegswelt aufbauen sollte. Mit dem Begriff der »offenen Gesellschaft« gab er das Stichwort für eine Verteidigung der Demokratie, in der die Macht kontrolliert und soziale Gerechtigkeit auf der Grundlage der individuellen Freiheit verwirklicht wird.

Es war ein ehrgeiziges Unternehmen, das Popper selbst ohne falsche Bescheidenheit so charakterisierte: »Der Bereich der philosophischen Themen, die alle in einer äußerst verständlichen Art behandelt werden, ist umfangreicher als in jedem anderen Buch, das ich kenne. Es behandelt die Philosophie der Geschichte und der Politik, es kritisiert die Grundlagen der Ethik, es wirft ein neues Licht auf die Geschichte der Zivilisation …, es behandelt Probleme der modernen Logik …, es führt eine neue und praktische Sicht der sozialwissenschaftlichen Methode ein … und es ist nie oberflächlich.«

Die offene Gesellschaft und ihre Feinde war die Antwort einer liberalen und aufklärerischen politischen Philosophie auf die ideologischen Kämpfe des 20. Jahrhunderts, aber sie führte auch weit darüber hinaus.

Ein aufmerksamer Beobachter und Teilnehmer der politischen Szene war der klein gewachsene und selbstbewusst auftretende Sohn eines bekannten Wiener Rechtsanwalts schon lange vorher gewesen. Auch die Auseinandersetzung mit totalitärem Denken hatte Popper bereits in jungen Jahren persönlich geführt. 1902 in Wien geboren, erlebte er als Kind gerade noch die letzten Jahre der Donaumonarchie mit. Wie seine ganze Generation, so erfasste auch ihn am Ende des Ersten Weltkriegs die allgemeine Aufbruchsstimmung, die besonders das »rote Wien« in den Gründerjahren der ersten österreichischen Republik beherrschte. In einer Stadt, in der Armut, Arbeits- und Obdachlosigkeit an der Tagesordnung waren, schloss er sich bereits mit sechzehn Jahren der kommunistischen Arbeiterbewegung an, angetrieben von dem Ziel, für soziale Gerechtigkeit und eine grundlegende gesellschaftliche Umgestaltung zu kämpfen.

Doch schon ein Jahr später, im Juni 1919, hatte er das, was er später als ideologisches »Schlüsselerlebnis« bezeichnete: Er nahm an einer Demonstration der Kommunistischen Partei teil, bei der ein Dutzend Teilnehmer von der Polizei erschossen wurde. Popper empfand dieses Blutvergießen als tragisch und fühlte sich mitschuldig. Die Erklärung der Parteifunktionäre, die Opfer seien für eine zukünftige und unvermeidliche Weltrevolution gestorben, stand seinen moralischen Grundüberzeugungen entgegen. In dem Glauben der Kommunisten an die Weltrevolution und an den »notwendigen historischen Fortschritt« sowie in ihrer Bereitschaft, dafür auch Menschenopfer zu bringen, sah er eine Geringschätzung des Menschen.

Popper wandte sich vom Kommunismus ab. Er entwickelte von nun an ein grundlegendes Misstrauen gegen die Überzeugung, dass die Geschichte von unveränderlichen Gesetzen bestimmt werde, dass es möglich sei, ihren Verlauf vorauszusagen, und dass es Aufgabe einiger Auserwählter sei, die Menschen zu »führen« und sie zur »Einsicht in die Notwendigkeit« zu bringen.

Dem gesellschaftlichen Engagement und Ziel umfassender sozialer Reformen blieb der junge Popper dennoch verpflichtet. Er entschloss sich, als Street-Worker zu arbeiten und sich gleichzeitig einer Lehrerausbildung zu unterziehen. Daneben fand er auch noch Zeit, ein Psychologie- und Philosophiestudium an der Universität zu absolvieren, das er mit der Promotion abschloss. Als er 1930 eine Stelle als Hauptschullehrer antrat, hatte sich sein Interesse einem Thema zugewandt, das auch im Mittelpunkt des berühmten Wiener Kreises um Moritz Schlick und Rudolf Carnap stand: Worin besteht der wissenschaftlich gesicherte Erkenntnisfortschritt und wie unterscheiden sich wissenschaftliche von nichtwissenschaftlichen Theorien?

Als Zeuge und Kritiker des Wiener Kreises entwickelte Popper seine ganz eigene Antwort auf diese Fragen in einem Buch, das ihm große Anerkennung in den etablierten Zirkeln der akademischen Philosophie verschaffte. 1935 erschien die *Logik der Forschung*, mit der er zum Begründer der modernen Wissenschaftstheorie werden sollte. Unser Wissen über die Welt, so Popper, macht dadurch Fortschritte, dass wir unsere Theorien mit der Erfahrung konfrontieren, sie dort scheitern lassen und dann nach besseren Theorien suchen. Wissenschaftlich sind unsere Theorien genau dann, wenn sie ein solches Scheitern erlauben, wenn sie also widerlegbar oder, wie Popper sagt, »falsifizierbar« sind. Die Kritik, die Suche nach Widerlegbarkeit, wird damit zum Motor des menschlichen Fortschritts. Eine kritische Vernunft, die sich um die Lösung konkreter Probleme bemüht, stand von nun an im Zentrum des Popperschen Denkens.

Der Ruf, den er mit der *Logik der Forschung* erworben hatte, erlaubte es Popper, Kontakte zu knüpfen und im Ausland eine akademische Anstellung zu finden. Namhafte Philosophen und Wissenschaftler wie Bertrand Russell, Niels Bohr oder Rudolf Carnap schrieben Gutachten für ihn, die ihm schließlich die Stelle eines Philosophiedozenten am Canterbury College in Christchurch verschafften. Das in den dreißiger Jahren bedrohlich sich verschärfende Klima des Nationalismus und Antisemitismus hatte ihn zu diesem Schritt veranlasst, aber auch die Gelegenheit, an der Universität Fuß zu fassen.

Popper, wegen seiner österreichischen Herkunft in Neuseeland zunächst als »enemy alien«, als »feindlicher Ausländer«, eingestuft, hielt sich in seinem Gastgeberland zunächst von der Politik fern. Er lebte zurückgezogen, widmete sich der akademischen Lehre und arbeitete an einem Handbuch der Logik. Nach Neuseeland war er auch nicht als politischer Philosoph, sondern als aufgehender Stern der Wissenschaftstheorie gekommen.

Dennoch hatte er ein Manuskript im Gepäck, in dem er seine Kritik am Kommunismus aufgearbeitet und durch die Erfahrung mit dem in Mitteleuropa sich ausbreitenden Faschismus ergänzt hatte. Kommunismus und Faschismus waren für ihn durch gemeinsame

Grundüberzeugungen verbunden. Eine der wichtigsten davon nannte er »Historizismus«. Gemeint war damit der Glaube an die Gesetzmäßigkeit und Voraussagbarkeit sozialer und geschichtlicher Abläufe. Zwischen dieser historizistischen Geschichtsauffassung und der totalitären Bedrohung sah Popper einen engen Zusammenhang.

Kommunisten und Faschisten erhoben in ähnlicher Weise den Anspruch, Herren der Geschichte und des Schicksals der Völker zu sein. Ob nun eine auserwählte Klasse oder eine auserwählte Rasse: Hitler und Stalin, angeblich Feinde, betrieben beide die Vergötterung des Staates, die Verherrlichung des Krieges und die Verachtung des Individuums und seiner Freiheit. Statt eines friedlichen, vom offenen Austausch der Ideen und Güter geprägten Zusammenlebens der Völker pflegten sie nationalistisches Stammesdenken, das mit der Anmaßung verbunden war, »auserwählt« zu sein und auf der richtigen Seite der Geschichte zu stehen.

Das Manuskript, das Popper nach Neuseeland mitgebracht hatte, war ein Vortrag, den er 1936 in London gehalten und in dem er sich mit den historizistischen Grundauffassungen auseinandergesetzt hatte. Er wurde einige Jahre später unter dem Titel »Das Elend des Historizismus« veröffentlicht. Dabei übertrug er seine wissenschaftstheoretischen Erkenntnisse auf den Bereich der Geschichte, der Sozialwissenschaften und des politischen Handelns.

Es gibt nach Popper keine historischen Gesetze, die sich in ihrem wissenschaftlichen Anspruch mit Naturgesetzen vergleichen lassen. Wir können immer nur einzelne historische Tendenzen, aber niemals den Gang der Geschichte als Ganzes begreifen, wie dies die großen Geschichtsphilosophen des 19. Jahrhunderts, Hegel und Marx, beansprucht hatten. Die Zukunft, das war Poppers feste Überzeugung, ist offen und hängt von uns selbst ab. Wir sind nicht durch die Fesseln einer historischen Notwendigkeit gebunden.

Eine ausgearbeitete und in Englisch geschriebene Fassung von *Das Elend des Historizismus* hatte Popper 1938 abgeschlossen. Als er mit den Arbeiten zur *Offenen Gesellschaft* begann, stützte er sich auf die Thesen dieser Schrift, die erst 1944 erscheinen konnte.

Als nach der Annexion Österreichs immer mehr Hilferufe aus der alten Heimat bei Popper eintrafen und Freunde, Bekannte und Verwandte ihn baten, für sie eine Einreisegenehmigung nach Neuseeland zu erwirken, versuchte Popper zunächst, praktische Hilfe zu leisten. Er gründete mit Gleichgesinnten ein »jüdisches Flüchtlingskomitee« und schaffte es immerhin, etwa sechsunddreißig Familien die Ausreise zu ermöglichen. Doch es war ein mühsamer Kampf mit der Bürokratie. Neuseeland betrieb eine höchst restriktive Einreisepolitik und empfing Flüchtlinge nicht gerade mit offenen Armen. Erst nach den Novemberpogromen der Nazis nahmen die neuseeländischen Vertretungen Visumanträge an. Als der Krieg begann, war auch diese Art der Hilfe nicht mehr möglich. Poppers Mutter war 1938 in Wien gestorben und seiner noch lebenden Schwester war es gelungen, über Frankreich in die Schweiz zu gelangen.

Probleme der Logik und Wissenschaftstheorie traten nun endgültig in den Hintergrund. Das Buch, das Popper stattdessen von 1938 an in Angriff nahm, entstand unter den schwierigsten Umständen. Beim Schreiben stand ihm der Krieg immer vor Augen: Neuseeland blieb zwar, obwohl Kriegsteilnehmer, lange als Schauplatz von Kämpfen verschont. Aber bis 1942 stießen die Japaner im Pazifik vor, und es war keineswegs sicher, wie lange man in Neuseeland selbst noch unbehelligt arbeiten konnte.

An der Universität betrachtete man sein Projekt mit Misstrauen. Poppers Dozentenstelle war nicht für die Forschung, sondern nur für die Lehre ausgeschrieben worden und die Universitätsleitung sah es höchst ungern, dass ein Ausländer, der als Lehrkraft eingestellt worden war, seine Zeit mit Bücherschreiben verbrachte. Papier wurde während des Krieges rationiert und Popper musste für jedes Blatt, das er aus der Universität mitnahm, bezahlen. Auch die Möglichkeiten, Literatur für seine Arbeit zu beschaffen, waren äußerst begrenzt. Aus Wien hatte er nur wenige Bücher aus der Bibliothek seines Vaters retten können und die spärlichen Bestände der Universitätsbibliothek in Christchurch halfen ihm kaum weiter. Literatur von außen zu beschaffen erwies sich während des Krieges als beinahe unmöglich.

Auch seine privaten Lebensumstände waren dem Unternehmen nicht förderlich. Da sie sich beim Kauf ihres Hauses verschuldet hatten und Briefporto und Telegramme viele Kosten verursachten, lebten die Poppers äußerst spartanisch. Sie sparten an allem: an Heizkosten, an Kleidern und nicht zuletzt am Essen. Popper wagte es nicht, in der Mensa der Universität zu essen, und ernährte sich, wie er in einem Brief erklärte, von Produkten aus dem eigenen Garten und einer »Diät aus Reis und Karotten«. Es war ein im wörtlichen Sinne schmerzlicher Schreibprozess. Mangelnder Schlaf, mangelnde Ernährung und der bei Popper ohnehin ausgeprägte Hang zur Hypochondrie erzeugten chronische Zustände der Depression und Verzweiflung, die sich in Briefen an Freunde entluden. Seine Gesundheit litt und er musste sich immer wieder in ärztliche Behandlung begeben. Zeitweise sah er nur noch mit einem Auge und durch einen Abszess verlor er neun Zähne.

Die beinahe tausend Seiten, die Popper neben seinen Lehrverpflichtungen schrieb, waren das Ergebnis einer ungeheuren Energieleistung. Popper wurde, wie immer bei seinen Buchprojekten, von einem unbändigen Willen getrieben. Er war ein »Workaholic«, ein von der Arbeit besessener Mann mit puritanischer Lebensführung. Er rauchte nicht, trank nicht und nahm an keinerlei Vergnügungen teil. Gelegentliche Bergwanderungen waren die einzige Abwechslung, die er sich gönnte. Ansonsten schrieb er jede freie Minute, auch nachts und am Wochenende, an dem Manuskript, das seine Frau Hennie mehrmals abtippen musste. Erst im Februar 1943 konnte er die Arbeit abschließen.

Den Begriff der »offenen Gesellschaft« übernahm Popper von dem französischen Philosophen Henri Bergson. Inspiriert hatte ihn dabei aber nicht die Philosophie, sondern seine eigenen Erfahrungen mit der englischsprachigen Zivilisation. Was »offene Gesellschaft« im Alltag bedeutete, hatte Popper in Neuseeland und zuvor bei einem neunmonatigen Aufenthalt in England erfahren: Respekt vor der Würde des Individuums, Freiheit, Weltoffenheit und vor allem ein politisches System, das sich der Kritik seiner Bürger aussetzte. Popper sah sich selbst in der Tradition der Aufklärung, das heißt der Wahrung der Menschenrechte, der Toleranz und der Gleichheit vor dem Gesetz. Für diese Ideale stand vor allem der

Name Immanuel Kants, des »Philosophen der Freiheit und Menschlichkeit«, dem er später die deutsche Ausgabe der *Offenen Gesellschaft* widmete.

Die offene Gesellschaft und ihre Feinde besteht aus zwei Bänden, die sich beide mit herausragenden Vertretern der politischen Philosophie befassen: »Der Zauber Platons« enthält eine kritische und provozierende Auseinandersetzung mit dem Verfasser der ersten uns überlieferten Staatsutopie. Der zweite Band, »Falsche Propheten«, ist eine Abrechnung mit Hegel und Marx und der Tradition des Historizismus. Alle drei Denker gelten Popper als Vorläufer des Totalitarismus. Doch das Buch ist mehr als eine Auseinandersetzung mit der Philosophiegeschichte: Es entwickelt auch eine Theorie der modernen liberalen Demokratie als Alternative zur geschlossenen Gesellschaft der totalitären Diktaturen.

Ein Buch, das ihn während des Schreibens immer wieder inspirierte, war *Die Geschichte des Peloponnesischen Krieges* des griechischen Historikers Thukydides. Popper sah die Welt zur Zeit des Zweiten Weltkrieges in einer ähnlichen Lage wie Griechenland zu der Zeit, als das »totalitäre« Sparta gegen das »demokratische« Athen kämpfte. Repräsentanten für diesen Kampf waren für ihn zwei Männer, beides herausragende Vertreter der Athener Oberschicht: der Staatsmann Perikles und der Philosoph Platon.

Perikles steht für die offene, demokratische Gesellschaft, Platon für den geschlossenen Ständestaat. Als Motto stellte Popper seinem Buch Zitate dieser beiden Protagonisten voraus. Das Perikles-Zitat betont die Mündigkeit des Bürgers: »Obgleich nur wenige eine politische Konzeption entwerfen und durchführen können, so sind wir doch alle fähig, sie zu beurteilen.« Das Platon-Zitat dagegen beginnt mit dem totalitären Führerprinzip: »Das erste Prinzip von allen ist dieses: Niemand, weder Mann noch Weib, soll jemals ohne Führer sein.« Die Absicht der *Offenen Gesellschaft* ist es, die ideologische Tradition Platons und seiner Nachfolger zu entlarven und die Prinzipien einer offenen Gesellschaft in der Tradition des Perikles offen zu legen und zu verteidigen.

Dabei spürte er den Feinden der Freiheit, den »orakelnden Philosophen«, nicht nur bis Platon, sondern bis in die frühgriechische Philosophie nach. Bereits bei dem Vorsokratiker Heraklit sieht er ein Muster, das sich auch bei späteren Feinden der offenen Gesellschaft wiederholen sollte: In einer Zeit des sozialen Umbruchs suchen die Gegner der Veränderungen nach festen Orientierungen, nach einer Erklärung oder einem Gesetz, mit dessen Hilfe sie den geschichtlichen Wandel deuten können. Sie stellen den ungeliebten Veränderungen das Konzept einer unveränderlichen, stabilen Ordnung entgegen. Eine Gesellschaft der unablässigen Reform lehnen sie ab. Sie bevorzugen den großen, endgültigen Wurf, der alle politischen Grundprobleme mit einem Schlag löst.

Platon war der Erste, der mit seinem Hauptwerk *Der Staat* einen solchen großen Wurf vorlegte. Für viele Leser kommt das Bild Platons als eines Urfeinds der offenen Gesellschaft überraschend. War Platon nicht der herausragende Schüler des Sokrates, dem es auch in seinem Staatsentwurf um Vernunft und Gerechtigkeit ging? War er nicht der Stammvater der gesamten europäischen Philosophie? Für viele etablierte akademische Philosophen bedeutete Poppers radikale Platonkritik eine Heiligenschändung.

Die Bedeutung Platons für die Philosophiegeschichte hat Popper aber nie bestritten. Im Gegenteil: Im ersten Band der *Offenen Gesellschaft* bezeichnet er ihn als den »größten Philosophen aller Zeiten«. Der Titel »Der Zauber Platons« drückt die zwiespältige Haltung, die Popper gegenüber Platon einnahm, sehr gut aus. Platon ist für ihn ein faszinierender Denker, ein Künstlerphilosoph und Visionär, der seine Leser in den Bann ziehen kann. Gleichzeitig ist er aber auch ein gefährlicher totalitärer Verführer.

Dass Platon im Geist des Sokrates dachte und schrieb, hat Popper jedoch immer bestritten. Die Beziehung zwischen Platon und Sokrates stellte sich ihm ganz anders dar: Sokrates blieb für ihn ein aufrechter Vertreter der Freiheit, jemand, der – wie es in Platons *Apologie* berichtet wird –, die eigene Würde und Gewissensentscheidung gegenüber staatlichen Autoritäten behauptete. Sokrates war kein Demokrat, aber er blieb für Popper jemand, der das »Prinzip Kritik« zum Antrieb seines Lebens und seines Philosophierens gemacht hatte. Platon hingegen, Spross der alten Athener Aristokratie, hatte nach Popper von Anfang an die Rechtfertigung der traditionellen Standesherrschaft im Sinn. Seine Interessen deckten sich immer mit denen der alten athenischen Aristokratie.

Unter den Dreißig Tyrannen, die nach der Niederlage Athens in Kollaboration mit Sparta in Athen regierten, waren enge Verwandte Platons. Der Sturz der Aristokratenherrschaft und die von den Demokraten betriebene Verurteilung des Sokrates blieben für Platon traumatische Erlebnisse. Popper stellt Platon als enttäuschten Konservativen dar, der mit seiner Philosophie den sozialen und politischen Umbrüchen die Legitimation entziehen will. Der *Staat* ist demnach der Entwurf einer idealen und stabilen Gesellschaftsordnung, in der es keine Veränderung geben kann, weil in ihr die »Idee der Gerechtigkeit« bereits endgültig verwirklicht ist.

Doch Platons Gerechtigkeit ist nach Popper nicht jene, die wir seit der Aufklärung mit den Schlagworten »Freiheit, Gleichheit, Brüderlichkeit« kennzeichnen. Der von Platon aufgestellte Gerechtigkeitsgrundsatz »Jedem das Seine!« meint vielmehr das Gegenteil: Jeder hat den Platz und die Funktion in der Gesellschaft auszufüllen, die ihm von seinem Stand und seiner Geburt her zugewiesen werden. Gerechtigkeit bedeutet hier also nichts anderes als die Stabilität eines nicht reformierbaren Ständestaates. In dem Entwurf dieses »Idealstaats« sind viele der fatalen Entwicklungen vorgeprägt, wie sie im 20. Jahrhundert in totalitären Gesellschaften verwirklicht wurden: Zensur, Unfreiheit, Degradierung der Mehrheit der Bevölkerung zu Arbeitssklaven und eine konsequente Militarisierung der Gesellschaft.

Platons Gesellschaftsentwurf geht Popper zufolge nicht von der Gleichheit, sondern von der natürlichen Ungleichheit der Menschen aus, eine Ungleichheit sowohl in biologischer als auch in rechtlich-moralischer Beziehung. Mit anderen Worten: Die biologisch »wertvolleren« Menschen haben auch Anspruch auf mehr Rechte und auf Herrschaft über die anderen. Eine solche Ungleichheit nimmt Platon nicht nur zwischen Griechen und Nicht-Griechen (den so genannten »Barbaren«), sondern auch zwischen verschiedenen Bevölkerungsgruppen in einem Staat an.

Diese Darstellung der politischen Philosophie Platons enthält viele Parallelen zum Zeitgeschehen, die nicht nur für damalige Leser offensichtlich waren, sondern auch heute noch deutlich sind: Platon ist für Popper ein Vorläufer der nazistischen Rassenlehre. Und in der Tat beschuldigt er ihn ganz ausdrücklich einer »biologischen Rassentheorie«.

Dabei gehe es Platon vor allem um die Herrenrasse der so genannten »Wächter«, die berufen sind, den Staat zu lenken. Sie seien seine Antwort auf den Demokratisierungsprozess in Athen, bei dem die natürliche Herrschaft der alteingesessenen Aristokraten zunehmend in Frage gestellt wurde. Durch ein Programm der biologischen Auslese und einer von früher Kindheit an streng beaufsichtigten und geregelten Erziehung, die sich am Beispiel der Führungsschicht in Sparta orientiert, soll nach den Vorstellungen Platons eine neue, stabile Herrscherschicht gezüchtet werden, die jeden Veränderungsversuch im Keim ersticken kann und vor dem Schicksal der Athener Aristokratie gefeit ist.

Bei Platon gehe es immer um das »Ganze« des Staates: Er werde zum Vater einer »utopischen Sozialtechnik«, die den Anspruch erhebt, alle Probleme mit einem Schlag zu lösen, und dem Einzelnen die Rolle zuweist, sich in den großen Gesamtentwurf einzufügen. Der Einzelne bedeute nichts. Er sei lediglich ein Zahnrädchen im Gefüge der Gesellschaft.

Platons Staatsentwurf richtet sich nach Popper vor allem gegen zwei Grundsätze: gegen den Grundsatz des »Individualismus«, der die Achtung vor der Freiheit und Würde des Individuums fordert, und gegen den des »Universalismus«, das heißt die Auffassung, dass jeder Mensch die gleichen Rechte beanspruchen kann. Diese Grundsätze einer offenen Gesellschaft sind nach Popper aber nicht erst in der Aufklärung, sondern auch schon von Zeitgenossen Platons vertreten worden: vor allem von der so genannten »Großen Generation«, einer Gruppe von Intellektuellen, die in Athen zu Zeiten des Peloponnesischen Krieges lebten und lehrten. Sie haben nach Popper zum ersten Mal die Verantwortlichkeit des Menschen für sein eigenes Schicksal betont.

Neben Sokrates zählen dazu unter anderem die Philosophen Protagoras und Demokrit, der Historiker Herodot und vor allem Perikles, der Führer der athenischen Demokratie, der in seiner berühmten Grabrede die Gleichheit der Menschen vor dem Gesetz propagierte. Viele dieser griechischen Aufklärer gehören zur Bewegung der Sophisten, die von Platon als Scharlatane und Wortverdreher geschmäht wurden, von Popper dagegen als Vorläufer der modernen Demokratie und des Humanismus angesehen werden. Platon selbst dagegen steht für Popper am Anfang eines »Aufstands gegen die Vernunft«.

Den zweiten Band widmet Popper den Philosophen, die diesen »Aufstand gegen die Vernunft« fortgesetzt haben. Hegel und Marx, die beiden »falschen Propheten«, sind die eigentlichen klassischen Philosophen des Historizismus. Aber auch Aristoteles, der Schüler Platons und wie dieser ein höchst einflussreicher Vertreter der klassischen griechischen Philosophie, kommt in Poppers Abrechnung nicht ungeschoren davon. Aristoteles sei wie Platon von der natürlichen Ungleichheit der Menschen ausgegangen und habe sogar die Sklaverei verteidigt. Die aristotelische Lehre, dass alle Dinge sich auf einen von vorneherein festgelegten Zweck hin entwickeln, habe die Auffassungen Hegels und Marx' beeinflusst, wonach die Geschichte der Menschheit »gesetzmäßig« ihrer Vollendung entgegenstrebt, sei dies die Verwirklichung der Freiheit im modernen Staat bei Hegel oder die klassenlose Gesellschaft bei Marx. Auch hier werde das Individuum nur zu einem Werkzeug einer übergeordneten Weltvernunft.

Der Wissenschaftstheoretiker Popper nimmt besonderen Anstoß an der von Hegel propagierten Methode der »Dialektik«: Danach entsteht Fortschritt dadurch, dass eine bestimmte Position (»These«) durch eine Gegenposition (»Antithese«) bestritten wird und beide Positionen in einer Synthese »aufgehoben«, das heißt durch eine neue Position abgelöst werden, die die Wahrheit der These und Antithese miteinander verknüpft – worauf diese dialektische Entwicklung auf einer höheren Ebene erneut beginnt. Die Dialektik ist bei Hegel und Marx sowohl die Methode des »wissenschaftlichen« Denkens als auch das Gesetz, nach dem sich die Wirklichkeit entwickelt. Für Popper ist diese Methode weder logisch noch wissenschaftlich.

Sich widersprechende Positionen können nicht gleichermaßen wahr sein. Hegel bleibt für ihn der »logische Hexenmeister«, der »mit Hilfe der zauberkräftigen Dialektik wirkliche, physische Kaninchen aus rein metaphysischen Zylindern hervorholt«.

Poppers Urteil über Hegel ist nicht nur aus wissenschaftlichen Gründen, sondern auch aus menschlichen und politischen vernichtend: als Opportunist, der sich zum philosophischen Sprachrohr der preußischen Obrigkeit machte, der den Staat vergötterte und den Krieg als notwendiges Mittel rechtfertigte, um die Ziele der Weltgeschichte durchzusetzen.

Dagegen ist sein Urteil über Marx, der das Gesetz der Dialektik auf die Ökonomie und die materiellen Verhältnisse übertragen hat, wesentlich milder. Zwar sei der Marxismus »eine materialistische und zugleich mystische Religion«, doch gesteht Popper ihm immerhin ernsthafte humanitäre Absichten zu, nämlich die Verwirklichung sozialer Gerechtigkeit. Die Voraussagen, die Marx dagegen über die Zukunft der kapitalistischen Gesellschaft gemacht habe, hätten sich alle als falsch erwiesen: Es sei nicht zu einer Verelendung der arbeitenden Klassen gekommen und eine soziale Revolution sei durch Reformen in weite Ferne gerückt.

Eine offene Gesellschaft hingegen kann nach Popper sowohl auf einen utopischen Gesamtentwurf als auch auf jede Art von Geschichtsprophetie verzichten. Aus der engen Beziehung zwischen den Grundsätzen seiner Wissenschaftstheorie und der politischen Philosophie entwickelt er eine neue Theorie der Demokratie, deren Grundlage keine historische Gesetzmäßigkeit, sondern die Freiheit und Selbstverantwortung des Bürgers ist.

Die bei Philosophen wie Platon und Marx so wichtige Frage: »Wer soll regieren?«, muss nach Popper durch eine ganz andere Frage abgelöst werden: Wie nämlich muss ein politisches System beschaffen sein, das die Freiheit des Bürgers schützt und soziale Gerechtigkeit befördert? Wie in der Wissenschaft, so spielt auch in der Demokratie die Kritik für Popper die entscheidende Rolle. Die Demokratie muss Raum für Opposition und öffentliche Kritik bieten, und sie muss Institutionen entwickeln, die eine Fehlerkontrolle der regierenden

Politiker erlauben. Poppers Demokratietheorie schließt also auch das ein, was man heute als »Zivilgesellschaft« bezeichnet.

Vor allem müssen das Volk und seine Vertreter die Möglichkeit haben, eine Regierung auf friedlichem Wege abzuwählen. Für Popper ist dies geradezu das entscheidende Merkmal der Demokratie: Nicht wer regiert, ist wichtig, sondern die Möglichkeit, die Regierenden auf friedlichem Wege wieder loszuwerden. Alle Diktaturen zeichnen sich dadurch aus, dass die Machthaber an ihrem Sessel kleben und nur dem Druck der Gewalt weichen. Institutionell abgesicherte Kritikmöglichkeit und ein legales Verfahren zur Absetzung der Regierung: Das ist es, was die Demokratie vor einer Diktatur auszeichnet.

Eine Gesellschaft hat niemals eine endgültige Form, die man ihr wie ein Korsett verpassen könnte. Das Konzept der offenen Gesellschaft trägt dem Rechnung: Es macht Reform und ständige Veränderung zum Normalzustand. An die Stelle eines groß angelegten utopischen Gesellschaftsentwurfs setzt Popper die gezielte Reform einzelner Missstände. Sein hierfür geprägter Begriff »piecemeal-engineering« hat durch die deutsche Übersetzung »Stückwerk-Reform« einen sehr missverständlichen Klang erhalten. Gemeint ist eine »schrittweise« vorgehende Reform, die auf der genauen Analyse von Sachproblemen beruht. Genau wie die wissenschaftliche Forschung ist sie niemals abgeschlossen und erhebt auch keinen Anspruch auf Endgültigkeit.

Diese Haltung, »auf kritische Argumente zu hören und aus der Erfahrung zu lernen«, die Popper sowohl für die Wissenschaft als auch für das politische Handeln fordert, nannte er »Kritischen Rationalismus«. Das war auch der Name der von ihm begründeten philosophischen Richtung, der sich in den Jahrzehnten nach dem Zweiten Weltkrieg zahlreiche Schüler in Europa und den Vereinigten Staaten anschlossen.

Popper schloss 1942 den ersten und im Februar 1943 den zweiten Band ab. Er war höchst interessiert daran, dass das Buch noch vor Ende des Krieges erschien, damit es als politische Werteorientierung eine Rolle beim Aufbau einer demokratischen Nachkriegsordnung spielen konnte. Entsprechend begann er sofort mit der Verlagssuche, die er aus der Ferne organisieren musste. Denn nur ein Verleger in England oder in den USA kam in Frage. Wiederum kamen viele Kosten auf ihn zu. Das Manuskript musste vervielfältigt werden, zahlreiche Briefe und Telegramme gingen in die USA und nach Europa ab. Popper schrieb zunächst an Freunde in den Vereinigten Staaten, die er noch aus alten Wiener Zeiten kannte und denen er eine Vollmacht erteilte, das Manuskript an bestimmte Verlage weiterzugeben. Er war ungeduldig, unzufrieden mit den Bemühungen seiner Freunde und schließlich verzweifelt über den ausbleibenden Erfolg.

Als das Buch schließlich 1945 in London erschien, war der Krieg schon ein paar Monate zu Ende, aber seine epochale Bedeutung wurde im englischsprachigen Raum sofort erkannt. Weniger in den Universitäten als vielmehr in der Öffentlichkeit wurde Popper mit seiner Theorie der offenen Gesellschaft zur philosophischen Stimme des Westens. Mit dem Zusammenbruch der kommunistischen Staatenwelt in Mittel- und Osteuropa erlebte seine Kritik am Totalitarismus noch zu Lebzeiten ihres Autors eine eindrucksvolle Bestätigung. Spätestens von diesem Zeitpunkt an erlangte Poppers politische Philosophie auch in Kontinentaleuropa die ihr zustehende Anerkennung. Wie nur wenige Werke zuvor hat *Die offene Gesellschaft und ihre Feinde* demonstriert, dass im Kampf der Freiheit gegen die Unfreiheit auch die Philosophie eine laute und durchdringende Stimme haben kann.

Ausgabe:

Karl R. Popper: Die offene Gesellschaft und ihre Feinde, 2 Bände. Band 1: Der Zauber Platons. Band 2: Falsche Propheten. Übersetzt von P. Feyerabend. Herausgegeben und korrigierte Übersetzung von H. Kiesewetter. Tübingen: Mohr/Siebeck 2003.

Anleitung zum Lesen der Welt

Hans-Georg Gadamer: Wahrheit und Methode (1960)

Für die Menschen des Mittelalters trug die Welt die Handschrift Gottes. Die Gelehrten sprachen, in Anlehnung an die Heilige Schrift, vom »Buch der Natur«. In ihm lesen zu können bedeutete, die göttliche Schöpfung und damit Gott selbst verstehen zu lernen. Die Naturforscher der Neuzeit glaubten, dieses Buch entziffert zu haben. Galileo Galilei, einer ihrer prominentesten Vertreter, behauptete, das Buch der Natur sei in der Sprache der Mathematik geschrieben. Der Erfolg schien ihm recht zu geben. Das neue mathematisch-naturwissenschaftliche Weltbild verschaffte dem Menschen eine naturbeherrschende Rolle und schien die Welt in eindrucksvoller Weise entziffert zu haben.

Doch der Anspruch der empirischen Wissenschaften, die wahre und endgültige Lesart der Welt zu liefern, wurde auch immer wieder bezweifelt. Besonders Theologen und Philologen wiesen darauf hin, dass in der sprachlichen Überlieferung und in den Texten der Kultur eine Wahrheit zu finden sei, die dem technisch-naturwissenschaftlichen Zugriff verborgen bleibe. Sie sahen sich in der Tradition des antiken Gottes Hermes, des Sendboten und Dolmetschers seines Vaters Zeus. Hermes ist derjenige, der den Menschen den Willen der Götter erklärt. Er ist, so könnte man sagen, der Gott der Interpretation. Als solcher gilt er auch als Stammvater der Hermeneutik, derjenigen Disziplin, die sich traditionell mit dem Verstehen, dem Auslegen und der Anwendung von Texten beschäftigt.

Hans-Georg Gadamer ist der Philosoph des 20. Jahrhunderts, der der Hermeneutik neue philosophische Weihen gab. Auch er glaubte daran, dass es eine Art gibt, die Welt zu erfassen, die tiefer reicht als das naturwissenschaftliche Erklären. Mit seinem Hauptwerk *Wahrheit und Methode* hat Gadamer den Anspruch der Hermeneutik erweitert und sie zu einer Grundlagendisziplin der Philosophie gemacht. *Wahrheit und Methode* enthält den Entwurf einer neuen Art von Erkenntnistheorie, in der es, wie er schreibt, um eine »Erfahrung von Wahrheit« geht, »die den Kontrollbereich wissenschaftlicher Methodik übersteigt«.

Diese Wahrheitserfahrung gründet für Gadamer in der Sprache, denn jedes Verstehen von Wirklichkeit ist für ihn ein durch Sprache vermitteltes Verstehen. Im Verstehen offenbart sich für den Menschen, wie Gadamer sagt, »das Ganze seiner Welterfahrung«, in der die Kommunikation mit der Überlieferung und der Austausch mit den Urteilen und Erfahrungen anderer Menschen im Vordergrund stehen. Er setzt der naturwissenschaftlichen Welterklärung ein Modell entgegen, das die Welt nach dem Vorbild eines literarischen Kunstwerks wie einen überlieferten Text begreift. So wird *Wahrheit und Methode* eine neue Anleitung zum Lesen der Welt, aber auch eine Aufklärung über die Art, wie verschiedene Lesarten der Welt sich miteinander verständigen können.

Mit seiner Distanz zu den Naturwissenschaften und seiner Neigung zu Kunst und Philosophie brachte sich der junge Gadamer früh in Konflikt mit seinem Vater, einem Professor der Chemie, der die Geistes- und Kulturwissenschaften immer mit großem Misstrauen betrachtete und sie abschätzig als »Schwätzwissenschaften« bezeichnete. Dennoch profitierte der angehende Philosoph von den Bildungsvorteilen, die das Aufwachsen in einem akademischen, bürgerlichen Haushalt mit sich brachte. 1902, zwei Jahre nach Gadamers Geburt in Marburg, zog die Familie ins schlesische Breslau um, wohin der Vater seinen ersten Ruf als Ordinarius erhalten hatte. Dort erlebte Gadamer seine Schulzeit und sein erstes Studienjahr. Als sein Vater 1919 die Möglichkeit erhielt, nach Marburg zurückzukehren, folgte der Sohn seinen Eltern.

Sein Studium war rein geisteswissenschaftlich orientiert, aber dennoch breit angelegt. Sprach-, Literatur- und Kunstwissenschaften nahmen einen mindestens genauso großen Raum ein wie die

Philosophie. Der Umgang mit Kunst und Literatur prägte sein Bildungs- und Selbstverständnis: Unter den bedeutenden Philosophen des 20. Jahrhunderts ist Gadamer der große Schöngeist, der bis ins hohe Alter Gedichte aus dem Stegreif zitieren konnte und immer davon überzeugt blieb, dass in den Werken der Kunst die großen Wahrheiten über die Welt verborgen sind.

Das akademische Milieu blieb seine soziale Heimat. Gadamer war zeitlebens ein Mann der Universität, ein klassischer mitteleuropäischer Gelehrter alten Typs. Die Welt der deutschen Universitätsstädte, die sich von der Politik fernhielt, die eigene Hierarchien pflegte und Bildung und Kultur als einen Wert an sich ansah, wurde zu seinem Lebensmittelpunkt.

Gadamer hatte das Glück, dass seine Ausbildung an einem für die Philosophie entscheidenden Ort und zu einem für die Philosophie entscheidenden Zeitpunkt stattfand. Marburg war Anfang des 20. Jahrhunderts neben Cambridge, Paris und Wien eine der wichtigsten Ideenwerkstätten der Philosophie der Moderne, ein Ort, der Studenten von überall her anzog. So kamen vor dem Ersten Weltkrieg Boris Pasternak und Ortega y Gasset zum Philosophiestudium nach Marburg ebenso wie einige Jahre nach dem Krieg die junge Hannah Arendt.

Die Marburger Schule des Neukantianismus mit ihren beiden Hauptvertretern Hermann Cohen und Paul Natorp versuchte, die Philosophie wieder an die sich stürmisch entwickelnden empirischen Wissenschaften anzuschließen. Auch Gadamer lernte die Philosophie zunächst aus neukantianischer Sicht kennen, zunächst über Richard Hönigswald, seinen ersten philosophischen Lehrer in Breslau, und später über den damals weit über sechzigjährigen Paul Natorp, bei dem er promovierte.

In Anlehnung an Kant versuchten die Neukantianer jene im menschlichen Bewusstsein angelegten Grundbegriffe herauszuarbeiten, mit deren Hilfe wir die Welt erst als eine Einheit erfahren können. Diese, wie die Kantianer sagen, »transzendentalphilosophische« Frage nach den Erkenntnisbedingungen, die unsere Welterfahrungen erst ermöglichen, blieb auch für Gadamer bestimmend. Doch er entfernte sich immer mehr von der Vorstellung, jene Bedingungen könnten im reinen, von den Gegenständen unabhängigen Bewusstsein gefunden werden. Gadamer machte sich auf die Suche nach einer Philosophie, die welt- und sachhaltiger war, die also auf die Konkretheit und Fülle der Welterfahrung einging.

Entscheidend befördert wurde diese Suche durch zwei berühmte, ebenfalls in Marburg lehrende Kritiker des Neukantianismus. Der erste war Nicolai Hartmann, der selbst noch bei Paul Natorp habilitiert hatte und der Gadamer zu einem seiner Lieblingsschüler machte. Für Hartmann war die Welt kein Erkenntniskonstrukt des Menschen. Als erkenntnistheoretischer Realist hielt er daran fest, dass es eine vom Erkenntnissubjekt unabhängige Außenwelt gibt.

Zur Enttäuschung Hartmanns wandte sich aber der junge Gadamer, wie zahlreiche andere Marburger Studenten, bald dem neuen, jungen Star der deutschen Philosophieszene zu, Martin Heidegger. Heidegger, gerade einmal elf Jahre älter als Gadamer, war ein Schüler Edmund Husserls, des Begründers der Phänomenologie. Dessen Devise »Zu den Sachen selbst!« interpretierte Heidegger auf eine sehr eigenwillige Weise, indem er das Programm einer »Hermeneutik des Daseins« entwarf, in deren Mittelpunkt der Mensch und sein Versuch stehen, seinem Leben durch einen Existenzentwurf einen Sinn zu geben.

Mit Heideggers Denken kam Gadamer 1922 in Kontakt, als Heidegger von Freiburg aus ein Manuskript mit Aristoteles-Interpretationen nach Marburg schickte, um seine Bewerbung auf die Stelle des außerplanmäßigen Professors zu unterstreichen. Diesem Manuskript stellte er eine Einleitung mit dem Titel »Anzeige der hermeneutischen Situation« voran. In diesem neuen Verständnis von Hermeneutik geht es nicht mehr, wie in der klassischen Hermeneutik, um das Verstehen von Texten, sondern um das Selbstverständnis des Menschen. Die Stellung, in der der Mensch sich gegenüber der Welt befindet, soll »durchsichtig« gemacht werden. Die »Situation der Auslegung«, von der Heidegger hier spricht, richtet sich nun auf eine »Lebensauslegung«. »Verstehen« wird gleichbedeutend mit einer Lebensführung, die auf einem bewussten Existenzentwurf beruht.

Heideggers Hermeneutik ist Grundlage seiner Existenzphilosophie.

Damit hatte der Begriff »Hermeneutik« eine grundlegende Bedeutungsveränderung erfahren. Ursprünglich waren es vor allem Juristen und Theologen, die Hermeneutik als eine Technik betrieben, mit deren Hilfe man Gebote oder Gesetzestexte auf konkrete Situationen anwenden konnte. Der Theologe Friedrich Schleiermacher machte zu Beginn des 19. Jahrhunderts die Hermeneutik dann fachübergreifend zu einer allgemeinen Lehre der Interpretation klassischer Texte.

Es waren die Historisten in der zweiten Hälfte des 19. Jahrhunderts, die in der Hermeneutik ein Werkzeug erkannten, um die Besonderheit der Geisteswissenschaften gegenüber den Naturwissenschaften herauszustellen. Ihrer Auffassung nach hatten es die Geisteswissenschaften nicht mit allgemeinen Gesetzmäßigkeiten zu tun, sondern mit Geschehnissen, die in ihrer geschichtlichen Einmaligkeit »nachempfunden« werden mussten. So setzte einer der bedeutendsten Historisten, Wilhelm Dilthey, in seiner berühmten *Einleitung in die Geisteswissenschaften* von 1883 dem naturwissenschaftlichen »Erklären« die geisteswissenschaftliche Methode des »Verstehens« entgegen. Dieses »Verstehen« hat nach Dilthey eine eigentümliche Struktur, für die sich der Begriff »hermeneutischer Zirkel« eingebürgert hat: Aus dem Vorverständnis von Einzelerkenntnissen muss man im Vorgriff auf das Ganze der zu verstehenden Sache schließen. Andererseits lassen sich diese Einzelerkenntnisse erst richtig einordnen, wenn man bereits ein Verständnis des Ganzen besitzt.

Heidegger hatte Diltheys Vorstellung von »Verstehen« auf den Prozess übertragen, in dem der einzelne Mensch in der Auseinandersetzung mit der Welt steht. Er hatte dabei aber auch etwas Wichtiges von Dilthey übernommen: die Erkenntnis nämlich, dass Verstehen immer vom Bewusstsein einer geschichtlich konkreten Situation her erfolgen muss. Für den jungen Gadamer war es diese Erkenntnis, die ihn endgültig aus den Beschränkungen der neukantianischen Bewusstseinsphilosophie hinausführte.

Als der Student Gadamer von Paul Natorp eine Kopie des Heidegger'schen Manuskripts erhält, ist dies für ihn, wie er später schreibt, »wie ein Getroffenwerden von einem elektrischen Schlage«. Er macht sich sofort nach Freiburg auf, um Heidegger zu hören. Als dieser 1923 nach Marburg berufen wird, kehrt Gadamer mit ihm zurück.

Gadamer blieb zwar ein Heidegger-Schüler, doch unter diesen Schülern war er eher ein Außenseiter. Er erlebte zwar unmittelbar mit, wie Heidegger seine »Hermeneutik des Daseins« in seinem Hauptwerk *Sein und Zeit* entwickelte, doch Heidegger traute dem eher konservativ und bildungsbürgerlich auftretenden jungen Mann zunächst noch nicht allzu viel zu. Deshalb promovierte Gadamer 1925 nicht bei Heidegger, sondern bei Paul Natorp und entschloss sich sogar, noch ein Studium der klassischen Philologie anzuschließen. Heideggers etwas verhaltene Beurteilung seiner Person ließ ihn daran zweifeln, ob er die Philosophie zum Beruf machen sollte.

Als Heidegger jedoch 1928 wieder nach Freiburg ging, hatte sich seine Haltung gegenüber Gadamer positiv verändert. Nun machte er ihm das Angebot, seine wissenschaftliche Laufbahn bei ihm fortzusetzen. Mit einer Arbeit über Platon habilitierte sich Gadamer 1929 bei dem inzwischen berühmten Heidegger.

Sowohl Dilthey als auch Heidegger blieben für Gadamer die entscheidenden Lehrmeister. Doch es dauerte lange, bis er mit seiner eigenen Neubegründung der Hermeneutik hervortrat. Zunächst war er mit seiner akademischen Karriere beschäftigt, deren Beginn in die Frühzeit der Naziherrschaft fiel. Gadamer war nie ein aktiver Nazi wie sein Lehrer Heidegger, aber er vermied auch jeden Konflikt mit der Diktatur. Als am 10. November 1933 eine Reihe deutscher Professoren ein für das Ausland bestimmtes Bekenntnis zu Adolf Hitler veröffentlichte, fand sich auch sein Name unter den Unterzeichnern. 1937 wurde er außerplanmäßiger Professor in Marburg, und 1939 erhielt er seinen ersten ordentlichen Lehrstuhl in Leipzig, den er bis 1947 innehatte. Danach lehrte er in Frankfurt/Main und schließlich ab 1949 bis zu seiner Emeritierung in Heidelberg.

Gadamers eigenes Denken entwickelte sich für die Öffentlichkeit weitgehend unbemerkt, da er außer wenigen Aufsätzen kaum etwas publizierte. Nach Ende des Zweiten Weltkriegs wurde er immer wieder von Freunden und Schülern bedrängt, seine eigenen Thesen endlich in Buchform zu veröffentlichen. Gadamer bevorzugte es, seine Gedanken im Gespräch zu entwickeln, die schriftliche Äußerungsform bereitete ihm große Mühe. Dass philosophische Erkenntnis vor allem im dialogischen Austausch entsteht, gehörte zu seinen philosophischen Grundüberzeugungen.

Angeregt durch einen Aufsatz des Theologen Rudolf Bultmann von 1950, »Das Problem der Hermeneutik«, beginnt Gadamer seit etwa 1951 an einer eigenen »Theorie der Hermeneutik« zu arbeiten. Es geht ihm um ein »Verstehen«, das – in Anknüpfung an Dilthey und Heidegger – die geschichtliche Vorgeprägtheit des Menschen berücksichtigt und zu einem Begriff der Wahrheit führt, der mehr meint als die bloße Übereinstimmung eines behaupteten Sachverhalts mit einer Tatsache. Gadamer hatte einen Wahrheitsbegriff im Sinn, der metaphysische und teilweise theologische Anklänge hatte und auf eine Tiefendimension der Wirklichkeit zielte. Damit bewegte sich die Hermeneutik in Richtung auf eine Ontologie, eine Lehre von den grundlegenden Prinzipien des Seins. Sie erhielt einen »universalen« Charakter: Ihre Anwendung weitet sich von der Texterfahrung zur Welterfahrung aus.

Die Brücke zu dieser Welterfahrung war nicht mehr die Natur, sondern die kulturelle Tradition. Gadamer stützte sich, wie er in einem Brief an Bultmann schrieb, auf »die Erfahrung der philosophischen Klassiker, der Kunst und der humanistischen Tradition«, also auf die geisteswissenschaftliche Erfahrungswelt. Ästhetisches und geisteswissenschaftliches Verstehen wird bei Gadamer zum Vorbild für Verstehen überhaupt.

In mehreren Vorträgen, so in »Wahrheit in den Geisteswissenschaften« von 1953 und »Was ist Wahrheit?« von 1955, bereitete Gadamer seine Theorie vor und entwickelte dort die für ihn grundlegende Auffassung, dass Verstehen von Wahrheit ein Prozess ist, der mit dem Verständigungsprozess in einem Gespräch verglichen werden kann.

Die Arbeit an seinem Hauptwerk kostete Gadamer fast ein Jahr-

zehnt. Erst im Wintersemester 1958/59, in dem er von der Universität beurlaubt worden war, konnte er das Manuskript vollenden. Der ursprünglich vorgesehene Titel »Grundzüge einer philosophischen Hermeneutik« wurde allerdings vom Verleger nur als Untertitel akzeptiert, da der Begriff »Hermeneutik« zu wenig verkaufsträchtig erschien. »Wahrheit und Methode« dagegen hatte als Titelvorschlag zwei Vorteile: Er erinnerte nicht zufällig an Goethes autobiografische Schrift *Dichtung und Wahrheit*, und er fasste den Anspruch des Werks auf eine verständliche und plakative Weise zusammen: Es ging um eine im Verstehensprozess sichtbar werdende Wahrheit, die einer naturwissenschaftlich orientierten Methode nicht zugänglich war.

Dieses Verstehen ist für Gadamer ein grundlegender, dem Menschen von Anfang an zugehöriger Akt, der bereits vor jedem Versuch der wissenschaftlichen Weltdeutung liegt. Wie Heidegger verbindet Gadamer mit seiner Hermeneutik also einen universalen, über das Ziel der Textinterpretation hinausgehenden Anspruch. Sie sollte eine neue Art von Ontologie und Erkenntnistheorie begründen, also grundsätzliche Aussagen über die Welt und die Wirklichkeit machen. Im Unterschied zu Heidegger legte Gadamer jedoch den Schwerpunkt seiner Analysen nicht auf den Lebensentwurf, sondern auf die durch Sprache vermittelte »Welterfahrung« des Menschen. An die Stelle eines anthropologischen ist ein erkenntnistheoretischer Schwerpunkt getreten. Die neukantianische Frage nach den »reinen« Grundbegriffen, die unsere Welterfahrung verbürgen, wird bei Gadamer ersetzt durch die hermeneutische Frage nach dem »Verstehen«, d. h. nach der Grundbeziehung, in der der Mensch gegenüber einer sprachlich geprägten Welt steht.

Die drei großen Teile des Buches versuchen, den Begriff des »Verstehens« stufenweise auf eine zunehmend grundsätzlichere Art zu erläutern. Gadamer beginnt mit dem Verstehen von Kunst als einer Alternative zum rationalen, wissenschaftlichen Erklären. Die Elemente des hier gewonnenen Verstehensbegriffs werden im zweiten Teil auf die Geisteswissenschaften insgesamt ausgedehnt, um im dritten Teil Gadamers »ontologische Wendung der Hermeneutik«

zu vollziehen, also das Verstehen zur grundlegenden menschlichen Welterfahrung schlechthin zu machen.

Mit den ersten beiden Teilen vollzieht Gadamer die Geschichte der Hermeneutik nach, die sich von einer Lehre der Textinterpretation zu einer Methodenlehre der Geisteswissenschaften entwickelt hatte. Im dritten Teil fügt er ihr sein eigenes, neues Verständnis hinzu: Hermeneutik als Lehre von der Welterkenntnis.

Gadamer geht es von Anfang an darum, sowohl das Erkenntnisideal der rationalen, begrifflichen Erfassung der Welt als auch das Erkenntnisideal der Naturwissenschaften als eine reduzierte Form der Erkenntnis dazustellen und ihr eine Alternative entgegenzusetzen. Den Glauben an eine sogenannte »objektive« Erkenntnis, die dadurch zustande kommt, dass der Mensch der Welt – unter Ausschaltung aller subjektiven Faktoren – mit dem richtigen Werkzeug, sprich: der richtigen wissenschaftlichen Methode, zu Leibe rückt und mit Hilfe dieses Instruments die objektive Wahrheit hervorholt, hält er für naiv. Für ihn gibt es keine rein objektive Erkenntnis, aus der sich das erkennende Subjekt heraushalten könnte.

Deshalb will er alternative Formen der Erkenntnis wieder aufwerten, in denen eine andere Art der Beziehung zwischen Erkenntnissubjekt und Erkenntnisobjekt stattfindet. Der geschichtliche Anknüpfungspunkt hierfür ist für ihn die Tradition des Humanismus seit der Renaissance. Hier entwickelte sich ein Ideal der Bildung, in dem eine sinnlich-intuitive Urteilsfähigkeit, eine Urteilsfähigkeit mehr des »Herzens« als des »Verstandes« im Mittelpunkt stand. Es kann sich dabei um eine praktische Urteilsfähigkeit wie den »sensus communis«, den »Gemeinsinn«, handeln, der eine soziale Tugend bezeichnet, die den Menschen instand setzt, konkrete gesellschaftliche Situationen richtig zu deuten und sich entsprechend zu verhalten. Es kann sich aber auch um die Fähigkeit der ästhetischen Wahrnehmung handeln, durch die wir Zugang zu einem Kunstwerk finden. In beiden Fällen geht es um eine Form des »Takts«, die nicht durch Theorie, sondern durch praktischen Umgang und Persönlichkeitserziehung erworben wird. Im deutschen Begriff »Geschmack« ist beides, der soziale und der ästhetische Aspekt dieser Urteilsfähigkeit, enthalten.

Für Gadamer ist vor allem der Umgang mit der Kunst der Ort, an dem dieser »Geschmack« sich ausprägt. Dabei wendet er sich gegen eine in der Kunstphilosophie sichtbare Tendenz, die ästhetische Erkenntnis zu einer eigenen, »autonomen« Erkenntnisform zu machen und sie von anderen Erkenntnisformen abzukoppeln. Ästhetische Erkenntnis ist für Gadamer Erkenntnis in gleichem Sinn wie die durch Theorien vermittelte Erkenntnis.

Mit Blick auf die Antike, in der die Kunst als ein gesellschaftliches Ereignis, als rituelles Spiel in enger Verbindung zur Religion stand, betont Gadamer, dass Kunst eine Form der Darstellung von Wahrheit ist und nicht auf einen »Kunstgenuss« oder eine subjektive ästhetische Wahrnehmung reduziert werden darf. Kunst ist für Gadamer eine Form der Erkenntnis, eine Erkenntnis allerdings, die nie vollendet ist und in der sich Erkenntnissubjekt und Erkenntnisobjekt auf eine immer neue Art begegnen. Das erkennende Subjekt wird Teil eines Prozesses, in den es sich einfügt, in den es sich aber auch mit seinen eigenen geschichtlichen Erfahrungen einbringt. Diese, wie Gadamer sagt, »Teilhabe« an der Kunst ist »Begegnung mit einem unabgeschlossenen Geschehen und selbst Teil des Geschehens«. Die von Gadamer betonte enge Verwandtschaft zwischen Kunst und Spiel kann den Charakter dieser Erfahrung verdeutlichen: Man findet Zugang zum Spiel, indem man sich den Spielenden anschließt, also selbst Teil des Spiels wird.

Dieser Prozess der unabgeschlossenen Wahrheitserfahrung, wie er in der Kunst stattfindet, hat für Gadamer beispielhaften Charakter und ist Vorbild für die Art von Verstehen, wie sie uns überall in den Geisteswissenschaften begegnet. Hier haben wir es durchgehend mit sprachlichen Texten zu tun, die in einer bestimmten geschichtlichen Situation entstanden sind, aber gleichzeitig auch von großer Bedeutung für jemanden sind, der sie viel später, in einer ganz anderen geschichtlichen Situation kennen lernt.

Das »geschichtliche Bewusstsein« des Verstehenden und die »Geschichtlichkeit des Verstehens«, wie sie schon Dilthey hervorgehoben hatte, bilden für Gadamer den Ausgangspunkt seiner Kritik an der Aufklärung. Der Aufklärung des 18. Jahrhunderts sei es darum gegangen, eine Vernunfterkenntnis zu fördern, die frei von Vorurteilen ist. Doch für Gadamer ist ohne Vorurteile überhaupt kein Verstehen möglich. Deshalb betont er ihre positive Funktion. Jedes geschichtliche Verstehen erfolgt notwendigerweise von bestimmten Vorurteilen aus. Hätten wir nicht bereits einen vorläufigen Begriff von einer Sache, also ein »Vor-Urteil«, so könnten wir uns dieser überhaupt nicht nähern. Deshalb ist für Gadamer der hermeneutische Zirkel auch keine Beschränkung, sondern ein notwendiges und produktives Strukturmoment des Verstehensprozesses. Von einem bestimmten historischen Standpunkt aus entwerfen wir im Vorgriff den Sinn der zu verstehenden Sache. Nur so erhalten wir Verstehenshinweise, die wiederum auf die Veränderung unserer »Vor-Urteile« zurückwirken. Verstehen wird damit zu einem unendlichen Prozess der Vermittlung von Vertrautheit und Fremdheit.

Gadamer bezeichnet diesen Vermittlungsprozess immer wieder als eine Form der Kommunikation, als einen »Dialog« oder ein »Gespräch« zwischen dem Verstehenden und dem Text. Um einen Text zu verstehen, muss man die richtige Frage stellen, muss man herausfinden, auf welche Frage er eine Antwort ist. Dies wissen wir aber zunächst nicht, da wir von einem geschichtlich begrenzten »Fragehorizont« aus fragen, während der Text von einem ganz anderen Fragehorizont bestimmt ist. Im Gegensatz zu Dilthey glaubt Gadamer nicht, dass Verstehen als Nachvollziehen auf der Grundlage einer historischen Rekonstruktion möglich ist. Wir können den Horizont des Textes niemals genau rekonstruieren, wir können aber so lange fragen, bis sich der Horizont des Werks mit unserem eigenen Horizont verbinden lässt.

Was wir normalerweise als Aneignung oder produktive Interpretation von Texten kennen, bezeichnet Gadamer in einer berühmten Wendung als »die im Verstehen geschehene Verschmelzung der Horizonte«. Wir verzichten dabei auf den Anspruch, eine Sache völlig aufklären zu wollen, und unterwerfen uns der Einsicht, dass Horizontverschmelzung ein offener, unabgeschlossener Prozess ist, der von jedem Verstehenden neu und auf eine neue Art vollzogen wird. In dieser Horizontverschmelzung sind auch die von der traditionellen Hermeneutik getrennten Aspekte des Verstehens, der Auslegung und der Anwendung vereint. Horizontverschmelzung bedeutet ja, dass der Text für mich in einem neuen Horizont zugänglich und damit auf meine Situation anwendbar wird.

Doch das in der Horizontverschmelzung vollzogene Verstehen ist keineswegs beliebig. Ein Text lässt sich nicht willkürlich aktualisieren und auf meine Situation beziehen. Obwohl Gadamer immer wieder betont, dass Texte auf eine stets neue Art und Weise angeeignet und verstanden werden können, neigt er doch dazu, der Tradition ein großes Eigengewicht zu geben. Deshalb bleiben für ihn auch die Möglichkeiten eines kritischen Umgangs mit der Tradition begrenzt. Er bezeichnet den Verstehensprozess als ein »Einrücken in ein Überlieferungsgeschehen« und will damit deutlich machen, dass der Verstehende sich um das Sinnpotenzial der Überlieferung bemühen muss. Gadamer fordert, einfacher gesagt, vor der Tradition Ehrfurcht und Respekt. In ihr liegt schließlich das verborgen, was wir als »Wahrheit« immer wieder neu erfahren wollen.

Im Verlauf des Werkes versucht Gadamer den Leser davon zu überzeugen, dass das Verstehen von Texten Vorbild für das Verstehen von Welt ist. Verstehen als Horizontverschmelzung beschränkt sich für Gadamer deshalb nicht nur auf das, was wir normalerweise als »Text« bezeichnen, sondern es ist für ihn »der ursprüngliche Seinscharakter des Lebens selber«. Gadamers Ziel, Hermeneutik als eine universale philosophische Disziplin zu begründen, ist mit dem Anspruch verbunden, »Verstehen« als Grundlage der Welterfahrung nachzuweisen. Dies kann nur gelingen, wenn die Welt jene Grundeigenschaften aufweist, die auch ein Text hat.

Hier stellt Gadamer eine These auf, die in eigentümlicher Nähe zum »linguistic turn«, zur »sprachphilosophischen Wende«, der analytischen Philosophie steht, zu der seine Theorie ansonsten einen großen Abstand hat. Auch für ihn sind Welt und Sprache aufs Engste miteinander verbunden. Unsere Welt ist sprachlich verfasst, und wir erfahren Welt nur über Sprache. »Es ist die Mitte der Sprache«, so Gadamer, »von der aus sich unsere gesamte Welterfahrung und im Besonderen die hermeneutische Erfahrung entfaltet.« Da die Welt nur über Sprache erfahrbar ist, muss sie wie ein Text behandelt werden und ist dem gleichen Verstehensprozess zugänglich wie die Überlieferung. Und da die Horizontverschmelzung für Gadamer im Mittelpunkt des Verstehens von Texten steht und ihm als die eigentliche Leistung der Sprache gilt, wird sie auch zum Mittelpunkt der Welterfahrung.

Dass jede Sprache eine bestimmte Weltsicht vermittelt – diese These Gadamers hatte auch schon Ludwig Wittgenstein, ein Gründungsvater der sprachanalytischen Tradition, 1951 in seinen *Philosophischen Untersuchungen* vertreten. Wittgenstein glaubte, dass jedes sprachliche Bezugssystem, jedes »Sprachspiel«, eine »Lebensform« definiert. Gadamer spricht davon, dass jede Sprache die Welt auf eine bestimmte Art »abschattet«.

Im Gegensatz zu vielen Sprachanalytikern ist Sprache für Gadamer aber kein künstlich festgelegtes Zeichensystem. Es ist das Medium, in dem der Mensch mit seiner begrenzten Erkenntnisfähigkeit in Kontakt mit der Wahrheit treten kann. Diese »Wahrheit« wird von Gadamer an keiner Stelle eindeutig definiert. Sie hat den Charakter eines »Ereignisses«, an dem der Mensch teilhat und in das er einbezogen ist. Mit dem »Überlieferungsgeschehen« korrespondiert bei Gadamer das »Wahrheitsgeschehen«. In Ergänzung zum Bild des Fragenden, der sich an die Überlieferung wendet, benutzt Gadamer hier häufig das Bild des Hörens, um die Stellung zu verdeutlichen, die der Mensch gegenüber der Sprache und dem »Wahrheitsgeschehen« einnehmen muss. Nicht wir benutzen die Sprache wie ein einfaches Verständigungswerkzeug, sondern es ist die Sprache, die uns »anredet« und auf die wir hinhören müssen. Es ist die Kunst, die Gadamer schon am Beginn des Buches als Darstellung von Wahrheit eingeführt hatte, die das Vorbild für die Wahrheitserfahrung mittels der Sprache abgibt.

Nicht zufällig werden hier aber auch Anklänge an die theologischen Ursprünge der Hermeneutik deutlich. Das »Wahrheitsgeschehen«, von dem Gadamer spricht, hat seine Wurzel im »Heilsgeschehen« und in der Gotteserfahrung, wie sie dem Hörer der religiösen Offenbarung zugänglich wird. In Gadamers *Wahrheit und Methode* fühlt der Leser sich wie in eine zum Konzertsaal umgebaute Kirche versetzt, von der man zwar weiß, dass sie nicht mehr religiösen Zwecken dient, deren räumliche Ausgestaltung aber überall an ihre ursprünglich religiöse Bestimmung erinnert. Der ehemals unergründliche Gott hat sich nun im Text der Welt verborgen. Sich der Lektüre dieses Textes zu widmen, ist für Gadamer die Bestimmung des Menschen. *Wahrheit und Methode* enthält den Kommentar zu dieser Lektüre.

Wahrheit und Methode, von Gadamer-Anhängern schlicht »Wum« genannt, erschien 1960 und war das Geschenk, das Gadamer sich zu seinem 60. Geburtstag selbst machte. Nicht viel deutete darauf hin, dass dieses Buch einmal zu den philosophischen Klassikern des 20. Jahrhunderts gehören würde. 1961 wurden 697 Exemplare des Buches verkauft, 1962 waren es 749 und 1963 gerade einmal 647. Vertreter der Wissenschaftstheorie und des kritischen Rationalismus kritisierten, dass Gadamers Gegensatz zwischen dem Verstehen von Wahrheit und dem methodischen Vorgehen der Wissenschaften nicht haltbar ist, da auch die Wissenschaften immer von Vor-Urteilen und Hypothesen ausgehen. Auch auf die Konsequenz des Relativismus wurde hingewiesen, der daraus entsteht, dass es bei Gadamer keine Handhabe mehr gibt, gute von schlechten Überlieferungen zu unterscheiden. Vertreter der neomarxistischen Frankfurter Schule bemängelten entsprechend, dass in *Wahrheit und Methode* ein konservatives und unkritisches Verhältnis zur Tradition zum Ausdruck komme.

Eine frühe Wirkung entfaltete das Buch in den Literatur- und Kunstwissenschaften. *Wahrheit und Methode* übte großen Einfluss auf die sogenannte »Rezeptionsästhetik« aus, in der das Werk aus der Kommunikationssituation erschlossen wird, in der es mit dem Leser und Betrachter steht.

Mit dem Konzept der »Horizontverschmelzung« hat *Wahrheit und Methode* als eine Theorie der Kommunikation zwischen verschiedenen Disziplinen, vor allem aber zwischen verschiedenen Weltbildern und »Diskursen« schließlich auch seine Anerkennung in der Philosophie gefunden. Selbst Jürgen Habermas, ein aus der Frankfurter Schule hervorgegangener früher Kritiker des Buches, machte in seinem Hauptwerk *Theorie des kommunikativen Handelns*, an Gadamer anknüpfend, Sprache und Kommunikation zur Grundlage einer Gesellschaftstheorie, in deren Mittelpunkt Verständigung und Konsens zwischen den Bürgern steht.

Dass das Verstehen von Kunst Vorbild für Verstehen auch im Bereich der Philosophie ist, wurde in der Postmoderne von Jacques Derrida und Richard Rorty übernommen. In seiner auf Gadamer aufbauenden »pragmatischen Hermeneutik« hat Rorty den Allgemeinheitsanspruch der Philosophie bestritten und diesen durch die Idee des Gesprächs zwischen verschiedenen philosophischen Ansätzen ersetzt.

Mit seiner These, dass jedes Verstehen auf einem Wechselspiel von Frage und Antwort beruht, in dem ich meinen eigenen Horizont mit dem meines Gegenübers verbinde, ist *Wahrheit und Methode* nicht nur ein philosophisches Vorbeugemittel gegen jeden Dogmatismus, sondern enthält auch den bisher wichtigsten Verfahrensvorschlag der Philosophie, unterschiedliche Denkrichtungen miteinander ins Gespräch zu bringen und dem »Kampf der Kulturen« einen Dialog der Kulturen entgegenzusetzen.

Ausgabe:
HANS-GEORG GADAMER: Wahrheit und Methode. Grundzüge einer philosophischen Hermeneutik. Tübingen: Mohr (Paul Siebeck) 1975.

Sozialpakt für Fair Play

JOHN RAWLS: Eine Theorie der Gerechtigkeit (1971)

In der modernen Mediengesellschaft geht es Büchern so wie Menschen: Sie müssen auf sich aufmerksam machen, in möglichst grellem Kostüm auf die Bühne treten und dem erstaunten Zuschauer glaubhaft machen, ihm sei etwas umwerfend und revolutionär Neues erschienen, an dem er schlechterdings nicht vorbeigehen könne, ohne sich selbst völlig ins Abseits zu stellen. Die Marktschreier, die sich mit der Werbung eine eigene Industrie geschaffen haben, müssen jedes Buch bei seinem Eintritt in die Welt begleiten, wenn es eine Chance beim Publikum haben soll. Ist der Verfasser dann auch noch mediengewandt und telegen, kann er in Talk-Shows, Podiumsdiskussionen und bei kulturellen Happenings präsentiert werden, so scheint der Erfolg seines Werks garantiert. Philosophische Bücher bilden hier keine Ausnahme: Auch sie sind inzwischen Produkte der Werbeindustrie.

Doch ist es vielleicht tröstlich zu registrieren, dass ausgerechnet bei dem Buch, das viele für das wichtigste philosophische Werk der zweiten Hälfte des 20. Jahrhunderts halten, alles ganz anders war. *Eine Theorie der Gerechtigkeit* des Amerikaners John Rawls trat zunächst wie ein Aschenputtel in die internationale philosophische Diskussion ein. Es erschien 1971 im Hausverlag der renommierten Harvard-Universität in einem schlichten grünen Einband, mehrere hundert Seiten dick und in einem etwas trockenen und pedantischen Englisch geschrieben. Es hatte somit alle Voraussetzungen, ein akademischer Ladenhüter zu werden. Der Autor hasste jede Publicity, stotterte und war auf Einbanddeckeln und in Zeitungsartikeln immer mit demselben Bild zu sehen, das ein hageres, professorales Gesicht mit Hornbrille zeigte.

Doch zehn Jahre nach Erscheinen des Buches gab es bereits mehr als zweitausend Arbeiten, die sich mit der *Theorie der Gerechtigkeit* auseinandersetzten. Rawls' Buch hatte sich still, aber stetig durchgesetzt. Es bestach durch seine Argumente, die ohne Wortgeklingel auskamen. Vor allem aber war den Lesern schnell klar geworden, dass dieses Buch auf dem Gebiet der politischen Philosophie eine Zäsur markierte: Hier hatte es jemand nach sehr langer Zeit wieder einmal gewagt, Grundregeln des gesellschaftlichen Zusammenlebens zu formulieren, die den Anspruch erhoben, für alle Kulturen und zu allen Zeiten zu gelten.

Mit Rawls gab die moderne Philosophie auch endlich eine Antwort auf eine andere Theorie der Gerechtigkeit, die die Philosophiegeschichte bis in die Gegenwart hinein beeinflusst hatte: die Lehre vom idealen Staat, die Platon im 4. vorchristlichen Jahrhundert aufgestellt hatte. Dem platonischen Gerechtigkeitsgrundsatz »Jedem das Seine«, der Grundlage einer streng gegliederten Drei-Klassen-Gesellschaft war, setzte Rawls seine Forderung nach einer »Gerechtigkeit als Fairness« entgegen. Rawls ging es nicht mehr wie Platon um die Stabilität eines Staates, der sich vor den Ansprüchen des Volkes schützen muss. Er wollte vielmehr nachweisen, dass es berechtigte Ansprüche des Bürgers gibt, die sich in unverlierbaren Rechten ausdrücken. Die liberalen Prinzipien der westlichen Demokratie sollten mit den Errungenschaften des Sozialstaats verbunden werden.

Rawls fordert uns auf, die Gesellschaft als einen alle Bürger umfassenden Sozialpakt zu verstehen, der auf dem Grundsatz des Fair Play beruht. Mit seiner neuen Form der Vertragstheorie wurde er der einflussreichste Philosoph der Menschenrechte und der sozialen Demokratie im 20. Jahrhundert. Die *Theorie der Gerechtigkeit* gibt dem in der Aufklärung entstandenen Gerechtigkeitsempfinden, das sich in den berühmten Forderungen nach Freiheit, Gleichheit und Brüderlichkeit ausdrückte, ein neues theoretisches Gesicht.

Die liberale Überzeugung von der Unverlierbarkeit menschlicher Grundrechte ist von jeher tief in der amerikanischen politischen Kultur verwurzelt. John Rawls wuchs aber auch in einem Umfeld auf, das von einem religiös begründeten, starken Glauben an das

Gute im Menschen und an die Möglichkeit einer gerechten Welt geprägt war. Im Leben des zweiten von fünf Söhnen einer wohlhabenden Familie in Baltimore im US-Staat Maryland waren Fragen der Weltanschauung und Politik schon früh aufgetreten. Beide Eltern engagierten sich im Dienst der Bürgerrechte. Rawls' Mutter trat in der Frauenrechtsbewegung hervor, sein Vater, ein bekannter Rechtsanwalt, war ein Parteigänger der Demokraten und enger Vertrauter des Gouverneurs von Maryland. Hier, an der Grenze zu den alten Südstaaten, war auch die Erinnerung an den Bürgerkrieg von 1861 bis 1865, in dem die Nordstaaten unter Führung ihres Präsidenten Abraham Lincoln für die Abschaffung der Sklaverei gekämpft hatten, noch lebendig geblieben. Lincoln, der politische Vorkämpfer für Bürgerrechte, blieb für Rawls bis an sein Lebensende ein Vorbild. So genannte »natürliche« Ungleichheiten aufgrund von Rasse, Herkunft, Religion oder anderem hat Rawls nie akzeptiert. Und obwohl er selbst an Privatschulen und Eliteuniversitäten eine hervorragende Ausbildung genossen hatte, war er für das Problem der Gerechtigkeit und der Verteilung gesellschaftlicher Privilegien höchst sensibilisiert.

Auch für ihn wurde der Zweite Weltkrieg zu einer prägenden Erfahrung. 1943 schickte man ihn als Soldaten an die Pazifikfront, nachdem er sein Bachelor-Examen an der renommierten Princeton-Universität gemacht hatte. Als die Amerikaner im August 1945 eine Atombombe auf Hiroshima abwarfen, bezeichnete er diesen Akt – auch später immer wieder – als großes Unrecht, obwohl er die Berechtigung des amerikanischen Kriegseintritts nicht bezweifelte.

Von 1946 an führte Rawls sein philosophisches Studium an den Universitäten Princeton und Cornell fort und schloss es 1950 mit einer philosophischen Doktorarbeit ab. Die Ethik stand nun schon im Mittelpunkt seines Interesses. Es war die Zeit, in der in den angelsächsischen Ländern die analytische Philosophie ihre Blüte erlebte, eine philosophische Richtung, die großen Wert auf den sorgfältigen Umgang mit der Sprache und auf die »Analyse« von philosophischen Begriffen und Argumenten legt. Auch Rawls wurde ein Analytiker in dem Sinne, dass er lernte, seine Argumentation mit großer Sorgfalt und Behutsamkeit aufzubauen, was beim Leser zuweilen den Eindruck von Umständlichkeit erweckt. Immer wieder betont Rawls, dass Ethik und politische Philosophie ähnlich exakt vorgehen müssen wie die empirischen Wissenschaften.

Doch was die Richtung und den Inhalt seiner Untersuchungen anging, erhielt er von der analytischen Philosophie wenig Impulse. Diese hatte Fragen nach der Begründung von Regeln und Werten für müßig erklärt und sich ganz auf die Untersuchung der Bedeutung moralischer Begriffe und Wertungen beschränkt. Rawls wollte aber zurück zu den Inhalten. Er wollte klären, welches die moralischen Prinzipien sind, die für unser zwischenmenschliches und gesellschaftliches Handeln bestimmend sein sollten.

Dabei musste er sich vor allem mit der im englischsprachigen Raum einflussreichsten Moraltheorie, dem Utilitarismus, auseinander setzen, der im späten 18. und frühen 19. Jahrhundert von Jeremy Bentham und John Stuart Mill begründet worden war. Der Utilitarismus, dessen Name von dem lateinischen Wort »utile« = »nützlich«, hergeleitet ist, betrachtete Normen des Handelns dann als gerechtfertigt, wenn sie sich als nützlich erwiesen, das heißt dem allgemeinen Wohl dienten. Der Utilitarismus richtete sein Augenmerk immer auf die Folgen einer Handlung. Entscheidend waren dabei die Folgen für die Gesamtgesellschaft, nicht für den einzelnen Bürger. Berühmt geworden ist der Satz Jeremy Benthams, wonach das Ziel und der Maßstab moralischen Handelns das »größte Glück der größtmöglichen Anzahl von Menschen« sei.

Rawls stand zunächst selbst dem Utilitarismus nahe. Seine eigene Theorie entstand in mehreren einzelnen Etappen und während eines Zeitraums von insgesamt zwanzig Jahren, in denen er von einer Erweiterung des Utilitarismus bis zu dessen Kritik fortschritt. In dieser Zeit erschienen lediglich einige wenige Aufsätze von ihm, die allerdings immer wieder eine Weiterentwicklung seines Denkens markierten. Zunächst beeinflusste ihn besonders Henry Sidgwick, neben Bentham und Mill der dritte Klassiker des Utilitarismus, der in seinen *Methoden der Ethik* gefordert hatte, moralische Prinzipien aus dem Common Sense, dem gesunden Menschenverstand, abzuleiten und nicht nur auf die Menge des allgemeinen Wohls, sondern auch auf dessen gerechte und faire Verteilung zu achten.

Rawls übernahm diese Forderungen. Auch er ging zunächst von normalen moralischen Alltagssituationen und von unserem normalen moralischen Empfinden aus. Dabei beschäftigte er sich von Anfang an mit der Frage, wie wir mit moralischen Problemen umgehen, das heißt mit Hilfe welcher Maßstäbe wir entscheiden können, ob bestimmte Handlungen für die Gesellschaft gut oder nicht gut sind. In einem frühen Aufsatz schlägt er vor, das jeweilige moralische Problem durch »kompetente Moralbeurteiler« mit Hilfe von »wohl durchdachten moralischen Urteilen« klären zu lassen.

In einem für sein Denken äußerst fruchtbaren Jahr, das er von 1952 bis 1953 im englischen Oxford verbrachte, entwickelte er die Idee einer Modellsituation, einer vorgestellten Position, in die man sich als Moralbeurteiler hineindenken müsse. Er nannte sie »original position«, also »ursprüngliche Position«, was im Deutschen mit »Urzustand« übersetzt wurde. Menschen, die moralische Entscheidungen zu treffen haben, sollen sich in eine Position hineindenken, in der sie auf der Grundlage der Gleichheit sich über Regeln und Maßstäbe für solche Entscheidungen verständigen. Diese Regeln und Maßstäbe müssen dann von allen akzeptiert werden und für alle gelten.

Rawls hatte begonnen, sich von der reinen Lehre des Utilitarismus zu entfernen. Eine Handlung sollte zunächst nicht auf ihre Nützlichkeit hin überprüft werden, sondern darauf, ob sie anerkannten Regeln entspricht. In seinem Aufsatz *Zwei Regelbegriffe* von 1955 versuchte Rawls zu klären, welche Art von Regeln er meinte: solche nämlich, die eine so genannte »soziale Praxis« festlegen. Darunter versteht er Verhaltensformen, die in jeder Gesellschaft eingeführt sind und uns zu einem bestimmten Handeln in bestimmten Situationen verpflichten. Wenn ich mit jemandem einen Vertrag abschließe, kann ich nicht einfach aus dem Vertrag aussteigen, wenn mir Folgen oder Nutzen meines Vertragsabschlusses plötzlich fragwürdig erscheinen. Ich muss mich an die Spielregeln halten, nach denen Verträge zu erfüllen sind. Rawls war damit bei einer Art »Regelutilitarismus« angekommen: Das Wohl der Gesellschaft war abhängig von der Befolgung vernünftiger sozialer Regelsysteme.

Rawls hatte sich nun endgültig dem Problem gerechter sozialer Institutionen und somit den Problemen einer politischen und Gesellschaftsphilosophie zugewandt. Die Frage, die ihn hauptsächlich beschäftigte, war: Wie kann die Gerechtigkeit einer Gesellschaft definiert werden? Konnte man sie, so wie die Utilitaristen es taten, von dem Gesamtwohl einer Gesellschaft abhängig machen?

Rawls kam zu dem Schluss, dass die Anhäufung eines möglichst großen gesellschaftlichen Gesamtwohlstands nicht unbedingt mit unserem Gerechtigkeitsempfinden harmonieren muss. Nach utilitaristischen Maßstäben ist es zum Beispiel durchaus denkbar, dass wenige sehr viel besitzen und viele andere gar nichts oder dass dieses allgemeine Wohl durch die Einführung von Sklavenarbeit vermehrt wird. Eine solche Konsequenz wollte Rawls jedoch ausschließen. Gerechtigkeit bedeutete für ihn, dass die Würde des einzelnen Bürgers nicht zugunsten eines angeblichen Gemeinwohls geopfert werden darf.

Rawls vollzog deshalb eine Abkehr vom Utilitarismus, der offenbar weder die unverletzlichen Rechte noch die soziale Absicherung eines jeden Bürgers hinreichend begründen konnte. Seine Frage war nun: Wie kann eine »Gerechtigkeit als Fairness« begründet werden, die sowohl die Rechte als auch die Bedürfnisse des Einzelnen angemessen berücksichtigt?

Rawls glaubte, dass er diese Maßstäbe für Fairness aus seinem Modell des Urzustands heraus entwickeln konnte. In seinem Aufsatz *Gerechtigkeit als Fairness* von 1957 fügte er diesem Modell einen entscheidenden Baustein hinzu: Diejenigen, die in einem Urzustand über Prinzipien der Gerechtigkeit zu befinden haben, müssen dies unter dem »Schleier des Nichtwissens« (»veil of ignorance«) tun, das heißt, sie dürfen nicht wissen, welche Position sie später in einer Gesellschaft einnehmen werden – ob sie zu den Erfolgreichen, Wohlhabenden oder eher zu den weniger Begüterten zählen werden.

Mit diesen Grundideen im Gepäck begann Rawls bereits in den fünfziger Jahren, seine Theorie Schritt für Schritt auszubauen. Nachdem er 1962 einen Lehrstuhl an der Harvard-Universität erhalten und sich im nahe gelegenen Lexington angesiedelt hatte, fand er endlich die Zeit, seine Gerechtigkeitstheorie in einem großen Manuskript auszuarbeiten. Sein Leben veränderte sich äußerlich kaum noch. Rawls führte eine zurückgezogene, öffentlichkeitsscheue Existenz, die sich auf das Schreiben und die Erfüllung akademischer Pflichten konzentrierte.

Für die Entstehung seines Hauptwerks wurden die sechziger Jahre zu dem entscheidenden Jahrzehnt. Das ständig wachsende und sich verändernde Manuskript benutzte er immer wieder als Vorlage für Universitätsseminare. Mitten in der turbulenten Zeit des Vietnamkrieges, als die Studentenbewegung in den USA und anderen westlichen Ländern einen Höhepunkt erreichte und der Marxismus die politischen Diskussionen an den Universitäten bestimmte, nahm die *Theorie der Gerechtigkeit* ihre endgültige Gestalt an.

Für Rawls geht es in seinem Buch um den grundlegenden Wert einer Gesellschaft. Dass die Gerechtigkeit für das Zusammenleben von Menschen genauso fundamental ist wie die Wahrheit für die Erkenntnis der Welt, gehört für ihn zu unseren Alltagsintuitionen, zu dem, was tief in unserem normalen Menschenverstand eingeprägt ist. Ein als gerecht angesehener Zustand darf nur dann verändert werden, wenn damit noch bestehende Ungerechtigkeiten beseitigt werden, ebenso wie eine als wahr angesehene Theorie nur aufgegeben werden darf, wenn durch die neue Theorie die Zahl der Irrtümer verringert wird.

Die Gerechtigkeit duldet nach Rawls keine Kompromisse. Deshalb ergreift er auch eindeutig Partei in dem Streit, der in der Philosophie zwischen dem Gerechten und dem Guten geführt wurde. Der Utilitarismus hatte das gerechte, das richtige Handeln von dem Guten, also dem allgemeinen Wohl, abhängig gemacht, das durch dieses Handeln erreicht wird. Das Gute ist danach dem Gerechten vorgeordnet. Für den Utilitarismus ist entscheidend, was als Ergebnis herauskommt. Rawls dreht diese Wertordnung um. Für ihn ist das Gerechte dem Guten vorgeordnet. Als gut und erstrebenswert gilt ihm vor allem das, was gerecht ist.

Dieser Vorrang der Gerechtigkeit begründet auch Rawls' Position in dem ideologischen Kampf zwischen Liberalismus und Sozialismus, der in der westlichen Welt seit der Französischen Revolution geführt wurde. Der Liberalismus gab der Freiheit und den individuellen Bürgerrechten, die verschiedenen Spielarten des Sozialismus gaben der Gleichheit und der sozialen Umgestaltung den Vorrang. In den englischsprachigen Ländern hatte der Liberalismus die politische Kultur beherrscht und sich dabei meist mit der Moralphilosophie des Utilitarismus verbunden.

John Rawls vertritt nun einen Liberalismus, der sich sowohl gegen Utilitarismus als auch gegen Sozialismus wendet. Sein Programm ist das einer »Gerechtigkeit als Fairness«, die sich zwar um die ökonomische Absicherung der sozial Schwachen bemüht, aber – anders als der Sozialismus – nicht bereit ist, die Freiheits- und Bürgerrechte im Zweifelsfall für den Abbau sozialer Ungleichheiten zu opfern. Rawls strebt eine ökonomisch effektive Gesellschaft an, die sich aber sozialen Korrekturen unterwerfen muss. Er will zeigen, dass Liberalismus nicht zwangsläufig mit einem Laissez-faire-Kapitalismus identisch ist.

Die Gerechtigkeit bezieht sich nach Rawls auf die Verteilung bestimmter »Grundgüter« in einer Gesellschaft, wozu besonders Freiheiten und Rechte als Ausdruck der Selbstachtung des Menschen, aber auch Macht, Einfluss, Einkommen und der Zugang zu Positionen und Ämtern gehören. Gerechtigkeit wird damit zu einer Eigenschaft von Institutionen, die solche Grundgüter verteilen. Rawls nennt die Gesamtheit dieser Institutionen die »Grundstruktur« einer Gesellschaft.

Die Gerechtigkeit kann nach Rawls in einer Gesellschaft auf vier verschiedenen Ebenen zum Thema werden: in Gerechtigkeitsgrundsätzen, in einer Verfassung, in dem Korpus der Gesetze und in der Anwendung der Gesetze durch die Verwaltung. Für Rawls ist es die Aufgabe der Philosophie, sich vor allem mit der ersten Ebene, der Formulierung von Gerechtigkeitsgrundsätzen, zu beschäftigen.

Diese Formulierung steht entsprechend im Mittelpunkt der *Theorie der Gerechtigkeit.* Darüber hinaus diskutiert Rawls die Folgerungen, die sich für die gesellschaftlichen Institutionen aus diesen Prinzipien ergeben, und schließlich, in einem dritten Teil, den Zusammenhang zwischen den Gerechtigkeitsprinzipien und dem menschlichen Streben nach Verwirklichung von Werten und Lebenszielen.

Um diese Prinzipien zu finden, greift Rawls im ersten Teil auf sein Modell eines »Urzustands« zurück. Er will also die grundlegenden Gerechtigkeitsmaßstäbe als Ergebnis einer Vereinbarung darstellen, die zwischen Bürgern unter ganz bestimmten Voraussetzungen getroffen werden. Dabei bezieht er sich auf die Theorie des »Gesellschaftsvertrags«, wie sie in der Aufklärung von Philosophen wie John Locke, Jean-Jacques Rousseau und Immanuel Kant vertreten worden war.

Nach dieser Theorie rechtfertigt sich eine staatliche Ordnung durch eine vertragliche Übereinkunft, mit der die Menschen aus einem »Naturzustand« in einen staatlich organisierten Zustand eingetreten sind. Ihre dort erworbenen natürlichen Rechte, die Locke mit den Begriffen »Freiheit«, »Leben« und »Eigentum« zusammenfasst, sollen durch den Staat geschützt werden. Rawls hat gegen den Utilitarismus die Tradition der Vertragstheorie in der Philosophie des 20. Jahrhundert erneuert. Aus dem »Urzustand«, der nun an die Stelle des Naturzustands tritt, soll allerdings kein Gründungsvertrag für den Staat hervorgehen. Es sollen nur die Grundsätze festgelegt werden, die für die »Grundstruktur« einer Gesellschaft bestimmend sein sollen.

Wie die Aufklärer glaubt Rawls, dass der Mensch ein im Kern vernünftiges Wesen ist und dass man für alle akzeptable Gerechtigkeitsgrundsätze finden kann, indem man sich einen Zustand vorstellt, in dem die Vernunft ungehindert zur Geltung kommt und die Menschen durch rationale Überlegung die Maßstäbe wählen, die für ihr eigenes Leben gelten sollen. Dabei denkt Rawls zunächst an Vernunft im Sinne von »Zweckrationalität«: Zu einem vorgegebenen Ziel sollen die besten Mittel gefunden werden. Das Ziel, das es hier zu erreichen gilt, ist das einer wohl geordneten Gesellschaft.

Diejenigen, die sich in diesem vorgestellten Urzustand befinden, sollen alle die gleichen Voraussetzungen haben und keinerlei äußerem Zwang ausgesetzt sein. Sie verfolgen ihr Eigeninteresse, wissen aber gleichzeitig, dass sie dies innerhalb einer sozialen Gemeinschaft tun müssen. Sie alle stehen unter dem »Schleier des Nichtwissens«, das heißt, sie wissen nicht, ob sie am erfolgreichen oder am weniger erfolgreichen Ende dieser Gesellschaft stehen werden. Ein derart definierter Urzustand stellt nach Rawls nicht nur sicher, dass sich die Menschen unparteiisch und vernünftig entscheiden, sondern vor allem, dass sie die Lage der sozial Schwachen in ihre Überlegungen immer miteinbeziehen.

Mit dieser Konstruktion hatte Rawls den Spagat geschafft, das Eigeninteresse mit dem Interesse aller zu verbinden. Indem ich mich hinter dem »Schleier des Nichtwissens« immer in die Rolle des sozial weniger Begünstigten hineinversetzen muss, weil ich selbst in diese Rolle geraten kann, nehme ich auch immer den Standpunkt der Allgemeinheit ein, die daran interessiert ist, dass niemand sozial ins Abseits gerät.

Der Urzustand beruht nach Rawls auf einem »Überlegungsgleichgewicht«, das heißt auf einem Gleichgewicht zwischen den verschiedenen Gerechtigkeitsvorstellungen, die für die einzelnen Teilnehmer der Situation maßgebend sind. Im Urzustand wird versucht, das Einzelinteresse mit dem allgemeinen Interesse zu verbinden, indem man zum Beispiel feste Überzeugungen von bloßen Meinungen trennt und die Gemeinsamkeit mit den festen Überzeugungen herauszufiltern versucht.

Rawls glaubt, dass die Menschen bei einem solchen Abchecken gegenseitiger Interessen und Überzeugungen eine Strategie minimalen Risikos verfolgen. Er nimmt hier Begriffe der ökonomischen Entscheidungstheorie zu Hilfe. Wenn ich zum Beispiel Aktien kaufe, gibt es mehrere Möglichkeiten, nach denen ich ein Aktienpaket auswählen kann: Ich kann mich gegen den schlimmstmöglichen Fall absichern und mich für Aktien entscheiden, bei denen kein dramatischer Kursanstieg, aber auch kein plötzlicher Kursverfall zu erwarten ist. Ich kann aber auch ein großes Risiko wählen und Aktien kaufen, bei denen ein Riesengewinn, aber auch große Verluste möglich sind. Die erste Strategie heißt »Maximin«-Strategie, abgeleitet von »maximum minimorum«. Ich strebe hier als das Maximum des minimalsten, des schlechtestmöglichen Zustandes an im Gegensatz zur »Maximax«-Strategie, in der ich auf den möglichst großen Profit spekuliere, auch wenn ich nachher mit leeren Händen dastehen kann.

Nach Rawls verfolgen die Menschen im Urzustand also eine »Maximin«- Strategie, weil sie nicht wissen, wo sie später auf der sozialen Skala landen werden. Sie würden also solche Prinzipien wählen, die sie auch im Falle eines weniger erfolgreichen Lebens absichern. So gelangt er zu seinen zwei berühmten Prinzipien der Gerechtigkeit:

»1. Jedermann soll gleiches Recht auf das umfangreichste Gesamtsystem gleicher Grundfreiheiten haben, das für alle möglich ist.

2. Soziale und wirtschaftliche Ungleichheiten müssen folgendermaßen beschaffen sein:

a) sie müssen unter der Einschränkung des Spargrundsatzes den am wenigsten Begünstigten den größtmöglichen Vorteil bringen und

b) sie müssen mit Positionen und Ämtern verbunden sein, die allen gemäß fairer Chancengleichheit offen stehen.«

Mit dem ersten Prinzip stützt sich Rawls auf den klassischen Liberalismus. Alle Bürger haben Anspruch auf ein Maximum an Grundfreiheiten und Bürgerrechten, sofern diese mit den Freiheiten der anderen vereinbar sind. Diese Grundrechte und Freiheiten des Bürgers müssen für alle gleich sein und unangetastet bleiben. Im zweiten Prinzip geht es um zwei Aspekte der Gerechtigkeit, die mit der Verfügung über materielle Güter zu tun haben: die Verteilungsgerechtigkeit, die besonders die sozial Schwächeren berücksichtigt, und die Chancengerechtigkeit, die allen Bürgern den Zugang zu Ausbildung und gesellschaftlicher Einflussmöglichkeit öffnet. Hier geht es also um die alten Werte der Gleichheit und Brüderlichkeit.

Der von Rawls neu gesetzte Akzent ist im Prinzip 2a enthalten, dem so genannten »Differenzprinzip« oder »Unterschiedsprinzip«. Durch dieses Prinzip wird die Gesellschaft – im Gegensatz zum klassischen Liberalismus – verpflichtet, die Lage der sozial Schwächsten immer als entscheidendes Kriterium im Auge zu behalten. In ihm kommt die »Maximin«-Strategie und die Idee des Sozialstaats zum

Tragen: Wenn ich die Wahl habe zwischen einer Gesellschaft, in der ich sehr reich werden, aber auch unter die Armutsgrenze fallen kann, und einer Gesellschaft, in der zwar der Wohlstand nach oben begrenzt, aber eine gute Mindestversorgung für die Ärmeren garantiert ist, so fällt die Wahl auf die letztere. Es wird eine Gesellschaft gewählt, die die beste Mindestversorgung garantiert.

Rawls fordert keine soziale Gleichheit, aber, im Sinne der Brüderlichkeit, eine Gesellschaft, in der die Ärmeren immer vom Gesamtreichtum einer Gesellschaft profitieren. Er ist bereit zu tolerieren, dass die Reichen immer reicher werden, ja sogar dass die Schere zwischen Arm und Reich immer weiter auseinander klafft – doch nur unter der Voraussetzung, dass sich die materielle Versorgung der Ärmsten dabei immer verbessert. Chancengleichheit und garantierte Bürgerfreiheiten alleine machen für Rawls eine Gesellschaft noch nicht gerecht. Eigenschaften wie Gesundheit und Intelligenz, die einigen von Anfang an Vorteile verschaffen, können wir uns nicht als Verdienst anrechnen. Die durch Geburt oder Milieu Benachteiligten müssen von der Gesellschaft immer wieder ausgleichende Hilfen erhalten.

Die Erfahrung mit politischen Systemen hatte jedoch gezeigt, dass die verschiedenen Forderungen der Gerechtigkeit auch in Konflikt miteinander geraten können. So konnte das Prinzip der Freiheit häufig nur dann uneingeschränkt aufrechterhalten werden, wenn man soziale Ungerechtigkeiten in Kauf nahm. Umgekehrt war soziale Gerechtigkeit oft nur durch die Einschränkung von Freiheiten erreicht worden. Auch hatten sozialstaatliche Maßnahmen immer wieder zur Beeinträchtigung der wirtschaftlichen Effektivität geführt.

Um diesen möglichen Konflikten zu begegnen, bringt Rawls die verschiedenen Prinzipien seiner Gerechtigkeitstheorie in eine klare Rangordnung. Erst durch sie wird die »Gerechtigkeit als Fairness« verwirklicht. Dazu dienen die so genannten »Vorrangregeln«. Im Grundsatz bleibt er ein Liberaler. Die erste Vorrangregel legt fest, dass Maßnahmen, die die Verteilung von Gütern betreffen, in keinem Fall die Grundfreiheiten antasten dürfen. Das erste Gerechtigkeitsprinzip ist dem zweiten vorgeordnet und steht nicht umsonst an erster Stelle: Im Zweifelsfall muss für die Grundfreiheiten entschieden werden. Andererseits erhält nach der zweiten Vorrangregel die soziale Gerechtigkeit den Vorzug vor ökonomischer Effektivität. Wenn man also bessere ökonomische Ergebnisse nur auf Kosten der sozial Schwachen erzielen kann, so muss man nach Rawls darauf verzichten.

Die Gesellschaft, die Rawls sich vorstellt, soll also Freiheit, soziale Gerechtigkeit und ökonomischen Erfolg miteinander vereinbaren, jedoch mit unterschiedlicher Priorität: Erst kommt die Freiheit, dann die soziale Gerechtigkeit und dann der ökonomische Erfolg. Man kann diese Reihenfolge jedoch auch von der anderen Seite her beschreiben, um zu zeigen, dass Rawls keineswegs eine nichteffiziente oder gar eine Mangelwirtschaft in Kauf nimmt: Man soll den Aufbau einer ökonomisch erfolgreichen Gesellschaft ansteuern, diese dann durch eine gewisse soziale Umverteilung korrigieren, ohne dabei aber die Freiheitsrechte anzutasten.

Die Gesellschaft, die diesen Prinzipien gemäß organisiert ist, ähnelt in vielen wesentlichen Punkten den modernen westlichen Demokratien. Grundfreiheiten wie Glaubens-, Gewissens-, Rede- und Versammlungsfreiheit sollen aber in der Verfassung nicht nur festgeschrieben, sondern in der Praxis auch verwirklicht sein. Diskriminierung aufgrund von Hautfarbe, Herkunft oder sozialer Stellung darf es nicht geben.

Europäische Wohlfahrtsstaaten wie in Skandinavien stehen den Vorstellungen von Rawls zweifellos weit näher als das amerikanische System, das dem ökonomischen Erfolg Vorrang vor sozialstaatlichen Maßnahmen gibt. Doch was die Eigentumsordnung einer Gesellschaft angeht, ist er keineswegs auf gängige westliche Modelle festgelegt. So kritisiert er auch das Wohlfahrtssystem, weil es den Bürger zum Empfänger staatlicher Leistungen macht und damit seine Selbstachtung untergräbt. Rawls bevorzugt eine Eigentumsordnung, in der das Eigentum auch an Produktionsmitteln breit gestreut ist und jeder in die Lage versetzt wird, seinen Wohlstand selbst zu erarbeiten.

In der Frage, wie sich der Bürger verhalten darf, wenn die Gerechtigkeitsprinzipien in einer Gesellschaft ständig verletzt werden, knüpft Rawls an eine angelsächsische Tradition an, die vom Aufklärer John Locke bis zur Protestbewegung gegen den Vietnamkrieg reicht: Sind alle legalen Mittel erschöpft, so räumt Rawls dem Bürger das Recht zum zivilen Ungehorsam ein. Die Freiheitsrechte des Bürgers haben letztlich auch gegenüber Ansprüchen des Staates Vorrang.

In seiner *Theorie der Gerechtigkeit* glaubt Rawls, dass es eine enge Beziehung zwischen den Gerechtigkeitsprinzipien und den wünschbaren individuellen Lebenszielen des Bürgers gibt. Beide sind in der Verwirklichung der Vernunftnatur und der Selbstachtung des Menschen verbunden. Das Wohl des Menschen besteht nach Rawls in der »erfolgreichen Ausführung eines vernünftigen Lebensplans«. In einem solchen gelingenden, »guten« Leben sind die Gerechtigkeitsprinzipien ein Ansporn, einen in der Natur angelegten Gerechtigkeitssinn zu entwickeln. Er ist für Rawls die Grundtugend, die den Menschen anleitet, andere Menschen im Sinne des Urzustandes als frei, gleichberechtigt und in ihren Persönlichkeitsrechten unverletzlich zu behandeln. Mit anderen Worten: Ein selbstverwirklichtes Leben ist nach Rawls gleichzeitig ein moralisches Leben im Dienst der Gerechtigkeit, weil dies der Natur des Menschen entspricht. Entsprechend kommt er zu dem Schluss: »Um also unsere Natur zu verwirklichen, haben wir keine andere Möglichkeit als den Plan, unseren Gerechtigkeitssinn als maßgebend für alle unsere Ziele zu bewahren.« In diesem Sinn wird auch das Gute als Ziel des Lebens durch die Gerechtigkeitsprinzipien definiert.

Während viele große Philosophen das Erscheinen ihres Hauptwerks mit großen – und oft auch enttäuschten – Erwartungen begleiteten, wurde Rawls vom Erfolg seiner *Theorie der Gerechtigkeit* überrascht. Nachdem er 1971 das Werk schließlich der Öffentlichkeit übergeben hatte, wollte er sich eigentlich anderen Themen zuwenden, die ihn schon lange interessierten. Die *Theorie der Gerechtigkeit*, so meinte er, habe er vor allem als Diskussionsgrundlage für ein paar Freunde geschrieben. Doch der Erfolg des Buches überwältigte ihn und änderte seine gesamte Lebensplanung.

Das Werk wurde in mehr als dreiundzwanzig Sprachen übersetzt und alleine in den USA über zweihunderttausend Mal verkauft – für ein philosophisches Buch eine riesige Zahl. Rawls sah sich durch diese Resonanz gezwungen, sich für den Rest seines Lebens mit der Kritik und Weiterentwicklung seiner Theorie zu beschäftigen.

Doch noch wichtiger als die Folgen, die das Erscheinen des Werkes auf sein eigenes Leben hatte, war sein Einfluss auf die Philosophie. Überall in der westlichen Welt erlebte die politische Philosophie eine neue Blüte. Während in Europa die Rawlsschen Ideen häufig als Bestätigung empfunden wurden, lösten sie in den USA eine heftige Kontroverse aus. Neoliberale Philosophen wie Robert Nozick oder Vertreter des Kommunitarismus wie Michael Walzer kritisierten vor allem die sozialstaatliche Ausrichtung der von Rawls vertretenen Gerechtigkeitstheorie.

Mit seiner *Theorie der Gerechtigkeit* hat Rawls Philosophie und Öffentlichkeit davon überzeugt, dass es nicht genügt, die Demokratie als eine Selbstverständlichkeit hinzunehmen und sich ansonsten mit komplizierten Spezialfragen zu beschäftigen. Wenn Demokratie geschaffen werden und Bestand haben soll, dann muss Überzeugung an die Stelle der Gewohnheit treten. Es ist Aufgabe der Philosophen, an die Öffentlichkeit zu treten, sich zu bestimmten Werten zu bekennen und den Menschen die Gründe zu nennen, warum sie sich für diese Werte entscheiden sollen. Dass die Philosophie diese Gründe wieder öffentlich debattiert und die Frage der Gerechtigkeit einer Gesellschaft wieder selbst aufgegriffen hat, dass die Demokratie ein modernes philosophisches Fundament bekommen hat, ist das eigentliche Verdienst der *Theorie der Gerechtigkeit*.

Ausgabe:

John Rawls: Eine Theorie der Gerechtigkeit. Übersetzt von H. Vetter. Frankfurt/Main: Suhrkamp 1975.

Dada Goes Philosophy

Paul Feyerabend: Wider den Methodenzwang (1975)

Wo es Traditionen, Regeln oder Gesetze gibt, gibt es immer auch Menschen, die sich von ihnen abwenden, ihre Berechtigung anzweifeln oder sogar manchmal den Kampf gegen sie aufnehmen. Rebellen und Aussteiger sind auch in der Philosophie aufgetreten. Die antiken Kyniker z. B., unter ihnen der berühmte Diogenes in der Tonne, verweigerten sich jeder Theorie und demonstrierten ihre Überzeugungen durch eine unkonventionelle Lebenspraxis. Max Stirner, einer der philosophischen Väter des modernen Anarchismus, rebellierte im 19. Jahrhundert gegen jede Art von Vereinnahmung des Einzelnen durch gesellschaftliche, religiöse oder politische Autoritäten.

Unter den philosophischen Rebellen des 20. Jahrhunderts ist Paul Feyerabend der radikalste. Mit seinem Buch *Wider den Methodenzwang* stellte er nicht nur herrschende philosophische und wissenschaftliche Überzeugungen in Frage, sondern wandte sich gegen die gesamte Tradition der rationalen Erkenntnisbemühung, die die westliche Philosophie und Wissenschaft seit der Antike bestimmt hatte. Feyerabend beschuldigt diese Tradition, zu einer neuen Orthodoxie geworden zu sein, die alle anderen Formen der Welterkenntnis tabuisiert und unterdrückt habe. Mit dem Untertitel »Skizze einer anarchistischen Erkenntnistheorie« knüpft er bewusst an die autoritätskritische Haltung der anarchistischen Tradition an.

Mehr noch als mit dem alten politischen Anarchismus hat dieser erkenntnistheoretische Anarchismus nach Feyerabends eigenen Worten mit der Kunstrichtung des Dadaismus zu tun. Der Dadaismus hat kein Programm, und er akzeptiert keine Regeln. Er benutzt die

Kunstgeschichte wie einen Steinbruch, aus der er sich Bestandteile herausbricht und mit Hilfe von Collagen neu zusammensetzt. Er unterminiert jede Absicht, unseren Begriff von Kunst in irgendeiner Weise festzulegen.

Eine solche subversive Haltung nimmt Feyerabend gegenüber der Wissenschaftstheorie ein. Mit ihrer Behauptung, es gebe eine Methode, mit der der Erkenntnisfortschritt der Wissenschaften sichergestellt werden kann, erweise sie sich als eine »bisher unbekannte Form des Irrsinns«. Über seinen Aufsatz »Unterwegs zu einer dadaistischen Erkenntnistheorie«, in dem er einige seiner Grundideen zusammenfasste, stellte er als Motto ein Zitat des Dadaisten Hans Arp: »Der Dadaist lässt den Wissenschaftstheoretiker Wirrwarr und fernes, jedoch gewaltiges Beben verspüren, sodass seine Glocken zu summen beginnen, seine Theorien die Stirn runzeln und seine akademischen Ehren fleckig anlaufen.«

Dada Goes Philosophy: Mit *Wider den Methodenzwang* hat Paul Feyerabend das dadaistische Manifest der modernen Philosophie geschrieben. Die Wissenschaft soll von dem Thron gestoßen werden, auf den sie als angebliche Hüterin der Wahrheit gesetzt wurde. An die Stelle eines von den Autoritäten der Wissenschaftstheorie abgesegneten und fest abgegrenzten Bereichs der »wissenschaftlichen Methode« soll ein Abenteuerspielplatz verschiedenster Erkenntnisbemühungen treten, die ihre Inspiration auch aus Kunst, Religion und Mythos beziehen. Die Trennwand zwischen »Rationalität« und »Irrationalität« soll niedergerissen und die faulen Tricks der angeblich so rational verfahrenden Wissenschaften sollen aufgedeckt werden. Mit *Wider den Methodenzwang* hat sich Feyerabend als der wichtigste und einflussreichste Nonkonformist in die Geschichte der modernen Philosophie eingeschrieben.

Seine Neigung, aus dem Mainstream auszuscheren, war ihm jedoch keineswegs in die Wiege gelegt worden. Aufgewachsen im Wiener Kleinbürgertum und – wie er selbst immer wieder betonte – ausgestattet mit einem »großen Maul«, fiel der junge Feyerabend eher durch sein extrovertiertes Auftreten und durch seine große Begabung als durch Rebellion auf. Auch aus seiner Zeit als junger Offizier in der deutschen Wehrmacht während des Zweiten Weltkriegs nahm er zwar eine schwere Kriegsverletzung, aber keine gesellschafts- oder autoritätskritische Haltung mit. Sein Studium im Wien der Nachkriegsjahre konzentrierte sich auf die Naturwissenschaften, vor allem auf die Physik und Astronomie, schloss aber auch viele andere Wissensgebiete wie die Geschichtswissenschaft und die Philosophie ein. Feyerabend war ein vielseitig interessiertes Multitalent.

Eine seiner großen Vorlieben blieb die Musik. In jungen Jahren hatte er eine Gesangsausbildung erhalten, und zeit seines Lebens besuchte er mit Begeisterung Opern- und Theateraufführungen. Die Kunst und ihre Art, die Welt auf spontane, intuitive und sinnliche Art zu erfassen, blieb ihm ein Vorbild auch für die Philosophie.

Die philosophische Tradition, die ihn zunächst prägte, war die des Empirismus, also die von John Locke und David Hume im Zeitalter der Aufklärung geprägte Auffassung, nach der alles Wissen seinen Ursprung in der Erfahrung hat. Im frühen 20. Jahrhundert hatte sich in Wien der sogenannte »Wiener Kreis« gebildet, ein lockerer Zusammenschluss von Philosophen und Naturwissenschaftlern, die einen modernen Empirismus begründen wollten, indem sie versuchten, die Philosophie von metaphysischer Spekulation zu befreien und sie methodisch an die Naturwissenschaften und die Mathematik anzuschließen. Seine Vertreter, wie Moritz Schlick und Rudolf Carnap, propagierten, dass jede Erkenntnis ihr Fundament entweder in der Logik oder in der Beobachtung haben müsse. Von sogenannten »Protokoll- oder Basissätzen« aus sollten wissenschaftliche Gesetzmäßigkeiten »induktiv«, d. h. durch eine Verallgemeinerung von Einzelbeobachtungen, erschlossen werden.

Feyerabend wurde ein kritischer Empirist, den die Frage, was an der Wissenschaft eigentlich »wissenschaftlich« sei, nie losließ. In seiner Dissertation *Zur Theorie der Basissätze*, mit der er 1951 bei Victor Kraft, einem ehemaligen Mitglied des Wiener Kreises, promovierte, setzte er sich bereits kritisch mit der These auseinander, die Basissätze seien das feste, durch Erfahrung verbürgte Fundament der Wissenschaft. Kurz nach seiner Promotion wechselte er mit einem Stipendium des British Council nach England, wo er sich unter die

Fittiche des gebürtigen Wieners Karl Popper begab, der an der London School of Economics lehrte. Popper wurde für Feyerabend eine entscheidende Figur in seinem philosophischen Werdegang – zunächst als Lehrer und später als philosophischer Gegner.

Popper hatte in den 20er Jahren im Umfeld des Wiener Kreises studiert, war aber bald zu einem seiner schärfsten Kritiker geworden. In seinem frühen Hauptwerk *Logik der Forschung* (1935) wandte er sich sowohl gegen die Theorie der Basissätze als auch gegen die Auffassung, wissenschaftliche Gesetze würden durch Induktion gewonnen. Der von ihm begründete Kritische Rationalismus vertrat einen »Fallibilismus«: Wissenschaftliche Theorien lassen sich von unwissenschaftlichen nur dadurch unterscheiden, dass sie »falsifizierbar« sind, d. h., dass man sie durch die Erfahrung widerlegen kann. Beweisen kann man sie hingegen nie. Sie sind kreative Entwürfe des menschlichen Geistes und keine Ableitungen aus der Erfahrung. Die rationale wissenschaftliche Methode besteht nach Popper darin, dass man von einem konkreten Erkenntnisproblem ausgeht, eine Hypothese zu seiner Lösung entwirft und diese Hypothese dann dem Test der Erfahrung unterzieht.

Für Popper vollzieht sich wissenschaftlicher Erkenntnisfortschritt als stetiger und rational ablaufender Prozess: Eine alte Theorie gerät in Schwierigkeiten, wenn zunehmend Erfahrungen und Entdeckungen auftauchen, die sie nicht mehr erklären kann. Häufen sich diese Erfahrungen, gilt sie als falsifiziert. Eine neue Theorie beginnt zunächst mit intelligenten »Vermutungen« zur Erklärung dieser neuen Erscheinungen. Sie löst die alte dann ab, wenn sie nicht nur diese neuen Erscheinungen erklären kann, sondern auch all das, was bisher von der alten Theorie befriedigend erklärt worden war. Die neue Theorie baut, bildlich gesprochen, auf der alten auf: Ihr Erklärungsgehalt umfasst den Erklärungsgehalt der alten und geht darüber hinaus.

Die Wissenschaftsgeschichte ist demnach ein sich ständig korrigierender Reformprozess, in dessen Verlauf die Theorien immer »wahrheitsähnlicher« werden. Ein prominentes Beispiel dafür ist die Ablösung des ptolemäischen Weltbildes, das die Erde in den Mittelpunkt des Universums stellte, durch das heliozentrische Weltbild des Kopernikus, das besser geeignet war, die beobachteten Planetenbewegungen zu erklären.

Diese Sicht einer Wissenschaftsgeschichte, die von Falsifizierung zu Falsifizierung fortschreitet und dadurch immer mehr Wahrheit anhäuft, wurde zu einem Angelpunkt der Feyerabend'schen Kritik an Popper, die sich jedoch erst langsam entwickelte. Bis in die 60er Jahre blieb Feyerabend ein Anhänger Poppers, ebenso wie viele seiner Freunde und wichtigsten Gesprächspartner. Popper förderte die Karriere des jungen Wiener Landsmanns. 1953 übersetzte Feyerabend das sozialphilosophische Hauptwerk Poppers *Die offene Gesellschaft und ihre Feinde* ins Deutsche. Das Angebot, Poppers Assistent zu werden, lehnte er allerdings ab. Als er 1958 schließlich eine Professur in Berkeley/Kalifornien erhielt, begann er sich philosophisch immer mehr von Popper zu distanzieren.

Die kritische Auseinandersetzung der Popperianer mit ihrem Meister begann mit dem 1962 erschienenen Buch des Amerikaners Thomas Samuel Kuhn, *Die Struktur wissenschaftlicher Revolutionen*. Kuhn, der Popper 1950 anlässlich einer Gastvorlesung an der Harvard-Universität gehört hatte, bestritt, dass der Wechsel von einer alten zu einer neuen wissenschaftlichen Theorie rational abläuft. In der Wissenschaftsgeschichte gibt es nach Kuhn kaum einen Fall, bei dem eine alte Theorie deswegen abgelöst wird, weil sie durch eine neue falsifiziert wird. Vielmehr müsse man zwei Arten von Wissenschaft unterscheiden: eine »normale« Wissenschaft, die auch dann noch sehr lange routinemäßig an einem »Paradigma«, einer theoretischen Grundorientierung, festhält, wenn sie durch neue Beobachtungen und Entdeckungen, durch »Anomalien« in Frage gestellt wird; und eine »außerordentliche« Wissenschaft, eine Wissenschaft in Zeiten der Krise, in denen die Anomalien sich derart häufen, dass es zu einer Revolution des wissenschaftlichen Denkens und zur Ablösung des alten durch ein neues Paradigma kommt. Dieser »Paradigmenwechsel« erfolgt aber nicht rational, er ist nicht Ergebnis eines stetigen, allmählichen Reformprozesses, sondern er vollzieht sich in der Art eines revolutionären Staatsstreichs. Ein neues Paradigma setzt sich oft auch dann schon durch, wenn die neue Theorie keineswegs einen größeren Gehalt als die alte hat. Nicht Argumente und Fakten, sondern Taktik und Propaganda spielen nach Kuhn dabei eine große Rolle.

Nachdem Popper seine Auffassung vom Erkenntnisfortschritt in der Wissenschaft in seinem 1963 erschienenen Buch *Vermutungen und Widerlegungen* noch einmal erläutert hatte, organisierte Imre Lakatos, der langjährige Assistent Poppers und ein enger Freund Feyerabends, 1965 in London einen Kongress über die Thesen Kuhns und Poppers. Dabei rückte auch Lakatos von Popper ab, hielt aber noch an der Idee eines rationalen Erkenntnisfortschritts fest. Dieser entsteht aber seiner Meinung nach nicht mehr durch Falsifizierung einzelner Theorien, sondern durch den Wechsel sogenannter »Forschungsprogramme«. Ein Forschungsprogramm ist ein Bündel von Theorien, die durch einen »harten Kern« gemeinsamer Annahmen miteinander verbunden sind.

Feyerabend war nun derjenige, der den radikalsten Schnitt mit Popper vollzog. Ebenso wenig wie Kuhn glaubte er, dass es bei der Ablösung von Theorien rational zugeht. Aber auch, dass die Wissenschaft die Deutungshoheit über Vernunft, Erkenntnis und Wahrheit beansprucht, wurde ihm zunehmend suspekt. Dabei war er vor allem von zwei Denkern inspiriert worden: von John Stuart Mill und seiner Freiheitstheorie und von Ludwig Wittgensteins Idee der »Sprachspiele«.

In seinem programmatischen Essay *Über die Freiheit* von 1859 trat John Stuart Mill, der Vater des modernen englischen Liberalismus, für einen Pluralismus individueller Lebensformen ein, die gleichberechtigt nebeneinander existieren und dem Zugriff staatlicher Autoritäten entzogen bleiben sollten. Wittgenstein wiederum formulierte in seinem 1951 erschienenen Spätwerk *Philosophische Untersuchungen* die These, dass die Bedeutung sprachlicher Ausdrücke vom Gebrauch abhängt und letztlich durch den kulturellen Rahmen eines Sprachspiels vermittelt wird. Dies übertrug Feyerabend nun nicht nur auf die Beziehungen zwischen wissenschaftlichen Theorien, sondern auch auf die Beziehung zwischen Wissenschaft und anderen, nicht-rationalen Formen der Welterklärung. Auch die Wissenschaft ist danach nur eines von vielen Sprachspielen, das gegenüber anderen »Sprachspielen« wie Kunst, Religion u. a. keine Bevorzugung verdient. Aus der Lektüre Mills und Wittgensteins entwickelte Feyerabend seine eigene, radikale Form des philosophischen Pluralismus.

Angeregt durch die 68er-Bewegung, die in Berkeley einen ihrer Ausgangspunkte hatte, schlüpfte Feyerabend, der Liebhaber von Theater und Klamauk, immer mehr in die Rolle des Provokateurs, der dem traditionellen Wissenschaftsbetrieb eine lange Nase zeigen wollte. Er las Mao Tse Tung und Lenin und erschien auf offiziellen Banketten mit einem alten Militärmantel. Seine Vorlesungen fanden nun, zum Ärger der Universitätsverwaltung, außerhalb der Universität in öffentlichen Gebäuden statt, wobei Feyerabend die Studenten reden ließ und selbst nur noch die Rolle des Moderators einnahm. Feyerabend inszenierte seine akademischen Veranstaltungen – und nicht zuletzt sich selbst – als Happening.

Mit Imre Lakatos entwickelte sich nun eine besonders enge Diskussionsbeziehung. In den späten 60er Jahren tauschten Lakatos und Feyerabend in zahllosen Briefen ihre gegensätzlichen Positionen aus, bis Lakatos Feyerabend schließlich aufforderte, seine Auffassungen schriftlich niederzulegen. Es entstand der Plan eines Buches, das die Diskussion zwischen beiden dokumentieren sollte. Lakatos war dabei die Rolle des »Rationalisten« zugedacht, während Feyerabend die Rolle des »Irrationalisten« spielen sollte, der immer mehr Ungereimtheiten in der Wissenschaftsgeschichte entdeckte. Geplant war eine Streitschrift, eine Art persönliche Auseinandersetzung, aber auch, in dadaistischer Tradition, eine unsystematische Collage von Argumenten und Fallbeispielen. Den englischen Originaltitel *Against Method* wählte Feyerabend in Anlehnung an den 1964 erschienenen, berühmten Essay *Against Interpretation* der amerikanischen Schriftstellerin Susan Sontag, der sich gegen die akademische Interpretationswut richtete und dafür plädierte, die Kunstwerke selbst sprechen zu lassen.

1970 erschien *Against Method* als größerer Aufsatz in einer amerikanischen Fachzeitschrift. Vielfach erweitert und umgearbeitet, sollte die Buchfassung auch die Entgegnungen Lakatos' enthalten. Doch dazu kam es nicht, da Lakatos 1974 überraschend starb. So beginnt *Wider den Methodenzwang* mit einen Nachruf auf den Freund und einem Rückblick auf die für Feyerabend typische, chaotische Publikationsgeschichte: »Das Manuskript meines Teils des Buches«, schreibt Feyerabend, »war im Jahre 1972 beendet, und ich schickte es nach London. Dort verschwand es auf geheimnisvolle Weise. Imre Lakatos, der dramatische Gesten liebte, verständigte die Interpol, und in der Tat, die Interpol fand mein Manuskript und schickte es an mich zurück. Ich las es noch einmal und schrieb es zum großen Teil um. Im Februar des Jahres 1974, nur einige Wochen nachdem ich meine Revision beendet hatte, starb Imre Lakatos. Ich habe dann meinen Teil ohne seine Antwort publiziert.«

Feyerabend macht seinen Lesern immer wieder klar, dass seine Argumente vor allem einen strategischen Charakter haben. Er bezeichnet sich selbst daher als »Geheimagenten«, dem es nicht darum geht, neue Wahrheiten zu verkünden, sondern darum, die Position des alten Rationalismus – wozu er eine lange Reihe von Philosophen, von René Descartes im 17. Jahrhundert bis zu Popper und Lakatos, zählt – zu unterminieren.

Wie Kuhn glaubt auch Feyerabend, dass wissenschaftliche Theorien nicht dann abgelöst werden, wenn sie falsifiziert sind. Keine einzige Theorie stimme mit allen Tatsachen auf ihrem Gebiet überein. Und viele »alte«, abgelegte Theorien enthielten oft noch fruchtbare Gedanken, die wieder reaktiviert werden können. Die Wissenschaftsgeschichte zeigt nach Feyerabend keine lineare Fortschrittsentwicklung, sondern ist ein höchst komplizierter Prozess, bei dem sowohl Gewinne als auch Verluste anfallen. Wie kommt es nun dazu, dass eine Theorie als erledigt verworfen und eine neue als besser angenommen wird?

Ausführlich geht Feyerabend dabei auf das Beispiel ein, das auch schon Popper diskutiert hatte: die Ablösung des ptolemäischen Weltbildes durch das kopernikanische im 15. und 16. Jahrhundert. Wie kam es wirklich dazu, dass die Theorie von der feststehenden

Erde und der um sie kreisenden Sonne zugunsten der Einsicht preisgegeben wurde, dass die Sonne das Zentrum eines Systems der Planetenbewegung ist? Anerkanntermaßen spielen dabei die Beobachtungen und Schriften des italienischen Astronomen Galileo Galilei eine entscheidende Rolle. Galileis 1632 erschienener *Dialog über die beiden hauptsächlichsten Weltsysteme* dient Feyerabend als Grundlage für den Nachweis, dass Galilei das neue Weltbild keineswegs rational, sondern mit fragwürdigen Argumentationstricks an den Mann brachte.

Galilei hatte nämlich gerade das gegen sich, was einem Wissenschaftler als Basis seiner Theorie dienen sollte: den faktischen Augenschein. Wenn die Erde sich wirklich bewegt, so hatten ihm seine Gegner entgegengehalten, dürfte ein Stein, der von einem Turm herunterfällt, keine gerade, sondern er müsste eine gekrümmte Flugbahn haben. Dass der Stein aber gerade herunterfällt, kann jeder sehen. Deshalb kann die Erde sich nicht bewegen.

Galileis Gegner, so Feyerabend, folgen hier einem bestimmten Verständnis von Bewegung. Für sie ist Bewegung immer das, was vor einem stabilen Hintergrund sichtbar ist: der fallende Stein vor dem Hintergrund des ruhenden Turms oder die laufenden Rehe vor dem Hintergrund des Waldes.

Galilei führt nun unter der Hand ein anderes Verständnis von Bewegung ein, das der relativen Bewegung. Stellen wir uns vor, wir sitzen in einem Zug, der in einem Bahnhof steht. Schauen wir links aus dem Fenster, sehen wir einen Bahnsteig. Schauen wir rechts hinaus, sehen wir einen ebenfalls stehenden Zug. Angenommen, beide Züge fahren gleichzeitig mit gleicher Geschwindigkeit ab, so sehen wir die Bewegung unseres Zuges nur, wenn wir aus dem linken Fenster schauen. Schauen wir nach rechts, scheint unser Zug zu stehen. Und er bewegt sich doch.

Nach Galilei ist nur die relative Bewegung »operativ«, d. h. als Vorgang sichtbar. Wir können also keine Bewegungen wahrnehmen, an denen Gegenstände in gleichem Maße teilnehmen. Dieses neue Verständnis von Bewegung dient ihm nun zur Deutung des fallenden Steins. Die gekrümmte Bahn des Steins ist für uns nicht sichtbar, weil sie vor dem Hintergrund einer anderen Bewegung stattfindet, nämlich der durch die Erdbewegung hervorgerufenen Bewegung des Turms. Feyerabend, der Überspitzungen liebte, bezeichnet diese von Galilei vorgenommene Änderung der Interpretationsbasis als »propagandistische Machenschaften« nach dem Motto: Man hat zwar richtig beobachtet, muss die Sache aber in einem anderen Beobachtungskontext sehen.

Feyerabend fügt ein weiteres Beispiel für Galileis Art an, die kopernikanische Theorie mit Hilfe fauler Tricks durchzusetzen. Wenn Planeten wie Venus und Mars sich um die Sonne bewegen, so Galileis Gegner, so müssten sie, wenn sie sich vor der Sonne bewegen, uns etwa vierzig Mal größer und damit entsprechend heller erscheinen, als wenn sie sich hinter der Sonne bewegen. Wenn wir den Himmel beobachten, sehen sie aber immer gleich hell und groß aus.

Auch hier bestreitet Galilei nicht die Beobachtung, verändert aber die Beobachtungsbasis. Er fordert seine Gegner auf, die Planeten mit einem neuen Instrument, dem Fernrohr zu betrachten. Die Überlegenheit von Fernrohrbeobachtungen gegenüber normalen Sinneswahrnehmungen war aber nicht unumstritten. Im Fernrohr, so Feyerabend, »zeigten sich künstliche und widersprüchliche Erscheinungen, und einige Beobachtungsergebnisse ließen sich durch einen einfachen Blick mit dem unbewaffneten Auge widerlegen«. Für Galilei hatte das Fernrohr aber den unschätzbaren Vorteil, dass man mit seiner Hilfe die Größenveränderung von Mars und Venus erkennen und damit die kopernikanische Theorie bestätigen konnte. Sein Plädoyer für das Fernrohr als neue Beobachtungsbasis war also taktischer Natur.

Ein solches taktisches, »nicht-rationales« Vorgehen ist nach Feyerabend nicht nur typisch, sondern auch unumgänglich für die Wissenschaft. Wenn Galilei, so Feyerabend, sich an die rationalen Vorgehensregeln gehalten hätte, wäre er niemals weitergekommen. Es gibt keine Regel, die nicht irgendwann verletzt worden wäre. Oft liegt der Augenschein auf der Seite der wissenschaftlichen Orthodoxie, während die Erneuerer zu ihren richtigen Erkenntnissen auf »kontrainduktivem« Weg gelangen. Anders als induktiv, wo man von gesicherten Daten ausgeht und von dort auf allgemeine Gesetzmäßigkeiten schließt, heißt kontrainduktiv, dass man die scheinbar schwächere Position stützt, indem man eine Hypothese in den Raum wirft, die den bekannten Tatsachen geradezu widerspricht. Erst im Lichte neuer, unorthodoxer Theorien ist es nach Feyerabend möglich, neue Tatsachen ausfindig zu machen. Eine solche kontrainduktive Vorgehensweise bestätigt sich oft erst im Nachhinein. Für Feyerabend ist auch Galileis Vorgehen deshalb fruchtbar, weil es kontrainduktiv war, weil es also nicht den scheinbar klaren Tatsachen gefolgt ist, sondern durch eine neue Blickweise, wie im Falle von Mars und Venus, neue Daten hervorgebracht hat.

Neue Theorien sind mit den alten häufig »inkommensurabel«, d. h. unvereinbar in dem Sinne, dass sie nebeneinander existieren, ohne dass ein Vergleich ihrer Wahrheitsnähe möglich wäre. Dieser Fall ist für Feyerabend in der Wissenschaftsgeschichte die Regel und nicht die Ausnahme. Es sind Theorien, die nur scheinbar dieselbe Sprache sprechen. Wenn in der Newton'schen Physik von »Energie« die Rede ist, so ist damit etwas ganz anderes gemeint als in der Relativitätstheorie Einsteins. Welchen Maßstab kann es dann noch für den höheren Wahrheitsgehalt einer Theorie geben?

Wissenschaftliche Theorien verhalten sich also häufig zueinander wie verschiedene Sprachen. So wird niemand behaupten können, dass die englische Sprache die Welt besser erfasst als die niederländische oder schwedische. Sie erfasst sie lediglich *anders*. Genau in diesem Sinne hatte Wittgenstein von verschiedenen, nebeneinander bestehenden »Sprachspielen« gesprochen.

Anders als Popper behauptet hatte, umfasst der Erklärungsgehalt einer neuen Theorie also nicht notwendigerweise den der alten. Vielmehr können wir erst durch die Konkurrenz von Theorien, die sich möglicherweise auch ausschließen, unseren Blick auf die Welt erweitern. Die Ablösung alter durch neue Theorien erfolgt nicht, wie Popper dachte, durch einen Prozess von Vermutung und Widerlegung, sondern sie ist das Ergebnis kreativer und fantasievoller Strategien.

Feyerabend plädiert für einen Konkurrenzkampf von Methoden und Theorien, der ihn auch über Kuhn hinausführt. Denn dieser hatte trotz allem noch daran festgehalten, dass es so etwas wie Erkenntnisfortschritt in den Wissenschaften gibt, auch wenn er sich nicht auf rationale Weise einstellt. Wenn aber Theorien »inkommensurabel« sind und ihr Wahrheitsgehalt nicht mehr verglichen werden kann, wird die Wissenschaftsgeschichte zu einem »stets anwachsenden Meer miteinander unverträglicher Alternativen«, die zwar unser Bewusstein erweitern helfen, uns aber keiner »Idealtheorie« näher bringen.

Wird aber geleugnet, dass es eine für alle Wissenschaften geltende Methode gibt und wird Wahrheit als Ziel wissenschaftlicher Forschung fallen gelassen, so ist auch nicht mehr einsehbar, mit welchem Recht Wissenschaft anderen Weltdeutungen, z. B. den Mythen, Märchen oder religiösen Weltdeutungen, vorgezogen werden soll. Der Alleinvertretungsanspruch der Wissenschaft ist damit nichts anderes als Ideologie.

Im Anschluss an Wittgenstein und Mill gelangt Feyerabend zu einem Pluralismus der verschiedensten Erkenntnisbemühungen und Weltdeutungen. Es muss jedem selbst überlassen bleiben, welcher Deutung er sich anschließt. Da es auch keine rationalen Argumente dafür gibt, warum eine Weltdeutung einer anderen vorgezogen werden sollte, ist dieser Pluralismus auch ein Relativismus. Wer sich einmal, so Feyerabend, von der »Sucht nach geistiger Sicherheit in Form von Klarheit, Präzision, ›Objektivität‹, ›Wahrheit‹« verabschiedet hat, »der wird einsehen, dass es nur *einen* Grundsatz gibt, der sich unter *allen* Umständen und in allen Stadien der menschlichen Entwicklung vertreten lässt. Es ist der Grundsatz: *Anything Goes.*«

»Anything Goes« – »Alles ist möglich« oder, wie Feyerabend etwas eigenwillig übersetzt: »Tu, was du willst!« ist, so betont er ausdrücklich, nicht sein eigener Grundsatz. Er ist vielmehr das Ergebnis der Demontage der rationalistischen Wissenschaftstheorie, der systematischen Zertrümmerung all ihrer Gewissheiten. Er drückt die Einsicht aus, der sich der gescheiterte Rationalist beugen muss. Feyerabend selbst will überhaupt keine neuen Grundsätze oder Regeln mehr aufstellen. Er verkündet den Abschied von jeder allgemein gültigen Methode.

Am Ende seines Buches deutet Feyerabend die gesellschaftspolitischen Konsequenzen seiner Position an. Hat die Wissenschaft ihr Methodenmonopol verloren, so hat sie auch keinen Anspruch mehr, vom Staat in privilegierter Weise gefördert zu werden. So wie Kirche und Staat getrennt wurden, so müssen auch Wissenschaft und Staat getrennt werden. Die sogenannten »akademischen Experten« müssen entmachtet und einer demokratischen Kontrolle unterworfen werden. Die Bildungseinrichtungen sollen sich gegenüber allen möglichen Methoden und Weltdeutungen öffnen, sei es die chinesische Medizin oder die Mythen der Hopi-Indianer. »Wenn wir die Natur verstehen und unsere materielle Umgebung beherrschen wollen«, so lautet das Fazit Feyerabends, »dann müssen wir *alle* Ideen, *alle* Methoden verwenden, nicht nur einen kleinen Ausschnitt aus ihnen.«

Obwohl sich namhafte Universitätsverlage um das Manuskript bemüht hatten, veröffentlichte Feyerabend das Buch 1975 in einem kleinen linken alternativen Verlag, den *New Left Books.* Und dies nicht zufällig. Denn wie kein zweites philosophisches Werk atmet es den bunten Nonkonformismus der 68er, obwohl es keine marxistische Kapitalismuskritik, sondern eine radikale Wissenschafts- und Vernunftkritik enthält.

Zur Freude seines Verfassers wurde *Wider den Methodenzwang* zu einem publikumswirksamen Event und wirkte in der etablierten Philosophieszene wie eine Stinkbombe. Einige derjenigen Philosophen, die Feyerabend in früheren Jahren gekannt und geschätzt hatten, betrachteten ihn nun als Scharlatan und wandten sich von ihm ab. Andere wiesen warnend darauf hin, Feyerabend habe sich ins Lager der Gegenaufklärung begeben. Doch in Wahrheit benutzte Feyerabend die Pose des Gegenaufklärers nur als Provokation. Er war eher ein radikaler Liberaler, der das urliberale Misstrauen gegen den Staat auf die bis dahin unangreifbare Institution der Wissenschaft ausgedehnt hatte.

Seine Wissenschaftskritik steht im 20. Jahrhundert neben zahlreichen anderen Versuchen, auf die Grenzen und Defizite des traditionellen Rationalismus aufmerksam zu machen. Parallelen gibt es zur

Ideologiekritik der Frankfurter Schule, aber auch zur Vernunftkritik der Postmoderne. Im Sinne einer Öffnung wissenschaftlicher und kultureller Grenzen hat sein Plädoyer für Methodenpluralismus nicht nur die Diskussion innerhalb der Philosophie, sondern auch in den Einzelwissenschaften, wie z. B. der Ethnologie, befördert.

Feyerabends Abrechnung mit der rationalen Tradition des westlichen Denkens hat dieses nicht unbedingt geschwächt. Im Gegenteil: *Wider den Methodenzwang* kann als Ausweis der Offenheit dieser Tradition und ihrer Fähigkeit gelesen werden, sich durch eine radikale Selbstkritik zu erneuern. *Wider den Methodenzwang* hat in provokanter Zuspitzung die Philosophie wieder einmal daran erinnert, dass es in ihr keine heiligen Kühe geben darf.

Ausgabe:
Paul Feyerabend: Wider den Methodenzwang. Frankfurt/Main: Suhrkamp 1986.

Sie haben Geschichte gemacht und sind in den Regalen der Welt beheimatet, werden jedoch eher selten zur Hand genommen: die Klassiker der Philosophie wie etwa Platons *Der Staat,* Kants *Kritik der reinen Vernunft* oder Sartres *Das Sein und das Nichts.* Der Philosoph Robert Zimmer hat sich der großen Werke angenommen und sie bekömmlich aufbereitet. Im vorliegenden Band hat er seine beiden erfolgreichen »Schlüssel zu klassischen Werken« *Das Philosophenportal* und *Das neue Philosophenportal* zusammengefasst und nimmt den Leser mit auf einen so abwechslungsreichen wie informativen Rundgang durch das weitläufige Gebäude der Philosophiegeschichte von der Antike bis heute. Dabei stellt er die Kerngedanken einer jeden Schrift vor, beschreibt den Entstehungsrahmen und lässt den Zusammenhang mit Leben und Gesamtwerk des Autors deutlich werden.

Dr. Robert Zimmer, geboren 1953, Studium der Philosophie und Anglistik, lebt als freier Publizist in Berlin. Er ist Autor mehrerer philosophischer Bücher, darunter *Die europäischen Moralisten zur Einführung* (1999).Bei dtv sind von ihm erschienen: *Karl Popper* (2002; zusammen mit Martin Morgenstern); *Das Philosophenportal* (2004, 4. Aufl. 2008); *Das neue Philosophenportal* (2007).